国家出版基金项目
NATIONAL PUBLICATION FOUNDATION

明代澳门史论稿

（上卷）

汤开建　著

黑龙江教育出版社

序　言

　　边疆既是一个地域概念，也是一个政治概念。就地域层面而言，是指国家毗连边界线、与内地（内陆、内海）相对而言的区域。一般而言，历史上中国的边疆是在秦统一中原、其重心部分形成之后确立的，有着两千多年的历史沿革。相应地，中国的边疆研究也有着悠久的历史和优良的传统，并与国家和边疆的安危息息相关。

　　从近代到新中国成立，中国边疆研究曾出现过两次研究高潮，第一次研究高潮是 19 世纪中叶至 19 世纪末，西北史地学的兴起，国家边界沿革的考订、边疆民族发展的著述等，是这一时期中国边疆研究高潮的标志。在边疆研究的热潮中，一些朝廷的有识之士开始学习近代国际法的领土主权原则，与蚕食我国领土的列强势力相对抗。黄遵宪、曾纪泽等都曾以"万国公法"为武器，在处置国家边界事务中与英、俄列强执理交涉。在边疆研究领域，学者们开始将政治学、法学等与传统的史学、地理学等相互结合，开创了现代意义上的边疆学研究。

　　第二次研究高潮是 20 世纪 20 年代至 40 年代，是在国家与民族危机激发下出现的又一次中国边疆研究高潮。国际法与政治学方法也被广泛地运用到中国边疆史地的研究之中，边政学的创立与研究、以现代学术新视角和新方法对中国边疆进行的全方位研究，是这次高潮的突出成就；研究内容也从边疆领土主权、历史地理扩展到民族、语言、移民、中外交通等领域。与此同时，边疆考察作为中国边疆史地研究的内容与方法，也愈益受到重视。

两次研究高潮的实践与成果，实现了中国边疆研究从传统中国史学研究向现代多学科综合研究的转变，为中国边疆研究学科领域的进一步拓展与深化奠定了基础。新中国建立后，中国边疆史地研究方兴未艾。继而在改革开放大潮的推动下，带来边疆学研究的三度兴起。此次研究高潮酝酿于 20 世纪 80 年代初，兴盛于 90 年代，至今热度不减。

1983 年，中国社会科学院中国边疆史地研究中心（以下简称"边疆中心"）成立，这既是我国边疆史地研究第三度热潮的产物，也进而成为国家边疆研究的前沿引领者。

近 30 年来，边疆中心在边疆研究领域已取得了丰硕的学术成果，很多研究成果不仅填补了新中国成立以来各自领域的学术研究空白，而且以综合性、系统性、科学性的特点，成为目前国内同类研究中的优秀作品，对学科建设和发展、对推动全国边疆史地研究，均起到了举足轻重的作用。在研究内容方面，已形成了从最初以中国近现代边界研究为主，发展到以古代中国疆域史、中国近代边界沿革史和中国边疆研究史三大系列为重点的研究格局。近年，坚持基础研究与应用研究并重，在继承和弘扬中国边疆史地研究遗产的基础上，已逐步形成了历史研究与现状研究、基础研究与应用研究融而为一的中国边疆学研究模式。

边疆中心所实施的应用研究，是以当代我国边疆的稳定和发展现状为切入点，直面当代中国边疆面临的紧要问题和热点问题，进行跨学科的综合性研究。中国边疆研究不但要追寻边疆历史发展的规律和轨迹，还应探求边疆发展的现实和未来。当代我国边疆现状研究首先是当代中国社会发展的现实需要，也是中国边疆学学科发展的需要。我国边疆区域的发展现实，促使中国边疆现状研究的内涵和外延要有新的学科定位：即将中国边疆作为统一多民族国家的有机组成部分，作为一个完整的研究客体；现状与历史不可分，现状的历史实际上也是历史的现状，所以要进一步加强历史的和现状的综合性一体研究。通过对学科布局的适时调整，中国的边疆研究不断取得学科突破和新的学科增长点，进而尽快实现以基础研究为主的中国边疆史地研究向基础研究与应用研究并重的中国边疆研究的过渡。

短期内，我国在中国边疆疆域理论研究方面必须明确主旨，并应该有大的突破。在深化实证研究的同时，应进一步加大理论研究投入的力度，不断探索中国边疆历史与现状发展的规律。在实证研究的基础上，努力为历史上多元一体的中华民族边疆地区的政治、经济、人文发展和变迁构筑理论体系，是中国边疆史地学研究的根本目标。近30年来，大量高水平的研究成果相继面世，为中国边疆疆域理论体系的构建与未来中国边疆学学科体系的构建奠定了坚实的基础。

一方面，边疆实证研究的不断深化，需要理论层面的支撑。在中国古代历史疆域理论、历代边疆治理理论，古代统一多民族国家边疆地区的发展规律、古代边疆民族在多元一体中华民族中的发展规律等方面，以及在近现代陆疆、海疆与边界的理论问题等方面，通过大量的实证研究探索其中的规律，进一步构建我国边疆历史发展与统一多民族国家发展的理论体系。

另一方面，边疆研究学科的发展需要尽快完成中国边疆学学科的构建，包括边疆学学科的概念、界定与范畴，学科性质和功能，学科体系构建等一系列理论问题，建立以马列主义为指导的、有中国特色的中国边疆学理论体系。近年来，国内数所大学以开设边疆学博士点为契机，也在加紧边疆史地学科的构建；一些高校和地方科研院所，先后以"中国边疆学"或"中国边疆史地学"的学科定位建立了相关的学科专业；围绕边疆研究先后出现的相关学科命名有边疆政治学（边政学）、边疆史地学（边史学）、边防学、边疆安全学（边安学）等。但从学科层面看，在学术界尚未形成统一的认识，缺乏基本学科框架的规范系统论证。在诸如边疆学的内涵与外延及整体构建等方面还需要做更多深入研究；在疆域理论研究方面则需要投入更多的力量，尽快拿出较为成熟的成果。同时，应注重学科理论建设与方法论的进一步开拓，在原有的历史学、民族学、历史地理学等为主的基础上，扩展引入政治学、社会学、法学、国际关系学、地缘政治学等理论与方法，进一步突出边疆研究作为跨学科、边缘学科和新兴学科的特点与优势，不断加快学科建设步伐。

学术研究与研究成果的出版是并行的。20 世纪 80 年代末，当组建不久的边疆中心在成果出版方面寻找出路的时候，黑龙江教育出版社以高度的社会责任心与敏锐的学术眼光，伸出了合作之手。一晃至今，双方精诚合作了 20 多年。先是以《边疆史地丛书》的形式，自 1991 年 3 月开始出版，截至 2011 年，先后有70 余种边疆研究著（译）作面世。已出版的学术著作得到了学术界和读者的广泛关注，取得了良好的社会效益，持续有力地推动着中国边疆研究学科的不断发展。如果说边疆中心在边疆研究方面成为了学术前沿的引领者，那么黑龙江教育出版社则以边疆研究成果的出版而成为国内外知名的品牌出版社。

在当前我国边疆研究氛围持续高涨的形势下，经边疆中心与黑龙江教育出版社共同努力，将以更为严格的科学态度、更为严谨的学风文风，共同出版水平更高的边疆研究著作。双方遂决定以《中国边疆研究文库》的形式，由边疆中心组稿审定，黑龙江教育出版社编辑出版。

《中国边疆研究文库》由《中国边疆研究文库初编——近代稀见边疆名著点校及解题》与《中国边疆研究文库二编——当代学人边疆研究名著》两部分组成。前者共选出近 50 种近代以来面世的我国边疆研究学术著述，在实施点校的基础上，作出导读性与研究性的解题，予以重新出版；后者选择近50种新中国成立60多年来我国（包括台湾、香港、澳门）边疆研究的老一代知名学者、中年有为学者、年轻后起学者的著述，汇集出版。可以说，这些著作基本代表了目前我国边疆学研究的水平。

同时，对1949年后有较大影响的边疆研究著述又进行了修订出版，特别是将新近的研究成果充实其中，使这些有影响的研究成果内容更加翔实、完整，更具学术价值。

今天，中国边疆研究已是一门具有广阔发展空间的显学，呈现在读者面前的《中国边疆研究文库》尚属开创之举，一定有诸多不尽如人意之处，衷心希望得到广大读者的支持帮助、批评指正。同时，我们也有信心，在目前《中国边疆研究文库》初编、二编近100部著作的基础上，继往开来，努力开拓进取，组织更多边疆研究的优秀成果，继续出版三编、四编……为我国边疆研究的持续兴盛，为繁荣边疆的历史文化，为今天我国边疆的社会稳定和经济发展，作出应有的贡献。

需要说明的是，本《文库》系国家出版基金特别资助项目，如果没有国家出版基金办大手笔支持我国的出版事业，本《文库》是无法面世的。在此，请允许我们表示诚挚的感谢。

主编谨识

弁　言

　　澳门史研究，余入其堂奥并不算早，1992 年应为起步之年，至今，则整整廿载。"史海三十年，泰半在濠镜"，也就是说，余学术生涯的三分之二是在研究澳门历史，当然，也包括以澳门为中心的中国天主教史、中西文化交流史及闽粤东南亚海上史。本书内容主要来源于余 1999 年中华书局出版的《澳门初期开埠史研究》和 1999 年以后发表的明代澳门史研究论文，合起来构成一个体系，即"明代澳门史研究"。本书虽然是一部澳门历史研究的专题著作，但却囊括了明代澳门研究的方方面面，所涉有：明代葡萄牙人东来及澳门开埠、明代澳门政治（政策、管治、职官）、经济（贸易、饷税）、文化（华人、黑人、寺庙、教堂、火炮、夷船）、城市发展、中葡关系及澳门历史地理诸问题。书中既有澳门历史发展过程中的地名、事件、文献及名物制度的微观考证，也有对明代澳门历史的整体把握和宏观论述，大中有小，以小见大，纵横交织，中西文献史料相互映证，呈现了一幅内容极为丰富且色彩斑斓的明代澳门史的全景像。

　　本书所收论文虽然多是十几年前的旧作，但这一次所作的补充与修订，工作量仍然很大，特别是增加了许多近些年来新发现的史料，使本书的论证更加充实与完善。还有就是，本书插配了162 幅属于第一手资料的古代澳门图像及书籍影印件，很多图像及影印件均为学界第一次公布，极为珍贵，为本书增色不少。

本书的完成应该感谢很多人，首先是无私提供资料的金国平、萨安东（António Vasconcelos de Saldanha）、黄一农、戚印平及李毓中教授；第二是感谢为余翻译各种西语文献资料及合作工作的学生赵殿红、张中鹏、田渝、陈玉芳博士及澳门大学葡萄牙语系的硕士研究生；第三，还要感谢为本书的录文、校对、编制目录、制图付出了辛勤劳动的陈玉芳、赵新良、牛祥冬等同学。

目　录

下 卷

此图系 1570 年葡萄牙人费尔南·瓦斯·多拉多绘制的《远东航海图》，其中标出了本文考证的中葡关系的起点——上川岛（Samchoão）。

第一章 中葡关系的起点——Tamão 新考

第一章 中葡关系的起点——Tamão 新考[①]

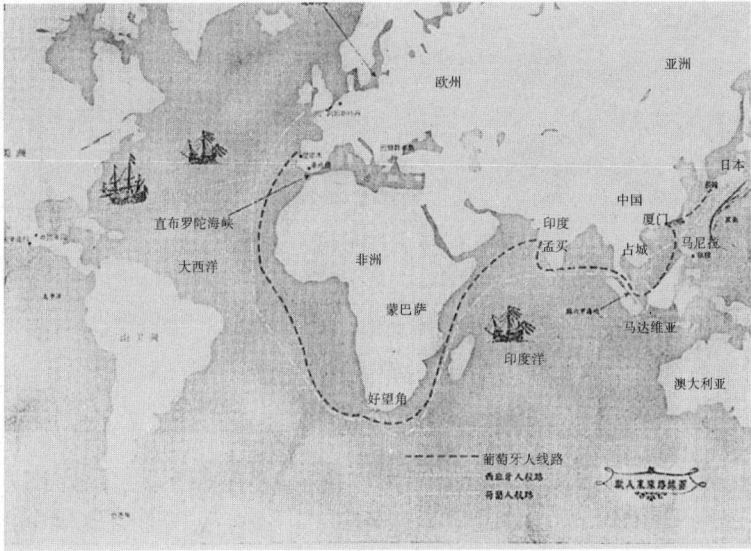

图1：葡萄牙人东来路线图

---

① 此文原载《学术研究》，1995（6）。

图2：葡萄牙东来大黑船（又称克拉克船）

中葡两国人民的首次接触，据文献记载应是 1511 年 7 月，当时葡萄牙舰队进泊马六甲，发现港内泊有 5 艘中国帆船，并与船上的中国人建立了友谊。[①] 但这一次接触是在马六甲，而非中国。中葡两国第一次在中国境内发生关系则是在 1514 年。据张天泽引著名葡萄牙历史学家巴罗斯（João De Barros）《亚洲旬年史之三》一书的资料记载：

有一位名叫欧维士（Jorge Álvares）的葡萄牙人比拉斐尔·佩雷斯特雷洛（Rafael Perestrello）早一年来到屯门岛，也就是说，欧维士是在 1514 年抵达那里的。他在岛上竖起了一根刻有葡萄牙王国纹章的纪念石柱，其目的当然是要纪

① 张天泽著，姚楠、钱江译：《中葡早期通商史》，第 2 章，37 页，香港，中华书局，1988。

念他对中国的"发现"。他的一个儿子已死去,便葬在屯门岛。七年以后,他在又一次访问中国时病故,他本人也就葬在这根石柱下面。[①]

查巴罗斯书原文应是这样:

> 当时(1521 年)他(欧维士,Jorge Álvares)病得很重。杜瓦尔特·科埃略(Duarte Coelho)抵达后 11 天,他便离开了人间。他被埋葬在刻有葡萄牙王国徽记的石质发现碑下。这块碑正是欧维士在拉法尔·普雷斯特罗(Rafal Perestrello)抵达此地前一年在此竖立的。当年,他将过世的儿子埋在碑下。尽管那个异教的地区吞噬了他的躯体,但在这天涯海角,他为了祖国的荣誉竖起了一块发现纪念碑。[②]

图 3:1514 年来华的葡萄牙人欧维士　图 4:雅加达北部葡萄牙发现纪念石柱

1516 年,葡属马六甲总督第一次遣使中国,但这次出使失败。1517 年,葡再次派使臣往中国成功。这是中葡关系史上第一次正式的官方接触。巴罗斯在《亚洲旬年史之三》一书中记载:

---

① 张天泽著,姚楠、钱江译:《中葡早期通商史》,第 2 章,38 页,香港,中华书局,1988。

② 若昂·德·巴罗斯:《亚洲旬年史之三》,第 6 篇,第 2 章,见金国平编译《西方澳门史料选萃(15—16 世纪)》,152 页,广州,广东人民出版社,2005。

此时，他的兄弟西蒙·德·安德拉德（symǎ Dandrade）获得国王唐·曼努埃尔的批准，进行一趟中国之行。在罗博·苏亚雷斯（Lobo Soarez）执政期间，他于 1518 年 4 月启程前往中国……这 4 艘帆船于同年 8 月抵达中国，在其兄曾驻足过的 Tamão 岛停泊。[①]

在极为权威的巴罗斯的文献中多次提到屯门岛，这告诉我们葡萄牙人在 1514 年之前即来到这个岛，并在岛上建立了纪念碑；1518 年时还在岛上修建壕障。除巴罗斯外，最重要的应是第一位葡萄牙赴华使节托梅·皮莱资（Tome Pires），他于 1515 年完成的《东方见闻录》记载：

> 从广州去马六甲 30 里格处，靠近 Nan - tou 镇的陆地有一些岛屿，如 Tumon，在这些岛屿上各有各国的港口。由于大量船只停泊在那里，Nan - tou 镇长官将情况报告给广州。不久商人们来此估价货物，征收关税。然后给他们带来货物，各自回家。[②]

该书在另一处亦载：

> 我们说的那些有印信的国王派的使节在城内交易货物，没有印信的在城外交易，地点距广州 30 里格（1 里格合 5 公里）。[③]

费尔南·罗佩斯·德·卡斯达聂达（Fern·o Lopes de Castanheda）则于 1550 年左右记载：

> 在这种情况下，我们来到了贸易岛。此岛距海岸 3 里格，华人称之为屯门（东涌），我们则称其为贸易岛（ilha de veniaga），因为在那一带称商品交易为 veniaga，……统辖那一带海岸的海上将军——备倭驻扎在名叫南头的镇上。南

---

① 若昂·德·巴罗斯：《亚洲旬年史之三》，第 6 篇，第 1 章，见金国平编译《西方澳门史料选萃（15—16 世纪）》，144 页，广州，广东人民出版社，2005。

②③ 托梅·皮莱资（Tome Pires）：《东方概要（手稿）》，载《文化杂志》（葡文版）1997（31）。

头距贸易岛 3 里格。①

柯瑞亚（Gaspar Correa）1545—1565 年间完成的《印度传奇》亦载：

> 它（贸易岛）距广州 18 里格。所有商人在此岛上交易。无广州三司的允许，不得越过此地……距此岛 3 里格处有另一岛屿。海军上将或舰队司令驻扎此地。②

可见，葡萄牙人在 16 世纪最早抵达的中国地方是 Tamão 或 Tumon。又据意大利籍葡萄牙航海家柯撒里（Andrea Corsali）1515 年元月 6 日的记载：

> 去年间，我们有几位葡萄牙人成功地航海至中国，虽然未被允许登岸，但他们以极高价卖光了货物，获得很大的利润。③

1514 年未被允许上岸的中国地方亦应是 Tamão，葡萄牙人在此岛上进行了大规模的商业贸易。根据上述文献的描述，可以确定 Tamão 是一块这样的地方：

1. Tamão 是一个岛屿。

2. Tamão 岛距离广州 30 里格。

3. Tamão 岛离驻扎的陆上的南头 3 里格。

4. Tamão 岛是一个外国商人与华人贸易之岛。

然而，Tamão 究竟在什么地方？东西方学者在这一问题上产生了极大的分歧。过去，西方学者多根据葡文文献进行考订，将 Tamão 置于上、下川岛和伶仃岛（珠江口以西）；东方学者多根

① 费尔南·罗佩斯·德·卡斯达聂达：《葡萄牙发现征服印度史》，见金国平编译《西方澳门史料选萃（15—16 世纪）》，164 页，广州，广东人民出版社，2005。

② 柯瑞亚（Gaspar Correa）：《印度传奇》，见金国平《西力东渐：中葡早期接触追昔》，271 页，澳门，澳门基金会，2000。按：此处称贸易岛距广州 18 里格，实际是指屯门距广州 18 里格，柯瑞亚将第二次葡人退泊之 Tamão（屯门）与第一次来 Tamão（上川大澳）相混。

③ G. B. Ramusio, *Translation of Sir Henry Yule in Cathay and the Way Thither*, Hakluyt Society, 1915, vol. 1, p. 180. 转引自张增信《明季东南中国的海上活动》（上编），204 页，台北，中国学术著作奖助委员会，1988。

据中国文献将 Tamão 考订为"屯门"一地或"泛屯门地区"（珠江口以东），这两种说法在东西方学者之间如此界线分明是十分罕见的。究竟哪一种说法是正确的？迄今尚无定论，以致后来的研究者无所适从，故澳门葡萄牙史学家施白蒂在谈到 Tamão 时，十分为难地说：

> Tamão 位于何处？是今天的伶仃岛呢？还是在伶仃岛和南头市之间？或者是上川岛一个港口？[①]

二

Tamão 为"屯门"说，最先是日本学者藤田丰八先生提出来的，[②] 其论后来基本上为中国学者接受，周景濂的《中葡外交史》、张天泽的《中葡通商研究》、张维华的《明史欧洲四国传注释》、戴裔煊的《〈明史·佛郎机传〉笺正》及以后各种澳门史和中葡关系史论著均采用此说，影响甚大。

将 Tamão 考订为"屯门"，从对音上讲是不存在问题的。但如果仅从对音而言，则还可像有的学者那样译为大门、大茅、大澳等地名，均可与 Tamão 相对音，何建民先生就认为 Tamão 应译为"大茅"，在今广东省顺德境内，[③] 张星烺先生还将 Tamão 译成"大门"，[④] 李德超先生认为是今香港水域的"大门岛"，[⑤] 黄文宽先生则认为 Tamão 应为"大澳"之闽南语对音，[⑥] 大澳一名在广东沿海有数十处之多。因此，如果仅根据对音是不能将 Tamão 定

---

① 施白蒂著，小雨译：《澳门编年史：16—18 世纪》，3 页，澳门，澳门基金会，1995。
② 藤田丰八：《葡萄牙占据澳门考》，见何建民译《中国南海古代交通丛考》，357～419 页，北京，商务印书馆，1936。
③ 藤田丰八：《葡萄牙占据澳门考》，见何建民译《中国南海古代交通丛考》，377 页，北京，商务印书馆，1936。
④ 张星烺：《中西交通史料汇编》第 2 册，386 页，北京，中华书局，1980。
⑤ 李德超：《澳门得名之由来与葡人之初来地大门岛考》，见珠海文史研究所学会主编《罗香林教授纪念论文集》，台北，新文丰出版社，1992。
⑥ 黄文宽：《澳门史钩沉》，199 页，澳门，星光出版社，1987。

为"屯门"的。

如果将 Tamão 考订为"屯门",那这个屯门则是葡萄牙人最先在这里进行商业贸易,且在这里竖了石柱纪念碑之地;亦是葡人西蒙·德·安德拉德(Sim·o de Andrade)在岛上起壕障、虐待当地土人之地;亦是汪鋐驱逐葡萄牙人之地。当时人陈文辅《都宪汪公遗爱祠记》记录:

> 海多倭寇,且通诸藩,濒海之患,莫东莞为最,海之关隘,实在屯门澳口,而南头则切近之。成化二十三年,占城古来来奔,边衅遂开,而蕃舶相继扰攘。近于正德改元,忽有不隶贡数恶彝号为佛郎机者,与诸狡猾凑杂屯门、葵涌等处海澳,设立营寨,大造火铳,为攻战具,占据海岛,杀人抢船,势甚猖獗,虎视海隅,志在吞并,圆形立石,管辖诸番,脍炙生人,以充尝食,民甚苦之。[1]

屯门、葵涌海澳,均在今香港新界地区,均为陆上之地。又据《新安县志》卷4载:

> 九迳山,在县南四十里,下临屯门澳,明海道汪鋐率土人歼佛郎机人于此。[2]

可见,当时所言之"屯门"即今香港新界屯门一地。如将 Tamão 考订为此屯门只有一个条件与前述 Tamão 相合,即屯门离驻备倭的 Nantoo(南头)3 里格大致相合。《新安县志》卷7载:

> 总兵署,在城内东南隅,明正德五年,总兵王德化建。[3]

可知,南头"Pi-o(备倭)"总兵在正德五年(1510 年)以前即设立,与西文所载相合。但有三条又无法解释,一是屯门不是一座岛屿,而是与葵涌、九径山等地相连的陆地,而 Tamão 在葡文各种材料中均是一岛屿,此为完全不能吻合的矛盾。二是

---

① 靳文谟:《(康熙)新安县志》卷 12《都宪汪公遗爱祠记》,康熙刻本抄本,广州,中山图书馆。
② 王崇熙:《(嘉庆)新安县志》卷 4《山水略》,嘉庆二十四年刊本。
③ 王崇熙:《(嘉庆)新安县志》卷 7《建置略》,嘉庆二十四年刊本。

屯门距广州的海上距离应为 18 里格，而不是 30 里格。三是在当时的历史条件下，屯门不可能成为一个外国商船经常进行商业贸易的聚散地，更不会允许葡萄牙人在这里长期居停达数年之久。且葡人在此地建立纪念碑，死了都安葬于此地，[①] 这些在当时的屯门也是不可想象的。

正德至嘉靖年间的屯门并非一个海外荒无人烟之地，自唐以来，这里就是中国政府设置重兵驻守的地方，[②] 唐设屯门镇，宋元设屯门砦，明在此设官富巡检司。《明英宗实录》载：

> （景泰四年八月）戊子，移广东广州府东莞县官富巡检司于屯门村。[③]

官富巡检司即设在屯门村，巡检司的职责即"专一盘诘往来奸细，及贩卖私盐犯人，逃军逃囚，无引面生可疑之人"[④]。当时该司设有弓兵 50 人，[⑤] 专事巡视盘查。除巡检司外，明广州卫的军事屯田亦设于此。洪武二十七年（1394 年），指挥花茂奏设东莞、大鹏二所以备倭，屯种荒田，且耕且守，屯门、葵涌、官富等地均设有屯田军，[⑤] 再加上屯门距南头仅 40 里，南头则是明朝重要的军事驻防地。《新安县志》卷 8 载：

> 明以邑地为广东省门户重地，设立南头寨，原设陆营把总一员，哨官五员，队兵三百三十名，又设水兵分守海面。[⑥]

又据万历十一年（1583 年）《重修参将府记》载，明南头参

---

① 葡萄牙商队抵达 Tamao 贸易，如以巴罗斯所言，从 1514 年起，至 1522 年驱逐，至少有七年。巴罗斯书欧维士（Álvares）到 Tamao 后，竖起一根刻有葡萄牙王国标识的纪念石柱，欧维士的儿子死后即葬在岛上，七年后他本人逝世也葬在岛上的石柱之下。

② 顾祖禹：《读史方舆纪要》卷 102《广东》2，北京，中华书局标点本，2005；新安县梧桐山条："南头城东南二百里，至屯门山，唐置镇兵，以防海寇。"

③ 《明英宗实录》卷 19，正德十五年十二月己丑条。

④⑤ 黄佐：《（嘉靖）广东通志》卷 32《政事》5，广州，广东地方志办公室影印本，1998。

⑤ 靳文谟：《（康熙）新安县志》卷 6《田赋志》，康熙刻本抄本，广州，中山图书馆。

⑥ 靳文谟：《（康熙）新安县志》卷 8《兵刑志》，康熙刻本抄本，广州，中山图书馆。

将在洪武之初即已设置，① 可见，南头军事防范是很重要的且防范严密。时人何鳌称："祖宗时，四夷来贡皆有年限，备倭官军防截甚严。"②《苍梧总督军门志》卷五载"南头寨，该寨兵船驻扎屯门"；又有《全广海图》在屯门澳下标有"南头兵船泊此"③之文。在这样强大严密的军事防范下，明王朝能让屯门这么一块地方成为外国商船长期进行商业贸易的据点吗？明王朝的驻军、兵船能让葡萄牙人在这里"竖立起皇上（葡萄牙）标记"的纪念碑吗？近在咫尺的官富巡检司、环海巡视的南头水寨岂不形同虚设？屯门位处广东海上交通要道，外国商船进入广东，屯门是必经之路，故黄佐在《（嘉靖）广东通志》中将屯门列为外国商船湾泊的港口，④《全广海图》亦在屯门和南头之间标"凡西洋船由此出入"⑤。但这些都只能说明屯门仅是一海上交通之要道，外国商船避风湾泊之处，而不能证明是外国商船同中国商人大规模走私贸易的地方，更不可能被称为"贸易之岛"。

① 万历十一年南头城市《重修参将府记》载："将府之设，其来旧矣……旧府位于城南，迄今二百余载。"靳文谟《（康熙）新安县志》卷 8《兵刑志》称："自万历十九年改设参将"云云，则知《新安县志》为误。碑见萧国健《宝安历史研究论集》，96～97 页。
② 《明武宗实录》卷 19，正德十五年十二月己丑条。
③ 应槚辑，凌云翼、刘尧海重修：《苍梧总督军门志》卷 5《全广海图》，92 页；《沿海信地》，96 页，影印万历辛巳林大春序刊本，北京，全国图书馆文献缩微复印中心，1991。
④ 黄佐：《（嘉靖）广东通志》卷 66《外志》3，广州，广东地方志办公室影印本，1998。
⑤ 应槚辑，凌云翼、刘尧海重修：《苍梧总督军门志》卷 5《全广海图》，影印万历辛巳林大春序刊本，91～92 页，北京、全国图书馆文献缩微复印中心，1991。

图 5：《苍梧总督军门志·全广海图》屯门澳及南头部分

三

有一部分学者已意识到如果将 Tamão 考订为"屯门"的话，上面提出的三个问题是无法回答的，于是，就提出"泛屯门"之说，或"屯门澳"之说。首先是葡萄牙史学家白乐嘉（J. M. Braga）提出"葡人所说的 Tamão 很可能是伶仃岛"[①]。当然，伶仃岛为一岛屿是事实，与南头寨、广州城的距离也大致上说得过去。但是将 Tamão 译成"伶仃"，从对音上无论如何是讲不通的，伶仃岛也从未有过一个近似 Tamão 译音的名字。再者，在明代中叶以前的文献中，似乎还没有发现外国商船在伶仃岛进行大规模贸易。所以，白乐嘉的"伶仃"说应该是不能成立的。

林天蔚先生则提出，明代屯门应包括大屿山，《苍梧总督军门志》中的"屯门海澳"，并未与大陆相连，当指今天的大屿山。[②] 大屿山西北有"大澳"一地，当是葡人所言之 Tamão，黄文宽先生持此说。[③] 很显然，林先生的考证又较白乐嘉前进了一步，至少多了一个相符合的条件。但是，余要说明的是，最具权

---

① J. M. Braga："The Tamao of the Portuguese Pioneers"，Tien Hsia Monthly, Vol. VIII, No. 5, Hongkong, 1939, p. 429.

② 林天蔚：《十六世纪葡萄牙人在香港事迹考》，见林天蔚、萧国健《香港前代史论集》，台北，商务印书馆，1985。

③ 黄文宽：《澳门史钩沉》，199 页，澳门，星光出版社，1987。

威的当地文献《都宪汪公遗爱祠记》明确指出"凑杂屯门、葵涌诸海澳"，葵涌即今香港的葵涌，屯门即今之屯门，也就是在屯门海湾与葵涌海湾之间。《新安县志》更清楚地表示汪鋐歼佛郎机人于屯门海旁的九迳山下。因此可以说明，这屯门澳并非大屿山，而是屯门湾（即青山湾）。《苍梧总督军门志·全广海图》中标"屯门澳"与陆地分开（参见图5），这是中国古图对海澳的不准确标法，并不能说明与陆地相分者一定是岛屿。李德超先生对此亦有精到见解：

> 余按该图，乃古式绘法，即南在上而北在下，东在左而西在右，与清以后之绘法为不同。林氏以图中之屯门澳即为今之大屿山，亦即当日葡人之所到之 Tamāo 岛。唯大屿山应在大磨刀与急水门之间，与图中所书屯门澳之位置不符，且图中屯门澳三字附近，又未绘岛屿图样。意其所以将屯门澳三字书于海中者，乃其下有注……四十二字，致无位置耳。[①]

李君之精细，已确定将屯门澳视做大屿山为误。遍查历代文献，大屿山之异名甚多，但无将其称之为屯门者。在明代，大屿山也未有任何文献材料可证明这里曾是外国商船大规模贸易的场所，根本无法称之为"贸易之岛"。

朱杰勤先生认为 Tamāo 当为香山之"舵尾"[②]，何健民则认为是顺德的"大茅"[③]，李德超先生则认为是今香港海域之"大门"[④]。从对音来说，Tamāo 与"舵尾""大茅""大门"均大致相近，但重要的一点是，遍寻明代文献，这三处地名均未见载有

① 李德超：《澳门得名之由来与葡人之初来地大门岛考》，见珠海文史研究所学会主编《罗香林教授纪念论文集》，台北，新文丰出版社，1992。

② 朱杰勤：《葡萄牙人最初来华时地考》，见《中外关系史论文集》，475 页，郑州，河南人民出版社，1984。

③ 藤田丰八：《葡萄牙占据澳门考》，见何建民译《中国南海古代交通丛考》，377 页，北京，商务印书馆，1936。

④ 李德超：《澳门得名之由来与葡人之初来地大门岛考》，见珠海文史研究所学会主编《罗香林教授纪念论文集》，台北，新文丰出版社，1992。

外国商船在此贸易的痕迹，更遑论"贸易之岛"之名了。

颇为严谨的青年学者张增信先生则在上述观点的基础上作了一个较含混的综合，称：

> 著者考证的结论是在急水门与鸡心门以内的珠江虎门口外，谓屯门澳（或屯门湾）可，谓即今日之"屯门"不可；若谓在"伶仃洋"，则宜，谓在"伶仃岛"，则不宜。因为当时葡萄牙人初来广东，也未必只在一个岛上与中国海民交易，屯门澳内诸岛，无一不是葡中交易的好场所。

总之，他是断然否定上、下川岛之说，而主张 Tamão 为"屯门澳"诸岛。[①]

四

在完成对上述多种观点的辩驳之后，必须说明一点，Tamão 这一地名是葡萄牙史学家记录的中国地名，事实上，葡萄牙人关于中葡早期通商的记录远比中国文献的记录要详细得多。因此，葡萄牙史学家和依据葡文材料完成的有关论述（这一点，东方史学家的先天不足是不能不承认的，包括藤田丰八先生亦不识葡文）决不可轻易否定，应引起我们的重视。最早的澳门史学家龙思泰（A. Ljungstedt）在《早期澳门史》中称：

> Tamão 在上川岛（San - chan）的西北部海岸，是一个著名的港口，中外商人云集此地，以各自的投资交易获利……当季候风尾声之际，所有交易停止下来，账目结清，港口空荡荡的，岛上杳无人迹，直至商人们再次返回。[②]

葡萄牙史学家丹弗斯（Frederick Charles Danvers）在《印度的葡萄牙人》一书中记载 Tamão 时说：

---

① 张增信：《明季东南中国的海上活动》（上编），283 页，台北，中国学术著作奖助委员会，1988。
② 龙思泰（A. Ljungstedt）著，吴义雄、郭德水、沈正邦译：《早期澳门史》，10 页，北京，东方出版社，1997。

（Tamão）系上川岛西北海岸有名之港口，中国及外国商贾，各为贩卖其商货而会于此。①

马士（H. B. Morse）《中华帝国对外关系史》称：

1517 年，费尔南·佩雷斯·安德拉德率葡萄牙船和马来船各四艘，在上川岛（Shang Chuen）下碇，那岛现在叫圣约翰岛，是圣方济各最后到达的地方。②

著名葡萄牙史学家徐萨斯称：

1515 年，欧维士在葡人的帮助下在 Tamão 竖立了一根石柱，第二年拉斐尔（Rafael Perestrello）也来到中国，他的这次中国之行的丰硕成果让马六甲的葡人眼花缭乱，贸易岛离澳门不远，在下川岛上的 Tamão 港，邻近上川，上川通常又被称作圣约翰岛。③

裴化行（H. Bernard）的《天主教十六世纪在华传教志》与上述观点有所不同，认为 Tamão 是下川岛的港口：

裴南柏来斯来华，以公使名义入朝进谒，1517 年 8 月 15 日来到 Tamão（下川岛之港口）。……1518 年 9 月底，用他兄弟西蒙柏来斯代替，此人豪横傲慢，欺官凌民，并在下川修筑堡垒。④

这些西方史学家的著作多依据当时葡文资料完成。如果没有一定的文献依据，他们不会凭空去杜撰出一个"上川岛"来，特别是龙思泰这位 19 世纪上半叶的史学家，他的著作资料主要来自于萨赖瓦主教搜集的 18 世纪之前的史料，他当时能看到的文献肯定要多过今天。他将 Tamão 一地极为肯定地记于上川岛的西

① Fred erick. Charles Danvers, *The Portuguese in India*: *Being a History of Rising and Decline of Their Eastern Empire*, London W. H. Allen&co, limited, 1894, p. xxxx.
② 马士著，张汇文、张志信、马伯煌，等译：《中华帝国对外关系史》，第 1 卷，第 3 章，45 页，北京，商务印书馆，1963。
③ C. A. Montalto de Jesus, *Historic Macao*, *International Traits in China Old and New*, Macao, Salesian Printing Press and Tipografia Mercantil, 1926, p. 3.
④ 裴化行著，萧濬华译：《天主教十六世纪在华传教志》上编，49～50 页，上海，商务印书馆，1936。

北海岸，这应该是有所凭据的，今日的学者不应轻易予以否定。
应当重视历史资料的原始性与传承性，如无铁证，早期文献的记
载亦可以成为今天的依据。

　　在此，余欲通过各种材料来证明 Tamão 在上川岛之西北之正
确。还是依据 Tamão 港的四个条件来进行证明：

　　首先，上川岛是一个岛屿是无疑的，该岛西北有一港湾即名
"大澳湾"，今天仍称"大澳"。查《苍梧总督军门志·全广海
图》，三洲之西有一澳名"大澳"①，三洲即上川。又查阮元《广
东通志·广东海防图》②，这一大澳湾当即《苍梧总督军门志》
之"大澳"，为上川岛西北岸一港口。"大澳"与 Tamão 对音相
近，可以说第一个条件是完全吻合的。

图 6：《（道光）广东通志》卷 124《广东海防图》上川岛部分

　　第二个条件是 Tamão 岛距离广州 30 里格，1 里格约等于 3 海
里，30 里格则当有 90 海里。这种海上距离之数多以大概言之，
很难十分精确。但 1552—1555 年间活跃在广东海上的索札（Le-
onel de Sousa）则称：

――――――――――

①　应槚辑，凌云翼、刘尧海重修：《苍梧总督军门志》卷 5《全广海图》，影印万历
　　辛巳林大春序刊本，90 页，北京，全国图书馆文献缩微复印中心，1991。
②　阮元：《（道光）广东通志》卷 124《广东海防图》，上海，上海古籍出版社影印
　　本，1988。

广州距上川港 30 里格。上川岛为我率众船停泊诸岛之一。我无意住锚浪白滘，也不愿意去距上川五六里格的一个名叫广海的城市。这两个城市壁垒森严，固若金汤。①

沙勿略神父 1552 年在上川岛写的信称：

上川港距广州 30 里格。②

巴列托神父 1555 年 11 月 23 日在浪白滘写的信亦称：

上川岛是个离广州 30 里格的岛。③

当时记载上川至广州的距离与上述条件相合。

第三个条件，Tamão 岛离驻扎备倭的南头 1~3 里格。这一条件似乎不合，上川岛离南头肯定不止 3 里格。但有这么一个细节不能不引起我们注意。据前引《新安县志》，知南头一直设有水寨，而水寨即有巡汛之责。查《苍梧总督军门志·全广海图》，在三洲（上川）、柳渡（下川）之东南的大金山旁注明："三洲、柳渡即上、下川地方，北津、南头兵船会哨于此。"同书卷五《沿海信地》又载："南头寨，自大鹏鹿角洲起，至广海三洲山上，为本寨信地。"④ 这就是说上、下川岛是属于南头寨巡汛的地方。这就可以解释上川岛离驻扎备倭的南头寨 3 里格，原来是指当时备倭总兵船巡视到上川岛附近，故在上川岛的葡人称离南头备倭只有 3 里格。

---

① 索札 1556 年的信，见金国平译《莱奥内尔·德·索札与汪柏》，载《澳门研究》1998（7）。

② 格奥尔格·舒马赫梅尔：《方济各·沙勿略通讯簿》，第 2 卷，491 页，见金国平编译《西方澳门史料选萃（15—16 世纪）》，64 页，广州，广东人民出版社，2005。

③ 巴列托神父 1555 年的信，见罗理路著，陈用仪译《澳门寻根》附录文献之 2，62 页，澳门海事博物馆，1997。

④ 应槚辑，凌云翼、刘尧诲重修：《苍梧总督军门志》卷 5《全广海图》，90 页；《沿海信地》，95 页，影印万历辛巳林大春序刊本，北京，全国图书馆文献缩微复印中心，1991。

图7：《苍梧总督军门志·全广海图》三洲、柳渡部分

第四个条件，也就是最重要的一个条件，那就是上、下川岛是不是当时的"贸易之岛"。先看材料，明人曹学佺的《广东名胜志》新宁县条载：

> 上川，左右为大小金门，又西南二百里番舶往来之冲，是为寨门海。[1]

明人胡宗宪《筹海图编》卷3载：

> 九星洋等处而西，而浪白澳为尤甚，乃番舶等候接济之处……崖门、寨门海、万斛山、纲州等处而西，而望峒澳尤甚，乃番舶停留避风之门户。[2]

明人郭棐的《（万历）广东通志》载：

> 上下川之左曰大金门海，右曰小金门海，诸夷入贡，风

---

[1] 曹学佺：《广东名胜志》卷1《新宁县》，丛书集成初编，北京，中华书局，1985。
[2] 胡宗宪：《筹海图编》卷3《岭南滨海诸郡》，文渊阁四库全书本，台北，商务印书馆，1986。

逆则从此进，其西南曰寨门海，而番船舶往来之冲。①

《明一统志》卷79载：

上川石山，下川土山，居民以贾海为业。②

明万历《粤大记·广东沿海图》在三洲山（上川）、柳渡山（下川）西北标有"番船澳"和"番货澳"之名。③"番船"和"番货"之名即可证上、下川岛及西北海域确有外商活动，而且完全可能是葡萄牙商人的活动。

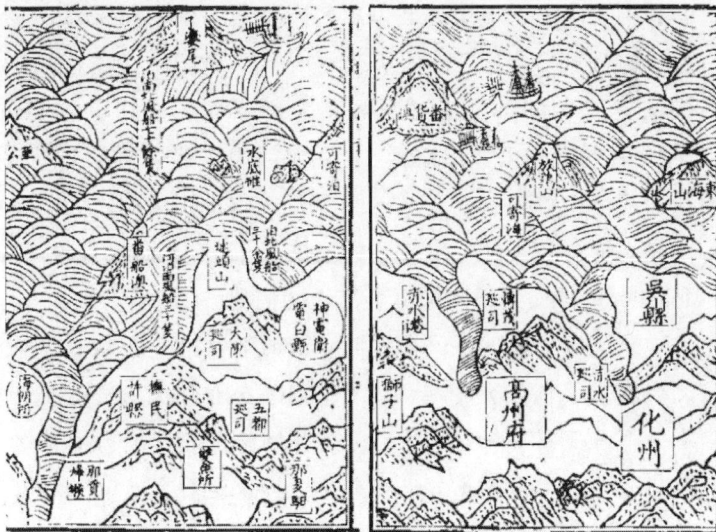

图8：《粤大记·广东沿海图》"番船澳""番货澳"部分

三洲是上川，柳渡是下川，寨门当为今台山县寨门港，即今镇海湾南面海域，望峒则在今台山县广海湾内，上引索札信亦称，广海距上川五六里格。如将上引资料综合起来看，即可看

---

① 郭棐：《（万历）广东通志》之《藩省志》，万历壬寅年序刊本。
② 李贤、彭时：《明一统志》卷79《广东布政司》，影印明天顺五年刻本，西安，三秦出版社，1990。
③ 郭棐：《粤大记》卷32《广东沿海图》，日本藏中国罕见地方志丛刊本，538页，广州，中山大学出版社，1998。

出，明代上、下川岛与今台山境内的广海湾、镇海湾正好形成一个大湾，包括寨门、金门、望峒诸澳，与番船、番货诸澳相连，成为一片船舶避风的港湾区，亦成为当时外国商船在中国沿海最主要的贸易区，故阮元的《（道光）广东通志·海防略》称：

> 广海寨，环连山海，其大澳、横山、上川、下川等处为商渔聚集防守最要之区。①

正因为这一片海域在当时均是外国商人经常进行贸易的地方，而其中尤以上、下川岛最为知名，故葡人到中国来者，凡在这一地区进行贸易，均呼作上川或下川。17 世纪的《莫雷拉航海书》中记载："上川，以前曾称呼其为贸易岛（A Ilha da Veniaga）。"②《利玛窦中国札记》云："在澳门城兴建之前，上川岛是中国和葡萄牙人贸易的地点。"③ 可见葡人将上川岛称之为"贸易之岛"是有充分依据的。最重要的证据是 1555 年梅尔乔尔（Mestre Melchior）神父致果阿耶稣会修士的信称：

> 此地富甲天下。仅在我们停泊的港口有一条从日本来的大船载三十几万公担胡椒及价值 10 万的白银。这些货物不消一个月便销售一空，原因是允许他们（指华商）将货物从广州运来上川，在此与华人交易，换取运往印度、葡萄牙及其他地方的货物。据说，每年如此交易。④

上川变成了"富甲天下"的国际贸易据点，而且是"每年如此交易"。这从上川岛花碗坪遗址出土大量明代外销瓷碎片可以

---

① 阮元：《（道光）广东通志》卷 124《海防略》，上海，上海古籍出版社影印本，1988。
② 《莫雷拉航海书》，见金国平编译《西方澳门史料选萃（15—16 世纪）》，70 页，广州，广东人民出版社，2005。
③ 利玛窦、金尼阁著，何高济、王遵仲、李申译：《利玛窦中国札记》，第 2 卷，第 1 章，128 页，北京，中华书局，1983。
④ 《平托信札及其他文献》第 67~68 页，见金国平编译《西方澳门史料选萃（15—16 世纪）》，230 页，广州，广东人民出版社，2005。

获得证明①，当时的上川岛确是"贸易之岛"。1623 年有葡萄牙人雷戈亦称：

> 第一批葡萄牙人于 1524 年到了中国这一带地区，在上川岛与中国人做了十八年的生意。②

虽然，1623 年雷戈记录第一批葡萄牙人来中国的时间 1524 年不太准确，但反映的另一方面则是第一批葡萄牙人到达的中国之地是上川。雷戈所看的资料应是 17 世纪初的资料，或者是听前代澳门人所言。根据上述各种文献的确证，16 世纪文献中所言之"贸易之岛"指的就是上川岛。而 16 世纪文献中指 Tamão 最重要的特征即是"贸易之岛"。余以为 Tamão 即指上川岛。

不仅上、下川岛是当时葡萄牙及东南亚商人在中国的贸易区，而且在上、下川岛西北稍远的海陵之闸坡与电白港湾也是当时葡萄牙及东南亚商人在中国的贸易区。我们来看一下曾经被许多专家否定的史料。《明史·佛郎机传》载：

> 先是，暹罗、占城、爪哇、琉球、浡泥诸国互市，俱在广州设市舶司领之。正德时移于高州之电白县。③

《明熹宗实录》卷 6 载：

> 先是，暹罗、东西洋、佛郎机诸国入贡者，附省会而进，与土著贸易，设市舶提举司税其货。正德间，移泊高州电白县。④

过去，有史学家对这一材料表示怀疑，认为广州市舶司从未移至电白，东南亚及西方商人同中国贸易也从未移至电白。⑤ 故

---

① 黄薇、黄清华：《广东台山上川岛"花碗坪"遗址出土瓷器及相关问题》，载《文物》，2007（5）。

② 雷戈：《澳门的建立与强大记事（1623 年）》，载《文化杂志》，1997（3）。

③ 张廷玉：《明史》卷 325《佛郎机传》，北京，中华书局，1974。

④ 《明熹宗实录》卷 6，天启元年六月丙子条。

⑤ 戴裔煊：《〈明史·佛郎机传〉笺正》，59～61 页，北京，中国社会科学出版社，1984。黄文宽：《澳门史钩沉》，197～297 页，澳门，星光出版社，1987，亦持此说。

有人认为，此电白恐为"浪白"之讹。①

首先需要说明的，不管是《明史》还是《明熹宗实录》，这一则材料并未言移市舶司于高州电白。《明熹宗实录》中的"移泊"二字已可证明是指外国商船移泊高州电白。明电白县在今电城镇，明又设神电卫于此。有的学者认为：

> 中国与东南亚南海诸国贸易，船舶到来，湾泊有定所。新宁广海、望峒；新会奇潭；香山浪白、蠔镜、十字门；东莞鸡棲、屯门、虎头门等处海澳，都是指定湾泊的地点。从未见过有任何记载提到电白。电白偏远，交通不便，不是互市之地。②

这里列举的外国商船停泊的地点出自黄佐《广东通志·外志》。这里确实无电白之名。但须明白，该志成书于嘉靖四十年（1561 年），内中所见之事均为嘉靖中的事，确切一点说，应是嘉靖八年（1529 年）林富上疏重开海禁以后的事，并不能说明正德年间无番舶进入电白附近海域进行贸易。明郭棐的《粤大记·广东沿海图》中有这样的图标，在电白县莲头山稍东南即有一澳名"番船澳"，并称"可泊南风船三十只"；又在电白县稍西南有一澳名"番货澳"，并称"可寄泊"，在紧靠电白县的海湾中还注明，"泊北风船三十余只"（参见图 8）。③《粤大记》成书于万历年间，以"番货""番船"作为海岛的名字出现在地图上，可以反映两点：一是这里的"番货"囤积多，"番船"经常停泊且对这一地区产生了较大的影响；二是这里囤积"番货"停泊"番船"已有相当长的时间了，不然，绝不会作为具有相对稳定意义

---

① 费成康：《澳门四百年》，11～12 页，上海，上海人民出版社，1988。

② 戴裔煊：《〈明史·佛郎机传〉笺正》，59～61 页，北京，中国社会科学出版社，1984。黄文宽：《澳门史钩沉》，197～297 页，澳门，星光出版社，1987，亦持此说。

③ 郭棐：《粤大记》卷 32《广东沿海图》，日本藏中国罕见地方志丛刊本，538 页上，广州，中山大学出版社，1998。

的地名出现在地图上。《粤大记·广东沿海图》所载的"番船澳"和"番货澳"在什么地方呢？以图中所标方位推之，在电白县东南的"番船澳"，当指今阳江之海陵岛，其西南角之闸坡旧名"戚船澳"，是良好的深水港湾，也是海陵岛上最早的船只停泊的港湾。阮元的《（道光）广东通志》卷124载：

> 明初，阳江、海朗、双鱼三所各设备倭官一员，每年驾船巡海，扎泊海陵、青州、戚船澳等处。[1]

"备倭"官的设立，除有防止倭寇之意外，还有对外国商人的管理职责，故凡是外国商人出入的沿海港口，多设有"备倭"一职。明人霍韬言：

> 若欲知备倭一下官贤否，观其处置番夷入，略见之矣。[2]

"戚船澳"有备倭的定期巡守，反映这一地区确有外国商船出入，其地又正在电白莲头港之东南，因此，余以为《粤大记·广东沿海图》之"番船澳"当为"海陵岛"之"戚船澳"。海陵岛在《广东沿海图》中未标，可能是已标"番船澳"之名，故无海陵之名。否则像海陵这样的大岛绝不会在《粤大记·广东沿海图》这样详细的海图中遗漏的。

至于"番货澳"，余以为是明代电白城西南的"博贺港"。《道光重修电白县志》卷7载：

> 莲头山西五里为博贺港。白蕉南三里为鸡笼山，濒临大海，遥对大小放鸡山，南门、博贺两港中分，为海船必经水道。[3]

《粤大记·广东沿海图》中"番货澳"之位置正在"莲头

---

[1] 阮元：《（道光）广东通志》卷124《海防略》，上海，上海古籍出版社影印本，1988。

[2] 霍韬：《霍文敏公文集》卷10《两广事宜》，清同治元年石头书院刊本。霍韬死于嘉靖十九年（1540年），则此言当是指正德时或嘉靖初，"备倭"是处置番夷之事的官。

[3] 章鸿：《重修电白县志》卷7《海防》，清道光六年刻本。

山"之西南。"番货"之"番"古音亦可读作"博"之音，故疑"博贺"是"番货"二字的转读。查今博贺镇亦建于明代，故疑《粤大记·广东沿海图》中电白县西南的"番货澳"即"博贺港"。"澳"者，港湾也。《道光重修电白县志》卷10载：

> 正统五年（1440年），都指挥张演奏设备倭隶神电卫。[1]

张甄陶的《澳门图说》亦记载：

> 先是，海舶皆直泊广州城下，至前明备倭迁于高州府电白县。[2]

电白有倭患，始于隆庆，而正统五年电白设备倭一职，亦可证明前期这一带常有外国商船出入。据此可知，前引"电白偏远，交通不便，不是互市之地"的结论未免武断。在电白海域出现"番船澳"和"番货澳"这样的港口名就足以证明，电白海域不仅是互市之地，其对外贸易还表现得相当活跃。

还有一则清顺治初年的重要档案资料可以佐证此说：

> 濠镜澳，所名佛郎机国人住居百余年矣。此国之人种，系西洋来，闻其经历外洋，如暹罗、日本、交趾、玛珈沙各国。皆彼此往来贸易，即以番岛各货。向年乘潮至高州电白海滨，停泊番舶，搭盖茅寮，与粤贾为市，市毕焚寮而去。嘉靖年间渐入至濠镜澳侨居。[3]

这是关于葡商在电白海域交易的最详细资料，叙述时间是顺治四年（1647年）年五月，叙述人是两广总督佟养甲，顺治时佟氏既不可能见《明史》《明史稿》诸书，更不可能见《明实录》。故可以断定，佟氏一定看到过比上述更为原始的明代资料，故言在嘉靖前葡人来高州电白贸易。再从葡文史料记载的情况来看，

---

① 章鸿：《重修电白县志》卷10《经政》2，清道光六年刻本。
② 王锡祺：《小方壶斋舆地丛钞》第9帙《澳门图说》，影印光绪辛卯刊本，315页，杭州，杭州古籍书店，1985。
③ 故宫博物院文献馆编：《文献丛编》第24辑《总督两广巡抚佟养甲为请许濠镜澳人通商以阜财用事题本》，北平，和济印刷局，1930。

葡萄牙人最初是在上川岛及其西北海面贸易，时间是正德九年至正德十二年，即 1514 年到 1517 年间，而电白海域不论从地域还是时间均与葡文史料相合。因此，余以为，《明史·佛郎机传》及《明实录》关于正德年间葡萄牙人进入电白海域进行贸易的记录是可信的，是不容轻易否定的。

综上所述，可以看出，在明正德年间，西起电白海域，东至上、下川岛这一区域已成为外国商船的重要贸易区。那么，葡萄牙人为什么选择这么一片远离广州的地方进行贸易呢？余以为，应该是基于两个方面的原因：

一是葡萄牙商人从马六甲航海到中国，从航线上看，是经海南岛东部进入南海海域，而进入南海海域后，最先进入的即西起电白，东止上、下川岛这一海域区，由于这一地区有较多的良好港湾，又是番舶的必经之道，因此，那些对中国情况还完全不熟悉的葡萄牙商人将这一片最先接触到且又靠近中国大陆的海域作为自己的贸易驻点，就是情理中的事了。清初人姜宸英称："高、廉、雷，西洋贡道之所以入也。"[①] 也是认识到，从西洋往中国的航线，高、廉、雷三洲乃必经之地，是外国商队最先进入中国领域的第一海域区。

二是正因为上川、电白一带离设有专门管理外国商人的市舶司的广东省城较远，而这一带历来又是中国"商渔聚集"之地，在这里进行民间的商业贸易可以获得更多的利润。这应是葡萄牙商人为什么会最早选择电白—上川这一区域作为他们对华贸易基地的重要原因。

至于张增信先生所说，在他所见的葡萄牙航海图上都将贸易岛（I. Da Veniaga）绘在广东珠江三角洲口外；而稍晚几年的图（按：约 1560 年，嘉靖三十九年）就更明显分开标出 I. Da Venia-

---

① 贺长龄：《清经世文编》卷 83《兵政》14 姜宸英《海防总论拟稿》，北京，中华书局影印本，1992。

ga（贸易岛）与 Sanchoam（上川），并由此得出结论，"上川岛不是葡人所谓的贸易之岛了"。①

在这里张先生没有搞清一个时间界限，从电白到上川这一地区成为葡萄牙人及外国商人在中国的贸易据点的时间是嘉靖元年（1522 年）以前，据马士载：

> 1522 年奉派朝见中国皇帝的专使米罗（Alfonso Martins de Mello）到达圣约翰岛（上川岛），但遭到袭击，所有在他船上的人员几乎丧命，少数幸免逃到浪白澳（Lampaco）。②

至 1522 年时，上川岛的葡人贸易基本结束。中国史料中也反映这一时期广东的走私贸易是在正德年间，《明武宗实录》卷 149 载：

> （正德十二年五月）先是，两广奸民私通番货，勾引外夷与进贡者，混以图利，招诱亡命，略卖子女，出没纵横，民受其害。③

可见，当时"两广奸民"与外国商船进行走私贸易是在正德年间。正德十六年（1521 年）的屯门之役与嘉靖元年的西草湾之役后，葡萄牙人损失惨重，遂退出上川岛这一根据地，除部分仍在广东海上活动外，其商队主要部分遂移至闽浙海上。

由于葡萄牙人在上川岛的活动结束，很自然，I. Da Veniaga（贸易之岛）的桂冠当然也就不再属于上川岛了，而稍后葡萄牙人在浪白澳再建贸易据点，故这时广东海面的 I. Da Veniaga 就非浪白莫属了。因此，在葡萄牙的航海图上，"特别是 1560 年嘉靖三十九年以后航海图上"，将 I. Da Veniaga 与上川岛同时标出就十分正常了。

---

① 张增信：《明季东南中国的海上活动》（上编），279 页，台北，中国学术著作奖助委员会，1988。
② 马士著，张汇文、张志信、马伯煌，等译：《中华帝国对外关系史》，第 1 卷，45 页，北京，商务印书馆，1963。
③ 《明武宗实录》卷 149，正德十二年五月辛丑条。

综上所述，我们据四个条件对上川岛（其实是以上川岛为中心的这一海域区）进行了较详细的考证，可以看出，上川岛西北岸的"大澳"港，很可能是早期葡人所说的 Tamão。如此证不诬，那么就可以解释，为什么葡人商船能在中国沿海展开长达数年的大规模走私贸易而不被中国军队驱逐；亦可以解释，为什么葡萄牙殖民主义者可以在中国沿海的岛屿上堂而皇之地建起带有（葡国）皇室徽记的纪念石柱而不被中国军队摧毁；还可以解释，为什么葡国商人死后可以安然葬于中国岛屿，它在中国海上的地理位置正好位于南头水寨与北津水寨的巡汛兵船的交界处，也就是南头兵船巡汛的最西点。时人霍与瑕言：

> 若上川、下川在洋海心，长亘百里，有高山峻岭。贼每投托山猺，在山顶潜望。兵到东洋，则为密号，贼望见趋而西；兵到西洋，则为密号，贼望见趋而东。①

海贼如是，从事走私的"夷商"又何尝不是这样呢？在上川岛进行走私贸易的商人完全可以了解到南头巡汛的来去消息，而上川岛则又是南头巡汛的最薄弱环节。所以，正德年间葡人在广东沿海的走私贸易选择上川岛应是十分周全的考虑。

五

最后的问题是如何解释中国文献中关于正德年间葡萄牙占据屯门的记载。余以为，中国文献最原始的记载与葡文记载并不矛盾，只不过较后的文献多将葡人初入中国通商的几件事混在一起，且没有各事的确切年代，故造成很大的混乱。当时的实际情况应是这样，据巴罗斯《亚洲旬年史》中所载，费尔南·佩雷斯·安德拉德到 Tamão（上川之西北港口）后，继续向广州进发，即文中所载：

> 葡人欲往广东，中国官吏不许，安德拉德强驶入内河，

---

① 霍与瑕：《勉斋集》卷2《上陈文峰军门》，清光绪丙戌重刻本。

放炮举敬礼。抵广东后，国使皮莱资与随员登陆，中国人接待颇优，择安寓以舍之。①

当时出任海道副使的顾应祥语：

> 正德丁丑（正德十二年，1517 年），予任广东签事，署海道事。蓦有大海船二只，直至广城怀远驿，称系佛郎机国进贡。……以其人不知礼，令于光孝寺习仪三日，而后引见。②

当事人所见，并无占据屯门之说。《苍梧总督军门志》卷29 载：

> 正德十二年，有佛郎机夷人突入东莞县界，时布政使吴廷举许其朝贡，为之奏闻。③

很多文献均有此载。"突入东莞县界"也与巴罗斯记载不矛盾，从上川岛进广州，势必由珠江口进入东莞县界，且又是强行驶入，还鸣炮致敬，故时人称"突入东莞县界"，并未说占据屯门。到黄佐编撰《（嘉靖）广东通志》时则开始混淆：

> 佛郎机素不通中国，正德十二年，驾大舶突至广州澳口，铳声如雷，以进贡请封为名。布政使兼按察副使吴廷举许其进贡，抚按查《会典》无旧例，不行，乃退泊东莞南头，盖房树栅，恃火铳自固。④

黄佐的《（嘉靖）广东通志》很明显将两次事情混淆。正德十二年（1517 年）葡人的使团是成功的，他们不仅进了广州，安排在怀远驿馆，而且还被应允同意葡使进京。这在中西文资料中均有记载。郭棐的《广东通志》亦载："正德十一（当十二之

---

① 巴斯罗：《亚洲旬年史3》（Do Asia Decada 3），这一段译文引自张星烺《中西交通史料汇编》第1册，355 页，中华书局，1980。
② 胡宗宪：《筹海图编》卷13《兵器·佛郎机图说》，文渊阁四库全书本，台北，商务印书馆，1986。
③ 应槚辑，凌云翼、刘尧海重修：《苍梧总督军门志》卷29《與利除害事》，影印万历辛巳林大春序刊本，397 页，北京，全国图书馆文献缩微复印中心，1991。
④ 黄佐：《（嘉靖）广东通志》之《外志》，广州，广东地方志办公室影印本，1998。

误）年六月，佛郎机夷人始入广州。"① 既然葡人已进入广州，又何来"抚按查《会典》无旧例，不行，乃退泊东莞南头"之说。黄佐的记载自然影响很广，严从简《殊域周咨录》亦改编其文，②均将二事混淆。

"退泊东莞南头"应指另一时间的另一事情。1517 年葡人使团成功进入广州后，遂在广州等候进京朝贡的批准。1518 年，安德拉德接到海盗攻击 Tamão 的消息，遂率舰队离开广州返回Tamão。不久，收到马六甲总督召回的命令，遂于 1518 年 9 月（正德十三年（1518 年）八月）离开中国返回马六甲，葡国使节皮莱资则仍留在广州。③ 1518 年 8 月，马六甲方面又派遣费尔南·佩雷斯·安德拉德之弟西蒙·安德拉德代替他。西蒙到 Tamão后亦要求进广州，④ 由于其人"豪横傲慢，欺官凌民"⑤，故未被广东官员批准。余以为，"遂退泊东莞南头"，当指西蒙 1518 年 8月未能进入广州，于是退泊东莞南头，等待时机。请注意，戴璟的《广东通志初稿》，黄佐的《（嘉靖）广东通志》，郭棐的《（万历）广东通志》均记载："正德十四年十一月丁卯，逐佛郎机夷出境。"⑥ 这即可能是西蒙 1518 年到中国后，于 1519 年（正德十四年）亦要求进广州，而未获批准，被广东官员将其驱逐出广州，而西蒙则率船队"退泊东莞南头"。我们再看看黄佐在其

① 郭棐：《（万历）广东通志》之《藩省志》，万历壬寅年序刊本。
② 严从简著，余思黎点校：《殊域周咨录》卷 9《佛郎机》，北京，中华书局标点本，1993。
③ 巴罗斯：《亚洲旬年史》（Do Asia Decada 3），这一段译文引自张星烺《中西交通史料汇编》第 1 册，355 页，北京，中华书局，1980。
④ 《中国诸岛简讯》："海道驻扎东莞，从此至广州港距离为 2 西班牙里格，至东莞约有 7 或 8 里格。当年费尔南·佩雷斯·德·安德拉德曾取此道。稍后，其兄西蒙·德·安德拉德也是由此去广州"。摘自金国平编译《西方澳门史料选萃（15—16 世纪）》，76 页，广州，广东人民出版社，2005。
⑤ 裴化行著，萧浚华译：《天主教十六世纪在华传教志》上编，第 2 章，50 页，上海，商务印书馆，1936。
⑥ 戴璟：《广东通志初稿》卷 3《政纪》，影印明嘉靖本，北京图书馆古籍珍本丛刊，北京，北京图书馆出版社，2000；黄佐：《（嘉靖）广东通志》卷 7《事纪》5，广州，广东地方志办公室影印本，1998；郭棐：《（万历）广东通志》之《藩省志》，万历壬寅年序刊本。

《（嘉靖）广东通志》中关于这两件事的另一处记载：

> 佛郎机夷人不知何许种落，至是假入贡为名，举大铳如雷抵澳，郡城震骇，后谋据东莞南头。[①]

将进贡入广州与据南头两事明显分开，加了一个时间词"后"。郭棐所载相近，最后载为"寻退泊东莞南头"。[②] 可见其基本认识是两件事，一前一后。

正德十六年（1521年）明武宗去世，明廷中央政策发生了变化，对葡人的态度也来了一个大转弯，特别是正德十六年满剌加使臣昔英到北京，证明了葡萄牙人确实吞并了满剌加后，明廷完全采取以葡萄牙人为敌的态度。《明史·佛郎机传》载：

> 明年（1521年）武宗崩…绝其朝贡。其年七月，又以接济朝使为辞，携土物求市，守臣请抽分如故事，诏复拒之。[③]

《苍梧总督军门志》卷29载：

> 朝廷准御史丘道隆等奏，即行抚按，令海道官军逐出境，诛其首恶火者亚三等，余党闻风慑遁。[④]

正是由于明朝政府正式断绝与葡萄牙商人的交往，拒绝其进贡，又下令将葡人驱逐出境，原留在广州及当年又来进贡的葡人又有"退泊东莞南头"之举。这一点可从陈文辅的《都宪汪公遗爱祠记》一文中获得清楚地证明。

> 近于正德改元，忽有不隶贡数恶彝号为佛郎机者，与诸

---

① 黄佐：《（嘉靖）广东通志》卷7《事纪》5，广州，广东地方志办公室影印本，1998。黄佐《泰泉集》卷2《代巡抚通市舶疏》亦称："至正德十二年，有佛郎机人突入东莞县界，时布政使吴廷举许其朝贡，为之奏闻。此则不考成宪之过也。厥后犷狡章闻，朝廷准御史丘道隆等奏，即行巡抚，令海道官军驱之出境。""厥后犷狡章闻"，亦证明是正德十二年佛郎机进贡被批准后，才出现"犷狡章闻"之情形的。
② 郭棐：《（万历）广东通志》之《外志》，万历壬寅年序刊本。
③ 张廷玉：《明史》卷325《佛郎机传》，北京，中华书局，1974。
④ 应槚辑，凌云翼、刘尧诲重修：《苍梧总督军门志》卷29《舆利除害事》，影印万历辛巳林大春序刊本，397页，北京，全国图书馆文献缩微复印中心，1991。

狡猾凑杂屯门、葵涌等处。①

正德改元是正德十六年（1521年）事，"近于"二字表明接近正德改元之时，则应是正德十五至十六年间，即1520—1521年间，前所言正德十四年十一月驱逐佛郎机夷人出广州，而"退泊东莞南头"则已是正德十五年之事了。那西蒙是第一批退泊南头的葡萄牙人，正德十六年来中国进贡，即巴罗斯书中所言1521年的迪奥戈·卡尔沃（Diego Calvo）及留居广州的葡萄牙人又一次被驱逐，亦应"退泊东莞南头"。可知，葡人两次退泊东莞南头均在正德十五至十六年之间。陈文辅为当时人记当时事，可信程度甚大。虽然当时的屯门有中国军队驻扎，但具有相当武装力量的葡萄牙商队在短时期内占据屯门是可能的。史澄《广州府志》卷38载：

（汪鋐）正德十六年任巡道，番夷佛郎机假朝贡，占据屯门海澳。②

明代曹学佺称：

东莞南头城，古之屯门镇。③

史澄亦载佛郎机占据屯门是正德十六年。但我国明清时期很多文献（特别是地方志）往往将葡人正德十二年（1517年）进广州之事与正德十五、十六年占据屯门混淆，记为一件事，以致造成了很大的混乱。试举一二例。郭文炳的《东莞县志·外志》卷1载：

正德十一年（为十二年之误），佛郎机人始入广州，谋据邑南头，副使汪鋐逐之。④

靳文谟《新安县志》卷11《寇盗》载：

---

① 靳文谟：《（康熙）新安县志》卷12《都宪汪公遗爱祠记》，康熙刻本抄本，广州，中山图书馆。
② 史澄：《（光绪）广州府志》卷38《宦绩》，清光绪五年刊本。
③ 曹学佺：《广东名胜志》卷1《新宁县》，丛书集成初编本，北京，中华书局，1985。
④ 郭文炳：《（康熙）东莞县志》卷14《外志》1，康熙刻本抄本，东莞，东莞市地方志办公室，1994。

　　正德十一年（为十二年之误），番彝佛郎机入寇，占据
屯门海澳，海道汪鋐讨之。[①]

　　上述两志均将正德十二年葡人广州之事与正德十六年占据屯
门之事混为一谈，前引《东西洋考》及《殊域周咨录》亦是混
记。关于早期中葡关系的中文史料，这种现象甚多，使用时不可
不辨。

　　如果我们是以上述认识来看中国文献关于正德十二年至正德
十六年葡人与中国接触之事的话，那东西方文献的矛盾就迎刃而
解了，也就不会对任何一种文献作轻易的否定，而对原始文献表
示应有的尊重。事情就可以这样解释：

　　Tamāo 一词在葡文史料中所表示的是一中国地名，但在中文
中所应表示的原始意义却应有二：一是大澳，一是屯门，其译音
均为 Tamāo，巴罗斯《亚洲旬年史》一书中记载了四次葡人使团
到达 Tamāo，前三次即 1514 年的佐治·欧维士，1517 年的费尔
南·佩雷斯·安德拉德及 1518 年的西蒙·德·安德拉德，这三
人所到之 Tamāo，均是指上川岛西北之大澳。1520 年西蒙未能进
广州，1521 年葡人使臣迪奥戈·卡尔沃第四次来中国时，由于被
中国政府拒绝而遭驱逐，均退泊 Tamāo，而这一 Tamāo，即是中
国文献中的“东莞南头”或“屯门”，最后在屯门澳中葡之间爆
发了一场战争，葡人被赶出屯门。

　　综上所述，可以得知，中国与葡萄牙最先接触的地方是在
上、下川岛。时间约在十六世纪初，葡萄牙商人即在这一地带同
中国商人展开了活跃的商业贸易，他们“将香料运到中国（实际
只到了上、下川岛及电白一带），所获利润与载往葡萄牙所获利
润同样多。”虽然“中国人不许他们登陆”[②]，但他们仍从这里获
得大量关于中国的信息。因此，余以为：中葡两国关系发展的起

①　靳文谟：《（康熙）新安县志》卷11《寇盗》，康熙刻本抄本，广州，中山图书
　　馆。
②　意大利人 Andrea Corsali 1915 年 1 月 6 日致 Duke Giuliana de Medici 的信。转引自张
　　天泽著，姚楠、钱江译《中葡早期通商史》，9 页，香港，中华书局，1988。

点即在上、下川岛及其附近海域。①

余话

2006 年 11 月毕业于北京大学考古系的硕士研究生、江西景德镇陶瓷学院的黄薇在澳门历史文化研究会出版的《澳门历史研究》第 5 期上发表《Tamão 上川说新证：关于上川岛新发现的"石笋"考察》一文。该文认为，广东珠江口附近海面岛屿众多，适宜泊船的岛屿港口不可胜计，故以为葡语文献中对 Tamão 记载模糊的现象很可能是因葡萄牙人最初来华时对中国海域不够熟悉所致。在这种情况下，要想弄清楚 Tamão 这个问题，实物材料似乎更为有力。2003 年，作者对上川岛进行调查时发现，在上川岛中部有一根奇特的石柱，高出地面约 185 厘米，花岗岩质，质地

---

① 正德十六年（1521 年），中葡爆发屯门之战，葡人退出屯门，嘉靖元年（1522 年）又爆发新会西草湾之战，葡人再次败退。马士（Morse）《中华帝国对外关系史》第 45 页载："1522 年奉派朝见中国皇帝的专使来罗（Alfonso Martins de Mello）到达圣约翰岛（上川岛），所有在他船上的人员几乎丧命；少数幸免的逃到浪白澳（Lampaco）。他们在那里建立了一个葡萄牙贸易站，一直存在了半世纪之久。"可见，西草湾战役同时，上、下川岛一带亦遭明朝军队袭击，葡人在上、下川岛乃至电白海面的贸易活动停止，而转往东面的浪白澳。利玛窦、金尼阁《利玛窦中国札记》又载："葡人之再至 Tamao 通商，始于 1537 年。惟当时仅于上川岛上（又名圣约翰岛）为临时贸易，即每届贸易时，张搭天幕，构建茅屋，为临时商场。及贸易终了，则撤去之，例以为常。盖彼等明知其贸易之不稳固，故如西蒙（Simao de Andrade）之建造城寨为久居计也。"1522 年上川岛一带贸易停止后，1537 年（嘉靖十六年）又开始恢复。1623 年雷戈（Diogo Caldeira Rego）《澳门的建立与强大记事》："第一批葡萄牙人于 1524 年到中国这一地区，在上川岛与中国人做了 18 年生意。"〔载《文化杂志》，1997（31）〕据龙思泰《早期澳门史》记载，1542 年后，葡萄牙人被允许在浪白澳（Lampacao）贸易，代替被关闭的上川（Sancian 或 Sanchan），1550 年有 500 或 600 外国商人在该岛上居住。可见，至 1542 年（嘉靖二十一年），上川岛之贸易再次停止。但葡萄牙人在上川岛一带的活动并没有完全结束，如 1551 年沙勿略神父及 1553 年阿洛戛高瓦修士在上、下川岛的活动。1556 年索札（Leonel de Sousa）的信中还称，他在中国贸易时（1552－1555 年）他的船队是停泊在上川岛。〔见金国平《莱奥内德·德·索札与汪柏》可知，1552 年后，上下川岛仍是葡人在中国沿海贸易的据点，直到 1557 年，广东政府还出面请上川岛的四百葡人剿灭海盗（嘉尔定（A. F. Cardim）《1644 年前日本纪事》（*Relation de ce que s' est Passe depuis quelques annees, iusques a l' an 1644 au Iapon, a la Cochinchine, au Malabar, en l' isle de Ceilan*）。但各种文献所载差异甚大。〕

比较疏松。石柱露出地面部分，表面风化严重，断面呈不规则形状，上下粗细不一。从石柱底部看，近乎菱形，似为人工有意打削而成。当地人称为"石笋"，在岛上被有些人当做神灵祭拜。石笋之旁有一村称"石笋"村，村中居民大多为甘姓，据《甘姓族谱》，甘姓一族是明代隆庆海禁解除以后才辗转从内陆迁入上川，可证，石笋在隆庆之前即存在。而且，石笋所在位置过去曾是海滩，船只可以直达"石笋"附近。黄薇根据"石笋"的形状、特质、地理条件及石笋出现的时间推断，上川岛这一石笋很可能就是欧维士第一次到贸易岛上竖立的纪念碑。此观点虽然很有意义，但事关重大，尚须有进一步的考古发掘报告予以求证。

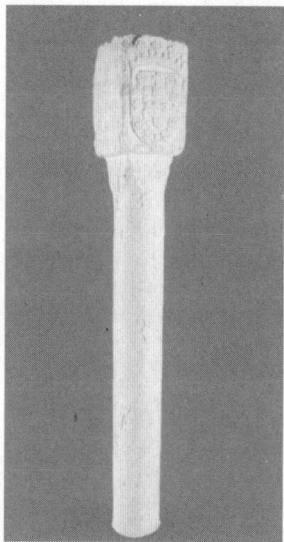

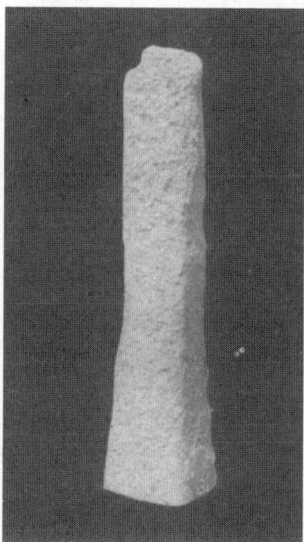

图9：克罗斯角葡萄牙人发现碑　图10：立于上川岛石笋村的石柱

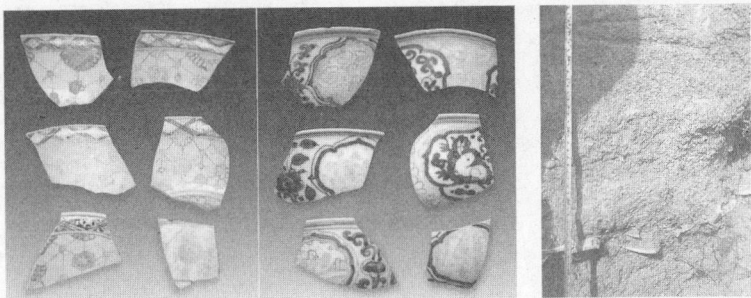

图11：上川岛花碗坪遗址发现的明代瓷片　图12：上川岛花碗坪遗址瓷片堆积层

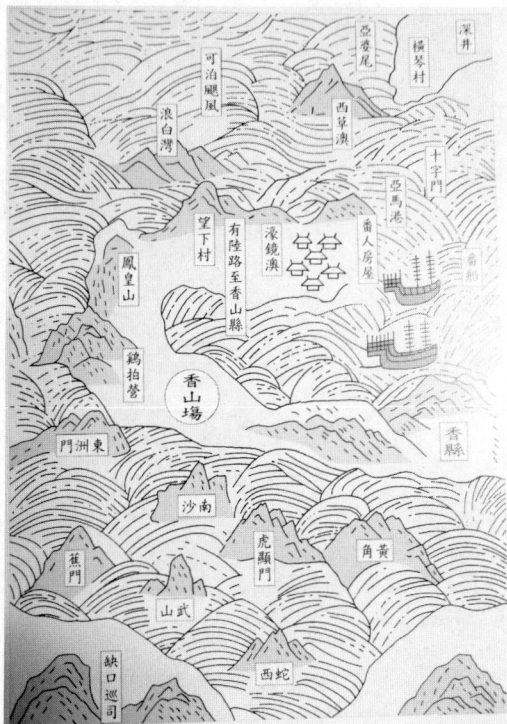

此图系明代郭棐所著《(万历)广东通志》卷 32
《广东沿海图》之香山部分 (该图成于隆庆末万历
初),其中标明了"西草湾"的准确位置。

第二章　胡琏其人与西草湾之战

第二章　胡琏其人与西草湾之战①

明之胡琏，非封疆大吏、博学鸿儒，其诗文及相关文献也存世较少，②学界并无专门研究。但由于其一门三代进士以及奖掖后学邹守益、吴承恩、程文德等，偶被提及。而最为后人津津称道者莫过于其阻击葡萄牙和引入佛郎机铳之史事。现在可以检索到的两篇专文：一为朱炳旭先生《胡琏引进佛郎机史事发微》③，一为江苏省政协文史资料委员会、宿迁市政协学习文史资料委员会编《宿迁名人》之政治军事人物《抗葡将领胡琏》④。前者认为胡琏参与且主持了正德十六年（1521 年）屯门之战，并掳获了大量的佛郎机铳，中国引进佛郎机铳自此始；后者认为胡琏阻击佛郎机时是在正德七年（1512 年）的南海之战，佛郎机火炮由此入华，同样早于嘉靖元年（1522 年）的西草湾之战和汪鋐献炮。这两篇文章之最大贡献在于首次披露了《（嘉庆）海州直隶州志》

---

① 此文原载澳门历史文化研究编《澳门历史研究》2006 年第 5 期，合作者为暨南大学中国文化史籍研究所 2005 级硕士研究生张中鹏。
② 胡琏诗文集《南津诗集》散佚，仅《忠孝书院碑》和咏物诗《月波山》尚存。当时人对其记载较少，故现存有关胡琏文献颇少，大抵有：吕楠《赠刑部侍郎胡公致仕归沭阳叙》、程文德《祭胡南津尊师文》、王守仁《王文成全书》、王世贞《弇山堂别集》以及历代《淮安府志》、《福建通志》、《广东通志》及《海州志》等。
③ 朱炳旭：《明海州史小录》，95～100 页，乌鲁木齐，新疆青少年出版社，2003。
④ 江苏省政协文史资料委员会、宿迁市政协学习文史资料委员会编：《宿迁名人》，47～48 页，南京，《江苏文史数据》编辑部，1999。

中有关早期来华葡人的珍贵资料。但是通过阅读、比勘胡琏相关
史料发现，前述二者对于史料理解都存在着较大的偏差。我们认
为正德七年（1512 年）南海之战说难以成立。据葡文确切资料，
正德八年（1513 年），若热·欧华利斯首航抵达广东海面的屯门
岛。皮莱资的《东方闻见录》中载：

> （1513 年）若热·欧华利斯从马六甲派往中国。他在屯
> 门岛立上一块王国纪念碑。[①]

直至正德十二年（1517 年），葡属马六甲总督遣使来华，中
葡两国官方第一次正式接触。[②] 由此可知，正德八年之前并无葡
人船队进入中国水域之事，则何来正德七年中葡南海之战呢？由
此可证正德七年说有误。既然正德七年并无阻击佛郎机的史事，
那么海战当发生于正德十二年以后。朱炳旭先生断言胡琏主持了
屯门之战，此论仍值得商榷。

一、胡琏之生平

胡琏，明代江苏沭阳人，世居山阳。字重器[③]，别号南津，
著有《南津诗集》，惜已散佚。关于其生卒年，现有两种说法：
一称其生卒年不详，如前述《宿迁名人》和朱炳旭先生《胡琏引
进佛郎机史事发微》。[④] 二是文学史家苏兴认为，胡琏生于成化七
年（1471 年），卒于嘉靖二十二年（1544 年）。其著《吴承恩年
谱》弘治十七年甲子（1504 年）条载：

> 吴承恩出生……胡琏（南津）三十四岁（由胡琏卒于嘉

---

① 托梅·皮莱资：《东方闻见录》，第 1 卷，120 页，转引自施白蒂著、小雨译《澳
门编年史：16—18 世纪》，3 页，澳门，澳门基金会，1995。
② 若昂·德·巴罗斯：《亚洲旬年史之三》，第 2 篇，第 6 章，见金国平编译《西方
澳门史料选萃（15—16 世纪）》，126 页，广州，广东人民出版社，2005。
③ 孙云锦：《（光绪）淮安府志》，光绪十年本。作“器重”，当为“重器”刊误。
琏，古代盛黍稷的祭器和食器。依照古人取名字对应的习惯，祭器和食器对应名
词“重器”。
④ 江苏省政协文史资料委员会、宿迁市政协学习文史资料委员会编：《宿迁名人》，
47 页，南京，《江苏文史数据》编辑部，1999。

靖二十二年，年七十三岁推知；胡琏年七十三，见《（嘉庆）海州直隶州志》卷二十三《胡琏传》）。①

即由《明世宗实录》嘉靖二十二年癸亥条"户部右侍郎兼金都御史胡琏卒，赐祭葬如例"②推之，但我们以为此说有误，并据有限文献推断胡琏的生卒年月。《弘治十八年进士登科录》载：

> 胡琏：贯直隶怀安府沭阳县民籍。国子生，治礼记。字重器，行三。年三十七，十二月初一日生。曾祖辅，祖友良，父纲（遇例冠带），母赵氏，具庆下，兄瑄、珣。娶屠氏。应天二十三名，会试第五十二名。③

由弘治十八年中进士之年、胡琏方三十七岁推断，其生于成化五年（1469年）十二月初一。再据《（嘉庆）海州直隶州志》之《胡琏传》记其卒年七十三④推之，其卒年为嘉靖二十年（1541年）。此外，胡琏学生程文德《祭胡南津尊师文》也可以佐证此说不误：

> 呜呼！公与吾翁生同己丑。翁归七旬，公独康寿。……公适归田……辛丑之夏，尤奉仪刑，廷命再简，司徒虚席，谓公复起，而遽长寂。⑤

己丑恰是成化五年，辛酉为嘉靖二十年，而实录记载有误。

胡琏虽是"沭阳人"，但沭阳只是祖籍，本人则在山阳居住长大。《（同治）山阳县志》称胡琏"沭阳人，居山阳，幼工书

① 苏兴：《吴承恩年谱》，2 页，北京，人民文学出版社，1980。
② 《明世宗实录》卷247，嘉靖二十二年五月癸亥条。
③ 屈万里编：《明代登科录汇编》（5）之《弘治十八年进士登科录》，台北，学生书局，1969。
④ 汪梅鼎：《（嘉庆）海州直隶州志》卷23《胡琏传》，南京，南京大学出版社，1993。
⑤ 程文德：《程文恭公遗稿》卷47《祭胡南津尊师文》，四库存目丛书本，济南，齐鲁书社，1997。

法，举弘治进士。"① 其二十七岁（弘治八年）中举。② 弘治十八年进士登科，同科中有湛若水、魏校等。③ 先任南京刑部郎中④，出任福建按察司整饬兵备兼管分巡漳南道佥事。⑤ 嘉靖元年（1522年），任广东按察司副使。⑥ 五年，升广东布政司左参政。⑦《竹涧集》卷3载，嘉靖六年（1527年）胡琏作为岭南道分守左参政参与剿贼。⑧ 此时胡琏职位为布政司左参政分守岭南道。⑨ 同在嘉靖六年，出任巡抚江西都御史。⑩《明世宗实录》卷131，嘉靖十年十月己巳条"升巡抚江西右副都御史胡琏为南京刑部右侍郎"。⑪ 但是，王世贞：《弇山堂别集》卷58却载："胡琏，沭阳人，由进士十二年任右（注：刑部右侍郎）"。⑫ 即升任南京刑部右侍郎存在着十年和十二年两说。余以为当为十年。《明世宗实录》卷108，嘉靖八年十二月丁亥条载：

> 巡视浙江兼制福建沿海地方都御史王尧封以病请告。上责其公事未一经理辄以私情奏渎，有负简命，令革职闲住。已升浙江左布政使胡琏为都察院右副都御史代之。⑬

由此可知，嘉靖八年（1529年）胡琏刚刚升都察院右副都御

① 张兆栋、孙云、丁晏，等：《（同治）重修山阳县志》卷15《流寓》，南京，江苏古籍出版社，1991。
② 赵宏恩：《（乾隆）江南通志》卷127《选举志》之《举人》3，文渊阁四库全书本，台北，商务印书馆，1986。
③ 屈万里编：《明代登科录汇编》（5）之《弘治十八年进士登科录》，台北，学生书局，1969。
④ 汪梅鼎：《（嘉庆）海州直隶州志》卷23《胡琏传》，南京，南京大学出版社，1993。
⑤ 王阳明著，叶绍钧校注：《王文成全书》卷9，正德十二年五月初八日《闽广捷音疏》，四部丛刊本。
⑥ 郝玉麟：《（雍正）广东通志》卷27《职官》2，文渊阁四库全书本。
⑦ 郝玉麟：《（雍正）广东通志》卷27《职官》2，文渊阁四库全书本。
⑧ 潘希曾：《竹涧集》卷3《剿平流劫叛贼疏》，文渊阁四库全书本。
⑨ 阮元：《（道光）广东通志》卷18《职官表》9，上海，上海古籍出版社影印本，1988。"布政司参政、参议分司诸道、督粮道。分守道：……岭南道，驻南雄。"
⑩ 谢旻：《（雍正）江西通志》卷47《秩官》2，文渊阁四库全书本。
⑪《明世宗实录》卷131，嘉靖十年十月乙巳条。
⑫ 王世贞：《弇山堂别集》卷58《户部左右侍郎》，北京，中华书局标点本，1985。
⑬《明世宗实录》卷108，嘉靖八年十二月丁亥条。

史，负责巡视浙江和福建沿海。又有明代吴承恩于隆庆辛未年（1571 年）《寿胡内子张孺人六袠序》中提及："自孺人之归西畹也，我师南津翁，方在九列……"① 九年十月，胡琏子效才请回避。② 这些皆可证明胡琏嘉靖八九年之时，尚居官浙江和福建等处。《名臣经济录》卷 47 载：

> 侯官县监人命强盗重犯卢坚等十九名，执持刀斧反狱，杀死左布政使查约、右参议杨瑀、都指挥王翱、知县黎文会、按察司经历周焕。又打开福州府及怀安县门，进入各监内，将斩绞重囚犯张九等五十七名一同反出，打开城门，杀死把门百户及民兵郭清……查得巡视浙江等处都御史胡琏见已到任。本院欲命下备咨，本官行令上，亲诣福建地方，将前项反狱事情从公查勘。③

同时何乔远的《闽书》卷 46 载：

> 嘉靖九年正月晦前一日，二囚率众破……出杀令。又破府中狱，出之，相与趋南门将入海。约自以故有施闽中，且前三郡兵乱悉其单身谕降，锐身前化诲之。言未脱口，刃已陷胸，遂与参议杨瑀、都指挥王翱、按察司经历周焕同时遇害。④

参照陈援庵的《二十史朔闰表》，福建反狱案当发生于嘉靖九年（1530 年）正月二十九日，此时胡琏刚刚上任巡视浙江等处都御史。据此我们完全有理由相信：胡琏嘉靖六年升巡抚江西都御史，后任浙江左布政使，八年升任都察院右副都御史，十年擢南京刑部右侍郎。越三年，十二年致仕。⑤ 此恰恰符合明代吕楠

---

① 刘修业、刘怀玉：《吴承恩诗文集笺校》，161 页，上海，上海古籍出版社，1991。
② 《明世宗实录》卷 118，嘉靖九年十月戊辰条。
③ 黄训：《名臣经济录》卷 47《题为反狱事》，文渊阁四库全书本。
④ 何乔远：《闽书》卷 46《文莅志》，185 页，福州，福建人民出版社标点本，1995。
⑤ 《明世宗实录》卷 149，嘉靖十二年四月癸辰朔条。

的《赠刑部侍郎胡公致仕归沭阳叙》中"胡公琏任南刑部侍郎，既三年，且献绩矣，乃有致政之命"① 三年任期的记载。

胡琏致仕返归山阳故里，执教乡野，在龙溪书院讲学，邹守益、程文德、吴承恩等皆授业于其门下。② 嘉靖十六年（1537年），由于安南发生政变，莫登庸当政，明廷推举有才望大臣，"起原任南京刑部右侍郎胡琏为户部左侍郎"③，负责总督云贵两省的粮饷。嘉靖十八年（1539年），因吏科都给事中薛延宠等弹劾不职，以户部右侍郎再次致仕。④ 嘉靖二十年（1541年），再遭起用，授司徒衔。⑤ 不久离世，葬在府治西石塘。⑥ 琏有四子：效才、效忠、效谟、效诠，其中子效才、孙应嘉分别中正德丁丑科（1517年）、嘉靖丙辰科（1556年）进士，四世孙胡一炳以孝行闻名。⑦

二、胡琏福建剿贼

关于胡琏居官福建剿贼和任职广东阻击佛郎机史事的直接记载，当莫过于《（嘉庆）海州直隶州志》卷23《胡琏传》和吕楠的《赠刑部侍郎胡公致仕归沭阳叙》。前述两篇专文也主要依据了上面两种史料，但是其解读尚存在较多偏差。现胪列两种史料，并参照其他相关文献，希图钩沉福建剿贼和广东拒葡的若干事实。其中《（嘉庆）海州直隶州志》卷23载：

① 吕楠：《赠刑部侍郎胡公致仕归沭阳叙》，见汪梅鼎《（嘉庆）海州直隶州志》卷23《胡琏传》，南京，南京大学出版社，1993。
② 刘修业、刘怀玉：《吴承恩诗文集笺校》，162～163页，上海，上海古籍出版社，1991。
③ 王世贞：《弇山堂别集》卷69《户部左右侍郎》，北京，中华书局标点本，1985。
④ 《明世宗实录》卷229，嘉靖十八年九月丁未条。
⑤ 程文德：《程文恭公遗稿》卷47《祭胡南津尊师文》，四库存目丛书本，济南，齐鲁市社，1997。
⑥ 谢旻：《（雍正）江西通志》卷40《舆地志》，文渊阁四库全书本。
⑦ 关于胡琏子孙事迹，可以参见卫哲治《淮安府志》咸丰二年重刊本和孙云锦《淮安府志》《（嘉庆）海州直隶志》等。

胡琏，字重器。沭阳人。由进士历任南京刑部郎中，出
为闽、广二省兵备道。剿贼不以杀为功，多所全活。岛寇佛
郎机牙肆海上。琏选锋烬，入夺其火器，浮海俘之。其器猛
烈，盖岛寇所常恃者。得之，遂为中国利，因号佛郎机。累
擢巡抚，以户部右侍郎致仕。遇征安南，荐起督饷。卒年七
十三。①

明代吕楠②的《赠刑部侍郎胡公致仕归沭阳叙》中载：

南津胡公琏任南刑部侍郎，既三年，且献绩矣，乃有致
政之命。费庶子采约同入往唁公。……公自有位以来，真白
匐、厘师富、费苗狸，皆闽海之巨寇也。公捣其巢穴，握其
权要，而汀漳以宁；佛郎机牙、里海牙、哪哒曷鼠，皆南海
之蹯贼也。公破其三舶，置之九法，而广粤以定。若乃究奸
妇之罪、雪骷髅之冤、靖盘石之乱、谕福寇以严海防、正狱
讼以表司属，其政绩甚多也。南刑部司以广东为剧，公自江
西司主事起，复补是司，廉能益著；在福建，则肖像勒石；
在广东江浙，则蛮民畏服；在刑部，则端重严明。舆论
尤洽。③

参照胡琏生平考，对其居官福建、广东、江西、浙江和南京
刑部的经历当有清晰、贯通的认识。但就具体而言，地方史研究
胡琏却犯了一个细节错误，他们都认为胡琏正德年间出任"闽、
广二省兵备"一职，即认定"闽、广二省兵备"为一明代官职，
故《宿迁名人》写到：

（胡琏）明弘治十八年（1505 年）乙丑科进士及第，任
南京刑部侍郎，出为闽、广二省兵备道。其时，葡萄牙侵略

---

① 汪梅鼎：《（嘉庆）海州直隶州志》卷 23《胡琏传》，南京，南京大学出版社，
1993。
② 吕楠，字仲木，号泾野，陕西高陵县人。有《泾野先生文集》等存世。
③ 汪梅鼎：《（嘉庆）海州直隶州志》卷 23《胡琏传》，南京，南京大学出版社，
1993。

者恃其坚船利炮，入侵我闽、广沿海，胡琏到闽南，挑选精兵，驾乘兵船，劈风斩浪，以迅雷不及掩耳之势，直扑葡寇盘踞的海岛，浮海登陆，打败敌人，俘虏了一批葡寇及其小头目，迫使真白蜀厘师、富费苗狸等葡酋狼狈逃窜，汀漳转安，国威大振。胡琏乘胜率兵南下广东，收拾盘踞于南海的葡萄牙匪寇。当时，中国人对葡萄牙国及其人乃至武器均称为佛郎机。在南海，佛郎机为害尤烈。其寇酋佛郎机牙、里海牙、哪哒牙等率舰盘踞海岛，炮击我边民居所，乃至登陆抢掠，闹得沿海人民人心惶惶。正德七年（1512 年），胡琏出奇兵，以帆船、火器、大刀、长矛，攻下敌人 3 艘舰船，夺取了敌人的利器，擒获盗匪官兵，一举荡平南海之敌。南海之役，除安定边疆，还在于夺取了敌人锐利的武器。①

朱炳旭先生也认同"闽、广二省兵备"为一明代职务的说法。此论不妥。我们翻阅相关明代政书和福建、广东方志文献，均未发现"闽、广二省兵备"这一职务，仅仅存在着二省按察司副使兼理兵备、负责巡海军务等现象。也即"福建兵备"和"广东兵备"是这样的两个互不统属的管辖不同地域的职官。比勘方志史料。《（同治）山阳县志》中载：

> 胡琏，字器重，号南津，沭阳人，居山阳。幼工书法，举弘治进士，以南京刑部郎中出为广东兵备副使，剿贼以不杀为功，多所全活，岛寇佛郎机牙、里海牙、哪哒曷昆等，肆毒海上，以铳为锋。琏选锐猝人，奋夺其铳，俘其人。寇平后其器猛烈，遂为中国利，因名之佛郎机。②

孙云锦的《（光绪）淮安府志》完全抄录《同治山阳县志》所载：

---

① 江苏省政协文史资料委员会、宿迁市政协学习文史资料委员会编：《宿迁名人》，47～48 页，南京，《江苏文史数据》编辑部，1999。
② 张兆栋、孙云、丁晏，等：《（同治）重修山阳县志》卷15《流寓》，南京，江苏古籍出版社，1991。

胡琏，……以南京刑部郎中，出为广东兵备副使。剿贼
不以杀为功，多所全活。岛寇佛郎机牙、里海牙、哪哒曷昆
等肆毒海上，以铳为锋。琏选锐焠入，奋夺其铳，俘其人。
寇平后，其器猛烈，遂为中国利。因名之为佛郎机。①

毋庸置疑，《（同治）山阳县志》及《（光绪）淮安府志》参
考了《（嘉庆）海州直隶州志》和吕楠《赠刑部侍郎胡公致仕归
沭阳叙》，但其叙述的重点在于阻击佛郎机和引进佛郎机铳的史
事，故直接点明胡琏当时职务为广东兵备副使。据此可知，胡琏
先后出任福建和广东兵备，并非任职"闽、广二省兵备"一职。
明确这一细节，才可清晰考证福建剿贼和广东阻击佛郎机事。

文献所载，最早可见胡琏于正德十一年（1516 年）时任福建
按察司整饬兵备兼管分巡漳南道佥事。次年，福建、广东、江西
等三省联合剿杀贼寇，胡琏也参与了此事，即"公自有位以来，
真白匐、厘师富、费苗狸，皆闽海之巨寇也。公捣其巢穴，握其
权要，而汀漳以宁"。其中，最为费解的是"真白匐"、"厘师
富"和"费苗狸"等三词指代何人。据现有文献所记，"真白
匐"尚无法考证清楚；"厘师富"，我们怀疑为"詹师富"的刊
误；至于"费苗狸"也应该是"黄苗狸"的刊误。《闽书》卷
64 载：

贼詹师富等聚众劫掠，震动三省。朝命合歼之。台官之
长，奉檄督重兵屯漳，刍粟费日不下数百金，悍卒不可法
御，湘区尽誓戒，率死士捣巢穴缚首恶，诸胁从者给牛粟遣
之，贼皆感泣，不战而巢遂空。海寇闻之，亦皆就降。②

《王文成公全书》卷 16 载：

据福建参政陈策、艾洪、副使唐泽、佥事胡琏、都指挥

① 孙云锦：《（光绪）淮安府志》卷 29《胡琏传》，光绪十年本。
② 何乔远：《闽书》卷 64《文莅志》，185 页，福州，福建人民出版社标点本，
1995。

金事李、广东参议张简、金事顾应祥、都指挥金事杨懋各呈称，据委官知府通判等官锺湘、徐玑等率领军兵夹攻象湖、可塘、箭灌、大伞等处贼巢。前后擒斩贼首詹师富、罗宗旺等共计一千五百余名颗，及俘获贼属牛马器械等数到院。①

同书卷9亦载：

> 二月十九日夜，衔枚直趋三路并进，直捣象湖山，夺其隘口。各贼虽已失险，但其间贼徒类皆骁勇精悍……以死拒敌我兵，奋勇鏖战。自辰至午，呼声震天，撼摇山谷。三司所发奇兵复从间道鼓噪突登，贼始惊溃大败。我兵乘胜追杀，擒斩大贼首黄猫狸……并广东大贼首萧细弟、郭虎等二百九十一名，俘获贼属一百三十三名，其间坠崖堕壑死者不可胜计。夺回水黄牛、赃银、枪、刀等物，烧毁房屋五百余间。余贼溃散，复入流恩山冈等巢，与诸贼合势。……又据金丰三团哨委官指挥王铠、李诚、通判龚震等各呈称，贼首詹师富等恃居可塘洞山寨，聚粮守险，势甚强固。各职依奉参议，分兵五路，连日攻打，生擒大贼首詹师富、江嵩、范克起、罗招贤等四名。②

同时剿杀"真白匎、詹师富、黄苗狸"三贼时，福建兵备金事胡琏战功赫赫，故而王阳明遂于《闽广捷音疏》的奏折中提及"其间福建如金事胡琏、副使唐泽、知府钟湘，广东如金事顾应祥……俱优劳勋尤著"③。

三、胡琏指挥的西草湾之战

至于胡琏在粤事迹，朱炳旭先生认为中文文献与龙思泰的《早期澳门史》"西芒带着三艘船逃跑了"有着惊人的相似，故而

---

① 王阳明：《王文成公全书》卷16《奖励福建守巡漳南道、广东守巡岭东道领兵官》，四部丛刊本。

②③ 王阳明：《王文成公全书》卷9《闽广捷音疏》，四部丛刊本。

此战是胡琏指挥下的正德十六年屯门之战。朱先生沉潜史籍开掘胡琏史料颇有贡献，但是其文推测尚缺其他文献互证，结论值得商榷。我们联系中葡关系背景，结合中外文文献进行考证，以证实胡琏所指挥战役当为嘉靖元年（1522 年）西草湾之战。至于西草湾之战，前人已有深入研究，其中金国平先生考证最为精细和全面，涉及了西草湾之战的时间、地点、作战方式等，[①] 但是对于战役指挥者却未明确交代，而我们认为西草湾之战的指挥者就是胡琏。

正德十二年（1517 年），葡属马六甲总督遣使来华成功，中葡两国官方第一次正式接触。巴罗斯《亚洲旬年史》详载了中葡的这些早期接触：

> 费尔南·佩雷斯·安德拉德无法为他们裁决，于是他于1517 年 6 月，再次远航中国。他共率领 9 艘帆船。他乘坐一艘。其余的船长为佩得罗·苏亚雷斯（Pedro Soares）、若尔热·马斯卡雷尼亚斯（Jorge Mascarenha）、庞巴尔人氏若尔热·博特略（Jorge Botelho）、曼努埃尔·德·阿拉乌若（Manuel de Araujo）、安东尼奥·洛博·法尔康（Antonio Lopo Falcao）、马尔廷·格德斯（Martim Guedes）以及杜瓦尔特·科埃略。在这些人的陪同下，他于 8 月 15 日来到了 Tamanlabua 岛。该岛距陆地 3 里格。按照国王的命令，所有抵达广东省的王国大帆船必需停泊在那里。[②]

1517 年 8 月 15 日，费尔南·佩雷斯·安德拉德抵达 Tamão，直入广州。当时广东海道佥事顾应祥则谓：

> 佛郎机，国名也，非铳名也。正德丁丑，予任广东佥事署海道事，蓦有大海船二双，直至广城怀远驿，称系佛郎机

① 金国平：《1521—1522 年间的中葡军事冲突——"西草湾"试考》，见《西力东渐：中葡早期接触追昔》，1～18 页，澳门，澳门基金会，2000。
② 《唐·曼努埃尔国王纪实》，见金国平译《西方澳门史料选萃（15—16 世纪）》，190 页，广州，广东人民出版社，2005。

国进贡。其船主名加必丹末，其人皆高鼻深目，以白布缠头，如回回打扮。即报总督，陈西轩公金临广城，以其人不知礼，令于光孝寺习仪三日而后引见。[1]

但是明朝朝廷次年正月壬寅（1518 年 2 月 11 日）却下诏拒绝葡人人京，

> 佛郎机国差使臣加必丹末等贡方物，请封，并给勘合。广东镇巡等官以海南诸番无谓佛郎机者，况使者无本国文书，未可信，乃留其使者以请。下礼部议处，得旨："令谕还国，其方物给予之。"[2]

毛纪在《密勿稿》卷 1 中更详细记录了葡人遭拒的原因：

> 传闻本国（指佛郎机）自恃强盛，经过满剌加国及苏门答腊国，皆行剽劫。若将来既受朝廷封命，给予勘合文书，不无愈肆奸计。且使海外诸国闻之，不得以自尽共敬顺之诚。其于事体，诚有未宜合，无仍如该部所拟，照依先年巴西国例，行令本布政司，将使臣人等以礼犒劳，抽分货物，量给价值。[3]

至正德十三年八月（1518 年 9 月），费尔南·佩雷斯·安德拉德返回马六甲，由其弟西蒙·德·安德拉德代替。[4] 托梅·皮莱资使团则滞留广州，待到正德十五年（1520 年）恰逢武宗南巡[5]时，火者亚三贿赂太监江彬，终于觐见龙颜，随后至北京。郭棐的《粤大记》卷 19《梁焯传》载：

> 己卯三月，上议南巡，与叶龙等十七人上疏谏止。上

---

① 胡宗宪：《筹海图编》卷 13《兵器·佛郎机图说》，文渊阁四库全书本，台北，商务印书馆，1986。

② 《明武宗实录》卷 158，正德十三年春正月壬寅条。

③ 毛纪：《密勿稿》卷 1《揭帖》，四库存目丛书本，济南，齐鲁书社，1997。

④ 若昂·德·巴罗斯：《亚洲旬年史之三》，第 6 篇，第 1 章，见金国平编译《西方澳门史料选萃（15—16 世纪）》，144 页，广州，广东人民出版社，2005。

⑤ 据《明武宗实录》可知，武宗正德十四年十二月丙戌（1520 年 1 月 16 日）至南京，十五年闰八月丁酉（1520 年 10 月 5 日）离南京北上。

怒，罚跪五日，大杖三十，车驾遂行。会佛郎机夷人加必丹末等三十名入贡，至南京，江彬领四家兵马从上游豫，导引火者亚三谒上，喜而留之。比至京师，入四夷馆，不行跪礼。①

《明史》卷325亦言：

> 武宗南巡，其使火者亚三因江彬侍帝左右。帝时学其语以为戏。其留怀远驿者，益掠买良民，筑室立寨，为久居计。②

正当亚三备受武宗宠信，西蒙·德·安德拉德却恃强蛮横，妄图进入广州。遭拒绝后，只得退守屯门：

> 他在岛筑炮台，竖绞架，如同葡萄牙一样执法；他还不许来此贸易的其他外国船在他之前销货；更有甚者，他和其他葡萄牙人还在当地购买了许多良家小儿，此事激起了广州居民万丈怒火。③

正德十六年三月丙寅（1521年4月15日），武宗病死。江彬被斩，至于"留驿者违禁交通，至京者桀骜争长"④的佛郎机人，火者亚三伏法，"哈密、吐鲁番、佛郎机等处进贡夷人，俱给赏，令还国"⑤。至七月己卯（8月31日），朝廷决定"绝佛郎机，还其贡使"⑥：

> 广东复奏："海洋船有称佛郎机国接济使臣衣粮者，请以所赍番物，如例抽分。"事下礼部复言："佛郎机非朝贡之国，又侵夺邻封，犷悍违法，挟货通商，假以接济为名；且

① 郭棐：《粤大记》卷19《献征类·清直高踪》，日本藏中国罕见地方志丛刊本，363页，广州，中山大学出版社，1998。
② 张廷玉：《明史》卷325《佛郎机传》，北京，中华书局，1974。
③ 若昂·德·巴罗斯：《亚洲旬年史之三》，第6篇，第1章，载金国平编译《西方澳门史料选萃（15—16世纪）》，150页，广州，广东人民出版社，2005。
④ 《明武宗实录》卷194，正德十五年十二月己丑条；杨廷和《杨文忠三录》卷4则称："佛郎机夷人，差人送回广东"，文渊阁四库全书。
⑤ 《明武宗实录》卷197，正德十六年三月丙寅条。
⑥ 《明世宗实录》卷4，正德十六年秋七月己卯条。

夷情叵测，屯驻日久，疑有窥伺。宜敕镇巡等官亟逐之，毋令入境。自今海外诸夷及期入贡者，抽分如例，或不赉勘合，及非期而以货至者，皆绝之。'满剌加求援事宜，下兵部议。既而兵部议：'请责佛郎机，令归满剌加之地。谕暹罗诸夷以救恤邻之义。其巡海备倭等闻夷变不早奏闻，并宜逮问。'上皆从之。①

故而是年来华葡人使臣迪奥戈·卡尔沃（Diogo Calvo）也被迫退至屯门。陈文辅的《都宪汪公遗爱祠记》记载甚多：

近于正德改元，忽有不隶贡数恶彝，号为佛郎机者，与诸狡猾，凑杂屯门、葵涌等处海澳，设立营寨，大造火铳为攻战具，占据海岛，杀人抢船，势甚猖獗，虎视海隅，志在吞并。图形立石，管辖诸番，脍炙生人，以充尝食，民甚苦之，众口嗷嗷，俱欲避地以图存活，弃其坟墓室庐，又极凄婉。②

于是在这种剑拔弩张的背景下，中葡双方爆发了屯门之战和西草湾之战。据金国平先生考证，屯门之战爆发于 1521 年 6 月 21 日至 1521 年 9 月 8 日，西草湾之战发生在 1522 年 8 月 7 日至 1522 年 8 月 20 日，③ 即屯门和西草湾之战共同作为一次中葡冲突正好暗合"是役也，于正德辛巳出师，至嘉靖壬午凯还"④ 的文献记载。

---

① 《明世宗实录》卷 4，正德十六年七月己卯条。
② 靳文谟：《（康熙）新安县志》卷 12《艺文志》之陈文辅《都宪汪公遗爱祠记》，康熙刻本抄本，广州，中山图书馆。
③ 金国平：《1521—1522 年间的中葡军事冲突——"西草湾"试考》，见《西力东渐：中葡早期接触追昔》，1～18 页，澳门，澳门基金会，2000。
④ 靳文谟：《（康熙）新安县志》卷 12《艺文志》之陈文辅《都宪汪公遗爱祠记》，康熙刻本抄本，广州，中山图书馆。

我们认为，正德辛巳当为正德十六年五月汪鋐①出战，可是嘉靖壬午指代何时呢？祁敕的《重建汪公生祠记》载，"公任广宪逾十年，有事于南头仅数月耳"②，同时，"功成，公且推让，辞曰：军旅之事，皆军士之功也。吾何与焉捷闻，擢升廉宪"③，廉宪即按察使。其中黄佐、阮元等修《广东通志》均载汪鋐正德十六年任广东按察使。由此断定汪鋐应于正德十六年底（1521年）、嘉靖元年（1522年）初返回广州赴任按察使，即"正德辛巳出师，至嘉靖壬午凯还"，正好符合"有事于南头仅数月耳"。同时据广州葡囚信记录，末儿丁·甫思·多·灭儿（Martim Afonso de Melo Coutinho）1522年8月来华：

> 去年劫分货物的官员对其到来视如寇仇，开始捣鬼……他们又去问负责海事及外人的海道。……这两位前来询问的官员，一系布政使④，另一为按察使，均为广东大吏。他们下令海道攻击葡萄牙人。这位海道初来乍到，不知旧情。回答说无法从命，于是托病不出。⑤

去年即指正德十六年，按察使即汪鋐，"初来乍到，不知旧情"的海道无疑为胡琏。据此可知，正德十六年的屯门之战是由

---

① 汪鋐，字宣字，号诚斋，晚号蓉东，别号石耳山人。成化二年（1466年）生，弘治二年（1489年）中举、十五年登科进士。正德六年（1511年）、十年（1515年）任广东按察司金事、副使，奉敕巡视海道。十六年（1521年），升广东按察司使，以讨贼功，食一品俸。后改任广东布政司左布政使、都察院右副都御史、行部右侍郎、兵部尚书、吏部尚书等，嘉靖十五年（1536年）七月七日病逝。详见（明）孙校《明少保吏部尚书谥容和汪公圹志》，全文载录于彭全民《明抗葡名臣汪鋐墓志考释》，《南方文物》，2000（3）。

② 靳文谟：《（康熙）新安县志》卷12《艺文志》之祁敕《重建汪公生祠记》，康熙刻本抄本，广州，中山图书馆。

③ 靳文谟：《（康熙）新安县志》卷12《艺文志》之陈文辅《都宪汪公遗爱祠记》，康熙刻本抄本，广州，中山图书馆；又《明世宗实录》卷16嘉靖元年七月丁己条载："广东贼方甘同等下海通番，劫掠居民，势炽甚。按察使汪鋐先任海道副使率兵捕获"，由此亦知嘉靖元年七月前汪鋐已任广东按察司使。

④ 左布政使江潮或右布政使章拯。江潮，江西贵溪人；章拯，浙江兰篆人。

⑤ 《广州葡囚信》第6篇，第1章，见金国平编译《西方澳门史料选萃（15—16世纪）》，102页，广州，广东人民出版社，2005。

海道副使汪鋐指挥。正是由于他指挥这一战有功，同年擢升为广东按察司使。而胡琏是嘉靖元年才从福建调任广东，故知胡琏不可能是正德十六年屯门之战的指挥者，否则他不会初来乍到，更不会不知去年的旧情。

那么《（嘉庆）海州直隶州志》中记载"岛寇佛郎机牙肆海上。琏选锋焠，入夺其火器，浮海俘之。其器猛烈，盖岛寇所常恃者。得之，遂为中国利，因号佛郎机"。"佛郎机牙、里海牙、哪哒曷鼠，皆南海之蹻贼也。公破其三舶，置之九法，而广粤以定"的战争又是哪一次呢？我们认为，这就是发生在嘉靖元年（1522 年）的西草湾之战。首先考究"佛郎机牙、里海牙、哪哒曷鼠"三者意指什么。

"佛郎机牙"，据金国平先生考证，是葡萄牙语"Franquia"的对音，原始意义为西方（欧洲）基督教世界。同时由于葡萄牙人作为最早东来的西方基督教世界的民族，因而以此称呼佛郎机之地，即汉语文献中所说的"佛郎机国"。[1]

"里海牙"，明代文献屡见"里海"一词。[2] 万历朝田生金的《按粤疏稿》卷 1《请补道缺疏》言及"里海"：

> 粤四面皆海，风称盗薮。其内为里海，千支万派，郡邑翩联。虎门而外，东通闽省，西接交夷，即日本、暹罗、占城、渟泥、东西洋之属，皆可航海而至，是以有海防道之设。[3]

同书卷 3《条陈海防疏》亦载：

----

① 参见金国平《"佛郎机牙"考源》。感谢金国平先生寄赠此文稿。

② 郭棐：《粤大记》卷 3《事纪类·海岛澄波》，日本藏中国罕见地方志丛刊本，44 页，广州，中山大学出版社，1998；应槚辑，凌云翼、刘尧诲重修：《苍梧总督军门志》卷 24《奏议》2，影印万历年辛林大春序刊本，280 页，北京，全国图书馆文献缩微复印中心；颜俊彦：《盟水斋存牍》卷 2《谳略》，72、77 页，北京，中国政法大学出版社标点本，2002。

③ 田生金：《按粤疏稿》卷 1《请补道缺疏》，影印明万历四十五年刊本，天津，天津古籍书店。

东粤滨海之国也，其中为里海，萑苻啸集。虎门、厓门以外，即为水洋，乌合突来，捍御不易。兼之濠镜丑类，生聚日繁，滋蔓难图，靡不鳃鳃虑之。乃其东为惠潮，西为高廉雷，西南为琼州，要皆茫茫大海，帆樯上下，随处可通。西控番，南御交，而内地奸民，日以侵池为事，回汀枉渚，随处伏戎，其所防不独一倭。①

崇祯七年（1634 年）四月二十二日《兵部尚书张凤翼等为广东深受澳夷之患等事题行稿》又称"里海贼"：

在里海贼。里海者，番、南、新、顺、东、香等县一带支通之小海也。其海皆郡邑乡城农工商贾出入必经之路，其盗皆本地无赖强悍之徒，聚众打劫，向者党与不过数十人，船不过二三只，今以近千。②

里海之内，盗贼横行。牙，当做牙旗解，即指竖有牙旗之海盗船。里海牙当即里海船。

"哪哒曷鼠"，这是文献中第一次所见。"鼠"当为"昆"之误。清同治《山阳县志》及《淮安府志》所载均为"哪哒曷昆"③。"曷昆"即"握坤"。"握"姓，为暹罗任官者的通姓，暹语为"大"的意思。④ 至于"哪哒"，源于波斯语 Na khoda，意思是船长。⑤ 二者合起来当指享有官职的暹罗国船长。

以上三词已明确，其次当考究嘉靖元年西草湾之战。而有关该战役，葡文文献有多处记录。《广州葡囚信》称：

末儿丁·甫思·多·灭儿于 1522 年来此。他顺利入港。

---

① 田生金：《按粤疏稿》卷 3《条陈海防疏》，影印明万历四十五年刊本，天津，天津占籍书店。
② 崇祯七年四月二十二日《兵部尚书张凤翼等为广东深受澳夷之患等事题行稿》，见中国第一历史档案馆、澳门文化司署、暨南大学古籍研究所合编《明清时期澳门问题档案文献汇编》，第 1 册，第 9 号档，18 页，北京，人民出版社，1999。
③ 孙云锦：《（光绪）淮安府志》卷 29《胡琏传》，光绪十年本。
④ 佚名：《暹罗馆译语》，第 6 册，影印清抄本本，北京图书馆古籍珍本。
⑤ 小叶田淳：《中世南岛通交贸易史の研究》，东京，刀江书院，1968。

……去年劫分货物的官员对其到来视如寇仇，开始捣鬼：他们问巡抚（涂敬）意下如何，是否可以进行交易。巡抚说可照常交易。他们则回答说不可，害怕进行交易后会有麻烦，恐有占地之举。巡抚未作答复。他们悻悻而去。

于是他们又去问负责海事及外人的海道。海道的答复同上。

这两位前来询问的官员，一系布政使（左布政使江潮或右布政使章拯），另一为按察使（汪鋐），均为广东大吏。他们下令海道攻击葡萄牙人。这位海道初来乍到，不知旧情。回答说无法从命，于是托病不出。他们派遣提举前去。这是海道之下负责外人事务的官员。他的所作所为我不得而知。布政使及按察使给了南头备倭及水师把总好处，要他们设法夺取一条大船，破坏议和。这一切秘密行事。后因出师不利及巡海手下无人，炮械未准备好，每位巡海单独出击。迪奥戈·德·梅洛（Diogo de Mello）被炮击中，失去了知觉。据说，众人在密集的炮火下，尽数躲入主楼下，于是全部束手就擒。别都卢尽管全副武装，但因无人救援他，死于炮火之中。水手长、副水手长及几个水手仍拼搏了一番。无人前来援救他们。平底帆船船只高大。最后，他们的船被夺去了。300 华人登上迪奥戈·德·梅洛的船抢劫一番。待人员退至帆船上后，将火药库付之一炬。船顿时成为一片火海，上面的华人无一幸免。海道得到消息说，两艘船被获，其余逃遁。他马上赶去，奏凯而归。他奏报说，葬身火海的华人系葡人将其杀死。他将此事禀报都堂，都堂将其奏报国王。国王的御旨如前所述。海道，在此胜利及给他的贿赂之后，与都堂一道禁止葡萄牙人来华，他们二人与葡萄牙人结下了怨恨。其他人则个个腰缠万贯。①

末儿丁·甫思·多·灭儿1523年的亲笔信亦有记录：

> 我于（1522年）8月7日始见中国海岸。……我甫入这人称贸易岛的港口，便下令手下的船只做好一切准备工作。……别都卢的船进水，沉了底。他的船和我兄弟迪奥戈·德·梅洛的船先做好准备。因为船体较小，可随时作战。……我们见到了将我们的船团团围住的平底帆船后，……只见一艘船变为火海一片，沉入水底，顷刻不见踪影。我兄弟迪奥戈·德·梅洛的船遭同样命运，与其同行的我们的父亲及我的15或20名仆人全部丧生。……瓦斯科·费尔南德斯指挥的圣巴尔巴拉号在我船的反侧。他向平底帆船冲去，我尾随其后。从陆地刮来的风愈加猛烈，大帆船又一马当先。我下令将别都卢的船凿沉，因为它已无法航行……我亲眼目睹了一个兄弟，两条船及人员丧生于刀剑炮火之下。②

《明世宗实录》也与之互证：

> 佛郎机国人别都卢寇广东，守臣擒之。初，都卢恃其巨铳利兵，劫掠满剌加诸国，横行海外。至率其属疏世利等千余人驾舟五艘破巴西国。遂寇新会县西草湾。备倭指挥柯荣、百户王应恩率师截海御之。转战至稍州，向化人潘丁苟先登，众兵齐进，生擒别都卢、疏世利等四十二人，斩首三十五级，俘被掠男妇十人，获其二舟，余贼末儿丁甫思多灭儿等，复率三舟接战，火焚先所获舟，百户王应恩死之，余贼亦遁。巡抚都御史张岭、巡按御史涂敬以闻，都察院复奏。上命就彼诛戮枭示③

---

① 《广州葡囚信》，见金国平编译《西方澳门史料选萃（15—16 世纪）》，102～103 页，广州，广东人民出版社，2005。

② 末儿丁·甫思·多·灭儿1523年的亲笔信，见金国平编译《西方澳门史料选萃（15—16世纪）》，38～40 页，广州，广东人民出版社，2005。

③ 《明世宗实录》卷24，嘉靖二年三月壬戌条。

这一次战役，《广州葡囚信》及《明世宗实录》均称明军缴获葡船两艘。但末儿丁·甫思·多·灭儿 1523 年的亲笔信则称迪奥戈·德·梅洛的船与另一艘葡船被明军火攻致沉，而别都卢的船则是末儿丁自己下令凿沉，因为此船在交战中受创无法航行。故这一次战争葡船实际损失船数为三艘。《广州葡囚信》及《明世宗实录》均未提及末儿丁自己下令凿沉的一艘葡船，故称"获其二舟"，而实际上是三舟。《（嘉庆）海州直隶州志》中的"公破其三舶，置之九法，而广粤以定"与中葡文献记录相合。至于《明世宗实录》记该事于次年三月壬戌（1523 年 4 月 26日）条，我们认为西草湾之战事在公历八月中下旬，捷报抵达京师，至少得三个月左右，待到世宗御批下诏，时当已在嘉靖元年底或二年初，所以朝廷记载滞后于嘉靖二年（1523 年），且没有确指西草湾之战发生时间，致使后来学者多误载西草湾之战爆发于嘉靖二年。

至于有关佛郎机铳最初传华的时间，学界众说纷纭。中国学者王兆春通过考证《续文献通考》、王仁俊《格致古微》《（道光）福建通志》、沈德符《万历野获编》、胡宗宪《筹海图编》中的记载错误及矛盾，指出佛郎机铳嘉靖元年八月传入，嘉靖三年（1524 年）四月仿制成功;[1] 林文照、郭永芳持相同观点。[2]李映发《明代佛郎机炮的引进与发展》指出佛郎机铳正德年间以民间的途径传入中国，正德十四年六月林俊首次仿制佛郎机铳;[3]李斌则利用顾应祥《静虚斋惜阴录》考证出明朝官方接触佛郎机铳应为正德十二年。[4] 而台湾学者周维强撰文《佛郎机铳与宸濠之叛》指出宁王朱宸濠正德十二年三月已经开始私造佛郎机铳。

① 　王兆春：《中国火器史》，122~125 页，北京，军事科学出版社，1991。
② 　林文照、郭永芳：《明清间西方火炮火枪传入中国历史考——我国早期火器专题研究之一》，载黄盛璋主编《亚洲文明》，1992（1）。
③ 　李映发：《明代佛郎机炮的引进与发展》，载《四川大学学报》，1990（2）。
④ 　李斌：《关于明朝与佛郎机最初接触的新史料》，载《九州学刊》，1994（3）。

取得此铳的制法，可能透过海外贸易方式。① 但具体到屯门之战和西草湾之战，究竟是哪一次战役缴获了佛郎机铳，则尚须细考。首先，我们看看屯门之战的原始记录陈文辅的《都宪汪公遗爱祠记》载：

> 公命刷贼敝舟，多载枯柴燥荻，灌以脂膏，因风纵火，舶及火舟，通被焚溺，命众鼓噪而登，遂大胜之，无孑遗。②

即中文原始文档并未提及获取火铳事。再检葡文原始文献。关于1621年屯门之战最详记录莫过于巴罗斯的《亚洲旬年史》：

> 我们人的所作所为在当地引起了哗然。如前所述，正好赶上国王归西。……按照中国之规定，每遇国王归天，外国人不许登陆亦不许入港，违者处死。……迪奥戈·卡尔沃，欧维士及与他们同行的人不愿离开此地，原因是他们的货仍未脱手。……我们的人处于这危险之中。1521年6月20日，杜瓦特·科埃略乘坐一装备精良的平底帆船率1条满剌加居民的平底帆船赶到。他从我们的人那里得知当地的情况，以及担任海军上将职务的海道（汪鋐）已向我们的人发起数次进攻。……海道得知又来了两艘大帆船，将他们的舰队增至50艘帆船。我们的船共计5艘，以前3艘，杜瓦尔特·科埃略又带来2艘。杜瓦尔特·科埃略到后两天，华人便发起了进攻。……这样的局面持续了40天。安布罗济奥·德·雷戈（Ambrósio de Rego）驾一大帆船，率领一艘满剌加居民的平底帆船赶来。……杜瓦尔特·科埃略，迪奥戈·卡尔沃及安布罗济奥·德·雷戈被四面围住，他们必需尽力突围。欧维士已逝世。他的船上人数很少，因为交恶初期，平底帆船落入华人手中时，一部分人失踪，另一部分人被捕。其他船

---

① 周维强：《佛郎机铳与宸濠之叛》，载《东吴历史学报》，2002（8）。
② 靳文谟：《（康熙）新安县志》卷12《艺文志》之陈文辅《都宪汪公遗爱祠记》，康熙刻本抄本，广州，中山图书馆。

上不超过 8 个葡萄牙人，剩下为划船的奴隶。于是他们下令所有人汇集至 3 艘船上，趁夜色突围。①

据史书记载，只有一艘欧维士的平底帆船被明军缴获。葡萄牙的大帆船一共 6 艘，并未被明军击沉或缴获。而平底帆船是不架铳炮的，架设铳炮者为葡萄牙大帆船。严从简的《殊域周咨录》载：

> 初佛郎机番船用挟板，长十丈，阔三尺，两旁架橹四十余枝，周围置铳三十四个，船底尖，两面平，不畏风浪，人立之处用板捍蔽，不畏矢石，每船二百人撑驾，橹多人众，虽无风可以疾走，各铳举发，弹落如雨，所向无敌，号蜈蚣船。②

蜈蚣船即葡萄牙大帆船。所以说屯门之战虽然明军获胜，并缴获了一艘平底帆船，但并没有缴获佛郎机铳。

而嘉靖元年西草湾之战葡文资料虽未明言缴获佛郎机铳，但明确记载明军击沉了迪奥戈·德·梅洛的葡萄牙大帆船（蜈蚣船）和另外一艘船，葡人自己亦被迫凿沉了一艘大帆船，即至少有两艘葡萄牙大帆船被获，也即《（嘉庆）海州直隶州志》所言"公破其三舶"。这至少两艘葡萄牙大帆船必遗留相当数量的佛郎机铳。因此，可以断定《（嘉庆）海州直隶州志》中"琏选锋焠，入夺其火器，浮海俘之。其器猛烈，盖岛寇所常恃者。得之，遂为中国利，因号佛郎机"即是指胡琏指挥嘉靖元年西草湾之战击沉葡萄牙大帆船而获佛郎机铳，后仿制才得以在中国流传。故《明史》卷 325 载：

> 其将别都卢既以巨炮利兵肆掠满剌加诸国，横行海上，复率其属疏世利等驾五舟，击破巴西国。

---

①　若昂·德·巴洛斯：《亚洲旬年史之三》，见金国平编译《西方澳门史料选萃（15—16 世纪）》，150~152 页，广州，广东人民出版社，2005。
②　严从简著，余思黎点校：《殊域周咨录》卷 9《佛郎机》，北京，中华书局标点本，1993。

嘉靖二年，遂寇新会之西草湾，指挥柯荣、百户王应恩御之。转战至稍州，向化人潘丁苟先登，众齐进，生擒别都卢、疏世利等四十二人，斩首三十五级，获其二舟。余贼复率三舟接战。应恩阵亡，贼亦败遁。官军得其炮，即名为佛郎机，副使汪鋐进之朝。①

明《筹海图编》亦言：

> （佛郎机铳）其制出于西洋番国，嘉靖之初年始得而传之。中国之人更运巧思而变化之，扩而大之，以为发矿，发矿者，乃大佛郎机也。约而精之，以为铅锡铳，铅锡铳者，乃小佛郎机也。其制虽若不同，实由此以生之耳。②

也就是嘉靖元年获佛郎机铳实际上是胡琏，而不是汪鋐。但为什么后来的大部分史书均将此事仅记汪鋐而不提胡琏呢？我们比较两段汪鋐自己的追述。一是《名臣经济录》保存的汪鋐《奏陈愚见以弭边患事》：

> 正德十六年正月内，臣访据东莞县白沙巡检司巡检何儒称，其上年因委抽分，曾到佛郎机船，见有中国人杨三、戴明，审知伊等年久投在佛郎机国，备知造船铸铳及置火药之法，臣即令何儒密遣人到彼以卖酒米为由，潜与杨三等通话，谕令向化，重加赏赉。彼遂乐从，约定期夜，何儒密驾小船接引到，臣研审是实，遂令如式制造，试验果劲。后臣举兵驱逐佛郎机，赖用此铳取捷，杀灭无遗，夺获伊铳大小二十余管，比与杨三等所造体制皆同。③

而张萱的《西园闻见录》摘引汪鋐的语录称：

> 正德年间，佛郎机匿名混进，突至省城，擅违则例，不服抽分，烹食婴儿，掳掠男妇，设栅自固，火铳横行。犬羊

---

① 张廷玉：《明史》卷325《佛郎机传》，北京，中华书局，1974。
② 胡宗宪：《筹海图编》卷13《兵器·佛郎机图说》，文渊阁四库全书本，台北，商务印书馆，1986。
③ 黄训：《名臣经济录》卷43《兵部职方》下，文渊阁四库全书本。

之势其常，狼虎之心叵测。鋐与前任海道副使并力驱逐，肆我皇上临御，威振绝域，边境辑宁。凡俘获夷酋，悉正极典，民间稽颡称庆，以番舶之害可永绝，而疆圉之防可永固也。[①]

此前任海道副使即胡琏。可见，汪鋐还是承认胡琏作为海道副使直接指挥嘉靖元年西草湾之战的事实的，只不过他们之间当时存在着行政隶属关系，汪氏是胡琏的顶头上司，且又指挥过屯门之战，西草湾之战虽然是由胡琏直接指挥，但汪鋐作为胡琏的顶头上司亦应对这一战事负有直接责任。所以胡琏在西草湾之战时缴获的佛郎机铳亦由汪鋐进献朝廷，故世间遂只知汪鋐献佛郎机铳而不知胡琏缴获佛郎机铳。严从简的《殊域周咨录》等采择西草湾之战史料时，仅选用汪鋐的奏章，而不提及胡琏，致使其指挥战役的真相渐趋湮没。不过赖地方史志保存了这一事实的珍贵史料，胡琏事迹方得流传。然其实清代张鸿烈[②]已著《佛郎机》诗，美沭阳胡琏战功，助其平青史除名之冤。诗云：

鲸波弗靖，岛寇乱华。火器迅猛，杀人如麻。

厥器何名，佛郎机牙。谁其殪之，封豕长蛇。

胡公一怒，令肃风沙。折馘授首，如剸鲔鲨。

夺其利器，捷于镆铘。流传中国，机巧有加。

文臣不封，至今叹嗟。[③]

---

① 张萱：《西园闻见录》卷66《四夷》前，明清史料丛刊本。

② 张鸿烈，字毅文，号泾原、岸斋。康熙十八年登博学鸿辞科。

③ 汪梅鼎：《（嘉庆）海州直隶州志》卷23《胡琏传》，南京，南京大学出版社，1993。

图 13：明代的佛郎机铳

图 14：明代葡萄牙人的蜈蚣船

此图系 16 世纪葡萄牙人绘制的《东印度地图》，其中标出了本文论证的双屿港，即 Liampo pro。

第三章　平托《游记》Liampo 纪事考实

——兼谈《瞥余杂集》中的佛郎机史料

第三章　平托《游记》Liampo 纪事考实

——兼谈《甓余杂集》中的佛郎机史料①

一

正德十六年（1521 年）中葡屯门之役及嘉靖元年（1522 年）西草湾之役后，葡萄牙商人的主要贸易活动已经转移到闽浙海上，这应是不争的事实。关于这一时期葡商在浙海活动的研究，论著者不可谓少，西贤从龙思泰、徐萨斯、白乐嘉到博克塞均进行过有关研究，东方学者则有周景濂、张天泽、藤田丰八、方豪、张增信诸人结合中葡文献对这一问题进行过考证，② 特别是

---

① 汤开建：《澳门开埠初期史研究》，北京，中华书局，1999。

② 龙思泰《早期澳门史》、徐萨斯（Montalto de Jesus）《历史上的澳门》、白乐嘉《西方开拓者及其对澳门的发现》（*The Western Pioneers and Their Discovery of Macao*）、博克塞著，何高济译《十六世纪中国南部纪行》、周景濂《中葡外交史》、张天泽著，姚楠、钱江译《中葡早期通商史》、藤田丰八《葡萄牙人占据澳门考》、方豪《十六世纪浙江国际贸易港 Liampo 考》及张增信《明季东南中国的海上活动》均涉及本文提出的问题。

方豪先生先后五次撰文对葡人在宁波的活动做过极有说服力的考证，① 完全可以确定浙江宁波海面曾是 16 世纪中叶来华葡萄牙人的贸易据点之一。然而，余发现大多研究者，特别是今天从事中葡关系史及海外贸易史研究的学者，在研究这一问题时，并没有做史源的考证清理，即平托《游记》中葡萄牙商人在 Liampo 贸易纪事之资料是否真实可信。很多人根本不顾这些，将平托《游记》译文辗转抄引。虽然从龙思泰起，大多数研究澳门历史的西方学者都对平托《游记》中的相关记录表示信任，但仍有不少学者表示怀疑，法国汉学家高迪爱直斥平托之书为"妄言"；戴遂良称平托为"可怜的权威"；裴化行则对平托之书表示极大的不信任，称之为"小说式的记录"；德国人舒拉曼则称其书为"谎造而不足置信"；英国人康格里夫称平托为"天大的骗子"；日本人藤田丰八对其书基本不信，称其为"夸张之言"。罗理路（R. M. Loureiro）在编选葡文史料时，虽然也编选平托《游记》，但他认为，平托对"葡萄牙人的 Liampo 市"的描写所依据的资料来自于后来的澳门。② 张天泽是对平托《游记》评价最详细者，他除了骂平托是一个"吹牛大王"外，还对他的 Liampo 纪事有一整体的评价：

---

① 方豪：《十六世纪浙江国籍港口 Liampo 考》，初名《明嘉靖间葡人在宁波被屠问题》，发表于民国二十六年五月《新北辰》第 3 卷第 5 期；第一次修订发表于《中外文化交通史论》，改名为《嘉靖间葡人在宁波被屠问题》；第二次修订载民国三十三年《复旦学报》第 1 卷第 1 期，改名《十六世纪我国通商港 Liampo 位置考》；第三次修订载民国三十七年出版之《方豪文录》，改名为《十六世纪我国走私港口 Liampo 考》；第四次修订改今名，于民国五十七年收入《方豪六十自定稿》上册，91~121 页，台北，学生书局，1969。

② 高迪爱（H. Cordier）《中国全史》第 4 册；戴遂良（L. Wieger）《史料集》，2035 页；裴化行（H. Bernand）著、萧浚华译《十六世纪天主教在华传教志》，51 页；舒拉曼（Georg Schurhammer）《平托及其游记》，载《大亚细亚》杂志，1927 (3)；英国戏剧作家康格里夫（W. Congreve）《为了爱情而爱》第 2 幕第 1 场，转引张天泽著，姚楠、钱江译《中葡早代通商史》，95 页；藤田丰八《葡萄牙占据澳门考》，载何建民译《中国南海古代交通丛考》，357~491 页；罗理路（R. M. Loureiro）著，陈用仪译《16 和 17 世纪伊比利亚文学视野里的中国景观文献选集》之《游记》，载《文化杂志》，1997 (31)。

在我们对门德斯·平托这一记叙作出任何历史性评价之前，必须对其著作的性质有一个总的看法。在仔细阅读了他的这部二百二十六章的著作后任何理解能力强的读者都会说，这不过是一篇长篇冒险故事罢了。门德斯·平托在亚洲度过几年之后，把葡萄牙人在亚洲的冒险行为都作为自己的题材，这是因为他们最能使其国内的同胞想入非非。由于他感兴趣的主要是讲些令人着迷的故事，因此他并不关心实际上发生的是什么。他所说的许多事情同已经肯定了的事实恰恰相反，而更多的是些无法查对的事。有许多稀奇古怪的人名和地名无从考证，这些名称或许是在作者的脑子里存在着。因此，我们显然不能信以为真地从这样一部书籍中收集我们的资料。

此外，我们在任何中文记载或编年史内，以及任何严肃的葡文资料中，都未见过只言片语或者甚至是隐隐约约地提到1542年（当为1548年）年前后在宁波有任何重要的外国殖民地，更不要说一场对外国人的大屠杀了。中国的历史学家或编年史学家对一万二千人遇害和巨额财产被毁的这么一场大屠杀竟会毫无记载，这简直令人难以置信。

尽管我们对平托作了上述评价，但若认为整部《游记》纯粹是小说，那也未免讲得太过分了些。正如我们将要见到的那样，在其叙述中国人捣毁葡萄牙人在泉州的一个殖民地的故事中，可以发现一些历史真相。如果有饱学之士愿意查明这部长篇冒险故事有多少真实性的话，那么学术界将感激不尽。①

一方面是不断地有学者在否认平托《游记》作为历史资料的可靠性，另一方面仍然是不断地有研究者对平托《游记》之记录

① 张天泽著，姚楠、钱江译：《中葡早期通商史》，89～90页，香港，中华书局，1988。

不作任何辨析考证就大量征用。余以为，这种现状应该结束，要使用平托的资料，必须首先对平托《游记》资料进行系统清理，一定要清楚地分辨出平托所记哪些是可信的，哪些是不可信的。

本文不对平托整部作品展开研究，仅就平托《游记》中关于葡萄牙商人在浙江 Liampo（宁波）贸易活动的有关记录进行一些考证。考证的对象亦不是平托所记葡人在宁波活动的故事情节和场景细节，而主要是：其一，葡萄牙人是否如平托所说曾在 Liampo 建有一个贸易据点；其二，这个贸易据点究竟有多大的规模，性质如何，是否与平托所言吻合；其三，是否如平托所言，中国军队曾对 Liampo（宁波）的葡萄牙人进行过一场大屠杀，屠杀人员数字是否可信。本文拟依据中文资料，其最重要的依据是作为主要当事人之一、1548 年下令明军进攻 Liampo（宁波府之双屿）港的朱纨所著之《甓余杂集》中有关双屿港及佛郎机的记载，来对平托 Liampo（宁波）纪事进行勘比考证，以求事实之真相。朱纨《甓余杂集》中的有关资料前人虽亦有人征引，但始终没有一位学者对这部著作中关于双屿港及佛郎机极为丰富的资料进行系统清理，致使许多宝贵资料长期淹没。当然更没有学者将《甓余杂集》中的双屿港及佛郎机资料与平托《游记》中的 Liampo 纪事进行对比研究。本章希望通过这一最基础的史源探索，力图解决百余年来的悬疑——平托《游记》中 Liampo（宁波）纪事是否可信，进而证明朱纨《甓余杂集》这部书在早期中葡关系史研究中所具有的特殊价值，以期引起东西方治澳门史及中葡关系史学者的重视。

二

图15：平托《远游记》1614年葡文版　图16：金国平《远游记》1999年中译本

平托《游记》原文为葡文版，17世纪就译成多种欧洲文字，后又出版多种英文版本，20世纪70年代还出过日文版，但一直未见中文译本。由于该作品篇幅太大，中国史家使用原文俱是选译，而且选译原本有葡文，有法文，亦有英文。目前关于Liampo（宁波）纪事选译者主要有罗理路、方豪、张天泽三种不同的选本中译本，1999年金国平先生"积十年余载寒暑，将此鸿篇巨著汉译"，完成了第一部完整的平托《游记》的中译本《远游记》，本文即根据金国平《远游记》叙述其Liampo（宁波）纪事：

　　我们行驶了六天后，来到了双屿门。谓门，实为两个相对的岛屿。距当时葡萄牙人的贸易点三里格远。那是葡萄牙人建立的陆地上的村落，房屋逾千。有市政官、巡回法官、镇长及其他六、七级的法官和政府官员。那里的书记在公文的最后常常这样写道：本某，双屿城书记官，以我主国王的名义……给人的感觉是该城位于圣塔伦和里斯本之间某地。该城认充满自信和骄傲。有些房屋的造价已高达三四千克鲁扎多。因我们的罪孽，这些大小房屋被华人夷为平地，惨不忍睹。容我以后有机会详述之。①

在这两个当地人和在那一带航行的人称之为双屿门的小岛之中有一海峡，其宽度为两箭之遥，水深在二十至二十五噚之间，有数处优良泊口。山头有淡水溪流、穿过茂密的树林直淌而下。林中多雪松、橡树、五针松、海松。船只在此伐取帆衍、桅杆、木板及其他木材，分文不付。凌晨两点，二人到了那村中。人们一见到他们，听了他们带去的消息以及航行顺利的情况吃惊不已。无染受孕圣母堂的钟声敲响了。它是当地六七所教堂的主堂……②

双屿的人们热情地款待了他们，把他们分派到最富有的家庭中去住，给他们医伤治病，为他们提供了一切所需之物。安东尼奥·德·法里亚在此逗留的六天中，本镇或称本城中凡是稍有名气的人携带着各种精美食品、佳酿美酒、各色鲜果来探望他。东西多得令人目不暇接，主要是送东西来时那宏大壮观的场面给我们留下了深刻的印象。③

按照双屿人的请求，安东尼奥·德·法里亚在此逗留的六天中，一直停泊在这两个小岛上。六天以后的一个星期天的凌晨，晴空万里，可以顺利进港。在一片悦耳的乐器声中，人们在晨曦中，把他迎进了港口。在海岬上按照葡萄牙

---

① 费尔南·门德斯·平托著，金国平译：《远游记》上册，第 66 章，192～193 页，葡萄牙航海大发现事业纪念澳门地区委员会、澳门基金会、澳门文化司署、东方葡萄牙学会，1999。
② 费尔南·门德斯·平托著，金国平译：《远游记》上册，第 67 章，194 页，葡萄牙航海大发现事业纪念澳门地区委员会、澳门基金会、澳门文化司署、东方葡萄牙学会，1999。
③ 费尔南·门德斯·平托著，金国平译：《远游记》上册，第 67 章，195 页，葡萄牙航海大发现事业纪念澳门地区委员会、澳门基金会、澳门文化司署、东方葡萄牙学会，1999。

人的习惯，一队人敲锣打鼓，载歌载舞迎上来。……各种小船前呼后拥，上面鼓乐齐鸣，各式各样的中葡乐器应有尽有。……在船队进港之前，六十艘不同的船只向安东尼奥·德·法里亚所在的船驶来……在这样隆重的仪式中，安东尼奥·德·法里亚驶入了港内。那里依次排列了二十六艘大船，八十艘帆船和许多拴连在一起的小船。这些船只构成了一条长长的通道。船上装饰了许多松枝、松叶和青芦苇，搭了许多凯旋门，上面摆满了樱桃、梨、柠檬和橘子及各色菜蔬、香草等。船桅杆和支索上也装饰满了上述东西。……中国人、马来西亚人、占城人、暹罗人、婆罗洲人、琉球人及各种各样的乐器声中来到了码头。上述国家的人都在葡萄牙人的羽翼下经商，原因是害怕横行海上的海盗。一顶富丽堂皇的轿子把他像抬巡按御史一样地抬上了岸。①

他登岸后，人们为其举行了欢迎仪式。当地的名流商贾都来拜见他。这些人出于礼节都行长长的伏地礼。而后，两个当地德高望重的人特里斯唐·德·加和热罗尼莫·德·雷戈（Jeronimo de Rego）代表众人讲话。他们用优美流畅的言辞高度赞扬了他的品德……然后带着他沿一条上面横满了松树枝、桂树叶和芦草，用绸缎做天篷的曲长的路前往教堂。②

安东尼奥·德·法里亚离开这里后，六名知名人士打着一顶富丽堂皇的华盖送他到教堂中去……夹道迎接他的人群中有葡萄牙人，还有在那里经商的其他外国人。因为那里是

① 费尔南·门德斯·平托著，金国平译：《远游记》上册，第68章，196~197页，葡萄牙航海大发现事业纪念澳门地区委员会、澳门基金会、澳门文化司署、东方葡萄牙学会，1999。
② 费尔南·门德斯·平托著，金国平译：《远游记》上册，第68章，198页，葡萄牙航海大发现事业纪念澳门地区委员会、澳门基金会、澳门文化司署、东方葡萄牙学会，1999。

当时所知的最富有的良港……①

弥撒结束后，那双屿镇或称双屿城的四位主要官员走了上来。他们分别是：马特乌斯·德·布里托（Mateus de Brito）、兰萨罗特·佩雷伊拉（Lancarote Pereira）、热罗尼莫·德·雷戈、特里斯唐·德·加。在共计千人左右葡萄牙人的簇拥下，他们把安东尼奥·德·法里亚带到了一所房屋前的大空场上。②

双屿，我在前有详述，它是距此向北二百多里格远的一个葡萄牙村落。因一葡萄牙人的胡作非为，双屿在片刻之内被摧毁、夷为平地。我亲身经历了这场灾难。当时我们的人力及财产损失无法估计。因为当时那里还有三千多人，其中一千二百名为葡萄牙人，余为其他各国人。据知情者讲，葡萄牙的买卖超过三百万金，其中大部分为日银，日本是两年前发现的，凡是运到那里的货物都可以获得三四倍的钱。③

这个村落中除了来来往往的船上人员外，有城防司令、王室大法官、法官、市政议员、死者及孤儿总管、度量衡及市场物价监察官、书记官、巡夜官、收税官及我们国中有的各种各样的手艺人，四个公正官和六个法官。每个这样的职务要花三千克鲁扎多购买，有些价格更高。这里有三百人同葡萄牙妇女或混血女人结婚。有两所医院，一座仁慈堂。它们每年的费用高达三万克鲁扎多。市政府的岁入为六千克鲁扎多。一般通行的说法是，双屿比印度任何一个葡萄牙人的

---

① 费尔南·门德斯·平托著，金国平译：《远游记》上册，第 69 章，200 页，葡萄牙航海大发现事业纪念澳门地区委员会、澳门基金会、澳门文化司署、东方葡萄牙学会，1999。
② 费尔南·门德斯·平托著，金国平译：《远游记》上册，第 70 章，202 页，葡萄牙航海大发现事业纪念澳门地区委员会、澳门基金会、澳门文化司署、东方葡萄牙学会，1999。
③ 费尔南·门德斯·平托著，金国平译：《远游记》下册，第 221 章，699 页，葡萄牙航海大发现事业纪念澳门地区委员会、澳门基金会、澳门文化司署、东方葡萄牙学会，1999。

居留地都更加壮观富裕。在整个亚洲其规模也是最大的。当书记官们向满剌加提交申请书和公正官签署某些契约时都要说"在此忠诚的伟城双屿,为我国王陛下效劳"。①

现在既然说到这些了,我来讲讲为什么这个著名、富有的村落会消失。事情是这样的。②

那里有一个出身高贵、正直的人,利马桥人氏兰萨罗特·佩雷伊拉。据说,此人赊给了几个不讲信用的华人价值一万克鲁扎多的次货。他们提走了货物,但未付钱,再也没有露面。所以他想从那些没有欠他钱的人身上挽回这笔损失,于是纠集了十五、二十个游手好闲、不务正业的葡萄牙人,甚至更差的人,一天晚上袭击了距那里两里格远的一个名叫西帕通的村子。在那里抢劫了住在那里的十几家农户,抢了他们的妻子,毫无理由地杀死了十三个人。这件恶事第二天很快就在当地传开了,居民到主管法律的总兵那里去告状。总兵为此立了专案,写了状子递呈政府巡按御史。这一官职如同总督。他立即派了一位如同我们海军上将的海道,率领一支由三百艘中国大帆船及八十艘双桅帆船,十六万大军在十七天内做好备战工作。一天清晨,这一船队向葡萄牙人的村落发动了攻击。说实话,我才疏学浅,不能全面叙述事情的经过,只能听由人们去想象。我亲眼目睹了这一切。在这不到五个钟头的时间里上帝对我们进行了严厉惩罚,上帝以其万钧之力摧毁了一切,所有东西被付之一炬,夷为了平地。基督徒死亡人数达一万两千人,其中有八百名葡萄牙

---

① 费尔南·门德斯·平托著,金国平译:《远游记》下册,第221章,699页,葡萄牙航海大发现事业纪念澳门地区委员会、澳门基金会、澳门文化司署、东方葡萄牙学会,1999。

② 费尔南·门德斯·平托著,金国平译:《远游记》下册,第221章,699页,葡萄牙航海大发现事业纪念澳门地区委员会、澳门基金会、澳门文化司署、东方葡萄牙学会,1999。

人。这些人分别在三十五艘大船和四十二艘中国帆船上活活被烧死。据说，仅在白银、胡椒、檀香、豆蔻花、核桃及其他货物上就损失了一百五十万金。这一切不幸都是由一个贪婪的葡萄牙人的不轨行为引起的。此外还有一件更坏的事情。从此，我们在当地名誉扫地，根本无人愿意同我们打交道，说我们是披着人皮的魔鬼，是上帝在惩罚人时造出的怪物。①

此事发生于 1542 年。当时的印度总督为马尔廷·阿丰索·德·索扎（Martim Afonso de Sousa），满刺加的城防司令为鲁伊·瓦斯·佩雷拉·马拉马克。②

这就是平托《远游记》中关于 Liampo（宁波）纪事的全部记载。③

三

平托《游记》之宁波纪事虽然遭受众多人的攻击，但多无实际内容。独张天泽提出，平托之 Liampo（宁波）纪事中"没有在任何中文记载或编年史内以及任何严肃的葡文资料中"提及。这句话切中要害，如果平托所载 Liampo（宁波）之事确实在任何中文文献和葡文文献中都找不到记载的话，也就是说如果葡萄牙人在 Liampo（宁波）的通商活动仅见于平托之书而得不到任何中葡资料佐证的话，那我们就只能将上节所述内容视为平托臆造的一个冒险故事或不足置信的谎言。

---

① 费尔南·门德斯·平托著，金国平译：《远游记》下册，第 221 章，699～700 页，葡萄牙航海大发现事业纪念澳门地区委员会、澳门基金会、澳门文化司署、东方葡萄牙学会，1999。

② 费尔南·门德斯·平托著，金国平译：《远游记》下册，第 221 章，700 页，葡萄牙航海大发现事业纪念澳门地区委员会、澳门基金会、澳门文化司署、东方葡萄牙学会，1999。

③ 本处摘录的仅是与考证 Liampo 即双屿相关的史实，平托《远游记》中尚有大量的葡萄牙人及各国商人在双屿港生活的细节，其中还有西方音乐、美术、体育运动、饮食及天主教最初入华的珍贵资料，应引起研究者的注意。

看来事实并非如此。关于中文资料中的葡人在宁波之通商活动留待下节再谈，我们先看看一些葡文资料的记载。

首先是加斯帕尔·达·克路士于 1570 年出版的《中国志》记载了葡萄牙人在 Liampo（宁波）的活动，克路士是 1556 年到中国的：

> 这些居住在中国境外又随同葡萄牙人航行的中国人，在费尔南·德·安德拉德闯了祸之后，就开始将葡人引去 Liampo（宁波）做生意，因为那边没有围起来的城镇，而只有沿海的许许多多大村落，人们很穷，他们对葡萄牙人的到来很高兴。……经过这样的串通，葡人就开始在宁波诸岛越冬了。他们在那里安居乐业，唯一只缺绞架和耻辱柱了。那些同葡人混在一起的中国人，也有些葡人，就开始放肆起来，大抢大偷，还伤残人命，坏事干得越来越多，受害者叫苦不迭，他们的声音不光传到了（浙江）省的大老爷们耳中，而且也传到皇帝那里。皇帝马上下令在福建省调集大批水师，将所有盗匪赶出沿海，尤其是宁波一带。同时，所有商人，包括葡人和中国人，也被列为盗匪。[①]

在另一处，克路士还写道：

> 另一个省是浙江，这个省有十四座城，包括宁波城，葡人也曾在那里贸易，但现在所有的活动已移至广州。[②]

平托之书是他死后于 1614 年才出版，克路士完成《中国志》时不可能见到平托之书。而他关于葡萄牙人在宁波活动的记录，除了比不上平托的详细外，其基本情况是一致的。所以，张天泽所称在"严肃的葡文资料中都未见过片言只语或者甚至隐隐约约地提到 1542 年前后在宁波有任何外国殖民地"是不符合事实的。

---

① 博克塞著，何高济译：《16 世纪中国南部行纪》之克路士《中国志》，第 23 章，133 页，中华书局，1990。
② 博克塞著，何高济译：《16 世纪中国南部行纪》之克路士《中国志》，第 5 章，64 页，北京，中华书局，1990。

毫无疑问，克路士 1570 年出版的《中国志》是一种极为严肃的早期葡文资料，他所记录的葡人在宁波活动之消息来源于他在广州见到的一个在闽浙经商被中国政府拘囚的葡萄牙商人，因此，其记录可信。

除克路士外，成书于 1612 年狄奥哥·杜·寇图的《亚洲旬年史》(Decada Quinta da Asia) 亦记载：

> 1546 年 7 月，马六甲司令迪奥戈·苏亚雷斯（Diogo Soares）派许多船到中国作贸易，葡萄牙人已开始在浙江宁波外海居留。①

曼里克教士于 1649 年成书的《东印度传教路线》也有葡萄牙人在宁波的活动记载：

> 葡萄牙人在中国建立的第一个居民点是宁波市，此地在澳门以北 200 里格，其交往与贸易的规模之大，可以与印度的主要城市相比。但是，一场混乱使该城于 1542 年被毁。②

寇图所记可以肯定未参考平托之书。曼里克教士于 1604 年即派往东方，在果阿奥古斯西教团修道院任职，1628 年前往孟加拉王国，随后在亚洲各地包括日本、菲律宾、越南、澳门等地活动，1643 年才回到欧洲到达罗马，1649 年即出版了他的著作。因此，余以为曼里克教士也没有见过 1614 年出版的平托之书。到 20 世纪初，徐萨斯《历史上的澳门》亦载：

> 在 1528 年，宁波市内已标志着"欢迎葡萄牙人来访"的蕃坊，而这个遗址直到上个世纪还可以在宁波内找到。③

上述著作均应是严肃的葡文著作，虽然记载葡人在 Liampo

---

① Diogo do Couto, *Decada Quinta da Asia*, *Livro iii*, Cap. xii, Lisboa, Crasbeeck, 1612, pp. 262～263.

② 曼里克（Sebastiao Manrque）：《东印度传教路线》，第 2 卷，1946 年西班牙文版，144～145 页，中译载《文化杂志》，1997（31）。

③ 徐萨斯著，黄鸿钊、李保平译：《历史上的澳门》，16 页，澳门，澳门基金会，2000。

（宁波）活动的事迹并不详细，但葡人曾在Liampo（宁波）建立过一个贸易据点应该是很难否认的事实，可证张天泽对平托《游记》的判断有误。

四

中文资料中是否有葡人在Liampo（宁波）活动的记载呢？葡文资料中所反映的Liampo之事实，中文文献中对应的应是"双屿"，这一点，方豪先生已作了极令人信服的考证。双屿港位于宁波府霩䨇所对面的海上，离舟山城东南一百里，"为倭夷贡寇必由之路"。① 霩䨇所虽是明廷驻军之地，但跟与海相隔的双屿港还有相当距离，是卫所官兵难以控制的地方。双屿港口地形险要：

> 东西两山相对峙，南北俱有水口相通，亦有小山如门障蔽，中间空阔二十余里，藏风聚气，巢穴颇宽。②

这是一个海上走私贸易的理想港湾。我们先将平托《远游记》中记录的Liampo港的地理形势与中文文献记录的双屿港地理形势进行比较：

1. 平托言："双屿门，谓门，实为两个相对的岛屿"③，朱纨《甓余杂集》则称双屿"东西两山对峙"。

2. 平托记双屿港有一海峡，"其宽度为两箭之遥，水深在二十至二十五嘑之间"。《指南正法》称："双屿港内流水甚急，洋

---

① 何汝宾：《（天启）舟山志》卷2《山川》，影印天启六年何氏藏本，中国方志丛书。

② 朱纨：《甓余杂集》卷4《双屿填港工完事》，明朱质刻本，天津，天津图书馆藏。

③ 张增信认为双屿即今舟山岛西南湾内的"盘峙"与"长峙"二岛，彼此左右对峙，形成大门，见张增信《明季东南中国的海上活动》（上编），237页，台北，中国学术著作奖助委员会，1988。钱茂伟：《双屿港历史新探》，见张伟主编《浙江海洋文化与经济》第2辑，北京，海洋出版社，2008；龚缨：《中国古地图上的双屿》，载《文化杂志》，2009；均认为，双屿应是六横岛，即朱纨《甓余杂集》卷4中的"陆洪山"，郑若曾《筹海图编》卷1中的"陆奥山"。

内打水无底"①。均称港内水极深。

3. 平托记双屿港有"数处优良泊口",朱纨《甓余杂集》称双屿有"南港、北港"②。

4. 平托记双屿港内停泊着"二十六艘大船,八十艘帆船和许多拴连在一起的小船",可见平托所言港之大;朱纨《甓余杂集》称双屿港"中间空阔二十余里,藏风聚气,巢穴颇宽"。③

5. 平托所记双屿港内有山:"山头有淡水溪流,穿过茂密的树林直淌而下",朱纨《甓余杂集》则称:"南北俱有水口相通,亦有小山如门障蔽。"④

从以上五处比较,可见,从地理形势上看,平托所记并非虚言,由"两个对峙的岛屿组成的 Liampo 港"应该就是双屿港。稍晚一点的荷兰人林旭登（Jan Huygen Linschoten）记录的"双屿"之地理形势亦与平托相合:

> Liampo 是附近一个地势高的海岛的名字。一开始,你们碰到的岛屿不多。再往前走,会遇到一系列岛屿。最后一个面向大海的岛屿很大,上面有数座高山及海湾。主要海湾位于西海岸。其中间有一座高耸的小岛。在它与海岸之间有一锚地。这是躲避南及西南风的避风口。入口处水深 5 噚,但十分狭窄,大船无法转动。这个岛屿周围的水底干净无礁。在该岛西北 2 里格处有一个又大又高的岛屿。在其西南海岸上有一个良港。在那里可以躲避东北风。其岸有淡水可汲取。其空气优于另外那个岛屿。两个岛屿之间的水道深 35

---

① 向达校注:《两种海道针经》之乙种《指南正法》,114 页,北京,中华书局,1982。
② 朱纨:《甓余杂集》卷 4《双屿填港工完事》,明朱质刻本,天津,天津图书馆藏。
③ 朱纨:《甓余杂集》卷 4《双屿填港工完事》,明朱质刻本,天津,天津图书馆藏。
④ 朱纨:《甓余杂集》卷 4《双屿填港工完事》,明朱质刻本,天津,天津图书馆藏。

哻。锚地的水深足以泊船。①

林氏所载与平托几无二致，可证，西文文献亦证平托所言不虚。

再看看双屿港是否有葡萄牙商人从事贸易。《明史·朱纨传》载：

> 初，明祖定制，片板不许入海。承平久，奸民阑出入，勾倭人及佛郎机诸国人互市。闽人李光头、歙人许栋踞宁波之双屿。②

《日本一鉴·穷河话海》卷6载：

> 嘉靖庚子继之，许一……勾引佛郎机国夷人，络绎浙海，亦市双屿、大茅等港。③

《甓余杂集》卷5载：

> 柯乔等禀称，佛郎机夷船先次冲泊大担屿，皆浙海双屿驱逐南下。④

上述三则材料明确表示佛郎机（葡萄牙）夷人确实在双屿港从事贸易。又郑钟《筹海重编》卷10载：

> 日本原无商舶，商舶乃西洋原贡诸夷载货舶广东之私澳，官税而贸易之。既而欲避抽税，省陆运，福人导之，改泊海沧、月港；浙人又导之，改泊双屿。每岁夏季而来，望冬而去，可与贡舶相混乎。……自甲申岁（嘉靖三年，1524年）凶，双屿货壅，而日本贡使适至，海商遂取货以随货，倩倭以自防，官司禁之勿得。西洋船原回私澳，东洋船遍布

① 林旭登：《船路总集》（Le grand routier de mer de Iean Hugues de Linschot Hollandois），第30章，79页，见金国平编译《西方澳门史料选萃（15—16世纪）》，59～60页，广州，广东人民出版社，2005。
② 张廷玉：《明史》卷205《朱纨传》，北京，中华书局，1974。
③ 郑舜功：《日本一鉴·穷河话海》卷6《海市》，民国二十八年影印本。
④ 朱纨：《甓余杂集》卷2《捷报擒斩元凶荡平巢穴以靖海道事》，明朱质刻本，天津，天津图书馆藏。

海洋，而向之蕃舶悉变为寇舶矣。①

这"西洋原贡诸夷"及"西洋船"应含佛郎机，邓钟亦称葡人在双屿贸易。《正气堂集》卷7亦载：

> 广东去西南之安南、占城、暹罗、佛郎机诸番不远。数年之前，有徽州、浙江等处番徒，勾引西南诸番前至浙江双屿港等处买卖，逃免广东市舶之税。②

很清楚，各种史料均可证明，佛郎机夷人确实曾在双屿港即平托所言之 Liampo 之门户的两个岛屿之间进行贸易活动。

葡萄牙人何时开始去双屿港贸易，各种史料歧义甚大。平托书中亦未谈及葡人最早去 Liampo 的时间，只告诉我们，在1540年或1541年时，Liampo 已成为葡人的一个颇具规模的贸易据点。据利类思《不得已辨》：

> 明弘治年间（1488—1505年），西客游广东广州、浙江宁波，往来贸易。③

利类思书成于康熙四年（1665年），追记葡人来华之事明显不确。葡人来华始于正德九年（1514年），正德九年之前无葡人来华之事。很可能，利类思不明明朝皇帝年号顺次，将正德误以为弘治。利类思为意大利人，1637年即到中国。他称葡人曾在宁波贸易，应未受到平托书影响。克路士《中国志》称：

> 这些在中国境外又随同葡萄牙人航行的中国人在费尔南·德·安德拉德闯了祸之后，就开始将葡人引去 Liampo 做生意。④

按：此处克路士有误，在中国闯祸的不是安德拉德（Fernao

① 邓钟：《筹海重编》卷10《经略》2，四库存目丛书本，济南，齐鲁书社，1997。

② 俞大猷：《正气堂全集》卷7《论海势宜知海防宜密书》，196页，福州，福建人民出版社标点本，2007。

③ 利类思（Ludovicus Buglio）：《不得已辨》，见吴相湘主编：《天主教东传文献》第1册，318页，台北，学生书局，1965。

④ 博克塞著，何高济译：《16世纪中国南部行纪》之克路士《中国志》，第23章，133页，北京，中华书局，1990。

de Andrade），而是其弟西蒙（Simao de Andrade）。西蒙闯祸是在1518—1519 年间，①"之后"则应是 1519 年之后，那就是说，克路士认为葡人去 Liampo 是在正德末嘉靖初，如利类思之"弘治"为正德之误的话，两者记载距离不大。但前引寇图之书则称：

> 1546 年 7 月，……葡萄牙人已开始在浙江宁波外海居留。②

寇图记载与前两者差距甚大。值得注意的是邓钟《筹海重编》的记载：

> 商舶乃西洋原贡诸夷，载货泊广东之私澳，……浙人又导之，改泊双屿。……自甲申岁凶，双屿货壅，……西洋船原回私澳。③

"西洋原贡诸夷"，16 世纪后很明显主要应指葡萄牙人。甲申岁为嘉靖三年（1524 年），"甲申岁凶，双屿货壅"，则说明在1524 年之前，葡萄牙人已开始在双屿贸易。这里所记与克路士合。《日本一鉴·穷河话海》记载有很大的不同，认为嘉靖十九年（1540 年）葡人到双屿：

> 嘉靖庚子（十九年，1540）继之，许一、许二、许三、许四勾引佛郎机国夷人，络绎浙海，亦市双屿、大茅等港。④

主张嘉靖十九年者还有胡宗宪《筹海图编》、谢杰《虔台倭纂》、顾炎武《天下郡国利病书》等。⑤《皇明经世实用编》卷 8

---

① 若昂·德·巴罗斯：《亚洲旬年史之三》，第 6 篇，第 1 章，见金国平编译《西方澳门史料选萃（15~16 世纪）》，149~150 页，广州，广东人民出版社，2005。
② Diogo do Couto, Decada Quinta da Asia, Livro iii, Cap. xii, Lisboa, Crasbeek, 1612, pp. 262~263.
③ 邓钟：《筹海重编》卷 10《经略》2，四库存目丛书本，济南，齐鲁书社，1997。
④ 郑舜功：《日本一鉴·穷河话海》卷 6《海市》，民国二十八年影印本。
⑤ 胡宗宪：《筹海图编》卷 5《浙江倭变记》，文渊阁四库全书本，台北，商务印书馆，1986；谢杰：《虔台倭纂》下卷《倭绩》1，北京图书馆古籍珍本丛刊影印本，北京：北京图书馆出版社，2000；顾炎武：《天下郡国利病书》第 11 册《浙江》上，清光绪二十七年图书集成铅印本。

则主嘉靖二十二年（1543 年），① 均比邓钟之嘉靖初要晚十几年。《日本一鉴·穷河话海》中还有一则材料亦应注意：

> 浙海私商，始自福建邓獠，初以罪囚按察司狱，嘉靖丙戌（五年，1526 年），越狱逋下海，诱引番夷私市浙海双屿港。②

这里虽然仅言"番夷"，而没有指明是"佛郎机"，但这个"番夷"同邓钟所言"西洋诸夷"及俞大猷前言"西南诸蕃"一样，其中应包含佛郎机。为什么《日本一鉴·穷河话海》称嘉靖五年（1526 年）是引"番夷"私市双屿，而称嘉靖十九年则是勾引"佛郎机国夷人"私市双屿呢？余解之为，嘉靖五年时，只是少数的佛郎机人同其他东南亚各国商人一起去双屿。故称"番夷"，因为佛郎机人并不是主要的。到嘉靖十九年时，则是大批的佛郎机人去双屿，故称"佛郎机国夷人"。嘉靖五年亦还可视为嘉靖初，如不过于拘泥，《日本一鉴·穷河话海》所载与克路士亦大致相同。朱纨《甓余杂集》卷 2 有一则材料：

> 前项贼船，盘踞双屿港二十余年，招引各国番夷。③

"二十余年"之前，亦应该是嘉靖初年。同书中同卷还有记载：

> 海中地名大麦坑与双屿港两山对峙，番贼盘踞二十余年。④

"番贼""各国番贼"，其中应含佛郎机。项乔《瓯东私录》则有更清晰的记录：

> 在浙江宁波海中有双屿山，去观海卫百余里。海贼通倭夷，在海劫人停泊大船者，巢穴是山之中，耕田筑屋已二十

---

① 冯应京辑：《皇明经世实用编》卷 8《海防》，明万历刊本。
② 郑舜功：《日本一鉴·穷河话海》卷 6《海市》，民国二十八年影印本。
③ 朱纨：《甓余杂集》卷 2《捷报擒斩元凶荡平巢穴以靖海道事》，明朱质刻本，天津，天津图书馆藏。
④ 朱纨：《甓余杂集》卷 2《瞭报海洋船只事》，明朱质刻本，天津，天津图书馆藏。

七年，海上往来受害者无可奈何。[①]

据《瓯东私录小序》，该书刊刻于嘉靖三十年（1551 年）。[②]
以 1551 年上推 27 年，则可知，双屿具体开港时间应在嘉靖三年
（1524 年）。可证，余最初推断双屿开埠在嘉靖初年为不误。可
见，葡人在嘉靖初年确已开始来浙江双屿港贸易，但初来时人数
较少，到嘉靖十九年后，因为日葡贸易的开展，大批的葡萄牙人
来到双屿。这同澳门开埠初期的形势完全相同。据平托书载，
1540 年或 1541 年时，双屿港已发展成为三千人口、一千余所房
屋的港口城市。嘉靖十九年即 1540 年。试想，如果没有十几年
时间的发展，所谓宁波外海的一个荒岛不可能发展到如此规模。
因此，将葡萄牙人进入 Liampo 及双屿港的开港时间定在嘉靖初年
是合理的。

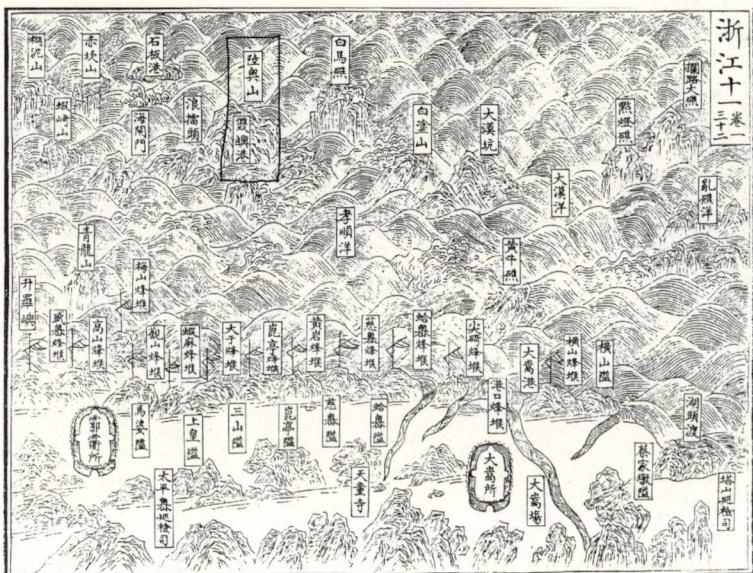

图 17：《筹海图编·海防图》浙江部分双屿港

① 项乔：《项乔集》下册《瓯东私录》卷 6《杂著》下《时事类》，793 页，上海，
上海社会科学院出版社标点本，2006。
② 项乔：《项乔集》下册附录 4《项乔年谱》，845 页，上海，上海社会科学院出版
社标点本，2006。

五

再看看平托《远游记》中关于 Liampo 港规模的记载：

……（安东尼奥·德·法里亚）在一片鼓号齐鸣中同中国、马来西亚、占城、暹罗、婆罗洲、琉球等多国商人来到了码头。上述国家的人都在葡萄牙人的羽翼下经商，原因是害怕横行海上的海盗。一顶富丽堂皇的轿子把他像抬巡按御史一样地抬上了岸。[1] ……夹道迎接他的人群中有葡萄牙人，还有在那里经商的其他外国人。因为那里是当时所知的最富有的良港[2]……当时那里还有三千多人，其中一千二百名为葡萄牙人，余为其他各国人。据知情者讲，凡是运到那里的货物都可以获得三四倍的钱。[3]

在平托的笔下，Liampo 港是一个有三千人口，可以容纳数百条船及拥有葡萄牙、中国、马来西亚、昌巴、暹罗、婆罗洲、琉球等多国商人繁荣的国际贸易港口。这些记载是否可信，必须在中文资料中找寻证明。

首先看看双屿港的人口，《筼州史料》卷 3《湖广按察副使沈密传》：

舶客许栋、王直等，于双屿诸港，拥万众，地方绅士，

---

[1]　费尔南·门德斯·平托著，金国平译：《远游记》上册，第 68 章，196～197 页，葡萄牙航海大发现事业纪念澳门地区委员会、澳门基金会、澳门文化司署、东方葡萄牙学会，1999。

[2]　费尔南·门德斯·平托著，金国平译：《远游记》上册，第 69 章，200 页，葡萄牙航海大发现事业纪念澳门地区委员会、澳门基金会、澳门文化司署、东方葡萄牙学会，1999。

[3]　费尔南·门德斯·平托著，金国平译：《远游记》下册，第 221 章，699 页，葡萄牙航海大发现事业纪念澳门地区委员会、澳门基金会、澳门文化司署、东方葡萄牙学会，1999。

利其互市，阴与之通。①

称双屿诸港有"万众"，双屿为其中之一，那平托称 1540 年或 1541 年时 Liampo 港有人口三千，应不为夸大，与中文文献合。又《甓余杂集》卷 3 载：

> （嘉靖二十七年）佛郎机夷人大船八只，哨船一十只径攻七都沙头澳，人身俱黑，……近报佛郎机夷船众及千余，两次冲泊大担外屿。②

"佛郎机夷船众及千余"，这千余佛郎机夷又是"皆浙海双屿驱逐南下"③。朱纨甚至还称："今所谓夷王者，群举其族，自送死来。"④ "群举其族"四字足以反映葡萄牙进入双屿居住贸易者

---

① 王世贞：《弇州史料》卷 2《湖广按察副使沈密传》，明崇祯刊本。关于许氏海商集团与葡萄牙人勾结之事，在朱纨《甓余杂集》卷 4《三报海洋捷音事》有记录："贼首许栋，侄许十五即许社武，另案获监故许六，见监绍兴府族弟许四各与不合，与先获监故林烂西等故违擅造二桅以上违式大船，将带违禁货物下海前往番国买卖，潜通海贼通谋结聚，各造二桅大船，节年结伙，贩买丝绵绸缎磁器等货，并带军器越往佛狼机满咖喇等国，叛投彼处番王别琭佛哩、类伐司别哩、西牟不得罗、西牟陀密罗，加称许栋名号，领彼胡椒、苏木、象牙、香料等物，并大小火铳枪刀等器械，及陆续引带……。"其中"番王别琭佛哩"即葡文"Pero Fria"的译音，其全名为"Pero de Faria"。别琭佛哩第一次出任马六甲要塞司令在 1528—1529 年间，类伐司别哩，葡文作"Rui Vaz Pereira"，为 1543 年马六甲要塞司令；西牟不得罗，葡文作"Simao Botelho"，1554 年在马六甲主持财政；西牟陀密罗，葡文作"Simao de Mello"，1554 年任马六甲要塞司令。可见，许栋等去马六甲的时间应在 1539—1541 年间，他在马六甲与葡人首领勾结，并引带葡人来双屿贸易。参阅金国平、吴志良《1541 年别琭佛哩时代定制瓷之图饰、产地及产制途径考》，为作者提交 2011 年澳门博物馆召开的"逐波泛海——16—17 世纪中国陶瓷外销与物质文明扩散国际学术研讨会"之论文。
② 朱纨：《甓余杂集》卷 3《亟处失事官员以安地方事》，明朱质刻本，天津，天津图书馆藏。
③ 朱纨：《甓余杂集》卷 2《捷报擒斩元凶荡平巢穴以靖海道事》，明朱质刻本，天津，天津图书馆藏。
④ 朱纨：《甓余杂集》卷 5《六报闽海捷音事》，明朱质刻本，天津，天津图书馆藏。

之多。可证平托所言 1540 年或 1541 年时 Liampo 港有葡萄牙千余人①并非夸大，更非谎言。为了更详细予以证明，下面我将《甓余杂集》所载佛郎机人（或被佛郎机收买为奴）有名字者罗列统计如下：

　　法里须（哈眉须国）、沙哩马剌（满喇加国）、嘛哩丁牛（咖哢哩国）、共帅罗放司（佛郎机）、佛德全比利司（佛郎机）、鼻昔（佛郎机）、安朵二放司（佛郎机）、不礼舍识（佛郎机）、毕哆啰（佛郎机）、哆弥（佛郎机）、来奴（佛郎机）、哈的哩（番妇）、来童、琉个哆连、满渡剌、啰毕利哑司、浪沙啰的哔咧（佛郎机）、佛南波二（佛郎机）、兀亮咧咧（佛郎机）、胡马丁、苏满。

　　白番十六人（以下姓名无法点断，暂断如下）：鹅必牛义是、不力疾、文会遮尾、饶利弗兰是、满咖喇哆尼、叱哩、细格十叭、不咧咖、石板、雷使弥禄、沙哩咧、方叔摆、软衰哩是、喏哩是弗兰、让弗兰卜的、喇卜的。

　　黑番四十六名：亦石哆、闻弗、闻世世哥、饶哩姐、安哆弥、密须、调滔哥、三婆罗、沙哩是、味味淹、哆呢卢、煝须柔阿、哈眉须喏哩是、噪阿尼、亦笃呀十八、满喇湾喏哩是、呐师、必相可、喏淹多尼、软尼卜哩、世世哥、呵哥叭、芦密相、味味二、嘹哥、唏哩是、唏剌灭是、别是哩、闻诲、阿喇十、明咖喇、沙兰、马沙喇、马卜喇、沙列是、闻来的哩、木撒阿、冬革十叭、淹哆尼、哪斯、革哩。

　　夷贼十五名：呵哩、淹陀呢寺、呵哩低寺、喝斯班、陀

---

① 张增信认为双屿即今舟山岛西南湾内的"盘峙"与"长峙"二岛，彼此左右对峙，形成大门，见张增信《明季东南中国的海上活动》（上编），237 页，台北，中国学术著作奖助委员会，1988；钱茂伟：《双屿港历史新探》，见张伟主编《浙江海洋文化与经济》第 2 辑，北京，海洋出版社，2008 年；龚缨：《中国古地图上的双屿》，载《文化杂志》，2009（72）；均认为，双屿应是六横岛，即朱纨《甓余杂集》卷 4 中的"陆洪山"，郑若曾《筹海图编》卷 1 中的"陆奥山"。

弥、吉林、喝那斑、哩勿、呵多泥、佛郎头、婆勾周、哪文、唵密寺、沙改通、吕那。

番贼十三名：乜寺、低哩三、马低寺、祁聿寺、多年唵多尼、噫朵乜突、佛蓝寺、秘多罗秘寺、马郎寺释甲、葛腊寺、佛哪个、密吻郎、唵哪寺。

上述人名均是从双屿撤退南下在闽浙海面被明朝官兵擒获的佛郎机人或佛郎机的黑奴，[①] 数量竟达 120 余人。有名者达 120 余人，佚名的还有多少呢？例如嘉靖二十七年（1548 年）八月二十八日"贼船计有六十余人，内有黑色及白面大鼻番贼七八人，番婆二口"。"十月初三日，擒解佛郎机、暹罗诸番夷贼一十六人"[②]。这类资料在《甓余杂集》中俯拾皆是。从这些翔实的汉文资料完全可以证明，平托所记在 Liampo 港有 1 200 名葡人（其中包括相当部分黑奴）是很真实的记录。平托还称："这里（双屿港）有三百人同葡萄牙妇女或混血妇女结婚。"朱纨《甓余杂集》亦多次提到在围剿双屿港前后的战役抓获"番妇""番婆"。如卷 3《海洋报捷事》载：

擒获贼徒方信等十一名，番妇三口。[③]

卷 5《六报闽海捷音事》载：

---

① 上述人名见于朱纨《甓余杂集》卷 2《议处夷贼以明典刑以消祸患事》、卷 4《三报海洋捷音事》、卷 5《六报闽海捷音事》等。文中明确指出为"佛郎机"者有十人，其白番十六人亦就是佛郎机。其中夷贼十五名及番贼十三名，余亦疑为佛郎机人，其名多以"寺"为尾音，葡人名多以"S"音结尾，如《甓余杂集》卷五《六报闽海捷音事》："共帅罗放司，年二十二岁，佛德全比利司，年三十三岁，……俱佛郎机国人，"俱以"司（S）"音结尾。故疑夷贼"唵陀呢寺"当即葡名 Andres 之译；番贼"马低寺"，当即葡名"Mendes"之译；夷贼"唵密寺"当即葡名"Amys"之译；"葛腊寺"当即葡名"Couros（Coros）"之译；至于四十六名黑当，当即葡人之黑奴，故亦多视为佛郎机人。《甓余杂集》《议处夷贼以明典刑以消祸患事》明载：黑番鬼三名均是被佛郎机买来；同书卷 3《亟处失事官员以安地方事》则称："佛郎机夷人大船八艘、哨船一十只径攻七都沙头澳，人身俱黑。"可见这些属于葡人的黑奴人们均视为"佛郎机"。

② 朱纨：《甓余杂集》卷 9《公移》3，明朱质刻本，天津，天津图书馆藏。

③ 朱纨：《甓余杂集》卷 3《海洋报捷事》，明朱质刻本，天津，天津图书馆藏。

生擒……林大共一百二十名，番贼妇哈的哩等二十
九口。①

卷9《公移》载：

今佛郎机夷船在大担屿，……贼船计有六十余人，内有
黑色及白面大鼻番贼七八人，番婆二口。②

这些"番妇""番婆"，就是与当地人通婚的葡萄牙妇或混血
妇女，当然真正的葡萄牙妇女应该很少，绝大部分应是在印度、
满刺加出生的混血妇女。

1540 年或 1541 年，正是日葡贸易开通不久之时，③ 平托称：
"日本是两年前发现的。"为了展拓对日的海上贸易，大量的葡萄
牙商人聚集浙海宁波，以双屿等港为贸易据点，展开大规模的对
日通商。宁波向来就是日本贡舶贸易之处，由宁波至日本的航路
亦极繁盛。④ 据 C. R·博克塞教授公布的材料，全汉昇教授统计，
16 世纪末 17 世纪初，澳门对日贸易每年输入约 100 万两白银，⑤
以此反推，1540 年或 1541 年时，平托所言 Liampo 港"葡萄牙人
买卖超过三百万金，其中大部分是日银"也不应是谎言或"吹
牛"，以双屿港葡商贸易的繁盛，平托之言应该可信。

再看看双屿港商人的国籍。《甓余杂集》卷 2 载：

---

① 朱纨：《甓余杂集》卷 5《六报闽海捷音事》，明朱质刻本，天津，天津图书馆
藏。

② 朱纨：《甓余杂集》卷 9《公移》3，明朱质刻本，天津，天津图书馆藏。

③ 施白蒂著，小雨译：《澳门编年史：16—18 世纪》，8 ~ 9 页，称：1539 年三位葡
人抵达日本一座岛屿，1542 年，葡萄牙开始通过宁波与日本通商。日本文献《采
揽异言》称："西番之来自北国（波尔杜瓦尔），始天文十年（1541 年）辛丑秋
七月焉，有海舶一只，直到后国神宫浦，其所驾者二百八十人。"又胡宗宪《筹
海图编》卷 5《浙江倭变记》："（嘉靖）十九年（1540 年），贼首李光头、许栋
引倭聚双屿港为巢。"1540 年时，日本人已大量聚集浙海，与葡人贸易，1541 年
时，葡萄牙商船已到达日本，日葡贸易正式开通。

④ 木宫彦泰著，胡锡年译：《日中文化交流史》第 4 章《明朝末年中日间的交通》，
616 页，北京，商务印书馆，1980。

⑤ C. R. Boxer, *The Great Ship From Amacon: Annals of Macao and the Old Japan Trade*,
1555—1640，见全汉昇《中国经济史论丛》第 1 册之《明代中叶后澳门的海外贸
易》，香港，香港中文大学新亚学院，1972。

双屿港是通番贼穴，向来无倭人过上国，至今船俱带各本国之人前来贩番，尚有数百倭人在后来船内未到。①

同书卷3又载：

此皆内地叛贼，常年于南风汛发时月，纠引日本诸岛、佛郎机、彭亨、暹罗诸夷前来宁波双屿港内停泊。②

《正气堂全集》卷7亦载：

数年前，有徽州、浙江等处番徒，勾引西南诸番，到浙江之双屿港等处买卖。③

双屿港除了华人与葡人外，暹罗人与日本人应是一大宗，从前引《筹余杂集》内容反映的其他国家商人还有彭亨、满喇加、哈眉须、咖哷哩等。值得注意的是，在双屿港全盛时期，还有西班牙船队加入双屿的国际贸易：

大约26年前（约1546年），弗朗西斯科·德·卡斯塔涅达（Francisco de Castaneda）总督指挥着两三条船来到了中国省，他在宁波（Liampo）这个地方待了一段时间。

大约27年前，一个名叫弗朗西斯科·德·卡斯塔涅达的人掌管着中国省那个叫宁波（Liampo）的地方。④

可见，除了上述国家的商人在双屿港贸易外，还有西班牙商队参与双屿贸易。可见平托称Liampo港是一个多国商人通商贸易的国际港口也是完全可信的。

---

① 朱纨：《筹余杂集》卷2《议处夷贼以明典刑以消祸患事》，明朱质刻本，天津，天津图书馆藏。

② 朱纨：《筹余杂集》卷3《海洋贼船出没事》，明朱质刻本，天津，天津图书馆藏。

③ 俞大猷：《正气堂全集》卷7《论海势宜知海防宜密书》，195页，福州，福建人民出版社标点本，2007。

④ Juan Gil, "Chinos en Espana en el siglo XVI", Stvdia（ed.）Maria Emilia Madeira dos, Santos Lisboa, MCES, p. 19、p. 22；IICT；CEHCA, 2001——2002, Nr. 58/59. 此档为金国平先生翻译寄赠。

六

平托所记 Liampo 港城市的建筑,称有一千余所房屋,岛上有一条长的街道,六七座教堂,还有医院、慈善堂等。前面既然已经证明,双屿港是一座"拥有 3 000 人"的城市,那么具有 3 000 人口的城市建有一千余所房屋是完全可以相信的。庞尚鹏《抚处濠镜澳夷疏》载:

> 近数年来,(夷人)始入濠镜澳,筑室居住,不越年,多至数百区,今殆千区以上。[①]

这里虽说是澳门,澳门开埠十年左右,就已建起"千区"以上的房屋。其人口,葡文文献称 1563 年 5 000 人。双屿从开港到 1540 年时已近二十年,项乔称:"耕田筑屋已二十七年"[②],则是岛上尚有从事农业者,"筑屋"即建筑房屋,经过 27 年的房屋建筑,岛上有一千余所房屋应该是可信的。从中文文献材料也可见一些蛛丝马迹。《虔台倭纂》卷下载:

> 镗入(双屿)港,毁贼所建天妃宫及连房、巨舰。向为群丑巢穴者,尽平焉。[③]

"连房",当指岛上所建的房屋区。《甓余杂集》卷 2 载:

> 典史张口带兵入港巡逻,将双屿贼建天妃宫十余间、寮屋二十余间、遗弃船只二十七艘,俱各焚烧尽绝,止留阁坞未完大船。[④]

余以为,此处所言之"天妃宫"当即应指宗教拜祭之场所,

---

① 庞尚鹏:《百可亭摘稿》卷 1《抚处濠镜澳夷疏》,广东文献,清同治二年重印本。

② 项乔:《项乔集》下册《瓯东私录》卷 6《杂著》下《时事类》,793 页,上海,上海社会科学院出版社标点本,2006。

③ 谢杰:《虔台倭纂》下卷《倭绩》1,北京图书馆古籍珍本丛刊影印,北京:北京图书馆出版社,2000。

④ 朱纨:《甓余杂集》卷 2《捷报擒斩元凶荡平巢穴以靖海道事》,明朱质刻本,天津,天津图书馆藏。

岛上虽有华人海商，但不可能建十余间天妃宫，其中大约有几座天妃宫，其余应该即是平托所言的"当地的六七所教堂"①。

图18：陆奥山（大尖峰山）上发现的异域浮雕石碑

　　早期的教堂均是草棚搭盖的建筑结构，明军也不知道教堂是什么，只知道是人们拜祭的地方，故泛称"天妃宫"。这里虽只是"寮屋二十余间"，应不是岛上房屋建筑的全部。再据《甓余杂集》卷4载：

> 双屿港既破，臣五月十七日渡海达观入港，登山凡逾三领，只见东洋中有宽平古路，四十余日，寸草不生，贼徒占之久，入货往来之多，不言可见。②

　　这条"宽平古路"亦与平托所记载 Liampo 港有"一条上面横满松树枝、桂树叶和芦苇，用绸缎做天篷的曲长的路"相合。可见，平托关于岛上之建设各项，亦大致可信。

---

① 长期以来，浙江地区考古工作者对双屿港地区进行了多次调查，但从未发现与葡萄牙人相关的遗迹和文物。2009年，北京大学林梅村教授在陆奥山（大尖峰山）进行考古调查，发现一异域风格的浮雕石碑，林先生疑为葡人在双屿港所建教堂遗物。这一发现十分重要，有待进一步深入。参见林梅村《六横岛访古》，载《澳门研究》，2010（1）。

② 朱纨：《甓余杂集》卷4《双屿填港工完事》，明朱质刻本，天津，天津图书馆藏。

关于 Liampo 港的行政建置，平托称：

这个村落中除了来来往往的船上人员外，有城防司令、王室大法官、法官、市政议员、死者及孤儿总管，度量衡及市场物价监察官、书记官、巡夜官、收税官及我们国中有的各种各样的手艺人，四个公正官和六个法官。每个这样的职务要花三千克鲁扎多购买，有些价格更高。这里有三百人同葡萄牙妇女或混血女人结婚。有两所医院，一座仁慈堂。它们每年的费用高达三万克鲁扎多。市政府的岁入为六千克鲁扎多。一般通行的说法是，双屿比印度任何一个葡萄牙人的居留地都更加壮观富裕。在整个亚洲其规模也是最大的。当书记官们向满剌加提交申请书和公正官签署某些契约时都要说"在此忠诚的伟城双屿，为我国王陛下效劳"。①

在另一处，平托还介绍了双屿城四名主要官员：

弥撒结束后，那双屿镇或称双屿城的四位主要官员走了上来。他们分别是：马特乌斯·德布里托、兰萨罗特·佩雷伊拉、热罗尼莫·德·雷戈、特里斯唐·德·加。

平托所言，可获克路士的证明："葡人就开始在 Liampo 诸岛越冬了，他们在那里安居乐业，唯一只缺绞架和耻辱柱了。"② 也就是说 Liampo 港除绞刑架和耻辱柱外，一切市政府机构全部建置完备。克路士之言可以证明平托所言不虚。即以后来澳门开埠之初的建置亦可佐证。成书于 1582 年的《市堡书》来源于葡萄牙官方对澳门的叙述资料：

这个居留地从未有过常驻在此的都督，只有赴日船队的队长。……另外该地还有一位听审官（Ouvidor），一位公文、

---

① 费尔南·门德斯·平托著，金国平译：《远游记》下册，第 221 章，699 页，葡萄牙航海大发现事业纪念澳门地区委员会、澳门基金会、澳门文化司署、东方葡萄牙学会，1999。

② 博克塞著，何高济译：《16 世纪中国南部行纪》之克路士《中国志》第 23 章，133 页，北京，中华书局，1990。

司法与记录书官，他也兼任为死者与孤儿开证明的文书官。①

可见，澳门开埠初期的市政机构比平托所记 Liampo 港之市政机构还要简单，但可反证，平托所记 Liampo 港之资料并非如罗理路所言："大概是来自澳门资料"。

中文文献亦有资料可资佐证。《甓余杂集》卷 6 载：

> 积年为盗歇案，谋叛中国，伙合外夷，各有封号：喇哒、伙长、谋主、总管、千户、直库、缭公、押纲等项名色。②

同书卷 5 载：

> 访得长屿等处惯通番国林恭……各号喇哒、总管、柁工、水梢等项名色。……见获浪沙罗的哔咧等，审称矮王、小王、二王名色。③

同书卷 2 载：

> 生擒喇哒许六、贼封直库一名陈四、千户一名杨文辉、香公一名李六、押纲一名苏鹏，贼伙四名。④

《笔山文集》卷 1 载：

> 附海番徒，皆系赤立之民，裸身刺舟而已。有号为坐山

---

① 佚名：《市堡书》，载《文化杂志》，1997（31）。

② 朱纨：《甓余杂集》卷 6《军令军法以安地方事》，明朱质刻本，天津，天津图书馆藏。

③ 朱纨：《甓余杂集》卷 2《议处夷贼以明典刑以消祸患事》，明朱质刻本，天津，天津图书馆藏。所谓矮王、小王、二王，据文称均为"佛郎机国王"、"马六甲王子、王孙、国王嫡弟"等，实际上是当时明军想邀功而谎报的军情。这一点在《16 世纪中国南部行纪》之克路士《中国志》第 24 章第 136 页中予以揭露："水师指挥官，亦即 Lutici（卢都司：卢镗），对此役旗开得胜、踌躇满志。他接着将一些同葡人一起被俘的华人严刑拷打。他设法诱使四个相貌比别人长得好看的葡人自称为麻六甲国王。他终于同他们串通好了，因为他答应给他们优待。……让他们穿戴上麻六甲国王的长袍和帽子，以伪乱真，使自己的胜利显得更辉煌……在老百姓面前沽名钓誉，在皇帝面前邀功请赏。……为了遮人耳目，使骗局不至于被揭露，他就对那些同葡人一起被俘的华人下毒手，将其中一些人杀掉，并决定将其余的人亦置于死地。"后案发，朱纨、柯乔、卢镗等均被牵涉革职，朱纨自杀。

④ 朱纨：《甓余杂集》卷 2《捷报擒斩元凶荡平巢穴以靖海道事》，明朱质刻本，天津，天津图书馆藏。

哪哒，身虽不行，专一主谋，贼出则给资本、糗粮、火药、器械、船只。或通有番货，劫有财物，则驾船载米酒，潜通窝藏，坐地分赃。①

上述管理系统的职名在文献中一般用于华人海商集团，如"擒获喇哒胡霖"②，"岸上写苏哪哒告示"③，"若长屿喇哒林恭等往来接济"④。据上引文献之内容可知，"喇哒、伙长、谋主、总管、千户、直库、缭公、押纲等各项角色"，均是双屿港华人海商集团的管理系统之职名。

奇怪的是，华人海商集团这一套海上管理系统亦见于暹罗，使人联想，暹罗人使用这一套职名是否与双屿港这一国际港口有关？前已言之，暹罗人亦是双屿港贸易的主要外商之一。⑤ 田生金《按粤疏稿》卷5《报暹罗国进贡疏》载：

> 船主握良西苏喇进乌木五百斤，大总管握中权进……二总管握西末、握忠九二名共进 ……大伙长苏慕堂进……二伙长伍千塘进……大哪打握坤皮雪进……二哪打握良酸、握闷王拨叭二名共进……财副握良陈、握唐束二名共进……干事西腊进……机察乃棍、乃吼二名共进……执库隘西、喇隘、长燕、唐蜡九四名共进……押工喇必、耶乃、别镇、唐中权、唐束、隘孙六名共进……舵工厚乐，遂明、惟信、敬滨

---

① 崔涯：《笔山文集》卷1，34 页，明万历刊本。
② 郑舜功：《日本一鉴·穷河话海》卷6《海市》，民国二十八年影印本。
③ 朱纨：《甓余杂集》卷4《海贼登岸杀戮军民事》，明朱质刻本，天津，天津图书馆藏。
④ 王士骐：《皇明驭倭录》卷5，嘉靖二十八年条，影印明万历刊本，8 页，北京图书馆古籍珍本丛刊，北京，北京图书馆出版社，2000。
⑤ 双屿港之暹罗商人在《甓余杂集》中还有多处记录，卷3《海洋贼船出没事》："内地叛贼……纠引…暹罗诸夷前来宁波双屿港内停泊。"卷4《三报海洋捷音事》："擒……暹罗夷利引、利舍、利玺三名。"卷4《五报海洋捷音事》："生擒暹罗国番一名蒲批，……生擒暹罗国番寇一名撒铁。"卷5《六报闽海捷音事》："又有三桅大船一双、二桅中船二双，用五色布帆挂起'暹罗国'三字，入古雷海洋。"

四名共进苏木四百斤。①

这些职名在《暹罗馆译语》之《人物门》中亦可见。但我们从这些读音仍可看出，暹罗这一套职官名仍来源于中国之海盗兼海商集团。如"押江（即押纲）"，《译语》读作"押岗"；"千富（即千户）"，《译语》读作"千贺"；"财富"，《译语》读作"搦忽"；"干事"，《译语》读作"敢细"；"机察"，《译语》仍读作"机察"；"总管"，《译语》读作"宗合娃"。② 上述读音可以看出来源于粤语，大致可以推断，广东籍海商将这一套海上管理系统之职名带进暹罗，暹罗国后亦可袭用。上书中的"握"姓，为暹罗任官者之通姓，暹语为"大"的意思。③ 可见，任上述职者均为暹罗国人，且是暹罗国内之官员。又据张燮《东西洋考》卷9载：

> 海舶舶主为政，诸商人附之如蚁，封卫长，合并徙巢。亚此则财富一人，爰司掌记；又总管一人，总理舟中事，代舶主传呼；其司战具者为直库；上樯桅者为阿班，司椗者有头椗、二椗；司缭者有大缭、二缭；司舵者为舵工，亦二人更替；其司针者名火长。④

很明显，这是一套完整的海上船舶航行管理系统。当船泊岸登陆后，这一套系统仍然是对港口管理行之有效的行政组织。双屿港的海商集团应是使用这一套行政组织对双屿港进行管理。

费解的是"喇哒"一词，喇哒一词在明代嘉靖至万历间史书中屡见不鲜，一般均用作海盗首领之号，如"喇哒胡霖""喇哒

---

① 田生金：《按粤疏稿》卷5《报暹罗国进贡疏》，影印明万历四十五年刊本，天津，天津古籍书店。

② 佚名：《暹罗国译语》不分卷《人物门》，影印清抄本，北京图书馆古籍珍本。

③ 陈学霖：《暹罗入明贡使"谢文彬事件"剖析》，见香港中文大学历史系编《史数》（第2卷），152页，香港，香港中文大学历史系，1996。

④ 张燮著，谢方点校：《东西洋考》卷9《舟师考》，170~171页，北京，中华书局标点本，2000。

柯岳""喇哒林恭""贼首自称天王大剌哒周月波"，① 但还有
"大哪打握坤皮雪进""二哪打握良酸、握闷王拨叭"。② 可见，
"喇哒"一词不仅用于华人，亦用于暹罗人，不仅用于海盗首领，
亦用于暹罗国官员，且被他们自己认可。日本前辈学者藤田丰八
提出：

> （喇哒）系外国与本国商人之中间者，为后世 Comprador
> （买办）之滥觞。是故由此名号所兴之时代推之，或为 Com-
> prador 之力亦未可知。Comprador 为葡语，因无论矣。③

藤田氏称"喇哒"是外国与本国商人之中间者应是有一定道
理的。《罪余杂集》卷 6 称：

> 纵容土俗，哪哒通番，屡受报水分银不啻几百；交通佛
> 郎机夷贼入境，听贿买路砂金遂已及千。④

前引"长峙等处惯通番国林恭……郑总管即板尾三等各号为
喇哒、总管、柁工，水梢等项名色"，可见，"喇哒"一词确有
"外国与本国商人之中间者"之意。然而万历年间广东布政使蔡
汝贤《东夷图说·佛郎机》载：

> （佛郎机）又与满剌加互市争斗，恨其困执哪哒，归诉
> 治兵，突至满剌加，大被杀，整以满载而归。⑤

黄衷《海语》卷上《满剌加》亦载：

> 正德间，佛郎机之舶互市争利而閧，夷王执其哪哒而囚
> 之，佛郎机人归诉于其主。⑥

① 黄衷：《海语》卷上《满剌加》，文渊阁四库全书本。
② 田生金：《按粤疏稿》卷 5《报暹罗国进贡疏》，影印明万历四十五年刊本，天
津，天津古籍书店。
③ 藤田丰八：《葡萄牙占据澳门考》，见何建民译《中国南海古代交通丛考》，394～
395 页，上海，商务印书馆，1936。
④ 朱纨：《罪余杂集》卷 6《谢恩事》、卷 2《议处夷贼以明典刑以消祸患事》亦有：
"福清等县通番喇哒，见获林烂四等"。
⑤ 蔡汝贤：《东夷图说》之《佛郎机》，影印明万历刊本，27 页，四库存目丛书，
济南，齐鲁书社，1997。
⑥ 黄衷：《海语》卷上《满剌加》，文渊阁四库全书本。

据张礼千之《马六甲史》载,当时拘捕的是"搜集货物、未执军机之葡萄牙人亚劳佐(Rub de Aranjo)等二十余名"[1]。黄佐《泰泉集》称:

> 其《祖训》《会典》之所不载如佛郎机者,即驱逐出境……而凡所谓喇嗒番贼必诛。[2]

明廷要"诛"之"喇嗒番贼"正是指佛郎机。可见,当时均将葡萄牙商人头目称之为"喇嗒"。《东西洋考》卷3《大泥》载:

> 初,漳人张某为哪督,哪督者,大酋之号也。[3]

黄衷《海语》卷上亦称:

> 其尊官称姑郎伽,巨室称南和达。[4]

又据小叶田引旧港文书有"那弗答邓子昌"。那弗答、南和达、那督、哪哒及喇哒、小叶田淳认为,均源于波斯语 Na kho-da,即船长之意。[5] 其实 Na khoda 一词传入南洋各国后,各地均赋予不同的意义:大泥称那督,是酋长。首领的意思;满剌加称南和达,是巨室富商的意思;葡萄牙人称哪哒,乃商人头目的意思,其船长称甲必丹;暹罗称哪打与葡人同,其船长称照梭跑,华人海商称哪哒亦与葡人同,一般指有实力的海商头目,如前引《笔山文集》中的"坐山哪哒"即此意。但很多时候,船长即海商,因此,哪哒与船长在很多时候可以统一起来。这就是葡人的

---

① 张礼千:《马六甲史》第1章《马六甲王国》,108页,上海,商务印书馆,1940。
② 黄佐:《泰泉集》卷20《代巡抚通市舶疏》,岭南遗书本。然查《澳门记略》卷下《澳番篇》后的《澳译》,内有"剌打令"一词,意为"贼"。今葡文 ladrão 亦是贼的意思,raptar 则是偷盗、劫掠的意思。"剌哒"是指海商头目,15—16世纪远航的海上,在一定意义上就是海盗,中国的喇哒也是亦商亦盗性质。故在葡萄牙人的心目中,远航东方的海商就是喇哒,也就是海盗。葡文传至今,则成了偷盗、劫掠的意思。关于这一问题尚可深探。《暹罗馆译语》,"喇哒"一词译音"剌达",可见是外来词非暹语,被暹罗官方袭用。
③ 张燮著,谢方点校:《东西洋考》卷3《大泥》,57页,北京,中华书局标点本,2000。
④ 黄衷:《海语》卷上《满剌加》,文渊阁四库全书本。
⑤ 小叶田淳:《中世南岛通交贸易史の研究》,东京,刀江书院,1968。

甲必丹制度。"甲必丹制度" 16 世纪发展并演变为葡萄牙统治海外领地的特殊制度，随之词义扩大，延伸及外交使节、要塞司令、贸易船队、首领及地区行政长官。在航海期间，他都应当是任何港口或停泊居住在该港口的所有葡萄牙船只及葡萄牙人的甲必丹。[①] 华人海商称哪哒是在葡萄牙商队来华之后才出现的，在此之前，未见华人海商有此称谓。因此，我们是否可以这样认为：华人海商集团海上管理系统的最高首领称"喇哒"，恐怕是仿葡人甲必丹制度。葡萄牙人商队在远东贸易的临时据点，往往都是由大商人组成的驻地管理机构对当地进行市政管理。平托书中所言受 Liampo 葡萄牙人盛大欢迎的安东尼奥·德·法里亚就是当时的贸易船队之大商人及船长，由葡萄牙人组成的 Liampo 港的"四位主要官员"亦应是大商人及船长，亦即甲必丹也。可以发现，华人海商集团海商管理系统在双屿港与葡人之市政管理亦有相近的地方，且多受葡人影响。

应说明的是，平托所言这一套行政管理体系完全属于葡萄牙人。还说 Liampo 港的四位主要官员是葡人：马特乌斯·德·布里托、兰特罗特·佩雷拉、热罗尼莫·多·雷戈和特里斯藤·德·加。余以为，这应是反映 1540 年或 1541 年以后的情况。因为，双屿开埠之初，葡萄牙商人在双屿港并不占主导地位，占主导地位的应是中国之海寇。前引《日本一鉴·穷河话海》称，福建邓獠于嘉靖五年（1526 年）即引番夷在双屿港贸易，并称"投托合澳之人卢黄四等"。很明显，开埠之初，双屿港的管制权应控制在中国海盗手中。1540 年，许氏兄弟海盗集团入居双屿港，仍控制着双屿港的管制权。《名山藏·王享记》载：

　　（王直），招亡命千人逃入海，推许二为帅，引倭结巢霸

[①]　金国平：《Capitao–mor 释义与加必丹末释义》，见《中葡关系史地考证》，345页，澳门，澳门基金会，2000；戚印平：《加必丹·莫尔制度与早期澳门的若干问题》，载《文化杂志》，2004（51）。

衢之双屿港，闽浙逢起之徒益附之。①

谢杰《虔台倭纂》卷下载：

> 双屿港……贼李光头、许栋所屯也，由庚子至戊申盘踞
> 者九年，营房战舰，无所不具。②

《海寇议》一书称：

> 徽州许二住双屿港，尤海上宿寇最称强者。③

《甓余杂集》卷2载：

> 张四维擒获双屿港贼首李光头船内接济酒米贼途。④

> 思得双屿港，系日本等国通番巢穴，欲投未获，徽州贼
> 许二等做地主。⑤

这些材料很清楚地说明，在双屿港还有另一个中心，即中国海盗集团中心，其首领是许二（栋）与李光头。许二集团于嘉靖十九年（1533年）进入双屿港，葡萄牙人大批进入双屿港亦是嘉靖十九年以后，所以说："由庚子至戊申盘踞者有九年"⑥，是指许氏兄弟及李光头海盗集团占据双屿的时间，而"庚子至戊申"是1540年至1548年，正是葡萄牙商人大批进入双屿港及大规模拓展双屿港贸易的全部时间。因此，双屿港从1540年至1548年时始终存在着两个中心，一个是许氏兄弟海盗集团，一个是葡萄牙的商人集团。钱茂伟先生认为，这两大集团在双屿是分开居住的，华人海盗集团在西部港口区，葡萄牙商人则居住在东南部台

---

① 何乔远：《名山藏》第8册《王享记·日本诸夷》，6 023页，北京大学图书馆藏善本丛书本。
② 谢杰：《虔台倭纂》下卷《倭绩》1，北京图书馆古籍珍本丛刊影印。
③ 万表：《海寇议》，前编2页，明嘉靖金声玉振集本影印本。
④ 朱纨：《甓余杂集》卷2《捷报擒斩元凶荡平巢穴以靖海道事》，明朱质刻本，天津，天津图书馆藏。
⑤ 朱纨：《甓余杂集》卷2《议处夷贼以明典刑以消祸患事》，明朱质刻本，天津，天津图书馆藏。
⑥ 谢杰：《虔台倭纂》下卷《倭绩》1，北京图书馆古籍珍本丛刊影印。

门港至蛟头一带。① 这两者相互利用，互为表里，在一定程度上结成一体。这从朱纨《甓余杂集》卷 4《三报海洋捷音事》即可看出：

> 贼首许栋，佥许十五即许社武，另案获监故弟许六，见监绍兴府族弟许四各与不合，与先获监故林烂西等故违擅造二桅以上违式大船，将带违禁货物下海前往番国买卖，潜通海贼通谋结聚，各造三桅大船，节年结伙，贩卖丝绵䌷缎磁器等货，并带军器越往佛郎机满剌加等国，叛投彼处番王别璓佛哩、类伐司别哩、西年不得罗、西年陀密罗等，加称许栋名号，领彼胡椒、苏木、象牙、香料等物，并大小火铳枪刀等器械，及陆续引带⋯⋯②

然而，对华人来说，所熟悉的就是中国海盗集团，而对葡萄牙人来说，他们所知道的也就是葡萄牙商人集团。这就是中国文献与平托之书中报道双屿港时各偏一隅的原因。据西班牙文档案，当时西班牙船队亦进入双屿港，他们亦称"掌管了 Linpoa 地方"③。这就是说，双屿除中葡大商人集团外，西班牙商人集团亦是一支。余十分认同金国平先生对双屿港的解释：双屿港似乎应为一多元复合港区，由多个舶口组成。不同国籍的人有不同的泊点。即便是同一国籍的华人，因省份不同，如闽、粤、浙，可能有不同的泊地。大概走私性质的国际贸易港口都有此特点。④

七

最后，我们再来看看平托关于中国军队进攻 Liampo 港屠杀外

---

① 钱茂伟：《明代宁波双屿港区规模的重新解读》，见张伟主编《浙江海洋文化与经济》第 1 辑，北京，海洋出版社，2007。

② 朱纨：《甓余杂集》卷 4《三报海洋捷音事》，明朱质刻本，天津，天津图书馆藏。

③ Juan Gil, "Chinos en Espana en el siglo XVI", Stvdia（ed.）Maria Emilia Madeira dos, Santos Lisboa, MCES, p. 19、p. 22；IICT；CEHCA, 2001—2002, Nr. 58/59. 此档为金国平先生翻译寄赠。

④ 此为金国平先生未刊稿，在此冒昧引用。

国商人的记载。先看引起这场屠杀的原因。平托称:

> 那里有一个出身高贵、正直的人,利马桥人氏兰萨罗特·佩雷拉。据说,此人赊给了几个不讲信用的华人价值一万克鲁扎多的次货。他们提走了货物,但未付钱,再也没有露面。所以他想从那些没有欠他钱的人身上挽回这笔损失,于是纠集了十五、二十个游手好闲、不务正业的葡萄牙人,甚至更差的人,一天晚上袭击了距那里两里格远的一个名叫西帕通的村子。在那里抢劫了住在那里的十几家农户,抢了他们的妻子,毫无理由地杀死了十三个人。这件恶事第二天很快就在当地传开了,居民到主管法律的总兵那里去告状。总兵为此立了专案,写了状子递呈政府巡按御史。这一官职如同总督。他立即派了一位如同我们中海军上将的海道,率领一支由三百艘中国大帆船及八十艘双桅帆船,六十万大军、在十七天内做好备战工作。一天清晨,这一船队向葡萄牙人的村落发动了攻击。说实话,我才疏学浅,不能全面叙述事情的经过,只能听由人们去想象。我亲眼目睹了这一切。在这不到五个钟头的时间里上帝对我们进行了严厉惩罚,上帝以其万钧之力摧毁了一切,所有东西被付之一炬,夷为了平地。基督徒死亡人数达一万两千人,其中八百名葡萄牙人。[1]

平托所言,也能从中文资料中找到证明。《甓余杂集》卷2载:

> 佛郎机十人与伊一十三人……将胡椒、银子换棉布、细缎,买卖往来日本、漳州、宁波之间,……在双屿,被不知名客人撑小南船载面一石送入番船,说有棉布、棉细、胡

---

[1] 费尔南·门德斯·平托著,金国平译:《远游记》下册,221 章,699～700 页,葡萄牙航海大发现事业纪念澳门地区委员会、澳门基金会、澳门文化司署、东方葡萄牙学会,1999。

丝，骗去银三百两，坐等不来。又宁波客人林老魁先与番人
将银二百两买缎子、棉布、棉绸，将男留在番船，骗去银一
十八两。又有不知名宁波商人哄称有湖丝十担，欲卖与番
人，骗去银七百两；六担欲卖与日本人，骗去银三百两。[①]
同书卷5载：

> 先得夷船插挂纸贴，内开各货未完，不得开洋；如各商
> 不来完账，欲去浯屿等语。所谓完账者，即倭夷稽天哄骗资
> 本之说。[②]

《昭代典则》卷28亦载：

> 自罢市舶，凡番货至，辄赊与奸商，久之，奸商欺负，
> 多者万金，少不下千金，辗转不肯偿。……番人泊近岛，遣
> 人坐索久之，竟不肯偿。番人乏食，出没海上为盗。[③]

与平托书所记基本一致。虽然平托所言，将明朝军队进攻双
屿仅归结到葡人佩雷拉的一次偶尔发生的暴行并不全面，但这一
事件是引发双屿屠港的导火线应是无疑的。

明军进攻双屿，据平托书是一支由十六万人、三百艘中国大
帆船及八十艘双桅帆船组成的舰队，下达命令的是一名巡抚，指
挥者为海道副使。关于进攻兵船之数，平托书似有夸大，据《甓
余杂集》卷2载，海道副使柯乔"选取福清惯战兵夫一千余名，
船三十只"，又"选取松阳等县惯战乡兵一千名"[④]，归都指挥卢
镗调用。实际上进攻双屿港的明朝军队只有两千余人、兵船三十
艘，下达命令的巡抚是朱纨。朱纨当时的职务是"右副都御史巡

---

① 朱纨：《甓余杂集》卷2《议处夷贼以明典刑以消祸患事》，明朱质刻本，天津，
　天津图书馆藏。
② 朱纨：《甓余杂集》卷5《六报闽海捷事》，明朱质刻本，天津，天津图书馆
　藏。
③ 黄光升：《昭代典则》卷28，23页，济南，齐鲁书社，1997。
④ 朱纨：《甓余杂集》卷2《瞭报海洋船只事》，明朱质刻本，天津，天津图书馆
　藏。

抚浙江及福建地方"。① 海道副使是柯乔。除士兵及兵船数有夸大之外，其余基本相合。

关于双屿之战屠杀之数目，平托书称，杀死 12 000 名基督教徒，其中 800 名为葡萄牙人，焚毁大船 35 艘、帆船 42 艘。据《名山藏》及《天下郡国利病书》载，这次战役"俘斩溺死者数百"②。而据项乔《瓯东私录》载："巡视朱纨公委住擒子之，不浃旬尽捣其巢穴，得贼船若只，夷货若千金，夷首若干颗，浙人甚便之。"③ 项乔虽没有记下具体多少艘船、多少金、多少人，但反映了这次战役的大体战果。据《甓余杂集》卷 2 之详细记载：

> 四月初二，攻杀番贼，落水不计其数，斩获首级二颗，生擒日本倭夷稽天、新四郎二名，贼犯林烂四等五十三名，夺获本船一只。（四月初六）将双屿贼建天妃宫十余间、寮屋二十余间，遗弃大小船二十七只，俱各焚烧尽绝。……打破大贼船二只，沉水贼徒死者不计其数。随有贼徒草撇船一只、叭喇唬船二只前来迎敌，贼船被箭伤落水爬山亦不计其数。……斩获首级一颗，生擒黑番（共三名）、喇哒许六，贼封直库一名陈四，千户一名杨文辉，香公一名李六，押纲一名苏鹏，贼伙四名。④

虽然有三处"不计其数"，但根据斩获首级及生擒人数及上文公布明军公布的伤亡人数三十六名来看，双屿之战，不可能杀死海盗及外商达 12 000 人。余以为平托所记杀死基督徒 12 000 人（其中 800 葡人）之数当是 1 200 人的误记，张天泽亦认为是

① 沈越：《皇明嘉隆两朝闻见纪》卷 7，嘉靖二十六年纪事，明万历二十七年刻本影印本。

② 何乔远：《名山藏》第 8 册《王享记·日本诸夷》，北京大学图书馆藏善本丛书本；顾炎武：《天下郡国利病书》第 11 册《浙江》上，清光绪二十七年图书集成铅印本。

③ 项乔：《项乔集》下册《瓯东私录》卷 6《杂著》下《时事类》，793 页，上海，上海社会科学院出版社标点本，2006。

④ 朱纨：《甓余杂集》卷 2《捷报擒斩元凶荡平巢穴以靖海道事》，明朱质刻本，天津，天津图书馆藏。

1 200 人之误。① 前面平托所言，Liampo 人口总数是 3 000 人，后面怎么可能杀死 Liampo 港 12 000 人呢？如果是 1 200 人，则前后所载不矛盾。再看《甓余杂集》卷 3 载：

> 近报佛郎机夷船聚集千余，两次冲泊大担外屿。②

同书卷 5 又载：

> 佛郎机夷船先次冲泊担屿，皆浙海驱逐南下。③

"浙海驱逐南下"当是被明军从双屿港赶出来的佛郎机人。一个 3 000 人的 Liampo 港，被明军杀死 1 200 人，还剩约 2 000 人。这一"千余佛郎机夷"再加上"许栋……从双屿港突出，逃到南麂、大担屿等处，往来停泊"④ 之华人海商集团之人数，"胜与许栋陆续招集先获陈四、胡霖，今获谢洪盛，徐二浦、进旺、千种等并不记姓名千余人"⑤，总数也就是 3 000 人。

至于双屿之战平托称葡人死亡 800 人，这一数据不太确切。查《甓余杂集》所记双屿之战，斩获人中并无一确切佛郎机人，仅言"攻杀番贼，落水不计其数"⑥。在俘获人中，亦仅三名黑番，系佛郎机买来的黑奴。⑦ 双屿港被攻破后，逃至闽海佛郎机人尚有"千余"，如再加上死去的 800，那双屿港在当时的佛郎机人数应有 2 000。这个数据偏大，据葡文资料，至 1563 年，澳门

---

① 张天泽著，姚楠、钱江译：《中葡早期通商史》，89～90 页，香港，中华书局，1988。

② 朱纨：《甓余杂集》卷 3《亟处失事官员与安地方事》，明朱质刻本，天津，天津图书馆藏。

③ 朱纨：《甓余杂集》卷 5《六报闽海捷音事》，明朱质刻本，天津，天津图书馆藏。

④ 朱纨：《甓余杂集》卷 4《三报海洋捷音事》，明朱质刻本，天津，天津图书馆藏。

⑤ 朱纨：《甓余杂集》卷 4《三报海洋捷音事》，明朱质刻本，天津，天津图书馆藏。

⑥ 朱纨：《甓余杂集》卷 2《捷报擒斩元凶荡平巢穴以靖海道事》，明朱质刻本，天津，天津图书馆藏。

⑦ 朱纨：《甓余杂集》卷 2《议处夷贼以明典刑以消祸患事》，明朱质刻本，天津，天津图书馆藏。

开埠十年，人口总数 5 000 左右，内有葡人仅 900 人；[①] 即使到 17 世纪澳门人口发展到三四万时，[②] 真正的葡萄牙人也只有 850 人。[③] 所以，我们估计在 1548 年左右，Liampo 港不可能聚居有 2 000 真正的葡萄牙人。前面所言 1 200 名葡萄牙人应该是包括相当一部分黑奴的。[④] 双屿之战，平托称葡人死 800，应该是夸大之言，从《甓余杂集》报道的详细资料可以看出，双屿之战葡人死亡人数未见明确报导，而在闽海一系列战役中葡人死亡及被捕人数明显比双屿多：

> 本月二十日，兵船发走马溪……将夷王船二双、哨船一双、叭喇唬船四双围住。贼夷对敌不过，除铳镖矢石落水及连船飘沉不计外，生擒佛郎机国王三名……白番……共十六名，黑番鬼……四十六名，李光头……等一百一十二名，番贼妇哈的哩等二十九口。斩获番贼首级三十三颗，统计擒斩二百三十九名。……（七月）初四日寅时，贼船二十六只与夷船合，共四十余只，官兵张文昊……奋勇冲锋，擒获夷贼呵哩……一十六名，海贼陈本荣……共四十七名，斩获夷首级三颗。闵溶等兵船擒获夷贼胡马丁、苏满二名。……王麟兵船擒获喇哒胡霖……十二名，杀死夷贼一名……其余烧沉彭坑国大船一只、哨马船二只、佛郎机中船一只。……十七

---

① 裴化行著，萧浚华译：《天主教十六世纪在华传教志》上编，109 页，上海，商务印书馆，1936。

② 林家骏：《澳门教区历史掌故文摘》之《日渐茁壮的澳门华人地方教会》，9 页，澳门，澳门主教公署排印本，1982。

③ "Description of the City of the Name of God in China, by Antonio Bocarro, Chronicler – in – Chief of the State of India", in C. R. Boxer ed. and trans. , *Seventeenth Century Macau in Contemporary Documents and Illustrations*, Hongkong, Heinemann, 1984, p. 15.

④ 朱纨：《甓余杂集》卷 4《三报海洋捷音事》，明朱质刻本，天津，天津图书馆藏："生擒黑番鬼共帅罗放司、佛德全比利司、鼻昔啰、安朵二、不礼舍识、毕多烃、哆弥、来奴八名"。同书同卷同疏章又称："共帅罗放司……佛全比利司……俱佛郎机人。"可见当时人们是将葡人的黑奴亦称之为佛郎机的，故多数文献称佛郎机有黑白二种，见《澳门记略·澳蕃篇》。

日……李典等兵船破敌，伤杀番贼不计。……十八日夜，
……射死番船放铳手二名，各兵船冲破夷船一只，沉水涝死
不计，擒获番贼乜寺……共一十三名。喇哒柯岳……共三十
名。二十日，又有佛郎机国王船续到，势益猖獗……到任半
年，擒贼已逾数百。①

可见，双屿之战后，双屿港逃出来的海盗及佛郎机人又多次
与明军发生战斗，其中溺死、战死者不计其数，仅被抓获者就
"已逾数百"。可证平托书所言 Liampo 港杀死葡人 800 人之数据
应该是从双屿到走马溪这一系列战役中死亡之数的混记。② 走马
溪之役后，"又有佛郎机国王船续到，势益猖獗"，完全可以证
明，这一时期，葡萄牙人在闽浙海上活动人数之多，势力之大。
亦可旁证，这一系列战役中，葡人死亡 800 人并非不可能的事，
当然这些葡人还应包括相当部分黑奴。前面列举的俘获有名字者
就有百余人，其中亦有部分葡人捕获并被斩首示众。透过上述资
料及其分析，我们可以看出，平托关于双屿港之战的记录应该说
是基本可信的，但这些记录不应该是他自己亲身经历，很可能是
得自从双屿港、走马溪逃出来的葡商之口。最后，还必须指出一
点，平托将明军进攻 Liampo 港的时间记录为 1542 年，此当误记。
根据各种中文文献确凿记载，此事发生在明嘉靖二十七年，③ 即
1548 年。

---

① 朱纨:《甓余杂集》卷 5《六报闽海捷音事》，明朱质刻本，天津，天津图书馆
藏。

② 尽管平托《游记》第 221 章仍提到 1549 年有近 500 葡萄牙人被杀之事。实际上从
浙海到闽海一系列与明军的战斗中，佛郎机人共死去 800 人大致可信，但这里面
主要是"黑番"。平托直到晚年才完成这部作品，靠回忆记录的历史事实，将时
间与数据记混是完全可能的。

③ 胡宗宪:《筹海图编》卷 5《浙江倭变记》，文渊阁四库全书本，台北，商务印书
馆，1986；谢杰:《虔台倭纂》下卷《倭绩》1，北京图书馆古籍珍本丛刊影印；
王鸣鹤:《登坛必究》卷 29《火器》，郑舜功《日本一鉴·穷河话海》卷 6《海
市》，民国二十八年影印本；朱纨:《甓余杂集》多篇，明朱质刻本，天津，天津
图书馆藏。

八

综上所述，可以知道，如果以当时的中文文献特别是朱纨所著的《甓余杂集》中的有关双屿及佛郎机人的记载与平托《远游记》中 Liampo 记事比勘的话，即可发现，平托《远游记》中反映历史事件的主干内容均与中文记载相合。16 世纪中叶，中国浙江宁波外海的 Liampo（双屿）港，曾是葡萄牙人同中国海商及其他各国海商共同开发的一个颇具规模与颇为繁荣的国际贸易港。平托所揭示的这一事实是可获得中文文献验证的，决非夸大或谎言。当然，我们并不排斥平托在讲叙这一事实时对某些细节的夸大及时个别情节的杜撰，但从 Liampo 纪事的主要内容而言，应该是可以相信的。

此图系 16 世纪日本《南蛮屏风》图中绘制的葡萄人商队，其中表现了葡萄牙人的骄悍之态。

第四章 佛郎机助明剿灭海盗考

第四章　佛郎机助明剿灭海盗考[①]

　　关于佛郎机助明剿灭海盗一事之真相，本应是一个学术问题，但由于 18 世纪以来澳门主权问题正式牵涉中葡两国外交事务，遂使这一问题政治化起来，加深了这一问题的复杂性与敏感性。最先使这一问题政治化的应是葡萄牙殖民事务大臣卡斯特罗（Martinho de Mello Castro）在 1784 年左右的一份备忘录，他当时为了证明葡萄牙人对澳门拥有主权，遂援引葡萄牙人赞助中国政府赶走海盗之事变成葡王陛下的臣仆占据了该岛（澳门），"有争议的主权问题是建立在征服权的基础上的，是以用葡萄牙军人的流血牺牲为代价的"[②]。很明显，卡斯特罗的备忘录为了政治及外交的需要，夸大和改变了许多基本事实。至 1909 年澳门勘界会议时，葡使臣马查多（Joaquim Jose Machado）更提出：

　　　　按本国及外史所公认者，葡人于 1577 年来澳门，是时正值海盗郑芝龙在中国南方江海一带骚扰，葡人驱逐之，遂占据其地，作为经营基业。查彼时澳门连岛并附近各岛及附近水界均在海盗掌握之中。葡人所处之地，并无管理之人，

---

① 原文载《文化杂志》，1999（39）。
② 《海外国务秘书处关于在果阿为北京主教就澳门的所有权下达的指令的笔记消息——致 1784 年被任命的花利亚（Bernado Aleixo de Lemos Faria）总督》，见徐萨斯著，黄鸿钊、李保平译《历史上的澳门》，15 页，澳门，澳门基金会，2000。

亦未曾见有中国管理之实。①

可见，首先是葡国政府为了获得澳门主权，拼命将佛郎机助明剿灭海寇之事政治化，以致脱离了事实的原貌。为了对葡人这一行为进行驳斥，亦证明澳门主权从未属葡萄牙，中国学者就此进行了大量辩驳，其中尤以戴裔煊先生最为突出。② 戴先生过于强烈的民族主义情绪出于爱国者的立场当然无可厚非，但遗憾的是对于学术研究，难免会遮盖其许多的学术光芒。本文写作的目的，拟以纯学术的立场对佛郎机助明剿灭海盗一事进行一些较为详细的考辨，以求对这一问题的认识更为客观公正。

一、澳门开埠之前香山沿海是否为海盗之渊薮

要弄清葡人是否助明剿灭海盗而获得澳门的居住权，先应了解澳门开埠之前，香山沿海是否为海盗出没之地区。

曾经在中国居住 21 年的葡萄牙传教士曾德昭（Alvarez Seme-do）于 1643 年出版的《大中国志》一书说：

> Macao，这是一个礁石密布的小岛，非常易于防守，也非常易于成为海寇的巢穴，事实上当时也确是如此。那时，众多的海盗聚集在那里，骚扰邻近的所有岛屿。③

海寇活跃于香山沿海在历史上并不少见。《澳门记略》载：

> 高澜山多鹿，元海寇刘进据之。……横琴二山相连，为大小横琴，元末海寇王一据之。④

高澜岛、横琴岛均与今澳门相近，自元末以来即为海盗聚居

---

① 马查多（Joaquim Jose Machado）：《第二说帖》，见黄培坤《澳门界务争持考》，59页，广州，东升中西印务，1931。
② 戴裔煊：《关于澳门历史上所谓赶走海盗问题》，载《中山大学学报》，1957（3）。又黄文宽先生对这一问题亦有相当情绪化倾向，见黄文宽《澳门史钩沉》，23～24 页，澳门，星光出版社，1987。
③ 曾德昭著，何高济译：《大中国志》，第 2 部，第 1 章，208 页，上海，上海古籍出版社，1998。
④ 印光任、张汝霖：《澳门记略》卷上《形势篇》，48 页，澳门，澳门文化司署点校本，1992。

之地。顾炎武《天下郡国利病书》载：

> （洪武二十四年五月花茂）因上言，广州地方若东莞、香山等县逋逃蛮户，附居海岛，遇官军则称捕鱼，遇番贼即同为恶。不时出没劫掠，殊难管辖。①

杨士奇《东里文集》载：

> 香山在岭南海岛之间，地远而俗嚣。……海寇常劫掠民妇女赀货，出没倏忽，不可踪迹，民苦之。②

郭棐《粤大记》载：

> （天顺二年七月）海贼严启盛寇香山、东莞等处，巡抚右佥都御史叶盛讨平之。先是，启盛坐死囚漳州府，越狱，聚徒下海为患，敌杀官军，拘留都指挥王雄，至广东复杀备倭都指挥杜信，至时招引番舶至香山沙尾外洋。叶盛廉其实，会同镇守广东左少监阮能、巡按御史吕益统官军驾大船冲之，遂生擒启盛，余党悉平。③

明人霍韬则言：

> 若东莞、若香山、若顺德，沿海之民，多为海寇，或一夜劫掠数十家，或聚众十数，飘据海洋，官军不能追捕，皆守巡官不能防之于微故也。④

至嘉靖年间，香山沿海更受海盗侵扰，特别是何亚八、郑宗兴所领导的海寇，还纠集了一批佛大坭国的番船"前来广东外洋及沿

---

① 顾炎武：《天下郡国利病书》卷198《广东》2，清光绪二十七年图书集成铅印本。
② 杨士奇著，刘伯涵、朱海点校：《东里文集》卷15《香山县丞彭公墓表》，211～212页，北京，中华书局标点本，1998。
③ 郭棐：《粤大记》卷3《海岛澄波》，42页，广州，中山大学出版社，1998。
④ 霍韬：《霍文敏公文集》卷10《两广事宜》，清同治元年石头书院刊本。

海乡村肆行劫掠，杀虏人财"。时在嘉靖三十年左右（1551年）。① 从上述材料可以反映，香山沿海地区从元末到明嘉靖年间一直是海盗活跃的地区。

明代香山地区不仅海盗活跃，而且这些海盗往往与南洋一些国家的外国商队勾结，上引"遇番贼即同为恶"即是证明。天顺二年（1458年），漳州海盗严启盛"招引番舶至香山沙尾外洋"，沙尾即今珠海湾仔一带，极近澳门，严启盛招引番舶至沙尾外洋干什么？很明显，来进行走私贸易。嘉靖三十年（1551年），何亚八又率佛大坭国番船入广海外洋，并与澳门相近，仍然是在这一带进行走私贸易。香山之海盗不仅与南洋番商勾结，甚至与倭寇勾结，犯扰香山之境。据《香山县志》载：

> 嘉靖元年，新会群盗起，引倭寇黄梁都，沿海民被杀掠。②

又据嘉靖二十六年《香山县志》载：

> 不在版图者其诸岛列于左曰：小湖州……浪白、倒触……大吉山、小吉山、九澳山，其民皆岛夷。③

可见在嘉靖二十六年之前，香山沿海诸岛多为"岛夷"占据居住。明人称日本人亦多称之为"岛夷"。④ 清末丘逢甲至澳门曾

---

① 应槚辑，凌云翼、刘尧海重修：《苍梧总督军门志》卷21《讨罪》5，影印万历辛巳林大春序刊本，北京，全国图书馆文献缩微复印中心，1991。诸书均载嘉靖三十三年平何亚八集团，然其在广东外洋寇盗则始见于嘉靖三十年。霍与暇《勉斋集》卷17《职方杂著》"嘉靖三十年，乡多寇祸，窃横行香山、新会、番、南之郊"。黄佐《（嘉靖）广东通志》卷70《外志》7载："辛亥（嘉靖三十年）六月，海盗何亚八同番贼由石岐抵瀛，纵火劫村。"靳文谟：《（康熙）新安县志》卷11《寇盗》载："嘉靖三十年，海寇何亚八率彝人入寇东莞所。"康熙刻本抄本，广州，中山图书馆。

② 卢坤：《广东海防汇览》卷39《事纪》1引《香山县志》，清道光刊本。

③ 邓迁：《（嘉靖）香山县志》卷1《风土第一》，日本藏中国罕见地方志丛书本，广州，中山大学出版社，1998。

④ 《明世宗实录》卷434，嘉靖三十五年四月甲午："昨岁浙江巡抚胡宗宪请遣使移谕日本国王，禁戢岛夷。"胡宗宪《筹海图编》卷9《擒获王直》："此间（日本五岛）有徽王者，岛夷所宗。"当然，在中国文献中也有将南洋、西洋之外国人统称为"岛夷"的，如汪大渊的《岛夷志略》。

留下《澳门杂诗》，其第八首云：

> 谁从异代纪倭氛，曾比欧西早驻军。犹有晴岭洲上客，残坊剔藓读和文。自注云：日人居澳在葡人先，今日本石坊犹存。①

清末之时，丘逢甲尚能见到日本文"石坊"，而断言"日人居澳在葡人先"。丘氏这一观点，一直未能引起人们的重视。上述文献表明，香山沿海有"番舶""岛夷"及"倭寇"的活动，可见丘氏所言不虚，在葡萄牙人入居澳门之前，香山沿海及澳门地区确实是海盗、番舶及倭寇经常出入及聚居的地方。

二、葡萄牙人是否曾帮助明朝政府剿灭海盗

最早提出葡萄牙人帮助明朝剿灭海盗的仍是曾德昭神父，据其《大中国志》载：

> 那时，众多海盗聚集在那里（澳门），骚扰邻近的所有岛屿。中国人曾商量如何清除这一祸害。或者是由于他们缺乏勇气，或者是因为他们本身不大愿意冒风险而想借刀杀人，所以在他们得知葡萄牙人骁勇善战之后，便将这一冒险任务交给了葡萄牙人，答应只要葡萄牙人能够驱逐走这些海盗，就把这个岛让给他们居住。

> 葡萄牙人欣喜若狂地接受了这个条件。尽管他们人数很少，远远不及海盗众多，可是由于他们更善于作战，他们排列好阵势后就向海寇发起猛攻，结果重创对方，而自己却无一人伤亡，他们很快就成为了这个领域及该岛的主人。他们随即开始建屋，各人选择自己认为满意的地方或场所。②

---

① 丘逢甲：《岭云海日楼诗抄》卷7《澳门杂诗》，上海，上海古籍出版社标点本，1982。
② 曾德昭著，何高济译：《大中国志》，第2部，第1章，208页，上海，上海古籍出版社，1998。

据费赖之（Louis Pfister）言，曾氏之书于 1638 年完成于果阿。[1] 至 1665 年，意大利籍耶稣会士利类思（Ludovicus Buglio）在其著作《不得已辨》中又说：

> 嘉靖年间，广东海盗张西老，攘澳门至围困广州，守臣召西客协援解围，赶贼至澳歼之。是时，督臣疏闻，有旨令西客居于澳门，至今一百三十余年矣。[2]

以 1665 年上溯一百三十年，则葡人歼灭澳门海盗当在 1625—1635 年之间，即明嘉靖四年至十四年之间。利氏的说法更较曾德昭氏具体，有时间，有姓名。康熙十九年（1680 年）到澳门的中国人陆希言亦说：

> 大西洋在极西九万里，人务经商，舟遍环宇。明嘉靖时，路过香山，贼人攘臂，洋舶奋勇，竟捣贼巢，当事者喜闻于朝，因留其国人于澳门，招致远商，籍以供其赋税焉。[3]

其后，中外史学家均沿袭此说，并无多少异议。[4] 近年来，有不少学者对这一观点提出了严厉反驳，直斥为"谎言"，"荒谬可笑"，[5] 有学者则称之为这是葡萄牙人编撰的一个"传说"。[6]

是不是"谎言"或者"传说"，不是凭几句呵斥就可以定论的。既然作为一种历史文献中已出现的一种记录，如果没有足够的证据证之为非的话，文献记录的有效性仍然是不可否定的。曾

---

① 费赖之著，冯承钧译：《在华耶稣会士列传及书目》上册，150 页，北京，中华书局，1995。

② 利类思：《不得已辨》，见吴相湘主编《天主教东传文献》，第 1 册，318 页，台北，学生书局，1965。

③ 陆希言：《墺门记》，见钟鸣旦、杜鼎克、蒙羲主编《法国国家图书馆明清天主教文献》，第 11 册，425 页，台北，辅仁大学神学院，1996。

④ 如杜赫德（Du Halde）《中华大帝国史》；索萨·法里亚《葡属亚洲》；冯秉正《中国通史》；徐萨斯著，黄鸿钊、李保平译：《历史上的澳门》；白乐嘉《西方的开拓者与澳门的发现》（J. M. Braga, *The Western Pioneers and Their Discovery of Macau*）及中国学者龚柴《中国海岛考略》及陈沂《澳门》等均采此说。

⑤ 戴裔煊：《〈明史·佛郎机传〉笺正》，74 页，北京，中国社会科学出版社，1984。黄文宽：《澳门史钩沉》，24 页，澳门，星光出版社，1987。

⑥ 谭志强：《澳门主权问题始末》，80 页，台北，永业出版公司，1994。

德昭之书成于明崇祯十一年（1638 年），曾氏曾多次寓居并经过澳门，且在中国生活很长时间。其《大中国志》一书中关于中国的介绍，对于欧洲曾产生极大的影响，谁也没有说那是一些"谎言"和"传说"。对曾氏介绍中国之文字，我国不少学者均极力证明曾氏住中国多年，所言皆为曾氏所耳闻目睹。然同一种书一论及澳门驱盗之事则成了"谎言"，很明显，这是很多政治化学者的对史料的各取所需。曾氏之书所载时间，距葡人入居澳门时间确实稍晚一些，其间约差八十或九十年，但不能说，八九十年后完成的史学著作所记录的八九十年前的事就不可信。如此，则中国的二十四史、三通、十通等书则均不可信，因为，这些书均是后朝人记前朝事。那我们为什么一般均将二十四史、十通等书视之为第一手资料呢？因为这些史书均是根据当时人所留下的文献资料重新编撰而成。以此理论曾德昭之书，关于澳门葡人驱盗之事当根据有关的原始资料而重新编撰。所以，曾德昭、利类思、陆希言三位不同国籍的人都一致肯定葡人确在澳门驱逐海盗。如果三人都一致要去编撰谎言蒙骗世人的话，为什么不采用同一版本，三个人都称葡人在澳门驱逐海盗，但三个人却都有不同的说法，由此可见，那就是在这三者之外，还有一个更早更原始更详细的关于葡人在澳门驱逐海盗的记载。而曾、利、陆三人各从这一纪录中截取了一部分，故形成了三份说法不一但基本事实相同的文献记录。没有较充足的证据而去否定这三份文献的基本事实，余以为是不足取的。

有的学者提出，明嘉靖年间所谓的海盗首领中从无张西老之名，以此来指斥利氏之说为"可笑"。[①] 这种推理毫无力量！嘉靖之时，广东沿海海盗可以说是多如牛毛，所谓"沿海之民，多为盗寇"是也，并非活跃在广东沿海所有海盗头目均有姓名记载。

① 戴裔煊：《〈明史·佛郎机传〉笺正》，75 页，北京，中国社会科学出版社，1984。

在明代文献，虽然也记录了数以千百计的海盗头目姓名，但不见
于文献记录的海盗头目姓名又何啻万千计呢？谁知道"张西老"
又是海盗中的哪一级头目呢？《明穆宗实录》卷14载：

> （隆庆元年十一月丁丑），广东巡抚都御史李祐奏，七月
> 中，滴水村居民林肆等获漂流海贼张老者数人，闻于碣石卫
> 掌印指挥李守京、巡捕指挥沈你。守京、你素贪，执之索贿
> 米。林道乾余党二百余人乘夜入卫城夺老等去。①

隆庆元年（1567年）虽然距嘉靖间香山驱海盗有十来年时
间，但亦不可完全肯定这里"漂流海贼张老"不是被葡人驱逐出
澳门的"张西老"。在海盗中将"张西老"省称为"张老"是并
不奇怪的事。从林道乾余党营救"张老"亦可看出，这一"张
老"并非一般之海盗。藤田丰八、龙思泰将"张西老"比附为
"张琏""郑芝龙"固然可笑，②但据明代现存文献无"张西老"
之名，就断言明代无此一海盗也不比藤、龙高明多少。奇怪的
是，在民国以来被东西方学者一致认定的且有数种较原始文献做
证据的"葡人助明驱海盗而得澳门"之事在今天居然得不到承
认；反之，个别学者在没有任何文献可否认此说的情况下，纯粹
凭民族情绪而推论得出"葡人助明驱海盗得澳门"为谬论的说
法，实在令人费解。余想，这恐怕与新中国成立后吾国史学界长
期推行的"史学要为无产阶级政治服务"的极"左"路线有关。

先看一看明嘉靖以后，葡萄牙人多次帮助明朝剿灭海盗的事
实。奥塞尔（Auxerre）《田类思主教传》载：

> 曩昔葡人之居其地（宁波）者，有新受礼之教徒万人，

---

① 《明穆宗实录》卷14，隆庆元年十一月丁丑条。

② 藤田丰八著：《葡萄牙占据澳门考》，见何建民译《中国南海古代交通丛考》，
413～414页，上海，商务印书馆，1936；龙思泰著，吴义雄、郭德北、沈正邦
译：《早期澳门史》，17～18页，北京，东方出版社，1997。

均衣西服而与葡人通往还，盖以葡人灭舟山海盗有功而异之也。①

葡人之在浙江，当在嘉靖二十六年（1547 年）之前，也是帮助明朝除灭海盗而得以在宁波居住，此说可获载丹弗斯验证：

> 1541 年，葡人法利亚率船航宁波居住。……与海盗 Coje Hazem 激战于 Layllo 二里许的 Tin lani 河，获大批劫掠物品。②

葡人进入福建漳、泉等地贸易也与他们帮助剿灭海盗林剪有关。《日本一鉴·穷河话海》卷 6 称：

> 嘉靖丙午（1546 年），许四市倭不利，归背双屿，却与贼首沈门、林剪、许獠等众劫掠闽浙海隅……

> 丁未（1547 年），贼首林剪等诱引彭亨贼众来与贼首许二、许四合为一踪，肆掠闽浙地方。③

可证，林剪在嘉靖二十六年还活动在闽浙一带。闽人林希元《与翁见愚别驾书》载：

> 且其（佛郎机）初来也，虑群盗剽掠累已，为我驱逐，故群盗畏惮不敢肆。强盗林剪，横行海上，官府不能治，彼则为我除之，二十年海寇，一旦而尽。④

有学者径称，嘉靖二十六年（葡人）助剿海盗林剪于浙江宁波双屿附近。可以证明，至少在嘉靖二十六年之前，葡萄牙就曾帮助明朝剿灭过一次海盗，"二十年海寇，一旦而尽"则可以反映这一次剿灭海盗的成绩不小。葡萄牙史家白乐嘉根据葡文史料

---

① 奥塞尔（Auxerre）：《田类思主教传》，转引方豪《十六世纪浙江国际贸易港 Liampo 考》，见方豪《方豪六十自定稿》上册，93 ~ 94 页，台北，学生书局，1969。

② Frederick Charles Danvers, *The Portuguese in India : Being a History of Rising and Decline of Their Eastern Empire*, London, W. H. Allen&co., limited, 1894. 据《日本一鉴·穷河话海》卷 6《海市》，则是许氏兄弟诱引佛郎机去双屿。

③ 郑舜功：《日本一鉴·穷河话海》卷 6《海市》，民国二十八年影印本。

④ 林希元：《林次崖文集》卷 5《与翁见愚别驾书》，乾隆三十八年诒燕堂刊本。

得出认识："从上述材料可以看出，可能有过三次大规模的剿匪行动：其一在莱奥内尔·德·索札（Leonel de Sousa）时期；其二在 1557 年左右，其三在 1563 年与 1564 年间。"① 索札时期即 1555 年前的三年（1553—1555 年）。这一次剿灭海盗留待下节讨论。1557 年葡人剿灭海盗事，1646 年出版的嘉而定（A. F. Cardim）的《1644 年前日本记事》亦称 1557 年上川葡人助广东击败海盗，该书载：

> 1557 年时有若干中国叛人凭据澳门，抄掠广州全境。省中官吏不能剿灭盗贼，求助于上川的葡萄牙人，葡萄牙人为数仅有四百，赖天主及圣方济各之助，击散群盗。中国人奖其功，许葡萄牙人在澳门停留居住；惟不许筑城置炮。②

嘉靖四十三年（1564 年），葡萄牙人再一次帮助明政府驱逐海盗。此即上引白氏所言"1563 年与 1564 年间"的剿匪，俞大猷《集兵船以攻叛兵书》载：

> 叛兵事，决为攻剿之图，亦须旬日后，乃可齐整。香山澳船，猷取其旧熟用林宏仲者数船，功成重赏。其夷目贡事已明谕，其决不许。③

陈吾德《条陈东粤疏》载：

> 往岁总兵俞大猷，调诸夷剿平叛卒，许免抽分一年。至期，夷众负功，不服抽税。④

这次"调诸夷剿平叛卒"是指嘉靖四十三年潮州柘林水兵叛变，澳门葡萄牙人曾出兵参战。同时葡文文献埃斯科巴尔（João

---

① J. M. Braga: *The Western Pioneers and Their Discovery of Macau*, Macau, Imprensa National, 1949, p. 117.

② António Francisco Cardim: Relation de ce que s'est Passe depuis quelques annees, iusques a l'an 1644 au Iapon, a la Cochinchine, au Malabar, en l'isle de Ceilan, Paris, M. et I. Henault, 1646.

③ 俞大猷：《正气堂全集》卷 15《集兵船以攻叛兵书》，369 页，福州，福建人民出版社，2007。

④ 陈吾德：《谢山存稿》卷 1《条陈东粤疏》，影印清刊本，四库存目丛书，济南，齐鲁书社，1997。

de Escobarã）记于 1565 年的《热尔·哥依斯使团纪实》及 18 世纪初佛朗哥（Antonio Franco）《道德的形象》中均有 1564 年葡人参加政府平定叛军的详细记录。①

隆庆二年（1568 年），澳门葡萄牙人甚至战胜粤东海上巨盗曾一本，协助明政府解除曾一本围攻广州之厄。上引陈吾德《条陈东粤疏》载：

> 佛郎机、满剌加诸夷，性之犷悍，器之精利，尤在倭奴之上。去岁曾贼（曾一本）悉众攻之，夷人兵不满千，而贼皆扶伤远行，不敢与门，其强可知矣。②

据《明史·陈吾德传》，该疏上于隆庆三年任工部给事中时，③故知隆庆二年时，葡萄牙人曾与当时进攻广州的曾一本打了一仗，使"贼皆扶伤远行，不敢与门"。张瀚《台省疏稿》卷 5 亦有记载：

> 自海贼曾一本叛招潮阳，纵横海上……据总兵官俞大猷揭帖开称，香山澳商自请欲助兵灭贼……澳商亦集两千名。④

这一事实，葡文文献福鲁图奥佐（Gaspzar Frutuoso）《怀念故土（第二篇手稿）》称，1568 年澳门葡人与一位"强悍的中国海盗"作战，多次击败对方，并在 6 月份的一次战斗中夺取海盗战船 11 艘，俘获海盗多人，并将海盗赶走。⑤葡文资料的记录极详细，且与汉文资料相合。

万历八年（1580 年），澳门葡萄牙又一次协助明政府剿灭逃至暹罗的海盗林道乾。瞿九思《万历武功录》载：

---

① 埃斯科巴尔：《热尔·哥依斯使团纪实》，载《文化杂志》，1997（31）；佛朗哥：《道德的形象》，转引自戴裔煊《〈明史·佛郎机传〉笺正》，79～80 页，北京，中国社会科学出版社，1984。

② 陈吾德：《谢山存稿》卷 1《条陈东粤疏》，影印清刊本，四库存目丛书，济南，齐鲁书社，1997。

③ 张廷玉：《明史》卷 215《陈吾德传》，北京，中华书局，1974。

④ 张瀚：《台省疏稿》卷 5《查参失事将官疏》，四库存目丛书本，济南，齐鲁书社，1997。

⑤ 福鲁图奥佐：《怀念故土（第二篇手稿）》，载《文化杂志》，1997（31）。

其后庚辰八月，暹罗亦使使者握坤哪喇请予制置使刘尧
诲曰：乾（指林道乾）今更名曰林语梁，所居在臣国海澳
中。……是时香山澳人吴章、佛郎机人沉马啰哚及船主啰呜
冲咬呱哟、通事蔡典全等二十余人，并踵制府上谒，请自治
装往击乾。[1]

《庞迪我熊三拔奏疏》亦可证：

> 颇闻林道乾之乱，有在澳商人等自备舡粮器械，协力攻
> 击，督府曾上其功。[2]

庚辰年为万历八年（1580 年），则知该年又有一次葡人助明
剿灭海盗之事。

到天启元年（1621 年），还有一次葡人与海寇的斗争。前引
利类思《不得已辨》载：

> 至天启元年，海寇攻澳门，西洋人出敌，杀贼一千五百
> 有奇，活擒数百名。[3]

这一次"西洋人出敌"进攻澳门的海寇，其杀敌及生擒人数
可能有所夸大。至清朝，葡萄牙人更是组织舰队专门从事追捕海
盗。文德泉（Teixeira）《17 世纪的澳门》称：

> 1647 年，澳门附近出现海盗，劫掠来澳船只。议事会装
> 备了 5 只快船，追击海盗。

还记载了 1655—1656 年间澳门葡人去上川剿盗。[4] 嘉庆十四
年（1809 年），大屿山赤沥角围剿张保仔之战，葡人出动 6 艘武
装船只，组织了 730 名水兵参战，并击沉海盗船 15 艘，给张保仔

---

① 瞿九思：《万历武功录》卷 3《林道乾、诸良宝、林凤列传》，影印明刻本，北
京，中华书局，1962。毛奇龄《后鉴录》卷 4 亦有相同记载。
② 钟鸣旦、杜鼎克、黄一农，等编：《徐家汇藏书楼藏明清天主教文献》第 1 册庞
迪我（Diadaco do Pantoja）、熊三拔（Sabatinho de Ursis）《奏疏》，94 页，台北，
辅仁大学出版社，1996。
③ 利类思：《不得已辨》，见吴相湘主编《天主教东传文献》第 1 册，318 页，台北，
学生书局，1965。
④ *Manuel Teixeira*：*Macau no Sec.* XVII, Macau, Direccao dos Servicos de Educacao e Cul-
tura, 1982, pp. 86～93.

以重创。①

综上所述，我们可以清楚看出，澳门葡人帮助中国明、清政府剿灭海盗乃是其一贯之方策。从某种意义上说，葡萄牙人帮助明、清政府剿灭海盗正是他们采用的讨好明清政府想长期获得澳门居住权的一种手段。明、清政府在当时的历史条件下，亦在一定意义上有意让葡人暂居澳门，借葡人的力量加强广东地区的海防，以抵御倭寇、海盗。明代人霍与暇讲得十分清楚：

> 香山海洋得澳门为卫，向时如老万、如曾一本、如何亚八之属，不敢正目而视，阖境帖然。②

万历年间任两广总督的戴燿亦说：

> 澳夷之力足以抗红毛耶？是以夷攻夷也。我无一镞之费，而威已行于海外矣。③

《澳门记略》称：

> 今海宇承平，诸番向化，以此为天朝守海门而固外围。④

道光时两广总督卢坤亦言：

> 以夷防夷……以内地海疆而论，澳门为广东门户，本应建以守。该炮台虽建自夷人，设遇海防紧要之时，内地派员拨兵，督同防护，未始不得捍卫之力。⑤

清人林福祥亦有这样的认识：

> 澳门西洋夷人，当善为抚绥，使其为我守西入之路也。⑥

---

① 袁永伦《靖海氛记》卷下第 4 页："初十日，彭恕遂点阅西洋夷舶六只，配以夷兵，供其粮食，出洋剿捕。是时张保方聚于赤沥角之大屿山，夷船往迹之，适提督孙全谋亦率舟师百余号至，遂会同击贼。"该书为道光十年碧萝山房本。

② 霍与暇：《勉斋集》卷 19《处濠镜澳议》，清光绪丙戌重刻本。

③ 王临亨：《粤剑编》卷 4《九月十四日夜话记附》，103 页，北京，中华书局标点本，1987。

④ 印光任、张汝霖：《澳门记略》卷下《澳蕃篇》，148 页，澳门，澳门文化司署点校本，1992。

⑤ 卢坤：《广东海防汇览》卷 32《方略》21，清道光刊本。

⑥ 林福祥：《平海心筹》卷下《论抚绥澳门西洋夷人》，第 17，广州，广州古籍书店刻印本，1960。

以夷制夷，以夷御盗。很明显，明、清朝野之士人都有一种认识，应当利用澳门之葡萄牙人守卫边防疆土，以屏卫广东海防。

由于上述三个方面的因素：一是自元末到明中叶香山壕门地方一直是海盗活跃的地方；二是葡萄牙人到中国以后一直帮助中国明、清政府剪除海盗；三是有三种较早的文献均记录有嘉靖年间葡人驱逐澳门海盗。因此，余以为关于嘉靖年间葡人驱逐澳门海盗之事应是真实的情况，不应视为传说，更不可称之为"谎言"。而且，根据上引霍与暇所言，海盗何亚八也曾进犯澳门，"不敢正目而视"，当指其被澳门葡人驱逐。据黄佐《广东通志》，何亚八率佛大坭国夷船活跃在广东沿海始于嘉靖三十年（1551年）；而嘉靖三十三年（1554年）何亚八被戮于三洲环。[①] 余以为，曾、利、陆三人所言之葡人在澳门所驱逐的海盗，当即是"何亚八"这一支，而利氏所言之"张西老"很可能就是何亚八属下的一个海盗头目。

三、明朝政府是否因葡人驱逐澳门海盗而同意葡人居住澳门

上节已证明，嘉靖年间，葡人曾帮助明政府驱逐澳门海盗。但是否因为葡人驱逐了澳门海盗，明朝政府就同意将澳门给予葡人居住呢？这一问题尚须进行证明。

前面所引的曾德昭、利类思、陆希言均言，葡人因驱逐了澳门海盗故获得了澳门居住权。曾氏是这样说的：

他们（指中国人）……答应，只要葡萄牙人能够驱逐走这些海盗，就把这个岛让给他们居住。[②]

---

① 黄佐：《（嘉靖）广东通志》卷66《外志》3，广州，广东地方志办公室影印本，1998。
② 曾德昭著，何高济译：《大中国志》，第2部，第1章，208页，上海，上海古籍出版社，1998。

利类思称：

> 有旨命西客居于澳门。①

陆希言称：

> 当事者喜闻于朝，因留其国（葡萄牙）人于澳门。②

从这些资料中可以看出，葡萄牙人居住澳门是获得了明朝政府同意的。事实又怎样呢？我们必须认真分析"何亚八"这支海盗与澳门的关系，也就是上引白乐嘉书中提到的索札时期（1553—1555 年）葡人的剿灭海盗之事。我们再重引霍与暇的奏章：

> 香山海洋得澳门为屏卫，向时如老万、如曾一本、如何亚八之属，不敢正目而视，阖境帖然。

霍与暇为广东南海人，其一生主要经历均在嘉靖、万历年间，且其家族又是南海地区从事工商贸易的大族，其对葡萄牙人入居澳门事应是比较详熟的。③ 上引文见霍氏《处濠镜澳议》，该疏原注云："议作于十年前，欲上殷石汀公，不果，今删润如此"④。殷石汀公即为隆庆五年（1571 年）出任两广总督的殷正茂，疏中提到隆庆二年进攻澳门之曾一本，则此疏时间应在隆庆末万历初。时距嘉靖三十三年葡人剿灭澳门海盗仅十余年，其言可信度甚高。从霍与暇的奏章中透露，海盗何亚八集团是进犯过澳门的，或者是曾经占据澳门而被葡人驱逐，不然何以谓"如何亚八之属，不敢正目而视（澳门）"呢？

霍与暇的这一条信息十分重要，有助于我们解开葡人入居澳门之谜。我们再看看何亚八集团的活动。距何亚八集团活动时间

---

① 利类思：《不得已辨》，见吴相湘主编《天主教东传文献》，第 1 册，318 页，台北，学生书局，1965。
② 陆希言：《墺门记》，见钟鸣旦、杜鼎克、蒙曦主编《法国国家图书馆明清天主教文献》，第 11 册，425 页，台北，辅仁大学神学院，1996。
③ 罗一星：《明清佛山经济发展与社会变迁》第 3 章第 4 节之 2《霍韬重构宗族组织的模式》，广州，广东人民出版社，1994。
④ 霍与暇：《勉斋集》卷 19《处濠镜澳议》，清光绪丙戌重刻本。

最近的文献当属嘉靖年间成书的黄佐《广东通志》，其书卷 66《外志》3 载：

> 嘉靖三十三年，提督两广兵部侍郎鲍象贤、总兵官征蛮将军定西侯蒋传讨平广东海贼。（以下小字）先是，贼首何亚八、郑宗兴等潜从佛大坭国纠同番船前来广东外洋及沿海乡村，肆行劫掠，杀掳人财，拒伤官兵。脱往福建等处收纳叛亡数千，凑同陈老、沈老、王明、王五峰（即王直）、徐碧溪（即徐铨）及方武等，分宗流劫，浙江嘉、杭、宁、绍、台、温一带地方，均受其害。亚八等仍又遁向广东地方打劫。军门督行巡海副使汪柏、委指挥王沛、黑孟阳等统领兵船，分东西哨，随往剿捕，王沛擒获何亚八等于广海三洲环。……初，海南栅有天妃庙，凡放洋往还皆敬事之，且降箕神验。亚八欲寇广州城，往祷，令二童子扶其箕，久不降，亚八躬拜告祷，乃降一死字。亚八大怒，断神首并执二童子杀之。其党知其必败矣。①

黄佐这一段原始记录又告诉我们很多信息，一是何亚八曾进攻广州，二是镇压何亚八海盗集团正是多种材料俱称"受贿而同意将澳门给葡人居住"的汪柏。又据黄佐、霍与暇等人记载，从嘉靖三十年起，海盗何亚八集团即占据香山地区，黄佐甚至称何亚八已攻占了香山腹心城镇石岐。② 将这些材料与霍与暇的材料联系起来看，我们可以得出下面这样的逻辑推理，嘉靖三十年（1551 年）左右，何亚八海盗集团纠集佛大坭国番船在广东外洋活动，又收纳福建海盗，"分宗流劫"，一部分劫掠浙江洋面，一部分劫掠广东洋面。劫浙江的有陈老、沈老、王明、王五峰等，而劫广东的则由何亚八、郑宗兴亲率，"张西老"或"张老"很

---

① 黄佐：《（嘉靖）广东通志》卷 66《外志》3，广州，广东地方志办公室影印本，1998。

② 霍与暇：《勉斋集》卷 17《职方杂著》，清光绪丙戌重刻本；黄佐：《（嘉靖）广东通志》卷 70《外志》7，广州，广东地方志办公室影印本，1998。

可能就是何氏属下一海盗，而占据澳门为巢。当时葡萄牙人正在广东外洋经商，《日本一鉴·穷河话海》卷6《海市》称：

> 岁甲寅，佛郎机夷船来泊广东海上，比有周鸾，号客纲。①

甲寅为嘉靖三十三年（1554年），西文方面亦有多种材料证明葡萄牙人在广东香山的浪白澳一带活动。② 因此，很可能就在这种情况下，葡萄牙人又采用了除林剪的办法，再次同明朝政府合作，共同剪除海盗何亚八集团，其合作的中方代表当为海道副使汪柏，可能有如下分工，葡人负责剿灭入居香山地区的"张西老"团伙，而汪柏则率领王沛、黑孟阳在广州外海围歼何亚八。这一次合作是成功的。葡萄牙人驱逐了香山地区的张西老集团，汪柏则消灭了广州外海的何亚八集团。在这种情况下，葡人向汪柏提出要求暂居澳门，并送上一笔大礼进行贿赂。索札信中亦提及"为获此生意及和约，颇费心机与财帛，其详情恕不赘述"③。

郭棐《广东通志·丁以忠传》的材料更值得注意：

> 时佛郎机夷违禁潜往南澳，海道副使汪柏受重贿从臾之。以忠曰：此必为东粤他日扰，力争弗得。寻擢右布政使。时征何亚八、郑宗兴诸贼。④

此处"南澳"即指澳门，因澳门是广州南面之海澳，有虚指之意。将征何亚八之事与佛郎机往澳门联系起来，再与上述记录印证，是不是亦可说明嘉靖三十三年，葡人灭澳门海盗又贿赂汪柏而得入澳门。

---

① 郑舜功：《日本一鉴·穷河话海》卷6《海市》，民国二十八年影印本。
② 保存在里斯本阿若达图书馆的沙勿略的信称："杜阿德·达·伽马的船于1554年去日本途中经过浪白。"参见 J. M. Braga, *The Western Pioneers and Their Discovery of Macau*, p. 97. 平托《远游记》亦载："（1549年朱纨历行禁海后）有三十位在漳州劫后余生的葡萄牙人欲泛海至上川，结果在浪白登岸，后来便一直定居下来。"
③ 金国平：《莱奥内尔·德·索札与汪柏》，载《澳门研究》，1988（7）。
④ 郭棐：《（万历）广东通志》之《藩县志》，万历壬寅年序刊本；郭棐：《粤大记》卷9《宦绩类·丁以忠传》同，但少"受重贿"三字。

由于葡人帮助广东地方政府剿盗及大笔贿赂两个方面的原因，葡萄牙人获得入澳门的贸易权。得到很多好处的广东地方政府及海道副使汪柏很可能均向中央报告，要求明廷同意葡人进入广州及澳门贸易。《日本一鉴·穷河话海》中的两段记录很能说明问题：

> 岁甲寅（嘉靖三十三年），佛郎机夷船来泊广东海上，比有周鸾，号客纲。乃与番夷冒他国名，诳报海道，照例抽分。副使汪柏故许通市，而每以小舟诱引番夷，同装番货市于广东城下，亦当入城贸易。

> 岁乙卯（嘉靖三十四年），佛郎机国夷人诱引倭夷来市广东海上，周鸾等使倭扮作佛郎机，同市广东买麻街，迟久乃去。自是佛郎机夷频年诱倭来市广东矣。①

从嘉靖三十三年（1554年）到嘉靖三十四年（1555年）发生变化之大，这一段史料记得十分清楚。嘉靖三十三年时，葡萄牙人来广东贸易还要假冒别国之名，才被允许通市，而至嘉靖三十四年，葡萄牙人不仅自己可以公开身份，在广州进行贸易，而且"使倭扮作佛郎机，同市广东买麻街"。这是为什么？很可能是由于嘉靖三十三年时葡萄牙人帮助广东政府驱逐了澳门海盗，因此广东政府完全改变了对葡萄牙人的政策，从拒绝、禁止其贸易而变为在贸易上对葡萄牙人的全面放开。所以，嘉靖三十三年葡萄牙人帮助广东政府驱逐澳门海盗是这一关键之所在。在贸易上对葡萄牙人实行全面开放，并将澳门给予葡人作暂时的贸易据点也就是顺其自然的事了。而且将澳门暂借葡人作贸易据点之事，广东地方政府及海道副使并没有对中央隐瞒，而是将此事向中央进行了汇报。从以后的事实来看，明廷是同意将澳门作为葡人暂居地的。张燮《东西洋考》称：

> 嘉靖三十四年三月，司礼监传谕户部取龙涎香百斤，檄

---

① 郑舜功：《日本一鉴·穷河话海》卷6《海市》，民国二十八年影印本。

下诸番，悬价每斤偿一千二百两，往香山澳访买，仅得十一两以归。①

明廷下旨到香山澳去买龙涎香，很明显是明朝中央已获知葡人入居澳门的消息，所以才会派人去澳门买龙涎香，则也间接说明明廷已同意葡人入澳贸易。再从汪柏的个人仕途看，嘉靖三十三年时为海道副使，第二年即擢升为广东右布政使，以后仕途一直顺畅。如果说葡人入居澳门之事纯是汪柏受贿和私下允许而未禀告明廷，这在对地方长期以来实行高度严密监察制度的明王朝是绝对不可能之事。更何况让明廷一贯拒绝其外交关系的佛郎机人入居澳门，这是何等重要的大事，亦是不可能让别人不知道的事，又怎么能瞒住中央？所以，汪柏从海道副使擢升为广东右布政使足以表明他同意让葡人进入广州及澳门贸易是经过明廷批准的。葡人驱逐澳门海盗事完成后，葡人又给汪柏行贿（当时海道副使为专管东莞以西至琼州之番夷事）。② 这样，汪柏既受了重贿，又以冠冕堂皇的理由——葡人帮助广东地方驱逐海盗，向中央汇报，要求拨澳门地方予葡人暂住，并获得了明廷的同意。只有这样，各种文献记录的相互矛盾才会得到合理的解释。

据此可以得知嘉靖三十三年（1554 年）是葡萄牙人正式获得进入广州、澳门等地贸易的时间。再印证葡萄牙文献资料，1556年1月25日索札的信中称：

> 我辗转中国三载，生意一笔接着一笔，可获利菲薄。……人们推举我议和，商定习惯上缴纳的关税。……广东及广州城海道遣人议和定税。……结果是，我们必须遵照习惯按百分之二十纳税。于是，在华商务出现了和局，众人得以高枕无忧做生意、赚大钱。许多葡商前往广州及其他地方行

---

① 张燮著，谢方点校：《东西洋考》卷12《逸事考》，248 页，北京，中华书局标点本，2000。

② 张廷玉：《明史》卷 223《吴桂芳传》，北京，中华书局，1974。

商。……自由经商，无拘无束。①

索札原信并未公布中葡达成协议的具体时间。但信中称"去年，我曾在马六甲住冬"，又称"在我离开中国之前，达成了合约"。② 那就可推断协议订在1554年。又有1556年亲自到过中国的克路士的《中国志》可以佐证：

> 自1554年以来，船队队长、在沙乌尔结婚的阿尔加维人列昂内尔·德·索乌萨同中国人商妥，向中国人缴税，中国人则允许他们在自己的港口做买卖。③

龚萨雷斯（Gregório González）1571年的信亦可证明中葡言和在1554年：

> 许多年来，中国与葡萄牙人大兴干戈。尽管如此，葡萄牙人从未停止过他们的对华贸易。此种情况一直持续到1553年。此时传来消息说，华人愿同葡萄牙人修好。后来也真的握手言和。④

1553年的"后来"当可理解为1554年。徐萨斯《历史上的澳门》亦称，1554年订立合约后：

> 葡人现在也被称为"番人"，而不是所谓的"番鬼"。⑤

施白蒂（Beatriz Basto da Silva）之《澳门编年史：16—18世纪》亦载：

> 1554年，莱奥内尔·索札终于得到了广州中国官员的信任。根据口头协议及缴纳合法贸易的税款，葡萄牙被准许在

---

① 索札（Leonel Sousa）的信，见金国平《莱奥内尔·德·索札与汪柏》，载《澳门研究》，1998（7）。
② 金国平：《莱奥内尔·德·索札与汪柏》，载《澳门研究》，1988（7）。
③ 博克塞著，何高济译：《16世纪中国南部行纪》之克路士《中国志》，第23章，131页，北京，中华书局，1990。
④ 罗理路著，陈用仪译：《澳门寻根》附录文献之12《龚萨雷斯1571年的信》，140页，澳门，海事博物馆，1997。
⑤ 徐萨斯著，黄鸿钊、李保平译：《历史上的澳门》，第1章，12页，澳门，澳门基金会，2000。

后来称为澳门的地区自由贸易。①

《日本一鉴·穷河话海》卷6《海市》中有一记载亦值得注意:

> 称海王者,得(指居澳葡人)盖屋居止龙崖门,民厌其祸,官怀隐尤,遣使不惧,此患积至十年矣。②

葡人居澳之"患"在书中称"至十年",从目前所见《日本一鉴·穷河话海》版本中,没有指明该书成于何年,但以该书记事是以编年记载,而记事之最后一年为嘉靖四十三年(1564年),故亦可推断其成书于嘉靖四十三年,上推十年,故亦可推断葡人进入澳门始于嘉靖三十三年。

可见,嘉靖三十三年(1554年)是明廷允许葡人进入澳门贸易的确切时间。郭棐的《广东通志》卷69载:

> 嘉靖三十二年,舶夷越濠境者托言舟触风涛,缝裂,水湿贡物,愿借地晾晒,海道副使汪柏徇贿许之。③

如承认上述不误,那我们就只好将这里的"三十二年",视为"三十三年"的笔误,或刊刻时将"三"讹为"二"。该志卷6曾将正德十二年佛郎机入贡广州之事误记于正德十一年。④ 如此说可以成立,则中西文献所载之事俱可融会贯通而无抵牾。即嘉靖三十三年当时驻浪白的葡萄牙船队曾帮助广东政府消灭澳门海盗张西老,事后与广东海道副使汪柏协议,允许葡人入居澳门及广东省城贸易,并报呈明廷批准。

由于当时葡人在广东外洋的主要驻点仍在浪白,也许汪柏与索札口头协议时,对葡人入居澳门进行了较严格的限制,或仅只许"借地晾晒贡物",盖几十间草棚暂时借居,当时居住在浪白

---

① 施白蒂著,小雨译:《澳门编年史:16—18世纪》,12页,澳门,澳门基金会,1995。
② 郑舜功:《日本一鉴·穷河话海》卷6《海市》,民国二十八年影印本。
③ 郭棐:《(万历)广东通志》之《外志》,万历壬寅年序刊本。
④ 郭棐:《(万历)广东通志》之《藩省志》,万历壬寅年序刊本。

的葡萄牙人并未全部迁到澳门。据龚萨雷斯神父 1571 年的信中还可得知，虽然索札与汪柏的协议于 1554 年已达成，并允许部分外商与葡人进入澳门，但在葡船驶进之后，中国官员还是逮捕了他及他的几名中国信徒，并将他们分散关在数个不同的地方，还指责他们在岛上是为了策划某些通敌的阴谋。直到第二年（1555 年）才将他们释放。① 这是否可以说明当时岛上或澳门附近的海盗仍未肃清，故怕岛上葡人与海盗勾结。委黎多《报效始末疏》称：

> 迨至嘉靖三十六年，历岁既久，广东抚按乡绅悉知多等心迹，因阿妈等贼窃踞香山县濠镜�，出没海洋，乡村震恐，遂宣调多等，捣贼巢穴，始准侨寓濠镜。比作外藩子民，授廛资粮。②

前引白乐嘉书说 1557 年葡人又参加了一次剿盗行动。③ 而这一次剿盗行动成功后，广东政府才同意葡人大批入居澳门，即"始准侨寓濠镜"。所以，到嘉靖三十六年（1557 年），居住浪白的葡萄牙人才正式迁居澳门。正如博卡罗（António Bocarro）于 1635 年说：

> 1555 年，这种贸易转移到浪白，1557 年又从这里转移到澳门。④

四、明廷允许葡人借居澳门并不意味着明政府对澳门主权的丧失

一部分学者否定早期西人传教士及华人关于葡萄牙在澳门驱

---

① 罗理路著，陈用仪译：《澳门寻根》附录文献之 12《龚萨雷斯 1571 年的信》，140 页，澳门，海事博物馆，1997。
② 韩霖：《守圉全书》卷 3 委黎多《报效始末疏》，台北，中央研究院傅斯年图书馆善本室藏明崇祯九年刊本，86～87 页。按：韩霖所具原图为委黎多《报劾始末疏》，因今人用，故全稿统称为委黎多《报效始末疏》。
③ J. M. Braga: *The Western Pioneers and Their Discovery of Macau*, Macau, Imprensa National, 1949, p. 117.
④ 博卡罗：《要塞图册》，载《文化杂志》，1997（31）。

逐海盗而获得澳门居留权的记载，其目的不外有二：一是揭露葡萄牙殖民主义者的丑恶；二是维护中国对澳门的主权。当然，这种出发点及爱国热忱是无可厚非的，但为了维护主权和揭露殖民主义者的丑恶而不顾历史研究中的实事求是的客观精神，则失之公允了。

15—16 世纪葡萄牙在东方的殖民主义行为已遭到世人的谴责，是人所共知的事实。但必须区别一点，葡萄牙人对待中国的态度绝不等同于其对待印度和马六甲的态度，对后者葡萄牙完全采用武力征服的方式来推行其殖民主义，而对中国则基本上是以通商贸易为主要目的而展开接触。其间虽然也有许多矛盾和冲突，但从实质上都不是征服与被征服者之间的斗争，也不应属于殖民主义与反殖民主义的斗争范围（鸦片战争以后的中葡之间的斗争又另当别论）。因为，当时一个最大的事实是：中国不仅是一个幅员辽阔、人口众多的大国，而且是一个高度集权的统一帝国，国力强盛，边防严密，与葡萄牙人在东方的力量相比，其实际的悬殊太大，二者是根本不可能相提并论的。关于这一点，葡萄牙人也十分清楚，这从当时葡萄牙人巴罗斯（João de Barros）和索札（Sousa）的著作中即可获得证明。[①] 鉴于这一前提，葡萄牙人在对待中国的态度上当时并未采用武力征服的方式，从 1517 年葡萄牙使团第一次对中国进行正式访问，到 1557 年葡萄牙人大批入居澳门，他们始终在中国沿海扮演着一个商人的角色。其间虽然也有不少不法葡商为了攫取更多的财富，干了一些违背中国政府法令的事情，甚至是完全海盗式的行径，但都遭到了中国

---

① 巴罗斯（João de Barros）：《亚洲十年》，载《文化杂志》，1997（31）；索札（Leonel Sousa）的信，见金国平《莱奥内尔·德·索札与汪柏》，载《澳门研究》，1998（7）。

政府的有力抵制和打击。① 中国政府对早期东来葡萄牙人的抵制和打击，更使他们清醒地认识到，只有讨好中国政府，获得中国政府的信任，才有可能打开远东的贸易市场，才有可能进入这个拥有"世界上可能有着最大财富"的国家。因此，对中国政府的恭顺与贿赂，就基本成为他们的主要策略，而帮助中国政府驱逐沿海地区的海盗也就成为他们讨好中国政府的重要手段。这一点，东西方文献均有证明。《明史·佛郎机传》称：

　　盖番人本求市易，初无不轨谋，中朝疑之过甚，迄不许其朝贡，又无力以制之，故议者纷然。然终明之世，此番固未尝为变也。②

葡萄牙史学家博卡罗于 1635 年亦写道：

　　我们与中国皇帝的和平完全由他随心所欲，因为澳门离印度这么遥远，且中国人多势众，绝非葡人可比。无论我们丑闻再多，也绝不会有决裂的念头，因为他们仅需断绝粮食供应，便足以毁灭我们的城市，原因是我们再没有其他途径可以获得所需要的粮食。③

明代人叶权在《游岭南记》中称葡萄牙人：

　　夷利货物，无他志。④

清王植《崇德堂稿》卷 2 称葡萄牙人：

　　夷志在贸易，历皆安静，无桀骜事。⑤

---

① 如朱纨、卢镗对浙江双屿葡人居留地的攻击及对漳州诏安走马溪葡人商队的进攻，而最初则是正德十六年对居停广州葡萄牙人的驱逐及汪鋐对退居屯门葡萄牙人的进攻。均参阅张维华：《明史欧洲四国传注释》，16～17 页、30～31 页，上海，上海古籍出版社，1982。
② 张廷玉：《明史》卷 325《佛郎机传》，北京，中华书局，1974。
③ "Description of the City of the Name of God in China, by Antonio Bocarro, Chronicler - in - Chief of the State of India", in C. R. Boxer ed. and trans, *Seventeenth Century Macau in Contemporary Documents and Illustrations*, p. 27.
④ 叶权、王临亨、李中馥：《贤博编》附《游岭南记》，44 页，北京，中华书局标点本，1987。
⑤ 王植：《崇德堂稿》卷 2《香山险要说》，续修四库全书本，上海，上海古籍出版社，2002。

英国人赫德逊（G. F. Hudson）也称：

> 1514 年，当葡萄牙第一次从马六甲到达中国时，除了要求贸易以及和明朝皇帝为此达成一项协议外，并没有其他意图。[①]

近代人张维华先生亦认为：

> 葡人东来中国，乃欲发展其在东方之贸易，其时尚无侵占中国之野心，且葡萄牙在当时亦未具备此种力量。[②]

对于来中国的葡萄牙人，应数当时闽粤地方主张开海对外贸易的绅士们认识最清楚，其中最具代表性的就是林希元《与翁见愚别驾书》中所载：

> 佛郎机之来，皆以其地胡椒、苏木、象牙、苏油、沉、束、檀、乳诸香，与边民贸易，其价尤平；其日用饮食之资于吾民者，如米面猪鸡之数，其价皆倍于常，故边民乐与为市。未尝侵暴我边疆，杀戮我人民，劫掠我财物。且其初来也，虑盗剽掠累己，为我驱逐，故盗畏惮不敢肆。强盗林剪，横行海上，官府不能治，彼为吾除之，二十年海寇，一旦而尽。据此则佛郎机未尝为盗，且为吾御盗，未尝害吾民，且有利于吾民。[③]

这段话出于一位明朝士大夫之口。林氏为福建人，且为下海与外国通商的福建大族。[④] 当时佛郎机人正活跃于漳州海面，林氏以自己亲眼所见，亲耳所闻，实事求是地道出了佛郎机东来的行为。可以看出，葡萄牙人来中国，"未尝侵暴我边疆，杀戮我人民，劫掠我财物"，大致反映了一个基本的事实。而葡人澳门

[①] G. F. 赫德逊著，李申、王遵仲、张毅译：《欧洲与中国》，第 8 章，214 页，北京，中华书局，1995。

[②] 张维华：《明史欧洲四国传注释》，55 页，上海，上海古籍出版社，1982。

[③] 林希元：《林次崖文集》卷 5《与翁见愚别驾书》，乾隆三十八年诒燕堂刊本。

[④] 朱纨：《甓余杂集》卷 2《阅视海防事》。称："林希元怙势恃强，专通番国，以豺虎之豪奴，驾重枙之钜航。一号林府，官军亦置而不问。始开大洋洲剽掠，难保其必无似此横行，遂成钜富"。明朱质刻本，天津，天津图书馆藏。

居留地的获得，也是通过帮助广东地方剿灭海盗和大肆进行贿赂的讨好方式完成的。因此，我认为，葡萄牙人到中国来，虽然不排除其仍有对中国进行殖民侵略的野心，但由于面对的是一个国力强盛、边防严密的强大帝国，所以不得不改变其在东方诸国进行殖民侵略的传统做法，而完全是以友好的通商方式企图打开中国及远东市场，其间虽亦有许多双方的误会和冲突，包括葡商在中国沿海的许多违反中国法令的事情，但并不影响其对中国友好通商的主流。虽然葡萄牙人获得澳门居留地的方式不排除有不光彩的一面，但让葡萄牙人居留澳门确实是明朝政府的政策，因为，让远方来的葡萄牙居住澳门，这既体现中国政府传统的"怀柔达人之意，天朝覆载之仁"，又可以通过澳门贸易使中国获得更多的经济利益，还可以使葡萄牙人帮助中国守卫广东边防。正德末年及嘉靖初年明朝政府对葡萄牙人的拒绝和驱逐，部分是出于误会，出于对葡萄牙人来中国通商的意图目的不甚了解；部分亦出于当时来华的少数葡使和葡商的违法行为及骄横态度激怒了较为保守的明朝士大夫。明朝政府是经过反复斗争、比较及思考之后才决定将澳门租予葡人居留，而成为明政府一项慎重的外交决策。所以，对于早期葡萄牙人到中国的活动及在澳门的通商和居住不应简单地斥之为"殖民主义行为"，不应因中葡早期的个别冲突或葡商的违法事实而一叶障目，看不清葡人早期在中国活动的非殖民主义性质。将殖民主义对中国的侵略提早到16世纪，实际上是贬低了当时中国在国际上的地位，并非什么爱国主义。此为其一。

其二是，明朝政府是因葡人帮助中国剿灭海盗而让葡人居住澳门，是否就说明中国丧失了对澳门的主权呢？是否即为前引葡萄牙殖民事务大臣卡斯特罗所言呢？卡斯特罗说："假如葡萄牙人没有完全确信他们的权力可以不受中国政府及法令的约束的话，他们是不会耗费巨资来建设这座城镇的。"还说："有争议的主权问题是建立在征服权的基础上的。"① 关于这一点是十分清楚的。葡萄牙人帮助中国驱逐海盗与中国政府让葡萄牙人居住澳门并不是一种绝对的逻辑必然，也就是说，葡萄牙人帮助中国政府赶走了海盗，中国政府可以将澳门借给葡人居住，也可以不给。将澳门予葡人居住，完全是基于中国政府当时自己的考虑，其表面原因好像是葡人驱逐澳门海盗和葡人大肆行贿，而实际的内在原因是前面表述的三种因素：即中国作为大国的面子、中央及广东地方的经济利益及广东的海防。还有，当时明朝宫廷对价格极为昂贵的龙涎香的需求，也不能不说是一种原因。② 将澳门让葡人居住，这个"让"并非"赐给""赠送"，而是"租借"，葡人交租金，中国出地方，主权仍在中国，也就是说中国政府可以随时撤回租约。之所以长期不撤回租约，一方面是葡人在澳门居住后，一直比较顺从，与中国政府亦保持较好的关系；再则也是体现中国作为泱泱大国对远夷的一种"仁厚"，绝不是说中国对澳门不行使主权。而关于这一点，可以说从华人到葡人到其他外国人，认识都基本上是一致的。1635 年葡萄牙史学家博卡罗说：

葡王陛下在这个（澳门）城市，除了日本航海商税外别

---

① 《海外国务秘书处关于在果阿为北京主教就澳门的所有权下达的指令的笔记消息——致 1784 年被任命的花利亚（Bernado Aleixo de Lemos Faria）总督》，见徐萨斯著，黄鸿钊、李保平译《历史上的澳门》，15 页，澳门，澳门基金会，2002。

② 明世宗对龙涎香的采购确为澳门开埠之一重要原因。夏燮《明通鉴》卷 61，嘉靖三十六年秋七月丙子条："福建抚臣进龙涎香十六两，广东抚臣进十九两有奇。……初，遣主事王健等采取龙涎香于闽广，久之无所得。至是健言：宜于海舶入湾之时，酌定抽分事宜，凡有龙涎投进者，方许交商货买；则价不费而香易获，不必专官守取。部议以为便，请取回奉差各官，责广东抚按设收取，酌定海舶抽分事宜，从之。自是分道购龙涎香，前后凡十余年，久乃稍稍得之。"《明史》卷 31《食货志》："（世宗）中年以后……又分道购龙涎香，十余年未获，使者因请海舶入澳，久乃得之。"雷礼《明大政记纂要》卷 57："（嘉靖三十五年）八月，诏采芝、采龙涎香……未几，广东布政使进龙涎香一十七两。"《东西洋考》卷 12《逸事考》："嘉靖三十四年三月，司礼监传谕户部取龙涎香百斤……往香山澳访买。仅得十一两以归。"为了购买龙涎香而"请海舶入澳"。而嘉靖三十四年，即广东政府批准澳门合法通商的当年就派去澳门买香，难道不可说明澳门开埠与龙涎香有关吗？

无其他收入，因为澳门是在中国皇帝的领土之内，他拿去了其他一切收入。①

17 世纪中叶居住澳门的闵明我（D. F. Navarrete）说：

中国人统治时期（指明朝）澳门人俯首称臣；现在鞑靼人当政，他们又成为鞑靼人的臣民。②

瑞典人澳门史专家龙思泰（A. Ljungstedt）亦说：

我们同样同意祁主教（Dom Alexander da Silva Pedrosa Guimaraens）的观点。他曾是澳门主教兼代理总督，他在 1777 年写给议事会的信中说："由于向中国皇帝缴纳地租，葡萄牙人才得以暂时利用澳门并从中获益。"③

19 世纪初澳门议事会还承认：

本居留地并非葡萄牙征服所得，只是中国人不断特许居住。④

至于中国方面，明代就一直将澳门视为香山之属土，香山县令有权对澳门进行任何行政和刑事上的干涉和处罚，⑤ 还在澳门城内设立"提调、备倭、巡缉"三职，⑥ 对澳门防务、治安等问题进行管理，后期还在澳门设立"海防同知"。⑦ 至清代除沿袭明

---

① "Description of the City of the Name of God in China, by Antonio Bocarro, Chronicler – in – Chief of the State of India", in C. R. Boxer ed. and trans. , *Seventeenth Century Macau in Contemporary Documents and Illustrations*, 1984, p. 24.

② 闵明我（D. F. Navarrete）：《中国王朝历史、政治、伦理和宗教论》，载《文化杂志》，1997（31）。

③ 龙思泰著，吴义雄、郭德水、沈正邦译：《早期澳门史》，18 页，北京，东方出版社，1997。

④ 1837 年 12 月 5 日澳门议事会给印度总督的信。转引自吴志良《生存之道——论澳门政治制度与政治发展》，127 页，澳门，澳门成人教育学会，1998。

⑤ 申良翰修，欧阳羽文纂：《（康熙）香山县志》卷 5《县尹》之黄正色、蔡善继传，康熙十二年刻本。

⑥ 印光任、张汝霖：《澳门记略》卷上《形势篇》，24 页，澳门，澳门文化司署点校本，1992。

⑦ 田生金：《按粤疏稿》卷 3《条陈海防疏》，影印明万历四十五年刊本，天津，天津古籍书店称："查得广州府海防同知设于万历元年。"

制外，还移香山县丞至澳门望夏村进行专门管理。① 所以中国人从来都认为澳门虽为葡人居留地，但主权属于中国。清嘉庆时两广总督吴熊光称：

> 澳门非葡萄牙所有，乃我大清土地，佛（兰西）焉敢侵轶我？②

道光时两广总督林则徐称：

> 澳门虽滨海一隅，亦是天朝疆土，岂能任作奸犯科之人永为驻足乎？③

同治时恭亲王奕䜣亦称：

> 查澳门本系中国地方，久经大西洋人在彼租居，岁纳银五百两，并建有官署、炮台等项。现在中国仍将该处设官治理，以一自主之权。④

因此，我们可以看出，不论是理论上还是事实上，在1887年《中葡和好通商条约》签订之前，中国不仅对澳门拥有"主权"，还行使"治权"。绝没有因为葡人帮助中国驱逐海盗中国暂借澳门予葡人居住，而丧失了中国对澳门的主权，这一点是十分清楚的。1887年《中葡和好通商条约》的签订，清政府正式承认"大西洋国永远管理澳门"，这又当为别论了。

---

① 印光任、张汝霖：《澳门记略》卷上《官守篇》，74页，澳门，澳门文化司署点校本，1992。
② 夏燮：《中西纪事》卷3《互市档案》，北京，中华书局标点本，1982。
③ 林则徐：《林则徐集·公牍》之100《严禁中外商民贩卖鸦片烟示》，121页，北京，中华书局标点本，1985。
④ 宝鋆：《筹办夷务始末》（同治朝），59卷，5410页，北京，故宫博物院影印本，1930。

此图系17世纪中国漆器上绘制的葡萄牙大帆船,当时又被称为"大黑船"。

第五章 葡人驱盗入居澳门新说

——以委黎多《报效始末疏》为中心

第五章　葡人驱盗入居澳门新说

——以委黎多《报效始末疏》为中心①

在澳门开埠问题上的学术争论由来已久，主张葡萄牙人帮助明朝驱逐海盗而得入居澳门者有之，主张葡萄牙人靠贿赂收买手段而骗居澳门者亦有之，反对上述两种说法的学者也不乏其人。在多种观点的激烈交锋与辩论中，早期葡国学者与中国学者在争论这一问题时明显均带有各自的民族情结，故争论中带有很强的政治性而缺乏一定的学术深度。这种情况一直持续到 20 世纪 80 年代中期。之后，随着澳门历史研究的逐步深化，不断有新史料的开拓与发现，经过"文化大革命"惨痛教训及扩大同海外学术交流后的学者们也对这类问题的研究逐渐理性与客观起来。余亦是在这一环境中逐渐以冷静求实的态度来展开对澳门开埠问题的研究。我发现，有文字资料可比较确切地说明，葡萄牙人确实是在帮助明朝驱除海盗前提下而获得澳门居住权的（当然驱海盗不是唯一的前提）。这一观点是有多种文献可以相互印证及相互补充说明的，而持否定观点者拿不出一条史料来反证这一难题，总是盲目地否定这些中西文献资料的可靠性。否定已存在的历史文

① 原文载《文化杂志》，2004（51）。

献记录不能凭推理而否定，一定要有证伪的实证资料才可以真正否定，更不能称中国正史无记载者就将其他文献中的记载给予否认，因为不见于正史的历史事实已经在实际的研究中展现万千。本来，关于澳门早期开埠问题是完全可以深入讨论的，一是学术研究自身发展是无止境的；二是仍然还不断有世间罕见的中西文新资料的发现，比如近年金国平、吴志良从早期葡文文献中发掘的新资料就对过去许多澳门史研究产生相当的冲击力，[①] 不挖掘新史料又不愿拓展新思维，带来的结果必然是夜郎自大，完全无益于澳门史研究的深化。特别是在 21 世纪的澳门史研究中，对澳门早期开埠史研究出现施存龙《回归中新泛起的葡人剿盗得澳新辩护研究》[②] 这样既无新史料又无学术新意的文章。对于施文，仅此以新发现的一段关于澳门开埠的新史料予以回答。

晚明著名天主教徒徐光启门生韩霖是明代天主教中的重要人物。[③] 其著《守圉全书》14 卷是现存于台湾坊间极为罕见的一部明代军事著作。由于他的天主教背景，因此，在他的这部著作中汇辑了许多与天主教及澳门相关的资料，本文所发现的有关葡人驱逐海盗而入居澳门的重要资料即收入该书卷 3 委黎多《报效始末疏》中。[④] 下录其相关原文：

　　　住广东广州府香山县濠镜澳议事亭西洋商舶臣嚦咜哆等，谨奏：为历陈报效始末，仰祈圣鉴事。窃惟哆等系西极

① 金国平：《TCHANG - SI - LAO 其人文海钩稽——"海盗说"溯源》，见《中葡关系史考证》，61～100 页；金国平：《Tumon 杂考》，见《西力东渐：中葡早期接触追昔》，19～42 页，澳门，澳门基金会，2000。
② 施存龙：《回归中新泛起的葡人剿盗得澳新辩护研究》，载《文化杂志》，2003（46）。
③ 关于韩霖事迹参见《（乾隆）绛州府志》卷 10《韩霖传》、萧若瑟《天主教传行中国考》卷 4 及方豪《中国天主教史人物传》中册《韩霖传》。台湾清华大学历史研究所黄一农教授《明清天主教在山西绛州的发展与反弹》，载《中央研究院近代所集刊》，1996，26。《天主教徒韩霖投降李自成考辨》，载《大陆杂志》，1996，93（3）。师道刚《明末韩霖史迹钩沉》，载《山东大学学报》，1999（1）。
④ 韩霖：《守圉全书》卷 3 委黎多《报效始末疏》，86～91 页，台北，中央研究院傅斯年图书馆善本室藏明崇祯九年刊本。

欧罗巴沿海国土人氏，遵崇造成天地尊主陡斯规教，经商各处，入国问禁，忠信自矢，毫不敢有逾法度。远在中华西鄙九万里，自古不通贡市，恭遇天朝扫逐胡元，声闻播及该国，是以哆等航海占风，寒暑六易，正德年间，始达广海外洋，迄今百二十年。钦承七帝，中外互市相通，每年输饷二万二千余两。迨至嘉靖三十六年，历岁既久，广东抚按乡绅悉知哆等心迹，因阿妈等贼，窃据香山县濠镜澳，出没海洋，乡村震恐，遂宣调哆等捣贼巢穴，始准侨寓濠镜，比作外藩子民，授廛资粮。（下略）

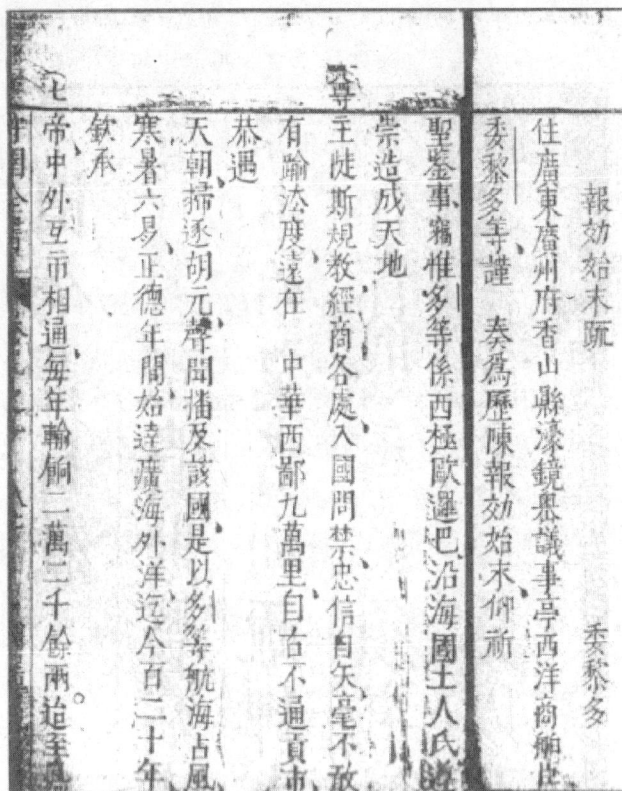

图19：现存于韩霖《守圉全书》卷3中的委黎多《报効始末疏》

这一份委黎多《报効始末疏》应是目前所见最早一份澳门葡

萄牙人对明廷所上的中文奏章（以后这类档案文献是否还会发现，余绝不敢轻言没有），也是第一份向明廷汇报澳门开埠及澳门葡人与明廷早期关系的最为详细的中文文献。该疏完成时间是崇祯元年（1628 年）九月十五日，上报明廷时间为崇祯三年（1630 年）正月十七日，上疏者为澳门委黎多。委黎多，即检察官，葡语为 Procurador，清代中文资料称之为理事官，是澳门议事会六名成员之一，一年一任。徐萨斯（Montalto de Jesus）《历史上的澳门》称：

> 1584 年，中国皇帝授予澳门检察官未入流官衔，有裁决在澳门华人事务的简易司法判决权。检查官在与中国官方通信时，称自己为"督理濠镜澳事务西洋理事官"。①

实际委黎多除管理澳门华人事务外，还兼任澳门财政长官、海关总监、公共事务主管等职。还要代表议事会同中国政府打交道。在明代，委黎多可以说是一个比澳门总督还要重要的职位。查考葡文档案，崇祯元年（1628 年）澳门委黎多为麦高士（Antonio Martins da Costa）。② 也就是说，1628 年澳门议事会给崇祯皇帝上疏者即是澳门理事官麦高士。

这份起草于 1628 年澳门理事官麦高士上崇祯皇帝疏的发现，应是澳门回归后有关澳门早期历史中文记录的最为重要的发现，它不仅给我们提供了许多极为珍贵的关于澳门早期开埠及澳门葡人与明廷的早期关系的资料，而且还给了我们一些十分重要的启示：一是不要轻易否定以往的历史文献记录，不管是中国人的记录，还是外国人的记录。当今的一些学者，平时不下工夫找资料，不愿意多读书，浏览一下现成书目，碰到不合自己观点的历史记录，就随意否定，这是极为不科学的态度，严肃的治史者应

---

① 徐萨斯著，黄鸿钊、李保平译：《历史上的澳门》，第 4 章，32 页，澳门，澳门基金会，2000。

② *Manuel Teixeira：Os Ouvidores em Macau，Macau，Imprensal National，1976，p. 197.*

坚决予以摒弃。因为这类现象并不在少数。二是外文文献有记录者，中文文献暂时找不到对应者，反之，中文文献有记录，外文文献暂时找不到对应者，千万不要轻易说"无"。因为，历史文献浩瀚无涯，我们寓目者又能有几多？未能经眼者又有多少呢？这份《报效始末疏》就以铁的事实告诉了我们这些道理。

关于葡人驱盗入居澳门之说，学术界争论已久，从 17 世纪中叶开始，曾德昭（Álvaro Semedo）、利类思（Ludovicus Buglio）、陆希言等教会人士均有这一方面的记录，后期的葡国学者如徐萨斯、白乐嘉主张此说。虽然有龙思泰、藤田丰八、文德泉、戴裔煊、罗理路及尤塞利斯（W. Robert Usellis）等人的反对，但反对者并没有拿出任何原始文献来证明他们反对的理由，只是一味指责曾德昭、利类思这些传教士站在教会的立场，为"葡国王室和葡属印度总督殖民主义政策服务"①，而不在中葡文献中下工夫，去搜寻可以说明问题的原始数据，完全持大批判的态度对待出现于 17 世纪的文字记录。余对这种治学态度是很反感的。余以为，之所以在 17 世纪中出现曾德昭、利类思、陆希言三个不同国籍的传教士的三种主体相同但记录各异的关于葡人驱盗入居澳门的说法（当然不排除这三种记录中的某些讹误，毕竟是外国人用中国文言记澳门事，如将"正德"误为"弘治"②），是有一个原始依据的，绝不会是这些传教士凭空捏造，更不会是为葡萄牙对华殖民政策服务而有意编造出一套谎言来蒙骗后人。③ 这种坚定的认识基于如下几点：

1. 当时澳门地区的历史形势与葡人驱盗入居澳门相合，何亚八海盗集团在广海之猖獗已令广东政府发愁与不安，而与葡萄

① 施存龙：《回归中新泛起的葡人剿盗得澳新辩护研究》，载《文化杂志》，2003（46）。

② 利类思：《不得已辩》，见吴相湘主编《天主教东传文献》，第 1 册，318 页，台北，学生书局，1965。

③ 汤开建：《澳门开埠初期史研究》，103～104 页，北京，中华书局，1999。

牙人二三十年打交道的过程中，已对葡人来华有一比较准确的认识：葡人不是海盗，[1] 葡人来华"志在得财"[2]，葡人具有足以对付海盗的坚船利炮。[3] 因此，广东政府调整了对待葡人的传统政策。

2. 当时的中葡文献记录均有葡人帮助广东政府驱盗的多种蛛丝马迹，如霍与瑕《处濠镜澳议》，郭棐《广东通志·丁以忠传》及 1628 年澳门议事会给菲力普三世的建议书及嘉尔定（Antonio Francisco Cardin）著《1644 年前日本纪事》中的记载。

3. 曾德昭、利类思、陆希言，他们都是真诚的天主教传教士，他们在中国的传教活动并无任何恶行。天主教是绝对反对说谎的，将"说谎"视为一种罪恶。称曾、利、陆之著作是有意编造的谎言，只能表现此人对天主教的无知，正如有人将"贡萨尔韦斯神父"称之为"牧师"一样。[4] 他们的记录有错误是可能的，是完全的谎言则不可信。

4. 最重要的是我们又发现了关于葡人驱盗入居澳门的新证据，即崇祯三年委黎多《报效始末疏》，其中明言：

> 迨至嘉靖三十六年，历岁既久，广东抚按乡绅悉知哆等心迹，因阿妈等贼窃踞香山县濠镜澳，出没海洋，乡村震恐，遂宣调哆等，捣贼巢穴，始准侨寓濠镜，比作外藩子民，授廛资粮。

这可是有时间，有地点，有人物，十分明确的关于嘉靖三十

---

① 金国平译 1556 年莱奥内尔·德·索札（Leonel de Sousa）的信，见金国平《中葡关系史考证》，38 ~ 44 页，澳门，澳门基金会，2000。

② 胡宗宪：《筹海图编》卷 12《开互市》，文渊阁四库全书本，台北，商务印书馆，1986。

③ 近期金国平、吴志良撰文从大国整体边防政策的角度，论述了京廷利用葡人军事优势的战略意图，提出这是澳门开埠的最根本原因，并认为澳门的出现完全在北京的运筹帷幄之中，而且有体制先例，详见《澳门起源的宫廷因素（Razoes placianas na origem de Macau）》，《澳门》（葡语版），澳门政府新闻局，第 3 系列，2003 – 5（14）；2003 – 8（15）。

④ 施存龙：《回归中新泛起的葡人剿盗得澳新辩护研究》，载《文化杂志》，2003（46）。

六年（1557 年）葡人镇压澳门海盗而获得澳门居住权的原始记录，而且是记录在澳门葡人写给明朝政府的奏章之中。余思，澳门葡人不会当着明朝政府的面又编造一个谎言来欺骗明朝政府吧！

嘉靖三十三年（1554 年）葡萄牙人帮助广东政府剿灭何亚八海盗集团，获得葡人进入广州城及周围其他地方（包括澳门）贸易的承诺；① 嘉靖三十六年（1557 年）广东政府又宣调葡人剿除"窃踞香山县濠镜澳"的"阿妈等贼"。值得注意的是，这批海盗之名叫"阿妈等贼"。这个"阿妈等贼"很可能即是指一批信仰"妈祖（天妃）"女神的福建海盗（或盘踞阿妈港的海贼）。为什么知道这批海盗信仰"阿妈"神？1581 年到澳门的利玛窦曾称：

> 那里（指澳门）有一尊叫做阿妈（Ama）的偶像。今天还可以看见它。②

正因为这批占据濠镜澳的海盗供奉的神像是阿妈（Ama）女神，故葡人将这一批盘踞在濠镜澳的海盗称之为"阿妈贼"。1555 年平托在澳门发出的信称：Amacauo③，即阿妈港。也正是因为当时有一批信仰"阿妈"神的海盗占据了濠镜澳，因此，也就将"濠镜澳"称之为"Amacauo（阿妈港）"，而这一称呼被沿袭下来，故 16 世纪后期 17 世纪初期在葡文和日文文献中多称之为"Amacau"④ "阿妈港"⑤，甚至在中文海图上居然也出现了"亚马港"⑥。这恐怕应是关于"Amacau（阿妈港）"之名的真正

---

① 汤开建：《澳门开埠初期史研究》，80~130 页，北京，中华书局，1999。

② 利玛窦、金尼阁著，何高济、王遵仲、李申译：《利玛窦中国札记》，卷 2，140 页，北京，中华书局，1983。

③ 见罗理路著，陈用仪译：《澳门寻根》附录文献之 1，53 页，澳门，海事博物馆，1997。

④ 罗理路著，陈用仪译：《澳门寻根》附录文献之 6 及之 8，88 页、1 000 页，澳门，海事博物馆，1997。

⑤ 近藤守重：《近藤正斋全集》卷 1《外蕃通书》24~25 册《阿妈港书》1~2，明治三十年年本，167~181 页，国书刊行会，明治三十八年（1905 年）刊本。

⑥ 郭棐：《粤大记》卷 32《广东沿海图》，539 页，日本藏中国罕见地方志丛刊本，539 页，广州，中山大学出版社，1998。

来源。

嘉靖三十六年（1557 年）葡人剿灭盘踞濠镜澳海盗"阿妈贼"之事葡语资料中记载颇多，1621 年，澳门大三巴学院院长耶稣会会士卡布列托尔·德·马托斯（Gabriel de Matos）称：

> 此地原属中国国王，但现在属于葡萄牙国王及在这里居住的葡萄牙人。之所以成为他们的凭据是广东官员将此地给了他们而中国国王核准了日期。此事原为口头传说，后见之出版的史书。直至 1553 年，葡萄牙人与华人在上川岛进行交易。华人于 1555 年将他们由此移往浪白滘并于 1557 年迁至澳门。官员将此港给他们进行贸易。几年来，他们已了解到这些商人为守本分、诚实之人，所以允许他们入广州贸易。是费尔南·佩雷斯·德·安德拉德（Fernão Peres de Andrade）为葡萄牙国王在广东设立了商站。葡萄牙人为中国立下的汗马功劳确认了澳城其港、其地的让与。这汗马功劳便是歼灭了一骚扰广州的巨盗。为此，他们（华人）将葡人迁至距广州较近的这一港口。对此，本澳较年长的居民言之凿凿。多亏此种效劳，他们在此扎下了根，大宪亦颇感满意。作为感谢，为每个葡萄牙人颁发了一"Chapa de Ouro（金札）"，上有提及此丰功伟绩的文字。对此感谢，广东省官衙簿中有载。各级大吏给本议事亭的札谕中多有涉及。①

1628 年，澳门议事亭上书葡、西联合国王菲力普三世说：

> 澳门或称天主圣名之城，议事亭，通过它的理事官克里斯托万·费雷拉（Cristóvão Ferreira）——战时曾多次出任守备司令，尤其在 1622 年击溃荷兰人的战役中出任指挥。和平时曾任委黎多及出使日本大使——禀呈国王陛下，因该城居民于 1557 年击溃一横行中国沿海的漳州巨盗，所以从伟

---

① 高美士：《荷兰殖民档案馆所藏葡萄牙 17 世纪文献》，载《贾梅士学院院刊》，1975，9（1）。

大中国国王处获一"Chapa（金札）"，将他们现居处的港口及其地赐给了他们。[①]

澳门议事会文件指的"漳州巨盗"，当即委黎多《报效始末疏》中的"阿妈贼"；澳门议事会文件称葡人击败漳州巨盗的时间为 1557 年，委黎多《报效始末疏》称，嘉靖三十六年（1557年），葡人捣毁盘踞濠镜的阿妈贼的巢穴；澳门议事会文件称，中国国王把澳门这个港口和地区赐给他们，委黎多《报效始末疏》称，"始准侨寓濠镜，比作外藩子民"。中西文献记录此事几乎完全一致。不仅 1628 年澳门议事会的文件有关于 1557 年葡人驱盗得澳门 的记录。1646 年出版的嘉而定《1644 年前日本纪事》中亦有完全一致的记录：

> 澳城的起源归功于印度的宗徒圣方济各沙勿略。在他的祈祷下，通过上帝，在其去世后取得了一个辉煌的胜利。这改变了华人的态度，使得他们允许葡萄牙人在澳门生活。情况如下：

> 一群华人造了反，我不知为何原因。他们在澳门安营扎寨，骚扰整个广州地区。这是称 Cantão（广东）的省份的主要城市，其名 Cantão（广州）得自于此。他们在乡村、城市烧杀劫掠，将一切夷为平地。省中官吏无法制止叛贼，无奈之下，求助于居住在上川并在那里同华商交易的葡萄牙人。他们认为，只有葡萄牙人才能控制叛匪。他们没有搞错，因为葡萄牙人通过他们光荣的主圣方济各的功绩，寻求神佑。他们仅仅为数四百人，却击散、打败了围困（广州）城的群盗。华人为了向葡萄牙人表示感谢，准许葡萄牙人在澳门停留居住，就在叛匪以前盘踞的地方，唯不许筑城置炮。他们很害怕，尤其是怕葡萄牙人倒戈。对华人的让步，葡萄牙人

---

① Jordão de Freitas, Macau: Materiais para a sua História no Século XVI, Instituto Cultural de Macau, 1988, p. 20.

暂时感到满意。通过他们的军事实力及巧智，他们得到了以前拒绝他们的东西，因为一开始建房屋，就必须建城墙而城墙则是后来才允许兴建的。他们将房屋排列在一大街两侧，将大炮隐藏其中。此种防御直至 1622 年。①

委黎多《报效始末疏》中向明朝政府奏报的关于嘉靖三十六年剿灭澳门海盗阿妈贼而获"始准侨寓濠镜"事，与 1628 年澳门议事会文件及嘉而定《1644 年前日本纪事》一致，只不过委黎多《报效始末疏》措辞更为准确。"始准侨寓濠镜"，正是当时的历史事实。能佐证上述事实的还有萨赖瓦（Joaquim de Sousa Saraiva）主教手稿，该手稿完成于主教居留澳门圣若瑟修道院期间，大约在 1818 年前，其中保存和抢救了"大量与澳门有关的濒于毁灭的资料，它们都是原始记录的资料"②。该书以编年体形式，其中载 1557 年时称：

> 1557 年，广州官员及商人从中国皇帝处获准将葡萄牙人安置于澳门岛，后通过上谕对此加以确定。本城议事亭中尚有此类上谕的石碑、牌匾。

> 据文献记载，主要是华人发来的札谕，以及连绵不断的传说，中国皇帝将澳门岛给了葡萄牙人居住，让他们与其子民交易。当时皇帝深知葡萄牙人安分、忠诚，允许我们前往当时贸易中心及广东各地进行贸易……中国皇帝确定了澳门港对我们的让与，其原因为我们击溃一危害中国沿海岛屿骚扰华人船只的叛逆盗贼。中国皇帝对此龙颜大悦，为击溃上述盗贼的我方船队军官颁发一"Chapa de Ouro"，以示感谢。此贼大名仍残留一岛屿称谓中。他率众潜逃该岛，人称"老万山"，为入澳门诸岛之门口。此事除了在议事亭中有案可

① António Francisco Cardim：Relation de ce que s'est Passe depuis quelques annees, iusques a I'an 1644 au Iapon, a la Cochinchine, au Malabar, en I'isle de Ceilan, Paris, M. et I. Henault, 1646, p. 6.

② 龙思泰著，吴义雄、郭德水、沈正邦译：《早期澳门史》，自序，8 页，北京，东方出版社，1997。

稽外，广州华人档案中亦有文件备考。此事发生于 1557 年 12 月 2 日星期五，即耶稣会圣方济各·沙勿略神甫在中国上川岛与世长辞的同一日期。①

萨赖瓦主教所见到的原始资料明显与委黎多《报效始末疏》、1621 年澳门大三巴学院马托斯所引葡文文献、1628 年澳门议事会文件及 1646 年嘉而定出版的《1644 年前日本纪事》中的记录同出一源。不同的是，萨赖瓦在有意抢救原始资料，故记录 1557 年葡人驱盗入居澳门事远比其他文件记录详细：

一是他称 1557 年葡人驱盗而获准入居澳门事发生在 1557 年 12 月 2 日星期五，而且还称与沙勿略逝世是同一天。如果没有当时的详细的文件记录此事，萨赖瓦主教不可能有如此细致的记录。主张 1557 年葡人驱盗入居澳门说者是混淆了 1564 年葡人平定柏林兵变之事，将 1564 年平叛兵事记到 1557 年。据当时记录确切的葡文数据，1564 年葡人帮助明朝驱海盗时间是"科斯莫节（9 月 27 日）"② 这一天，而 1557 年驱逐海盗是"12 月 2 日星期五"，可证，持混淆说者为误。

二是关于葡人驱逐海盗而入居澳门，"本城议事亭中尚有此类上谕的石碑、牌匾"为证。这一点也是可以证实的，英使团成员斯当东（George Staunton）1793 年出使北京后返回澳门见到"议事亭"时称：

澳门政府大厦（即议事亭）是一所二层花岗石的建筑，

---

① 萨赖瓦（Joaquim de Sousa Saraiva）主教手稿原藏埃武腊公共图书馆及档案馆 Cod CXVI12 - 5，白乐嘉于 1964 年以"往昔之声——名城澳门史实汇集"为题在《澳门教区月刊》发表，1987 年澳门文化司署据原刊本影印出版。萨赖瓦主教手稿是一部极为重要的澳门早期历史史料集，很多 19 世纪澳门史专家的著作数据均取自该书，不仅有葡国学者庇礼喇的《澳门历史记事》和《澳门中国海关》及本托·德·弗朗萨（Bento de Franca）的《澳门历史补遗》，甚至瑞典人龙思泰的《早期澳门史》也从手稿中摘录了很多资料。参见金国平《龙思泰〈早期澳门史〉文献源流考》，见《中葡关系史考证》，307～311 页，澳门，澳门基金会，2000。

② 若奥·德·埃斯科巴尔（João de Escobar），古城译《热尔·哥依斯使团纪实》，澳门，1565 年，载《文化杂志》著，1997（31）。

花岗石柱上用中文刻着中国皇帝割让澳门的文件。①

割让是斯当东理解的失误，应是允许葡人居住澳门的文件。但可证明，萨赖瓦主教称议事亭还保存中国方面对 1557 年葡人驱海盗准予居澳门的石刻文件是实。

三是萨赖瓦主教记录 1557 年驱逐的海盗名为"老万"，虽与 1628 年议事亭文件中的"漳州巨盗"、委黎多《报效始末疏》中的"阿妈等贼"文字上有所不同，但可以统一起来。这个名叫"老万"的海盗可能就是漳州人，故称"漳州巨盗"，又因为他们均信仰"阿妈女神（天妃）"，故葡人又称他们为"阿妈等贼"。更重要的是，广东学者霍与暇在隆庆年间（1567—1572 年）完成的《处濠镜澳议》有一段文字是关于葡人驱盗入澳门的重要线索，但有很多人总是予以曲解。② 而待萨赖瓦主教抢救的这一原始记录挖掘出来，霍与暇的记录就表现出更为重要而清晰的史料意义。霍与暇称：

> 香山海洋得澳门为屏卫，向时如老万、如曾一本、如何亚八之属，不敢正目而视，阖境帖然。若撤去澳夷，将使香山自守。③

霍与暇提到的三位海盗对澳门"不敢正目而视"。为什么会对澳门"不敢正目而视"呢？因为他们均是被澳门葡人曾经击败

---

① 斯当东（George Staunton）著，叶笃义译：《英使谒见乾隆纪实》第 18 章，524 页，香港，生活·读书·新知三联书店，1994。

② 张廷茂：《对〈澳门开埠初期史研究〉中若干问题的质疑》，载《文化杂志》，2000（40～41），63 页；施存龙：《回归中新泛起的葡人剿盗得澳新辩护研究》，载《文化杂志》，2003（46），239 页。霍与暇的这句话意思十分清楚，就是：正因为这些海盗集团被葡萄牙人打败过，所以，他们对澳门"不敢正目而视"。"不敢正目而视"是指海盗集团对澳门葡人的害怕和恐惧。可张廷茂解释为"如果将'何亚八之属'认定为 1554 年被剿灭的何亚八集团，那么'不敢正目而视'一句恰恰表明何亚八没有进犯澳门，没有占据澳门而被葡萄牙驱逐"。施存龙则解释为："何亚八之属连'正目而视'澳门也不敢"，还谈得上曾经攻取并盘踞过澳门吗？……何亚八早在嘉靖三十三年……"其部属也已打垮瓦解，几十年后，又何来'之属'？"这里的"之属"能作"属下"解释吗？只能作"种类、等辈"（《辞源》第 2 册，第 915 页）解，即"老万、曾一本、何亚八之流"的意思。连汉语基本词汇都理解不透，如何用中文写文章？

③ 霍与暇：《勉斋集》卷 19《处濠镜澳议》，光绪丙戌重刊本。

的海盗。曾一本是隆庆二年（1568年）曾被澳门葡人击败的粤东巨盗，陈吾德《条陈东粤疏》载：

> 佛郎机、满剌加诸夷，性之犷悍，器之精利，尤在倭奴之上，去岁曾贼（曾一本）悉众攻之，夷人兵不满千，而贼皆负伤远行，不敢与斗，其强可知矣。[①]

张瀚《台省疏稿》卷5载：

> 自海贼曾一本叛招潮阳，纵横海上……据总兵俞大猷揭帖开称，香山澳商自请欲助兵灭 贼……澳商亦集二千名。[②]

福鲁图奥佐（Gaspar Frutuoso）《怀念故土》记录1568年时，澳门葡人与一位"强悍的中国海盗"作战，多次击败对方，并在6月份的一次战斗中夺取海盗船11艘，俘获海盗多人，并将海盗赶走。[③] 很明显，这海盗就是曾一本。

老万亦是一海盗名。《澳门记略》卷上载：

> 东南为老万山，……后有万姓者为酋长，因呼今名。[④]

萨赖瓦主教手稿又保留了关于"老万"的珍贵记录：

> 中国皇帝对此龙颜大悦，为击溃上述盗贼的我方船队军官颁发一"Chapa de Ouro"，以示感谢。以贼大名仍残留一岛屿称谓中。他率众潜逃该岛，人称"老万山"，为入澳门诸岛之门户。此事除了在议事亭中有案可稽外，广州华人档案中亦有文件备考。[⑤]

这个"老万"就是1557年被葡人击败的窃居濠镜的"漳州

---

① 陈吾德：《谢山存稿》卷1《条陈东粤疏》，影印清刊本，四库存目丛书，济南，齐鲁书社，1997。

② 张瀚：《台省疏稿》卷5《查参失事将官疏》，四库存目丛书本，济南，齐鲁书社，1997。

③ 加斯帕尔·福鲁图奥佐（Gaspar Frutuoso）著，范维信译：《怀念故土（第2篇手稿）》，载《文化杂志》，1997（31）。

④ 印光任、张汝霖：《澳门记略》卷上《形势篇》，50~51页，澳门，澳门文化司署点校本，1992。

⑤ 萨赖瓦主教手稿：《往昔之声——名城澳门史实汇集》，11页，澳门，澳门文化司署，1987。

巨盗",也就是"阿妈等贼",也即是俞大猷所称"今秋,香山贼
虽流遁失势"之"香山贼"。①

至于何亚八与澳门的关系,无须再多言,曾一本与老万均有
资料证明分别是隆庆二年(1568年)及嘉靖三十六年(1557年)
被葡萄牙人击败的海盗,那何亚八与曾一本、老万并列在对澳门
"不敢正目而视"三位海盗的名单中,以理推之,则何亚八当然
也应是被葡萄牙人击败的三位海盗之一。只有这样一个解释,我
们才能准确理解霍与瑕这一段保存下来极为珍贵的中文资料。很
明显,霍与瑕的记录与当时的葡文资料记录是一致的,相合的。
而且,霍与瑕的记录与白乐嘉的结论也基本一致。白乐嘉考察葡
文史料后说:

> 从上述材料可以看出,可能有过三次大规模的剿匪行
> 动:其一在莱奥内尔·德·索札(Leonel de Sousa)时期;
> 其二在1557年左右;其三在1563年至1564年间。②

白乐嘉列举的第三次剿盗是指1564年葡人参与平定柘林兵
变;霍与瑕指的是隆庆二年(1568年)击败曾一本海盗集团,这
一点两人所指不一。其余两次则完全一致,索札时期(1553—
1555年)即指何亚八集团在广海被歼灭,而1557年则指的是
"老万"集团(阿妈贼、漳州巨盗)被击败。这么清晰,这么详
细的中葡文献的印证,难道还嫌证据不足吗?

1554年葡人与广东海道汪柏签订一协议,葡人获准进入广州
及广州附近的海岛进行贸易,很自然,这其中包括澳门、浪白、

---

① 俞大猷:《正气堂全集》卷7《论邓城可将》,188页:"去冬,普陀倭奴据险乘
要,随处藏伏。邓城身先士卒,奋臂一呼,勇怯皆应,遂得全捷。今秋,香山贼
虽流遁失势,然人知必死,似瑕实坚"。俞大猷普陀一役在嘉靖丁巳(1557年)
(见俞大猷《正气堂全集》卷首《征蛮将军都督虚江俞公行纪》,第18页),"今
秋"则为1558年秋,"阿妈贼"于1557年12月被葡人击败逃遁,至1558年秋又
与俞大猷相遇,故"流遁失势"。故亦知此"香山贼"即彼"阿妈贼"。

② J. M. Braga, The Western Pioneers and Their Discovery of Macau, Macau, Imprensa Na-
tional, 1949, p. 117.

十字门等，葡萄牙人与其他各国商人也在这一时期进入澳门半岛，但这一次并未获得进入居住澳门的权利，只能是在澳门港做生意，甚至可以搭篷作临时贸易点。嘉靖三十六年（1557年）葡人帮助广东政府驱逐了"窃据濠镜""出没海洋、乡村震恐"的"阿妈等贼"（漳州巨盗、老万集团）后，葡萄牙人才正式获得"始准侨寓濠镜"①的特权。但必须声明，"始准侨寓濠镜"仅仅只是同意葡萄牙人可以以外国侨民的身份居住在"濠镜澳"，并非将中国香山县濠镜澳这一块领土主权"出让"给葡萄牙人，这一点，当时的中葡文献均有确凿记录。正是由于上述原因，我们才在当时的文献中发现许多的记载。

白乐嘉征引一份16世纪澳门耶稣会资料：

这一年（1557年），广州的官吏把澳门港赠与了居住在那里的葡萄牙人。②

平托《远游记》称：

直到1557年，广东官员在当地商人的要求下，将澳门港割给了我们做生意。③

与平托同来亚马港的梅尔乔尔（Mestre Melchior）神父在1555年11月23日发自澳门的著名信件中也称：

在上川，我主赐我恩泽在，据说是我们尊敬的沙勿略曾葬身的坟穴处做一弥撒。一到上川（此岛在广东沿海三十里格处），我便设法看看是否有人愿意捎带我去广州城。我以为，根据葡萄牙人的看法，在沙勿略神甫的祈祷下，在其逝世后不久，将此地（指广州）给了基督徒，以便葡萄牙人可

---

① 韩霖：《守圉全书》卷3委黎多《报效始末疏》，台北，中央研究院傅斯年图书馆善本室藏明崇祯九年刊本。
② J. M. Braga, *The Western Pioneers and Their Discovery of Macau*, Macau, Imprensa National, 1949, p. 109.
③ 费尔南·门德斯·平托著，金国平译：《远游记》下册，第221章，698页，葡萄牙航海大发现事业纪念澳门地区委员会、澳门基金会、澳门文化司署、东方葡萄牙学会，1999。

以去那里（指澳门）及中国其他地方与他们交易。①

两段文献中的"划给"与"给了"便是"始准侨寓"。因此，不存在任何出让的问题。博卡罗《要塞图册》：

1555 年，（葡萄牙人）转往浪白滘岛进行贸易，1557年，又转到本澳门港。②

1649 年成书的曼里克《东印度传教路线》：

1557 年，应广东商人们和该王国总督的请求，又从浪白滘转移到澳门。③

为什么葡商会在 1557 年时将他们对华贸易据点正式迁往澳门？因为广东政府以于嘉靖三十六年（1557 年）正式批准葡人"侨寓濠镜"，其缘由就是因为葡人帮助广东政府镇压了盘踞在濠镜澳的"阿妈等贼"（漳州巨盗、老万集团）。

上面征引 16 世纪中期至 17 世纪初期八种葡文文献均可证明今日公布的中文文献委黎多《报效始末疏》关于 1557 年葡人驱盗入居澳门之记录的准确与可信。余进一步认为这份产生于 1628年的委黎多《报效始末疏》同曾德昭、利类思、陆希言记录澳门开埠历史一样，还有一个更早的资料来源；但很可能这个更早的资料已经散失。因为 1755 年葡萄牙里贝拉宫王室图书馆毁于地震，④ 可以推测，澳门早期开埠的很多资料很可能毁于这次地震。

具有这一认识的还有著名葡萄牙史学家潘日明（Benjamim António Videira Pires）神父，他引证了多份早期葡文资料说："毫无疑问，1556 年在澳门水域发生了一次由 500 名葡人参加的海战。""500 名葡国人参加战斗，仅 3 人阵亡，但是 15 天后，460

---

① 金国平：《1555 年亚马港来信》，见《中葡关系史考证》，29 页，澳门，澳门基金会，2000。

② 博卡罗（António Bocarro）：《要塞图册》，载《文化杂志》，1997（31）。

③ 曼里克（S. Manrique）：《东印度传教路线》，载《文化杂志》，1997（31）。

④ 辛耀华（Isaú Santos）：《在异乡葡萄牙的澳门史料》，载《文化杂志》，1994（19）。

人因传染病而死"。"约在 1557 年，中国嘉靖皇帝向击败海盗的葡国航队司令颁赐了'金札'"。"但'金札'同其他补充文件一起可能在 19 世纪初散失了"。他还说："1832 年前后，当瑞典龙思泰第一次在澳门出版争论颇多的著作《史料概略》时，'金札'同 1630 年以前市政厅的所有抄本均已散失了。"① 龙思泰也有相同的看法："他（萨赖瓦主教）苦心孤诣地抢救了大量与澳门有关的濒于毁灭的资料，它们都是原始记录，但在数百年的时间里，被损坏、丢失和虫蠹弄得残缺不全，正在化为尘埃。"② 历史资料的散失是绝对的，而保存者则为相对，这本是对历史文献认识的基本常识，可施存龙老先生却说："我很钦佩葡人保存历史文献的精神，一张地租收据，一封普通传教士的信都能保存下来。这种事关他们开始进居澳门、获得澳门居留权的档案岂有不保存好或记录复制在案之理?"③ 这种说法真令人哭笑不得。

施存龙先生以洋洋几万言的文章来批驳余为曾德昭、利类思、陆希言真实记录澳门开埠历史的辩护，张廷茂也大量引用尤塞利斯、文德泉及罗理路的文字对葡人驱盗入澳门说展开了猛烈的批驳，④ 其中亦包括了对白乐嘉的批驳，大有要清算余为葡萄牙殖民主义者评功摆好的架势，硬逼余要交出一份较曾、利、陆"更早更原始更详细的关于葡人在澳门驱逐海盗的记载"⑤，硬逼余要交出一份"朝廷批准同意佛郎机人定居澳门"的明代历史文

① 潘日明著，苏勤译：《殊途同归：澳门的文化交融》第 4 章《澳门的开埠》第 31 页；第 11 章《地租》，93 页、101 页，澳门，澳门文化司署，1992。

② 龙思泰著，吴义雄、郭德水、沈正邦译：《早期澳门史》，自序，8 页，北京，东方出版社，1997。

③ 施存龙：《回归中新泛起的葡人剿盗得澳新辩护研究》，载《文化杂志》，2003 (46) 春季刊。

④ 张廷茂：《〈澳门开埠初期史研究〉中若干问题的质疑》，载《文化杂志》，2000 (40~41)。

⑤ 施存龙：《回归中新泛起的葡人剿盗得澳新辩护研究》，载《文化杂志》，2003 (46)。

献的"有力证据"①。为了避免某些人对余为早期来华葡人评功摆好的"秋后算账",只好四方求助拼命去找。现今找出的这一份委黎多《报效始末疏》,一是明代的,二是历史文献,且是中文,三是明确记录葡人驱盗而得居澳门。这一份文献是否就是曾、利、陆的历史记录的原始凭据呢?这样一份东西是否可以向施先生交代了呢?

好了,余十分不愿意与施先生打这种"官司",因为其文只不过是拿了余之材料又对余展开的"反殖大批判"。如果要论战其文中的"左"倾思潮②,错误提法及基本历史常识的缺乏可谓不胜枚举,其中还有多处对余之文章断章取义,甚至歪曲之嫌。但余不想与之计较。余之所以写本文章,只不过想告诉大家一个事实:葡萄牙人驱海盗得以入居澳门是有中葡历史文献为证据的,曾德昭、利类思、陆希言这批真诚的传教士所记录的澳门开埠历史资料是基本可信的,葡萄牙史学家白乐嘉引用的关于早期澳门史研究的史料发现是真实的,其所得结论是正确的,我们应予以尊重。

---

① 施存龙:《回归中新泛起的葡人剿盗得澳新辩护研究》,载《文化杂志》,2003(46)。

② 施文中使用大量的文字批判曾德昭、利类思等欧洲传教士,在批判时,没有列举曾、利在华干坏事的任何证据,也没有举出相关史料,只是不断指责他们"非法来华","为殖民主义政策服务","美化其(葡萄牙)来华先驱者的不良行为","其目的和任务本来就是为老殖民主义者'两手抓'作意识方面一手的"。一个没有宗教信仰的人,一个对基督教缺乏基本认识的人对明末来华传教士作出这种批判,出现这种"左"倾思潮是不奇怪的。

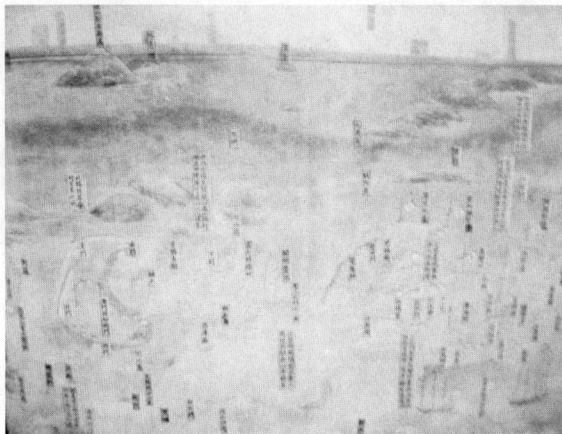

此图系清嘉庆十三年(1808年)两广总督吴雄光奏折中之附录《澳门形势图》。

第六章　澳门诸名刍议

第六章　澳门诸名刍议[①]

16 世纪以前，澳门之名不见于经传。16 世纪初，随着葡萄牙人对东方的拓展，澳门逐渐兴起，东西方文献中记录澳门之事日繁，而关于这一小小半岛的称谓亦越来越多。就目前所见，这一小小半岛除澳门一名外，还有濠镜、濠镜澳、阿妈港、香山澳、龙崖门、香山嶴、海镜、马交、莲花洲、濠江、镜湖等名。当然，其中有些称谓是文人作品中诗意化或形象化的特指，并不具备正式命名或约定俗成的地名意义。具有地名意义的有澳门、濠镜澳、香山澳、马交、龙崖门诸名。本文拟就于这些地名相关的几个问题进行考证。

一、嘉靖二十六年成书的《香山县志》记录九澳山

研究澳门的历史，各种《香山县志》至为重要。因为从宋以来，不管是澳门开埠以前还是以后，其地域行政的管辖权一直归属于香山县。

香山建县，始于南宋绍兴年间；香山修志，则始于明初。香山县第一部县志创自明永乐年间，由香山人容梯与纂修；到成化二十年（1484 年），又由香山人黄经修成第二部县志；到嘉靖二十五年（1546 年），即邓迁出任香山县令的第三年，又开始纂修

---

① 原文载《历史地理》，2000－07（16）。

第三部县志，大概在嘉靖二十六年（1547 年）完成。这是我们所知道的最早的三部《香山县志》。然而，前两部县志今已不存，目前保存下来最早的香山县志，即嘉靖二十六年成书嘉靖二十七年镂版的由邓迁纂修的《香山县志》。澳门一地，或者说濠镜一地，宋以来一直属于香山县境，我们从最早的《香山县志》中寻觅澳门或濠镜这些地名，应该是情理中的事。

　　然而，在嘉靖《香山县志》中居然毫无澳门或濠镜等名称的存在，这是一件令人十分奇怪的事。据吴桂芳《议阻澳夷、进贡疏》载：

　　　　近年，各国夷人据霸香山濠镜澳恭常都地方。①

　　可知，明嘉靖时，澳门即划归香山县恭常都，查嘉靖《香山县志》卷 1 载：

　　　　长安县恭常都故延福里恭字围、常字围，在县东南一百里，图 3，一百二十里内，村 22。②

　　22 个村名全部载录，于澳门毗邻的前山、沙尾、唐家、吉大等地均有记录，但无澳门、濠镜等名。而路环岛反在志中有记录：

　　　　不在版图者，其诸岛列于左曰：小湖洲……浪白、倒触……大吉山、小吉山、九澳山（上东南，西对横琴，中水，日外十字门），其民皆岛夷。③

　　上述诸名中，仅"九澳山"在今澳门地区，即今路环岛。岛夷，当非中国人，应指外国商人。也许会有人问，为什么在香山近海这么多岛屿居住着外国人？这应是两方面的原因：一是香山近海诸岛本就是外国商队往来的必经之道，亦是外国商船停泊进行走私贸易的好地方。《虔台倭纂》称：

①　陈子龙辑：《明经世文编》卷 342《吴司马奏议》卷 1《议阻澳夷进贡疏》，影印平露堂刊本，北京，中华书局，1962。
②　邓迁：《（嘉靖）香山县志》卷 1《风土第一》，日本藏中国罕见地方志丛书本，广州，中山大学出版社，1998。
③　邓迁：《（嘉靖）香山县志》卷 1《风土第一》，日本藏中国罕见地方志丛书本，广州，中山大学出版社，1998。

又必历峡门、望门、大小横琴山、零丁洋、仙女澳、九
龟山、九星洋而西，浪白澳为最甚，乃番舶等候接济之
所也。①

大小横琴山、零丁洋、仙女澳、九竈山、九星洋、浪白澳均
在今香山地区。二是嘉靖八年（1529 年）林富上疏开海禁后，香
山近海更成了外国商船驻泊的主要港湾，黄佐《（嘉靖）广东通
志》在林富上疏开海禁后称，香山浪白、濠镜、十字门等地均成
为外国商船停泊的港湾。② 故嘉靖《香山县志》载，香山近海诸
岛"其民诸岛夷"正是这一时期历史的真实反映。嘉靖二十六年
（1547 年）前，十字门外洋为外商贸易之地。吴震方《岭南杂
记》载：

离澳门十余里，名十字门，乃海中山也，形如攒指，中
多支港，通洋往来之舟，皆聚于此，彼此贸易。③

明万历时成书的《苍梧总督军门志·全广海图》（参见图
24）载：

十字门澳，夷船泊在澳内。④

九澳山（路环）紧靠十字门，故进入十字门的外国商队必居
停路环。嘉靖《香山县志》这一则材料告诉我们，外国商人进入
今澳门地区（不指澳门半岛），实在明嘉靖二十六年（1547 年）
之前。也就是说，在葡萄牙人正式开埠澳门之前，属于今澳门地
区的路环岛已有外国商人居住，这里也不能排斥有葡萄牙人。因
《明史·佛郎机传》称林富上疏后，"佛郎机得入香山澳为市"⑤。

澳门半岛北面的前山、吉大、唐家有载，澳门半岛南面的路
环有载，独澳门半岛地区无一字涉及。但在该志卷首的《全县舆

① 谢杰：《虔台倭纂》下卷《倭议》1，北京图书馆古籍珍本丛刊影印。
② 黄佐：《（嘉靖）广东通志》卷 66《外志》3，广州，广东地方志办公室影印，
  1998。
③ 吴震方：《岭南杂记》，190 页，杭州古籍书店，1985。
④ 应槚辑，凌云翼、刘尧海重修：《苍梧总督军门志》卷 5《全广海图》，影印万历
  辛巳林大春序刊本，91 页，北京，全国图书馆文献缩微复印中心，1991。
⑤ 张廷玉：《明史》卷 325《佛郎机传》，北京，中华书局，1974。

图》中：东南方向有"凤凰山"，而在"凤凰山"稍南小横琴山
之东稍北有一岛称"龙角山"，此山又与零丁洋、九星洋相隔
（参见图20）。据万历《粤大记·广东沿海图》载，凤凰山与濠
镜澳相连，且在濠镜澳之北（参见图23）。[1] 据嘉靖《香山县志》
卷1称：

> 凤凰山在县东南一百里。[2]

而《广东新语》及后修各县志均言濠镜澳在东南120里，[3]
以地望推之，余疑《全县舆图》凤凰山南面、小横琴山东面的龙
角山即濠镜澳（详见下图）。

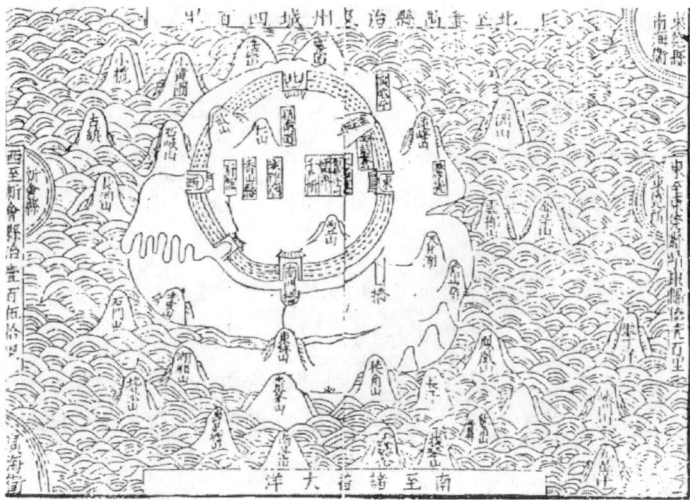

图20：《（嘉靖）香山县志》卷首《香山县图》

二、万历《粤大记·广东沿海图》内有"亚马港"一名

澳门之名，在葡文中现称 Macau，而目前所见最早使用这一

---

① 郭棐：《粤大记》卷32《广东沿海图》，日本藏中国罕见地方志丛刊本，539页，
广州，中山大学出版社，1998。
② 邓迁：《（嘉靖）香山县志》卷1《风土第一》，日本藏中国罕见地方志丛刊本，
广州，中山大学出版社，1998。
③ 屈大均：《广东新语》卷2，36页，中华书局标点本，1985。

词者是巴列托（M. N. Barreto）神父，他写给果阿及欧洲修士的信札，所记时间、地址是：1555 年 11 月 23 日，自 Machoam；同年同月 27 日，另一封致耶稣会的函件，所用地址则是：Macau。[①] 葡萄牙里斯本亚约旦图书馆藏平托（Mendes Pinto）修士的信，其日期和地址则是：1555 年 11 月 20 日，Amacauo。[②] 这是西方人最早称呼澳门的名称。在 16 世纪中，还有许多葡文文献将"澳门"写作 Amaquo、Amachao、Amaquao、Amaqum 及 Maquao。在文德泉神父介绍的史料中还写成 Amagao。[③] 不管是 Macau 或 Amacauo 或其变体，这一名词是指今澳门半岛一地是无疑的，但这一名词究竟源于何处，即其词的原始意义究竟是什么，则众说纷纭。如将各位研究者的看法归纳起来，大约有三种重要观点：

1. Macau 一词是由澳门半岛上的"马交石"而来。卫三畏（Wells Williams）《中国通商指南》、张天泽《中葡早期通商史》及澳门文德泉神父《澳门及其教区》均持此说。张天泽说："Macao 这个在非汉语国家中众所周知的地名却不是用于称呼该港的一个正确的中国名称。旅游者有时从当地居民口中所听到的，只是一块著名的礁石，叫做'马交石'，广东话讲做 MaKao。或许是由于误解，要不然就是为了方便起见，人们便以这块礁石之名来称呼这个小半岛。"[④]

2. Macau 一词系泊口之变声。澳门汉学家高美士《澳门诸

---

① 伯希和（Paul Pelliot）：《澳门之起源》，见冯承钧《西域南海史地考证译丛》第 5 编，49 页，北京，商务印书馆，1995。然伯希和认为此处之 Macau 不是指澳门，而是指缅甸之白古。金国平不同意伯氏之说，认为 Macau 是葡人最早之称澳门者，见《莱奥内尔·德·索札与汪柏》，载《澳门研究》，1998（7）。

② 巴列托（M. N. Barreto）神父与平托（M. Pinto）修士的信分别见罗理路著，陈用仪译《澳门寻根》附录文献之 2，60～69 页；附录文献之 1，53～59 页，澳门，海事博物馆，1997。

③ 转引自白妲丽（Graciete Nogueira Batalha）《澳门地名考》，载《文化杂志》，1987（1）。

④ 张天泽著，姚楠、钱江译：《中葡早期通商史》，第 5 章，102 页，香港，中华书局，1988。

名考》及黄文宽《澳门史钩沉》均持此说。高美士说："至于马蛟一词，实际上它是马角一词的变体，也就是我们所说的 Barra（葡语泊口之意）。明嘉靖三十六年（1557 年）夏，首批来东方的葡萄牙人在此登陆，他们向中国申请一块停泊船只和建立商店、货仓的地方。那地方就在当今妈祖阁庙之前。很可能是，当早期抵此的葡萄牙人问及当地居民这个城市叫什么名字时，回答说叫马角，并以为是告诉他们登陆并在后来定居处的名字，他们就不再打听了。"[①] 黄文宽则认为 Macau 是"泊口"二字闽南语的对音。[②]

3. Macau 一词系"妈港"的译音。例如金尼阁（Trigault）《利玛窦中国札记》、龙思泰《早期澳门史》、葡萄牙著名汉学家白乐嘉《西方的开拓者及其澳门的发现》及郭永亮《澳门与香港之早期关系》均持此说。龙思泰称：

> 因为在娘妈角炮台附近有一座供奉偶像的神庙，所供奉的女神称为阿妈（Ama），所以外国作家称之为"阿妈港"（Amangao）。[③]

郭永亮亦称：

> 至 16 世纪中叶，葡国作家一般将"澳门"写作 Amaquo、Amachao 及 Maquao，现在又有人写作 Macao。这种种写法，我们敢肯定，是对阿妈港或"妈港"中文名称的发音不准确所造成的。也就是，西名澳门是得自妈祖阁庙（亦称天妃庙或妈阁庙）及其前面的港湾。[④]

上述三种观点的提出，无疑都有一定的依据，特别是从对音

———————

① Luis Gomes, "*Os Diversos Nomes de Macao*", in Efemerides da Historia de Macau, Macau, 1954, p. 5.

② 黄文宽：《澳门史钩沉》，198 页，澳门，星光出版社，1987。

③ 龙思泰著，吴义雄、郭德水、沈正邦译：《早期澳门史》，19 页，北京，东方出版社，1997。

④ 郭永亮：《澳门香港之早期关系》，11 页，台北，中央研究院近代史研究所，1990。

这一角度是可以说得过去的。但是，余以为，前两种说法虽有一定的道理，但却很难从文献中得到令人满意的验证。

先谈"马交石说"。马交石之名，最早见于清乾隆时期成书的《澳门记略》：

> 出闸经莲花山，下有天妃庙，北麓有马蛟石，椭而碗，无趾，三小石承之，相传浮浪至。①

后之所承，皆出于此。天妃庙，又称天后古庙、马交石古庙、马交石天后庙，皆因近马交石得名。阮元《澳门图》将"马交石"标在观音堂北一海岬旁。② 祝淮《新修香山县志》卷4附《濠镜澳全图》载马交石在澳门东北角海边。③

图21：《新修香山县志·濠镜澳全图》之马交石部分

---

① 印光任、张汝霖：《澳门记略》卷上《形势篇》，23 页，澳门，澳门文化司署点校本，1992。

② 阮元：《（道光）广东通志》卷124《海防略》2 附海图，上海，上海古籍出版社影印本，1988。

③ 祝淮：《（新修）香山县志》卷4《濠镜澳全图》，影印道光七年刊本，中山文献丛书。

据《澳门市街名册》载：

　　马交石，此名指本市马交石山东北斜坡之区。位于自来水公司水塘与黑沙环之间，即渔翁街两边，并伸展至海边。此区之海一端，有石一块，上有一台，中国人称之为圆台仔。①

这些"马交石"今已不见。郭永亮《澳门香港之早期关系》一书公布了两张"马交石"的照片。一块在望厦葡兵驻地，石上刻有葡国国徽，年代为 1847 年；另一块在莲峰庙侧，亦刻有葡国国徽，年代为 1848 年。② 此两块马交石已为李德超君考证为非，故不再辨。③ 马交石在澳门虽然名气很大，梁乔汉《港澳旅游草》、汪兆镛《澳门杂诗》均有诗篇吟咏，但遗憾的是，我们找不到早于《澳门记略》有关于"马交石"的记载，至少在明代的众多文献中没有出现"马交石"一词。因此，余以为，将 16 世纪时出现的 Machao 一词与 18 世纪中叶才出现的"马交石"一词比附，在时间上是说不过去的。再者，马交石所在地在澳门半岛东北，该区在未填海之前"面临大海，远望九洲，风挟潮来，涛声石端，其声澎湃，响若惊雷"④。故马交石观涛，昔为澳门八景之一。丘逢甲亦有诗云："马交石上看潮立，十万军中戳水犀。"⑤ 可见，这里绝不是泊船之港湾。加之，葡人初入澳门时，马交石所在区域仍为人迹罕至之处。16 世纪中叶，葡人不可能在此登陆，亦不可能到此见到马交石，更不可能将此怪石命名全

① Leal Senado da C·mara Municipal de Macau, Cadastro da Vias Publicas e Outros Lugares da Cidade de Macau, Macau, 1957, p. 262.
② 郭永亮：《澳门香港之早期关系》，台北，中央研究院近代史研究所，1990。
③ 李德超：《近三数年澳门地方史研究》，载《澳门日报》，1990－09－10。
④ 王文达：《澳门掌故》之 13《名胜古迹掇拾》，293 页，澳门，澳门教育出版社，1999。
⑤ 丘逢甲：《岭云海日楼诗抄》卷 7《澳门杂诗》，上海，上海古籍出版社标点本，1982。

岛。故可知，马交石说不可信者甚明。

再谈"泊口"说。持"泊口"说者依据甚多。屈大均《广东新语》称："凡夷船停泊，必以海之湾环者为澳，澳者，泊口也。"①《澳门记略》亦载："移泊口于濠镜。"②《广东赋役全书》载："明嘉靖十四年，都指挥使黄庆请于上官，准洋船停泊于濠镜，名曰泊口，岁输课二万余金。"③《澳门界务说帖》亦称："此即为葡人船只到澳之始，名澳门为马高（Macao）。粤音读泊如'马'，今称'马高'，即'泊口二字之转音。"④明言澳门即泊口者，仅《广东赋役全书》及《澳门界务说帖》，但二书成书较晚（特别是后者），于16世纪中叶出现的Machao一词很难印证。即使从对音上讲，"泊口"二字的粤音或闽南音能与Machao或Amaguo等对音，那么又怎么可以与"Macau"相对呢？余以为，将Macau一词认做"泊口"二字的译音是证据不足的，也是很难解释通的。

余所赞同的是第三种观点，Macau一词的中文形式应是"阿妈港"或"妈港"。白乐嘉说：

> 阿妈阁前面的港叫做"阿妈港"，在葡萄牙人未到澳门之前，此名即已传闻。⑤

16世纪曾居留澳门的意大利传教士利玛窦说："那里有一尊

① 屈大均：《广东新语》卷2，36页，北京，中华书局标点本，1985。
② 印光任、张汝霖：《澳门记略》卷上《官守篇》，74页，澳门，澳门文化司署点校本，1992。
③ 《广东赋役全书》不分卷，顺治九年刊本，114页。原书未见，转引自张维华：《明史欧洲四国传注释》，41页，上海，上海古籍出版社，1982。
④ 黄福庆主编：《澳门专档》第4册《澳门界务说帖》，81~82页，台北，中央研究院近代史研究所，1996。
⑤ J. M. Braga: *The Western Pioneers and Their Discovery of Macau*, Macau, Imprensa Nactonal, 1949, p. 105.

叫做阿妈（Ama）的偶像，而这个地方就叫做澳门。"[1] 今澳门半岛南端之妈阁庙，一般又称为阿妈庙，该庙始建于何时不确定，而扩建于明万历三十三年（1605 年）[2]，但是这里的阿妈神像却应是更早就已塑建的，它应是随着福建人进入澳门地区而塑的阿妈神像。天顺年间，即有漳州海盗严启盛引番舶在沙尾外洋（即澳门近海）贸易。[3] 海盗、海商们每到一地均有建天妃宫、塑妈祖像之习，如双屿、佛堂门、南澳等。这神像是否在当时即已塑立呢？王文达称，庙前之北湾岸边有一妈阁渡头，还有碑石可证。[4] 故葡人由该渡口登岸后，均以阿妈神像名其地，而称之为"阿妈港"。16 世纪中叶出现的 Amacauo、Amaquo、Amagao 均是"阿妈港"一词译音的变体，而 Machaoam、Macau、及 Maquo 则是省去前缀"阿"的"妈港"一词译音的变体。余近日在查阅明万历《粤大记》的《广东沿海图》中发现，在"濠镜澳"的顶端有一地名标为"亚马港"三字，旁边还绘有标明为"番船"的两只大船。[5]

————————

① 利玛窦、金尼阁著，何高济、王遵仲、李申译：《利玛窦中国札记》，第 2 卷，第 2 章，140 页，北京，中华书局，1983。

② 陈树荣公布妈阁庙石殿镶在神龛的碑上各有"四街重修"及"万历乙巳岁（1605）"等字样。陈树荣：《澳门妈祖文化的形成与发展——从妈阁庙石殿神龛"万历乙巳四街重修"碑记谈起》，见徐晓望、陈衍德《澳门妈祖文化研究》，35~53 页，澳门，澳门基金会，1998。

③ 郭棐：《粤大记》卷 3《海岛澄波》，日本藏中国罕见地方志丛刊，42 页，广州，中山大学出版社，1998。

④ 王文达：《澳门掌故》之 3《妈祖阁考古》，46 页，澳门，澳门教育出版社，1999。

⑤ 郭棐：《粤大记》卷 32《广东沿海图》，日本藏中国罕见地方志丛刊本，539 页，广州，中山大学出版社，1998。

图 22：《全广海图·广东沿海图》濠镜澳部分　图 23：《粤大记·广东沿海图》濠镜澳部分

　　濠镜澳顶端有一"亚马港"地名的出现，就十分清楚地表明，16 世纪中叶葡人的 Amacauo、Amaquo、Amagao 等词均是译自当时的中文地名"亚马港"，"亚马"即"阿妈"的异译，可证今澳门半岛南端妈阁庙前的港湾万历以前就叫做"阿妈港"，葡人从这里登陆而知此名，故称这一块地方为 Amacauo，省称则为 Macau。"亚马港"在明代万历四年（1576 年）前的中文文献中发现，[①] 可以说是比较清楚地解决了 Macau 一词的起源这一问题了。17 世纪初日本人林罗山所著《林罗山文集》卷 12 中有《谕阿妈港》《论阿妈港诸老》《寄阿妈港父老》诸篇，[②] 可见，当时日本人亦称澳门为"阿妈港"，亦当为葡人所称 Amacauo 或

①　郭棐：《粤大记》卷 32《广东沿海图》。该图终于何时，据《粤大记》袁昌作序，知该书于万历初年即着手编纂。又据图中在南澳岛标有"新副总兵城"，南澳于万历三年九月设副总兵，万历四年建南澳副总兵城，既称"新"城，则知该图绘制时间应在万历四年（1576 年）。
②　林罗山：《林罗山文集》卷 12《谕阿妈港》《寄阿妈港父老》，京都，京都史迹会，1979。

Amaquo 的译音。"阿(亚)妈港"一词很明显不是中国人所取的地名,中国人对此地取的中文名是"娘妈角"①。西方人则称"阿妈港",省称为"妈港",被中国人接受后,又转译成"马交""马高"②,盖为 Macao(妈港)一词之中文译音也,此不可不察。"阿妈港"这一葡人取的名字在明代中期中文典籍中出现,这就表明,这一葡人命名的地名很快就为中国人所认可,并广泛流传开来。这里还需要说明的是,"亚马港"一名在《粤大记·广东沿海图》上明确标明是澳门半岛南端的一个港湾,而葡人则将 Amaquo 作为整个澳门半岛的名称。

近读谭世宝先生《Macao, Macau(马交)与澳门、马角等词的考辨》一文,文中否定了 Macao 一名源起澳门半岛南端妈阁庙奉祀的阿妈神的说法,而重提"泊口"说。应该承认谭先生以珠江东岸出现 Macao 及香山地区被称为 Isle de Macao 一名的源起具有一定的道理,但借伯希和及白妲丽之文来否定 Amaquam 这一最古老澳门名称的可信性却证据不足。③ 伯希和将 Macao 定为缅甸之白古只是对音相近,并无多少历史依据。平托不仅在信尾署发信地址为 Amacau,而且信中亦明确记载:

> 今天,我从浪白滘这个我们停留的港口来到了 Amacau,此地又更前进了六里格路程。④

可证,发信地址确为 Amacau。罗理路亦著文说,平托"提及的 Amacau 是确凿无疑的,并非抄写者疏忽大意的笔误"。再者,1564 年安德烈·平托给印度耶稣会士们的信中亦提到"我们

---

① 印光任、张汝霖:《澳门记略》卷上《形势篇》,24 页,澳门,澳门文化司署点校本,1992。
② 阮元:《(道光)广东通志》卷 124《海防略》2 附海图:"澳门,又名马交。"《澳门界务税帖》:"葡人船只到澳之始,名澳门为马高。"
③ 谭世宝:《Macao/Macau(马交)与澳门、马角等词的考辨》,载《文化杂志》,1998(35)。
④ 罗理路著,陈用仪译:《澳门寻根》附录文献之 1,53 页,澳门,海事博物馆,1997。

从 Amacau 这个港口出发"。1564 年弗朗西斯科·佩雷斯神父的信中亦称："Amacau 这个港口位于北纬 22 度半有余"①。及 16 世纪日本均称澳门为阿妈港，万历四年（1576 年）成图的《粤大记·广东沿海图》有"亚马港"的记载，均可证 Amacauo、Amacau 这些早期澳门名称是可信的，不可随意否定。

三 、"濠镜澳"是澳门半岛上出现最早的名称

尽管嘉靖《香山县志》没有记录澳门半岛上的任何一个地名，但决不能排斥当时澳门半岛已有一些名称在外流传，可能只是因为这些名称在当时还没有产生较大的影响。也可以说，这些名称尚未获得香山境内官方和民间的认同，故修县志时未予收录。

澳门半岛最早出现的地名就是"濠镜"或"濠镜澳"。"濠镜"一词作何解释，据《澳门记略》卷上称：

> 有南北二湾，可以泊船，……二湾规环如镜，故曰濠镜。②

这是清人的一种解释，依此说者甚多。今人解释又有不同，据部分学者称，濠镜的正确写法应为"蠔镜"。蠔镜是蠔的外壳一部分，平滑如镜，故名。濠镜澳得名是因其形似蠔镜之故。③分析起来似乎很有道理，但历史往往不可以望文生义，应有凭据，余翻《永乐大典》，从残存的《广州府志》中发现一则材料，可证上说为非：

> 沙螺，一名西施舌，其味亚于香螺，惟番禺县沙湾村所

① 罗理路著、陈用仪译：《澳门寻根》附录文献之 1，53～59 页；之 6，88～96 页，之 8，100～105 页，澳门，海事博物馆，1997。
② 印光任、张汝霖：《澳门记略》卷上《形势篇》，24 页，澳门，澳门文化司署点校本，1992。
③ 戴裔煊：《〈明史·佛郎机传〉笺正》，53 页，北京，中国社会科学出版社，1984；黄启臣：《澳门历史》，7 页，澳门，澳门历史学会，1995。

产。香螺、……龟脚螺、刀鞘螺、脂甲螺、鹦鹉螺、拍掌
螺、红螺、马甲柱、蠔镜、瓦屋。①

这则材料明确指出，"蠔镜"本身就是一种动物，同香螺、
红螺、马甲柱一样，都是水生动物。清人张心泰《粤游小志》
亦称：

> 粤产蠔镜，取饰窗户，可代玻璃，谓之明瓦。②

据此可知，上述对蠔镜的解释完全是望文生义。而蠔镜澳得
名应是指澳门附近盛产"蠔镜"这一水生动物而得名。

濠镜成为地名始于何时，现无文献可考，但濠镜作为地名最
先出现却不在中文文献中，而在西方文献中。托梅·皮莱资
(Tomé Pires) 于1515年成书的《东方见闻录》中关于中国有一
段这样的记载：

> 在广州港的那边还有一海湾，名叫 Oquem，从陆路而往
> 需走三天，若取水路则一天一夜。此港是琉球人及其他民族
> 的泊所。③

阿尔曼多·科尔特藏和穆尔（A. C. Moule）认为 Oquem 应是
福建。④ 然而，根据上书介绍从广州至 Oquem 的行程来看，福州
显然是不适合。从广州到福州，在当时交通条件下陆行三天、水
行一日一夜是根本不可能的。因此，穆尔教授的解释应该是不能
成立的。

根据皮莱资书中提供的行程，结合当时在广州附近出现港
口，再考虑对音关系，不难推定 Oquem 应当是"濠镜"了。黄
佐《（嘉靖）广东通志》卷66载：

---

① 《永乐大典》卷11 907引《广州府志》，北京，中华书局影印本，1986。
② 王锡祺：《小方壶斋舆地丛钞》第9帙《粤游小志》18，影印光绪辛卯刊本，312
　页，杭州，杭州古籍书店，1985。
③ Armando Cortesao：A·*Suma Oriental de Tome Pires e O Livro de Francisco Rodrigues*,
　Coimbra, Univeersidade de Coimbra, 1978, pp. 368 ~ 369.
④ 金国平：《中葡关系史地考证》，15页，澳门，澳门基金会，2000。

布政司案查得递年暹罗国并该国管下甘蒲泜，六坤洲与满剌加、顺搭、占城各国夷船，或湾泊新宁广海、望峒；或新会奇潭，香山浪白、蠔镜、十字门；或东莞鸡栖、屯门、虎头门等处海澳湾泊不一。①

这是中文文献中第一次出现"蠔镜"之名。黄佐将上述布政司文系于林富上疏通番舶之后。查《明实录》，林富上奏请通番舶在嘉靖八年（1529年）冬十月，② 则可知"蠔镜"一名正式出现于文献中在嘉靖八年左右。又见文中所言为"递年"所见，亦可证蠔镜之名的出现已经是嘉靖八年之前的事了，则时间上与1515年成书的《东方闻见录》大致相合，从广州至蠔镜陆行三天、水行一日一夜在当时交通条件下也基本相合。那么与皮莱资所言"此港是琉球人及其他民族的泊所"是否相合呢？前引黄佐文已说及在嘉靖八年以前东南亚各国的夷船就已泊于"蠔镜"。"递年"，即可为几年或十几年，亦可视为二十几年或更长，则可知蠔镜港很早就是"其他民族的泊所"。黄佐《（嘉靖）广东通志》卷66载：

正统十年（1445年），按察副使章格巡视海道，时流求（琉球）使臣蔡璇等率数人以方物贡卖邻国，风漂至香山港，守备当以海寇，欲戮之以为功。格不可，为之辩，奏还其赀而遣之，番夷颂德。③

香山港，当即"香山澳"，则蠔镜亦涵盖其中，正统时，琉球人即已接触蠔镜，这里已经成为港口。郭棐《粤大记·广东沿海图》卷3载：

（天顺二年七月）海贼严启盛寇香山、东莞等处。先是，

① 黄佐：《（嘉靖）广东通志》卷66《外志》3，广州，广东地方志办公室影印本，1998。
② 《明世宗实录》卷106，嘉靖八年十月己巳条。
③ 黄佐：《（嘉靖）广东通志》卷66《外志》3，广州，广东地方志办公室影印本，1998。

启盛坐死囚漳州府，越狱，聚徒下海为患，……至是招引番舶至香山沙尾外洋。[1]

"沙尾"即今珠海湾仔一带，沙尾外洋即在蠔镜近海处。严启盛为漳州人，所招引番舶很可能就是琉球番舶。在天顺二年（1458 年）时，各种外商船只已在濠镜走私和贸易。成书于嘉靖二十六年（1547 年）的《香山县志》卷 1 载：

> 九澳山，其民皆岛夷。[2]

九澳山，即今路环岛，亦可称"沙尾"之外洋。"岛夷"，即南洋海岛诸国之人可成为"岛夷"，琉球人更可称之为"岛夷"。这是明代文献常用的一个对东西洋各国夷人的称呼。濠镜一地其内涵并不仅指今澳门半岛，凼仔、路环诸岛亦应在其中。上述资料，均可证香山之港口"蠔镜"在 16 世纪以前曾是琉球和东南亚商船停泊和走私贸易的地方。由于停泊之所并非稳定，走私贸易亦是秘密进行，"蠔镜（Oquem）"之名在海外商人中有所传播，反倒不被中国官方所认识。故在嘉靖二十六年（1547 年）修《香山县志》时，有九澳山而无蠔镜。

值得我们注意的是，开埠前的"蠔镜"或"蠔镜澳"，开埠后一段时间"蚝镜"或"蚝镜澳"成为特指澳门半岛的一稳定的地名，其地域内涵有很大的不同。前引《澳门记略》称：

> 有南北二湾，可以泊船，或曰南环。二湾规环如镜，故曰濠镜，是称澳焉。[3]

《澳门记略》对"濠镜"（从"蚝镜"到"濠镜"一词的变化，既有后人的不明原委，亦有文人下意识对故地名的雅训）的

---

① 郭棐：《粤大记》卷 3《海岛澄波》，日本藏中国罕见地方志丛刊本，42 页，广州，中山大学出版社，1998。
② 邓迁：《（嘉靖）香山县志》卷 1《风土第一》，日本藏中国罕见地方志丛刊本，广州，中山大学出版社，1998。
③ 印光任、张汝霖：《澳门记略》卷上《官守篇》，74 页，澳门，澳门文化司署点校本，1992。

解释虽然是错的，但指出了濠镜澳的具体地方。澳门半岛有南北二湾，南湾包括今南湾和西湾，北湾现已填塞。原湾址约在今河边新街至沙栏仔一线，与南湾相对。由于二湾均能停泊，故称为澳。清人何文绮的《重建三街会馆碑记》载：

> 粤濒大海，与外洋诸夷接，夷人贸易，停泊必于湾，湾所在则名澳……（澳门）则如莲葩，其地三面距海，有南湾北湾，复有南台北台，台者山也，以相对如门，故谓澳门。①

如果所指南北二湾包含陆地面积，那大约就是现今澳门半岛中部地区，嘉靖四十三年（1564 年）庞尚鹏言：

> 广州南有香山县，地当濒海。由雍陌至濠镜澳，计一日之程。②

嘉靖四十四年（1565 年），叶权《游岭南记》称居澳葡人为"濠镜澳夷"③。其后，陈吾德《条陈东粤疏》；郭尚宾：《防澳防黎疏》、吴桂芳《议阻澳夷进贡疏》、沈德符《万历野获编》及郭棐《（万历）广东通志》诸书均以"濠镜澳"称今澳门。④ 可见，"濠镜澳"这一地名在嘉靖、万历年间是对今澳门的一个较稳定的称呼，而且是指整个澳门半岛而言。⑤ 前引庞尚鹏文："由雍陌至濠镜澳，计一日之程。"申良翰《香山县志》载："由前山村而南二十里，曰濠镜澳，未至三里为关"⑥ 表明，濠镜澳的起

① 王文达：《澳门掌故》之 11《会馆谈往》，238～239 页，澳门，澳门教育出版社，1999。
② 庞尚鹏：《百可亭摘稿》卷 1《抚处濠镜澳夷疏》，广东文献，清同治二年重印本。
③ 叶权、王临亨、李中馥：《贤博编》附《游岭南记》，44 页，北京，中华书局标点本，1987。
④ 陈吾德：《谢山存稿》卷 1《条陈东粤疏》；郭尚宾：《郭给谏疏稿》卷 1《防澳防黎疏》；陈子龙辑：《明经世文编》卷 342《议阻澳夷进贡疏》；沈德符：《万历野获编》卷 30《外国》及郭棐：《（万历）广东通志》之《外志》。
⑤ 王文达认为：当时濠镜澳即包括澳门、望厦、龙田、龙环、塔石、新桥、沙梨头、卢兜等在内，是整个澳门半岛的全称，见王文达《澳门掌故》之 6《澳城记》，10 页，澳门，澳门教育出版社，1999。
⑥ 申良翰修，欧阳羽文纂：《（康熙）香山县志》卷 10《澳夷志》，康熙十二年刻本。

点在"关闸"以北三里。可以看出，这里所言"濠镜澳"是指整个澳门半岛。这在郭棐《粤大记·广东沿海图》更可获得清楚地证明，该图标澳门时南是标有小字的"亚马港"，北是标有小字的"望下村"，中间则用大字标写"濠镜澳"（参见图23）①。可知，濠镜澳一名有时确指整个澳门半岛。

但是，《苍梧总督军门志·全广海图》对"濠镜澳"的图标令人思考。它在香山县左面一小半岛旁边标"香山澳"，并注明"夷人住此"，而将"濠镜澳"标在香山县右面海中，并注明"有夷船"。②

图24：《苍梧总督军门志·全广海图》香山澳、濠镜澳部分

---

① 郭棐：《粤大记》卷32《广东沿海图》，日本藏中国罕见地方志丛刊本，539页，广州，中山大学出版社，1998。
② 应槚辑，凌云翼、刘尧海重修：《苍梧总督军门志》卷5《全广海图》，影印万历辛巳林大春序刊本，91页，北京，全国图书馆文献缩微复印中心，1991。

该图据考是万历时两广总督刘尧诲所作。① 刘对广东海防极为熟悉，为什么他将"香山澳"与"濠镜澳"同标一图而又各自标位不同呢？这使余想起一则曾被人否认的史料，《明史·佛郎机传》载：

> 嘉靖十四年，指挥黄庆纳贿，请于上官，移之濠镜，佛郎机遂得混入。②

此事《明实录》亦有记载。这则材料有人基本给予否定，认为葡萄牙人入据濠镜澳是嘉靖三十二年（1553 年）的事，嘉靖十四年（1535 年）葡人不可能进入濠镜澳。③ 如果看问题不是很绝对的话，是不是可以这样看：濠镜澳一名在澳门开埠之前其地域含义较开埠后要大一些。余以为，在澳门开埠以前，濠镜澳不仅指今澳门半岛之地，似乎还包括今湾仔、路环等地。《明穆宗实录》卷 38 载：

> 满剌加等国番商素号犷悍，往因饵其微利，遂开濠镜诸澳以处之。④

陈吾德《条陈东粤疏》亦称：

> 向因当事者利其数世之资，贻我无穷之患，乃开濠镜诸澳以处之。⑤

"濠镜诸澳"可证濠镜并非只有一澳，其辖地当还包括凼仔、路环等。《粤大记·广东沿海图》所标"濠镜澳"之地，直接伸

① 应槚辑，凌云翼、刘尧诲重修：《苍梧总督军门志》之附录（何林夏）《苍梧总督军门志研究》，影印万历辛巳林大春序刊本，486 页，北京，全国图书馆文献缩微复印中心，1991。
② 张廷玉：《明史》卷 325《佛郎机传》，北京，中华书局，1974。
③ 戴裔煊先生说："嘉靖十四年指挥黄琼（或黄庆）纳贿，请于上官，许夷侨寓濠镜，实属无稽之谈。"这样不客气地否定一则源自《明实录》的正史材料，恐怕太武断。见《〈明史·佛郎机传〉笺正》，61 页。黄文宽《澳门史钩沉》69 页中亦作极肯定的否定。张维华先生对这一材料则持极慎重的态度，见《明史欧洲四国传注释》，41 页。
④ 《明穆宗实录》卷 38，隆庆三年十月辛酉条。
⑤ 陈吾德：《谢山存稿》卷 1《条陈东粤疏》，影印清刊本，四库存目丛书，济南，齐鲁书社，1997。

入海中，与十字门相连，其间之凼仔、路环均不见名。① 《苍梧总督军门志·全广海图》（参见图 24）在澳门半岛标"香山澳"之名，又在虎跳门东南、"十字滘联洲"旁标"濠镜澳"之名。"十字滘联洲"当指内十字门的"上滘"及外十字门的"下滘"，"上滘"与凼仔紧靠，"下滘"则与路环相连。② 这就完全可以说明，早期"濠镜澳"之名并不仅指澳门半岛，而且还应包括半岛南面海域及凼仔、路环二岛。

再分析一下前面引过的材料，吴桂芳《议阻澳夷进贡疏》：

近年，各国夷人据霸香山濠镜澳恭常都地方。③

依排名顺序和习惯，据此，则可称恭常都是一个小于濠镜澳的地方。查《香山县志》，恭常都有村二十二，包括吉大、前山、唐山、沙尾等，均不在今澳门半岛，④ 而恭常都又是濠镜澳下的一个地方，反证濠镜澳是一个内涵应远远大于澳门半岛的地方。

据上述认识，即可知，《明史·佛郎机传》载嘉靖十四年（1535 年）黄庆受贿、佛郎机混入濠镜之事是可信的，只不过这"濠镜"并非澳门半岛，而是路环岛。从葡萄牙人入华贸易根据地的路线来看，先上川、电白，继浪白，继路环，最后定于澳门半岛，乃一由西逐渐东进的过程。这样解释"濠镜"一词的话，比随意否定《明史》和《明实录》的记载，可能更易让人接受。

葡萄牙人进入澳门半岛后，遂全力经营，"近数年来，始入濠镜澳筑室，以便交易。不逾年，多至数百区，今殆千区以

---

① 郭棐，《粤大记》卷 32《广东沿海图》，日本藏中国罕见地方志丛刊本，359 页，广州，中山大学出版社，1998。
② 应槚辑，凌云翼、刘尧诲重修：《苍梧总督军门志》卷 5《全广海图》，影印万历辛巳林大春序刊本，91 页，北京，全国图书馆文献缩微复印中心，1991。
③ 陈子龙辑：《明经世文编》卷 342《吴司马奏议》卷 1《议阻澳夷进贡疏》，影印平露堂刊本，北京，中华书局，1962。
④ 邓迁：《（嘉靖）香山县志》卷 1《风土第一》，日本藏中国罕见地方志丛刊本，广州，中山大学出版社，1998。

上"。① 葡人定居濠镜后，其他海澳悉废，而"濠镜独为舶薮"②，可知浪白、十字门、路环诸地之贸易均已废弃，故"濠镜"之名在后来逐渐变成专指澳门半岛的一个称谓，并广泛传播开来。从目前所见文献来看，濠镜澳之名是明朝人对澳门地区最重要的称呼，故《澳门记略》开篇即言："濠镜澳之名著于明史。"但并不是说，濠镜澳一名只流行于明代，事实上这个称谓一直到清代还继续使用。③

四、"香山澳"早期是对香山县所属诸澳的通称

明人对澳门半岛的最主要称呼是"濠镜澳"。但是，还可以看到，他们还经常将当时葡人居住的澳门半岛称之为"香山澳"。如王士性《广志绎》卷 4 载：

> 香山澳乃诸番旅泊之处。④

王临亨《粤剑编》卷 3 载：

> 西洋之人往来中国者，向以香山澳为舣舟之所。⑤

沈德符《万历野获编》卷 30 载：

> 利玛窦，……初来寄寓香山澳。⑥

可见，上引之"香山澳"即指当时葡萄牙人居住的澳门半岛。这是不是香山澳一名的全部含义呢？并非如此，香山澳之名并非专指澳门半岛，其原始涵义应是香山县的海澳，即香山所属

---

① 庞尚鹏：《百可亭摘稿》卷 1《抚处濠镜澳夷疏》，广东文献，清同治二年重印本。

② 屈大均：《广东新语》卷 2，36 页，北京，中华书局标点本，1985。

③ 至清朝仍称澳门夷目为"督理濠镜澳事务西洋理事官"，见《清代外交史料》嘉庆朝卷 3；又，藏于葡国的澳门汉文档案中嘉庆时仍多处称"濠镜澳"，见方豪《流落于西葡的中国文献》，收入《方豪六十自定稿》下册，1 743～1 792 页，台北，学生书局，1969。

④ 王士性：《广志绎》卷 4《江南诸省》，100 页，北京，中华书局标点本，1993。

⑤ 王临亨：《粤剑编》卷 3《志外夷》，91 页，北京，中华书局标点本，1987。

⑥ 沈德符：《万历野获编》卷 30《大西洋》，783 页，北京，中华书局标点本，1959。

诸澳的通称。① 香山澳，意即香山港。香山港之名最早见于明正统十年（1445 年），严从简《殊域周咨录》卷 4 载：

> 正统十年，琉球国陪臣蔡璇等数人以方物贸迁于邻国，漂至广东香山港。②

黄佐《（嘉靖）广东通志》卷 66《外志》亦有相似记载。此时澳门尚未开埠，这"香山港"乃泛指香山县所属诸港。但香山开港有记载者始于明正统十年（1445 年）。

香山澳之名，最早见于《明史·佛郎机传》：

> 巡抚林富上言……从之。自是佛郎机得入香山澳为市。③

林富上疏是嘉靖八年（1529 年），请复通市舶，如按传文，葡萄牙商人于嘉靖八年即进"香山澳"贸易。林富之疏虽是请复通市舶，但却不准与佛郎机互市，即如黄佐所言："如佛郎机者，即驱出境，如敢抗拒不服，即督发官军擒捕。"④ 禁是纸上的公文，但能不能禁得住，则是另一回事。只要是对外开放，葡萄牙商人总有办法进入中国贸易。《殊域周咨录》卷 9 载：

> 虽禁通佛郎机往来，其党类更附诸番舶杂至为交易。⑤

所以，完全否认嘉靖八年林富请复通市舶后葡萄牙人已进入香山澳贸易其证据是不充分的。因为早期的"香山澳"乃是香山诸澳的通称，并非专指澳门半岛，还包括浪白、十字门、路环诸澳，是一个比早期濠镜澳地域概念更大的地名。黄佐《（嘉靖）广东通志》卷 66 所言：

---

① 黄文宽先生认为："香山澳原义为香山县属之浪白、十字门即澳门各澳之通称，其后诸澳俱废，独留澳门一澳，香山澳之名，遂为澳门所专有。"参见黄文宽：《澳门史钩沉》，198 页，澳门，星光出版社，1987。
② 严从简著，余思黎点校：《殊域周咨录》卷 4《琉球》，北京，中华书局标点本，1993。
③ 张廷玉：《明史》卷 325《佛郎机传》，北京，中华书局，1974。
④ 黄佐：《泰泉集》卷 20《代巡抚通市舶疏》，岭南遗书本。
⑤ 严从简著，余思黎点校：《殊域周咨录》卷 9《佛郎机》，北京，中华书局标点本，1993。

香山浪白、濠镜、十字门……海澳湾泊不一。①

黄氏所讲的就应是"香山澳"的内涵，即浪白、濠镜、十字门。《明史·佛郎机传》有"香山澳濠镜"②之说，这里明确告诉我们，香山澳不等于濠镜，而濠镜只是香山澳属下之一澳。前引嘉靖《香山县志》已证，嘉靖二十六年（1547年）之前路环岛已有外国商人居住，又引黄佐《（嘉靖）广东通志》证澳门开埠之前濠镜、浪白、十字门诸澳已是东南亚及葡萄牙商人贸易港口。他们当即嘉靖八年（1529年）林富上疏开禁以后而进入香山澳的，只不过这时的香山澳并非指澳门半岛，而是指浪白、十字门、路环等地。如此证成立，则香山澳之名最早出现于嘉靖八年之时。

同样的理由，随着葡萄牙人进入澳门半岛并全力经营，而南面诸澳逐渐废弃，如屈大均所言："自是……诸澳悉废，而蠔镜独为舶薮。"③ 香山诸澳仅剩濠镜一澳了，故澳门开埠后，香山澳变为澳门半岛的专有名词。张燮《东西洋考》：

嘉靖三十四年三月，司礼监传谕户部取龙涎香百斤，……往香山澳访买。④

俞大猷《正气堂全集》：

（嘉靖四十三年）……乃可整齐香山澳船，猷取其旧熟用林宏仲数船。⑤

其后，还有许孚远《疏通海禁疏》、李侍问《罢采珠池盐铁澳税疏》、李之藻《奏为制胜务须西铳乞敕速取疏》及《南宫署

---

① 黄佐：《（嘉靖）广东通志》卷66《外志》3，广州，广东地方志办公室影印本，1993。

② 张廷玉：《明史》卷325《佛郎机传》，北京，中华书局，1974。

③ 屈大均：《广东新语》卷2，91页，北京，中华书局标点本，1985。

④ 张燮著，谢方点校：《东西洋考》卷12《舟师考》引《广东通志》，北京，中华书局标点本，2000。

⑤ 俞大猷：《正气堂全集》卷15《集兵船以攻叛兵》，369页，福州，福建人民出版社标点本，2007。

牍·会申王丰肃等犯一案》等均载有"香山澳"之名。很明显，这些"香山澳"名，均指葡人居住的澳门半岛。明代大戏剧家汤显祖将香山澳景色及建筑写入《牡丹亭》一剧中，所反映的亦是葡人居住的澳门半岛。[①] 据此可知，自葡萄牙人入居澳门半岛后，香山澳就成了澳门半岛仅次于濠镜澳的另一个专有名称了。尽管香山境内拥有多处港湾，但这时的香山澳一词乃专指澳门半岛，并不含香山其他港口，这从上述文献已可获至证明。

香山澳之名，多见于明代，清康熙时还有人使用，[②] 往后，随着澳门一名的兴起，"香山澳"之名遂没，凡有此名者，亦多为述及前明之事。

五、"澳门"一名初期为今澳门地区多处地方之称谓

"澳门"一名在上述诸名中出现最晚，而且该名所表示的地域极不稳定，且无固定说法，其情况甚为复杂。

"澳门"一名，中文形式最早见于明人庞尚鹏的奏疏中，其载：

> 广州南有香山县，由雍麦至濠镜澳，计一日之程，有山对峙如台，曰南北台也，即澳门是也。……议者却在澳门狭处，用石填塞，杜番舶潜行，以固香山门户。[③]

庞尚鹏文中记载十分清楚，澳门是濠镜澳中的一地，这一地在南台与北台之间。屈大均《广东新语》也有类似记载：

> 初至一所曰青洲，林木芊郁，桄榔槟榔之中为楼榭，差有异致。又十里至澳，有南台、北台。台者，山也，以相

---

① 汤显祖：《牡丹亭》第6出《怅眺》及第21出《谒遇》。其《玉茗堂诗》卷6还将"香山澳"作"香嶴"。此"香嶴"不是香山澳的简称，当时澳门以香料多闻名，早期葡人入澳门者其贸易多以胡椒、香料等，中西文献俱有可证，故称为"香嶴"。吴晗辑《朝鲜李朝实录中的中国史料》，下编卷2亦称澳门为"香澳"。
② 《康熙朝汉文朱批奏折汇编》中多载"香山澳"之名。
③ 庞尚鹏：《百可亭摘稿》卷1《抚处濠镜澳夷疏》，广东文献，清同治二年重印本。

对，故谓"澳门"。①

屈文所载澳门一地离青洲尚有十里之遥，亦为濠镜澳中的一地。这一地在何处呢？王文达《澳门掌故》载：

> 濠镜澳中南台、北台二山，殆指现在澳中市山与岗顶而言，故相对如门。其两山谷间之隙地，便为昔年互市之场所，建立商户，旧称澳门街，亦称大街，是现在之营地街，即原来之澳门地址也。查当年关前街之李家园内，其墙壁上书"澳门"二字。巨大踰寻，盖所以标示此处为澳门耳。②

据王文达说，旧澳门之地仅指今澳门营地街一带。当地还流传另两种说法：即南台、北台指今东、西望洋山，或指望厦山和妈阁山，两山相间之地即为澳门。清人何文绮的《重建三街会馆碑记》则综合言之：

> 其地三面距海，有南湾、北湾，复有南台、北台。台者山也，以相对如门，故称澳门。③

余意以为，之所以有这么多解释，即可说明一个问题，"澳门"一词最初在文献中出现并不具备有稳定的地名意义。只是一种地形的形象化比喻。两山相对之地即可称之为"澳门"，那两岛相对之海则同样可以称作"澳门"。故清薛韫《澳门记》称：

> 遵澳西南放洋十里许，右舵尾，左鸡头；又十里许，左横琴，左九澳；湾峰表里四立，像箕宿横成十，曰十字门，又称澳门。④

依薛文，澳门之名得自十字门，即十字门为澳门。张甄陶《澳门图说》因袭薛文，《澳门记略》的作者也赞同薛文，称：

> 澳南有四山离立，海水纵贯其中，成十字，曰十字门，

---

① 屈大均：《广东新语》卷2，91页，北京，中华书局标点本，1985。
② 王文达：《澳门掌故》之6《澳城记》，10页，澳门，澳门教育出版社，1999。
③ 王文达：《澳门掌故》之11《会馆谈往》，239页，澳门，澳门教育出版社，1999。
④ 王锡祺：《小方壶斋舆地丛钞》第9帙薛韫《澳门记》，影印光绪辛卯刊本，317页，杭州，杭州古籍书店，1985。

故合称澳门。①

但又不能完全肯定，故又云：

　　或曰澳有南台、北台，两山相对如门。②

以此观之，直到清乾隆时，澳门之名究竟源起何处，仍是解不开之谜。

但是，有一点却是十分明白的。尽管澳门之名早期的出现并非具有稳定意义的地名，但每一处"澳门"均是仅指今澳门地区的某一地而已，并不具备今天澳门之地域概念。在庞尚鹏嘉靖四十三年（1564 年）的奏疏中，澳门还只是"濠镜澳"之一地，但三四十年后，澳门之名内涵逐渐扩大，亦成为濠镜澳的一个别称。明郭棐于万历三十年（1602 年）修成的《广东通志》中则将言濠镜澳之事的卷目标明为"澳门"。很明显，在他的心目中，"澳门"一名已完全可以取代"濠镜澳"，澳门一名的内涵完全涵盖了"濠镜澳"一名的内涵。万历四十一年（1613 年）王以宁《条陈海防疏》亦载：

　　国初，占城诸国来修贡，因而互市，设市舶提举以主之。然稇载而来，市毕而去，从未有盘踞澳门者。有之，自嘉靖三十二年始。③

可见，在王以宁的心目中，澳门之名亦可代替濠镜澳，实指濠镜澳全地。这也是地名流播之规律，越是简单通俗的地名，越容易传播开来，越是为人们所接受。

但是，终明一代，澳门半岛的主要称谓仍是濠镜澳，其次是香山澳，明代称"澳门"者甚寥。入清以后，澳门之名逐渐兴

---

① 印光任、张汝霖：《澳门记略》卷上《形势篇》，21 页，澳门，澳门文化司署点校本，1992。
② 印光任、张汝霖：《澳门记略》卷上《形势篇》，21 页，澳门，澳门文化司署点校本，1992。
③ 王以宁：《东粤疏草》卷 5《条陈海防疏》，广州，广东省中山图书馆抄本，1958年。

起，特别是道、咸以后，濠镜澳、香山澳均已成为前明文化遗存
的象征，除偶尔使用外，澳门半岛一律以"澳门"相称。清前期
龚翔麟《珠江奉使记》称："今之澳门，即旧名濠镜。"① 则可反
映，濠镜之名已随着明王朝的灭亡而逐渐废弃，代之而起的是
"澳门"。

六、"龙崖门"是明代澳门半岛的一个别名

澳门别名甚多，但称澳门为"龙崖门"者，则仅见一处。郑
舜功《日本一鉴·穷河话海》卷6：

> 近又访得日本之夷皆以华人勾倭离岛，后虽称商，实为
> 寇盗，故今鲜有从商者，多从佛郎机夷之船来市广东海上。
> 今年，佛郎机夷号称"海王"者，官市广东龙崖门，得闻三
> 洲有船私市，谓减己利，而乃迁入龙崖与之伢市而去。称
> "海王"者，盖屋居止龙崖门，民厌其祸，官怀隐忧，遣使
> 驱逐，恬然不惧，此患积至十年矣。又闻市铜铸大铳，声言
> 朝贡，莫知所为。复有佛郎机夷号称"财主王"者，横过海
> 王，俱处其间，隐祸亦不可测也。②

这是一段极为珍贵的早期澳门史资料。作者于嘉靖三十四年
（1555年）从广州出发出使日本，嘉靖三十六（1557年）回国后
完成此书，并将其所见所闻之中国海上互市情况撰述成卷，其中
十分真实地记录了佛郎机商人在浙、闽、粤等地的贸易情况，这
一段资料则公布了许多为诸书不载的澳门早期情况。不知何故，
此资料竟被诸多澳门史专家遗漏。

要完全弄明白这一段史料，务必首先求证文中的"今年"二
字确指何年。余所参见文本为"民国28年据旧抄本影印"本。

① 王士禛：《池北偶谈》卷21《香山器》引《珠江奉使记》，北京，中华书局标点
本，1982。
② 郑舜功：《日本一鉴·穷河话海》卷6《海市》，民国二十八年影印本。

该书既无前言，亦无后语，故不知是书成于何年。查书中所书之事最晚记至嘉靖甲子（四十三年）（1564 年）。① 又据该书卷 9 《接使》称：

> 前出事情，功于丁巳、己未岁三次奏闻，痛遭弥缝，今数年矣。②

"丁巳"为嘉靖三十六年，"己未"为嘉靖三十八年，嘉靖四十三年距三十八年为五年，与"今数年"相合，故大致可断《日本一鉴·穷河话海》成书在嘉靖四十三年。

那余凭何证据可证明"龙崖门"就是澳门呢？理由如下：

1. 佛郎机在龙崖门"盖屋居止"。庞尚鹏言佛郎机人，"近数年来，始入濠镜澳筑室，以便交易。不逾年，多至数百区，今殆千区以上"。③ 佛郎机在龙崖门盖屋与在澳门盖屋同。

2. 佛郎机人在龙崖门"市铜铸大铳"。《澳门界务说帖》称：

> 1557 年，中国政府方准葡人建工厂于该岛之东。④

而这一工厂就是位于竹仔室的铸炮厂。博卡罗亦称："澳门有世界上一流的铜铁铸炮厂，铜炮厂开始得很早。"⑤ 故知龙崖门有铸炮业与澳门有铸炮厂相合。

3. 佛郎机在龙崖门盖屋居住，文中称"此患积至十年矣"。前已言，《日本一鉴·穷河话海》的成书时间应是嘉靖四十三年（1564 年），上推十年，则是嘉靖三十三年（1554 年），正是索札与汪柏达成协议之年，也正是葡萄牙人开始进入澳门之时，⑥ 故文称"此患积至十年矣"，即葡人入住龙崖门（澳门）已经十年。

---

① 郑舜功：《日本一鉴·穷河话海》卷6《海市》，民国二十八年影印本。
② 郑舜功：《日本一鉴穷河话海》卷9《接使》，民国二十八年影印本。
③ 庞尚鹏：《百可亭摘稿》卷1《抚处濠镜澳夷疏》，广东文献，清同治二年重印本。
④ 黄福庆主编：《澳门专档》第4册《澳门界务说帖》，81~82页，台北，中央研究院近代史研究所，1996。
⑤ "Description of the City of the Name of God in China, by Antonio Bocarro, Chronicler – in – Chief of the State of India", in C. R. Boxer ed. and trans., *Seventeenth Century Macau in Contemporary Documents and Illustrations*, p. 23.
⑥ 克路士（Gaspar da Cruz）：《中国概说》，载《文化杂志》，1997（31）。

4. 文中的"海王"与"财主王"当是两支葡萄牙商队名，即当时葡人的中日贸易船队。葡人入居澳门后，每年均有一支中日贸易船队从马六甲或果阿出发，其船队到澳门居停一年。其船队司令则在澳门行使统治权一年。由于季风原因耽误，常常会出现两支船队，甚至三支船队同居澳门的情况。① 文中之"海王"与"财主王"，当为两支船队同泊澳门。

5. 葡萄牙人在龙崖门居住的恶行，"民厌其祸，官怀隐忧，遣使驱逐"。庞尚鹏言澳门葡人："（葡人）喜则人而怒则兽，其素性然也。奸人导之，凌轹居民，蔑视澳官。……欲纵焚其民，以散其党，……事未及济几陷不测。"② 与郑舜功所载相合。

6. 还有一个有力的旁证。《霍文敏公文集》卷5载：

> 香山海滨，有峭石壁立，世呼为龙崖，或谓石壁。迂回突出，如龙之唾，拥特撑插，硬鳞硬甲，如龙之飞，故曰龙崖。③

明言龙崖为香山海滨之地，更证龙崖门为澳门无疑。第一节言嘉靖二十六年（1547年）《香山县志》卷首《香山县图》载凤凰山之南、小横琴山之东稍北有一岛"龙角山"（参见图20），澳门半岛上以"龙"命名地名甚多，如二龙喉、龙环村、龙田村。既然澳门古有龙崖门之称，则"龙角山"很可能亦为澳门之一地。龙崖门是指澳门海滨有峭石壁立处，龙角山则是指澳门半岛之一山，酷似龙角而得名。

---

① 费成康：《澳门四百年》，25页，上海，上海人民出版社，1988。有时出现葡、印总督同时派出两批赴日贸易船队，如1554年担任总督的彼得罗·马斯卡连雅斯，就将两份赴日商旅优惠特许奖状颁发给他的两位亲信"弗朗西斯科·马斯卡连雅斯和安东尼奥·佩雷拉"，所以出现"在中国同时有两个总指挥"。又参阅罗理路著作、陈用仪译《澳门寻根》，第20页及附录文献之9《若奥·德·埃斯科巴尔关于至高至强之塞巴斯蒂昂国王派往中国的使节团的译述》，106~128页，其中记录了1563年8月刘native斯·梅洛和唐·若奥·佩雷拉两位同时抵达澳门的船队总指挥的争权情况。
② 庞尚鹏：《百可亭摘稿》卷1《抚处濠镜澳夷疏》，广东文献，清同治二年重印本。
③ 霍韬：《霍文敏公文集》卷5《龙崖序》，清同治元年石头书院刊本。

此图系 1626 年约翰·斯皮德绘制的《澳门图》。

第七章　澳门开埠时间考①

　　关于澳门开埠的确切时间，迄今仍是一个颇具争议的问题。西方学者较普遍的说法是 1557 年（嘉靖三十六年）葡萄牙人正式入居澳门是为澳门开埠。② 而中国学者传统说法则是 1535 年（嘉靖十四年），③ 而现今又多主张 1553 年（嘉靖三十二年）说。④ 实际上关于澳门开埠之时间众说纷纭，远不止以上三种，概括起来约有七种：一是嘉靖八年说；二是嘉靖十四年说；三是嘉靖三十年说；四是嘉靖三十二年说；五是嘉靖三十六年说；六是隆庆初说；七是万历中说。除三种没有原始文献为凭外，其余四说均有明代文献为证据的说法。为什么会形成诸多时间差异甚大的说法呢？盖由东西方文献记录此事的含混、矛盾及后人对原

---

① 原文载《暨南学报》，1998（2）。

② 博克塞称："除开临时作为数周或数月的交易场所，首次长期在澳门定居的日期仍具争议。最为普遍接受的说法是，葡萄牙人于 1557 年获准在半岛定居"。见 C. R. Boxer ed. and trans. , *Seventeenth Century Macau in Contemporary Documents and Illustrations*, p. 4. 张增信先生亦称："目前葡萄牙人与西方皆公认 1557（嘉靖三十六）年为葡人始入澳门之年"，见张增信《明季东南中国的海上活动》（上编），313 页，台北，中国学术著作奖助委员会，1988。

③ 谢彬：《中国丧地史》，39 页，上海，中华书局，1925；汪兆镛：《澳门杂诗》，1 页，民国排印本，1918；陈沂春：《澳门》，6 页，民国排印本，1916；黄汉强、吴志良主编：《澳门总览》，10 页，澳门，澳门基金会，1996。

④ 张维华：《明史欧洲四国传注释》，40 页，上海，上海古籍出版社，1982；黄文宽：《澳门史钩沉》，21～22 页，澳门，星光出版社，1987；戴裔煊：《〈明史·佛郎机传〉笺正》，69 页，北京，中国社会科学出版社，1984。

始文献理解的歧异与误差所致。余以为，要搞清楚澳门开埠的时间，首先要对"澳门"一名进行界定，即这里所讲的"澳门"并非指今日澳门之界域，而是指澳门开埠初期的界域，仅指今澳门半岛之南半部。另外还必须说明两点：一是澳门开埠之意即指澳门开始成商埠展开贸易，它应与葡萄牙人正式大规模入居澳门之事有所区分；二是早期的"香山澳""濠镜澳"之名与后来的"香山澳""濠镜澳"之名内涵不同，早期"香山澳""濠镜澳"之地域明显要大于后期之地域。有关此说，请参阅拙稿《澳门诸名刍议》。① 在此前提下，本章拟就几个主要的澳门开埠时间进行一些考证，以求对此问题有一个较清楚的答案。

一

先看嘉靖八年（1529 年）说。这一说法的根据来源于《明史·佛郎机传》：

> 巡抚林富上言：粤中公私诸费，多资商税，番舶不至，则公私皆窘。今许佛郎机互市有四利……从之。自是佛郎机得入香山澳为市。②

查《明世宗实录》，林富上此疏是在嘉靖八年十月。③ 那就是说《明史·佛郎机传》的作者认为，嘉靖八年之时，佛郎机已开辟了"香山澳"这一贸易商埠。然而《明史·佛郎机传》这一段文字存在着严重问题，那就是该传所引林富之疏不是原文，而是经过作者删改后的疏章，且与原意有很大的区别。原疏章今仍保存在黄佐《泰泉集》《（嘉靖）广东通志》、严从简《殊域周咨

---

① 汤开建：《澳门诸名刍议》，载《文化杂志》，1995（23）。
② 张廷玉：《明史》卷 325《佛郎机传》，北京，中华书局，1974。
③ 《明世宗实录》卷 106，嘉靖八年十月己巳条。

录》及顾炎武《天下郡国利病书》中。① 将原疏章与《明史·佛郎机传》所引林富文比较，可以发现林富上疏是"请令广东番舶例许通市"，而不是"今许佛郎机互市"。这一点，戴裔煊先生已作出了详细考证，确证《明史·佛郎机传》删改之误，其缘由乃是《明史·佛郎机传》作者参考何乔远《名山藏·王享记·东南夷传》所致。② 乾隆时编纂《澳门记略》的印光任、张汝霖亦看到这一问题，他引用《明史·佛郎机传》林富之疏将"佛郎机"删去，仅言"林富上言，互市有四利"，并所得结论亦不是"自是佛郎机得入香山澳为市"，而称"诸蕃之复通市，自林富始"。③ 基本上否定了《明史·佛郎机传》之嘉靖八年佛郎机入市于香山澳之说。尽管如此，后人仍然将林富与葡人入据澳门事牵扯进来。丘逢甲《澳门杂诗》第二首自注云："以澳门租葡人，由林富奏请。"④ 可见，其明显受《明史·佛郎机传》的影响。

应当怎样理解《明史·佛郎机传》中这一段文字呢？余以为，戴裔煊先生辨证林富言"今许佛郎机互市"是篡改了原文，这是十分正确的，但我们不应该完全否认"自是佛郎机得入香山澳为市"一句史文。

嘉靖八年，林富奏请中央开通海禁获准后，诸国商人又纷纷来中国贸易，即《澳门记略》所言："诸蕃之复通市，自林富始"。虽然当时朝廷明令拒绝佛郎机人进贡经商，但佛郎机商人却利用其他国商人来中国贸易的机会偷偷地混进来。严从简《殊域周咨录》卷9载：

---

① 黄佐：《泰泉集》卷20《代巡抚通市舶疏》；黄佐：《（嘉靖）广东通志》卷66《外志》；严从简著，余思黎点校：《殊域周咨录》卷9《佛郎机》及顾炎武：《天下郡国利病书》第33册《交阯西南夷》。

② 戴裔煊：《〈明史·佛郎机传〉笺正》，28～32页，北京，中国社会科学出版社，1984。

③ 印光任、张汝霖：《澳门记略》卷上《官守篇》，74页，澳门，澳门文化司署点校本，1992。

④ 丘逢甲：《岭云海日楼诗抄》卷7《澳门杂诗》，上海，上海古籍出版社标点本，1982。

虽禁通佛郎机往来，其党类更附番舶来至为交易。①

黄佐《（嘉靖）广东通志》卷66亦载：

嘉靖中党类（指佛郎机）更番往来，私舶杂诸夷中交易，首领人皆高鼻白皙，广人能辨识之。②

这些材料可以证明，佛郎机人在嘉靖初被禁止通商后，其商队仍然活跃在广东沿海地区。

这些活跃在广东沿海的葡萄牙人具体在哪些地方进行贸易呢？马士《中华帝国对外关系史》称：

1522年奉派朝见中国皇帝的专使米罗（Alfonso Martins de Mello）到达圣约翰岛，但遭到袭击，所有在他船上的人员几乎丧命；少数幸免逃到浪白澳（Lampaco）。他们在那里建立了一个葡萄牙贸易站，一直存在了半世纪之久。③

雷戈1623年写作的《澳门的建立与强大记事》载：

第一批葡萄牙人于1524年到了中国这一带地区，在上川岛与中国人做了18年生意，又在浪白滘与中国人做了12年生意之后，才发现澳门港。④

还有葡文资料载：

从这一年开始，葡萄牙商人又开始频繁往来于中国沿海，一位佚名的葡萄牙船长来到广东旧港码头，并在此交了关税。⑤

张增信先生公布的两张1537年的葡萄牙古航海图中在今日

---

① 严从简著，余思黎点校：《殊域周咨录》卷9《佛郎机》，北京，中华书局标点本，1993。
② 黄佐：《（嘉靖）广东通志》卷66《外志》，广州，广东地方志办公室影印本，1998。
③ 马士著，张汇文、张志信、马伯煌，等译：《中华帝国对外关系史》，第1卷，第3章，45页，北京，商务印书馆，1963。
④ 雷戈：《澳门的建立与强大记事》（1623），载《文化杂志》，1997（31）。
⑤ Raffaella D'Intino, *Informacoes das Cousas da China*, p. 60.

浪白澳的地方亦标写 Labupa 或 Labups①。可知，在嘉靖初，明朝政府仍禁止与佛郎机人通商时，葡商已进入了香山境内"浪白澳"等地进行贸易。黄佐《（嘉靖）广东通志》卷66还有一则材料：

> 布政司案：查得递年暹逻国，并该国管下甘蒲泹、六坤洲与满剌甲、顺搭、占城各国夷船，或湾泊新宁广海、望峒；或新会奇潭，香山浪白、蠔镜、十字门；或东莞鸡栖、屯门、虎头门海澳，湾泊不一。②

这则材料记录于林富嘉靖八年请通番舶疏章之后，那就是说嘉靖八年通海禁后，上述各地均成了暹逻、占城诸国商人湾泊及互市的场所。香山之浪白、蠔镜、十字门亦为诸夷湾泊互市之处。前已言之，这时候的佛郎机商人是"私舶杂诸夷中交易"。亦可以说，这一时期佛郎机夷人也来到了香山县的浪白、蠔镜、十字门进行贸易。余在前面已有说明，即早期文献的"香山澳"之名并不等于澳门半岛，而是香山县所属诸澳的总称。③ 因此，《明史·佛郎机传》中载"自是佛郎机得入香山澳为市"并非无根据。嘉靖八年（1529年）后，随着明朝海禁的开放，佛郎机人进入香山地区各港口进行贸易是很正常的，只不过这时的"香山澳"与"蠔镜"均非指澳门半岛，而应是香山县属的其他港口。故此，余以为，嘉靖八年是葡萄牙商人与各国商人进入香山地区展开贸易的时间，而不是澳门正式成为商埠的时间。

---

① 张增信：《明季东南中国的海上活动》（上编），305 页，台北，中国学术著作奖助委员会，1988。
② 黄佐：《（嘉靖）广东通志》卷66《外志》3，广州，广东地方志办公室影印本，1998。
③ 汤开建：《澳门诸名刍议》。张增信先生亦有此说："首先说明的是，初'佛郎机得入香山澳为市'，此香山澳当不专指后来的濠镜澳（今澳门）而言，乃泛指所有香山之澳。"见《明季东南中国的海上活动》（上编），249 页，台北，中国学术著作奖助委员会，1988。

二

再谈嘉靖十四年（1535 年）说。这一说法的主要依据是《明实录》与《明史·佛郎机传》。《明熹宗实录》卷 11 载：

> 先是，暹罗、东西洋、佛郎机诸国入贡者附省会而进，与土著贸迁，设市舶提举司税其货。正德间，移泊高州电白县。至嘉靖十四年，指挥黄琼纳贿，请于上官，许夷人侨寓蠔镜澳，岁输二万金。[①]

《明史·佛郎机传》载此事基本相同，但明显有很大的歧异：

> 先是，暹罗、占城、爪哇、琉球、浡泥诸国互市，俱在广州，设市舶司领之。正德时，移于高州之电白县。嘉靖十四年，指挥黄庆纳贿，请于上官，移之壕镜，岁输课二万金，佛郎机遂得混入。[②]

这里必须说明一点，《明史·佛郎机传》应不是"承袭"《明实录》之文，其间至少有三点完全不同：一是两书言进贡国名不同，《明实录》为"暹罗、东西洋、佛郎机诸国"，而《明史》为"暹罗、占城、爪哇、琉球、浡泥诸国"，如《明史》之文出自《明实录》，则不当作如此大的更改，特别不该省去"佛郎机"这一核心词。二是《明实录》言"指挥黄琼"，而《明史》则是"指挥黄庆"，如《明史》之文出自《明实录》，亦不会改其名。有人以广东人读琼、庆二字相近，但须知，修《明史》和《明实录》的人均不是广东人。可见是依据原资料不同。三是《明实录》称"请于上官，许夷人侨寓蠔镜澳"，《明史》则称"请于上官，移之濠镜"。可见，《明史·佛郎机传》这一段文字并不是根据《明实录》而来，而应是另有资料为依据的。

关于嘉靖十四年澳门开埠之说应是最多被人接受的。首先是

---

① 《明熹宗实录》卷11，天启元年六月丙子条。
② 张廷玉：《明史》卷325《佛郎机传》，北京，中华书局，1974。

印光任、张汝霖编著的《澳门记略》予以接受：

> （嘉靖）十四年，都指挥黄庆纳贿，请于上官，移泊口
> 于濠镜，岁输课二万金。澳之有蕃市，自黄庆始。[①]

"澳之有蕃市，自黄庆始"。这就十分清楚地说明，澳门开始对外通商，印、张二人认为是在嘉靖十四年。印光任、张汝霖是参考了相当多的有关澳门资料而完成的《澳门记略》，其说当不应视之为妄说。

与印、张二人大约同时当过香山县令的张甄陶《澳门图说》亦载：

> 先是，海舶皆直泊广州城下，至前明备倭，迁于高州府
> 电白县，后嘉靖十四年，番舶夷人言风潮湿货物，请入澳晒
> 晾，许之，令输课二万两，澳有夷自是始。[②]

张甄陶所言明确指出，为了"备倭"才将"海舶"从广州迁至电白，其文还较《明实录》《明史》多出些内容，即嘉靖十四年入澳是"番舶夷人言风潮湿货物，请入澳晒晾"。但他亦是主张嘉靖十四年外国商人入居澳门说。

今人戴裔煊、黄文宽二先生均极力否定此说，并直斥为"无稽之谈"[③]。戴先生对这一问题作过较详之考证，首先认为广州市舶提举司没有移设于高州电白县之事；次又认为，中国与东南亚南海诸国互市也没有移于电白。关于这一问题，余已在专文中专门讨论，认为电白一带确是当时明朝同外国商人互市之处。[④] 为什么要将原来外国商人在广州贸易改到那么偏远的高州电白县

① 印光任、张汝霖：《澳门记略》卷上《官守篇》，64 页，澳门，澳门文化司署点校本，1992。
② 王锡祺：《小方壶斋舆地丛钞》第 9 帙张甄陶《澳门图说》，影印光绪辛卯刊本，315 页，杭州，杭州古籍书店，1985。
③ 戴裔煊：《〈明史·佛郎机传〉笺正》，61 页，北京，中国社会科学出版社，1984；黄文宽：《澳门史钩沉》，69 页，澳门，星光出版社，1987。
④ 汤开建：《中葡关系的起点：上下川岛—Tamao 新考》，载《文化杂志》，1996（26）。

呢？这还得从成化、弘治年间讲起。顾炎武《天下郡国利病书》：

> 成化、弘治之时，贡献至者夥多，有司惟容其番使入
> 见，余皆留停于驿，往来设宴管待，方许入城。衣服诡异，
> 亦有帽金珠衣朝霞者，老稚咸竞观之。椒木、铜鼓、戒指、
> 宝石溢于库。市番货甚贱，贫民承令博头，多致富。[1]

可见，在成化、弘治年间，大批的外国贡船、使者进入广
州，已经给广州带来了重大影响。正德四年（1509 年）陈金下令
对各国夷船货物"俱以十分抽三"。[2] 到正德十二年（1517 年）
正式倡立番舶进贡交易法：不拘年份，至则抽分，"以至番舶不
绝于海澳，蛮夷杂沓于州城，法防渐疏，道路亦熟"[3]。恰在这一
时候，又来了从未进过贡的佛郎机人。明王朝就是在这一背景下
将诸番在广州的贸易点迁至电白。

我们看最原始的文本《明熹宗实录》的记载，这里谈"移泊
高州电白县"是在佛郎机诸国进贡之后，而佛郎机进贡史文所载
是在正德十二年（1517 年）。戴璟《广东通志稿》卷 35 载：

> 佛郎机国，前此朝贡莫之与。正德十二年，自西海突入
> 东莞县界，守臣通其朝贡。[4]

而佛郎机进贡使者进入广州后，其所作所为曾引起当时士大
夫们的极大惊恐，他们对佛郎机人既缺乏认识，又具盲目排外心
理，故纷纷疾呼佛郎机人之祸害。东莞王希文称，佛郎机人"突
至省城，擅违则例，不服抽分，烹食婴儿，掳掠男妇，设栅自
固，火铳横行"[5]。香山黄佐则言："佛郎机夷人假贡献以窥我南

---

① 顾炎武：《天下郡国利病书》第 33 册《交趾西南夷》，58 页，清光绪二十七年图
　书集成铅印本。
② 黄佐：《（嘉靖）广东通志》卷 66《外志》3，广州，广东地方志办公室影印本，
　1998。
③ 《明武宗实录》卷 194，正德十五年十二月己丑条。
④ 戴璟：《（嘉靖）广东通志初稿》卷 35《外夷》，影印明嘉靖本，北京图书馆古籍
　珍本丛刊，北京，北京图书馆出版社，2000。
⑤ 《明世宗实录》卷 118 嘉靖九年十月辛酉条。

海"①。《明武宗实录》还载："其（佛郎机）留候怀远驿者，遂略买人口，盖房立寨，为久居计"②。其中影响最大的是御史何鳌的奏章：

> 佛郎机最号凶诈，兵器比诸夷独精。前年驾大舶突进广东省下，铳炮之声震动城郭；留驿者违禁交通，至京者桀骜争长。今听其私舶往来交易，势必至于争斗而杀伤，南方之祸殆无极矣……近因布政使吴廷举首倡，缺少上供香料及军门取给之议，不拘年份，至即抽货，以致番舶不绝于海澳，蛮夷杂沓于州城，法防既疏，道路亦熟，此佛郎机所以乘机而突至也。乞查复旧例，悉驱在澳番舶及夷人潜住者，禁私通，严守备，则一方得其所矣。③

何鳌上此疏时在正德十五年（1520 年）十二月，当时中葡关系尚未破裂，明王朝尚未拒绝佛郎机人的进贡，④ 亦未下令禁绝同佛郎机的贸易。因此，在这种情况下，为了广东省城的安全，为了防止"凶诈"的佛郎机夷人的侵扰，广东地方政府下令将对外互市的地点由广州迁往高州电白县。《明史》《明实录》均未载"移广东市舶提举司于电白"，而是称"移泊高州电白县"，《澳门记略》为了表述清楚径改为"移泊口"，张甄陶亦明言为了防备倭寇才将海舶迁至电白。张天泽先生对于此事亦作过十分合理的解释：

> 广州政府为了对外贸易而寻找一个新地点，此举很值得注意，它表明中国人在涉及外国人的问题上已经更加谨慎小心。如今，他们认为不让外国商人前来广州港而与他们保持一段安全的距离是明智的；广州港不仅人口稠密，而且位于

① 黄佐：《泰泉集》卷 52《通奉大夫湖广左布政使雁峰何公墓志》，岭南遗书本。
② 《明武宗实录》卷 194，正德十五年十二月己丑条。
③ 《明武宗实录》卷 194，正德十五年十二月己丑条。
④ 《明武宗实录》卷 197，正德十六年三月："……佛郎机等处进贡夷人俱给赏，令还国"。可证两国关系尚未破裂。

一个大省的心脏地区，那里发生任何严重骚乱都会直接影响到许多人，而且会在华南地区引起反响。[1]

可见，在当时的情况下，将广东对外贸易之处移至高州电白并非完全不可思议。

戴、黄两位先生不仅否认《明史》《明实录》将广东对外互市地点从广州移至高州电白的记载，还进一步否认嘉靖十四年（1535年）广东对外互市之处又从电白移至濠镜的记载。总之，两位先生可以说将明代最主要文献中的关于澳门的最重要记载差不多都给否掉了，[2] 几乎是无可信之处。余不以为然。戴、黄两位先生根据其他文献中没有"黄琼（庆）"这一人而否认《明史》和《明实录》的记载。《明实录》记为"黄琼"，《明史》和《明史稿》均记为"黄庆"即可证明，《明史》当另有所本，如是抄《明实录》，则不至于将"黄琼"抄为"黄庆"。可见，明代文献不止一处记此事。黄琼为一"指挥"，其职全称当为"备倭指挥"[3]，实为一位低品级的武职人员，所以见于《明史》而不见于其他文献就不奇怪了。有关香山的地方志中又记录了几位"指挥"这一级的武职人员呢？以香山地方志无"黄庆"之名而又硬将万历年间出镇澳门的"王绰"进行比附，这种不论时间、人名都差距极大的比附研究居然得到很多人的认同，真是令人百思不得其解。因此，余以为，不能因为香山地方志无"黄庆"之人就否认《明史》和《明实录》的记载，这种否认是毫无道理的。《明史》《明实录》记载，嘉靖十四年（1535年），广东对外

---

[1] 张天泽著，姚楠、钱江译：《中葡早期通商史》，第5章，103页，香港，中华书局，1988。

[2] 作为《明史》《明实录》，对这一类史实时间的记录有些差异，或主事人有讹误均有可能，而完全将这一事实视之为子虚乌有或是凭空捏造，则应是对历史文献的不尊重。

[3] 《明史·佛郎机传》及《明实录》均作"指挥黄琼（庆）"，《澳门记略》作"都指挥"，《澳门图说》作"备倭"，其全称职名应是"备倭指挥"，在《明史·职官志》中为镇戍将校中的最低一等，在守备之下，备倭指挥亦称"备倭都指挥"，故《澳门记略》称黄庆为"都指挥"，并不是指黄庆是"都指挥使"。

贸易的设点处又从电白迁到了濠镜。这一点，我们应该表示对原始文献的尊重，不可任意否认。否则中国数千年的历史，均可"虚无"。

值得研究的是嘉靖十四年将泊口移到濠镜，这一"濠镜"的内涵意义是什么？余认为这时的"濠镜"并非指今天的澳门半岛，即与后来的"澳门"并非一码事。余在《澳门诸名刍议》中曾提出，早期的濠镜澳并非仅指澳门半岛，应还包括凼仔、路环诸岛。故陈吾德有"蠔镜诸澳"之称。① 再提供一则材料，吴桂芳《议阻澳夷进贡疏》载：

> 驯至近年，各国夷人据霸香山濠镜澳恭常都地方……况非我族类，不下万人，据澳为家，已逾二十载。②

吴桂芳是嘉靖末年的两广总督，从嘉靖初年起，一直任职广东，其所言澳门事当为可信。这里有两处透露了极为重要的信息：一是吴桂芳言，各国夷人占据澳门已超过 20 年时间了。吴疏上于嘉靖四十四年（1565 年），以此时间上推，则吴桂芳认为各国夷人居澳的时间应是嘉靖十五年至嘉靖二十四年（1536—1545 年）之间。那么，吴桂芳所言时间与《明史》《明实录》所载嘉靖十四年（1535 年）移泊口至濠镜澳大致相合。万历十四年（1586 年）蔡汝贤《东夷图说》称：

> 粤有香山濠镜澳，向为诸夷贸易之所……嘉靖海道利其饷，自浪白外洋议移入内。③

这个"内"即澳门，海道将诸夷贸易之所从浪白外洋移入澳门一般指嘉靖三十二年（1553 年）后，依据行文次序，则知嘉靖

---

① 陈吾德：《谢山存稿》卷1《条陈东粤疏》，影印清刊本，四库存目丛书，济南，齐鲁书社，1997。
② 陈子龙辑：《明经世文编》卷342《吴司马奏议》卷1《议阻澳夷进贡疏》，影印平露堂刊本，北京，中华书局，1962。
③ 蔡汝贤：《东夷图说》（不分卷），影印明万历刊本，2 页，四库存目丛书，济南，齐鲁书社，1997。

三十二年以前濠镜澳即已成为"诸夷贸易之所"。这个"向"字可说明濠镜澳成为外夷贸易场所已经很久了。通过当时吴桂芳、蔡汝贤等人记载验证了《明史》《明实录》材料的准确性。清顺治四年（1647 年）两广总督佟养甲言：

> 濠镜澳，所名佛朗西人住居百余年矣。①

清顺治八年（1651 年）正月澳门正式归顺清朝，其归诚书称：

> 籍在西洋，梯山帆海，观光上国，侨居濠镜澳贸易输饷百有余年。②

从 1647 年上推 100 年，则是 1547 年，"百有余年"则是在 1547 年之前，即在嘉靖三十年之前葡人已入居濠镜澳，均可旁证吴说和蔡说。

二是吴桂芳言各国夷人据霸香山濠镜澳恭常都地方，值得注意的是，这里三个地名的排列顺序：第一是香山，这是指香山县；第二是濠镜澳，这是指香山县属下的一地；第三是恭常都，依此顺序则恭常都应是濠镜澳辖下的一地。恭常都在哪里？查申良翰《香山县志》卷 2《建置志》载：

> 长安乡恭常都……在县东南一百里。图二。一百二十里内村二十二，曰：上栅、北山、南大涌、神围、界涌、那州、潭、东岸、下栅、神前、楼前、纲涌、鸡拍、唐家、翠眉、灶背、上涌、南坑、吉大、前山、沙尾、奇独澳。③

这些村落均不在今澳门境内，这即可证明，早期的濠镜澳之名不等同于澳门半岛，其地域范围应远比今澳门全境还要大。

只有明白了这一点之后，才可以理解嘉靖十四年（1535 年）

---

① 故宫博物院文献馆编：《文献丛编》第 24 辑《总督两广巡抚佟养甲为请许濠镜澳人通商以阜财用事题本》，北平，和济印刷局，1930。
② （台北）中央研究院历史语言研究所编：《明清史料》丙编第 4 本《广东巡抚李栖凤揭帖》，北京，中华书局，1987。
③ 申良翰修，欧阳羽文纂：《（康熙）香山县志》卷 2《建置志》，康熙十二年刻本。

外国商人进入濠镜澳之说。当时进入的"濠镜澳"并非今日之澳门半岛，而很可能是九澳（路环）岛。如果嘉靖十四年夷商们已进入澳门半岛开埠贸易，尽管是临时性的搭篷贸易，半岛上也会留下一点痕迹，不可能不产生任何影响，嘉靖二十六年（1547年）成书的《香山县志》没有丝毫澳门半岛的报告就是极有力的证明。反之，嘉靖二十六年成书的《香山县志》却有路环岛的报告，该书卷1称"九澳山，其民皆岛夷"①。"岛夷"除了有时专指日本外，还可为泛指南洋各国人。嘉靖二十六年前"九澳山"还有许多被称之为"岛夷"的外国人居住，岂不正好与吴桂芳所言"非我族类……据澳为家，已逾二十载（嘉靖十五年至嘉靖二十四年）"完全相合吗？亦与《明史》《明实录》所载嘉靖十四年后各国商人入市濠镜澳相合。只不过这里的濠镜澳并非指澳门半岛，而是指九澳（路环）岛。所以，《澳门记略》言："澳之有蕃市，自黄庆始。"亦即说，濠镜澳开辟了对外贸易的港口是从黄庆开始的，也就是从嘉靖十四年开始。明万历时成书的《苍梧总督军门志·全广海图》（参见图24）亦称：

> 十字门澳，夷船泊此澳内。②

九澳紧靠十字门，故进入十字门澳的外国商队必居停九澳，通过这些资料，可以看出，九澳（路环）开埠时间实际早于澳门半岛。《明史》《明实录》之嘉靖十四年泊口移于濠镜实指移于濠镜之九澳。

九澳开埠后，当时的各国商人并非全力经营，主要是闽浙沿海走私贸易的开辟与兴旺，这些聚居于九澳的夷商纷纷转入闽浙沿海贸易。裴化行《天主教16世纪在华传教志》载：

> 1533年（嘉靖十二年）左近，有人将洋商引至浙江之宁

---

① 邓迁：《（嘉靖）香山县志》卷1《风土第一》，日本藏中国罕见地方志丛刊本，广州，中山大学出版社，1998。

② 应槚辑，凌云翼、刘尧诲重修：《苍梧总督军门志》卷5《全广海图》，影印万历辛巳林大春序刊本，91页，北京，全国图书馆文献缩微复印中心，1991。

波一带。此地在浙江省中，对于外人比较开放，常有日商来临，此后渐渐在附近海岸找到了五十余处港口，皆超出广州之上。①

郑舜功《日本一鉴·穷河话海》卷6载：

> 许一（松）、许二（楠）、许三（栋）、许四（梓）勾引佛郎机国夷人，络绎浙海，亦市双屿大茅港。②

时间在嘉靖二十年左右。正由于浙江宁波双屿港的开辟，这一带的对外走私贸易极为兴旺。

> 内地奸商王直、徐海等阑出中国财物，与番客市易，……如此者六七年。③

> 数年之前，有徽州、浙江等处番徒，勾引西南诸蕃，前至浙江之双屿港等处买卖，逃免广东市舶之税。④

一方面是浙江宁波双屿港的走私贸易发达，一方面是到那里去贸易可以逃免广东市舶之税（宁波市舶司嘉靖二年时已罢废）。于是乎嘉靖十四年刚在濠镜之九澳开辟贸易的夷商们大都又转去浙海，故九澳开埠时间虽早至嘉靖十四年，但在以后的时间中一直未曾形成一固定的对外贸易港口，故其名遂没。

三

嘉靖三十二年（1553年）开埠说。此说主要依据是郭棐的《（万历）广东通志》卷69载：

> 嘉靖三十二年，夷舶趋濠镜者，托言舟触风涛缝裂，水湿贡物，愿借地晾晒，海道副使汪柏徇贿许之。时仅篷累数

---

① 裴化行著，萧浚华译《天主教16世纪在华传教志》上编，51页，上海，商务印书馆，1936。
② 郑舜功：《日本一鉴·穷河话海》卷6《海市》，民国二十年影印本。
③ 《明世宗实录》卷35，嘉靖二十八年七月壬申条。
④ 俞大猷：《正气堂全集》卷7《论海势宜知海防宜密书》，196页，福州，福建人民出版社标点本，2007。

十间，后工商牟奸利者，始渐运砖瓦木石为屋，若聚落然。
自是诸澳俱废，濠镜为舶薮矣。①

郭棐此说既不见于《明实录》，亦不见于《明史·佛郎机
传》，他自己的另一部著作《粤大记》也没有记录此事。更要指
出的是，早于郭氏的黄佐《（嘉靖）广东通志》，其《外志》记
事到嘉靖三十七年（1558年），为何郭氏所言之嘉靖三十二年事
不见于黄志？这里只是提出一点疑问，余亦不会因黄志未载轻易
去否认郭志所载。

郭氏所言影响甚大，万历末广东监察御史王以宁即采嘉靖三
十二年说。王以宁《条陈海防疏》：

> 国初，占城诸国来修职贡，因而互市，设市舶提举以主
> 之。然稇载而来，市毕而去，从未有盘踞澳门者，有之，自
> 嘉靖三十二年始。②

康熙时申良翰修《香山县志》亦采郭氏之说：

> 嘉靖三十二年，番舶趋澳镜者，托言舟触风涛，水渍湿
> 贡物，愿借地晾晒，海道副使汪柏许之。③

到乾隆时，《澳门记略》的作者亦采纳郭氏之说：

> （嘉靖）三十二年，蕃舶托言舟触风涛，愿借濠镜地曝
> 诸水渍贡物，海道副使汪柏许之。初仅苫舍，商人牟奸利者
> 渐运瓴甓榱桷为屋，佛郎机遂得混入，高栋飞甍，栉比相
> 望，久之遂专为所据。蕃人之入居澳，自汪柏始。④

《澳门记略》在前面承认了嘉靖十四年为濠镜澳开埠的时间，
而在这里则称嘉靖三十二年是夷商正式入居濠镜的时间。葡文材

---

① 郭棐：《（万历）广东通志》之《外志》，万历壬寅年序刊本。
② 王以宁：《东粤疏草》卷5《条陈海防疏》，广州，广东省中山图书馆抄本，1958。
③ 申良翰修，欧阳羽文纂：《（康熙）香山县志》卷10《澳夷志》，康熙十二年刻本。
④ 印光任、张汝霖：《澳门记略》卷上《官守篇》，65页，澳门，澳门文化司署点校本，1992。

料与中文记载有一点不同，多称 1554 年（嘉靖三十三年）葡人索札行贿与中国官员达成口头协议方入居澳门贸易。最重要的史料是葡萄牙船长索札（Leonel de Sousa）于 1556 年 1 月写给葡王若奥三世的兄弟路易亲王的信称：

> 我在 1552 年就到了广东外海，一直为葡人通舶及居留问题与广东有司交涉，前后约三年……终于在 1554 年与广东海道达成协议。①

耶稣会士佛罗依斯（Luis Froes）1555 年 12 月 1 日的信上亦说：

> 去年（1554 年）当我们获悉葡萄牙人得到允许进入广东后，罗尼士·巴列托（Nunes Barretto）神父显得非常感动。②

克路士《中国志》称：

> 自 1554 年以来，莱昂尼·德·索札任少校，和中国人订立条约说，我们要向他们纳税，他们则让我们在他们的港口进行贸易。③

在裴化行（H. Bernard）及徐萨斯（Jesus）的著作中亦称 1554 年是葡人同中国官员订立合约之年。④ 应该说明的是，虽然

---

① J. M. Braga, *The Western Pioneers and Their Discovery of Macau*, p. 84～87. 据张增信言，索札 1556 年 1 月 15 日信原件现藏于里斯本 Torre do Tombo，GavetaII，MacoX，No. XV，见《明季东南中国的海上活动》，248 页。索札信近已由金国平先生勘比三种早期版本全文译出，但据信中所言，并没有明确到中国来的时间及与广东海道签约的时间，但有几点是清楚的。信中称"去年（1555 年）在马六甲住冬"，又称"在我离开中国之前，达成了和约"。因季风缘故，从广东去马六甲前一年 10 月底就要启航，故推索札离开中国的时间应是 1554 年 10 月底，即索札与广东海道签约时间。证之佛罗依斯、克路士及冈萨雷斯的著作、信件，亦可证索札与广东海道签约是 1554 年。

② *Cartas dos Jesuitas na Asia*，Co dex 40－IV－54.，ff. 91.（in Ajuda Library，Lisbon），转引自张增信《明季东南中国的海上活动》（上编），248 页，台北，中国学术著作奖助委员会，1988。

③ 博克塞著，何高济译：《16 世纪中国南部行纪》之克路士《中国志》，第 23 章，131 页，北京，中华书局，1990。

④ 裴化行著，萧浚华译：《天主教 16 世纪在华传教志》上编，85 页，上海，商务印书馆，1936；徐萨斯著，黄鸿钊、李保平译：《历史上的澳门》，12 页，澳门，澳门基金会，2000。

诸书均未称允许葡人到澳门贸易，但索札信中有允许"葡萄牙人前往广州及其他地方经商"之语，这个"其他地方"应该包括澳门。施白蒂（Beatriz Bastoda Silva）《澳门编年史：16—18 世纪》载：

> 1554 年，莱奥内尔·索札终于得到了广州中国官员的信任。根据口头协议及缴纳合法贸易的税款，葡萄牙被准许在后来称为澳门的地区自由贸易。[①]

雷戈（D. C. Rego）于 1623 年成书的《澳门的建立与强大记事》称：

> 第一批葡萄牙人于 1524 年到了中国这一带地区，在上川岛与中国人做了 18 年生意，又在浪白滘与中国人做了 12 年的生意之后，才发现了这个澳门港。[②]

1524 年之后加 30 年即 1554 年，可见雷戈亦认为葡人 1554 年进入澳门。

中文资料也有类似的记载，据郑舜功《日本一鉴·穷河话海》卷 6 载，岁甲寅（嘉靖三十三年）时，佛郎机夷人到广东来贸易还要"冒他国名，诳报海道"才能进广州，到岁乙卯（嘉靖三十四年）时，连日本商人到广东贸易也要扮作佛郎机夷人才能进广州。[③] 这说明，嘉靖三十三年应是夷商们贿赂海道副使汪柏而进入澳门贸易的年份，所以明朝才可能改变排斥佛郎机的政策。当然，这里还同佛郎机夷人在这一时间内与海道副使汪柏合作剿灭澳门海盗之事有关。[④] 比较中葡文资料，中文主嘉靖三十二年，葡文主嘉靖三十三年（《日本一鉴·穷河话海》亦可佐证嘉靖三十三年），葡文载此事详细具体，特别是金国平先生近日

---

① 施白蒂著，小雨译：《澳门编年史：16—18 世纪》，12 页，澳门，澳门基金会，1995。
② 雷戈：《澳门的建立与强大记事》（1623 年），载《文化杂志》，1997（31）。
③ 郑舜功：《日本一鉴·穷河话海》卷 6《海市》，民国二十八年影印本。
④ 汤开建：《佛郎机助明剿灭海盗考》，载《文化杂志》，1999（2）。

对照三种版本将索札（Leonel de Sousa）1556 年的信全译出来后，其中与汪柏订约的详细过程均有表述，且是当事人言此事，[①] 甚为可信。故应为嘉靖三十三年。郭棐《（万历）广东通志》中《丁以忠传》的记载值得注意：

> 时佛郎机夷人违禁潜往南澳，海道副使汪柏受重贿从贿畀之。以忠曰：此必为东粤他日忧。力争弗得，寻擢右布政使。时征何亚八、郑宗兴诸贼。[②]

丁以忠升右布政使在嘉靖三十四年，征何亚八在嘉靖三十三年。此处"南澳"当指澳门，澳门以其地在广州南面海澳，故称南澳，且此则材料与索札信中所载相合，并与本节首引郭棐《广东通志》所载事实相合。据此，余以为，郭棐《广东通志》所载之嘉靖三十二年很可能原本为嘉靖三十三年，因刊刻之讹，遂将"三"刊为"二"，而其他采嘉靖三十二年说者，均因承袭郭志刊刻之误，将嘉靖三十三年讹为三十二年。余以为，只有这样解释则可较完整地理解中西文献之原始记录。

四

嘉靖三十六年（1557 年）说。此说的主要依据则来源于 16—17 世纪的葡文文献。白乐嘉征引一份 16 世纪澳门耶稣会修道院的葡文材料：

> 这一年（1557 年），广州的官吏把澳门港赠与了居住在那里的葡萄牙人，他们早先住在上川岛，后来住在浪白澳，并在这些岛同中国人做生意。[③]

---

① 金国平：《莱奥内尔·德·索札与汪柏》，载《澳门研究》，1998（7）。

② 郭棐：《（万历）广东通志》之《藩县志》，郭棐《粤大记》卷 9《宦绩类·丁以忠传》同，但少"受重贿"三字。郭棐《（万历）广东通志》卷 6《藩省志》6 将"正德十二年佛郎机夷人始入广州"事之"十二年"就讹刊为"十一年"。

③ J. M. Braga, *The Western Pioneers and Their Discovery of Macao*, Macau, Imprensa National, 1949, p. 109.

平托《远游记》称:

其时葡人与华人在岛上交易,直至 1557 年广东官员在当地商人的要求下,将澳门港割给了我们做生意。①

博卡罗《要塞图册》称:

1555 年,葡萄牙人将贸易移于浪白澳,1557 年,由此转移至澳门。②

1649 年成书的曼里克(S. Manrique)《东印度传教路线》亦称:

1557 年,应广东国商人们和该王国总督的请求,又从浪白滘转移到澳门岛。③

这是葡文早期文献中比较清楚地表述葡人至澳门贸易的时间。这一时间应是葡萄牙人较大规模地移居澳门的时间。这在中文材料中亦有记载。田生金《按粤疏稿》卷 3 载:

独计此丑(澳夷)去故土几数万里,居镜澳已 60 年。④

方孔炤《全边略记》卷 9 载:

其群夷去故土万里,居澳中六十年。⑤

查《明神宗实录》,田生金此疏上于万历四十五年(1617年)⑥,上推六十年,则正是嘉靖三十六年(1557 年),与葡文材料记录葡人居澳时间相合。又庞尚鹏《抚处濠镜澳夷疏》载:

---

① 费尔南·门德斯·平托著,金国平译:《远游记》下册,221 章,698 页,葡萄牙航海大发现事业纪念澳门地区委员会、澳门基金会、澳门文化司署、东方葡萄牙学会,1999。
② "Description of the City of the Name of God in China, by Antonio Bocarro, Chronicler – in – Chief of the State of India", in C. R. Boxer ed. and trans., *Seventeenth Century Macau in Contemporary Documents and Illustrations*, p. 14.
③ 曼里克:《东印度传教路线》,载《文化杂志》,1997(31)。
④ 田生金:《按粤疏稿》卷 3《条陈海防疏》,影印明万历四十五年刊本,天津,天津古籍书店。
⑤ 方孔炤:《全边略记》卷 9《海略》,北京,北京图书馆民国十九年排印本。
⑥ 《明神宗实录》卷 557,万历四十五年五月辛巳条。

近数年来，（澳夷）始入濠镜澳筑室居住。①

庞疏上奏时间为离任广东赴浙江巡抚任上，时为嘉靖四十三年（1564年）冬，古人行文一般一二年称近年，八九年则称近十年，而三至7年间则为"近数年"。如以嘉靖四十三年上推七年，则为嘉靖三十六年，亦与葡文材料所载相合。

近年更发现新资料，完成于崇祯元年（1628年）的委黎多《报效始末疏》称：

> 迄至嘉靖三十六年，历岁既久，广东抚按乡绅悉知哆等心迹，因阿妈等贼窃踞香山濠镜黮，出没海洋，乡村震恐，遂宣调哆等，捣贼巢穴，始准侨寓濠镜，比作外藩子民，授廛资格。②

这是记录最清楚的嘉靖三十六年（1557年）葡萄牙人驱逐香山海盗"阿妈贼"而获广东政府正式批准"始准侨寓濠镜"。俞大猷《论邓城可将》亦透露了这一信息：

> 去冬，普陀倭奴据险乘要，随处藏伏。邓城身先士卒，奋臂一呼，勇怯皆应，遂得全捷。今秋，香山贼虽流遁失势，然人知必死，似瑕坚实。向微邓城冲其腹心，离散其党，恐未可唾手而取也。③

俞大猷普陀破倭事在"丁巳"，即嘉靖三十六年（1557年），则"香山贼"事应在嘉靖三十七年（1558年）。因葡萄牙人破香山阿妈贼在1557年12月，故到第二年秋天俞大猷与之战时称："今秋，香山贼虽流遁失势"，即阿妈贼从香山逃离后失势之状矣。两处相载，完全吻合。白乐嘉则据葡文资料称，1557年葡萄

---

① 庞尚鹏：《百可亭摘稿》卷1《抚处濠镜澳夷疏》，广东文献，清同治二年重印本。
② 韩霖：《守圉全书》卷3委黎多《报效始末疏》，81页，台北，中央研究院傅斯年图书馆善本室藏明崇祯九年刊本。
③ 俞大猷：《正气堂全集》卷7《论邓城可将》，188页，福州，福建人民出版社标点本，2007。

牙人在香山打击海盗。① 这一切资料均可证明，1557 年葡萄牙人帮助明廷驱逐香山海盗而获得澳门居住权。

嘉靖三十六年时，虽然葡萄牙商人已正式迁入澳门居住，但同时并未放弃浪白这一居留点。1560 年从日本返回经过浪白的耶稣会士嘉果（Baltezar Cago）在给教会的一封信中还说："有五六百名葡萄牙人经常在该地。"② 安德烈·平托修士 1564 年 11 月 30 日给印度耶稣会的信称："那些原先在此港口（澳门）停泊的船只开走了，……由于另一个港口，离此地 10 至 12 里格，那里的葡萄牙人已有多天在要求神父们前往访问，并给他们做告解。"③ 由以上可知到 1564 年，澳门不是葡萄牙人在中国的唯一居留地。亦可反映，来中国的葡萄牙人全部聚居澳门有十几年的过程。

综上所述，嘉靖三十六年（1557 年）应是葡萄牙人正式入居澳门的时间，虽然在此之前早就有人进入澳门，但并非成批地正式定居，而应是随着各国商人来澳门贸易而进入澳门。作为葡萄牙人正式入居澳门则应是嘉靖三十六年，所谓葡萄牙人在澳门开埠，应从嘉靖三十六年（1557 年）年算起。

五

除上述四种说法外，还有三种清人的说法而无明代文献为凭。

一是嘉靖三十年说。此说见于清乾隆时薛馧所撰《澳门记》：

① J. M. Braga：*The Western Pioneers and Their Discovery of Macao*, p. 117；当时记录此事的葡文资料还有 António Francisco Cardim, *Relation de ce que s'est Passe depuis quelques annees, iusques a l'an 1644 au Iapon, a la Cochinchine, au Malabar, en l'isle de Ceilan*, p. 6；高美士：《荷兰殖民地档案馆藏葡萄牙 17 世纪文献》，载《贾梅士学院院刊》，9（11），12 ~ 13 页。
② 龙思泰著，吴义雄、郭德水、沈正邦译：《早期澳门史》，13 页，北京，东方出版社，1997。
③ 罗理路著，陈用仪译：《澳门寻根》附录文献之 6，88 页，澳门，海事博物馆，1997。

澳夷西洋族，自嘉靖三十年来此，岁输廛缗五百十有

五，孳育蕃息，迄今有两百余年。①

薛氏于乾隆十年巡视澳门而记此文，即成于 1745 年，上推

两百年则是 1545 年，如上推"两百余年"，则是在 1540 年左右

了，1545 年是嘉靖二十四年，与"嘉靖三十年来此"不合。自己

写的文章就已经自相矛盾，其可信程度就可想而知。况且，我们

在明代文献中亦找不到任何嘉靖三十年葡萄牙人入居澳门的证

据，因此我们可以对薛氏嘉靖三十年说予以否定。

二是隆庆初说。此说由清中后期之著名学者徐继畬提出，徐

氏在其影响甚大的一部著作《瀛环志略》中说：

隆庆初，（葡人）抵粤东香山县之濠镜，请隙地建屋，

岁纳租银五百两，疆臣林富代请许之，葡萄牙人遂立埔头于

澳门，是为欧罗巴诸国通市粤东之始。②

李受彤《澳门形势论》亦采此说：

前明隆庆初，（葡人）始抵香山县澳门，疆臣林富为之

奏请。予隙地盖洋楼，岁纳租银五百两。③

徐说明显有误，林富为嘉靖时人，奏请开海通番之疏上于嘉

靖八年（1529 年）而非隆庆初（1567 年），徐氏将史实张冠李

戴，实为不考察原始记录随意言之之语。徐氏澳门开埠隆庆初之

说，贻误后人为甚。

清初龚翔麟《珠江奉使记》还有一万历说：

今之澳门，则旧名濠镜，地有南北二湾。明万历中，有

大西洋人至此，乐之，遂请濠镜为澳，而就二湾停泊。久

---

① 王锡祺：《小方壶斋舆地丛钞》第 9 帙薛缊《澳门记》，影印光绪辛卯刊本，317
页，杭州，杭州古籍书店，1985。

② 徐继畬：《瀛环志略》卷 7，影印道光三十年刊本，26 页，台北，华文书局，
1968。

③ 王锡祺：《小方壶斋舆地丛钞》第 9 帙李受彤《澳门形势论》，影印光绪辛卯刊
本，332 页，杭州，杭州古籍书店，1985。

之，益自彼国遣众聚居。①

"大西洋人"，指明季东来的传教士。但清人则分不清"大西洋人"与"佛郎机"的区别，《明史·佛郎机传》：

> 其时大西洋人来中国，亦居此澳。②

《澳门记略》称：

> 先是有利玛窦者，自称大西洋人，居澳门二十年，其徒来者日众。至国初已尽易。③

《西方要纪》称：

> 西洋总名欧罗巴，在中国最西，故谓之大西。④

至清时见澳门所居全是欧洲人，故称"尽易西洋人"，而明人多以"佛郎机"为满剌加人，故往往将佛郎机附于满剌加之后，明代日本人将澳门葡人称作"南蛮"，即视"澳夷"为满剌加之类，而与"西洋"不为同种。因此，清人往往产生此种误会。而被称之为"大西洋人"的利玛窦，为"万历九年辛巳，始抵广东香山澳"⑤，故又产生万历年中大西洋人开埠澳门之误说。

六

做完这篇较为烦琐的考证文字后，余之结论是：

1. 嘉靖八年（1529 年）林富上疏明廷要求开通海禁后，香山地区的各港口被开辟为对外贸易的港口，如浪白、十字门、濠镜，这些港口统被称为"香山澳"。而这时葡萄牙人混杂在其他外国商人中进入香山澳贸易，故《明史·佛郎机传》称嘉靖八年

① 王士禛：《池北偶谈》卷 21《香山》引《珠江奉使记》，北京，中华书局标点本，1982。
② 张廷玉：《明史》卷 325《佛郎机传》，北京，中华书局，1974。
③ 印光任、张汝霖：《澳门记略》卷下《澳蕃篇》，71 页，澳门，澳门文化司署点校本，1992。
④ 利类思、安文国、南怀仁著：《西方纪要》，第 1 页，见张潮《昭代丛书》卷 27，清康熙三十六年治表堂刻本。
⑤ 艾儒略：《大西西泰利先生行迹》，见钟鸣旦、杜鼎克主编《耶稣会罗马档案馆明清天主教文献》（第 12 册），200 页，台北，利氏学社，2002。

后"佛郎机得入香山澳为市"并无错误。

2. 嘉靖十四年（1535年），夷商贿赂备倭指挥黄庆，将正德年间曾置于电白的对外贸易舶口移至濠镜澳，开通了濠镜澳商埠。但此濠镜澳内涵较后来专指澳门半岛的濠镜澳大，当指当时的九澳（路环）。也就是说，嘉靖十四年黄庆受贿，允许各国夷商在九澳开埠贸易。后由于贸易重心移至闽浙，九澳之埠竟湮没不显。

3. 嘉靖三十三年（1554年）葡萄牙船长索札与广东海道副使达成协约，允许各国商人（包括葡商）前往广州及其他地方经商，其中也包括澳门，这应是澳门正式与外国通商的时间。传统的嘉靖三十二年入居澳门说其文本为郭棐的《（万历）广东通志》，而郭志刊刻时很可能将"三十三"讹刻成"三十二"。

4. 嘉靖三十六年（1557年）是葡萄牙人帮助明朝驱逐"香山贼"而获广东政府默许可以入居澳门后正式由浪白向澳门迁居的年代。1554年进入澳门的葡商和其他夷商均不太多，而至1557年才始有较大批的葡萄牙商人迁居澳门，因此，嘉靖三十六年只能视为葡人正式定居澳门的时间，而澳门正式开通为商埠则应是嘉靖三十三年，即1554年。

还必须指出一点的是，澳门的开埠并不是由葡萄牙一国商人开辟的，而是由包括东南亚、日本、华商（假倭）及佛郎机各国商人开辟。正如吴桂芳所言：

> 驯至近年，各国夷人据霸香山濠镜澳恭常都地方，私创茅屋营房。[1]

明人王士性亦称：

> 香山澳乃诸番旅泊之处，海岸去邑二百里，陆行而至，爪哇、渤泥、暹逻、真腊、三佛齐诸国俱有之。其初止舟

---

[1] 陈子龙辑：《明经世文编》卷342《吴司法奏议》卷1《议阻澳夷进贡疏》，影印平露堂刊本，北京，中华书局，1962。

居，以货久不脱，稍有一二登陆而拓架者，诸番遂渐效之。①

直到后来，由于葡萄牙人大举进入澳门，庞尚鹏称：

　　（佛郎机）故举国而来，扶老携幼，更相接踵，今夷众殆万人矣。②

《明史·佛郎机传》亦称：

　　久之，其来益众，诸国人畏而避之，遂专为所据。③

正是因为葡萄牙人将澳门作为其对远东贸易的据点，因此，这一时期（约在嘉靖末至隆庆初）葡萄牙人大批移民澳门，所以，澳门遂逐渐变成为葡萄牙在远东的居留地。嘉靖四十四年（1565 年）叶权游澳门时说："岛中夷屋居者，皆佛郎机人"④。可证，至嘉靖末，澳门居民已变成以葡萄牙为主要居民成分的中国城市。

---

① 王士性：《广志绎》卷 4《江南诸省》，100 页，北京，中华书局标点本，1993。

② 庞尚鹏：《百可亭摘稿》卷 1《抚处濠镜澳夷疏》，广东文献，清同治二年重印本。

③ 张廷玉：《明史》卷 325《佛郎机传》，北京，中华书局，1974。

④ 叶权、王临享、李中馥：《贤博编》附《游岭南记》，40～47 页，北京，中华书局标点本，1987，其游岭南为"乙丑年"，叶氏卒于万历六年，故可断其游岭南在嘉靖四十四年。

此图系 16 世纪末由荷兰人布里绘制的《澳门城市图》,图中表现了葡萄牙贵族生活出行的细节。

第八章 明朝野士人对澳门葡人的态度、策略及流变

第八章 明朝野士人对澳门葡人的态度、策略及流变①

明王朝开国之初，出于军事战略的考虑，推行以海禁为主要内容的海上政策。洪武四年（1371 年）谕令各地"禁濒海民不得私出海"②，后世诸朝反复重申祖制。及至"嘉靖大倭寇"之期，措施愈发严酷，甚至严禁沿海商民"寸板不许下海"③。明王朝的海禁政策不仅使得宋元以来的东南海上贸易遭到打击，而且对闽粤江浙等沿海地区的官民生计带来诸多不利影响，沿海州县普遍出现"家居为民，下海为贼"的局面，民间贸易与海盗滋生成为明中后期王朝政治的顽癣痼疾。万历年间徐光启在论述东南海疆形势时便一针见血地指出："官市不开，私市不止，自然之势也；又从而严禁之，则商转而为盗，盗而后得为商矣。"④ 为此，"开海"与"禁海"之争在明中后期朝野士大夫群体中持续不断。特别是包括葡萄牙在内的欧洲商民大规模东来，与猖獗于东南境内的倭寇相互激荡，东西洋患愈演愈烈，深深地影响和改

---

① 此文刊载在《澳门研究》2012 年第 3 期，合作者为广东工业大学讲师张中鹏博士。
② 《明太祖实录》卷 7，洪武四年十二月癸亥条。
③ 张廷玉：《明史》卷 205《朱纨传》，北京，中华书局，1974。
④ 徐光启：《徐光启集》卷 1《海防迂说》，37 页，上海，上海古籍出版社，1984。

变明代政治、社会的走向，使得本已变幻莫测的时局更显波诡云谲。在此基础上，围绕葡萄牙人来华以及葡人居留澳门问题，明王朝士大夫更是形成不同意见，并产生过几次大的论争。通过梳理明中后期士大夫对葡萄牙居留澳门问题的态度、策略的演变轨迹，呈现中央与广东地方政府尤其是士大夫群体间认知与分歧的不同方面，以透视明王朝治澳政策变迁以及隐藏于现象背后诸种力量与因素交互较量的复杂隐情，达到从一个侧面重新理解明代澳门乃至明代政治与社会的深层目的。

一、正、嘉之际士大夫对葡人印象的形成与转变

正、嘉之际士大夫对葡人的印象经历了从"番夷"到"恶彝"的蜕变。1509 年 8 月 1 日，时值正德四年初秋，数名中国商人与葡萄牙海军将领薛奎罗（Diogo Lopes de Sequeira）在马六甲港相遇，这是文字记载有史以来中葡之间的首次接触。[1] 但这一次接触是在马六甲，而非中国。四年后的 1513 年，葡商欧维士首航抵达广东海域 Tamou 岛。欧维士此行获利丰厚，证实与明朝商民通商贸易的可行，Tamou 岛也因此成为各国来华贸易的重要澳口。而这时候，广东政府正实行对来华外国船只货物"俱以十分抽三"的抽分制度，[2] 公开允许满剌加、暹罗、爪哇诸夷来广州贸易。在明王朝及士大夫的视野中，早期来华的葡萄牙商民无疑是来广贸易的诸番夷之一种，从欧维士所言"华人乐同于我们打交道"[3]，可见，最初入华的葡人并没有给华人留下什么不良的印象。当然，面对各国番夷集聚沿海贸易的新形势，不少士大夫

① 奥利维拉著，杨立民、王燕平译：《葡中接触五百年》，第 2 章，21 页，澳门，东方基金会，1999。

② 黄佐：《（嘉靖）广东通志》卷 66《外志》3，广州，广东地方志办公室影印本，1998。

③ 阿尔布科尔科致唐·曼努埃尔一世国王函，1515 年 1 月 8 日于满剌加，见金国平编译《西方澳门史料选萃（15—16 世纪）》，35 页，广州，广东人民出版社，2005。

提出异议。正德九年（1514 年），也即欧维士首航次年，广东布政司左参议陈伯献上奏斥责"奸民造巨舶，勾引诸夷，危害地方"，请求朝廷禁止外夷来广贸易。专理番夷事务的礼部同意陈伯献之请，随即下令广东政府禁约番船，非贡期而至者即行阻回，不得抽分。[①] 需要说明的是，排除统治集团内部个体之间认知差异外，朝廷与地方政府总体上呈现出不同的利益考量。朝廷基于维护天朝礼制和海上安全防范的需要，排斥诸番夷于贡期之外来华贸易，陈伯献之请正是基于"勾引诸夷，危害地方"的政治考虑所提出。广东政府则更多出于地方利益的考虑，尤其是受到番夷贸易抽分所带来巨大经济利益的驱动。如是因缺乏上供香料（主要为龙涎香）及军饷，广东左布政使吴廷举正德十二年（1517 年）又再次开海贸易，倡立"番舶进贡交易之法"："番国进贡并装货舶船，榷十之二，解京及存留军饷者，俱如旧例"[②]，使得作为番夷身份的葡萄牙人得以再次进入广东海域进行海外贸易。

正德十二年（1517 年），葡萄牙正式派往中国的第一位使臣托梅·皮雷斯（Tomé Pires）抵达广东，与包括吴廷举在内的广东官员之间展开公开、平和的正式交往。葡萄牙使团被安排在光孝寺习礼三日，[③] 后下榻广州城内怀远驿，等候朝廷传旨接见。

[①] 《明武宗实录》卷 113，正德九年六月丁酉条。

[②] 郑晓：《吾学编·名臣记》卷 25《尚书吴公》，北京图书馆古籍珍本丛刊本。《明武宗实录》卷 149，正德十二年五月辛丑及卷 194，正德十五年十二月己丑。

[③] 顾应祥：《静虚斋惜阴录》卷 12《杂论》3，北京图书馆古籍珍本丛刊本称："第一日始跪左腿，第二日跪右腿，三日才磕头，始引见。总督衙门吩咐：《大明会典》原不载此国，令在驿中安歇，待奏准才可起送。"顾应祥是第一次进入广州的葡萄牙使团的见证人，其记录当可信，但他称葡使团人员"皆以白布缠头，如回回打扮"（胡宗宪《筹海图编》卷 13《兵器·佛郎机图说》，文渊阁四库全书本《筹海图编》题为胡宗宪撰，有误。《筹海图编》作者原为郑若曾，天启年间，胡宗宪之孙胡灯等重校该书时，将"昆山郑若曾辑"改为"胡宗宪辑议"，并作了某些必要的剜补改动。后人即沿用胡宗宪之名）确实费解。我们认为很可能是因为葡使团中有通事 5 人及许多仆役，这些通事和仆役可能是马来人，故作"回回打扮"。明政府既将葡人使臣视为"回回"，为什么又要安排在佛教寺庙习礼？殊不可解。

不久，明廷以无旧例可循为由婉拒，"令谕还国，其方物给与之"，抽分货物，量给价值。[①]

正值皮雷斯使团待命之际，因葡国商船的恶劣行为导致中葡关系急剧恶化，葡萄牙人在明朝士大夫群体中的形象也随之急速蜕变。先是，追随使团一同来华的安德拉德（Fern. o Peres de Andrade）商队留驻 Tamou 岛，"盖房树栅，恃火铳以自固"[②]。正德十四年（1519 年），来华迎接使臣回国的安德拉德之弟西蒙（Sim·o de Andrade）船队也进入 Tamou。在获悉大使尚滞留广州后，大为震怒。于是未经广东政府允许，西蒙擅自修筑工事，建起炮台、堡垒、哨所，并在 Tamou 岛行使葡萄牙刑法，绞死其属下兵员，还在广州城掠买华人子女。[③]

图 25：《南蛮屏风》中的葡萄牙人形象

① 《明武宗实录》卷 194，正德十三年春正月壬寅；毛纪：《密勿稿》卷 1《揭帖》，四库存目丛书本，济南，齐鲁书社，1997。
② 严从简著，余思黎点校：《殊域周咨录》卷 9《佛郎机》，北京，中华书局标点本，1993。
③ 若昂·德·巴罗斯：《亚洲旬年史之三》，第 6 卷，第 2 章，转自金国平编译《西方澳门史料选萃（15—16 世纪）》，149~150 页，广州，广东人民出版社，2005。

西蒙所作所为引起明朝官民反感，关于葡人拥兵作乱的说法与一则葡人掠食小儿的传说在明朝社会上越传越广。嘉靖年间黄佐所修的《广东通志》摘引《月山丛谈》称葡萄牙人：

> 其人好食小儿，历在其国惟国王得食之，臣僚以下不能得也。至是潜市十余岁小儿食之，每一儿市金钱百文。[1]

嘉靖年间成书的《殊域周咨录》亦载：

> 潜出买十余岁小儿食之，每一儿予金钱百。舶夷初至，行使金钱，后方觉之。广之恶少掠小儿趋之，所食无算。居二三年，儿被掠益众。[2]

甚至葡文资料也出现类似记录：

> 佛郎机人在 Tamou 筑起一石墙瓦顶的堡垒，里面存有大量武器，他们偷 moços（少年），然后炙食之。[3]

掠食小儿当为传闻之讹，但掠买儿童却是事实。明南海士人霍与暇称：

> 番夷市易将毕，每于沿海大掠童男童女而去。游鱼洲人时亦拐略人口卖之。[4]

福建文人林希元亦称：

> 佛郎机虽无盗贼劫掠之行，其收买子女不为无罪。[5]

虽然霍与暇、林希元能够清醒客观地认识葡萄牙人掠买儿童的事实，但毕竟只是少数知情者。随着传说的广泛流布，西蒙所为势必造成当时明朝官民对葡萄牙人普遍的误解与敌视。明陈文

---

[1] 黄佐：《（嘉靖）广东通志》卷66《外志》3，广州，广东地方志办公室影印本，1998。

[2] 严从简著，余思黎点校：《殊域周咨录》卷9《佛郎机》，北京，中华书局标点本，1993。

[3] 《广州葡囚信》原为偷狗，金国平查阅同时代文献均为偷 mo. ços（少年）。誊写者以为偷狗合理一些，故改之。金国平：《中葡关系史地考证》，161~162页，澳门，澳门基金会，2000。

[4] 霍与暇：《勉斋集》卷12《上潘大巡广州事宜》，清光绪丙戌重刻本。

[5] 林希元：《林次崖先生文集》卷5《与翁见愚别驾书》，31页，乾隆三十八年诒燕堂刊本。

辅《都宪汪公遗爱祠记》称葡萄牙人为"恶彝"：

> 近于正德改元，忽有不隶贡数恶彝号为佛郎机者，与诸狡猾凑杂屯门、葵涌等处海澳。

自此，在士大夫以及民间社会的视野里，葡萄牙人的形象已由入华通商的"番夷"转变为劣迹斑斑的"恶彝"。

士大夫对葡人印象蜕变的影响是多方面的，特别是这种印象最终成为决定正、嘉之际中葡关系的最重要因素，引致皮雷斯出使的失败与中葡关系的恶化。经过种种斡旋，正德十五年（1520年）末托梅·皮雷斯一行抵达北京，然而葡萄牙人侵占马六甲的消息亦传到北京，与此同时西蒙在粤恶迹广泛流布，朝臣纷纷疏言，请将葡萄牙人及船只驱逐出境。监察御史丘道隆进言：

> 满剌加，朝贡诏封之国，而佛朗机并之，且啖我以利邀求封赏，于义决不可听。请却其贡献，明示顺逆，使归还满剌加疆土之后，方许朝贡，倘或执迷不悛，虽外夷不烦兵力，亦必檄召诸夷声罪致讨，庶几大义以明。[1]

御史何鳌亦称：

> 佛郎机最号凶诈，兵器比诸夷独精。前年驾大舶突进广东省下，铳炮之声震动城郭。留驿者违禁交通，至京者桀骜争长，今听其私舶往来交易，势必至于争斗而杀伤，南方之祸殆无极矣。[2]

这些奏本对葡人的攻击由侵占满剌加转移至中国：

> 说我们的使命在于藉商人之名，窥探中华大地，然后武装入侵之。凡我们涉足之处无不以此方式侵夺他人土地，入印度，占满剌加均用此法。[3]

---

① 《明武宗实录》卷194，正德十五年十二月己丑条。
② 《明武宗实录》卷194，正德十五年十二月己丑条。
③ 若昂·德·巴罗斯：《亚洲旬年史》，第6卷，第1章，见金国平《西力东渐：中葡早期接触追昔》，233页，澳门，澳门基金会，2000。

鉴于朝臣普遍的反对，明武宗最终不予接见皮雷斯使团。①武宗逝世，世宗即位。在朝野舆论的推动下，嘉靖初政朝廷形成"佛郎机等处进贡夷人，俱给赏，令还国"②的决定，宣布断绝与葡萄牙往来，同时"禁绝番舶"③，各国海商不许通市，明王朝再次全面禁海。而广东海域的屯门之战、西草湾之战，将本已紧张的中葡关系推至极点。为此，包括葡国在内的番夷商船被迫转向福建漳州、宁波双屿港，只有少部分葡商秘密在广东海域进行民间私自贸易。正如黄佐所言：

> 嘉靖中，党类更番往来，私舶杂诸夷中为交易。首领人皆高鼻白皙，广人能辨识之。④

更为重要的是，中葡交恶促使葡萄牙人在士大夫群体与民间社会中的形象进一步丑化，引致明廷严厉禁止开展与葡萄牙人之间的商业贸易。

因是之故，鉴于广东地方"公私诸费，多资商税，番船不至，则公私皆窘"，两广总督林富于嘉靖八年上疏重开广东番舶贸易，⑤得到明廷中央与广东地方的普遍认同，但葡萄牙仍在禁止之列。葡萄牙人既是嘉靖初年朝廷重点防范的"恶彝"，也成为其时开海与禁海争议最重要的考量因素。这在其时文人笔端在在皆是。如反驳者礼部给事中东莞人王希文针对两广总督林富之请上疏：

---

① 顾应祥：《静虚斋惜阴录》卷12《杂论》，北京图书馆古籍珍本丛刊本，北京，北京图书馆出版社，2000。

② 卡尔沃（Vasco Calvo）：《广州葡囚信》，见金国平编译《西方澳门史料选萃（15—16世纪）》，80～81页，广州，广东人民出版社，2005；黄佐：《（嘉靖）广东通志》卷62《人物·梁焯传》，广州，广东地方志办公室影印本，1998；《明武宗实录》卷197，正德十六年三月丙寅条。

③ 《明世宗实录》卷106，嘉靖八年十月己巳。

④ 黄佐：《（嘉靖）广东通志》卷66《外志》3，广州，广东地方志办公室影印本，1998。

⑤ 张廷玉：《明史》卷325《佛郎机传》，北京，中华书局，1974；《明世宗实录》卷106，嘉靖八年冬十月己巳条；黄佐：《泰泉集》卷20《代巡抚通市舶疏》，岭南遗书本。

正德间，佛郎机匿名混进，突至省城，擅违则例，不服抽分，烹食婴儿，掳掠男妇，设栅自固，火铳横行，犬羊之势莫当，虎狼之心叵测，赖有前海道副使汪鋐并力驱逐。……何不踰十年，而折俸有缺货之叹矣！抚按上开复之章矣！虽一时廷臣集议，不为无见，然以祖宗数年难阻之敌，幸尔扫除，守臣百战克成之功，一朝尽弃，不无可惜①

支持林富之疏者戴璟称：

吾恐佛郎机之变生肘腋矣。虽然通之，而禁之亦非长策。吾读林巡抚《番舶疏》，亦近似有理也。化而裁之谓之变，推而行之谓之通。②

南海人霍韬亦为林富之支持者，其称：

东南番皆由广入贡，因而贸易互为利市焉，中国不可拒之以自困。惟佛郎机之夷，则贼掳之桀也，不可不拒。因拒佛郎机并拒诸夷，非策也。当今之策，在诸夷之来，则受之，在佛郎机则斥之，否则厉兵以防之。③

故葡人船长索札称：

生意毫无指望，皇帝诏令如山，皇帝获知我们私下贸易，他恩准一切商人纳税贸易，唯独心肠狠毒的佛郎机即葡萄牙人在禁之列。佛郎机被视若无法无天的强盗、逆贼。④

葡萄牙人成为其时争议的焦点，但无论开海派还是禁海派，葡萄牙都是嘉靖初年明朝士人视野中番夷的另类，即必须排斥在外的"恶彝"。

---

① 严从简著，余思黎点校：《殊域周咨录》卷9《佛郎机》，北京，中华书局标点本，1993。

② 戴璟：《广东通志初稿》卷35《外夷》，影印明嘉靖本，北京图书馆古籍珍本丛刊，北京，北京图书馆出版社，2000。

③ 霍韬：《霍文敏公文集》卷30《两广事宜》，清同治元年石头书院刊本。

④ 莱奥内尔·德·索札1556年1月15日写给柯枝的信，见金国平编译《西方澳门史料选萃（15—16世纪）》，218页，广州，广东人民出版社，2005。

二、开埠初期士大夫关于葡人留澳的分歧（1554—1563 年）

嘉靖初年广东重开番舶贸易后，葡萄牙人仍归于禁止贸易之列，葡萄牙人被迫转赴闽浙贸易，由此开辟出联结马六甲—中国—日本的三角贸易。然而好景不长，禁海派主持闽浙沿海事务，在时任浙江巡抚兼福兴建宁漳泉海道朱纨等人的指挥下，连续发动针对盘踞在浙江双屿港、福建走马溪葡萄牙商民的清剿，只有少数葡人西逃至广东浪白滘。① 由于禁海触及官商边民不同阶层利益，一时间酿成明廷内部围绕开海与禁海的激烈争议，而澳门正是在这一复杂历史背景下正式实现开埠的。

（一）葡萄牙对华策略的调整与澳门开埠

正德、嘉靖交替之际，明廷断绝同葡萄牙的关系，实施全面海禁，然而不久广东政府出于地方特殊利益考虑请旨开海，允准番舶进贡贸易。换言之，中央与广东地方从未有因诸番入华贸易爆发直接冲突，但中央与广东地方围绕包括葡人在内的诸番入华贸易确实存在分歧。明廷基于西来葡人的种种传说以及其侵占马六甲的劣行，出于政治与安全考虑而加以拒绝；而广东地方政府则从寻求上供香和税饷的角度出发，更多体现于经济关系层面。为此，葡萄牙远东总部认清中国形势后，从整体上积极调整对华策略，有论者指出皮雷斯使团的失败，促使葡萄牙对华政策得以重新调整，即从谋求入贡明廷，转为交好广东地方。"中国皇帝不是第一目标，而各省地方官才是葡萄牙外交的首要目标"，因为地方官"手中掌握了接受或拒绝葡萄牙贸易的实际决定权"。②

---

① 徐萨斯著，黄鸿钊、李何平译：《历史上的澳门》，第 1 章，11～12 页，澳门，澳门基金会，2000；费尔南·门德斯·平托著，金国平译：《远游记》下册，221 章，201 页，葡萄牙航海大发现事业纪念澳门地区委员会、澳门基金会、澳门文化司署、东方葡萄牙学会，1999。

② 阿尔维斯（Jorge Manuel dos Santos Alves）：《澳门开埠后葡中外交关系的最初十年》，载《文化杂志》，1994（19）。

具体表现在四个方面：

一、"易佛郎机之名"为"蒲丽都家"（即葡萄牙 Portugal）；①

二、由过于强硬的遣使通商转变为拉拢地方官与沿海势家豪族与之通商；②

三、与华人打交道时由以往骄纵狂妄的形象转变为顺从驯服的姿态；③

四、以帮助明朝地方剿灭海盗的办法来讨好明朝政府。④

这一系列策略的调整，应该说带来的效果是不错的。索札的信称："他们（指华人）已看到并声言，我们从船的满载货物来看，并不像海盗。"⑤ 将葡人视为"海盗"的印象已经消除，而且过去广东、福建等地的人因憎恶葡人而将其称为"番鬼"，此后，他们多使用"番人"之名。⑥ 可以说，至少在很大一部分中国人中，葡人的形象较早期获得了很大的修正。

葡萄牙人对华贸易策略的调整刺激了闽浙粤等地官员的开海思想，而与此同时，开海思想又反映地方社会的特殊利益和普遍民情。嘉靖中任广东左参知政事的温州永嘉人项乔（1493—1552

---

① 莱奥内尔·德·索札 1556 年 1 月 15 日写于柯枝的信，见金国平编译《西方澳门史料选萃（15—16 世纪）》，218 页，广州，广东人民出版社，2005；《明世宗实录》卷 545，嘉靖四十四年四月癸未条。

② 谈迁：《国榷》卷 59，世宗嘉靖二十六年十一月癸巳，北京，中华书局排印本，1958；吴联薰：《（光绪）漳州府志》卷 1《地理志》，光绪三年芝山书院刊本，7 页。

③ 莱奥内尔·德·索札 1556 年 1 月 15 日写于柯枝的信，见金国平编译《西方澳门史料选萃（15—16 世纪）》，218 页，广州，广东人民出版社，2005。葡人中日贸易船队总指挥曾言："我付令各船严加防守，并要求与我同行的葡萄牙人不得从事任何会再引起当地人群情激愤之事，亦不得重蹈覆辙，令当地人哗然。"

④ 林希元：《林次崖先生文集》卷 5《与翁见愚别驾书》第 31 页："强盗林剪，横行海上，官府不能治，彼则为吾除之，二十年海寇，一旦而尽。"

⑤ 莱奥内尔·德·索札 1556 年 1 月 15 日写于柯枝的信，见金国平编译《西方澳门史料选萃（15—16 世纪）》，220 页，广州，广东人民出版社，2005。

⑥ 徐萨斯著，黄鸿钊、李保平译：《历史上的澳门》，第 1 章，12 页，澳门，澳门基金会，2000。

年)《岭南纪事》（嘉靖二十八年）：

> 嘉靖八年，林都御使富曾奉请遵祖训，南安、真腊、暹罗、占城、苏门答剌、西洋、爪哇、彭亨、日本、三佛齐、浡泥诸朝贡之国，俱许带番物通市舶，以供御用，以充军饷，以厚民生。事下户、礼、兵三部覆行，至今官民称便。惜乎闽浙当事之臣，无有援此例以题请者。大利，众所必趋，而概欲禁绝之，宜乎争民施夺而不能已也。①

项乔称开海通番为"众所必趋"之"大利"，可以反映当时东南地区民间愿望。朱纨于闽浙厉行禁海之际，福建缙绅林希元就提出异议。林希元本闽中豪族势家，曾任广东佥事。林希元怙势恃强，命豪奴，驾巨舶，下海通番。船上挂"林府"之旗，官军即置而不问，而林府遂成闽中巨富。② 针对禁海派攻击葡萄牙的海上贸易，林希元为其辩护：

> 佛郎机之来，皆以其地胡椒、苏木、象牙、苏油、沉、束、檀、乳诸香，与边民交易，其价尤平，其日用饮食之资于吾民者，如米面猪鸡之数，其价皆倍于常，故边民乐与为市。未尝侵暴我边疆，杀戮我人民，劫掠我财物。且其初来也，虑群盗剽掠累己，为我驱逐，故群盗畏惮不敢肆，强盗林剪，横行海上，官府不能治。彼则为吾除之，二十年海寇，一旦而尽。据此佛郎机未尝为盗，且为吾御盗；未尝害吾民，且有利于吾民也。官府切欲治之，元诚不见其是。③

可见开海通番已成为嘉靖中期最普遍民意。福建漳州、月港、浯屿等地的地方官对葡人的海上贸易亦持支持态度：

> 漳州、月港、浯屿等处各地方官，当其（佛郎机）入

---

① 项乔：《项乔集》卷1《岭南纪事》，42~43页，上海，上海社会科学院出版社标点本，2006。

② 朱纨：《甓余杂集》卷2《阅视海防事》，明朱质刻本，天津，天津图书馆藏。

③ 林希元：《林次崖先生文集》卷5《与翁见愚别驾书》，31页，乾隆三十八年诒燕堂刊本。

港，既不能羁留人货，疏闻庙堂，反受其私赂，纵容停泊，使内地奸徒，交通无忌。①

按察副使姚翔凤及把总指挥丁桐就是因为"受货纵之入境"而被捕。② 而福建的老百姓对葡人海上贸易更是欢迎，"士民私出海货番诱寇，禁之不止"③。林希元代表着一批地方官员和开海派的主张和想法。嘉靖三十年福建巡抚和给事中题本，要将广东、福建、浙江三省尽许开通番舶，照常抽税，以资国用，普遍反映"全闽之人无不欲通市舶者，稍宽其税"④的地方民情。当时的宁波知府曹诰有一句很有名的话："今日也说通番，明日也说通番，通得血流满地方止。"⑤

基于此，在葡萄牙策略调整和沿海地方开海通番动议的合力作用之下，嘉靖十四年（1535 年）夷商重金贿赂备倭指挥黄庆，将贸易地点从电白移至香山之濠镜；嘉靖三十三年（1554 年）葡商通过贿赂广东海道副使汪柏，并联合广东政府剿灭海盗何亚八集团，葡萄牙船长索札（Leonel de Sousa）与广东海道副使汪柏达成口头协议，允许葡萄牙商人入泊澳门，澳门自此开通为商埠，包括葡萄牙、北大年在内的夷商正式进入澳门。三年后的1557 年，葡萄牙人又因助剿阿妈贼老万集团，在广东政府默许下大规模入居澳门。⑥ 崇祯元年澳葡人委黎多《报效始末疏》还重申"迨至嘉靖三十六年，历岁既久，广东抚按乡绅悉知委黎多等心迹，因阿妈等贼窃踞香山县濠镜隩，出没海洋，乡村震恐，遂

① 《明世宗实录》卷 363，嘉靖二十七年七月壬子条。
② 谈迁：《国榷》卷 59《世宗》嘉靖二十六年十一月癸巳，北京，中华书局排印本，1958。
③ 吴联薰：《（光绪）漳州府志》卷 1《地理志》，光绪三年芝山书院刊本，7 页。
④ 陈子龙辑：《明经世文编》卷 280 冯璋《通番舶议》，影印平露堂刊本，北京，中华书局，1962。
⑤ 郑舜功：《日本一鉴·穷河话海》卷 6《海市》，民国二十八年影印本。
⑥ 汤开建：《澳门开埠时间考》，载《暨南学报》，1998（2）。

宣调委黎多等，捣贼巢穴，始准侨寓濠镜"①，澳门逐渐成为葡萄牙在远东的商业据点和传教基地。

（二）开埠初期士大夫关于葡人留澳的分歧

嘉靖三十六年（1557 年），葡萄牙人大规模持续入居澳门。从他们进入澳门的第一天开始，葡人在澳门的表现与形象立即引起朝野士人的普遍关注。这从当时担任广东监察御史的南海人庞尚鹏的奏疏中可以获知：

> 近数年来，始入濠镜澳筑室，以便交易。不踰年，多至数百区，今殆千区以上。日与华人接济，岁规厚利，所获不赀，故举国而来，扶老携幼，更相接踵。今筑室又不其几许，而夷众殆万人矣。诡形异服，弥满山海，剑芒耀日，火炮震天，喜则人而怒则兽，其性素然也。奸人且导之，凌轹居民，蔑视澳官，渐不可长。若一旦豺狼考虑，不为狗鼠之谋，不图锱铢之利，拥众入据香山处，分布部落，控制要害，鼓噪而直趋会城，俄顷而至，其祸诚有不忍者，可不逆为之虑耶。②

葡萄牙人一进入澳门，首先就打破了以往"权令搭棚栖息，待舶出洋而撤去"的泊口贸易旧制，而是开始在澳门建屋造房，而且一造就是数百区、上千区的房屋，即如俞大猷所言："商夷用强梗法，盖屋成村，澳官姑息，已非一日。"③ 第二，不仅葡萄牙商人正式进入澳门进行商业贸易，而且"举国而来，扶老携幼，更相接踵。今筑室又不知几许，夷众殆万人"。"举国而来"有点夸张，但短短几年时间，澳门半岛一下聚集上万名外国人，

---

① 韩霖：《守圉全书》卷 3 委黎多《报效始末疏》，台北中央研究院傅斯年图书馆善本室藏明崇祯九年刊本。按：韩霖所具原图为委黎多《报效始末疏》，因今人用，故全稿统称为《报效始末疏》）。
② 庞尚鹏：《百可亭摘稿》卷 1《抚处濠镜澳夷疏》，广东文献，清同治二年重印本。
③ 俞大猷：《正气堂全集》卷 15《论商夷不得恃功恣横》，383 页，福州，福建人民出版社标点本，2007。

自明开国以来，从未出现过这种现象，难道不令人担心？此载与同时之吴桂芳、叶权所记相合。吴桂芳言："况非我族类，不下万人，据澳为家。"[①] 叶权言："乃今数千夷团聚一澳，雄然巨镇。"[②] 第三，正因为葡萄牙人得以居留澳门是帮助明朝政府打阿妈贼而获得，故葡人进入澳门后的表现亦是十分骄悍："诡形异服，弥满山海，剑芒耀日，火炮震天，喜则人而怒则兽"，"奸人且导之，凌轹居民，蔑视澳官"。[③] "事久人玩，抽盘抗拒，年甚一年"，"香山濠镜澳互市番夷，近年聚落日繁，骛横日甚"。入澳葡人骄悍的状况，再加上他们的高船利炮，确实已成为当时士大夫的顾虑隐忧，甚至被称为"广人久蓄腹心深痼之疾"[④]。

面对上述情况，当时香山地区的民众及朝野士大夫以不同的方式表达了他们对葡人居澳的意见。第一种意见是：

> 议者欲于澳门狭处，用石填塞，杜番舶潜行，以固香山门户，诚是也。然驱石塞海，经费浩繁，无从取给，举事当待何时。或欲纵火焚其居，以散其党，为力较易。然往年尝试之矣，事未及济，几陷不测。自是夷人常露刃相随，伺我动静，可复用此故智耶？[⑤]

这里实际是两种办法。前一种对付澳门葡人的办法就是用石头去填塞澳门港口，阻止葡萄牙商船进入澳门，但由于此事工程太大，耗资太大，没有办法实行。后一种办法是派人去澳门放火，焚烧其居民。葡文资料亦称开埠初期"岛上的华人经常放火

① 陈子龙辑：《明经世文编》卷 342《吴司马奏议》卷 1《议阻澳夷进贡疏》，影印平露堂刊本，北京，中华书局，1962。
② 叶权、王临亨、李中馥：《贤博编》附《游岭南记》，44 页，北京，中华书局标点本，1987。
③ 庞尚鹏：《百可亭摘稿》卷 1《抚处濠镜澳夷疏》，广东文献，清同治二年重印本。
④ 陈子龙辑：《明经世文编》卷 342《吴司马奏议》卷 1《议阻澳夷进贡疏》，影印平露堂刊本，北京，中华书局，1962。
⑤ 庞尚鹏：《百可亭摘稿》卷 1《抚处濠镜澳夷疏》，广东文献，清同治二年重印本。

烧毁葡人住宅"①。华人想以这种办法驱赶葡萄牙人，并且也真正实行过。这种纵火烧屋的办法，不仅没有将葡萄牙人赶走，反而将矛盾激化，"自是夷人常露刃相随，伺我动静"，并且使纵火人"几陷不测"。这两种办法都是出自民间的情绪主义的行为，当地有一部分人看不惯在中国的土地上有一批外国人横行，故采取这种不理智的暴力行为来驱赶入居澳门的异族。所以，我们回过头来再看看为什么初入澳门的葡萄牙人表现得那么"骄悍"与"桀骜"，很明显，这与当时当地人民与葡萄牙人的严重对立不无关系。庞文透露的两条信息，澳门附近之华人欲填塞澳门港，并纵火烧葡人之住宅，而出现前面所言葡人"凌轹居民，蔑视澳官"之行为，完全有可能是葡人对当地华人的一种报复行动。

第二种意见是：

> 议者又欲将澳以上，雍麦以下，山径险要处，设一关城，添设府佐官一员，驻扎其间，委以重权，时加讥察，使华人不得擅入，夷人不得擅出，惟抽盘之后，验执官票者，听其交易，而取平焉；是亦一道也。然关城之设，势孤而援寡，或变起不测，适足以为桀骜之资，岂能制其出入乎。②

应该说，这在当时应是一个切实可行的良策，即设官建关，置兵驻守，对居澳葡人加强控制。也就是说，提出这一意见者主张容留葡人居住澳门，但要加强对澳门的管理与控制。庞尚鹏没有交代持这一观点的官员是谁。这也是有条件地允许葡人居留澳门的第一个提议者。但这一提议遭到了庞尚鹏的反对，他认为在澳门"设关建城"不仅不能对葡人进行控制，反而可能会被他们占据关城，并成为他们桀骜横行的资本。庞氏之言不具备说服

① Monumenta Historica Japoniae por SCHUTTE, Josef Franz, S. J. , ed. Lit；RUIZ – DE – MENDINA, Juan, S. J. in *Japoniae Informationes* 1549—1654/*proposuit Josef Fraz Schutte S. J.* , 1975, p. 386.
② 庞尚鹏：《百可亭摘稿》卷1《抚处濠镜澳夷疏》，广东文献，清同治二年重印本。

力，后来在澳门设关置官的事实也证明庞氏之言为误。

第三种意见就是庞尚鹏提出的对付澳门葡人的办法：

> 安边者，贵消祸于未然；怀远者，在伸威于既玩。愚臣
> 欲将巡视海道副使移驻香山。弹压近地，曲为区处。明谕以
> 朝廷德威，厚加赏犒，使之撤屋而随舶往来。其湾泊各有定
> 所，悉遵往年旧例。如或徘徊顾望，即呈督抚军门，亲临境
> 上，慰谕而警晓之，必欲早为万全之虑而后已。若以启衅为
> 忧，则祸孽之萌，亦当早见而预待之，况有旧澳见存，皆其
> 耳目所亲见闻者。彼将何从执怨乎？番船抽盘，虽有一时近
> 利，而窃据内地，实将来隐忧。党类既繁，根株难拔，后虽
> 百其智力，独且奈何！或谓彼利中国通关市，岂忍为变？孰
> 知非我族类，其心必异，此殷鉴不远。明者觇未萌，况已著
> 乎？急则变速而祸小，缓则变迟而祸大。惟督抚军门，加意
> 调停，从宜酌处，毋逆其向慕中国之心。就于通事中，择其
> 便给者，优以殊价，使掉其舌锋为说客，开示祸福，以阴折
> 其骄悍之气。自后番舶入境，仍泊往年旧澳，照常交易，无
> 失其关市岁利。复严布通番之令，凡奸人之私买番货，畔民
> 之投入番船，及略卖人口，擅卖兵器者，悉按正其罪。俾人
> 皆知有法之可畏，而不敢为射利之图。区画既定，威信潜
> 孚，查往年所以禁制而防御之者，悉遵旧例施行，诸夷自将
> 驯服，而默夺其邪心，即祸本潜消矣。①

庞氏是主张将葡萄牙人赶出澳门，但不希望使用填海、纵火
这样的暴力行为，而是要求海道副使或两广总督出面，"谕以朝
廷德威，厚加赏犒，使之撤屋而随舶往来"，并且"悉遵往年旧
例""仍泊往年旧澳，照常交易"。从表面上看，庞氏这一套办
法合情合理，既不使用武力，又解除了澳门之忧，还保证了葡萄

---

① 庞尚鹏：《百可亭摘稿》卷1《抚处濠镜澳夷疏》，广东文献，清同治二年重印
本。

牙人同中国的贸易照常进行。中国的士大夫有一个最大的通病，就是任何事情的衡量多以政治效应或意识形态为标准，很少涉及实际的经济效益。庞尚鹏亦是如此。"番船抽盘，虽有一时近利，而窃据内地，实将来隐忧"。这个"隐忧"并不一定会成为真忧，但为了消除这种"可能性"，宁肯牺牲这"一时近利"。殊不知，正是这些"利"，一可上交国库，二可充做兵饷，三可补充官俸，四可富裕贫民，① 所以《明史·佛郎机传》称：

> 粤中公私消费，多资商税，番舶不至，则公私皆窘。②

嘉靖初广东巡抚林富更言：

> 查得旧番舶通时，公私饶给，在库番货，旬月可得银两数万……资民买卖，故小民持一钱之货，即得握椒，辗转交易，可以自肥。广东旧称富庶，良以此耳。③

那么要求葡萄牙人撤出澳门，退回"旧澳"进行贸易是否行得通呢？这个"旧澳"即指"浪白澳"，是嘉靖三十六年（1557年）葡萄牙人入住澳门前经常驻泊贸易之处。浪白澳在澳门西南约90里，明清时期尚是孤悬海中岛屿连湾山和文湾山之中界，自成一港湾，可停泊船只。但由于浪白"限隔海洋，水土甚恶，难于久驻"，不是一发展贸易良港，再加上离华南经济中心城市广州太远，且与陆地隔绝，交通运输亦多有不便，岛上的饮食日用生活必需品很难得到保证，要在这里发展大规模的国际贸易是不可能的。庞尚鹏称："每年夏秋间，夷舶乘风而至，往止二三艘，近增至二十余艘，或倍增焉。"这里往年的二三艘当指浪白澳的贸易情况，而到澳门后则是每年"二十余艘"甚至达到四十余艘。④ 葡萄牙人选择澳门作为发展国际贸易的商埠，是经过很

---

① 张廷玉：《明史》卷325《佛郎机传》，北京，中华书局，1974。
② 张廷玉：《明史》卷325《佛郎机传》，北京，中华书局，1974。
③ 黄佐：《泰泉集》卷20《代巡抚通市舶疏》，岭南遗书本。
④ 庞尚鹏：《百可亭摘稿》卷1《抚处濠镜澳夷疏》，广东文献，清同治二年重印本。

长时间的探索和实践的，而事实上澳门在16—18世纪成为当时国际贸易的繁华都市即已说明了这种选择的正确性。而国际贸易在中国近海的发展不仅有利于葡萄牙人，而且亦大大地有利于促进中国对外贸易的发展。如果将葡萄牙人撤出澳门退至浪白，这已见繁荣的国际贸易势必衰退，既有损于葡萄牙商人的利益，亦影响到中国对外贸易的发展，更直接影响广东地方政府的财政收入，于双方都不利。庞尚鹏作为中央派到广东的巡按御史，站在中央的立场上，势必要把"澳门"作为一个严重的政治军事问题提出，为了预防"可能"产生的"隐忧"，他不惜牺牲澳门国际贸易发展带来的一切经济利益，而要将这座繁荣的商埠摧毁。尽管当时已有一部分人看到澳门的葡萄牙人来中国是做生意的，不会对中国进行侵略，并提出："彼利中国通关市，岂忍为变?"①但庞氏却以极迂腐的传统观念予以驳斥："孰知非我族类，其心必异。"

　　庞氏希望通过给葡萄牙人当翻译的中国人去劝说葡人撤离澳门，至嘉靖四十三年（1564年），葡人在澳门经营至少有七年，已盖起了"高栋飞甍"②的大厦上千区，已聚居了各国商人及家眷万余人。"高居大厦，不减城市"③。"筑室建城，雄踞海畔，若一国然"④。其耗费资金之巨，决非庞氏以"赏犒"二字可以解决的。一方面，葡萄牙人决不会轻易退出澳门，因为入住澳门是经过中国官方允许的，并因此而付出了巨大的代价；另一方面，广东地方政府亦不愿因葡人离开澳门再一次造成广东经济贫

---

①　"彼利中国通关市，岂忍为变?"反映了当时明朝士大夫中确实有一批人对葡萄牙人与明王朝展开的国际贸易的实质有清楚的认识，这种认识在葡文文献中亦可获得证明。博卡罗1635年完成的《要塞图册》称："即使有三桅船和帆桨两用船，向中国开战对我们也绝对不利；即使我们取得了重大胜利，只要他们取消与我们的贸易，对我们来说就是最大的损害。"载《文化杂志》，1997（31）。

②　张廷玉：《明史》卷325《佛郎机传》，北京，中华书局，1974。

③　王士性：《广志绎》卷4《江南诸省》，100页，北京，中华书局标点本，1993。

④　张廷玉：《明史》卷325《佛郎机传》，北京，中华书局，1974。

困。因此，尽管庞氏在奏章中将葡萄牙人入住澳门的"隐忧"强调得十分厉害："党类既繁，根株难拔"，"急则变速而祸小，缓则变迟而祸大"，措词十分激烈，甚至可称"危言耸听"，但是明朝中央政府并没有采纳。

历史地看，三种解决方案本质上是驱逐与容留两种意见，其区别在于驱逐主张包括激进与温和、直接与间接不同组合方式以及驱逐出澳的去处问题，容留主张则涵盖政治、军事、经济层面不同的治理方法。明中叶以后士大夫关于澳门葡人与葡人留澳问题的争议，基本囊括于这一框架之内。

三、嘉隆时期士大夫对澳葡的政策转变（1564—1581 年）

嘉靖四十三年（1564 年）三月，驻守在潮州柘林港的四百水兵因长期缺乏粮饷而军心浮动，而此时总兵俞大猷又要调遣水兵赴潮阳平倭，水兵头目徐永泰、谭允传愤然揭竿而起，发动兵变，史称"柘林兵变"。叛乱水兵随即与东莞私盐贩及大奚山海盗合并，一时声势浩大，并举兵进攻广州。由于这次叛乱的主要骨干力量均是明朝训练有素的水兵和长期行劫于汪洋的海盗，其水上的作战能力甚强。因此，两广总督吴桂芳与俞大猷商议，一边调集驻扎于东莞南头水寨的明朝水兵来剿寇，[①] 一边决定商请澳门葡萄牙人组织水军参战。葡人随即参战，取得平叛胜利。[②] 当然广东政府以"许免抽分一年"[③] 为条件酬答。然而柘林兵变平定之后，广东政府失信于澳葡，不仅将平叛"邀为己功"，而

---

① 郭棐：《粤大记》卷 3《海岛澄波》，日本藏中国罕见地方志丛刊本，44 页，广州，中山大学出版社，1998。
② 罗理路著，陈用仪译：《澳门寻根》附录文献之 9《若奥·德·埃斯科巴尔〈评述〉》，109 ~ 121 页，澳门，海事博物馆。
③ 陈吾德：《谢山存稿》卷 1《条陈东粤疏》，影印清刊本，四库存目丛书，济南，齐鲁书社，1997。

且"海道抽分如故，夷遂不服，拥货不肯输税"①，中葡关系再次紧张。

（一）两广总督吴桂芳的"防澳"策略

总兵俞大猷认为澳门葡人"恃功恣横"，不可容忍，且不像他人所言"难制"，建议抓住时机"与之大做一场"②，以武力将葡人赶出澳门。俞大猷甚至将邀请葡人助剿叛兵视为对付葡政策的一个环节，根本目的在于寻找时机水陆并进以驱逐葡人出澳门。这在他给两广总督吴桂芳的信函中表露无遗：

> 用官兵以制夷商，用夷商以制叛兵，在主将之巧能使之耳。夷商用强梗法盖屋成村，澳官姑息，已非一日。三门之役，神妙之算，恩威之布，彼亦心服。今欲剪之，岂无良方？若以水兵数千攻之于水，陆兵数千攻之于陆，水陆并进，彼何能逞？……今与之大做一场，以造广人之福。③

俞大猷作为武将，面对葡人的桀骜不驯，自然提出要以强硬武力手段使之屈服的方法。然而当时尚在广东的监察御史庞尚鹏提出不同意见，"惟督抚军门，加意调停，从宜酌处，毋逆其向慕中国之心。就于通事中，择其便给者，优以殊格，使掉其舌锋为说客，开示祸福，以阴折其骄悍之气"④。吴桂芳最终采纳庞尚鹏"加意调停，从宜酌处"的意见。

次年（1565 年）四月，葡萄牙商人哑喏唎归氏率船队要求进贡明廷。当初吴桂芳、俞大猷邀请澳葡助剿之际，葡人再次提出要求进贡。俞大猷予以坚定回绝，"功成重赏其夷目，贡事已明

---

① 叶权、王临亨、李中馥：《贤博编》附《游岭南记》，44 页，北京，中华书局标点本，1987。
② 俞大猷：《正气堂全集》卷 15《论商夷不得恃功恣横》，383 页，福州，福建人民出版社标点本，2007。
③ 俞大猷：《正气堂全集》卷 15《论商夷不得恃功恣横》，383 页，福州，福建人民出版社标点本，2007。
④ 庞尚鹏：《百可亭摘稿》卷 1《抚处濠镜澳夷疏》，广东文献，清同治二年重印本。

谕其决不许"①。由于明廷始终对葡萄牙怀有戒心，屡次排拒其入贡请求，所以，他们采用假冒的办法，企图以"满刺加国使者"的名义蒙混过关。但此事被广东地方官发现，上报两广总督吴桂芳，吴桂芳又将此事上报朝廷，并对此事发表了自己的看法，载于其《议阻澳夷进贡疏》中。② 《明世宗实录》嘉靖四十四年（1565 年）四月癸未条对此事有记载：

> 有夷目哑喏唎归氏者，浮海求贡。初称满喇加国，已复易辞蒲丽都家，两广镇巡官以闻。下礼部议，南番国无所谓蒲丽都家者，或佛郎机诡讬也，请下镇巡官详审，若或诡讬，即为谢绝，或有汉人通诱者，以法治之。③

吴桂芳对葡萄牙人进贡的态度相当坚决：

> 今蒲丽都家，恐即佛郎机自隐之国名，而本夷求贡之情，恐即先年贸易之故智。却其贡，则彼必肆为不道，或恣猖狂。然其发速而祸尚小。许其贡，则彼呼朋引类，日增月益，番船抽分之法，必至尽格而不行，侵陵之患，将遂溃决而莫制。其祸虽迟而实大。大难图也。缘彼以求贡为名，臣等不容径拒，以干专擅之愆，但事关利害甚重，臣等又不敢缄默，以贻日后地方之患。④

这里吴桂芳对葡萄牙人进贡的态度表述十分清楚，如果拒绝葡萄牙人进贡，可能会引起对方的不满，甚至会"肆为不道"，但事情爆发快而祸害较小。如果同意葡萄牙人进贡，则要求进贡者将会越来越多，抽分之法也无法实行，沿海地区又会受到侵凌，其后患无穷。很明显，吴桂芳是反对明廷接受葡萄牙人进贡

① 俞大猷：《正气堂全集》卷 15《集兵船以攻叛兵》，369 页，福州，福建人民出版社标点本，2007。
② 陈子龙辑：《明经世文编》卷 342《吴司马奏议》卷 1《议阻澳夷进贡疏》，影印平露堂刊本，北京，中华书局，1962。
③ 《明世宗实录》卷 504，嘉靖四十四年四月癸未条。
④ 陈子龙辑：《明经世文编》卷 342《吴司马奏议》卷 1《议阻澳夷进贡疏》，影印平露堂刊本，北京，中华书局，1962。

的。吴桂芳上疏后，中央接受了吴氏的意见，正式拒绝了这次葡萄牙人的进贡。

吴桂芳在处理嘉靖四十四年（1565 年）葡萄牙人进贡之事上的态度是不太好理解的，他已知道葡萄牙人"据澳为家"已二十余年了，这已经成为了一个既成的事实，他亦不同意俞大猷的建议，用武力将葡萄牙人赶出澳门，那为什么要拒绝葡人的进贡呢？故明人陈子龙辑《明经世文编》时，收了吴桂芳这则奏议，并在其首加了一小段按语："澳夷之于中国，当论其通市与否，而贡非所重也。今既与市抽税矣，而又不许其进贡于事体为不顺。"①

柘林兵变平定之后，因明朝失信于澳门葡人，故葡萄牙人十分不服，"拥货不肯输税"②。虽然在海道副使莫抑的经济封锁的围困下葡人最后不得不表示诚服，③ 但这一矛盾并没有从根本上得以解决。吴桂芳清楚地认识到这一点。故此，加强对澳门的防范就纳入到两广总督的议事日程上来。吴桂芳加强对澳门的防范主要做了三件事：

1. 修筑广州外城，防止澳门葡人的进犯。郭棐《广东通志》载："四十三年甲子，都御史吴桂芳以柘林兵变，躁践城外居民，创筑自西南角楼，以及五羊驿，环绕至东南角楼新城，以固防御。"④ 这里仅提柘林兵变的缘故，实际上是对澳门葡人的提防，这从他本人的《筑省会外城疏》中即可看出："况兼香山县濠镜澳互市番夷，近年聚落日繁，骜横日甚，切近羊城，奸究叵测，

① 陈子龙辑：《明经世文编》卷 342《吴司马奏议》卷 1《议阻澳夷进贡疏》之按语，影印平露堂刊本，北京，中华书局，1962。
② 叶权、王临享、李中馥：《贤博编》附《游岭南记》，44 页，北京，中华书局标点本，1987。
③ 陈吾德：《谢山存稿》卷 1《条陈东粤疏》，影印清刊本，四库存目丛书，济南，齐鲁书社，1997。
④ 郭棐：《（万历）广东通志》之《郡县志》，万历壬寅年序刊本。

尤为广人久蓄腹心深痼之疾。"① 可见，吴桂芳真正提防的是澳门葡萄牙人。在平定柘林叛兵的水战中，葡萄牙士兵"乌铳颇精，大铳颇雄"② 给他留下了深刻的印象，一旦葡人与明军再次爆发冲突，距澳门甚近的羊城就是很危险的了。所以加筑广州外城，增加防御能力，这是吴桂芳在平叛之后即刻着手的首要之事。

2. 增设南头海防参将，加强对澳门葡人的军事防御。吴桂芳在修筑广州外城的同时，又建议明廷增设南头海防参将。吴桂芳《请设海防参将疏》：

> 东莞县南头地方，内为省城门屏之巨防，外为海舶襟喉之要隘。当此镇而设大将，屯重兵，甲士连云，梯楼船碍日，则内可以固省城之樊屏，外可以为诸郡之声援；近可以杜里海小艇劫夺之奸，远可以防澳中番夷跳梁之渐。诚计安之要术而善后之良图也。③

又言：

> 令其居常驻劄南头地方，教演水战，有警督兵出海剿捕海倭贼寇，仍专一往来省城波罗庙、东洲、官窖上下，缉捕里海行劫贼船，及弹压香山濠镜澳等处夷船，并巡缉接济私通船只，俱会同海道副使、海防佥事计议而行。④

嘉靖四十五年（1566 年）南头海防参将正式设立，后又建议设广东沿海六水寨，其中之一即南头寨。据《苍梧总督军门志》载："南头寨：自大鹏角洲起，至广海三洲山止，为本寨信地。

---

① 陈子龙辑：《明经世文编》卷 342《吴司马奏议》卷 1《议阻澳夷进贡疏》，影印平露堂刊本，北京，中华书局，1962。

② 俞大猷：《正气堂全集》卷 15《论商夷不得恃功恣横》，383 页，福州，福建人民出版社标点本，2005。

③ 吴桂芳：《请设海防参将疏》，见《苍梧总督军门志》卷 24《奏议》2。南头参将之设，据万历十一年南头城《重修参将府记》应在明初，后可能罢废，吴桂芳建议当为重建。

④ 吴桂芳：《请设海防参将疏》，见应槚辑，凌云翼、刘尧诲重修：《苍梧总督军门志》卷 24《奏议》2，影印万历辛巳林大春序刊本，北京，全国图书馆文献缩微复印中心，1991。

分哨鹅公澳、东山下、官富、柳渡等处。"① 正好对澳门形成一个环海包围圈，严密监视和控制了澳门葡人的海上活动。

3. 以海道副使为专管澳门葡人及其他外国商船互市之事。《明史·吴桂芳传》载：

> 因建议海道副使辖东莞以西至琼州，领番夷市舶，更设海防金事，巡东莞以东至惠潮，转御倭寇。②

以前的广东海道副使管辖整个广东海上之事，吴桂芳建议后，其职权削减一半，仅专管东莞以西至琼州之番夷市舶。实际上东莞以西的所谓"番夷市舶"即澳门问题，因为当时的外国商船主要集中在澳门进行贸易。以海道副使来专门管理澳门的贸易问题，既可控制澳门葡人"抗拒抽盘"不纳商税的行为，又可以减少内地奸商在澳门日益猖狂的走私活动。

从上载可以看出，吴桂芳针对澳门所制定的一系列措施，均建立在"以防御为主"的层面上，尚未上升至对澳门的具体管理。因此，可以说，开埠的初十年，明政府对澳门主要采取的是"防澳"策略。

(二) 从"防澳"到"管澳"：霍与瑕的"治澳三策"

嘉靖四十五年（1566年）明世宗驾崩，继任之初的隆庆帝一改前朝做法，立即结束有选择的局部海禁政策，东南闽广沿海全面开放，即所谓"隆庆改元，福建巡抚都御史涂泽民请开海禁，准贩东、西二洋"③。在这种情形下，澳门商业贸易得到进一步繁荣。与此同时，澳门葡人于隆庆二年（1568年）以少胜多击退海盗曾一本的多次进攻，并于同年开始首次筑城。④ 澳门葡人出现

---

① 应槚辑，凌云翼、刘尧诲重修：《苍梧总督军门志》卷5《舆图》2，影印万历辛巳林大春序刊本，北京，全国图书馆文献缩微复印中心，1991。
② 张廷玉：《明史》卷223《吴桂芳传》，北京，中华书局，1974。
③ 张燮著，谢方点校：《东西洋考》卷7《饷税考》，131页，北京，中华书局标点本，2000。
④ 福鲁图奥佐：《怀念故土（第二编手稿）》，载《文化杂志》，1997（31），122～124页。

的新情况，不能不引起明朝士大夫的侧目。譬如工科给事中陈吾德直言不讳地表达对澳葡军事实力的惊讶："佛郎机、满剌加诸夷，性之犷悍，器之精利，尤在倭奴之上。去岁曾贼悉众攻之，夷人曾不满千而贼皆负伤远行，不敢与斗，其强可知矣。"[①] 如何有效治理澳门葡人，再次摆在明统治集团面前。

当然隆庆年间的形势同舆情与正德、嘉靖之际大不相同，以往以清剿、驱逐、容留为中心的政策分歧逐渐减少，转化为如何采取有效治理方式方法的探讨。以南海文人霍与瑕为例。隆庆五年（1571年）左右，针对"吾广之有濠镜澳，实门庭之寇"的实际情况，霍与瑕提出了著名的"治澳三策"：

> 建城设官而县治之，上策也；遣之出境，谢绝其来，中策也；若握其喉，绝其食，激其变而剿之，斯下策矣。欲行上策，当先要之以中策，请明谕番夷曰："军门以尔土著于此，招集无赖，买马造铳，恐我中华嗜利之徒，煽诱不轨，将为地方患。特申敕官兵，撤尔屋宇，送尔归国，两全无害。"仍严兵备之，再三令之，若其听顺，徙而之他，此谓以邻为壑，故曰中策。倘其哀乞存留，愿为编户，乃请于朝，建设城池，张官置吏，以汉法约束之，此谓用夏变夷，故曰上策。[②]

此三策，霍氏将"握其喉，绝其食，激其变而剿之"称之为下策，这也就是庞尚鹏所言之填港、烧屋之流的办法，以激进的手段来驱逐葡人，这当然是不可取的，故被霍氏称为下策。霍氏又将"遣之出境，谢绝其来"称之为中策，这就是庞尚鹏的主张，即将葡人撤出澳门，退回浪白贸易，这是一种温和的驱逐办法，被霍氏称为中策。三策中霍氏提出了自己的主张，即待澳门

---

① 陈吾德：《谢山存稿》卷1《条陈东粤疏》，影印清刊本，四库存目丛书，济南，齐鲁书社，1997。
② 霍与瑕：《勉斋集》卷19《处濠镜澳议》，清光绪丙戌重刻本。

急需"建城设官而县治之"①，并将这办法称之为上策。

> 今设城池，置官吏，以柔道治之，不动而安，诚策之
> 得。计筑城工费不过万金，设官柴马不过千金，是税课五分
> 之一耳。香山旧以澳夷在境，加编民壮三百名，今若建县，
> 就以为城守之役，仍查备倭兵船近香山地方者，付与县官，
> 清其虚冒，简其游惰，足其衣粮，习其技艺，高樯大舶，张
> 形势之制，与崇城表里，为国家威严，广州永无虑矣。知以
> 虑之，权以通之，不僇一人而措海滨之安，故曰上策。②

他说明了这一主张的理由是澳葡带来的巨大经济利益和海防
价值。否则，对于广东地方而言，滋生两大不便："两广百年间，
资贸易以饷兵，计其入可当一大县，一旦弃之，军需安出，一不
便也；香山海洋，得澳门为屏卫，向时如老万、如曾一本、如何
亚八之属（均是葡人参剿的海盗），不敢正目而视，阖境帖然。
若撤去澳夷，将使香山自为守，二不便也"③。不如"设城池，置
官吏，以柔道治之"。

这一主张既能结合广东地方特殊利益，又能实现有效管理澳
葡的目的。他甚至提出更大胆的建议，将澳门建为一个独立的
"县"，并按照一个明朝建制县的行政单位对澳门进行管理。这一
提法确实是极为开放与大胆。霍与瑕提出的"上策"既符合澳门
当时的实际情况，又具可操作性。霍与瑕于隆庆五年左右提出的
"治澳三策"虽然上书给两广总督殷正茂未果，但其中的部分内
容却得到包括两广总督殷正茂在内的广东地方政府的认同，但仅
采纳其"上策"的部分内容，即设关置官以管理，而没有采用其
"建县"的建议。综合中央和地方以及士大夫舆情，隆庆万历之
交形成最初的管理澳门葡人的决策，促成明代治澳政策初步制

---

① 霍与瑕：《勉斋集》卷19《处濠镜澳议》，清光绪丙戌重刻本。
② 霍与瑕：《勉斋集》卷19《处濠镜澳议》，清光绪丙戌重刻本。
③ 霍与瑕：《勉斋集》卷19《处濠镜澳议》，清光绪丙戌重刻本。

度化。

一方面表现为设立市舶司在澳门的分支机构，加强对澳门贸易的直接管理。工科给事中陈吾德上疏揭露葡人与内地居民勾结，贩卖人口，"结庐城守，据险负隅，挟其重赀，招诱吾民，求无不得，欲无不遂，百工技艺趋者如市，私通奸人，岁略卖男妇何啻千百"①。但陈吾德并没有回到清剿、驱逐的老路，而是从现实情况出发，审慎客观地对待问题。既然非法走私贸易无法彻底禁绝，所以陈吾德就提出以保甲之法监督岛内居民，官员赴澳抽分，不许澳人入城（广州）。"今既不能禁绝，莫若禁民毋私通，又严饬保甲之法以稽之，遇抽税时，夷人只于澳上交盘，不许引类径至省城，违者坐以法"②。陈吾德奏疏获准试行。明政府在澳门设立官澳（海关），"檄委海防同知、市舶提举司及香山正官，三面往同丈量估验"③，以赴澳抽分形式实现治权，征收进出口商税和泊税，加强对澳门贸易的直接管理。

另一方面，隆庆六年（1572 年），澳门葡人向明政府缴纳 500 金的做法由过去的海道贿金变为正式上交国库的地租银，④ 葡人由之前非法寄居状态转化成得到明政府公开认可的租居。然而，这并不是说当时明朝政府认可葡人同时期对澳门的占据，其后的事件表明这只是明政府对其防范和管制的公开化。同年四月，明廷设广州府南头、广海海防同知一员，驻扎于雍陌。⑤ 万历二年（1574 年），又在澳门香山陆上交通的咽喉地——莲花茎

---

① 《明穆宗实录》卷38，隆庆三年十月辛酉及《谢山存稿》卷1《条陈东粤疏》，影印清刊本，四库存目丛书，济南，齐鲁书社，1997。
② 《明穆宗实录》卷38，隆庆三年十月辛酉及《谢山存稿》卷1《条陈东粤疏》，影印清刊本，四库存目丛书，济南，齐鲁书社，1997。
③ 郭棐：《（万历）广东通志》之《外志》，万历壬寅年序刊本。
④ 阿儒达宫图书馆《耶稣会士在亚洲》，49 – V – 10，fl. 10v – ii；印光任、张汝霖：《澳门记略》卷上《官守篇》，106 页，澳门，澳门文化司署点校本，1992。
⑤ 《明穆宗实录》卷68，隆庆二年三月癸巳条；田生金：《按粤疏稿》卷3《条陈海防疏》，影印明万历四十五年刊本，天津，天津古籍书店。

建立关闸，置兵把守，① 加强对澳门葡人的控制，"严通澳之令"②，"每月中六启闭"，不容许民间私自与澳门葡商贸易，给澳门葡商一切生活所需皆由"官与之市"。③ 同时，加设海防同知、市舶提举各一员，盘诘稽查，"夷人出，汉人入，皆不得擅行"④。甚至万历五年（1577 年）明王朝在平定林道乾、朱良宝、林凤等海盗集团后，为了防止他们卷土重来，明朝加强海上控制，先在南澳设立副总兵，并建南澳副总兵城；又命昭武将军王绰移镇澳门；并在澳门葡人居地中"设军营一所，朝夕讲武，以控制之"⑤。尽管效果并不如预期，如霍与暇《勉斋集》记载称"番禺、东莞、顺德之交，巨浸漫漫，直通海岛，坭涌板窟，蛋贼巢窟其中，接济澳夷"⑥，但从制度设计而言，一系列举措无疑标志着明统治者正在积极实现对澳门政治上军事上管理的初步制度化。

四、万历中后期明政府治澳政策的最终确立（1582—1616）

明朝政府治澳政策的最终确立是在万历朝的中后期，而治澳政策的最终确立又是在明政府与澳门葡人一系列的摩擦与斗争中，双方经过不断地较量，而得以完成。其间大致又可以分为四个时段。

---

① 印光任、张汝霖：《澳门记略》卷上《形势篇》，23 页，澳门，澳门文化司署点校本，1992；申良翰修，欧阳羽文纂：《（康熙）香山县志》卷 10《澳夷志》，康熙十二年刻本。
② 陈吾德：《谢山存稿》卷 1《条陈海防疏》，影印清刊本，四库存目丛书，济南，齐鲁书社，1997。
③ 王以宁：《东粤疏草》卷 5《条陈海防疏》，广州，广东省中山图书馆抄本，1958。
④ 王植：《崇德堂稿》卷 2《香山险要说》，续修四库全书本，上海，上海古籍出版社，2002。
⑤ 暴煜：《（乾隆）香山县志》卷 6《人物·武功》；戴裔煊：《〈明史·佛郎机传〉笺正》，63 页。余以为，王绰移镇澳门应是明廷为了应对海上海盗问题的临时措施。明廷对澳内并不实行长期的军事管制。
⑥ 霍与暇：《勉斋集》卷 22《陈文峰公生祠碑》，清光绪丙戌重刻本。

（一）两广总督陈瑞与澳门葡人的关系

陈瑞出任两广总督任内的资料，在中文文献中极少保存，其与澳门之关系则中文文献基本无载。因此，现存的陈瑞与澳门的关系完全出自于西文资料。先看利玛窦的著作中保存的罗明坚（Michel Ruggieri）的记录：

> 我最后一次去那个城市，总共是 4 天，凑巧那省（广东省）更换总督，更确切地说，新上任的总督有国王的差遣，如果认为葡萄牙人不宜住在他们的国家，可将他们尽数驱逐。因此，他召见澳门港的首领（Capitano）与主教，而这两位都不愿意冒险，于是，我同一位当时任王室法官的葡萄牙人去广东。[1]

陈瑞，字孔麟，福建长乐人，嘉靖三十二年（1553 年）进士，在湖广省任左右布政使多年，为首辅张居正死党，其出任两广总督是在万历九年（1581 年）十一月，由南京刑部尚书调任两广总督军务。[2] 据罗明坚提供的资料，陈瑞来广东之前即获朝廷的指示，要他对澳门进行全面的了解。如果陈瑞了解的情况是葡萄牙人不适宜在澳门居住的话，那就将他们全部驱逐出境。葡萄牙人从嘉靖三十六年（1557 年）起大规模入居澳门，这虽然只是广东地方政府的批准，但一定请示过中央，中央也一定知道葡萄牙人已经在澳门定居。葡人定居澳门后，因不断有人向中央上疏，从庞尚鹏、吴桂芳到陈吾德等，明廷收到关于居澳葡人的汇报有各种各样的意见，而且意见分歧很大，所以陈瑞任两广总督后，明廷给他下派了一个重要任务，就是全面了解居澳葡人的情况，然后根据实际情况来决定葡萄牙人的去留。所以，陈瑞上任

---

① 汾屠立（Pietro Tacchi Venturi）：《利玛窦神父历史著作集》，第 2 卷，414 页，见金国平、吴志良《东西望洋》，162 页，澳门，澳门成人教育学会，2003。

② 《明神宗实录》卷 118，万历九年十一月戊辰条；李维桢：《大泌山房集》卷 63《陈司马家传》，四库存目丛书本，18～19 页，济南，齐鲁书社，1997。

时间不久即召见"澳门港的首领和主教"来了解情况。当时澳门派了罗明坚神父与王室法官本涅拉（Mattia Penella）为代表来晋见陈瑞。当事人西班牙桑切斯（Sanchez）神父有最原始的记录：

> 他们二人一同前去拜见都堂。对他们又是多方盘问，又是严厉威胁。卫兵列队森严，锣鼓喧天。都堂对他们说，在他的土地上拥有瓦屋、教堂及修道院是要得到许可的。两人磕过头后，对都堂说，葡萄牙人从来是中国国王的臣民及忠实仆人，将都堂大人奉为主人及庇护人，听了这话，都堂的态度缓和了下来，怒容烟消云散，还说想将葡萄牙人收作子民。他对两人大加恩施，给了他们几块银牌……上面写着持有人有出入中国的特权，可晋见都堂，任何人不得加以阻拦。[1]

利玛窦的日记中则记录多一些内容：

> 然而，当他（陈瑞）看到带来的礼物，他庄严的态度，立刻改为和善，他含笑告诉他们，殖民地一切均可照旧，但是要属中国官员管辖。[2]

最为遗憾的是，西文记录的这些内容，我们无法在中文文献中获得丝毫印证。但可以肯定的一点是，陈瑞这次出任两广总督任内对澳门葡人的调查结果是对澳门葡人十分有利的。因为，他是代表明中央政府来处理澳门葡人的去留问题，那就可以说，陈瑞这一次对澳门葡萄牙人承诺"殖民地一切均可照旧"，即代表明中央政府正式承认广东政府批准的葡人"侨寓濠镜"[3] 具有合法性。

---

[1] 西班牙赛维亚东西印度总档案馆，菲律宾档 79-2-15《耶稣会桑切斯神父受菲律宾总督佩尼亚罗沙主教及其他陛下官员之命从吕宋岛马尼拉城使华简志》，见金国平、吴志良《东西望洋》，169～170 页，澳门，澳门成人教育学会，2003。

[2] 利玛窦著，罗渔译：《利玛窦全集》，第 1 卷，见《利玛窦书信集》（上），118～119 页，台北，光启出版社，1986。

[3] 韩霖：《守圉全书》卷 3 委黎多《报效始末疏》，台北，中央研究院傅斯年图书馆善本室藏明崇祯九年刊本。

（二）刘、萧、陈三任两广总督对澳门管理的加强

万历十七年（1589 年），合浦大盗陈某，连年勾引琉球诸国夷人，劫掠广东沿海各地，"杀人越货，大为边患"①。刘继文《重修何仙姑庙碑记》亦载：

> 岁己丑（1589 年）春移镇端州，时澳酋长李茂、陈德乐啸集海上，乌合呈千余众，一时未集舟师，虑怀巨测。②

可知，万历十七年时，广澳海上寇盗频生，形式十分紧张，而出任两广总督的刘继文对这一海警十分重视，并由此而关注澳门葡人之动向，其对韶州同知刘承范密语曰：

> 香山澳旧为诸番朝贡舣舟之所，迩来法制渐弛，闻诸夷不奉正朔，亦遄遄假朝贡之名，贸迁其间，包藏祸心，渐不可长。本院欲肃将天威，提楼舡之师，首平大盗，旋日，一鼓歼之。③

刘继文的这一番话，虽然是与刘承范两人之间的私人谈话，但可以反映两点：第一，葡人居澳后并不守中国之法，政府对其管治亦渐松弛；第二，刘继文本人对居澳葡人的主张是"一鼓歼之"。所以他派韶州同知刘承范下澳去"查盘军饷"，但"实则物色澳夷也"④，也就是要刘承范下澳去调查澳门葡人的真实情况，以便他作出对澳门葡人居留的决定。万历十八年（1590 年）春，刘承范奉命到澳门进行了一番调查，而得出的结论恰恰与刘继文的思路相反，其云：

> 伏睹皇明祖训，有以四方诸夷，皆隔山限海，彼既不为

---

① 刘承范：《利玛传》，载湖北监利存泽堂《刘氏族谱》序之卷 2《艺文》，11 页，民国三年本，按：何高济译《利玛窦中国札记》第 3 卷第 325 页注释 2 称韶州副长官意大利名为 Liu San fu，何高济译为"吕良佐"。夏伯嘉最新出版的《利玛窦：紫禁城里的耶稣会士》第 5 章第 123 页亦作韶州同知吕良佐失误。据新发现的刘承范《利玛传》，Liu San fu 应为刘承范的粤语译音。
② 刘继文：《重修何仙姑庙碑记》，转自黎玉琴、刘明强《利玛窦史海钩沉一则》，载《肇庆学院学报》，2011，30（42）。
③ 刘承范：《利玛传》，载湖北监利存泽堂《刘氏族谱》，11 页，民国三年本。
④ 刘承范：《利玛传》，载湖北监利存泽堂《刘氏族谱》，11～12 页，民国三年本。

中国患，而我轻兵以伐，不祥也。大哉王言，其万世御夷之
龟鉴乎？职至愚，不知海防至计，昨祗承宪令，躬诣香山，
窃于议澳夷者，有慨于中焉：夫香山澳距广州三百里而遥，
旧为占城、暹罗、贞腊诸番朝贡舣舟之所，海滨弹丸地耳。
第明珠、大贝、犀象、齿角之类，航海而来，自朝献抽分，
外襟与牙人互市，而中国豪商大贾，亦挟奇货以往，迩来不
下数十万人矣。顷当事者，睹澳夷日聚，或酿意外之虞？欲
提楼舡之卒，驱之海上，岂非为东粤计深远哉！顾东南岛，
惟日本鸷悍，祖宗朝尝绝之。而占城诸国，世修朝贡。尝询
之浮海之民，及商于澳门者，咸谓诸夷，素奉佛教，贸易毫
发不敢欺绐。彼酋长皆家累万金，重自爱惜，乃楼舡将军，
谓拥旗提鼓，以靖海岛，可大得志。诸裨禅之仕，慕诸夷珍
宝山积，大创即可囊而归之。事虽未行，而先声已播，且有
乘此诈嚇者。不知诸夷念此至熟矣。假令一旦出师，彼且漂
海而逝，我军望洋而返，意必恣意杀戮，伪上首级，海上益
骚然矣。无乃为东粤生灵祸乎？近代为患者，莫如边虏。我
皇上俯从互市之请，二十年来锤囊卧鼓，以享太平之福。视
往岁兴兵之费，所省什佰，此其尤大彰明较著者也。独奈何
使款顺之夷，望之而惊且走哉？是明珠、大贝，不饰朝夕，
犀象、齿角不充玩好也。请榜之通衢，照常抽分，听彼贸
易，以安诸夷向化之心。毋弦虚声，自相疑骇，而沿海弋
舡，仍严为防守，斯备其在我以制之之道也。倘必以倭奴视
诸夷，而曰"吾且为过郭钦，为江铁，无论仰背祖训，即视
皇上互市之意异矣"，云云。时万历庚寅春莫也。①

___

① 刘承范：《利玛传》，载湖北监利存泽堂《刘氏族谱》，12～13页，民国三年本。

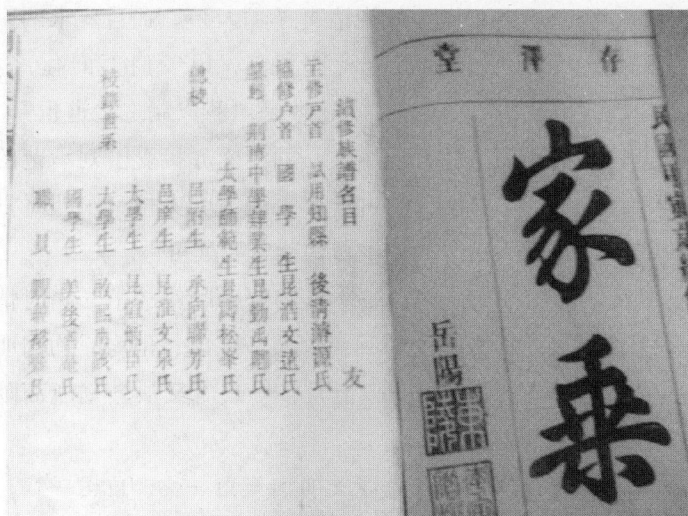

图26：湖北监利存泽堂民国甲寅岁（三年）续修《刘氏族谱》
影件（刘承范13世孙刘明强先生提供）

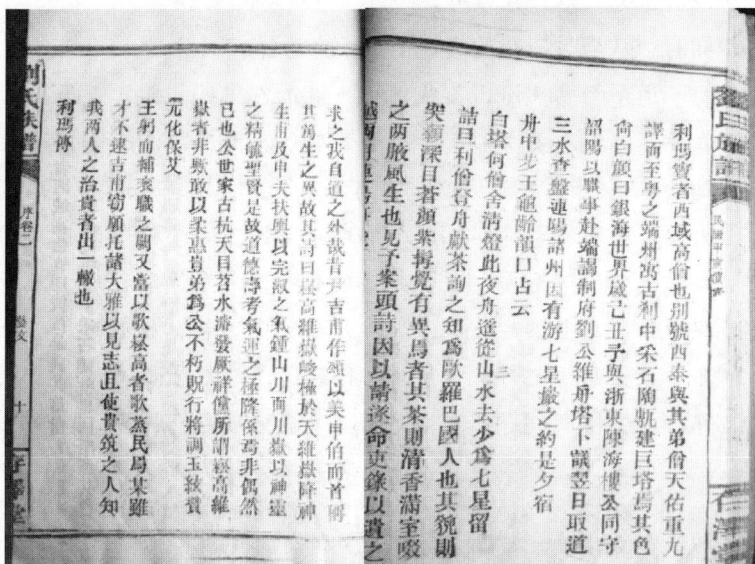

图27：湖北监利存泽堂《刘氏族谱》之刘承范《利玛传》
影件（刘承范13世孙刘明强先生提供）

刘承范不仅反对刘继文"欲提楼舡之卒，驱之海上"的对澳门葡人的办法，不必"以倭奴视诸夷（葡人）"，而且要求两广总督"请榜之通衢，照常抽分，听彼贸易，以安诸夷向化之心。……而沿海弋舡，仍严为防守"。这才是"我以制之之道也"。刘承范的上言说服了两广总督刘继文，刘继文亦接受了刘承范的意见。奉军门刘批："据议，酌古准今，信为驭夷长策。即将批词及申文警语，悬之香山、澳门港口泊船紧要处可也。"①

万历十九年（1591年），日本发动侵略朝鲜战争，当时情报还不十分清晰，在日本经商的闽商许豫、陈申、朱均旺均向明政府报警，但明政府并不相信。②七月，明政府又从赴日浙商陈仪后处获得一机密情报：

> 广东蠔镜澳佛狼机进我大明国天图一幅、地图一幅、犬一对、马一对、丝段香宝等件，共银五百余两。（陈仪）后下萨摩时，道遇之，不知如何嘱咐，後等疑其发此大言，欲以壮士志，以惊东心耳。③

同时，从当时抓获的倭寇供词中亦透露：

> 通事杨惠来译出各贼供称，俱系各岛夷，自（万历）十九年陆续投入关白部下，至今驾船入犯遭风漂流……因而就擒。及译出夷贼三十四人各有岛，分系戈里、安南、西洋、大趾、小趾、大佛郎机、小佛郎机等国。……据所译报，实与该道府所审无异。虽各夷额顶有发，比之倭形稍别，而所供原系各岛夷投兵关白，听其开洋窥探之情，历有可据。臣不意狡倭阳为乞封请贡，而阴行窥伺，以图内犯。④

东南海上倭寇问题本来在嘉靖末隆庆初已经获得基本解决，

---

① 刘承范：《利玛传》，载湖北监利存泽堂《刘氏族谱》，14页，民国三年本。
② 黄俣卿：《倭患考原》之《恤援朝鲜倭患考附》，影印明刻本，369页，北京图书馆古籍珍本丛刊。
③ 侯继高：《全浙兵制》卷2附录《万历二十年二月二十八日朱均旺齎到许仪后陈机密事情》，四库存目丛书本，济南，齐鲁出版社，1997。
④ 朱吾弼、李云鹄、萧如松，等辑：《皇明留台奏议》卷15《议兵船获倭疏》，万历三十年刻本，苏州，苏州书馆藏。

明王朝的海疆"夷氛"亦得稍稍平息。然而，随着万历十九年开始的日本侵朝战争，倭寇问题再一次成为明朝各级政府的首要关心问题。由于有不少的葡萄牙人"投入关白部下"，更为令人震惊的是澳门葡萄牙人向日本人提供明朝的军事情报，与日本人勾结，企图"内犯"。在这种形势下，明朝士大夫对居澳葡人的去留问题再次引发了一场争论：

> 然广人终以濠镜澳为忧，目为心腹之疾。或欲毁其巢庐，或欲徙之南澳，或欲移之浪白、三洲，或欲设官以治之，以其为番舶所聚也。①

这一次争论似乎比前几次的争论更为广泛。有人提出要拆毁澳门葡人的居所，有人提出要将葡人迁往南澳岛，有人提出要将葡人迁至浪白滘、三洲（上川）岛，也有人提出要加强对澳门的管制。但邓钟对此事发表其看法称：

> （广）东省之有番舶，譬人身之有痰火，苟元气完固，精神充足，则火与痰皆为血脉之资；如其元神内耗，营卫不周，而区区以去病为务，未有不日削而月耗者。②

谢杰则称邓钟此说为"探本之论"，并称：

> 昔余之论广曰：元气既固，濠镜非腹心之忧。③

这句话的意思就是只要你中国或广东本身很强大，那么澳门就可以成为你的"血脉之资"，而不会变成"腹心之忧"。时任两广总督为刘继文，而刘继文在此之前刚刚完成其对澳门葡人情况的调查，他对澳门葡人现状心中是有数的。所以对上述多种意

---

① 谢杰：《虔台倭纂》下卷《倭议》1，北京图书馆古籍珍本丛刊影印。王在晋：《皇明海防纂要》卷1《广东事宜》，第660页（续修四库全书本）所载与《虔台倭纂》稍异："香山澳在省会西南，夷人住泊于此，称密迁迤焉。……然议者以濠镜澳终为腹心之疾，或议毁其巢庐，或议移之浪白、三洲，或议设官以治之，或议以邻国为壑而徙之南澳，要非根本之论也"。余之所以将这一段话的时间定在万历十九年后，因谢杰在这段话后，紧接着的系年为万历二十一年，故系于此时也。

② 谢杰：《虔台倭纂》下卷《倭议》1，北京图书馆古籍珍本丛刊影印。

③ 谢杰：《虔台倭纂》下卷《倭议》1，北京图书馆古籍珍本丛刊影印。

见，他则采取了"设官以治之"之策，亦即加强对澳门的管制，而摒弃毁庐、驱逐等建议，并于万历十九年（1591年）十一月上疏《备陈防倭条议》，其中谈到对澳门管制的加强：

> 至澳夷内集，恐虞不测，合于澳门外建抽盘厂于香山大埔、雍陌地方。况至，以同知驻扎新安，通判驻扎雍陌。况毕方回。仍将倭奴入犯情节晓谕澳夷，令其擒斩自入献，重加赏赉。①

刘继文万历十九年三月即已升任户部右侍郎，但由于继任者尚未到任，② 故他于万历十九年十一月还提出了对澳门加强管制的办法。继刘继文之后的两任两广总督萧彦和陈蕖基本上沿袭刘继文之治澳政策，进一步加强对澳门的管制：

> 近者督抚萧、陈相继至，始将诸夷议立保甲，听海防同知与市舶提举约束。陈督抚又奏：将其聚庐，中有大街，中贯四维，各树高栅，榜以"畏威怀德"四字，分左右定其门籍，以《旅獒》"明王慎德，四夷咸宾，无有远迩，毕献方物，服食器用"二十字，分东西为号，东十号，西十号，使互相维系讥察，毋得容奸，诸夷亦唯唯听命。③

谢杰《虔台倭纂》下卷载：

> 至（万历）二十一年癸巳，两广提督陈都御史蕖题以海防官专镇雍陌，陈同知鸿渐实首任之。④

于香山大埔、雍陌等地建抽盘厂，将海防同知专镇雍陌，在澳门葡人中设立保甲制度，并且给葡人居所订立门籍，一项一项的治澳管澳制度的建立可以表明，明政府对澳门的管治和防范也逐渐由松而紧，由疏而密。

---

① 《明神宗实录》卷242，万历十九年十一月壬午条。
② 《明神宗实录》卷233，万历十九年三月甲辰条。
③ 郭棐：《（万历）广东通志》之《外志》，万历壬寅年序刊本。
④ 谢杰：《虔台倭纂》下卷《倭议》1，北京图书馆古籍珍本丛刊影印。

（三）两广总督戴燿任内澳门管治的放松

刘继文、萧彦、陈蕖三任两广总督对澳门的管治始终抓得很紧，但至戴燿出任两广总督后，对澳门的管治逐渐松懈，因此，由澳门而引发的问题屡屡出现，正如《澳门记略》言：

> 吏兹土者，皆畏惧莫敢诘，甚有利其宝货，佯禁而阴许之者。总督戴燿在事十三年，养成其患。①

戴燿，字德辉，别号凤岐，福建长泰人。其家乡人对其在广东任内的评价颇高，称"东南半壁，屹若长城"②。此应与史实不符。上文称戴燿任两广总督十三年，其实不准确。戴燿出任两广总督在万历二十六年（1598年）八月，③ 到万历三十六年（1608年）时，因钦州失事被削职为民。④ 虽然直到万历三十八年（1610年）张鸣冈才来接任，但戴燿在两广总督任上实际只有十年。也就是在他管制下的十年，由于其"老迈昏庸，不足弹压"⑤，对澳门葡人的管治放松，甚至为了得澳门市舶之利，往往"佯禁而阴许之"，导致澳门问题频生。

1. 万历二十八年（1600年）的中葡冲突。自万历二十七年李凤出任广东税监后，将广东总税额增20万，而在澳门原税额2万6千两的基础上增加2万两，即文献之称"又派之濠镜澳货2万两"⑥。澳门葡人对加派税额不满，抗拒拖延不纳。万历三十年，李凤遂下澳亲自督税，又对其索贿，乃"激变黑夷，干戈相向"，导致了澳门葡人的反抗，澳葡方面增兵增船，还打死随李

① 印光任、张汝霖：《澳门记略》卷上《官守篇》，68页，澳门，澳门文化司署点校本，1992。
② 张懋建：《（乾隆）长泰县志》卷9《人物志》，453页，乾隆十三年修，民国二十年重刊。
③ 《明神宗实录》卷325，万历二十六年八月丙辰条。
④ 《明神宗实录》卷451，万历三十六年十月丁卯条。
⑤ 《明神宗实录》卷417，万历三十四年正月癸巳条。
⑥ 郭尚宾：《郭给谏疏稿》卷1《防澳防黎疏》，丛书集成初编本，17页，北京，中华书局，1985。

风下澳的罗通事。这应是一场十分严重的事件，当时"香山军民、澳门汉夷恐大兵剿洗"①。然而，作为两广总督的戴燿对于这样一次严重事件居然没有任何表示，只是派一个海防同知下澳贴一张布告平息事件即了事。显然这是戴燿的失职。尽管这一事件是明方失理在先，但无论如何，澳门方面打死入澳的中国吏员，绝不可以不予干涉处置。而戴燿仅因自己与税监李凤的矛盾而不究此事，这是对澳门葡人的极大纵容。

2. 万历二十九年（1601 年）葡荷冲突。这一年荷兰武装船只准备进犯澳门，先派船入澳门侦伺，但被澳门葡人抓获，并将这些"红夷"处死，双方在海上对峙了几天，最后，由于荷方力量过于单薄，要以武力征服澳门绝不可能成功，遂扬帆离去。两广总督戴燿对这一事件十分清楚，但却采取一种坐山观虎斗的态度，"吾令舟师伏二十里外，以观其变"②。作为对澳门拥有主权的明朝，不应该对荷兰人的犯澳采用这一态度，明政府的这种坐山观虎斗的态度，一是对随意在中国内海和中国领土发动侵犯的外来者没有宣示自己的主权；二是致使已获明政府允许居留澳门的葡萄牙人对明政府丧失信心。戴燿的处置方法极为失当。

3. 修建教堂之事。葡人居澳，中国政府原只允许搭建矮小草屋居住，但葡人入澳不久后，即建成了砖石结构的永久性居屋。到万历中期以后，各大教堂及各项公共建筑均已建起，"高居大厦，不减城市"③，特别是万历三十四年（1606 年）在青洲修建教堂。青洲本在澳葡居留地之外，而澳门耶稣会则在此岛上非法建教堂，且"高六七丈，闳敞奇秘，非中国梵刹比"④。虽然，当

① 朱吾弼、李云鹄、萧如松，等辑：《皇明留台奏议》卷 14《参粤珰勾夷疏》，万历三十年刻本，苏州，苏州图书馆藏。
② 王临亨：《粤剑编》卷 3《志外夷》，92 页、卷 4《九月十四日夜话记附》，103 页；朱吾弼、李云鹄、萧如松，等辑：《皇明留台奏议》卷 14《参粤珰勾夷疏》，万历三十年刻本，苏州，苏州图书馆藏。
③ 王士性：《广志绎》卷 4《江南诸省》，100 页，北京，中华书局标点本，1993。
④ 《明熹宗实录》卷 6，天启元年六月丙子条。

时的香山知县张大猷上岛进行干涉，要求拆毁教堂，但在戴燿的庇护下，教堂得以保留。[①] 后又在澳门城中心修建大三巴教堂，这样"如此宽宏高大之所"，这都是在明朝禁令之中建的，[②] 虽然明政府也曾派人下澳干涉，但最后均在戴燿默许下得以完成。

4. 修筑炮台，抗杀兵丁。葡人藉口防御荷兰，在澳门开始修筑城墙和炮台。万历三十三年（1605 年），当明方下澳干涉葡人修筑城墙时，葡人居然还将明朝的士兵"抗杀"[③]，这一严重的事件，表明澳门葡方对明廷管治的不服与对抗。

5. 蓄养倭奴。澳门倭奴的蓄养始于万历二十年，当时应该规模不大。但到万历三十八年（1610 年）时，王以宁称葡人："藉口防番，收买健斗倭夷以为爪牙，亦不下二三千人。"[④] 特别是 1587 年（即万历十五年）丰臣秀吉发布驱逐传教士令后，日本天主教徒大规模逃亡澳门，形成所谓"日本人街区"。[⑤] 澳门这种大量蓄倭的现象在倭患频仍的明代社会确实引人关注，"粤东之有澳夷，犹疽之在背也。澳之有倭奴，犹虎之傅翼也"[⑥]，这对明王朝不能不说是一大威胁。

（四）明朝政府治澳政策的最终确立

针对上述频频发生的澳门问题，万历三十五年后的明朝廷内出现一场更大的争论，在朝野士大夫中，表现为两种态度，一是以进京参加考试的番禺举人卢廷龙首先发难。他在万历三十五年

---

① 阿儒达宫图书馆《耶稣会士在亚洲》钞件 49 - V - 5，345 页，见金国平、吴志良《东西望洋》，311 页，澳门，澳门成人教育学会，2003。

② Antonio Bocarro, *Decada* 13 *Historia da India*, Lisboa, Typ. da Academia Real das Scioncias, 1876, vol. 2, p. 737.

③ 《明神宗实录》卷 527，万历四十二年十二月乙未条。

④ 王以宁：《东粤疏草》卷 1《请蠲税疏》卷 5《条陈海防疏》，广州，广东省中山图书馆抄本，1958。

⑤ 中外关系史学会、复旦大学历史系编：《中外关系史译丛》第 5 辑博克塞《16—17 世纪澳门的宗教和贸易中转港之作用》，81～103 页，上海，上海译文出版社，1991。

⑥ 《明神宗实录》卷 527，万历四十二年十二月乙未条。

（1607年）上疏"请逐香山澳夷还泊浪白"①，意即将葡萄牙人驱逐出澳门，退回浪白；卢廷龙奏疏报至明廷后，"时朝议以事多窒碍，寝搁不行"②。卢廷龙"驱逐澳葡"的论调再次抬头后，"驱葡出澳"的呼声高涨："有谓濠镜内地，不容盘踞，照旧移出浪白外洋就船贸易，以消内患"③。万历四十一年（1613年）三月，广东巡按御史王以宁亦称："即欲逐去澳夷，仍复正德以前岁一来市之例，而首事为难。"④ 甚至还有人上疏要求对澳门葡人采用武力"剿除"，"必尽驱逐，须大兵临，以弭外忧"⑤。俞安性《香山墺散倭纪事》甚至称：

> 诸弁喜事者复张皇其说，乡士大夫忧形于色，朝议兴十万师捣其巢穴，制府张公集群僚议行止。⑥

万历四十一年（1613年）七月，时任刑科给事中的广东南海人郭尚宾更上"防澳防黎"之长疏，对明正德以来治澳政策进行了总结。他指出明廷处理澳门问题有四处失策：

> 夫濠镜距香山邑治不足百里，香山距会城百五十里耳。有陆路总经塘基湾径达澳中，其三面俱环以海，在广州以澳为肘腋近地，在夷人佛郎机以番舶易达，故百计求澳而居之。查夷人市易，原在浪白外洋，后当事许其移入濠镜，失一。原止搭茅暂住，后容其筑庐而处，失二。既已室庐完固，复容其增缮週垣，加以铳台，隐然敌国，失三。每年括饷金二万于夷货，往岁丈抽之际，有执其抗丈之端，求多召侮，阒然与夷人相争，失四。⑦

---

① 《明神宗实录》卷433，万历三十五年四月甲辰条。
② 沈德符：《万历野获编》卷30《香山墺》，785页，北京，中华书局标点本，1959。
③ 《明神宗实录》卷527，万历四十二年十二月乙未条。
④ 王以宁：《东粤疏草》卷5《条陈海防疏》，广州，广东省中山图书馆抄本，1958。
⑤ 《明神宗实录》卷527，万历四十二年十二月乙未条。
⑥ 牛荫麐：《（民国）嵊县志》卷27《纪事》，上海，上海书店影印本，1994。
⑦ 郭尚宾：《郭给谏疏稿》卷1《防澳防黎疏》，丛书集成初编本，11页，北京，中华书局，1985。

从郭尚宾的奏疏中可以看出，葡萄牙人从浪白移入濠镜居住是极具策略性的。先移入濠镜，并"搭茅暂住"，后"筑庐而处"，再修建城墙，加筑炮台，将明朝政府香山县辖下的一个小海岛不知不觉地变成了葡萄牙商人的势力范围。与之相对应的是，明廷在葡萄牙人入居澳门问题上步步失策。基于此，郭尚宾提出一个温和的"徙夷"办法：

> 夫室庐之固，夷种之繁，非有大故，不据加兵，殊方异产，航海而来，仍与流通，未遽阻绝，此王者柔远，道自宜然尔。但夷人多蓄倭番，彼自滋中国之疑，中国自宜解之使徙。故宜体悉其情，随申以内夏外夷之义。先免抽饷一二年，以抵其营缮垣室等费，谕令先遣回倭奴黑番，尽散所纳亡命，亦不得潜匿老万山中，仍立一限，令夷人尽携妻子离澳。其互市之处，许照泊浪白外洋，得贸易如初。[①]

从本质上说，上述"驱逐澳葡""清剿澳葡""捣其巢穴"的论调与此前历次清剿葡人、驱逐葡人说法并无二致，不过文人议政，重复前说，于治澳经验的积累和沿海生计、社会稳定的作用不大。在这种情况下，急待总结历史经验，客观审视问题，给出有益于长久治理、长期适用、长远有效的决策。

与驱逐派持完全相反意见的亦大有人在。万历三十六年（1608 年）出任香山知县的蔡善继，力排驱葡之议，并上呈《制澳十则》以加强对澳门葡人的管理。[②] 蔡善继的《制澳十则》，我们虽然不知道什么内容，但其主要精神已被后任两广总督张鸣冈及海道副使俞安性接受而纳入到他们的管治措施之中。第二个反对驱葡者即时任海道副使的俞安性。俞氏针对王以宁等人因澳门"甘为倭之居庭"而主张驱葡的说法进行了反驳：

---

① 郭尚宾：《郭给谏疏稿》卷 1《防澳防黎疏》，丛书集成初编本，12 页，北京，中华书局，1985。

② 申良翰修，欧阳羽文纂：《（康熙）香山县志》卷 5《县尹》之蔡善继，康熙十二年刻本。

余抗言：夷不足患，患在蓄倭，倭去夷不必兵也。难者曰：夷方广制火器，高筑城垣，复蓄倭千百谋叵测。即倭去夷不足患，倭果易去乎哉！余直应曰：受事后为地方去之。

俞安性非常坚定地提出了自己的主张"去倭留夷"。万历三十八年（1610 年）三月，经过多年政治历练的江西万安人张鸣冈出任两广总督。① 面对澳门问题的众说纷纭，张鸣冈连续四次上疏进言：万历四十年上《条陈海防五议》②、万历四十一年上《粤海防倭衅端多歧疏》③、万历四十二年（1614 年）上《澳门问题疏》④、万历四十三年上《遣送澳门倭奴疏》⑤，表达其对澳门问题的认识和看法。张鸣冈获知郭尚宾"徙夷"主张后，于万历四十二年（1614 年）十二月再次上疏予以驳斥。同时他主张驱逐倭奴，严管澳夷，以防范措施来加强对澳门的管治，'即毋生事，毋弛防'政策。其疏云：

惟倭奴去矣，而澳夷尚留。议者有谓，必尽驱逐，须大兵临之，以弭外忧；有谓濠镜内地，不容盘踞，照旧移出浪白外洋就船贸易，以消内患。据称，濠镜地在香山，官兵环海而守，彼日食所需，咸仰给于我。一怀异志，我即断其咽喉，无事血刃，自可致其死命。若临以大兵，衅不易开，即使移出浪白，而瀚海茫茫，渺无涯涘，船无定处，番船往来，何从盘诘？奸徒接济，何从堵截？勾倭酿衅，莫能问矣？何如加意申饬明禁，内不许一奸阑出，外不许一倭阑入，毋生事，毋弛防，亦可保无虞。若以为非我族类，终为祸阶。不贵夷人，毋生事，毋驰防，亦可侏无虞。若以为非我族类，终为祸阶。不挺而去之，无使滋蔓，此在庙廊之

① 《明神宗实录》卷 468，万历三十八年三月壬午条。
② 《明神宗实录》卷 499，万历四十年九月戊戌条。
③ 《明神宗实录》卷 509，万历四十一年六月庚戌条。
④ 《明神宗实录》卷 527，万历四十二年十二月乙未条。
⑤ 孔方炤：《全边略记》卷 9《海略》，北京图书馆民国十九年排印本。

上，断而行之。①

同时他主张驱逐倭奴，严管澳夷，以防范措施来加强对澳门的管治，即"毋生事，毋弛防"政策。

张鸣冈"毋生事，毋弛防"的提出，具有重要的政策导向意义。所谓"毋生事"就是反对驱葡驱澳，所谓"毋弛防"就是要加强对澳门葡人的管治。这一极为简单的话语既是对之前多种澳门政策分歧的一次深刻总结，同时也是给晚明治澳政策的定格，此后诸多政策措施多是在这一思想原则下进行。如张鸣冈反复强调加强澳门葡人军事防范的重要意义。万历四十年（1612 年）张呈请《条陈防海五议》，其中三议与澳门关系密切：

一、将原驻虎头门把总移驻鹰儿浦（在香山县黄梁都），仍于塘基湾（又称唐基环）等处垒石为关，守以甲士400 人；

二、旧雍陌兵营距澳门有 50 里，都司海道发兵 400 人更班守汛；

三、严防到内地贸易的葡萄牙人，"仍申市禁，否则绝之"。张鸣冈建议得到了兵部批准。②

及至万历四十七年（1619 年），兵部又批准广东地方官的呈请，决定设立香山参将，以加强对澳门葡人的防范和钳制。③

持续关注澳门问题的广东监察御史王以宁于万历四十一年（1613 年）上疏，提出针对澳门问题应从两方面着手：一方面严饬澳葡，"恪遵明例，抽市如法"；另一方面"役使倭奴，悉罢遣之"④。王以宁之建议暗合张鸣冈的治澳思想，张鸣冈进一步点明治澳策略的本质，即"为地方弭隐忧则必严禁曲防，毋姑息养

---

① 《明神宗实录》卷 527，万历四十二年十二月乙未条。
② 《明神宗实录》卷 499，万历四十年九月戊戌条。
③ 《明神宗实录》卷 576，万历四十六年十一月壬寅条。
④ 王以宁：《东粤疏草》卷 5《条陈海防疏》，广州，广东省中山图书馆抄本，1958。

乱之为得也"①。也就是既要保证澳门与广州之间贸易的正常进行，又要严格加强广东政府对澳门或间接、或直接的管理。同年七月，张鸣冈谕令海道副使俞安性率军下澳门清查倭奴，查出倭奴98名，将之驱逐回国，并在澳门议事会内立《海道遵奉两院谕蓄倭石碑》，禁止夹带和蓄养倭奴，否则由广东官府定以军法处置。② 俞安性同时颁布《海道禁约》五款：

一、禁蓄养倭奴。凡新旧夷商，敢有仍前蓄养倭奴、顺搭洋船贸易者，许当年历事之人前报严拿，处以军法。不举一并重治。

一、禁买人口。凡新旧夷商，不许收买唐人子女。倘有故违，举觉而占恡不法者，按名追究，仍治以罪。

一、禁兵船骗饷。凡帆船到澳，许即进港听候丈抽。如有抛泊大调环、马骝洲等处外洋，即系奸习，定将本船人货焚戮。

一、禁接买私货。凡夷趁贸货物，俱赴货城公卖输饷。如有奸徒潜运到澳与夷，执送提调司报道，将所获之货尽行给赏首报者，船器没官。敢有违禁接买，一并究治。

一、禁擅自兴作。凡澳中夷寮，除前已落成，遇有坏烂，准照旧式修葺，此后敢有新建房屋、添造亭舍、擅兴一土一木，丁行拆毁焚烧，仍加重罪。③

《海道禁约》的制定与颁布，虽然是以极为苛严的法制对澳门葡人进行严格的管束，即以明朝政权的强大力量逼葡人就范，居澳葡人亦不得不表示屈从，但是从另一意义而言，又给葡萄牙人居留澳门颁布了第一份合法居留的国家宪章。其意义十分

---

① 《明神宗实录》卷509，万历四十一年六月庚戌条。
② 《海道尊奉两院谕蓄倭石碑》，此碑现不存在，见林子昇《16 至 18 世纪澳门与中国之关系》，56 页，澳门，澳门基金会，1998。
③ 申良翰修，欧阳羽文纂：《（康熙）香山县志》卷 10《澳夷志》，康熙十二年刻本。

重大。

以张鸣冈为代表的反驱逐派以"毋生事，毋弛防"为基本原则制定的一系列措施获得了当时人的赞许。时人沈德符称，张鸣冈的措施符合澳门实情："盖疆圉多故，时异势殊，不可执泥隅见"①。并称："今酋夷安堵，亦不闻蠢动也"。原与张鸣冈观点"枘凿之极"的郭尚宾也在后来的奏疏中赞扬了张鸣冈"于粤东沿海吏治理最为得力"，"斯能令民有恃而无恐"。② 可见，驱逐派的最重要代表郭尚宾最后也认同了张鸣冈的治澳政策与措施。至此可以说，明政府的治澳政策正式确立。

万历四十四年（1616年）南京教案爆发，澳门形势突然紧张起来。两广总督周嘉谟、广东巡按田生金联衔上疏《条陈六款》，要求加强对澳门的防控。周嘉谟、田生金谙熟澳门实情，清醒地认识到澳门葡人"驱之未必能去，歼之则屠戮无辜"的现实，提出"以严法治之和重兵防之"的解决之道。③ 即在承袭张鸣冈等人治澳思想的基础上，将治理策略进一步具体化。其解决之道主要包括：第一，移驻广州海防同知于雍陌，严查海上番舶往来。第二，谨守塘基环关闸，限制夷商入广人数，每月开关两次。第三，选择武艺精良将士驻扎澳门提调司，防止澳内外勾结。第四，要求海道官员每年对澳门巡视一次。④ 由此，明政府的治澳政策完全确立，之后，虽然朝野反葡之声仍有余音，但再也没有"驱葡"与"剿葡"的呼声出现。

---

① 沈德符：《万历野获编》卷30《香山嶴》，786页，北京，中华书局标点本，1959。
② 郭尚宾：《郭给谏疏稿》卷2《题为大舶法不当造疏》，丛书集成初编本，37页，北京，中华书局，1985。
③ 田生金：《按粤疏稿》卷3《条陈海防疏》，影印明万历四十五年刊本，天津，天津古籍书店。
④ 田生金，《按粤疏稿》卷3《条陈海防疏》，影印明万历四十五年刊本，天津，天津古籍书店。

五、余论

在内外众多因素的交互作用下，明代中后期的澳门逐渐由广东沿海的一个普通澳口发展成为闻名遐迩的国际商埠。随着澳门政治社会的变迁、声名地位的攀升以及由此带来官民生计、财税收支、民风习俗、社会秩序、海防治理等诸多的影响，越来越引起明廷与朝野士大夫的普遍关注。以葡萄牙人借居为内核的澳门问题自然成为明中叶以后对外关系的重心与焦点所在。

综合考察明中叶以后士大夫对葡人留澳问题的态度、策略及流变，表明了诸多态度、意见、策略的内在本质为"驱"与"留"两种方案，外部表现为清剿、容留和驱逐三种形式，基本区别是清剿、容留和驱逐的不同步骤、方法、缓急与程度，即武力剿除、强迫迁徙、温和迁移、设官治理等等。无论是驱还是留，均凸显明廷与地方政府围绕统治秩序、经济关系、风俗人心、边防治理的诸多关键问题的考量。不过，这些问题最终回到原点，应当归因于葡人在明朝士人心中形象的转变。正、嘉之际葡萄牙人由"番夷"至"恶夷"形象的蜕变，奠定之后中葡关系的基本格调，即便嘉靖八年广东海面恢复番舶交易，作为"恶夷"的葡萄牙人仍在禁绝之列。在通过贿赂等手段的斡旋、葡萄牙人入居澳门与澳门正式开埠后，如何对待葡人留澳问题，明朝士大夫内部形成不同意见：或清剿，或容留，或驱逐。检讨明朝士大夫关于澳葡去留问题的态度，郭尚宾极具代表性。郭尚宾上疏时在万历四十一年（1613 年），故而对自正德以来治澳政策进行总结，指出明廷处理澳门问题有四处失策。从郭尚宾的奏疏中，我们可以看出，葡萄牙人从浪白移入濠镜居住是极具策略性的。先移入濠镜，并"搭茅暂住"，后"筑庐而处"，再修建城墙，加筑炮台，将明朝政府香山县辖下的一个小海岛不知不觉地变成了葡萄牙商人的势力范围。与之相对应的是，明廷在葡萄牙人入居澳门问题上步步失策，那么众多士大夫的主张多是回到历次失策之前的起点。比如，驱逐澳夷大多要求其返回浪白澳，容留澳夷也是基于目前情势下的政治主张，对澳夷行为加以限制。明中后期治澳政策是在反复讨论之中层层递进的，既体现王朝政策的连续性，也反映出政策的断裂，由此透视出明廷内部关于澳葡态度的复杂性和多面性。明士大夫围绕澳葡去留问题的讨论缘于不同历史情境和现实问题。可惜的是中央与地方出于不同的出发点，形成诸多不同意见，以及只议论不见效，这应是我们从这一问题中所看出的历史信息，从而为理解明中后期政治与社会提供一个独特的视角。

明朝士大夫对澳葡的印象、态度及策略，对同时期中葡关系、中西交流诸层面产生了众多影响。首先，葡萄牙始终未能获允入贡，即便葡人借居澳门之后，仍未与明朝建立朝贡关系。嘉靖四十四年（1565 年）葡萄牙人以"蒲丽都家"之名再次求贡，礼部议复："南番国无所谓蒲丽都家者，或佛郎机诡托也。请下镇巡官详审，若或诡托，即为谢绝，或有汉人通诱者以法治之。"[1] 其次，同时期中西关系和天主教在华传播形式与入居澳门的葡萄牙人息息相关。利玛窦留居肇庆之际，地方民众获知其与澳门的关系后，表现出极大的怀疑、猜忌与愤怒。"也许对耶稣会士来说最为严峻的是，几个地方官吏也十分惧怕传教士与澳门的联系，因为澳门葡人对中国来说仍然是一个潜在危险"[2]。故利玛窦转赴韶州传教后，只提从省会肇庆而来，故意避免涉及澳门。"利玛窦称他们成功避开了麻烦：'因为我们说我们来自肇庆，没有人提到澳门。'很快'韶州的缙绅'都来拜访他们"[3]，这同消解与地方官绅、普通民众的紧张状态不无关系。特别是南

---

① 《明世宗实录》卷 545，嘉靖四十四年夏四月癸未条。

② Liam Matthew Brockey，*Journey to the East*：*The Jesuit Mission to China*，1579—1724，London/Cambridge，The Belknap Press of Harvard University Press，2007，p. 35.

③ Liam Matthew Brockey，*Journey to the East*：*The Jesuit Mission to China*，1579—1724，London/Cambridge，The Belknap Press of Harvard University Piess，2007，p. 37.

京教案期间，传教士身份遭到置疑，反教士人"疑其为佛郎机假托"①，意图不轨。礼部给事中余懋孳所言颇具代表性，其称自利玛窦以来诸位传教士"往来濠镜，与澳中诸番通谋，而所司不为遣斥，国家禁令安在"②，"夫通夷有禁，左道有禁，使其资往侦来，通濠镜澳夷之谋，则通番之戮何可后也？故今日解散党类，严防关津，诚防微之大计"③。与澳门葡人的相关性成为明中叶以后天主教在华传播的关键因素。最后仍须注意的是，明士大夫对澳葡的印象与态度同样给研究者解读历史带来不少窒碍。"史学即史料学"，史料既是研究者理解历史的桥梁与工具，在一定程度上，也是一种窒碍与诱骗。众多研究集中于知识精英的叙述，"严华夷内外之大防"成为我们所理解的明中后期社会上普遍流行的认知与态度。然而毕竟文献资料只是历史记忆之一种，而且这种记忆主要体现的是知识精英的心理世界，更为广泛的普通民众的吁求却成为被忽略的声音。而这些吁求从开海派士大夫的主张中可以窥见些蛛丝马迹，但有关开海派的文献也多已湮灭不存。打捞这些被忽略或遮蔽的历史记忆，应当成为我们以后研究的重要方向之一。

当然我们还应当看到，排除个别士大夫民族主义情绪高涨和政治经验缺乏外，虽然明政府治澳政策偶有反复曲折，但明中叶以来对待澳门葡人以及治澳政策总体上呈现出由分歧至趋同、从激进到冷静、自感性而客观的演进历程。从策略选择上看，明代治澳政治经验也在不断变动中走向成熟。从这个意义上说，一度流行的关于明代澳门是"番坊"抑或"租界"的本质化讨论，恰恰落入固定框架的迷障，忽视了明代治澳政策演变，这同样也是一个动态过程，从而使我们的研究走向历史的对立面。

---

① 张廷玉：《明史》卷 326《外国》7，北京，中华书局，1974。
② 张廷玉：《明史》卷 326《外国》7，北京，中华书局，1974。
③ 《明神宗实录》卷 547，万历四十四年七月戊子条。

第九章 明代在澳门设立的有关职官考证

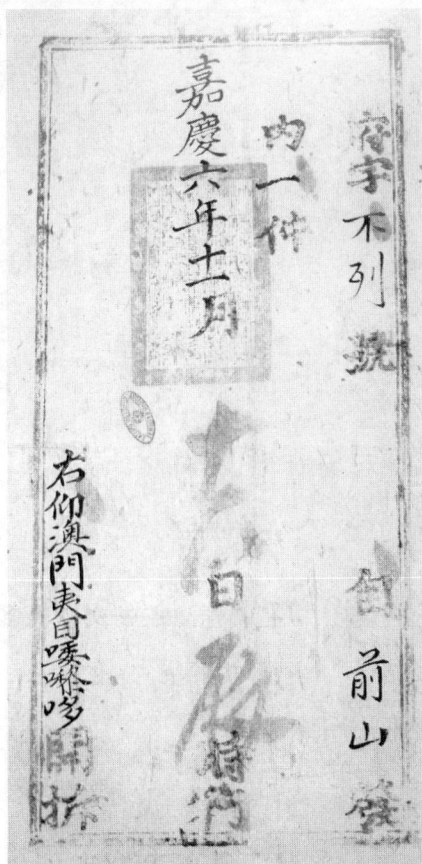

此图系葡萄牙东波塔档案馆收藏的清代前山寨官员给澳门委黎多谕札，反映了清政府对澳门的治理。

第九章 明代在澳门设立的有关职官考证①

　　嘉靖三十三年（1554 年）葡萄牙商人及东南亚商人入居澳门之前，澳门还是一个人烟稀少且无固定村落的荒岛，大量文献还显示，其间海盗活动频繁，间或有外国商人临时性上岸搭篷栖息。总之，嘉靖三十三年以前，澳门既未成为外国商人的贸易居留地，亦未有中国渔农的正式村落，因此，在此之前，明朝政府除在这里设有专门管理海岛、港湾的官员外并没有在澳门正式设官建置。明政府在澳门正式设官建置是随着大批的外国商人特别是葡萄牙人正式入居澳门而开始的，最早大约在嘉靖三十三年至三十六年间（1554—1557 年）。②

　　然而，由于文献的缺略，关于明朝在澳门设立的职官大多不清晰，没有一个较系统完整的记载，以致今天的学者对这一问题认识十分模糊，甚至出现很多错误。本文拟在钩稽中外文献的基础上，对明朝在澳门设立的有关职官进行较详细的考证。

---

① 原文载《暨南学报》，1999（1）。
② 龚萨雷斯 1570 年的信中称：索札与中国人达成协议的那一年（1554 年），他正在岛上（指澳门），葡船驶离后，（中国）官员逮捕了他及他的几名中国信徒，并分散关在几个不同的地方。可证 1554 年时，明朝已在澳门半岛上置官驻守。转自中外关系史学会、复旦大学历史系编《中外关系史译丛》第 4 辑博克塞《佛郎机东来》，上海，上海译文出版社，1988。龚萨雷斯神父给胡安·德·波尔哈的信原文又见于罗理路著，陈用仪译《澳门寻根》之附录文献 12，139 ~ 146 页，澳门，海事博物馆，1997。

一、设立澳门提调、备倭、巡缉三署

关于明代澳门的提调、备倭、巡缉三职官的设置，《明史》无载，最早见于记载的是《（康熙）香山县志》卷 10 载：

> 按：澳门旧有提调、备倭、巡缉行署三。①

乾隆时印光任、张汝霖撰《澳门记略》抄录稍改：

> 前明故有提调、备倭、巡缉行署三。②

除此之外，再无一字对这三种明代的澳门职官进行介绍和解释，因此，其职守并不明确，下分述之。

提调：其全名应为提调澳官，又称为守澳官、管澳官，亦可简称为"澳官"，为明代文献中最先见载的澳门职官。嘉靖四十三年（1564 年）时，广东巡按御史庞尚鹏《抚处濠镜澳夷疏》载：

> （澳门）乃番夷市舶交易之所，往年夷人入贡，附至货物，照例抽盘，其余番商私赍货物至者，守澳官验实，申海道闻于巡按衙门，始放入澳。③

嘉靖四十四年（1565 年）游澳门的叶权亦言：

> 今数千夷团聚一澳，雄然巨镇，役使华人妻奴子女，守澳武职及抽分官但以美言奖诱之，使不为异。④

庞、叶二氏所见，离澳门开埠仅七八年时间，可证，守澳官为明代在澳门最早设立的职官之一。据荷兰殖民地档案馆藏《葡萄牙 17 世纪文献》称：

---

① 申良翰修，欧阳羽文纂：《（康熙）香山县志》卷 10《澳夷志》，康熙十二年刻本。
② 印光任、张汝霖：《澳门记略》卷上《形势篇》，24 页，澳门，澳门文化司署点校本，1992。
③ 庞尚鹏：《百可亭摘稿》卷 1《抚处濠镜澳夷疏》，广东文献，清同治二年重印本。
④ 叶权、王临、李中馥：《贤博编》附《游岭南记》，44 页，北京，中华书局标点本，1987。

1557 年，中国国王的执法官（Magistrados）迁往澳门。①

此"执法官"当指提调澳官。也就是说，澳门正式开埠的第一年，明廷即在澳门设提调澳官对澳进行管理。

守澳官，这里之"澳"并非指澳门，而是指港口，澳即港口。因此，对守澳官的理解，并非明王朝专门设立的守卫澳门之官，而是明朝在某些港口设立的一种职官。庞尚鹏言：

> 往年俱泊浪白等澳，限隔海洋，水土甚恶，难于久驻，守澳官权令搭篷栖息。②

可见，浪白澳亦有守澳官，据《大清一统志》，浪白置守澳官时，濠镜与十字门亦置守澳官：

> 番舶往来泊无定所，率择海之湾环者为澳。……香山则有浪白、濠镜、十字门，皆置守澳官。③

这时之濠镜很可能不指今澳门半岛，而指路环。但据此可知，在澳门开埠以前今澳门地区已设有守澳官之职。守澳官又称"管澳官"，《广东赋役全书》载：

> 每年洋船到澳门，该管澳官具报香山县，通谨布政司并海道俱批。④

有时又简称为"澳官"，俞大猷《论商夷不得恃功恣横》一文称：

---

① 荷兰殖民地档案馆藏《葡萄牙 17 世纪文献》，12～13 页。
② 庞尚鹏：《百可亭摘稿》卷 1《抚处濠镜澳夷疏》，广东文献，清同治二年重印本。
③ 和珅：《大清一统志》卷 339《广州府》，上海，上海古籍出版社，2008。
④ 《广东赋役全书》（不分卷）之《澳门税银》，顺治九年刊本，144 页。

　　商夷用强硬法，盖屋成村，澳官姑息，已非一日。①

　　《明史·职官志》不见"守澳官"一职，《明会典》及诸《广东通志》职官部分亦未见有关于"守澳官"一职的说明。黄启臣先生认为，明代的澳官或守澳官是指"提调、备倭、巡缉"衙署的官员，是为这三座衙署官员的统称。② 此说似有不妥，余以为守澳官一职仅指"提调"一衙，有文献为证。《兵部题〈失名会同两广总督张镜心题〉残稿》载：

　　　　十一月廿日，据香山参将杨元报称，据提调澳官脱继光禀报，……并檄提调澳官严督濠镜澳夷，……并澳官脱继光听处治奏闻，……督令海防解同知亲至澳中，带领澳官脱继光、澳揽吴万和、吴培宇……③

　　前称"提调澳官脱继光"，后称"澳官脱继光"，很明显，"澳官"即"提调澳官"的简称，则"提调澳官"亦即"守澳官"。顺治八年（1651 年）澳门正式归顺清朝时有《广东巡抚李栖凤揭帖》载：

　　　　顺治八年正月初七日，据署整饬兵备广东巡视海道兼市舶事李士琏呈，据香山提调澳官吴斌臣等呈缴濠镜澳夷目委

---

① 俞大猷：《正气堂全集》卷15《论商夷不得恃功恣横》，383 页，福州，福建人民出版社标点本，2007。庞尚鹏《百可亭摘稿》卷 1《抚处濠镜澳夷疏》亦称："（葡人）凌轹居民，蔑视澳官。"乾隆《广州府志》卷 53《艺文》5 收明李侍问《罢采珠池盐铁澳税疏》称："夷商之贸易船之去来，呈报则有澳官。"黄启臣、杨仁飞均将《郭给谏疏稿》卷 1《防澳防黎疏》之"我设官澳，以济彼饔飧"中的"官澳"二字改为"澳官"，"官澳"是指明朝在澳门设置的港口码头，非"澳官"之意，不知二人是有意改文附意，还是无意成讹，总之，须指明。参见黄启臣：《澳门历史》，154 页，澳门，澳门历史学会，1995；杨仁飞：《关于澳门历史上"守澳官""海道副使"等问题》，载《文化杂志》，1997（33）。
② 黄启臣：《澳门历史》，153 页，澳门，澳门历史学会，1995。黄氏之说当源于黄文宽《澳门史钩沉》36 页，"提调……备倭……这些行政和军警官吏统称为澳官或守澳官"。
③ （台北）中央研究院历史语言研究所编：《明清史料》乙编第 8 本《兵部题〈失名会同两广总督张镜心题〉残稿》，北京，中华书局，1987。

　　黎多等呈词壹纸……①

　　据此可知，明王朝在澳门设置"守澳官（提调澳官）"之职大约在开埠之初，而到明朝灭亡南明永历之际，明朝在澳门始终都设有这一专门管理澳门的官员。由于文献的缺略，目前保存的担任过守澳官之人的姓名，仅崇祯十三年（1640 年）的"脱继光"和南明永历时期的"吴斌臣"。入清以后，清朝初始之时，似乎无暇顾及对澳门的管理，明王朝在澳门设立的管理机构均被废弃，康熙初成书的《香山县志》记载：

　　　　按：澳门旧有提调、备倭、巡缉行署三所，今惟议事亭。②

　　"旧有"二字，可以说明，康熙初年时，澳门旧时的提调、备倭、巡缉三座行署均已废除。

　　从多处文献记录看，守澳官或提调官应是明王朝派驻澳门的最高官员，并在澳门设有专门的机构，称之为"提调司"。万历四十一年（1613 年），郭尚宾称：

　　　　我设提调词以稍示临驭，彼纵夷丑于提调衙门，明为玩弄之态以自恣。③

　　与上同时，海道副使俞安性在澳门勒碑禁约时，其中亦提到：

　　　　如有奸徒潜运到澳与夷，执送提调司报道。④

　　天启时，陈熙昌言及澳门时还说：

　　　　堂堂汉官，不难玩弄于股掌；沿街提调，犹曰非武弁即

---

① （台北）中央研究院历史语言研究所编：《明清史料》丙编第 4 本《广东巡抚李栖凤揭帖》，北京，中华书局，1987。

② 申良翰修，欧阳羽文纂：《（康熙）香山县志》卷 10《澳夷志》，康熙十二年刻本。

③ 郭尚宾：《郭给谏疏稿》卷 1《防澳防黎疏》，12 页，丛书集成初编本，北京，中华书局，1985。

④ 申良翰修，欧阳羽文纂：《（康熙）香山县志》卷 10《澳夷志》，康熙十二年刻本。

杂流。①

尽管文献残缺，但从现有的记载亦可反映，提调司这一机构在明王朝对澳门的管理中发挥了很大的作用，故亦引起明王朝的高度重视。田生金《条陈海防疏》称：

> 其提调司，务择武弁之能者居之，期于杜绝勾引，潜消窥伺，此亦内夏外夷之大防也。②

以"武弁之能者居之"，表明"提调澳官"为一武职，与前引叶权言"守澳武职"相合，将提调司官员的委任提到"内夏外夷之大防"这样一个高度来认识，又表明明朝对这一职守的高度重视。但由于澳门的行政隶属于香山县，故提调澳官的级别亦很低，一般应由中下级武官充任。据《明史·职官志》载：

> 总兵官、副总兵、参将、游击将军、守备、把总，无品级，无定员。……又有提督、提调、巡视、备御、领班、备倭等名。③

据《明史·职官志》之镇守蓟州、昌平等地武职人员安排，"提调官"职级低于守备、把总，④ 当为中下级武官，故田生金称以"武弁之能者"担任提调澳官。

据黄启臣、黄鸿钊二位先生的著作均将万历初年驻守澳门的王绰列为"守澳官"。⑤ 是否准确，先看看原始资料。《（乾隆）香山县志》卷6载：

> 王绰字梅吾，千户所智裔孙也。以诸生中嘉靖乙卯、戊

---

① 高汝栻：《皇明续纪三朝法传全录》卷13《陈熙昌奏疏》，续修四库全书本，上海，上海古籍出版社，2002。

② 田生金：《按粤疏稿》卷3《条陈海防疏》，影印明万历四十五年刊本，天津，天津古籍书店。

③ 张廷玉：《明史》卷76《职官》5，北京，中华书局，1974。

④ 张廷玉：《明史》卷76《职官》5，北京，中华书局，1974。

⑤ 黄启臣：《澳门历史》，154页，澳门，澳门历史学会，1995；黄鸿钊：《澳门史纲要》，75~76页，福州，福建人民出版社，1991。黄鸿钊还认为葡人居澳之前，广东政府即在澳门设立"守澳官"，不知所据何出？澳门开埠之前，明朝在浪白设有"守澳官"，但不在澳门（见文中所引庞尚鹏疏）。

午两科武举，袭祖职为宣武将军。征讨岭西罗旁贼，平，升昭武将军，移镇澳门。初，番人之市中国也，愿输岁饷，求于近处泊船，绰乃代为申请。其后番以贮货为名，渐结舍宇。久之，成聚落。绰以番俗骄悍，及就其所居地中设军营一所，朝夕讲武以控制之。自是番人受约束。绰卒，设位议事亭，番人春秋供祀事焉。①

据上文，并未称王绰为"守澳官"或"澳官"。王绰嘉靖末年袭祖职为宣武将军，为从四品武官，万历四年（1576年）平定罗旁贼后，升为昭武将军，为正三品武官。② 香山县知县为正七品官，而在行政上隶属香山县的澳门之守澳官绝不可能由正三品武官充任。前引《兵部题〈失名会同两广总督张镜心题〉残稿》称：

> 海防解同知亲至澳中，带领澳官脱继光……③

此件系年于崇祯十三年（1640年），此同知为广州府海防同知，为正五品官，可证直至明末，澳门的守澳官仍由中下级武官充任。因此，余以为，万历初年已升为正三品武官的昭武将军王绰决不会出任守澳官。至于王绰所任职官，可能为"广东都指挥使司都指挥使"，为正三品武官，考"征讨岭西罗旁贼"为万历四年（1576年）之事，④ 而王绰移镇澳门当在万历五年（1577年）之后，王绰以昭武将军如此品级武官出镇澳门，与当时澳门形势有关。万历五年，曾一本海盗集团被剿灭后，其余党梁本豪继续为乱。《明史·黄应甲传》载：

> 本豪，故曾一本党，亦蜑户也，一本诛，窜海中。习水

---

① 暴煜：《（乾隆）香山县志》卷6《王绰传》，影印清乾隆刊，中山文献丛书。
② 张廷玉：《明史》卷72《职官》1，北京，中华书局，1974。
③ （台北）中央研究院历史语方研究所编：《明清史料》乙编第8本《兵部题〈失名会同两广总督张镜心题〉残稿》，北京，中华书局，1987。
④ 应槚辑，凌云翼、刘尧海重修：《苍梧总督军门志》卷21《讨罪》5，影印万历辛巳林大春序刊本，北京，全国图书馆文献缩微复印中心，1991。

战，通西洋，且结倭兵为助，杀千户，掠通判以去。[①]

"通西洋"，可以反映梁本豪集团很可能与澳门葡人有所往来，在这种情况下，明朝才开始对澳门布重兵设防：

> （万历）十年（1582 年）六月，总督陈瑞与应甲谋，分水军二：南驻老万山备倭，东驻虎山备蜑，别以两军备外海，两军扼要害。[②]

老万山、虎门、外海的层层防御，实际在当时均可视之为对澳门的防御，所以，余疑上文所述王绰之移镇澳门就是万历十年对梁本豪集团与澳门勾结的防范。当然，这仅是一种推测，但可以断定，万历五年后"移镇澳门"的王绰担任的不是守澳官。

守澳官的职责是驻守澳门，全面负责澳门的管理工作，并直接同澳门葡人首领打交道，前引澳葡夷目委黎多率澳葡于顺治八年归顺清朝的信就是先交给守澳官，然后由守澳官转交香山参将。俞安性的海道禁约也明确指出："如有奸徒潜运到澳与夷，执送提调司报道。"克罗斯（Cros）《沙勿略传》亦载：

> 1565 年时，到达澳门的神父方济各·贝勒兹（Francois Perez）等在澳门议事亭谒见明朝守澳官，向中国政府提出进入内地传教的要求，遭到守澳官委婉的拒绝。[③]

据马士（H. B. Morse）言：

> 据记载，1587 年（万历十五年）以前，中国曾派遣一位官员驻守澳门，承皇帝之旨管理该城，凡牵涉中国人在内的案件，不论他是原告或被告，都归他裁判。[④]

1587 年（万历十五年）之前驻守澳门的中国官员非"守澳

---

① 张廷玉：《明史》卷 212《黄应甲传》，北京，中华书局，1974。
② 张廷玉：《明史》卷 212《黄应甲传》，北京，中华书局，1974。
③ p. L – Jos. – Marie Cros：Saint Francois de Xavier de la Compagnie de Jeesus；son pays, sa famille, sa vie. Paris，Charles Douniol，1903，vol. 1，p. 109.
④ 马士著，张汇文、张志信、马伯煌，等译：《中华帝国对外关系史》，第 1 卷，49 页，北京，商务印书馆，1963。

官”莫属。据此可知，守澳官还要负责澳门的司法审理。1665 年（康熙四年）《澳门城市平面图》在仁慈堂大楼后面标有“官署”① 一处，疑这一官署即澳门守澳官之“提调衙门”。

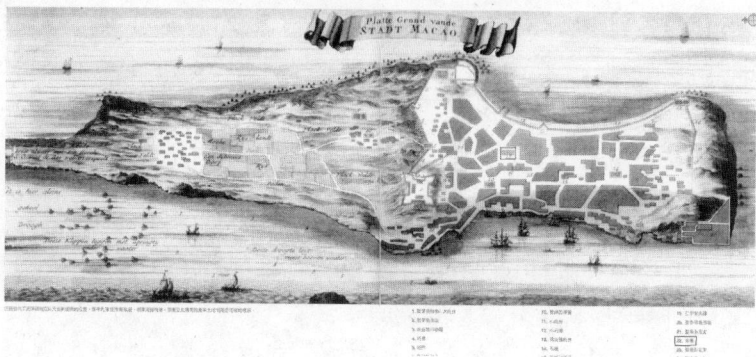

图28：1665 年澳门平面图中的中国官署——提调衙门

明代的守澳官其职责与清代所设“香山县丞”相似，明代香山县丞并不专责澳门事务，而澳门行政、司法及外事诸权均集于守澳官一身，守澳官处理不了的事务才由香山县令出面，如万历三十六年（1608 年）蔡善继处理澳门内乱，万历三十四年（1606 年）张大猷毁青洲城垣事。一般时候，澳门事务均由守澳官处理，故《澳门记略》卷上《官守篇》称：

　　查前明曾设有澳官，后改为县属。②

这个“后”实际上是指清朝，清设“香山县丞”驻于望厦，后又移于澳门城内，即是以“香山县丞”取代明朝的“守澳官”。

备倭：《明史·职官志》称，备倭为一不定品级、不设定员的武职官员。又称：

　　凡镇戍将校五等：曰镇守，曰协守，曰分守，曰守备，

---

① 薛凤旋编著：《澳门五百年：一个特殊中国城市的兴起与发展》，36～37 页，香港，生活·读书·新知三联书店，2012。
② 印光任、张汝霖：《澳门记略》卷上《官守篇》，75 页，澳门，澳门文化司署点校本，1992。

曰备倭。①

可知，备倭地位在守备以下。备倭初设可能是为了防御倭寇，无倭警时，备倭官亦主管沿海各地的外商贸易之事。明初，广东沿海各港多设有备倭官。阮元《（道光）广东通志》卷124载：

> 明初，阳江、海朗、双鱼三所各设备倭官一员，每年驾船巡海。②

道光《重修电白县志》卷11载：

> 正统五年，都指挥张演奏设备倭隶神电卫。③

《（康熙）新安县志》卷7载：

> 备倭总兵署，在城内东南隅，明正德五年，总兵王德化建。④

香山之备倭设于何时，文献无载，《（康熙）香山县志》卷9载：

> 明洪武二十三年，设香山守御千户所，千户五员……备倭守城，俱本所旗军。⑤

当然，此处之"备倭"二字不具职官之意，但可以反映，明初香山地区即开始有倭警，考广东沿海各千户所，明初多设备倭官，香山备倭官大抵也设在这一时期，《明史·佛郎机传》载：

> 嘉靖十四年，指挥黄庆纳贿，请于上官，移之壕镜。⑥

这里的"指挥"当即指"备倭官"。如同传载：

> 嘉靖二年，遂寇新会之西草湾，指挥柯荣、百户王应恩

---

① 张廷玉：《明史》卷72《职官》1，北京，中华书局，1974。
② 阮元：《（道光）广东通志》卷124《海防略》2，上海，上海古籍出版社影印本，1988。
③ 章鸿：《重修电白县志》卷11《经政》2，清道光六年刻本。
④ 王崇熙：《（嘉庆）新安县志》卷7《建置略》，嘉庆二十四年刊本。
⑤ 申良翰修，欧阳羽文纂：《（康熙）香山县志》卷9《兵防志》，康熙十二年刻本。
⑥ 张廷玉：《明史》卷325《佛郎机传》，北京，中华书局，1974。

御之。①

这里的"指挥柯荣",在《明世宗实录》中则称之为"备倭指挥"②,又如《明世宗实录》卷415载:

> 海贼犯广东之柘林,指挥黑孟阳引舟师歼之。③

其实,黑孟阳原为神电卫指挥,"嘉靖二十九年升备倭官"④,而到嘉靖三十三年仍称其为"指挥"。《(康熙)东莞县志》卷6还有几例;

> 张通,凤阳人,惠州卫指挥,升备倭官。冯文绰,嘉靖二十五年以雷州卫指挥升备倭官。⑤

可见,当时之备倭官均带"指挥"之衔,故断嘉靖十四年(1535年)将夷商贸易移入濠镜地区的"指挥黄庆(琼)"即当时香山地区的备倭官。

嘉靖三十六年(1557年),葡萄牙人及东南亚各国商人大批移居澳门后,香山之备倭官亦随之移驻澳门,负责澳门海域的巡汛工作。前引阮元《广东通志》称:"(备倭官)每年驾船巡海"。明人霍韬亦言:

> 若欲知备倭以下官贤否,观其处置番夷入境,略见之矣。⑥

王希文《重边方以苏民命疏》:

> 番舶一绝,则备倭可以不设。⑦

可知,备倭官在无倭患之时,其职责即对番舶的管理、海上

---

① 张廷玉:《明史》卷325《佛郎机传》,北京,中华书局,1974。
② 《明世宗实录》卷24,嘉靖二年三月壬戌条。
③ 《明世宗实录》卷415,嘉靖三十三年十月戊寅条。
④ 郭文炳:《(康熙)东莞县志》卷6《职官》5,影印康熙刻本,东莞,东莞市地方志办公室,1994。
⑤ 郭文炳:《(康熙)东莞县志》卷6《职官》5,影印康熙刻本,东莞,东莞市地方志办公室,1994。
⑥ 霍韬:《霍文敏公文集》卷11《两广事宜》,清同治元年石头书院刊本。
⑦ 张二果、曾起莘:《(崇祯)东莞县志》卷6《艺文志》之王希文《重边方以苏民命疏》,影崇祯刻本,东莞,东莞市地方志办公室,1995。

巡汛、护番舶入港等。澳门开埠后，明朝将香山备倭一职移驻澳门，即为履行上述职责，并在澳门建有备倭行署一座，即《澳门记略》卷上所言："前明故有……备倭……行署"。

明朝在澳门设置备倭一职直至明末未废，《兵部题〈失名会同两广总督张镜心题〉残稿》载：

> 臣九月初八日随市舶司呈，称到澳会同香山县差官及提调、备倭各官，唤令通夷事目、揽头至议事亭宣谕。①

此档之时间为崇祯十三年（1640 年）七月二十四日题，故知时至明末，明王朝驻扎澳门的备倭官一直保存，至清朝时废。

巡缉：澳门巡缉一职，《明史·职官志》无载。其职能可能同巡检司中的"巡检"差不多。《明史·职官志》载：

> 巡检司：巡检、副巡检，俱从九品，主缉捕盗贼，盘诘奸伪。凡在外各府州县关津要害处俱设，俾率徭役弓兵警备不虞。②

香山亦置巡检司，《苍梧总督军门志》卷 8 载：

> 香山县香山巡检司、巡检一员，徭编弓兵五十名。③

香山巡检司至明末一直保存，《（康熙）香山县志》卷 5 载：

> 明周嘉懋，浙江人，机警有勇略，崇祯十四年任香山巡司，诸乡崔苻不靖……嘉懋率乡兵御之。④

但查香山巡检司一设在大榄，一设在小黄圃村，并未移驻澳门，而且一直到明末均是如此。因此，可以否定澳门之巡缉为香山之巡检。《（康熙）香山县志》卷 9 载：

> 香山守御所：明洪武二十三年设香山守御千户所，……

① （台北）中央研究院历史语言研究所编：《明清史料》乙编第 8 本《兵部题〈失名会同两广总督张镜心题〉残稿》，北京，中华书局，1987。
② 张廷玉：《明史》卷 76《职官》5，北京，中华书局，1974。
③ 应槚辑，凌云翼、刘尧诲重修：《苍梧总督军门志》卷 8《兵防》5，影印万历辛巳林大春序刊本，106 页，北京，全国图书馆文献缩微复印中心，1991。
④ 申良翰修，欧阳羽文纂：《（康熙）香山县志》卷 5《宦绩志》，康熙十二年刻本。

成化间，始设立民壮，谓之民兵，原额守库、守营、守海、巡捕、守城民兵共三百五十二名。①

守御所中之负责"巡捕"的民兵大概是澳门城内的"巡缉"之类。霍与暇《勉斋集》载：

> 香山旧以澳夷在境，加编民壮三百名。②

此"民壮"当为维护澳门治安之人员，而这些香山民壮负责澳门的治安保卫工作，即缉捕盗贼，其负责官员当称之为"巡缉"，亦在澳设衙署。《澳门记略》称："前明故有……巡缉行署"。入清以后，亦随之罢废。

二、海道副使驻扎南头

在明代，海道副使亦是一位专门管理澳门的重要官员。海道副使，实际就是提刑按察副使，在东南沿海省，则分管巡视海道，故称海道副使，为正四品官。③ 明初，广东海道副使主管广东的海上治安，管理进入广东的"番舶"，后"议革"。嘉靖八年（1529年），广东巡抚林富上疏奏请裁撤广东市舶、珠池内官，以海道副使兼领市舶，至嘉靖十年以后，由于罢废市舶太监，市舶司的权力落入地方官手中，至嘉靖十五年（1536年）时才复设广东海道副使，亦主管市舶抽分工作，④ 但海道副使驻扎广州。又《皇明驭倭录》卷8称：

---

① 申良翰修，欧阳羽文纂：《（康熙）香山县志》卷9《兵防志》，康熙十二年刻本。
② 霍与暇：《勉斋集》卷19《处濠镜澳议》，清光绪丙戌重刻本。
③ 有人称：海道副使是广东独有的海防官员。见杨仁飞《关于澳门历史上"守澳官""海道副使"等问题》，载《文化杂志》，1997（33），如若稍微多翻几本书就不会这样下结论了。《日本一鉴·穷河话海》《东西洋考》《皇明驭倭录》《虔台倭纂》《筹海图编》诸书关于浙江、福建海道副使的记载一翻即见，何言广东独有海道副使？不下工夫翻检文献，即迅速对一问题下结论，这恐怕是目前治澳门史的一大弊也。
④ 戴璟：《（嘉靖）广东通志初稿》卷30《珠池》引嘉靖八年（1529年）林富疏："臣以为市舶珠池太监不必专设，……市舶乞巡海道副使带管。"郭棐《（万历）广东通志》之《兵防总》上："海道副使原议勒停，嘉靖十五年……复设。"

嘉靖四十三年，广东旧设海道副使驻扎省城，兼理市舶，会倭乱，海道专备惠潮，以市舶委之府县。①

"以市舶委之府县"的时间极短，海道副使很快又掌市舶大权。郑舜功《日本一鉴·穷河话海》称：

岁甲寅，佛郎机夷舶来泊广东海上，比有周鸾号客纲，乃与番夷冒他国名，诳报海道，照例抽分，副使汪柏故许通市。②

前引庞尚鹏疏亦言：

番商私赍货物至者，守澳官验实，申海道闻于巡按衙门，始放入澳，候委封籍，抽其十之二。③

澳门开埠以后，海道副使更成为主管澳门的较高一级中国官员，庞尚鹏又建议将海道副使驻地移至香山载：

臣愚，欲将巡视海道副使移驻香山，弹压近地，……使之……悉遵往年旧例。④

但庞之建议似乎没有被接纳。嘉靖四十二年（1563年）出任两广总督的吴桂芳建议，由海道副使兼领市舶事。《明史·吴桂芳传》载：

因建议海道副使辖东莞以西至琼州，领番夷市舶。⑤

东莞以西至琼州之番夷市舶，实际上在当时就是指澳门。时人霍与瑕言：

凡番夷市易，皆趋广州，番船到岸，非经抽分不得发卖，而抽分经抚巡海道行移委官。⑥

---

① 王士骐：《皇明驭倭录》卷8，嘉靖四十三年条，影印明万历刊本，北京图书馆古籍珍本丛刊，北京，北京图书馆出版社，2000。

② 郑舜功：《日本一鉴·穷河话海》卷6《海市》，民国二十八年影印本。

③ 庞尚鹏：《百可亭摘稿》卷1《抚处濠镜澳夷疏》，广东文献，清同治二年重印本。

④ 庞尚鹏：《百可亭摘稿》卷1《抚处濠镜澳夷疏》，广东文献，清同治二年重印本。

⑤ 张廷玉：《明史》卷223《吴桂芳传》，北京，中华书局，1974。

⑥ 霍与瑕：《勉斋集》卷11《上潘大巡广州事宜》，清光绪丙戌重刻本。

"抽分经抚巡海道行移委官",即由海道副使派官员去进行具体的丈抽工作。海道副使主管澳门,"辖东莞以西至琼州",意即将海道副使之驻地移至南头。故万历三年（1575 年）时,亦称海道副使驻扎南头。① 关于海道副使主管海上贸易及后来的澳门事务,西文资料亦多有记录。托梅·皮莱资《东方闻见录》载:

> 本城（广州）首领称海道,为主要官员,每年由皇帝亲自任命,仅一员。②

莱奥内尔·索札 1556 年的信中亦载:

> 广东省及广州城海道遣人议和定税。海道为一大吏,形同我们的海军上将。他统管沿海口岸一切事物、财物、军事,无所不包。③

该信还载:

> 上一船抽税的官员已被提名荣升海道。④

《利玛窦中国札记》载:

> 新任官马上写信给那位海军将领即海军官员,海军将官却不在,而且因为澳门港是在他的管辖之下。⑤

这位海军将领即海道副使,可见,中西文资料均可证明海道副使不仅主管海上贸易之事,而且管理澳门事务。再举两个实例,陈吾德《条陈东粤疏》载:

> 往岁总兵俞大猷调诸夷剿平叛卒,许免抽分一年。至期,夷众负功不服抽税,……然副使莫抑因而舍之。下令严戢,官兵把截,船不得通,路不得达,夷遂困服,自愿抽

---

① 《明神宗实录》卷43,万历三年十月丙寅条。
② 金国平编译:《西方澳门史料选萃（15—16 世纪）》,22 页,广州,广东人民出版社,2005。
③ 金国平编译:《西方澳门史料选萃（15—16 世纪）》,218 页,广州,广东人民出版社,2005。
④ 金国平编译:《西方澳门史料选萃（15—16 世纪）》,221 页,广州,广东人民出版社,2005。
⑤ 利玛窦、金尼阁著,何高济、王遵仲、李申译:《利玛窦中国札记》,卷2,153 页,北京,中华书局,1983。

税，反倍于昔。①

澳门夷商不服抽税，海道副使莫吉亭遂亲自出面处理，反映这一时期确由海道副使主掌澳门税务。万历八年（1580 年）时，总督刘尧海以海道副使"兼管广州兵巡"，遂从南头撤回，"驻扎省城"②。这时海道副使将管理澳门具体之事移交海防同知（详下），但在宏观上仍然控制着澳门。前引田生金《条陈海防疏》言：

> 至于海道巡历最为吃紧，前海道俞安性亲履其地，宣布朝廷之恩威，晓谕目前之祸福，此辈怖心揖志，且惧且怀，命之散倭归国，令之转送闽奸史玉台，无不唯唯听命。③

可见，海道副使实施对澳门的宏观管理，而且经常亲履澳门进行管辖，还求海道副使"每岁巡历濠镜一次，使彼恬然顾化"④。到天启之时，海道副使又从广州移驻东莞南头。故宫博物院保存的一份天启四年（1624 年）八月十八日档案称："巡视海道带管市舶、广东布政使司右参政兼按察司佥事史树德，查行本官责任，驻扎东莞南头城。"⑤ 可见，在天启时，海道副使又掌管了市舶大权，且驻地由省城移至东莞南头。这种形式一直保持到明朝灭亡，前引《广东巡抚李栖凤揭帖》称：

> 广东巡视海道兼市舶事李士琏呈香山提调澳官吴斌臣等呈缴濠镜澳夷目委黎多等呈词一纸……⑥

---

① 陈吾德：《谢山存稿》卷 1《条陈东粤疏》，影印清刊本，四库存目丛书，济南，齐鲁书社，1997。
② 郭棐：《（万历）广东通志》之《藩省志》上，万历壬寅年序刊本。
③ 田生金：《按粤疏稿》卷 3《条陈海防疏》，影印明万历四十五年刊本，天津，天津古籍书店。
④ 田生金：《按粤疏稿》卷 3《条陈海防疏》，影印明万历四十五年刊本，天津，天津古籍书店。
⑤ 中国第一历史档案馆、澳门文化司署、暨南大学古籍研究所合编：《明清时期澳门问题档案文献汇编》第 1 册《兵部为广东巡视海道责任为监督香山等寨及驭澳防倭事行稿》，3 页，北京，人民出版社，1999。
⑥ （台北）中央研究院历史语言研究所编：《明清史料》丙编第 4 本《广东巡抚李栖凤揭帖》，北京，中华书局，1987。

此帖上于顺治八年（1651 年），即南明永历之时，澳门夷目归附清王朝的文书先交守澳官，然后又由守澳官直接交海道副使，反映了直至明末海道副使仍然是管辖澳门的最重要官员。值得注意的是，到明末，海道副使再次兼领澳门之市舶贸易大权，而且驻地从广州移至东莞南头城。

三、设海防同知于雍陌

一般学者均认为，设防澳门的"海防同知"一职始于清乾隆九年（1744 年），[①] 实际上，清之澳门海防同知仍是仿明朝之制而增设的。清澳门同知，又称澳门海防军民同知，又称广州府海防同知，清乾隆九年始设，驻于前山寨，而海防同知一职，实设于明朝，主要是为了加强对澳门的管理而增设的一项职务。万历四十五年（1617 年）田生金《条陈海防疏》称：

> 查得广州府海防同知设于万历元年，原驻雍陌，后因税监以市舶事体相临，辞回省城。今议仍以本官专驻其地，会同钦总官训练军兵，严加讥察。水路则核酒米之载运，稽番舶之往来，不许夹带一倭；陆路则谨塘基环一线之关，每日（为月之误）只许开放二次。[②]

据田氏言，广州府海防同知设于万历元年（1573 年），然据《明穆宗实录》卷 68 载：

> （隆庆六年三月）癸巳，增设广州府南头广海海防同知

---

① 黄启臣：《澳门历史》，165 页，澳门，澳门历史学会，1995；黄鸿钊：《澳门史纲要》，79 页，福州，福建人民出版社，1991；费成康：《澳门四百年》，167 页，上海，上海古籍出版社影印本，1998。

② 田生金：《按粤疏稿》卷 3《条陈海防疏》，影印明万历四十五年刊本，天津，天津古籍书店。

一员，从提督两广都御史殷正茂奏也。[1]

广州府南头广海海防同知，即广州府海防同知，可知，隆庆六年（1572 年）当为明廷批准设立的年代，而正式设立则在万历元年（1573 年）。但其名既称"广州府南头广海海防同知"，则知明廷最开始设想的是将海防同知驻扎在南头水寨，可能是为了方便对澳门的管理，遂将海防同知驻扎雍陌。雍陌在香山县东南八十里处的谷字都雍陌村，[2] 去澳门"计一日之程"[3]。海防同知初设时是"原驻雍陌"，其间一段时间又"辞回省城"，到万历末年议定，海防同知仍驻守雍陌。海防同知的设立主要是加强对澳门的管理，其职责是"会同钦总官训练军兵"，对从水、陆两路出入澳门的"番舶"船只"严加诘察"。海防同知除负责澳门水陆两路的稽查工作外，还要协助管理澳门的税务工作，正如上文所言："税监以市舶事体相临"，即是也要负责一部分澳门的抽税。郭棐《广东通志》卷 69 载：

> 番商舟至水次，往时报至督抚，属海道委官封籍之，抽其十二，……隆庆间始议抽银，檄委海防同知、市舶提举及香山正官三面往同丈量估验。[4]

可见，抽分之事，隆庆前为海道副使管，隆庆后则由海防同知、市舶提举及香山县令三方面共同负责，反映了明朝对澳门税务工作的高度重视。为了加强对澳门税收的管理，杜绝主管市舶官员的贪污，每次丈抽番舶必须由海防同知、市舶提举及香山县令三方面共同负责。

---

[1] 《明穆宗实录》卷 68，隆庆六年三月癸巳。又谢杰《虔台倭纂》下卷《倭议》1称："至（万历）二十一年癸巳两广提督陈都御史蒉题，以海防官专镇雍麦，陈同知鸿渐实首任之。"此处处是指海防同知设于万历二十一年，专镇雍陌，即以广州海防同知专门管理澳门。陈鸿渐为专门管理澳门的首任海防同知。与《实录》及田生金书异。

[2] 申良翰修，欧阳羽文纂：《（康熙）香山县志》卷 2《建置志》，康熙十二年刻本。

[3] 庞尚鹏：《百可亭摘稿》卷 1《抚处濠镜澳夷疏》，广东文献，清同治二年重印本。

[4] 郭棐：《（万历）广东通志》之《外志》，万历壬寅年序刊本。

除此之外，海防同知还要对澳门之行政工作进行管理，前引郭棐书《广东通志》卷69载：

> 近者督抚萧陈相继至，始将诸夷议立保甲，听海防同知与市舶提举约束。①

清人王植《香山险要说》载：

> 前明著令，每月中六启闭，设海防同知、市舶提举各一员，盘诘稽查。②

海防同知不仅要负责澳门的"盘诘稽查"工作，而且还要在澳门诸夷中订立保甲制度，直接对居澳葡人进行管束。这可以反映出从隆庆初到万历末年，海防同知在香山雍陌的驻扎，其对澳门的管治权逐渐取代了其上司海道副使，实际上，这一段时间海道副使已将实际对澳门的管治权移交给了海防同知一职。正如《澳门记略》所言：

> 海道副使，其属有海防同知。（俞）安性复条具五事，勒石永禁，与澳夷约，惟海防同知命。③

万历二十九年（1601年），广东税使李凤赴澳门索贿，激变澳夷，酿成大乱，赖"署印汤同知出示安抚"④，才将事情平息。反映当时澳门同知在对澳门的管理中确实起了十分重要的作用。到万历末年，广州海防同知一职曾要求裁撤，其原因主要是香山参将的设立。万历四十六年（1618年），正式设立参将府。"调千人守之"。（详见下说）由于香山参将亦有从水、陆两路对澳门进行防范与稽查之责，故海防同知一职已成无用。万历四十六年（1618年）两广总督许弘纲、巡按御史王命璿联合上奏，要求裁撤广州海防同知：

---

① 郭棐：《（万历）广东通志》之《外志》，万历壬寅年序刊本。
② 王植：《崇德堂稿》卷2《香山险要说》，续修四库全书本，上海，上海古籍出版社，2002。
③ 印光任、张汝霖：《澳门记略》卷上《官守篇》，69页，澳门，澳门文化司署点校本，1992。
④ 朱吾弼、李云鹄、萧如松，等辑：《皇明留台奏议》卷14《参粤珰勾夷疏》，万历三十年刻本，苏州，苏图书馆藏。

其广州海防同知，原议驻扎雍陌，今似可以无用，并乞束下兵部复议，从之。①

兵部复议后，似乎没有同意裁撤，故至明末崇祯十三年（1640年）时还有"海防解同知"到澳门处理澳事之记载。② 可证，海防同知一职一直保存至明末，但海防同知对澳门的管理职权明显削弱不少。

四、设关闸把总与前山参将

最早议设关闸是在嘉靖末，庞尚鹏上疏云：

议者又欲将濠镜澳以上、雍麦村以下山径险要处设一关城，添设府佐臣一员，驻扎其间，委以重权，时加讥察，使华人不得擅出，彝人不得擅入。③

至隆庆末万历初，广东南海人霍与瑕更进一步上书论述"建城设官"的意义和作用。曰：

建城设官而县治之，上策也。……倘其哀乞存留，愿为编户，乃请于朝，建设城池，张官置吏，以汉法约束之，此谓用夏变夷，故曰上策。……今设城池，置官吏，以柔道治之，不动而安，诚策之得。计筑城工费不过万金，设官柴马不过千金，是为税课五分之一耳。香山旧以澳夷在境，加编民壮三百名，吟若建县，清其虚冒，简其游惰，足其衣粮，习其技艺，高樯大舶，张形势之制，与崇城表里，为国家威严，广州永无虑矣。④

霍与瑕此疏上于殷正茂隆庆五年（1571年）八月出任两广总督后。此议被殷正茂接受，并在万历二年（1574年）得以施行。

---

① 《明神宗实录》卷576，万历四十六年十一月壬寅条。
② （台北）中央研究院历史语言研究所编：《明清史料》乙编第8本《兵部题〈失名会同两广总督张镜心题〉残稿》，北京，中华书局，1987。
③ 庞尚鹏：《百可亭摘稿》卷1《抚处濠镜澳夷疏》，广东文献，清同治二年重印本。
④ 霍与瑕：《勉斋集》卷19《处濠镜澳议》，清光绪丙戌重刻本。其自注云："议作于十年前，欲上殷石汀公，不果。"

《（康熙）香山县志》称：

> 由前山村而南二十里曰濠镜澳，未至三里为关，万历二
> 年建，设闸官守之，关闸上为房三间。①

《澳门记略》言：

> 万历二年，建关闸于莲花茎，设官守之。②

暴煜《香山县志》卷8载：

> 明万历二年设关闸，委官守之，每逢一、六日开关，岁
> 放米石，每月六启闭。广肇南韶道发封条六道，令文武官会
> 同验收，事已关闭。③

张甄陶《澳门图说》载：

> 由寨而东五十里为关闸，设把总守之，为民夷出入要
> 隘，明制每月六开关，支给夷人米石，支给讫，仍闭关。④

图29：1632年澳门要塞图之关闸　　图30：约康熙十八年绘澳门图之关闸

① 申良翰修，欧阳羽文纂：《（康熙）香山县志》卷10《澳夷志》，康熙十二年刻本。
② 印光任、张汝霖：《澳门记略》卷上《官守篇》，66页，澳门，澳门文化司署点校本，1992。
③ 暴煜：《（乾隆）香山县志》卷8《濠镜澳》，影印清乾隆刊本，中山文献丛书。
④ 王锡祺：《小方壶斋舆地丛钞》第9帙，张甄陶《澳门图说》，影印光绪辛卯刊本，315页，杭州，杭州古籍书店。

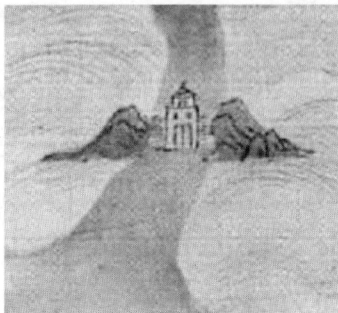

图 31：康熙二十四年香山县图之关闸　　图 32：雍正《广东通志·澳门图》之关闸

葡文资料有不同的记载，美罗·卡斯特罗《备忘录》载：

> 中国人为肥沃的土地所吸引，几乎毫不费力地蚕食香山县属于葡人的土地，慢慢地又住上了人，最后中国官员也开始在那里行使起司法权。接着，中国人又在连接澳门半岛与中国大陆的地峡上建起一道关闸，一位官员带着一班士兵驻守此处，除了持有此官手令的外国人，其他人一律不得随意进入内地。关闸是 1573 年建的，显然是分界的标志，同时也是为了控制殖民地的粮食供应。可当时中方却说是为了防止澳门黑奴逃入中国内陆。关闸定期开放，这样殖民地的居民就可以到墙那边的一个集市采购必需的食品和日用品。集市完了就关起闸门，并用六张盖了大印的封条封死。门上用汉语写着"畏威怀德"四字。集市先是每五天一次，后来变为每两星期一次。①

施白蒂《澳门编年史：16—18 世纪》亦载：

> 1573 年，中国官员以黑人去那里偷盗为由，第一次禁止葡萄牙人进入香山岛，于是，地峡上出现了关闸，起初每星

---

① 美罗·卡斯特罗：《备忘录》，见徐萨斯著，黄鸿钊、李保平译《历史上的澳门》，24～25 页，澳门，澳门基金会，2000。

期仅开一次，后来改为天天早上开放，晚上关闭，设把总一员，第二天早晨将关闸上贴的六张封条取下。①

1573 年即万历元年，与中文记载相差一年。高美士《澳门史略》亦确指关闸建于 1573 年。② 郭永亮则推论，以为关闸当建于万历元年，而成于万历二年。③ 明代关于关闸建置的资料奇缺，多为后来清人补记，葡文资料内容则详细得多。但必须指出，葡文资料记录（1618 年）关闸亦未见当事人的记录，如卡斯特罗所言，关闸门上有"畏威怀德"四字，余疑其将澳门"畏威怀德"四街之记录混入。④ 故葡文资料所反映的并不是明代建关闸的情况。至于明代关闸守官，《澳门记略》及《香山县志》均言"设官守之"，但未言何官，施白蒂却言"设把总一员"。据《明神宗实录》卷 576 载：

> （万历四十六年十一月壬寅）广东巡视海道副使罗之鼎言：香山濠镜澳为粤东第一要害，以一把总统兵六百防守，无裨弹压。⑤

田生金万历四十四年（1616 年）后上《参防汛把总疏》：

> 访得香山寨把总以都指挥体统行事。⑥

《明神宗实录》卷 557 载：

> （万历四十五年五月辛巳）兵部复广东巡按田生金会同总督周嘉谟条陈六款：……议将广州海防同知出镇雍陌，会同钦总官严加稽查，不许违禁夹带。陆路则谨塘基环一线之

---

① 施白蒂著，小雨译：《澳门编年史：16—18 世纪》，17 页、28 页，澳门，澳门基金会，1995。
② Luis Gomes, *Efemerides da Historia de Macau*, Macau, 1954, p. 26.
③ 郭永亮：《澳门香港之早期关系》，20 页，台北，中央研究院近代史研究所，1990。
④ 郭棐：《（万历）广东通志》之《外志》，万历壬寅年序刊本。
⑤ 《明神宗实录》卷 576，万历四十六年十一月壬寅条。
⑥ 田生金：《按粤疏稿》卷 3《参防汛把总疏》，影印明万历四十五年刊本，天津，天津古籍书店。

关，夷商入广，验明给票，方许停泊。①

"钦总官"即"把总"②。可见，至万历四十六年（1618 年）前，澳门关闸守官的最高级别即把总，葡文资料记载是准确的，当时驻守关闸士兵有六百人。

万历二年建成的关闸，其间似乎已被损坏，故至万历四十年（1612 年）时，两广总督张鸣冈提出建议：

> 仍于塘基湾等处垒石为关，守以甲士四百人。③

塘基湾即塘基环，亦即莲花茎，田生金《条陈海防疏》：

> 其上通香山，只有一路如臂，名曰塘基环，原设关一所。④

由"原设关一所"可知，至万历末原关闸确已被毁，故张鸣冈建议在塘基环"垒石为关"，重新修建。据此可知，澳门关闸始建于万历二年，至万历四十年时又重建。

关于香山参将设立的时间，诸书所载各异。《明熹宗实录》卷 11《天启元年六月丙子条》之按语：

> 万历四十二年（1614 年），始设参将府于中路雍陌营，调千人守之。⑤

然据《明神宗实录》卷 576 万历四十六年（1618 年）十一月壬寅条：

> 广东巡视海道副使罗之鼎言：香山濠镜澳为粤东第一要害，以一把总统兵六百防守，无裨弹压，可移罗定东西一将，抽兵六百，助守澳门。⑥

---

① 《明神宗实录》卷 557，万历四十年五月辛巳条。
② 田生金：《按粤疏稿》卷 3《问过钦总林荣疏》称林荣为"钦总官"，又称林荣为"广州里海把总"。
③ 《明神宗实录》卷 499，万历四十年九月戊戌条。
④ 田生金：《按粤疏稿》卷 3《条陈海防疏》，影印明万历四十五年刊本，天津，天津古籍书店。
⑤ 《明熹宗实录》卷 11，天启元年六月丙子条。
⑥ 《明神宗实录》卷 576，万历四十六年十一月壬寅条。

可见，至万历四十六年十一月时，澳门还是以把总统兵镇守。又载：

> 布按二司谓：……宜以东山改设守备，隶西山参将提调，移其兵四百于鹰儿浦，合原兵为一千，而以香山寨改为参将。增置营舍，大建旗鼓，以折乱萌。①

至万历四十六年十一月以后，布按二司才正式提出"以香山寨改为参将"。阮元《广东通志》卷242载：

> 王命璿……由新会令擢监察御史，出按粤，设澳门参戎以增防守。②

王命璿于万历四十五年任广东巡按御史，万历四十六年即与两广总督许弘纲共同上疏，要求裁撤海防同知，设香山参将，并获得了朝廷的批准。③ 可见，香山参将的设立实际上是万历四十六年的事情。《明熹宗实录》卷11天启元年之按语称"万历四十二年，始设参将府于中路雍陌营"，这里很可能只是"议设"参将。据《（康熙）香山县志》卷9载：

> 雍陌营，在谷字都雍陌村，万历四十二年设，戊午红夷犯澳，④ 移营鹰儿浦，随请南头游师带兵四百名、哨船六只防守。⑤

此处称万历四十二年设的只是"雍陌营"，并非"参将府"，戊午，即万历四十六年（1618年），可见，《（康熙）香山县志》认为是万历四十二年建雍陌营，万历四十六年将营兵移驻鹰儿浦并调南头兵四百，组建参将。《明史·佛郎机传》在万历四十二

---

① 《明神宗实录》卷576，万历四十六年十一月壬寅条。
② 阮元：《（道光）广东通志》卷242《宦绩》12，上海，上海古籍出版社影印本，1988。
③ 《明神宗实录》卷576，万历四十六年十一月壬寅条。
④ 戊午为1618年，红夷犯澳，当指1618年7月荷兰船"雅克特拉"（Jacatra）号与葡船在电白海面相遇，双方交战，葡船将荷船击沉。见雷戈《澳门的建立与强大记事》，载《文化杂志》，1997（31）。
⑤ 申良翰修，欧阳羽文纂：《（康熙）香山县志》卷9《兵防志》，康熙十二年刻本。

年（1614 年）张鸣冈上疏兵部并被批准后称：

> 居三年，设参将于中路雍陌营。①

《明神宗实录》卷 527 载张鸣冈之上疏时间是万历四十二年十二月乙未，如果得到兵部批复，至少在万历四十三年春季以后，然后再"居三年"，则亦是万历四十六年，亦与前引材料相合，故可证，香山参将的始设年代在万历四十六年（1618 年）。②《（康熙）香山县志》卷 4 记录的第一位香山参将名胡文焆，在万历四十八年任职。③ 明朝新设职官，晚一两年才正式出任者，亦为多见。至天启元年（1621 年），又在前山设寨，"并改设参将于前山寨，陆兵七百名，把总二员，哨官四员，哨船大小五十号，分戍石龟潭、秋风角、茅湾口、桂角、横洲、深井、九洲洋、老万山、狐狸洲、金星门"④。明王朝对澳门的军事防御，逐渐周备严密，"终明之世无他虞"⑤。

五、市舶提举驻于香山

嘉靖四十四年（1565 年）叶权在《游岭南记》中记录澳门有"抽分官"一职：

> 今数千夷团聚一澳，……守澳武职及抽分官但以美言奖诱之。⑥

抽分官，即负责抽分的官员，亦即对外商征税的官员。明

---

① 张廷玉：《明史》卷 325《佛郎机传》，北京，中华书局，1974。

② 戴裔煊：《〈明史·佛郎机传〉笺正》第 102～103 页认为，《明史·佛郎机传》先载万历四十二年张鸣冈上疏后三年改参将，故以万历四十五年为香山参将设立时间，不确。

③ 申良翰修，欧阳羽文纂：《（康熙）香山县志》卷 4《秩官志》，康熙十二年刻本。

④ 印光任、张汝霖：《澳门记略》卷上《官守篇》，71 页，澳门，澳门文化司署点校本，1992。

⑤ 印光任、张汝霖：《澳门记略》卷上《官守篇》，71 页，澳门，澳门文化司署点校本，1992。

⑥ 叶权、王临亨、李中馥：《贤博编》附《游岭南记》，44 页，北京，中华书局标点本，1987。

初，对于外国来华进贡的国家都是不征税的，但由于许多外国商人借进贡之名，附带大批货物来华贸易，以获取巨额利润，故从明中叶起，开始对非进贡国家私商贸易实行"抽分"制。戴璟《（嘉靖）广东通志初稿》载：

> 我朝互市，立市舶提举司以主诸番入贡，……若国王、王妃、陪臣等附至货物，抽其十之五入官，其余官给之直。暹罗、爪哇二国免抽，其番商私赍货物入为市易者，舟至水次，官悉封籍之，抽其十之二，乃听贸易。①

明代掌管外商入华贸易事务的官员为市舶提举，而明初由于内臣监镇市舶，市舶司官员并无实权。至嘉靖十年（1531 年）五月：

> 巡按林有孚疏言镇守内臣之害，兵部尚书李承勋复议，大学士张孚敬力持之，遂革镇守，并市舶守珠池内臣皆革之。②

市舶内臣革去后，一段时间内，市舶司权力落入地方官手中。明严从简称：

> 嘉靖中，革去市舶内臣。舶至澳，遣知县有廉干者往舶抽盘，提举司官吏亦无所预。③

正德末年，由于明王朝对佛郎机的防范，下令"尽绝番舶"④，全面禁海，导致广东对外贸易几乎完全断绝。故黄佐言：

> 自是海舶悉行禁止，例应入贡诸番亦鲜有至者，贡舶乃往漳泉，广城市萧然。⑤

---

① 戴璟：《（嘉靖）广东通志初稿》卷30《番舶》，影印明嘉靖本，北京图书馆古籍珍本丛刊，北京，北京图书馆出版社，2000。
② 张二果、曾起莘：《（崇祯）东莞县志》卷2《政治志·事纪》，影印崇祯刻本，东莞，东莞市地方志办公室，1995。
③ 严从简著，余思黎点校：《殊域周咨录》卷9《佛郎机》，北京，中华书局标点本，1993。
④ 《明世宗实录》卷106，嘉靖八年冬十月己巳条。
⑤ 黄佐：《（嘉靖）广东通志》卷66《外志》3，广州，广东地方志办公室影印本，1998。

嘉靖初年明朝曾全面罢废市舶司，虽广东市舶司得以幸存，但实际上仍是名存实亡，田生金《大计劾方面疏》称：

> 市舶提举司亦系羶地，从来无首领。代庖者照磨龙育明当堂面禀，即准署印五月阅。[1]

嘉靖中市舶内臣革去后，市舶权力落入地方官手中，市舶司仍无实权，故出现市舶司"从来无首领"的局面。嘉靖三十三年（1554 年），葡人正式入澳贸易后，由于澳门葡人的入居与贸易都是经海道副使汪柏批准的，因此，澳门开埠之初，负责澳门税务征收的是海道副使。前引庞尚鹏疏：

> 其余番商私赍货物至者，守澳官验实，申海道闻于巡按衙门，始放入澳，候委封籍，抽其十之二。[2]

叶权《游岭南记》载：

> 汤总兵克宽与战，连败衄，乃使诱濠镜澳夷入，约以免抽分，令助攻之，然非出巡抚意。夷已平贼，汤邀为己功，海道抽分如故。[3]

可见，澳门开埠之初的抽分工作是直接由海道副使主管。万历以后，由内臣主掌各地税收之制又恢复，广东亦然，设"税监"总领广东税务。于是，澳门之税务管理权返归税监。郭棐言："（澳门）每年税银约四万余两备饷，自万历二十七年（1599年）后皆内监李榷使专之。"[4] 李榷使即李凤。可见，自万历二十七年后，澳门抽分实权由税监李凤专管。而税监又开始恢复市舶司对澳门的税务工作，但作了很大的变动，即由海防同知、市舶提举及香山县令三方面共同负责澳门的抽分，而其中主要是海防

---

① 田金生：《按粤疏稿》卷 1《大计劾方面疏》，影印明万历四十五年刊本，天津，天津古籍书店。

② 庞尚鹏：《百可亭摘稿》卷 1《抚处濠镜澳夷疏》，广东文献，清同治二年重印本。

③ 叶权、王临亨、李中馥：《贤博编》附《游岭南记》，44 页，北京，中华书局标点本，1987。

④ 郭棐：《（万历）广东通志》之《外志》，万历壬寅年序刊本。

同知和市舶提举。清初人王植《香山险要说》载：

> 前明著令，（关闸）每月中六启闭，设海防同知、市舶
> 提举各一员，盘诘稽查。①

郭棐《广东通志》卷69载：

> 隆庆间始议抽银，檄委海防同知、市舶提举及香山正官
> 三面往同丈量估验。②

又载：

> 近者……如将诸夷议立保甲，听海防同知与市舶提举
> 约束。③

可知，这一时期市舶提举亦参与澳门的管理工作，不仅管理
澳门抽分，还要负责"约束"澳夷。亦可证，这一时期市舶提举
应驻守香山，如不在香山，何以可在关闸"盘诘稽查"？如不在
香山，何以可对澳夷进行"约束"？故崇祯时香山县公文称：

> 香山，接济之驿递也；香山参府，接济之领袖也；市舶
> 司，接济之窝家也。何谓窝家？市舶官之设，所司止衡量物
> 价贵贱多少，报税足饷而已。接济之事，原非其所应问也。
> 乃近有不肖司官，借拿接济之名，一日而破数百人家，致激
> 控部院，冤惨彻天。夫非接济而指为接济，则其以接济为生
> 涯者，不得不依为城社，而诸揽为之线索，衙役为之爪牙，
> 在该司踞为垄断，在群奸视为营窟，纵横狼藉，人人侧目，
> 非窝家而何？④

可见，市舶司在万历以后确在香山设有机构衙门。

不仅市舶提举驻扎香山，甚至广东税监李凤亦想将其行署移

---

① 王植：《崇德堂稿》卷2《香山险要说》，续修四库全书本，上海，上海古籍出版
社，2002。
② 郭棐：《（万历）广东通志》之《外志》，万历壬寅年序刊本。
③ 郭棐：《（万历）广东通志》之《外志》，万历壬寅年序刊本。
④ 颜俊彦：《盟水斋存牍》之《公移》卷1《公移·澳夷接济议》，318～319页，北
京，中国政法大学出版社标点本，2002。

至香山。《（康熙）香山县志》卷5载：

> 会大珰李凤入粤督税，议驻节县内。（张）大猷抗言：
> ……夫夷情叵测，……万一巡行其地，仓卒有变，犯及命
> 使，如朝廷威德何。议上，大珰色沮，御史诸大夫咸龊之，
> 卒赖中止。①

然而，据考古材料，李凤驻节香山、巡行澳门之事并没有因
为张大猷的反对而中止。近谭世宝先生在澳门妈阁庙发现"神山
第一亭"，神龛背后的石壁刻文有"钦差总督广东珠池市舶税务
兼监盐法太监李凤建"② 字样。李凤于万历二十七年（1599 年）
至万历四十一年（1613 年）出任广东税监，市舶税务为其主掌职
能之一。其在澳门妈阁庙主建"神山第一亭"，证明他确曾巡视
过澳门，亦可旁证税监有可能曾驻节香山，以加强对澳门税务的
管理。《广东赋役全书》记录明广东市舶提举司之饷银：

> 夷舶饷原额银二万六千两，续因缺太多，万历三十四年
> 该司道议详两院会题，准允减银四千两，尚实额银二万二
> 千两。③

万历二十七年李凤入粤督税后，明廷将广东每年的税银额增
至二十万两，④ 为了达到这一税额，李凤在原每年征收夷舶银额
二万六千两基础上，"又派之濠镜澳货二万两"⑤，前引郭所言的
"每年税银四万余两"即是指增派后的澳门税银。而澳门葡人则
采用各种手段逃避另派增之饷。当时人郭尚宾称："夷人善匿亏
饷之罪"⑥ 即可证明。当时人王以宁更指明：

---

① 申良翰修，欧阳羽文纂：《（康熙）香山县志》卷5《宦绩志》，康熙十二年刻本。
② 谭世宝：《澳门妈祖阁历史考古研究新发现》，载《文化杂志》，1996（29）。
③ 《广东赋役全书》（不分卷）之《澳门税银》，顺治九年刊本，144 页。
④ 《明神宗实录》卷340，万历二十七年十月壬辰条。
⑤ 郭尚宾：《郭给谏疏稿》卷1《粤邦独苦税金疏》，丛书集成初编本，17 页，北京，中华书局，1985。
⑥ 郭尚宾：《郭给谏疏稿》卷1《防澳防黎疏》，丛书集成初编本，北京，12 页，中华书局，1985。

尔年夷性渐狡,私济渐多,税且有时而缩,如三十九年(1611 年)仅得九千余两。①

故郭尚宾叹曰:"抽饷有每年难亏之额。"② 为了打击澳门葡人的逃税匿饷,使税收足额,当时的市舶太监李凤曾驻于香山甚至进入澳门督税是完全可能的。

万历末年,由于香山参将的设置,海防同知的职权削弱了,有关澳门税务之事主要由市舶司官员掌管。霍与瑕言:

澳门番船,外国宝贝山积,皆县官司榷课。③

"县官"即香山知县。"司"当即市舶司。崇祯时李侍问言:

香山澳税隶市舶司,而稽查盘验责于香山县。④

又载:

夷商贸易船之去来,呈报则有澳官,饷之多寡抽征,则有市舶司,本县于其丈量抽征之间,而稽核之类。⑤

可见,澳门之征税工作主要是由市舶司担任,香山县令只是在抽征完毕后去检查验实而已。特别到崇祯时,香山知县又放弃抽盘的复核工作,崇祯四年(1631 年)九月兵部档载:

今甲科县官往往避膻,不欲与身其间,而一以事权委之市舶。市舶相沿陋规,每船出入,以船之大小为率,有免盘常例,视所报正税,不营倍蓰。⑥

这反映明崇祯时市舶官员承担了澳门全部税收的管理工作,

---

① 王以宁:《东粤疏草》卷5《条陈海防疏》,广州,广东省中山图书馆抄本,1958。

② 郭尚宾:《郭给谏疏稿》卷1《防澳防黎疏》,丛书集成初编本,12 页,北京,中华书局,1985。

③ 霍与瑕:《勉斋集》卷11《贺香山涂父母太夫人六十一序》,清光绪丙戌重刻本。

④ 张嗣衍:《(乾隆)广州府志》卷53《艺文》5 李侍问《罢采珠池盐铁澳税疏》,清乾隆刊本。

⑤ 张嗣衍:《(乾隆)广州府志》卷53《艺文》5 李侍问《罢采珠池盐铁澳税疏》,清乾隆刊本。

⑥ 中国第一历史档案馆、澳门文化司署、暨南大学古籍研究所合编:《明清时期澳门问题档案文献汇编》第1册《兵部尚书熊明遇等为澳关宜分里外之界以香山严出入之防事题行手稿》,12 页,北京,人民出版社,1999。

即兵部档称："市舶专其事，免盘有例，而船货不可问，积弊遂有不堪言者。"① 由于没有香山知县的监督及参与，市舶司专权带来的弊政为害不浅，以致被逃税者称为"以市舶为窟"②。

这里还须指出的是，广东市舶司于万历十九年在香山境内设立了一间"抽盘厂"：

> （万历十九年十一月壬午）总督两广侍郎刘继文备防倭条议：……至澳夷内集，恐虞不测，合于澳门外建抽盘厂于香山大埔、雍陌地方。③

据《小榄镇初志》载：

> 明嘉靖三十六年，葡占澳门后，澳门的租金在小榄慈恩大庙的都司衙门坐收。④

万历十九年正式组建"抽盘厂"，又称"抽盘科""盘验科"，设在大埔（当做"圃"）、雍陌一带，即在香山县丰乐乡谷字都，小榄代表香山县对澳征收每年的地租银500两，而抽盘厂则代表市舶司对澳门番舶征收税银及检查复核，由此可以反映当时市舶司的主要职能机构均在香山。《（康熙）香山县志》卷5载：

> 时，外裔贡方物，自香山入京，典其事者失封缄。⑤

外国进贡，亦得由香山"封缄"入京，可以表明由于当时明朝的对外贸易均集中在澳门，所以，广东市舶司的主要职能部门均设在香山。田生金《报暹罗国进贡疏》称：

> 据广东市舶提举司呈报，暹罗国贡使到省，……又经牌

---

① 中国第一历史档案馆、澳门文化司署、暨南大学古籍研究所合编：《明清时期澳门问题档案文献汇编》第1册《兵部尚书熊明遇等为澳关宜分里外之界以香山严出入之防事题行手稿》，14页，北京，人民出版社，1999。
② 中国第一历史档案馆、澳门文化司署、暨南大学古籍研究所合编：《明清时期澳门问题档案文献汇编》第1册《兵部尚书熊明遇等为澳关宜分里外之界以香山严出入之防事题行手稿》，12页，北京，人民出版社，1999。
③ 《明神宗实录》卷242《万历十九年十一月壬午条》。
④ 中山市小榄镇志编写组编：《小榄镇初志》，1962。
⑤ 申良翰修，欧阳羽文纂：《（康熙）香山县志》卷5《宦绩志》，康熙十二年刻本。

行广州府会同市舶提举司查报，随据该府申称，行准本府清军厅关称，奉文会市舶提举司复验进贡夷船，缘刘提举先往香山未回，该职亲贡船复验。①

这一则材料更明确地证实，虽然广东市舶司衙门还在广州，但当时的主要职能部门则在香山，甚至市舶司的第一把手"刘提举"亦"先往香山未回"。所以，对贡舶的复验工作则由广州府的清军厅关执行。直至万历四十一年（1613年），李凤病危去职，再加上朝野士大夫对内臣监税的反对，太监钦差逐渐退出了广东市舶之职掌，而市舶司失去了内臣特殊的权力，于是市舶司又变成了一个有职无权的机构。虽至明末，广东市舶司仍然存在，但其职掌则多由海道副使来兼领，前所言之"广东巡视海道兼市舶事李士琏"即为明证。

市舶司的主要职能机构虽在香山，但市舶司在澳门城内亦设有类似海关的机构进行管理。万历时，郭尚宾言：

> 又派之濠镜澳货两万两，榷解十余年以来，商民皮肉已尽，脂髓并穷。②

《明神宗实录》卷576载：

> 先年市舶于澳，供税两万以充兵饷。③

这"两万"两白银的税收是以何种方法榷征的呢？陈吾德《条陈东粤疏》载：

> 夷人只许在澳上交盘，不许引类径至省内。各处把海把澳官兵严戢百工商贾，遇有阑出，多方设法侦捕。④

"澳上交盘"即是在澳门港口进行抽分征税。时人霍与暇

---

① 田生金：《按粤疏稿》卷5《报暹罗国进贡疏》，影印明万历四十五年刊本，天津，天津古籍书店。
② 郭尚宾：《郭给谏疏稿》卷1《粤邦独苦税金疏》，丛书集成初编本，17页，北京，中华书局，1985。
③ 《明神宗实录》卷576，万历四十六年十一月壬寅条。
④ 陈吾德：《谢山存稿》卷1《条陈东粤疏》，影印清刊本，四库存目丛书，济南，齐鲁书社，1997。

亦言:

> 诚能于五月间,先委定广州廉能官员,遇夷船一到,即
> 刻赴澳抽分,不许时刻违限。……于六月间,先责令广州府
> 出告示,召告给澳票商人一一先行给与,候抽分官下澳,各
> 商亲身同往,毋得留难。[1]

如澳门无海关,抽分官下澳如何盘查,如何丈抽,如何去收
税。天启时陈熙昌言:

> 至市舶司,奏委抽盘,任綦重矣。勒屏左右,请以单车
> 往,一何褻也。夜半忽放火铳,如霹雳声,令司惊怖,不暇
> 细盘,未达旦而返。[2]

很明显,明政府应该在澳门设立过类似海关的机构负责澳门
具体的征税。并不如黄启臣先生所言:"从嘉靖三十二年至康熙
二十三年,似乎未设置专门的海关机构和专官负责舶税的征收,
而是广东市舶司责成守澳官和香山知县负责的。"[3] 从前面之论述
即可证黄氏之说不确。学问长于考证的桂文灿在《广东图说》
中称:

> 万历初,因设海关于此(澳门)。[4]

澳门土著学者王文达亦称:

> 澳门街,古只称大街,即今之营地大街也。昔时该街之
> 两端,各设闸门一度,东曰:"石闸门",西曰"红窗门",
> 中国设关扼守。所以石闸门外,今有关前街,而红窗门之街
> 名,今葡文译作 Alfandega - Ruada,即关卡也。[5]

施白蒂《澳门编年史:16—18 世纪》载:

---

① 霍与暇:《勉斋集》卷11《上潘大巡广州事宜》,清光绪丙戌重刻本。
② 高汝栻:《皇明续纪三朝法传全录》卷13《陈熙昌奏疏》,续修四库全书本,上
   海,上海古籍出版社,2002。
③ 黄启臣:《澳门历史》,169 页,澳门,澳门历史学会,1995。
④ 桂文灿:《广东图说》卷9《香山县》,影印同治刊本,台北,成文出版社,1967。
⑤ 王文达:《澳门掌故》之6《澳城记》,14 页,澳门,澳门教育出版社,1999。

1597 年，中国海关第一次在澳门海域追捕葡萄牙船只。①
张天泽《中葡早期通商史》亦称：

> 中国人在澳门设立了一个市舶司（按：此应为广州市舶
> 司的分司机构），以征收进出口商税和泊税。②

万历中广东税监李凤来澳门督税巡视，并在妈阁庙主建"神
山第一亭"，李凤当时居住此处。乾隆五十七年（1792 年）《重
修三街会馆碑记》载：

> 前于莲峰之西建一妈阁，于莲峰之东建一新庙，虽客商
> 聚会，议事有所，然往往苦其远而不与会者有之。③

前明之时，妈阁庙是澳中华人聚会议事之处，而其旁即为妈
阁码头，故推明朝时，在妈阁庙附近市舶司应有一分司机构，主
掌丈量抽征之事，而李凤入澳亦当居其地。

上述材料均可旁证，明代市舶司确曾在澳门设立过有关机
构，并置有官员管理澳门税。明人郭尚宾《防澳防黎疏》称"我
设官澳"④。所谓官澳，当是明朝在澳门设立在澳门港口码头的海
关，亦即广州市舶司在澳门设立的分司机关。

六、余论

综上考述，可以看出，明王朝在澳门的设官置守是十分严密
的，先澳内（提调、备倭、巡缉及澳内抽分官），后澳外（海道
副使、海防同知、市舶提举、关闸把总、香山参将），逐一建置，
由疏到密，至天启年间，明朝对澳门的设官置守、防范管理已经
比较完备了，即如《明史·佛郎机传》所言："防御渐密"⑤。然

① 施白蒂著，小雨译：《澳门编年史：16—18 世纪》，17 页、28 页，澳门，澳门基
金会，1995。
② 张天泽著，姚楠、钱江译：《中葡早期通商史》，第 5 章，117 页，香港，中华书
局，1988。
③ 王文达：《澳门掌故》之 11《会馆谈往》，237 页，澳门，澳门教育出版社，
1999。
④ 郭尚宾：《郭给谏疏稿》卷 1《防澳防黎疏》，丛书集成初编本，12 页，北京，中
华书局，1985。
⑤ 张廷玉：《明史》卷 325《佛郎机传》，北京，中华书局，1974。

而，明王朝在澳门的设官置守虽然名目繁多，但官守之职权并不十分明确，且无严格的制度化，加上职官的经常废罢，因此，表现在明朝对澳门的管理上显得纷杂无序，特别是与清朝对澳门的管理相比较，则更显混乱。清王朝在澳门设澳门同知总管其军民事，设香山县丞具体处理其行政、司法问题，设前山副将掌管其军事防御，设关部行台总管其税务，各职权限均十分明确，且成一贯之制度。明朝则不然，以对澳门税务征收为例，时而由海道副使主管，时而由香山县令主管，时而由海防同知主管，时而由市舶提举主管，有时甚至数职共管，造成了管理上的角色严重冲突。当然，这种现象的出现，不仅与明王朝中央对地方的管理本身就很混乱有关，而且与明朝从地方到中央对葡人租居澳门的意见始终不统一也有很大关系。明朝对澳门的管理时松时紧，时置时废，以至角色的经常更替，与其吏治的好坏亦有很大的关系。中外文献中记录的有关两广总督、海道副使及守澳官员收受葡人贿赂的事例比比皆是，其中田生金《按粤疏稿》中就有多篇奏疏对海道副使、关闸把总及守澳部队的哨官、旗总乃至队兵贪赃枉法的行为进行了揭露。① 在这种情况下，虽然明王朝对澳门进行了名目繁多的官员设置，主观上想对澳门进行严密控制，但由于其吏治腐败，贪贿成风，故在实际管理中这些官僚管理机构在多数情况下形同虚设。以至印光任、张汝霖在修《澳门记略》时十分感叹地说：

> 吏兹其土者，皆畏惧莫敢诘，其有利其宝货，佯禁而阴许之者。总督戴燿在位十三年，养成其患。②

---

① 田生金：《按粤疏稿》卷 1《大计劾方面疏》，卷 3《参防汛把总疏》，卷 3《问过钦总林荣疏》。据《明熹宗实录》卷 77 天启六年十月庚申条披露，就连赫赫名声下令拆毁澳城的两广总督何士晋亦是一大贪污犯，"士晋在粤东时，适时拆澳城之议，吓受揽头、澳夷，计赃不下三四十万"。可以反映明朝官员在对澳门管理中贪污风气之盛。
② 印光任、张汝霖：《澳门记略》卷上《官守篇》，68 页，澳门，澳门文化司署点校本，1992。

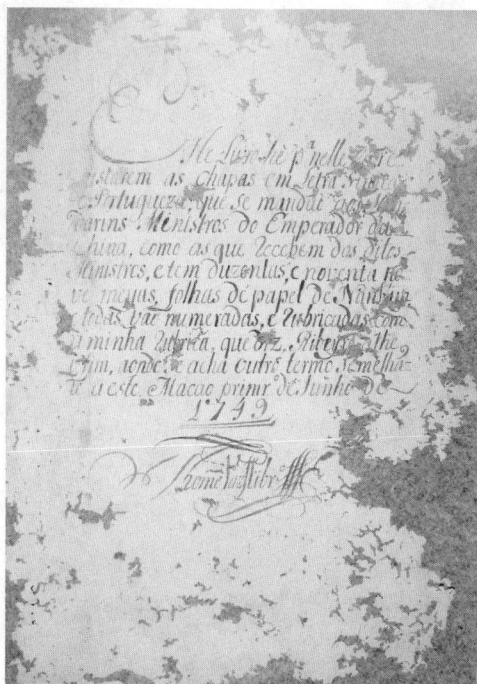

此图系葡萄牙档案馆收藏葡语谕札登记簿前言。Abertura do livro das chapasemportugûes.vol.1.fl.1

第十章 明代管理澳门仿唐宋蕃坊制度辨

第十章　明代管理澳门仿唐宋蕃坊制度辨[①]

　　国内外学者对明朝管理澳门的制度有一较普遍的说法，认为该制度即仿唐宋之"蕃坊"制度。最早持此说者当为英国著名澳门史专家博克塞（C. R. Boxer）。[②] 张天泽先生在其《中葡早期通商史》一书中亦表述了类似的观点。[③] 黄文宽先生的《澳门史钩沉》在谈到明朝对澳门的管理时也认为："必须追溯到唐朝的唐律和唐宋两代广州'蕃坊'的制度"[④]。费成康先生之《澳门四百年》则更明确提出：

　　　　明政府仿照唐、宋两代管理广州外国侨民的"蕃坊"制度，可能还参照元代以来在少数民族中实行的"以土官治土民"的土司制度。将葡萄牙人的首领视同"番长"、土司，于1584年任命他为中国第二级的官员，称之为"夷目"，让他管理赁居濠镜的葡萄牙人，并授予他一些管理当地中国商民的权利。[⑤]

　　之后，还有许多学者对这一观点表示赞同。这一影响甚大的

---

① 汤开建：《澳门开埠初期史研究》，203～222 页，北京，中华书局，1999。
② C. R. Boxer. *The Portuguese Society in the Tropics*, University of Wesconsin Press, 1965, p. 51.
③ 张天泽著，姚楠、钱江译：《中葡早期通商史》，116～117 页，香港，中华书局，1988。
④ 黄文宽：《澳门史钩沉》，37 页，澳门，星光出版社，1987。
⑤ 费成康：《澳门四百年》，38 页，上海，上海古籍出版社影印本，1988。

观点是否正确，是否符合澳门之实际情况，本文拟进行一些辩证。

　　首先，先检阅明代的有关文献。在明代对澳门的管理问题上，从嘉靖到崇祯均有不少大臣提出过自己的看法，如庞尚鹏、吴桂芳、陈吾德、霍与暇、王以宁、卢兆龙、郭尚宾、张鸣冈、田生金等，查阅这些大臣的奏疏，从来没见有人提出过"仿照唐宋之蕃坊制度"管理澳门，如有此类意见，应在上述文献中见其蛛丝马迹。

　　其次，明代葡萄牙人居住的澳门与唐宋时期广、泉等地外国商人聚居的"蕃坊"是两种完全不同的概念。澳门是葡萄牙人通过贿赂等手段获得的一块海外租借地，是要向中国政府交纳租金的；"蕃坊"则是外国商人进入中国贸易后在中国都邑中逐渐形成的一个外商的聚居区，无须向中国政府交纳租金。澳门是一与内陆几乎完全隔绝的小半岛，"蕃坊"则是中国都邑中的一部分街区。对于香山县外之一海上孤岛和广州城市中之一街区，应是两种完全不同的管理模式。

　　再次，唐宋时"蕃坊"的出现完全是在唐宋帝国大力发展海外贸易的前提下自然形成的，也就是说，唐宋之"蕃坊"是政府支持与鼓励下的产物，坊内的居住者为一些不具备武装力量的阿拉伯和东南亚商人，对当时的唐宋政权均不构成威胁，故在管理上是无须过多防范的。明代澳门葡人居留地的出现，则是迫于对外贸易和加强海防的需要而出现的结果，而澳门葡人又拥有自己的武装力量，且兵精炮猛，对明王朝有一定的威胁，故在管理上防范多于信任。

　　根据上述三条原因，余以为，唐宋政府的"蕃坊"制度与明王朝对澳门的管理应是两种完全不同的模式，不是后者对前者的模仿。

一、关于首领的设置

唐宋时期"蕃坊"之首领称"蕃长"或"都蕃长"。"蕃长"或"都蕃长"由中国政府任命。朱彧《萍州可谈》卷2载：

> 广州蕃坊，海外诸国人聚居，置蕃长一人，管勾蕃坊公事，专切招邀蕃商入贡，用蕃官为之，巾袍履笏如华人。①

"置蕃长一人"可以说明这一"蕃长"是由中国政府任命的。《唐会要》卷100载：

> 天祐元年（904年），授福建前［三］佛齐国入朝进奉使都蕃长蒲诃粟宁远将军。②

这里称"都蕃长"且被唐政府授予"宁远将军"之职。阮元《（道光）广东通志》卷330有一段记录宋代"蕃商"的资料：

> 土人有投充蕃户者，必诛无赦。天圣后留寓益伙，其首领住广州者谓之蕃长，因立蕃长司。③

可见，宋朝政府还设立专门的"蕃长司"，作为"蕃长"的办事机关。很明显，这些"蕃长"或"都蕃长"是代表中国政府在"蕃坊"行使职权，故称"管勾蕃坊公事。"851年，阿拉伯商人苏烈曼在其游记中载：

> 中国商埠为阿拉伯人麇集者曰康府（即今广州），其处有回教掌教一人，教堂一所，……各地回教商贾既多居广府，中国皇帝因任命回教判官一人，依回教风俗，治理回民。④

苏烈曼所言之"判官"当即"蕃长"或"都蕃长"，由中国皇帝任命，中外史料均可证明。这些"蕃长"不仅由中国皇帝任

---

① 朱彧：《萍州可谈》卷2《广州蕃坊》，丛书集成初编本，北京，中华书局，1985。
② 王溥：《唐会要》卷100《归降官位》，北京，中华书局排印本，1955。
③ 阮元：《（道光）广东通志》卷330《列传》63，上海，上海古籍出版社影印本，1988。
④ 张星烺：《中西交通史料汇编》第2册，201页，北京，中华书局，1980。

命，还往往被中国皇帝授予"宁远将军""保顺郎将"之类的荣衔。更值得注意的是，对这些"蕃长"或"都蕃长"，中国政府还规定他们必须着中国服饰，"巾袍履笏如华人"，完全将其当做中国政府的官员看待。

很明显，在首领的设置上，澳门模式与唐宋"蕃坊"完全不同。葡人入居澳门之初，其首领是由自己推选出来的，马可·阿瓦罗（Marco de Avalo）在 1638 年撰写的《澳门见闻录》称：

> 这个城市初创之时，由于并非靠武力获得，而是经中国官员的同意获得的，故以共和国形式管理，即由资深顾问管治，并无将军总督。①

1580 年，葡国开始向澳门委派王家大法官，葡文称 ouvidor②，中文称"判事官"。1623 年 5 月 6 日，葡印总督以国王的名义给首任澳门总督颁布正式的委任状，其首要职责是处理安全与防务。③ 正如《澳门记略》中所言：

> 夷目有兵头，遣自小西洋，率三岁一代；……判事官掌刑名……亦自小西洋遣来；理事官……每年通澳金举诚朴殷富一人为之。④

很明显，兵头是由葡王任命，判事官即王家大法官亦由葡国任命，理事官即议事局首领则是全澳选举产生，均不由中国政府任命。但葡萄牙学者约瑟·安德拉德（Jose Inacio de Andrade）却说：

> 神宗皇帝也通过澳门政府的形式，授予检查长官员

---

① Marco de Avalo：Description of the City of Macau, in C. R. Boxer ed., Seventeenth Century Macau, Hongkong, Heinemann, 1984, p. 74.

② Manuel Teixeira, Os Ouvidores em Macau, Macau, Imprensal National, 1976, p. 8.

③ Biblioteca Publica e Arquivo Distrital de Evora, CXVV 2～5, fl. 28v.

④ 印光任、张汝霖：《澳门记略》卷下《澳蕃篇》，152 页，澳门，澳门文化司署点校本，1992。

（Mardarim）称号，以管辖（澳门）华人。①

张天泽则进一步说：

> 1584 年，中国皇帝将二品官衔授予澳门检查官。在与中
> 国人的正式交往中，这位检查官被称作"夷目"或"外国人
> 的总管"。②

费成康亦采此说，称：

> 1584 年，任命他（指澳葡首领）为中国第二级官员，称
> 之为"夷目"，让他管理赁居濠镜的葡萄牙人，并授予他管
> 理一些当地中国商民的权力。③

黄启臣言：

> 万历十一年（1583 年），授予澳门葡萄牙市政议会民政
> 长官以"夷目"的职衔，作为中国政府直接管理葡萄牙人事
> 务的官吏。④

1584 年即万历十二年（1584 年），在中文文献中，目前尚未
发现明王朝对澳葡首领的敕封。在葡文文献中，直至目前为止也
没有发现这一记载（金国平先生来函告诉笔者，说葡文文献中无
此记载）。即使有这一记载，但从敕封内容来看，当时葡人很可
能产生误解，封之为"夷目"，"夷目"一词怎么可以称作敕封的
职衔呢？又何以称之为"二品官衔"或"中国第二级官员"呢？
"夷目"实为中国人对外国人之首领的一般泛称，无须皇帝封授。
试举几例：《明世宗实录》卷 415 载：

> （嘉靖三十三年十月），海贼犯广东潮州之柘林，指挥黑
> 孟阳引舟师歼之，生擒贼首方四溪，夷目吒过罗等一百三十

① 约瑟·安德拉德：《印度和中国信札》，见吴志良《生存之道——论澳门政治制度
　与政治发展》，59 页，澳门，澳门成人教育学会，1998。
② 张天泽著，姚楠、钱江译：《中葡早期通商史》，116～117 页，香港，中华书局，
　1988。
③ 费成康：《澳门四百年》，38 页，上海，上海人民出版社，1988。
④ 黄启臣：《澳门历史》，185 页，澳门，澳门历史学会，1995。

五名。①

《明世宗实录》卷545载：

> 有夷目哑喏唎归氏浮海求贡，初称满剌加国，已复易辞称蒲丽都家。②

《明熹宗实录》卷33载：

> （天启三年四月辛末）两广总督胡应台遣游击张焘解送夷目七名……赴京听用。③

《明熹宗实录》卷37载：

> （天启三年八月）命戎政衙门收贮炸伤死夷目一名。④

天启元年李之藻奏《为制胜须西铳乞敕取疏》载：

> 仍将前者善艺夷目诸人，招谕来京……原议夷目每名每年安家银一百两。⑤

天启元年五月（1621年），崔景荣等《题为为制胜务须西铳敬述购募始末疏》载：

> 取嚣商大铳，并招善艺夷目诸人。⑥

上述材料既有1584年之前者，亦有1584年之后者，均称之为"夷目"：第一条是外国海盗首领，第二条是葡萄牙使臣，第三条称七名"夷目"，第四条为在北京的葡人铳师，第五、六条均指精于炮艺的葡人铳师。这些资料均有力地说明，"夷目"并非明政府敕封给澳门议事局长官的专门职衔，而是明人当时对所有外国之首领头目之统称，并不具备中国之职官意义，更遑论二品或二级了。当然澳门之主要负责人亦称"夷目"，兵头称夷目，

---

① 《明世宗实录》卷415，嘉靖三十三年十月戊寅条。
② 《明世宗实录》卷545，嘉靖四十四年夏四月癸未条。
③ 《明熹宗实录》卷33，天启三年四月辛末条。
④ 《明熹宗实录》卷37，天启三年八月甲申条。
⑤ 徐光启：《徐光启集》卷4《谨申一得以保万全疏》附录1，李之藻《为制胜西铳乞敕速取疏》，180页，上海，上海古籍出版社，1984。
⑥ 徐光启：《徐光启集》卷4《谨申一得以保万全疏》附录2，崔景荣等《题为制胜务须西铳敬述购募始末疏》，182页，上海，上海籍出版社，1984。

《澳门记略》中有"夷目有兵头"之说①，田生金《辩问矜疑罪囚疏》有"夷目吗珈琅"。② 王家法官亦称夷目，《广东巡抚李栖凤揭帖》有"呈缴濠镜澳夷目唛啰哆"③；《兵部题〈失名会同两广总督张镜心题〉残稿》有"通事林德斋投澳夷目唛啰哆等状"之称。④ "委黎多""唛啰哆"，均为澳门议事会理事官之译音。这里的"夷目"二字均不具备专门职官意义，因为他们是澳门葡人的首领，故以"夷目"称之。

之所以产生这种误会，且将这一误会定在"1584 年"的原因，余以为，从《利玛窦中国札记》中的记载可以得知。1584 年时，万历皇帝下旨两广总督：

> 命令他购买澳门商人的精美羽毛，并尽速呈送皇帝，于是，长官把罗明坚神父用一艘相当大的船送到澳门去为总督采购。⑤

在这一道谕旨中，是否明廷将澳门之首领冠以"夷目"二字，这道谕旨在澳门传播，遂产生 1584 年封议事局民政长官为"夷目"之讹传。当然，这只是一种推测。但是据中文的确凿资料完全可以证明：一、"夷目"非明廷对澳葡首领敕封之职官；二、明朝廷亦从未为澳葡首领封授官职，澳门葡人官职是由葡萄牙国王委派或澳夷自行推选，正如《澳门记略》称，"澳门夷目悉禀小西洋令"⑥。

---

① 印光任、张汝霖：《澳门记略》卷下《澳蕃篇》，152 页，澳门，澳门文化司署点校本，1992。
② 田生金：《按粤疏稿》卷 6《辩问矜疑罪囚疏》，影印明万历四十五年刊本，天津，天津古籍书店。
③ （台北）中央研究院历史语言研究所编：《明清史料》丙编第 4 本《广东巡抚李栖凤揭帖》，北京，中华书局，1987。
④ （台北）中央研究院历史语言研究所编：《明清史料》乙编第 8 本《兵部题〈失名会同两广总督张镜心题〉残稿》，北京，中华书局，1987。
⑤ 利玛窦、金尼阁著，何高济、王遵仲、李申译：《利玛窦中国札记》，卷 2，191 页，北京，中华书局，1983。
⑥ 印光任、张汝霖：《澳门记略》卷下《澳蕃篇》，142 页，澳门，澳门文化司署点校本，1992。

　　唐宋"蕃坊"之"蕃长"均要着华人之服饰，而澳门"夷目"完全按葡人的风俗穿着，中国政府从不予以干涉，这从 17世纪的《澳门城市图》①，万历十四年（1586 年）《佛郎机图》②及《澳门记略》中的《男蕃图》③ 中均可获得证明。

二、关于"自治"的问题

　　唐宋"蕃坊"之首领虽由中国政府任命，但其内部则是以自治的形式出现，即以蕃人治蕃人。前引《萍州可谈》：

　　　　置蕃长一人，管勾蕃坊公事，专切招邀蕃商入贡，用蕃官为之。④

《苏烈曼游记》：

　　　　各地回教商贾既多聚广府，中国皇帝因任命回教判官一人，依回教风俗，治理回民。⑤

到元朝时，伊本·白图泰所见依然如是：

　　　　中国各城市常常都有一位伊斯兰教长，以最后定夺有关穆斯林的事情。⑥

　　很清楚，唐宋"蕃坊"内部是以"自治"形式出现的，据目前保存的史料来看，尚未发现唐宋政府向"蕃坊"内派驻非蕃人管理的机构。

　　而澳门则恰恰相反，明朝政府自始至终地反对澳葡的自治，而居澳门葡人则逐步深入地在其内部完成自己的"自治"。葡人

---

① 狄奥多·德·布里（Theodore de Bry）：《澳门城市图》，载《文化杂志》，1993（13/14）。
② 蔡汝贤：《东夷图说》之《佛郎机图》，明万历刊本，9 页，四库存目丛书，济南，齐鲁收社，1997。
③ 印光任、张汝霖：《澳门记略》附《男蕃图》，224 页，澳门，澳门文化司署点校本，1992。
④ 朱彧：《萍州可谈》卷2《广州蕃坊》，丛书集成初编本，北京，中华书局，1985。
⑤ 张星烺：《中西交通史料汇编》第 2 册，201 页，北京，中华书局，1980。
⑥ 伊本·白图泰著，马金鹏译：《伊本·白图泰游记》，550 页，银川，宁夏人民出版社，1985。

的主动"自治"与明朝的被动"反自治"的斗争始终贯穿于明朝与澳门的关系之中。

明朝从未封授澳葡首领的职官,并不是承认葡国的委派和葡人的推选,而是因为明朝政府在澳门设立了一整套管理机构,对澳门进行全面管治,不论是澳里还是澳外,一直是明朝政府各级官吏控制着澳门的各种管治权,即采用了霍与瑕所提出的管理澳门的"上策":建城设官而县治之。①

明朝在澳门设立了专门的"守澳官",又称"提调澳官",在澳门城内设置提调衙门,对澳门葡人进行全面的管理。郭尚宾言:

> 我设提调司以稍示临驭,彼纵夷丑于提调衙门 …… 其不服职官约束若此。②

虽然澳夷不服管束,但明朝政府设立"提调澳官"的目的是十分明白的,就是要对澳夷进行"临驭""约束"。

在澳门城内,除了守澳官外,还设有备倭与巡缉两座衙门。备倭主要负责澳门海域的巡逻与安全,巡缉则负责澳门城内陆上的治安,再加上市舶机关在澳门城内设立的关卡和"官澳",可以说,在澳城之内,澳门之行政、经济、军事及治安均有明朝设置的官吏进行管治。

在澳城之外,万历年间明政府在塘基环(位于澳城北部之莲花茎)设立关闸一座,以把总一员领兵把守;又于香山谷字都的大圃、雍陌设抽盘厂,设海防同知,市舶提举同香山县令共同负责对澳门的抽分工作。万历末,更设香山参将,先建营于雍陌,后移至前山,并建立"规模宏制"的前山寨,共设有水陆军兵近两千人在澳门四周布防。③

---

① 霍与瑕:《勉斋集》卷19《处濠镜澳议》,清光绪丙戌重刻本。
② 郭尚宾:《郭给谏疏稿》卷1《防澳防黎疏》,12页,丛书集成初编本,北京,中华书局,1985。
③ 汤开建:《明朝在澳门设置的有关职官考证》,载《暨南学报》,1998(1)。

在行政上广东各级地方政府均对澳门行使层层的管辖权，两广总督随时可召见澳门"夷目"。《利玛窦中国札记》载：

> 他（两广总督陈瑞）了解到澳门的主教和市长是外国商人的指导人和管理人，因此，正式通知他们马上去见他，不得迟误。[①]

广东巡按亦可随时召见澳门"夷目"。田生金《辩问矜疑罪囚疏》：

> 今蒙巡按田御史会审，随唤夷目玛伽琅面质。[②]

海道副使在很长一段时间成为主要掌管澳门的官员。田生金《条陈海防疏》：

> 至于海道巡历最为吃紧，前海道俞安性亲履其地，宣布朝廷之恩威，晓谕目前之祸福。此辈博心揖志，且惧且怀，命之散倭归国，令之执送闽奸史玉台，无不唯唯听命……每岁巡历濠镜一次，使彼恬然顾化。[③]

可证，海道副使确操澳门管治大权。然而，在行政管理上，最终是霍与暇提出的"建城设官而县治之"，即以香山县直接对澳门行使管辖权。澳门从来为香山属土，故香山县令是居澳葡人的顶头上司。《利玛窦中国札记》称：

> 掌握澳门管辖权的香山县官天性是个凶暴的家伙。[④]

霍与暇称：

> 澳门番舶，外国宝贝山积，皆县官司其榷课。[⑤]

如万历初，香山县令周行去澳门抽盘验货，在澳即下令：

---

① 利玛窦、金尼阁著，何高济、王遵仲、李申译：《利玛窦中国札记》，卷2，148页，北京，中华书局，1983。
② 田生金：《按粤疏稿》卷6《辩问矜疑囚疏》，影印明万历四十五年刊本，天津，天津古籍书店。
③ 田生金：《按粤疏稿》卷3《条陈海防疏》，影印明万历四十五年刊本，天津，天津古籍书店。
④ 利玛窦、金尼阁著，何高济、王遵仲、李申译：《利玛窦中国札记》，卷3，255页，北京，中华书局，1983。
⑤ 霍与暇：《勉斋集》卷11《贺香山涂父母太夫人六十一序》，清光绪丙戌重刻本。

禁水陆私贩及诱卖子女等弊。①

万历三十四年（1606 年），香山令张大猷闻澳夷建城，遂率兵入澳拆毁城垣；② 万历三十六年（1608 年），香山令蔡善继"甫履任，侦知澳夷情形，条议《制澳十则》"③；万历四十五年（1617 年），"臣悬榜开列禁款，仰该县（香山县）掌印管赍赴晓谕，取有夷目遵依状来"④。上述均为香山县令对澳门行使治权的事实。

明王朝除了在澳门通过"建城设官而县治之"来行使其治权外，还曾在澳门积极推行保甲制度来对澳门葡人进行管束。郭棐《广东通志》卷 69 载：

> 近者，督抚萧陈相继至，始将诸夷议立保甲，听海防同知与市舶提举约束。陈督抚又奏，将其聚庐中有大街，中贯四维，各树高栅，榜以"畏威怀德"四字，分左右定其门籍。以《旅獒》"明王慎德，四夷咸宾，无有远迩，毕献方物，服食器用"二十字分东西为号，东十号，西十号。使相互维系讥察，毋得容奸，诸夷亦唯唯听命。⑤

在澳门葡人中推行保甲制度，采用完全中国式 的对基层地方的严密控制。关于在澳门推行保甲制度的建议，隆庆三年时陈吾德即已提出：

> 开濠镜诸澳以处之，致趋者如市，民夷杂居，祸起不测，今即不能尽绝，莫若禁民毋通，而严饬保甲之法以稽之。⑥

---

① 申良翰修，欧阳羽文纂：《（康熙）香山县志》卷 5《宦绩志》，康熙十二年刻本。
② 《明熹宗实录》卷 11，天启元年六月丙子条。
③ 申良翰修，欧阳羽文纂：《（康熙）香山县志》卷 5《宦绩志》，康熙十二年刻本。
④ 田生金：《按粤疏稿》卷 3《条陈海防疏》，影印明万历四十五年刊本，天津，天津古籍书店。
⑤ 郭棐：《（万历）广东通志》之《外志》，万历壬寅年序刊本。
⑥ 陈吾德：《谢山存稿》卷 1《条陈东粤疏》，影印清刊本，四库存目丛书，济南，齐鲁书社，1997。

保甲制度在澳门的推行应是萧彦和陈蕖出任两广总督时，即万历十九年（1591 年）至万历二十一年（1593 年）间。① 不仅是推行保甲制，陈蕖任总督时，还将澳门葡人的主要居地划定为两条大街，命名街道，厘定门籍，将葡人居地的房舍完全以《尚书》中具有要求"四夷臣服"意义的二十个汉字编排房号，并指定由海防同知和市舶提举负责监督执行。这一制度的实施已获考古材料的证明。② 明王朝对澳门葡人实施的这一制度就连清朝人也认为"失之繁苛"。乾隆时，广东按察使司潘思榘《为敬陈抚辑澳夷之宜以昭柔远以重海疆事》称：

> 臣愚以为，外夷内附，虽不必与编氓一例约束，失之繁苛……③

他明确指责前明将澳门葡人也按中国"编氓"一样制定保甲的做法，认为这种做法"失之繁苛"。

非常清楚，明王朝对澳门的管理在主观上不仅不让澳门葡人自治，而且欲将澳门葡人变为中国的编户齐民，将其纳入明朝封建统治的正常秩序之中，并未给予多少特殊，即如霍与瑕所言："以汉法约束之，此谓夏变夷也。"④

明王朝的主观愿望是不愿让澳门葡人自治，但客观事实则完全反向发展。葡萄牙人入居澳门后不久，即开始以"自治"方式对其内部进行管理。1560 年，居澳葡人已选出驻地首领（Capitao de Terra）、法官和 4 位较具威望的商人，形成管理组织，处理社

---

① 万历十九年，萧彦出任两广总督，见《明神宗实录》卷 233，万历十九年三月丁未条；万历二十一年，陈蕖出任两广总督，见谢杰《虔台倭纂》下卷《倭议》1。黄启臣《澳门历史》将议立保甲置于万历四十二年（1614 年），并称为俞安性之建议。黄说实受《澳门记略》混记影响而没有核实，郭棐《（万历）广东通志》之《番夷》，于此事记载甚明，而《澳门记略》则误录。

② 在妈阁庙神山第一亭石柱上即有"怀字街""德字街"之记录，参见谭世宝《澳门妈阁庙考古新发现》，载《文化杂志》，1997（29）。

③ 潘思榘：《为敬陈抚辑澳夷之宜以昭柔远以重海疆事》，见印光任、张汝霖《澳门记略》卷上《官守篇》，75 页，澳门，澳门文化司署点校本，1992。

④ 霍与瑕：《勉斋集》卷 19《处濠镜澳议》，清光绪丙戌重刻本。

区内部事务。1563 年，印度总督认为驻地首领非由官方认同选出，且过于依赖香山县政府，曾下令撤销。但首位任职者迪奥戈·佩雷拉（Diogo Pereira）深得居民拥护，此职位实际保留至 1587 年。1583 年在萨阿（Don Leonardo de Saa）主教的倡议和主持下，居澳葡人首次举行正式选举，成立议事公局。议事会一般由 3 位议员、2 位普通法官及 1 位检查长组成。议事会除管理市政卫生、市容、拨款支持医院和仁慈堂等一般事务外，还须负责葡人社群的治安和司法，建城市保安卫队，修建城堡炮台。① 这种议事会的自治形式直至明朝灭亡也没有任何改变。1788 年，葡萄牙著名诗人博卡热（Manvel Maria Barbosa do Bocage）在澳门时写了一首诗，其中称：

　　　　一个毫无权势的政府……

　　　　一个凌驾一切之上的议事会 ……②

这可以反映澳门葡人长期实行内部"自治"的事实，故若尔热·斯维埃拉（Jorge Noronhae Silveira）说：

在近两个世纪中，定居澳门的葡萄牙人以一种相对于在中央政权较为自治的形式管理自己的利益。③

为什么在明朝政府强烈反对葡人"自治"的基本政策下，反而让葡人自始至终地逐步完成其内部的"自治"呢？应该说，这是居澳葡人面对明王朝"反自治"的挑战，以软硬兼施的两种手段成功地完成了应战。葡人采取的应战方式是，当你明朝方面处于软弱之时，就以拳头与武力相向，保持自己的军事力量，并与

---

① 参阅 Austiu Coates, A Macao Narrative, HK; Singapore; Heinemann, 1978, p25, Manuel Teixeira, Leal Senado, Macau, Leal Senado, 1977, p. 4; Montalto de Jesus, Historico Macau, pp. 46 ~ 48, C. R. Boxer, Portuguese society in the tropics, pp. 5 ~ 7; 吴志良：《生存之道 ——论澳门政治制度与政治发展》，49 ~ 55 页，澳门，澳门成人教育学会，1998。

② 博卡热诗，见吴志良《生存之道 ——论澳门政治制度与政治发展》，95 页，澳门，澳门成人教育学会，1998。

③ Jorge Noronha Silveira; Subsidios para do direito Const itucioral de Maco (1820—1974), Macau, Instituto Portugues do Oriente, 1991, p. 10.

日本倭人勾结，形成对明王朝海防的威慑；而当你明王朝强硬起来，调兵扼守，拒绝供应食品，并要下驱逐令时，他则表现出极大的恭顺与服从，并且不惜重金贿赂，运用金钱的力量去推倒明朝对澳门筑起的"反自治"的高墙。葡人表现强硬时，则"剑芒火炮，弥满山海"，"凌轹居民，蔑视澳官"，①"造铳台，造坚城，为内拒之计，蓄夷众，聚兵粮，为颜行之谋。时驾番舶，擅入内地，拒杀我官兵，掠我人民，掳我子女，广收硝黄铅铁，以怀不轨"②，甚至"私筑墙垣，官兵诘问，辄被倭抗杀，竟莫谁何"，③"我设提调司以稍示临驭，彼纵夷丑于提调衙门，明为玩弄之态以自恣，其不服职官约束若此"。④ 正是由于这种拳头武力的威吓，确实能将一部分软弱的明朝官员震慑，叶权对澳门葡人的认识即可证：

> 守澳武职及抽分官但以美言奖诱之，使不为异，非能以力钤束之。⑤

"非能以力钤束之"，足以反映明朝官员对澳葡武力的畏惧，所以形成"澳官姑息，已非一日"之局面。⑥

然而，当明朝态度一旦强硬，真正调兵遣将对付澳门葡人时，澳门葡人马上转换成另一种态度。1582 年，两广总督陈瑞得知澳门葡人在澳门擅自施行本国法权时，十分气愤，立即传诏澳门首领门多萨进行质问，澳葡闻讯，十分惊慌，担心会失去澳门

---

① 庞尚鹏：《百可亭摘稿》卷 1《抚处濠镜澳夷疏》，广东文献，清同治二年重印本。
② 汪楫：《崇祯长编》卷 34，崇祯三年五月条，京都，日本京都中文出版社影印本，1984。
③ 《明神宗实录》卷 527，万历四十二年一月乙未年。
④ 郭尚宾：《郭给谏疏稿》卷 1《防澳防黎疏》，丛书集成初编本，11～12 页，北京，中华书局，1985。
⑤ 叶权、王临亨、李中馥：《贤博编》附《游岭南记》，44 页，北京，中华书局标点本，1987。
⑥ 俞大猷：《正气堂全集》卷 15《论商夷不得恃功恣横》，383 页，福州，福建人民出版社标点本，2007。

这一居留地，遂选派两名会说话的代表携带"总值超过一千金币"的纯丝衣料、水晶镜子等珍贵礼品去见陈瑞，以重金而换来"可以继续照旧下去"的允诺。① 嘉靖末年，澳门葡人因剿柏林叛兵有功，而明王朝答应的免抽分一年又没兑现，故"不服抽税"。海道副使莫抑则采取强硬手法："下令严缉，官兵把截，船不得通，路不得达"。在这种情况下，澳门葡人不仅表示"困服"，而且"自愿输税，倍于往昔"②。万历末，为了加强对澳门的管制，海道副使俞安性订立《海道禁约》：

> 前海道俞安性亲履其地，宣布朝廷恩威，晓谕目前之祸福。此辈博心揖志，且惧且怀，命之散倭归国，令之执送闽奸史玉台，无不唯唯听命。③

这一硬一软的"抵垒"政策，再加上不惜工本的重金贿赂，明朝贪贿成风的腐败吏治，给予居澳葡人施展其手段以极大空间。1646 年 3 月澳门神父若奥·阿泽维多（João de Azevedo）称：

> 澳门葡萄牙人从来受中国国王大臣们的暴力迫害，目的是为了从他们那里榨取钱财。数目不小，每年不下三四万两，几乎是 9 万色勒芬的贿赂。④

这一点葡萄牙学者斯维埃拉也有此认识：

> （澳门葡人）以礼物贿赂和屈从来面对华人的压力，试图保住澳门取得的脆弱的利益平衡。⑤

---

① 利玛窦、金尼阁著，何高济、王遵仲、李申译：《利玛窦中国札记》，第 2 卷，第 3 章，149 页，北京，中华书局，1983。
② 陈吾德：《谢山存稿》卷 1《条陈东粤疏》，影印清刊本，四库存目丛书，济南，齐鲁书社，1997。
③ 田生金：《按粤疏稿》卷 3《条陈海防疏》，影印明万历四十五年刊本，天津，天津古籍书店。
④ 《呈吾主吾王唐·若昂四世陛下进言书》。中国居民若尔热·平托·德·阿泽维多于 1646 年 3 月亲手交给唐·菲利佩·马斯卡雷尼亚斯总督先生转呈印度议事会，阿儒达宫图书馆《耶稣会士在亚洲》54 - XI - 21 钞件，第 9 号文件，见金国平《西力东渐：中葡早期接触追昔》，145 页，澳门，澳门基金会，2000。
⑤ Jorge Nororhae Silveira：*Subsid ios para do direito Const itucioral de Maco*（1820 - 1974），p. 10.

明天启五年（1625 年），两广总督何士晋下令拆毁澳葡所建城垣，拆至一半，因葡人贿赂而中止，而何士晋获贿款达"三四十万"。① 明朝政府主观上的"反自治"最后在葡人软硬兼施的"抵垒"下成为泡影。主观上的"反自治"让位于事实上的"自治"，致使澳门葡人非法的、隐蔽的"自治"形式逐渐公开化与合法化。

三、关于司法权问题

唐宋时代对于在华外国人的法律处理是以《唐律疏议》和《宋刑统》中的法律条文为依据的，基本上都是"诸化外人同类自相犯者，各依本俗法；异类相犯者，以法律论"②。这就是说外国人互相攻击，若双方来自同一国家，就用该国法律处置；若来自不同国家，就用中国法律处理。《宋史·王涣之传》：

> 王涣之……寻知福州，未至，复徙广州，蕃客杀奴，市舶使据旧比，止送其长杖管。③

"旧比"，即过去的案例，就是外国人杀死自己的奴仆送到广州"蕃坊"，蕃长只判以"杖管"之刑。楼钥《攻媿集》：

> （泉州）蕃商杂处民间，而旧法；与郡人争斗，非至折伤，皆用其国俗，以牛赎罪。④

《萍州可谈》卷 2 则有不同的记载：

> 广州蕃坊……蕃人有罪，诣广州鞠实，送蕃坊行遣，缚之木梯上，以藤杖挞之，自踵到顶，每藤杖三下，折大杖一下。盖蕃人不衣裈袴，喜地坐，以杖臀为苦，反不畏杖脊。

---

① 《明熹宗实录》卷 77，天启六年十月庚申条。
② 长孙无忌：《唐律疏议》卷 6《名例》，北京，中华书局标点本，1983；窦仪：《宋刑统》卷 6《名例》，北京，中华书局标点本，1984。
③ 脱脱：《宋史》卷 347《王涣之传》，北京，中华书局标点本，1977。蔡襄《忠惠集》卷 4《张温之墓志》亦称："广之夷落有罪，任其酋以夷刑。"
④ 楼钥：《攻媿集》卷 88《汪公行状》，四部丛刊本，上海，商务印书馆，1937。

徒以上罪，则广州决断。①

按照唐宋律，广州"蕃坊"的这种处理方法是指"异类相犯"，因为"同类相犯"，不管罪大罪小，中国政府均不过问。如前引王涣之所见"蕃客杀奴"这种命案，只是由蕃长处以杖笞。所以，余以为《萍州可谈》所记录的法律处理应指"异类相犯"。若如是，则唐宋政府对"蕃坊"之蕃人犯罪更加宽容，即"异类相犯"时，只有"徒刑"以上的罪才按中国法律处理。而"异类相犯"时，"徒刑"以下的罪，仍由"蕃坊"按其民族风俗进行处理。这从上引楼钥所载亦可证明，"与郡人争斗，非至折伤"，可证是"异类相犯"，亦可证是"徒以下罪"。所以，仍"皆用其国俗，以牛赎罪"，而不按中国法律判处。可见，唐宋时代的"蕃坊"制度在司法上可获得许多宽容的优待。

明代关于澳门管理的司法审判权中并无特别的法律条文。故费成康先生言：

> 在司法方面，明政府显然参照唐朝法律中"诸化外人，同类自相犯者，各依本俗法；异类相犯者，以法律论"的条款，在葡萄牙人自相侵犯时，允许他们自己产生的法官依照本民族的法律来审判治罪……如案件涉及中国人，不论中国人是原告还是被告，都由在澳的中国官员审理。②

马士（H. B. Morse）《中华帝国对外关系史》称：

> 据记载1578年以前，中国曾派遣一位官员驻守澳门，承皇帝之旨管理该城，凡牵涉中国人在内的案件，不论他是原告或被告，都归他裁判。③

据上所言，好像明朝的法律对待来华外国人与唐宋时期一样，是"同类自相犯者，各依本俗法；异类相犯者，以法律论"。

---

① 朱彧：《萍州可谈》卷2《广州蕃坊》，丛书集成初编本，北京，中华书局，1985。
② 费成康：《澳门四百年》，38页，上海，上海人民出版社，1988。
③ 马士著，张汇文、张志信、马伯煌，等译：《中华帝国对外关系史》，第1卷，第3章，49页，北京，商务印书馆，1963。

其实并非如此，查明朝刑律并无对外国人的特殊优待，对其"同类自相犯"时，明政府亦不允许"依照本民族的法律来审判"。《明会典》卷161及《大明律》卷1称：

> 凡化外人犯罪者，并依律拟断。[①]

明律是十分清楚的，对于来华的外国人并无什么特殊规定，所有犯罪者，一律按明朝法律判处。何广《律解辩疑》对化外人的解释是：

> 胡俗之种，外番夷狄之人，若东夷、西戎之人。[②]

《大明律集解》称：

> 言此等（化外人），原非我族类，归附即王民，如犯轻重罪名，译问明白，并依常律拟断，示王者无外也。[③]

何广亦言：

> 东夷、西戎之两相犯罪，两种之人习俗即异，夷狄之法各有不同，不可以其胡种之法断罪，还以中华之政决之。[④]

明朝不仅在法律上规定了与唐宋王朝对化外人犯罪完全不同的条文，而且在实际判罪断案中亦严格执行"化外人犯罪并依律拟断"[⑤]。裴化行的记载亦可说明明朝的律令对澳门之施行：

> （两广总督陈瑞）传令召集澳门首领门多萨（Airez Gonzalez de Mendoza）及新近登岸的萨阿主教（Don Lenardode Saa）到总督府，质问他们两件事：第一，为什么让许多的葡萄牙人、日本人及加弗而人都集合于澳门；第二，怎么胆

---

① 申时行：《明会典》，卷161《名例》下及《大明律》卷1《名例》，其纂注云："化外人，即外夷来降之人，及收捕夷人，散处各地者，皆是。"可见，这化外人亦包括居于澳门的葡萄牙人。
② 何广：《律解辩疑》不分卷，明洪武刊本，40页。
③ 杨简：《大明律集解》不分卷，明万历刊本。
④ 何广：《律解辩疑》不分卷，明洪武刊本，40页。
⑤ 杨雪峰：《明代对外人犯罪时适用之法律》，载《大陆杂志史学丛书》，1962，4（5）。

敢在中国的领土施行本国的法权？[①]

徐萨斯《历史上的澳门》亦有此记载：

> 一位又老又贪的福建权贵刚一就任两广总督，就迫不及待地在 1582 年召见澳门的主教、民政长官及治安判事，让他们阐明他们统治殖民地的权利，因为他假惺惺地说，皇上当初把澳门赐予他们时，并没有赋予他们任何管辖权。[②]

可见，在葡人入居澳门的前二三十年间，明政府是不允许"葡人自由行使法权"的，但徐萨斯又载，在葡萄牙人的贿赂下，两广总督答应其"自治"。裴化行书中无答应葡人"自治"的记载，而是：

> 他们（指葡人）并承认总督殿下是他们的保护者，因此，请求殿下对他们加以扶助及慈爱。[③]

《利玛窦中国札记》第 2 卷第 3 章是这样记载的：

> 当他看见备这一紧要关头之用的礼物时，他的傲慢态度顿时消失了，于是笑着通知他们，该地的一切情况可以照旧下去，但当然要服从中国官员的管辖。[④]

前面是谴责澳门葡人，"在中国的领土上行使本国的法权"，证明在两广总督陈瑞的心目中还是十分清楚入华居住的外国人必须遵守明朝的律令，并无治外法权可言。但葡人施贿赂后，他给葡人过去擅自行使本国法权的行为以默认——"可以照旧下去"，则表示我不会对你们进行干涉。事实上，陈瑞根本无权亦无胆去

---

① 裴化行著，萧浚华译：《天主教十六世纪在华传教志》下编，第 2 章，204 页，上海，商务印书馆，1936。

② Mon talto de Jesus，*Historic Macao*，*International Traits in China old and New*，Macao，Salestan Printing Press and Tipografia Meracantil，1926，p. 43.

③ 裴化行著，萧浚华译：《天主教十六世纪在华传教志》下编，第 2 章，204 页，上海，商务印书馆，1936。

④ 利玛窦、金尼阁著，何高济、王遵仲、李申译：《利玛窦中国札记》第 2 卷，第 3 章，149 页，北京，中华书局，1983。

更改明朝的法律。很明显，这种私下应允的"照旧"或"自治"，并未取得完全的法律地位，即在明王朝的法典上并未获得承认。所以，我们经常能看到明朝官员按明朝律令处理澳门葡人之司法案件。康熙《香山县志》卷5载：

> 未几，澳弁以法绳彝目，彝叫嚣将为变。（蔡）善继单车驰澳，数言解散，缚悖彝至县堂下痛笞之。①

澳弁，当指守澳之中国武官，可能即守澳官，"以法绳彝目"，这个法，当即明朝政府的律令，守澳官认为澳门彝目犯了明朝的"法"，故抓捕"彝目"，澳门葡人不服，"叫嚣将为变"。香山知县亲自到澳门将那些企图作乱的葡人抓到县衙，施以笞刑。可见，中国官员管理澳门是完全按照明朝律令处理澳门葡人问题的。万历四十三年（1615年），广东巡按田生金处理澳门葡奴吗吠吁啰等案件时也完全是按明朝律令，初期以海盗劫货杀人罪，将八名澳奴全部判处死刑；后由于田氏的重新审查，发现冤狱，给予平反。对这一案件，完全是按照明朝律令进行处理的，无须与澳门葡方进行任何协商。② 这就可以证明，居澳葡人在明朝时其司法管辖权完全在明王朝。

然而，《澳门记略》中关于居澳葡人的司法权却是这样记载的：

> 自前明中叶迄今垂二百年，中间聚集蕃男妇女，不下三四千人，均系该夷王分派夷目管束；蕃人有罪，夷目俱照夷法处治。重则悬于高竿之上，用大炮打入海中；轻则提入三巴寺内，罚跪神前，忏悔完结。③

① 申良翰修，欧阳羽文纂：《（康熙）香山县志》卷5《宦绩志》，康熙十二年刻本。
② 田生金：《按粤疏稿》卷6《辩问矜疑罪囚疏》，影印明万历四十五年刊本，天津，天津古籍书店。
③ 印光任、张汝霖：《澳门记略》卷上《官守篇》，89页，澳门，澳门文化司署点校本，1992。

罗曼（Juan Baultista Roman）1584 年完成的《中国风物志》亦称：

> 葡人自己之间的民刑纠纷，由（澳门）长官及听审官审理判决。但如涉及中国人的，则由香山和广州的中国官员与法官审理判决。[1]

"蕃人有罪，夷目俱照夷法处治"，这就是说，自明中叶以来居澳葡人并不是按照大明律令处治，而是"照夷法"处治。这是为什么？裴化行是这样说：

> 澳门本在香山县境内，直接属广东省政府所在地肇庆府管辖。按理，它本来应该归于地方官治理范围之内，但是在早期治外法权尚未正式规定，葡人对于半岛之内的治安及彼此之间的案件，差不多都是擅自处理。[2]

裴氏所言基本属实，但并不是当时没有正式规定"治外法权"，而是大明律令中早已颁布，"化外人犯罪者，并依律拟断"。但是，由于居澳葡人并没有遵守明朝的法令，而且澳门葡人恃仗其兵精炮猛，常常"凌轹居民，蔑视澳官"，并没有将明朝已有的法令放在眼里，所以葡人居澳的内部治安及彼此之间的案件，并没有交给香山县令来处理，而是自己擅自处理。裴化行的"擅自处理"，实际上即表述其处理不具备合法性。再加上葡人不断地给广东地方官的贿赂，[3] 广东地方官员对葡人擅自处理澳内司法案件权力给予默认。如前之陈瑞，故在很多案件中及很长一段时间内，中国官员对于澳门内部发生的案件没有进行任何干涉。

---

① 罗曼（Juan Bau lt ist a Roman）：《中国风物志》，载《文化杂志》，1997（31）。
② 裴化行著，萧浚华译：《天主教十六世纪在华传教志》上编，123 页，上海，商务印书馆，1936。
③ 马士著，张汇文、张志信、马伯煌，等译：《中华帝国对外关系史》，第 1 卷，第 3 章，47 页："1593 年，葡萄牙人在该地的参议会曾向葡萄牙国王上书说：为了维持我们在此地的居留，我们必须向异教的中国人花费很多。"，北京，商务印书馆，1963。

《澳门记略》称：

> 吏兹土者，皆畏惧莫敢诘，甚有利其宝货，佯禁而阴许之者。总督戴燿在事十三年，养成其患。[1]

正因为贪污腐败的明朝吏治，导致了广东地方官对澳门的姑息养奸，即所说的"澳官姑息，已非一日"。因此，明朝的律令对于居澳葡人来说基本上成一纸空文，故出现"蕃人有罪，夷目俱照夷法处治"的这一事实。而每当精干廉明的地方官对澳门进行管制时，澳门的司法权则又回到了明王朝手中。所以，余以为，也许葡人对澳门内部司法案件进行擅自处理在明代相当长的一段时间内是一种事实，但它不是贯穿于澳门开埠后至明朝灭亡这一整段时间内的事实，在明朝的法典中也不具有明王朝认可的法律地位。尽管从事实上而言，澳门葡人的司法处治权同唐宋广州"蕃坊"有很多近似，但这不是明王朝的主观意图，故不能称明朝政府是仿照唐宋"蕃坊"制度对澳门进行管理。

最后，我们还必须进行一些说明，即表述我国在历史上对澳门一直行使主权问题时，应该将明、清两朝分开叙述。明朝在政治、军事、经济及司法等方面对澳门的管理均与清朝有所不同，其中特别是政治及司法上的管理有很大差别，表现最突出的又是清朝前期。清朝前期，一个新出现的满洲人的政权与前明的汉族政权在观念上有很大的差距，最起码满洲人早期之皇室不存在明人那么严格的"夷夏之别"。早已被明朝称得十分恼火的"夷"字，他们并不愿意轻易地转移到葡萄牙人的头上。故进入清以后，清王朝在对待澳门葡人之政策上明显地较明朝宽松，不仅恢复了在明末已被禁止的"番舶通市"，又免除澳葡数年地租，还正式封授澳门议事会民政长官为"督理濠镜澳事务西洋理事官"。

---

[1]　印光任、张汝霖：《澳门记略》卷上《官守篇》，68 页，澳门，澳门文化司署点校本，1992。

在康熙前期，还裁撤了明朝在澳门城内设置的一切职官，仅以一香山县令进行管辖。所以，余以为，明朝政府对澳门的管理与清政府对澳门的管理虽然有许多共同点，且清政府又大多沿袭明制，但在具体的管理上却有较大的差别，这一点，我们应当将两者分别对待，不能笼统表述，以免除一些不必要的失误。

此图为康熙十八年（1679 年）至康熙二十一年（1682年）两广总督金光祖奏折中所附的《澳门防卫图》。该图是仿照西方绘制的《澳门图》制成，但关闸被重新改绘。

第十一章　明代澳门城市建置考

第十一章　明代澳门城市建置考[①]

在东亚古代城市发展史上，明代澳门城的兴起乃一特殊的奇迹。一个位于香山县南部顶端的小半岛，在短短的几十年中，竟发展成为四方商贾辐辏、天下奇货汇聚的国际性贸易城市。为了探求其发展轨迹，本文拟以明代为限，考证其早期城市的发展与建置。[②]

一、澳门城区的形成与发展

嘉靖三十三年（1554 年），在葡萄牙船长索札（Leonel de Sousa）与广东海道副使汪柏达成口头协议后，澳门半岛开始对外国商人开放，澳门正式成为各国商人聚居的贸易点。汪柏对葡人应允的条件究竟有哪些？所承诺澳门开放的程度究竟有多大？今日均无文献所凭。据有关资料推测，汪柏应允澳门对夷商的开放是有限制的，所以夷商初在澳门上岸时"仅篷累数十间"[③]。后来大概夷商们见明朝守澳官员并没有对澳门进行严格管理，遂采用

---

① 原文载《文史》，1999，总 44 期（3）。
② 关于澳门城市史的研究，目前尚是一个被专家们忽视的问题。1994 年，葡萄牙学者若尔热·曼努埃尔·弗洛雷斯（Jorge Mannuel Flores）在《文化杂志》第 19 期《澳门 16—17 世纪历史：正在进行中的某些考察》一文中呼吁这一方面的研究，本文算是一种尝试。
③ 郭棐：《（万历）广东通志》之《外志》，万历壬寅年刊本。

行贿的办法，强行在澳门半岛建屋盖房。王士性记载当时情况较明确：

> 其（夷商）初止舟居，以货久不脱，稍有一二登陆而拓架者，诸蕃遂渐效之。[①]

刚开始通商时，这些来澳门贸易的夷商都住在船上，后有一两个人带头上岸居住，由于明守澳官员没有及时制止，"姑息已非一日"[②]，于是，"诸蕃遂渐效之"。商人都开始上岸建筑自己的房屋仓库以便贸易，此即《澳门记略》所言："商人牟奸利者渐运瓴甓榱桷为屋。"[③] 据庞尚鹏言："近数年来，（澳夷）始入濠镜筑室居住。"[④] 庞文成于嘉靖四十三年（1564 年）冬，"近数年"，概指近三至七年间，也就是嘉靖三十六年至嘉靖四十一年（1557—1562 年），所以可以断言，澳门开始有夷商之定居建筑物，最早不会超过嘉靖三十六年（1557 年），即澳门城区始建于嘉靖三十六年至嘉靖四十一年间。

澳门城区发展很快。平托《远游记》称：

> 直至 1557 年广东官员在当地商人的要求下，将澳门港割给了我们 做生意。以前那里是个荒岛，我们的人把它建成了一个大村落。里面有价值三四千克鲁扎多的房屋，有大堂，代理主教，有受俸教士，城防司令，王室大法官，司法官员。众人在那里感到非常安全，如同在自己的家园一样，如同该岛在葡萄牙最安全的一个地方。[⑤]

---

① 王士性：《广志绎》卷 4《江南诸省》，100 页，北京，中华书局标点本，1995。
② 俞大猷：《正气堂全集》卷 15《论夷商不得恃功恣横》，383 页，福州，福建人民出版社标点本，2007。
③ 印光任、张汝霖：《澳门记略》卷上《官守篇》，65 页，澳门，澳门文化司署点校本，1992。
④ 庞尚鹏：《百可亭摘稿》卷 1《抚处濠镜澳夷疏》，广东文献，清同治二年重印本。
⑤ 费尔南·门德斯·平托著，金国平译：《远游记》下册，第 221 章，698 页，葡萄牙航海大发现事业纪念澳门地区委员会、澳门基金会、澳门文化司署、东方葡萄牙学会，1999。

据庞尚鹏言："不逾年多至数百区，今殆千区以上。"① 一区为一幢房屋，在上岸建筑房屋的第二年就已发展到"数百区"，到嘉靖四十三年时，则发展到"千区"了。假定一位夷商建一区，则这时在澳门已有一千个夷商居住了。嘉靖四十四年（1565年）游澳门的叶权则称："今数千夷团聚一澳，雄然巨镇。"② 这一时期记载的澳门居住人口为：1562 年 800 人，1565 年 900 人。③ 但这 800、900 人均指移居澳门的葡萄牙已婚者，实际上一名已婚者就是一个家庭，当时的葡萄牙人家庭均有奴仆，据博卡罗言：大约每一个葡人蓄奴 6 ~ 10 名。④ 故又有资料称：1569 年时，澳门有 5 000 ~ 6 000 基督教徒。⑤ 如果平均每个葡人蓄奴 6 名的话，则 900 个葡人蓄奴总数再加葡人数则与此大致相合。这一时期中文资料已有报导，庞尚鹏言："今筑室又不知其几许，而夷众殆万人矣。"⑥ 吴桂芳言："况非我族类，不下万人。"⑦ 这"万人"，应包括当时进入澳门的华人，除掉 6 000 夷商及其仆隶，则华人有 4 000 余人进入澳门。据潘日明神父提供的葡文资料，在万历五年（1577 年）时，在白鸽巢和沙栏仔码头的花王堂脚下已建起了一排葡萄牙人的住宅。这应该是葡人在内港岸边建起的

① 庞尚鹏：《百可亭摘稿》卷 1《抚处濠镜澳夷疏》，广东文献，清同治二年重印本。
② 叶权、王临亨、李中馥：《贤博编》附《游岭南记》，44 页，北京，中华书局标点本，1987。
③ 施白蒂著，小雨译：《澳门编年史：16—18 世纪》，15、16 页，澳门，澳门基金会，1995。
④ "Description of the City of the Name of God in China, by Antonio Bocarro, Chronicler – in – Chief of the State of India", in C. R. Boxer ed. and trans. , *Seventeenth Century Macau in Contemporary Documents and Illustrations*, p. 15.
⑤ 施白蒂著，小雨译：《澳门编年史：16—18 世纪》，17 页，澳门，澳门基金会，1995。
⑥ 庞尚鹏：《百可亭摘稿》卷 1《抚处濠镜澳夷疏》，广东文献，清同治二年重印本。
⑦ 陈子龙辑：《明经世文编》卷 342《吴司马奏议》卷 1《议阻澳夷进贡疏》，影印平露堂刊本，北京，中华书局，1962。

第一批住宅。[①] 这是澳门城区初始期之原型。

随着澳门对外贸易的繁荣，澳门成了"远东最有名的城市之一，因为各种财富大量地从这里运往各地交易。它有大量的贵重物品，它的市民比该国其他任何城市都更多、更富有"。[②] 当时的澳门不仅海外贸易发达，在城内与华商的交易亦很发达。《明史·佛郎机传》称："闽粤商人，趋之若鹜。"[③] 郭尚宾在万历中亦言：

> 闽广亡命之徒，因之为利，遂乘以肆奸。有见夷人之粮米牲菜等物尽仰于广州，则不特官澳运济，而私澳之贩米于夷者更多焉；有见广州之刀环、硝磺、铳弹等物尽中于夷用，则不特私买往贩，而投入为夷人制造者更多焉；有拐掠城市之男妇人口，卖夷以取赀，每岁不知其数；而藏身于澳夷之市，画策于夷人之幕者更多焉。[④]

这些材料表明，澳门不仅仅是当时葡萄牙人与日本、菲律宾贸易的中转站，而且澳门城内与华人的贸易也很繁荣，即已有"澳夷之市"的出现。

住宅区的成片形成及市场的出现，街道亦随之出现。据白乐嘉言，1555 年时，葡萄牙人即开始在澳门进行探测建城。所经路线，自妈祖庙前地起，经万里长城、高楼街、风顺堂街、龙嵩正街至大三巴，而后转向嘉思栏山。当时的街道上全铺上碎石，名曰"石仔路"。[⑤] 澳门最早的一条街道即"十字街"，是一条"中

① 潘日明著，苏勤译：《殊途同归：澳门的文化交融》，76 页，澳门，澳门文化司署，1992。

② "Description of the City of the Name of God in China, by Antonio Bocarro, Chronicler – in – Chief of the State of India", in C. R. Boxer ed. and trans., *Seventeenth Century Macau in Contemporary Documents and Illustrations*, p. 14.

③ 张廷玉：《明史》卷 325《佛郎机传》，北京，中华书局，1974。

④ 郭尚宾：《郭给谏疏稿》卷 1《防澳防黎疏》，丛书集成初编本，11～12 页，北京，中华书局，1985。

⑤ J. M. Braga, Macau: a Short Handbook, 见郭永亮《澳门香港之早期关系》，11 页，台北，中央研究院近代史研究所，1990。

贯四维"的十字大街。郭棐《广东通志》卷69载:

> 陈督抚又奏,将其聚庐中有大街,中贯四维,各树高
> 栅,榜以"畏威怀德"四字,分左右定其门籍。以《旅獒》
> "明王慎德,四夷咸宾,无有远迩,毕献方物,服食器用"
> 二十字分东西为号,东十号,西十号。使互相维系讥察,毋
> 得容奸,诸夷亦唯唯听命。[①]

这实际上是一条纵街与一条横街交叉而成的十字街,被明廷
分别命名为"畏字街""威字街""怀字街""德字街",这条街
又被称为"四街",现存有万历乙巳岁(1605年)"四街"重修
碑(参见图33)。这条十字大街原本全是"诸夷"居住,但由于
华商进入澳门者与日俱增。至万历乙巳(三十三年,即1605年)
时,其中"德"字街已为华商入居,至崇祯己巳(二年,即
1629年)时,华商则进一步发展到了"怀""德"二街。这方面
有考古资料为证,今澳门妈阁庙原神山第一亭正面横梁石刻上
仍有:

> 明万历乙巳年德字街众商建,崇祯己巳年怀、德二街
> 重修。[②]

图33:妈阁庙原神山第一亭正面横梁石刻
及石殿神龛"万历乙巳四街重修"碑

① 郭棐:《(万历)广东通志》之《外志》,万历壬寅年序刊本。
② 谭世宝:《澳门妈阁庙的历史考古研究新发现》,载《文化杂志》,1996(29)。

今考古材料不仅可以确言明万历时澳门已有一条"中贯四维"、东西各有十号的十字大街，而且还可以证明街旁居民除夷商外，到明末至少有一半居民是华商，因为要出钱修妈祖庙者应该只是华人。清初诗人释迹删诗"相逢十字街头客，尽是三巴寺里人"① 之"十字街"即此。

这条街出现在什么时候？考郭氏书中所言"陈督抚"，当指两广总督陈蕖。据郭棐《（万历）广东通志》卷10载，陈蕖为应城人，"万历二十一以侍郎兼金都御史任"两广总督，② 则知这条澳门历史上最早的十字大街应形成于明万历二十一年（1593年）之前。澳门前辈学者王文达先生就早期的澳门街有所考证，称：

> 考澳门街，古只大街，即今营地大街也。昔时该街之两端，各设闸门一度，东曰"石闸门"，西曰"红窗门"，中国设关扼守。所以，石闸门外，今有关前街，而红窗门之街名，今葡人译做 Alfandega - Ruada，即关卡也。且李家园内，其壁上旧有"澳门"两个擘窠大字，所以标示此外方为澳门，但今已湮灭矣……当日澳门街之区域，只限于此。③

《澳门编年史：16—18 世纪》亦称：

> 1573—1575 年，澳门仅有一条两旁设有木栅的通向四个街区的大街。④

这应只是反映万历初年澳门街道的情况。随着澳门商业的持续繁荣，入居澳门的人口进一步增加，澳门街道随之拓殖。据林家骏神父记载，17 世纪初今龙嵩街即已成为商业中心，葡人至今

---

① 释迹删：《咸陟堂诗文集》之诗集卷 14《三巴寺》，清康熙刻本。
② 郭棐：《（万历）广东通志》之《藩省志》，万历壬寅年序刊本。
③ 王文达：《澳门掌故》之 6《澳城记》，14 页，澳门，澳门教育出版社，1999。
④ 施白蒂著，小雨译：《澳门编年史：16—18 世纪》，17 页，澳门，澳门基金会，1995。

称之为中街，当时龙嵩街多为官绅士庶的居所。①

到 16 世纪末至 17 世纪初，日本人入居澳门者日渐增多。王以宁《请蠲税疏》载：

> （澳门）藉口防番，收买健门倭夷为爪牙，亦不下二三千人。②

其《条陈海防疏》又载：

> 濠镜澳夷来自佛郎机诸国，从未有狡倭杂处其间者。有之，自万历二十年后始。③

万历二十年（1592 年）后，日本人开始入居澳门，因为 1587 年，日本政府"下令驱逐传教士，禁止信仰基督教"④。1597 年丰臣秀吉将 26 名传教士与日本信徒钉死在长崎十字架上后，⑤ 大批日本天主教徒避难澳门。1614 年 1 月 27 日，德川家康又下令所有传教士离开日本，当时日本天主教徒分乘 5 艘大船，其中两艘去马尼拉，3 艘去澳门和暹罗。1636 年又有嫁给葡人的日本妇女及其子女 287 人流放澳门。⑥ 这批日本人大多在三巴门一带居住，"其中有不少建筑家和艺术家，因此，耶稣会士认为是一个好机会，利用以工代赈的方法，召集此等日本教徒，来建筑教堂（指大三巴寺）及宏丽之前门石壁"⑦。据博克塞记载：

> 澳门的日本基督徒由于 1614 年、1626 年和 1636 年日本流亡者和被驱逐者涌入而激增，就自然组成了一条街，除了

---

① 林家骏：《澳门教区历史掌故文摘》之《澳门圣堂史略》，18 页，澳门，澳门主教公署排印本，1982。
② 王以宁：《东粤疏草》卷 1《请蠲税疏》，广州，广东省中山图书馆抄本，1958。
③ 王以宁：《东粤疏草》卷 5《条陈海防疏》，广州，广东省中山图书馆抄本，1958。
④ 施白蒂著，小雨译：《澳门编年史：16—18 世纪》，24 页，澳门，澳门基金会，1995。
⑤ 文德泉：《澳门的日本人》，载《文化杂志》，1993（17）。
⑥ 文德泉：《澳门的日本人》，载《文化杂志》，1993（17）。
⑦ 王文达：《澳门掌故》之 7《大三巴牌坊详考》，95 页，澳门，澳门教育出版社，1999。

有葡萄牙人的妻妾、奴仆外，还有商人、教士。①

这一以日本基督徒为主的居住区即"三巴庐寺街"。万历四十年（1612 年）广东巡按田生金《辩问矜疑罪囚疏》载：

> 三名吗吁啰、吗吱啰、啤啰招称，与监故四俱朝鲜国釜山人，幼被掳卖与佛郎机，带至广东香山澳，俱在三巴庐寺下街住。②

"三巴庐寺"即圣保禄教堂（该堂1602 年动土，1603 年即建成，但前门之大牌坊则至 1637 年才完成，牌坊下石级则在 1640 年完工）。既有"三巴庐寺下街"，当还有"三巴庐寺上街"。这就是当时日本天主教徒在澳门居住的街区。1623 年日本人还在其居住区内建起了一座神学院。③ 除了日本人居住区外，华人居住区在明万历中后期亦应形成。博克塞称：

> 1642 年，当勃拉艮萨公爵继承葡萄牙国王位登上约翰四世宝座的消息传到澳门时，……市民们为新国王的登基举行了为期几周的庆祝活动，特别是中国基督徒街区和日本基督徒街区。④

16 世纪末 17 世纪初，澳门城市的规模不仅表现在建筑物和街道的出现上，而且在城市中还出现了许多"前地"。葡萄牙人称为"前地"者，葡文有三个词，即"Largo""Praca"和"Praceta"，词义均为广场。林永胜先生认为，澳门早期的前地应指教堂前具有

---

① 中外关系史学会、复旦大学历史系编：《中外关系史译丛》第 5 辑博克塞《16—17 世纪澳门的宗教和贸易中的转港之作用》，85 页，上海，上海译文出版社，1991。
② 田生金：《按粤疏稿》卷 6《辩问矜疑罪囚疏》，影印明万历四十五年刊本，天津，天津古籍书店。
③ 文德泉：《澳门的日本人》，载《文化杂志》，1993（17）。
④ 中外关系史学会、复旦大学历史系编：《中外关系史译丛》第 5 辑博克塞《16—17 世纪澳门的宗教和贸易中的转港之作用》，91 页，上海，上海译文出版社，1991。

露天宗教场地或贸易集市用途的小空地。前地有大小之分，"Largo" 一般是指较小一点的空地，而 "Praca" 则指较大一点的广场。[①] 1590 年《澳门城市图》即已出现多个 "前地"，计有 "议事亭前地""板樟堂前地""花王堂前地" 及 "龙嵩堂前地" 等。[②]

图 34：布里绘 1590 年澳门城市图

到 1632 年《澳门平面图》则更明标出 5 个大的 "前地"；每一个前地均立有一个十字架。[③] 这些前地与街道交织而构成 17 世纪前期澳门城市空间。《芒迪游记》还记录了澳门 "板樟堂前地" 可供 "十五六名葡人骑马掷瓦球"[④]，这就反映出了当时的这一前地相当宽敞，应该是 17 世纪澳门城市之中心。

---

① 林永胜：《澳门前地空间》，载澳门《文化杂志》，2004（53）。

② 狄奥多·德·布里：《澳门城市图》，载《文化杂志》，1996（26）。

③ 雷曾德（p. Barreto de Resend）：《澳门平面图》，载《文化杂志》，1992（10）。白乐嘉认为，该图成于 1632 年，见 J. M. Braga, *Hong Kong and Macao：A Record of Good Fellowship*, p. 28。

④ Peter Mundy, *The Travels of Peter Mundy in Europe and Aisa*, 1608 – 1667, vol. 3, Nenclelm; Rraus Reprint Ltd, 1967, pp. 265 ~ 266。

图 35：1632 年澳门车面图

爱雷迪（Manuel Godinho de Eredia）约于 1615 年至 1622 年绘有《澳门平面图》。图中标明，当时葡人租居的澳门城区——"Macao" 主要在靠近南湾的澳门半岛中部地区，半岛西南部及东北部均为中国官方控制的地区。[1]

---

[1] 爱雷迪（Manuel Godinho de Eredia）：《澳门平面图》，载《文化杂志》，1996（29）。

图 36：爱雷迪 1615—1622 年绘澳门平面图

1626 年，约翰·斯皮德（John Spit）绘《澳门图》，途中仅有一条由木栅围起的中心街道通往各堂区。[①]

图 37：约翰·斯皮德 1626 年绘《澳门图》

而据保存在海牙的一副绘于 1665 年的早期《澳门图》则显示，澳门半岛中部及南部地区已形成一片片建筑群区，各建筑群

① 施白蒂著，小雨译：《澳门编年史：16—18 世纪》附图《1626 年澳门图》，19 页，澳门，澳门基金会，1995。

区之间则组成了纵横交错的街道。图中所示较大建筑群区有二十几处，街道则难以数计。① 据 1689 年的资料显示，当时澳门城市已分为大堂、风顺堂、圣安多尼堂三个堂区。② 据 1632 年的《澳门图》，可以推断这三个街区大致在明末即已形成。③ 这些均可以表明，澳门城区从 17 世纪初到 17 世纪中叶即明朝灭亡之前已获得了很大的扩充和拓展。

据博卡罗 1635 年的报导，当时澳门城方圆约半里格，最窄处为 50 步，最宽处为 350 步。④ 至于居民人口则增长更快。万历二十五年（1597 年）王士性言：

> 今则高居大厦，不减城市，聚落万矣。⑤

一聚落当指一户，16 世纪末，澳门人口发展已达万户。万历二十九年（1601 年）游澳门的王临亨亦言：

> 今聚澳中者，闻可万家，已十余万众矣。⑥

又称：

> 香山之夷，盘踞澳中，闻可数万。⑦

"十余万众"，恐怕有点夸大；"闻可数万"，应较接近事实。据博卡罗记录，1635 年澳门人口数字为：

> 澳门有 850 户葡萄牙人家庭，还有同样多的土著家庭，

---

① 阿尔杰门·里卡契夫：《早期澳门地图（1665 年)》，原载《约翰·文彭士地图集》之手绘图，见《文化杂志》，1993（13/14）。

② 潘日明著，苏勤译：《殊途同归：澳门的文化交融》第 11 章《地租》98～99 页，介绍了市政厅内保存的 1689 年的 5 本交租人员登记册。

③ 雷曾德（p. Barreto de Resend）：《澳门平面图》，载《文化杂志》，1992（10）。白乐嘉认为，该图成于 1632 年，见 J. M. Braga, *Hong Kong and Macao：A Record of Good Fellowship*, HK, Graphic Press, 1960, p. 28.

④ "Description of the City of the Name of God in China, by Antonio Bocarro, Chronicler – in – Chief of the State of India", in C. R. Boxer ed. and trans., *Seventeenth Century Macau in Contemporary Documents and Illustrations*, p. 14.

⑤ 王士性：《广志绎》卷 4《江南诸省》，100 页，北京，中华书局标点本，1993。

⑥ 王临亨：《粤剑编》卷 3《志外夷》，93 页，北京，中华书局标点本，1987。

⑦ 王临亨：《粤剑编》卷 3《志外夷》，103 页，北京，中华书局标点本，1987。

他们全是基督徒。①

据林家骏神父记载，到1644年时，澳门人口增至4万。② 大量人口流入澳门，不仅是"四方商贾，辐辏咸集"③，而且"百工技艺趋者如市"④。所有这些资料均可说明，大约在明朝万历中期即16世纪末至17世纪初，澳门作为一个国际性的商贸城市已发展成熟，正如乾隆五十七年的《重修三街会馆碑记》所云："遂成一都市焉"⑤。所以，于1586年（万历十四年）4月10日葡印总督杜阿尔特·梅内塞斯在澳门居民的要求下，沿袭中世纪葡萄牙市政组织模式，并依据葡西联合王国国王菲利浦二世的批准，恩赐澳门称城的特权，命名为"天主圣名之城"，并将澳门升格为拥有埃武拉市同等自由、荣誉和显著地位的城市。⑥

二、澳门公共建筑的出现与发展之一：教堂

公共建筑的大批出现与迅速发展促进了澳门城市的发展规模，而澳门公共建筑的最重要的表现形式则多与天主教的传播密切相关。

澳门正式允许通商的第一年——1554年，就有耶稣会天主教

---

① "Description of the City of the Name of God in China, by Antonio Bocarro, Chronicler - in - Chief of the State of India", in C. R. Boxer ed. and trans. , *Seventeenth Century Macau in Contemporary Documents and Illustrations*, p. 15.
② 林家骏：《澳门教区历史掌故文摘》之《日渐茁壮的澳门华人地方教会》，9页，澳门，澳门主教公署排印本，1982。又汪楫辑《崇祯长编》卷24："（崇祯三年五月）礼科给事中卢兆龙：闽之奸徒，聚食于澳，教诱生事者不下二三万人；粤之盗贼亡命，投倚为患者，不可数。"崇祯三年为1630年，当时聚居澳门的闽粤之人就有如此之数，可证所言不虚。
③ 王文达：《澳门掌故》之11《会馆谈往》，237页，澳门，澳门教育出版社，1999。
④ 陈吾德：《谢山存稿》卷1《条陈东粤疏》，影印清刊本，四库存目丛书，济南，齐鲁书社，1997。
⑤ 王文达：《澳门掌故》之11《会馆谈往》，237页，澳门，澳门教育出版社，1999。
⑥ Arquivos de Macau, 4a serie, vol. 8, pp. 36~37；施白蒂著，小雨译：《澳门编年史：16—18世纪》，23页，澳门，澳门基金会，1995。

士来到澳门，随后，方济各会、多明我会、奥斯定会教士纷纷来
澳，并先后设立会院，建筑教堂。可以说，澳门城市中最早出现
的公共建筑就是教堂。龚萨雷斯（Gregorio González）神父写于
1571 年的信札称：

> 直到 1553 年，此时，有消息传到印度说中国人想和葡
> 萄牙人息兵议和，事实上确是这样做了。接到这个消息之
> 后，我被派到那边去了。在第一年我同 7 名基督徒一道留在
> 该地，我和其他人都被人囚禁了，直到次年船只来时为止。
> 次年，我主又给了我以启示，因此，我使若干中国人皈依了
> 耶稣基督的圣教，我留在这个岛上，在岛上已建起了一座茅
> 草的教堂。那些开往印度和其他国家的船只来过之后，我还
> 是留在该地，同 75 名基督徒在一起，我们全体有一次被囚，
> 他们囚禁我直到次年船只到来之时，我们全体一起获释，我
> 又把教堂修了起来。葡萄牙人把房屋修建起来。①

这是一份十分重要的关于澳门开埠初期澳门城市建设的原始
资料。这里有几个年份必须说明，因为议和完成是 1554 年 10—
12 月，故文中的第一年应为 1555 年，则第一个"次年"则为
1556 年，第二个"次年"则为 1557 年。据此可知，从 1555 年
起，澳门就建起了最早的教堂，但由于这两座教堂均是用茅草搭
起来的屋棚，故没有保存下来。

一般人都认为望德堂（圣拉匝禄堂）、风顺堂（圣老楞佐堂）
及花王堂（圣安多尼堂）是澳门最古老的三座教堂，这三座教堂
在荷兰人狄奥多·德·布里于 16 世纪末绘制的《澳门城市图》
中均有记载。②

---

① 罗理路著，陈用仪译：《澳门寻根》附录文献之 12《格雷戈里奥·龚萨雷斯神父
　给胡安·德·波尔哈的信》，140 页，澳门，海事博物馆，1997.
② 狄奥多·德·布里：《澳门城市图》，载《文化杂志》，1996（26）。又参见徐新
　《荷兰画家笔下的澳门——16 至 17 世纪两幅铜版画考证》，载《澳门日报》，1997
　－10－12。

望德堂（lgreja de S. o Lazaro），又作圣拉匝禄堂、发疯寺。文德泉神父认为建于 1569 年,[1] 蒙塔纳神父称："葡萄牙人在澳门定居和望德圣母堂建立的时间就是 1557 年"[2]，郭永亮据 1784 年 10 月 12 日澳门葡人致北京主教书也认为建于 1557 年。[3] 余以为，1557 年说应该是较为原始的记录，也就是说，望德堂应是澳门保存下来的第一座教堂。

图 38：1590 年代澳门城市图中的望德堂

图 39：1635 年澳门要塞图之望德堂

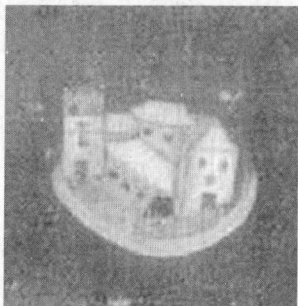

图 40：康熙初年西洋澳门图之[4]望德堂

图 41：《澳门记略·澳门正面图》望德堂

① 文德泉著，佚名译：《耶稣会士于澳门开教四百周年》，11 页，澳门，澳门主教公署，1964。

② Pe Montanha, "Apparatos para a Historia do Bispado de Macau", in Maria Regia Vele, Igrejas de Macau, p. 14.

③ 郭永亮：《澳门香港之早期关系》，46 页，台北，中央研究院近代史研究所，1990。

④ 原图载中国第一历史档案馆，澳门一国两制研究中心：《澳门历史地图精选》，36～37 页，北京，华文出版社，2000。

老楞佐堂（Igreja de S. o Louren. o），又称风顺堂、风信堂。林家骏神父认为始建于1558年，1618年重修，[1] 郭永亮根据杰瑟斯·马里奥（Jesus Mario）神父之书认为建于1558—1560年间。[2]

图42：1590年澳门城市图之风信堂

图43：1635年澳门要塞图之风信堂

图44：康熙初年西洋澳门图之风信堂

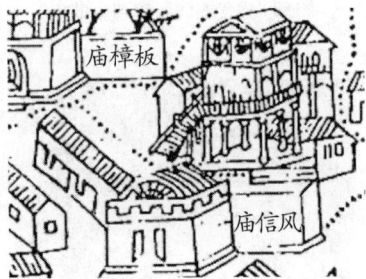

图45：雍正《广东通志·澳门图》[3]之风信堂

花王堂（Igreja de S. o António），又称圣安多尼堂。林家骏神父认为建于1565年前，[4] 郭永亮则采亚拿以斯《澳门》一书之

---

① 林家骏：《澳门教区历史掌故文摘》之《澳门圣堂史略》，18页，澳门，澳门主教公署排印本，1982。
② 郭永亮：《澳门香港之早期关系》，68页，台北，中央研究院近代史研究所，1990。
③ 郝玉麟：《（雍正）广东通志》卷3《澳门图》，文渊阁四库全书本。
④ 林家骏：《澳门教区历史掌故文摘》之《澳门圣堂史略》，19页，澳门，澳门主教公署排印本，1982。

说，称圣安多尼堂建于 1558 年至 1560 年之间。①

图 46：1590 年澳门城市图之花王堂

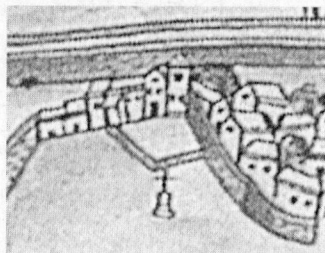

图 47：1635 年澳门要塞图之花王堂

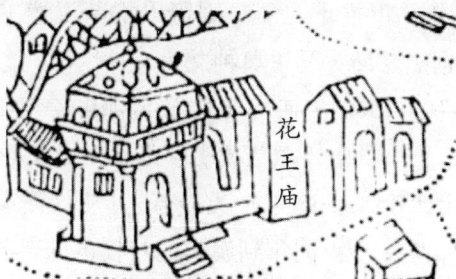

图 48：雍正《广东通志·澳门图》之花王堂

图 49：18 世纪箱盖澳门图②之风信堂之花王堂

① 郭永亮：《澳门香港之早期关系》，63 页，台北，中央研究院近代史研究所，1990。
② 郝玉麟：《（雍正）广东通志》卷 3《澳门图》，文渊阁四库全书本。

《澳门记略》亦记录了这三座教堂：

> 西南则有风信庙，蕃舶既出，室人日跂其归，祈风信于此……北隅一庙，凡蕃人男女相悦，诣神盟誓毕，僧为卜吉完聚，名曰花王庙。……东南城有发疯寺（因其后设麻风病院得名），内居疯蕃，外卫以兵，月有廪。[①]

但《澳门记略》并未说明三堂建立的时间。前引龚萨雷斯神父写于 1570 年西班牙文抄本记载，葡人进入澳门不到 20 年，就在那里建起一个非常大的居留地，内有三座教堂。[②] 葡人正式入居澳门为 1557 年，下推十二年，则可以推断上述三堂均始建于 1569 年之前。据杰瑟斯·马里奥神父言：

> 1558 年至 1560 年间，曾有数名耶稣会神父在此居住，商谈筹建三座小教堂，即望德堂、老楞佐堂及圣安多尼堂。[③]

据嘉靖四十四年（1565 年）吴桂芳言："（澳夷）私创茅屋营房，擅立礼拜番寺。"[④] 同年到澳门的叶权也见到"（番人）三五日一至礼拜寺"[⑤]。这就可以证明，在 1565 年之前，澳门已有了教堂，当时居留澳门的葡萄牙人已婚者已达 900 人，再加上信仰天主教的众多仆役，初期极为简陋的一座教堂无法满足信众的需要。因此，余以为这三座教堂大致均应设立在 1557 年至 1560 年间，亚拿以斯《澳门》一书及杰瑟斯马里神父及蒙塔纳神父的记载较为可信。

但必须说明的是，这时建起的三座教堂均为木棚搭起的简陋

---

① 印光任、张汝霖：《澳门记略》卷下《澳蕃篇》，150～151 页，澳门，澳门文化司署点校本，1992。

② 罗理路著，陈用仪译：《澳门寻根》附录文献之 12《格雷戈里奥·龚萨雷斯神父给胡安·德·波尔哈的信》，140 页，澳门，海事博物馆，1997。

③ 郭永亮：《澳门香港之早期关系》，63 页，台北，中央研究院近代史研究所，1990。

④ 陈子龙：《明经世文编》卷 342《吴司马奏议》卷 1《议阻澳夷进贡疏》，影印平露堂刊本，北京，中华书局，1962。

⑤ 叶权、王临亨、李中馥：《贤博编》附《游岭南记》，45 页，北京，中华书局标点本，1987。

建构。但至 1590 年时，这三座教堂均已建成为砖石结构的建筑。风信堂为 2 幢"人字形"屋顶的两层楼房及 1 幢三角形屋顶的两层塔楼；望德堂为两幢"人字形"屋顶的两层楼房及 3 幢三角形屋顶的塔楼；花王堂规模最大，有 6 幢"人字形"屋顶的两层楼房及 1 幢约为 3 层高的钟楼。[①] 但真正能为澳门城市增添辉煌的石质结构的巍峨的西洋教堂的扩建均在 17 世纪。老楞佐堂重建于 1618 年，望德堂重建于 1637 年，花王堂则重建于 1638 年。[②]

16 世纪建成的教堂还有五座：

1. 天主圣母修道院和圣母玛利亚教堂。这是澳门耶稣会建立的第一间住院与圣堂。该堂始建于 1565 年（嘉靖四十四年）年初，并于 1565 年 12 月 21 日正式建成启用，地点位于花王堂附近。初建之堂为稻草及木架构成，后由葡商维略纳（Antonio de Vilhena）捐资重建，于 1573 年建起了一座用黏土筑成的圣堂。到 1575 年时又进行扩建，住院已拥有 10 间宽敞的房间，还有客厅，被范礼安称为远东耶稣会最好的住院。到 1580 年时，该堂屋顶换成了瓦片，地面镶上了木板。[③] 1590 年《澳门城市图》中圣母玛利亚教堂（圣保禄教堂）已成拥有 1 幢两层楼的楼房、1 幢三层楼的楼房及 1 座高达三层的钟楼。[④]

① 薛凤旋编著：《澳门五百年：一个特殊中国城市的兴起与发展》，30 页，香港，生活·读书·新知三联书店，2012。

② 郭永亮：《澳门香港之早期关系》，68 页、46 页、63 页，台北，中央研究院近代史研究所，1990。

③ 阿儒达宫图书馆《耶稣会士在亚洲》Cod. 49 – Ⅳ – 59，f184；*Domingos Mauricio Gomes dos Santos, Primeira Universidade Ocidental do Extremo – Oriente, Fundacao Macau*, 1994, pp. 7~8.

④ 薛凤旋编著：《澳门五百年：一个特殊中国城市的兴起与发展》，30 页，香港，生活·读书·新知三联书店，2012。

图 50：1590 年代澳门城市图之圣母玛利亚教堂（圣保禄教堂）

2. 噶斯兰庙（Igreja de S. o Francisco）。《澳门记略》称"东隅噶斯兰庙"①。亚拿以斯神父称，噶斯兰庙建于 1579 年，为圣方济各会士建，乃圣方济各会之修院。② 其实 1579 年只是噶斯兰庙的始建时间，其落成时间是 1580 年 2 月 2 日。据黛乌斯（Jacinto de Deus）《植物与鲜花的乐园》载，圣方济各天使圣母院在澳门南湾附近的小山上建造，修道院位于城东一片美丽沙滩起始处小山上，海浪拍打着修道院的围墙，修道院东面和北面朝向大海。修士们在院内开办了学校，有 20 个青年在里面受教育。③ 1590 年代《澳门城市图》绘噶斯兰堂为一尖顶的六角形、两层高的教堂，靠海部分还有围墙将该院围住。④

① 印光任、张汝霖：《澳门记略》卷下《澳蕃篇》，150 页，澳门，澳门文化司署点校本，1992。
② 郭永亮：《澳门香港之早期关系》，66 页，台北，中央研究院近代史研究所，1990。
③ Manuel Teixeira, *Macau e a Sua Diocese*, Macau, Tipografia Soi Sang, 1956, Vol. 3, p. 406, p. 451.
④ 薛凤旋编著：《澳门五百年：一个特殊中国城市的兴起与发展》，30 页，香港，生活·读书·新知三联书店，2012。

图 51：1590 年代澳门城市图之噶斯兰堂

图 52：1635 年澳门要塞图之嘉思栏堂

图 53：康熙初年西洋澳门图之嘉思栏堂　图 54：雍正《广东通志·澳门图》噶斯兰庙

3. 龙嵩庙（Igreja de S. o Agsatinho）。《澳门记略》称"龙松（嵩）庙在澳之西北"①。龙嵩庙即圣奥斯定堂。亚拿以斯神父认为建于 1575 年至 1578 年之间，由奥斯定会士海拉达与马林二人

_____

① 印光任、张汝霖：《澳门记略》卷下《澳蕃篇》，150 页，澳门，澳门文化司署点校本，1992。

建。① 此说不准，奥斯定堂始建时间应是 1587 年 12 月，由孟利格神父建，他们当时买了一间由瓦片和麦秸搭成的小屋，长 33 英尺，宽 33 英尺。他们将这间木屋改建为圣堂和修道院，名为恩宠圣母修道院。但至 1591 年时，又将圣堂搬至磨盘山上（即今之岗顶）重建。奥斯定堂最初供奉慈惠圣母，内设有 4 个祭台。② 1590 年代《澳门城市图》龙嵩堂为 5 幢建筑物组成，3 幢两层楼高的楼房，其中一座为钟楼；两幢平房，其中 1 座为门楼。③

图 55：1590 年代澳门城市图之龙嵩庙

图 56：1635 年澳门要塞图之龙嵩堂

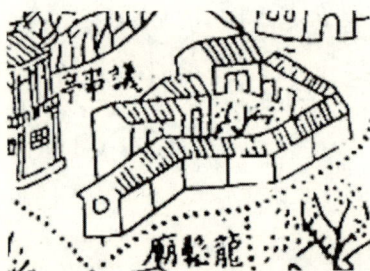

图 57：雍正《广东通志·澳门图》龙松庙

图 58：《澳门记略·澳门正面图》龙松庙

① 郭永亮：《澳门香港之早期关系》，66 页，台北，中央研究院近代史研究所，1990。
② Manuel Teixeira, Macau e a Sua Diocese, Vol. 3, p. 538；科英布拉大学图书馆第 1650 号钞件，91~92 页。
③ 薛凤旋编著：《澳门五百年：一个特殊中国城市的兴起与发展》，30 页，香港，生活·读书·新知三联书店，2012。

4. 板樟庙。《澳门记略》称"有板樟庙，相传庙故庫隘，贫
蓄析樟板为之"①。板樟庙即圣多明我堂（Igreja de S. o Domingos），
又称圣母玫瑰堂，为西班牙多明我会士建。林家骏神父认为建于
1588 年，②施白蒂认为建于 1587 年 10 月 23 日③。1590 年代《澳门
城市图》绘板樟堂为 3 座"人字形"屋顶的两层楼房，楼门前为
一空阔的广场，即板樟堂前地，广场中有一巨大十字架竖立。④

图 59：1590 年代澳门城市图之板樟堂   图 60：1635 年澳门要塞图之板樟堂

图 61：康熙初年西洋澳门图之板樟堂   图 62：雍正《广东通志·澳门图》之板樟堂

① 印光任、张汝霖：《澳门记略》卷下《澳蕃篇》，150 页，澳门，澳门文化司署点校
本，1992。
② 林家骏：《澳门教区历史掌故文摘》之《澳门圣堂史略》，18 页，澳门，澳门主教
公署排印本，1982。
③ 施白蒂著，小雨译：《澳门编年史：16—18 世纪》，24 页，澳门，澳门基金会，
1995。
④ 薛凤旋编著：《澳门五百年：一个特殊中国城市的兴起与发展》，30 页，香港，生
活·读书·新知三联书店，2012。

5. 玛尔定堂。据罗明坚称，1580 年，有一个意大利商人赠给了罗明坚 300 葡元，于是他就在耶稣会住院后面的小山上创建了一座传道所，叫圣玛尔定堂。在这里他一边努力学习英文，一边开始用中文向澳门华人宣教，当时在传道所的华人教友有 20 人，罗明坚称之为"经言学校"。① 科斯塔称："玛尔定堂即在圣保禄教堂遗址处。"②

至于大庙，《澳门记略》和《香山县志》均认为是澳门最早的教堂。《澳门记略》称：

　　大庙者，夷人始至所建也，在澳之东南。③

祝淮《香山县志》卷 4 亦载：

　　大庙在澳之东南，即望人寺，夷人始在澳所建也。④

大庙即大堂，亦为主教座堂。澳门开始并无主教堂，直至 1571 年卡内罗主教在望德堂内搭一间木屋，作为主教公署，所以，望德堂一直是澳门的主教堂。然而，望德堂并不在澳城之内，而在澳城外望厦一带。⑤ 林家骏神父认为，1576 年元月 23 日，教皇额我略十三世下谕成立澳门教区，立望德堂为第一座主教座堂。⑥ 施白蒂称，1576 年 1 月 23 日，教宗将原有圣玛利亚教堂升格为主教座堂，不过不是现在的主教座堂。⑦ 很可能是 1571 年在望德堂建屋作主教署，但经教宗批准升格为主教堂则在 1576 年。《澳门记略》及《香山县志》均言大庙在"澳之东南"，而望德堂则在澳城之北，很明显，上言之大庙不是指望德堂。

---

① 利玛窦著，罗渔译：《利玛窦书信集》下册附录《罗明坚神父致罗马麦尔古里亚诺神父书》，431 页，台北，光启出版社，1986。

② 科斯塔：《澳门建筑史》，载《文化杂志》，1998（33）。

③ 印光任、张汝霖：《澳门记略》卷下《澳蕃篇》，150 页，澳门，澳门文化司署点校本，1992。

④ 祝淮：《（新修）香山县志》卷 4《海防》，影印道光七年刊本，中山文献丛书。

⑤ 郭永亮：《澳门香港之早期关系》，47 页，台北，中央研究院近代史研究所，1990。

⑥ 林家骏：《澳门教区历史掌故文摘》之《澳门圣堂史略》，17 页，澳门，澳门主教公署排印本，1982。

⑦ 施白蒂著，小雨译：《澳门编年史：16—18 世纪》，18 页，澳门，澳门基金会，1995。

据《澳门记略》之《澳门正面图》①，大庙位于南环税口附近，嘉庆十三年两广总督吴熊光奏折所附《澳门图》②，大庙亦在南湾，故知《澳门记略》及《香山县志》中的"大庙"实指今澳门大庙顶上的"大堂"，英文名 Sé Cathedral，亦即今日之主教堂。据郭永亮言，今之主教堂始建于 1622 年。③ 林家骏则称，大约在 1581 年前后，便另建立教堂于大庙顶。④

图 63：1635 年澳门要塞图之大庙

图 64：康熙初年西洋澳门图之大庙

图 65：1740 年代澳门屏风图⑤之大庙

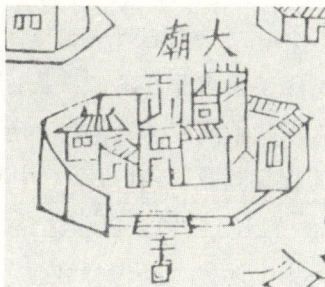

图 66：《澳门记略·澳门正面图》之大庙

① 印光任、张汝霖：《澳门记略》书后附《澳门正面图》，将大庙标在澳之东南，而另一幅《澳门侧面图》则在三巴堂紧连处标"大庙"。
② 《清代外交史料（嘉庆朝）》第 2 册《两广总督吴熊光等奏澳门船尚未退去遵旨用兵驱逐未即攻剿情形并将澳门绘图贴说呈览奏》。
③ 郭永亮：《澳门香港之早期关系》，44 页，台北，中央研究院近代史研究所，1990。
④ 林家骏：《澳门教区历史掌故文摘》之《澳门圣堂史略》，17 页，澳门，澳门主教公署排印本，1982。
⑤ 原图载葡萄牙东方艺术博物馆藏《澳门屏风图》，萨安乐教授（Prof. António Vasconcelos de salaanna）提供，东方艺术博物馆协助拍摄，特此一并感谢。

17 世纪建起来的教堂最著名的就是圣保禄大教堂（Igreja de S. o Paulo），亦即闻名遐迩的"大三巴"。大三巴追源应始于开埠之初。文德泉神父称：

> 1563 年在报告葡国的耶稣会信中说：……除了到其他教堂，还有 300 葡国人到耶稣会圣堂兴祭。这大约是原来的圣保禄堂，以木板和砖盖成仓房形式，这是葡国习惯盖的样式。①

文神父还说：

> 教皇额我略十三世在 1576 年澳门建立教区时说，这里存在着一个圣母玛利亚教堂。②

施白蒂《澳门编年史：16—18 世纪》亦载：

> 他（卡内罗主教）于 1583 年 8 月 19 日在澳门去世，葬于城中心的圣保禄教堂。……1591 年 10 月 17 日，麦安东神父在广东省韶州（原译做潮州，当误）去世，他的遗体被运至澳门埋葬在圣保禄教堂。③

明代戏剧家汤显祖在万历十九年（1591 年）到澳门时亦曾见过圣保禄教堂。《牡丹亭》中有"香山嶴里巴"及"多宝寺"之言，④"巴"当"三巴"之略，"多宝"亦为"圣保禄"之转译。实际上上述之"圣保禄教堂"即 1565 年建起的耶稣会在澳门的第一座圣堂：天主圣母修道院和圣母玛利亚堂，也是耶稣会的住院。此堂与圣玛尔定堂均为圣保禄教堂的前身。1595 年一场大火将这一教堂化为灰烬，后修复，1601 年又一场大火再次焚毁。于

---

① 文德泉著，佚名译：《耶稣会士于澳门开教四百周年》，11 页，澳门，澳门主教公署，1964。

② Manuel Teixeira, "The Church in Macau", in Macau: City of Commerce and Culture, by R. D. Cremer, Hongkong, UEA Press Ltd., 1987, p. 42.

③ 施白蒂著，小雨译：《澳门编年史：16—18 世纪》，13、26 页，澳门，澳门基金会，1995。

④ 汤显祖：《牡丹亭》第 21 出《谒遇》，北京，人民文学出版社标点本，1993。

是，就在这一年，澳门葡商及市民决定第三次重修。据花奴利剌年报载，当时捐款达 3 130 巴度金元。1602 年正式动工，1603 年先在后面建成一教堂，而后来加建的保存至今的大三巴牌坊则完成于 1637 年。这次工程前后历时三十余年，仅牌坊一项耗资就达银三万两。① 其建筑之宏伟，装饰之华丽，设备之完善，皆堪称远东教堂之冠，清龚翔麟云：

其寺曰三巴，高十余丈，于屋侧例启门户，石作彤镂，金碧照耀。②

《澳门记略》卷下《澳蕃篇》云：

寺首三巴，在澳东北，依山为之，高数寻。屋侧启门，制狭长。石作雕镂，金碧照耀。上如覆幔，旁绮疏瑰丽。③

1637 年到澳门的彼得·芒迪（Peter Mundy）说：

附属神学院教堂之屋顶是我所记得、所见过的最优美的建筑，制作精巧，木雕出自中国工匠之手，描金彩漆。彩漆有朱红、天蓝等，斑斓绝伦。屋顶为方格组成，方格结合处则为一硕大的玫瑰，瓣叶重叠，进而逐渐缩小为一小圆球，垂悬于屋顶下一码。此外，教堂前面尚有精美的牌坊，可循宽阔的多级台阶而上。④

大三巴不仅是一座教堂，而且是一规模宏大的公共建筑群（参见图 67～70）。《澳门记略》称"僧寮百十区"⑤，可证大三巴

---

① 费尔南·格雷罗神父（Fernão Guerreiro）：《耶稣会神父事务年度报告》，载《文化杂志》，1997（31）；此外参见王文达：《澳门掌故》之7《大三巴牌坊详考》，59 页，澳门，澳门教育出版社，1999；*Domingos Mauricio Gomes dos Santos, Macau, Primeira Universidade Ocidental do Extremo – Oriente*, pp. 14～15.

② 王士桢：《池北偶谈》卷21《香山嶨》引龚翔麟《珠江奉使记》，北京，中华书局标点本，1982。

③ 印光任、张汝霖：《澳门记略》卷下《澳蕃篇》，149 页，澳门，澳门文化司署点校本，1992。

④ Peter Mundy, The Travels of Peter Mundy in Europe and Aisa, 1608 – 1667, Nenclelm; Rraus Reprit Ltd, 1967, vol. 3, pp. 162～163.

⑤ 印光任、张汝霖：《澳门记略》卷下《澳蕃篇》，149 页，澳门，澳门主教公署排印本，1992。

的规模。大三巴的建成，立即成为当时澳门城市的一大象征。

图 67：1635 年澳门要塞图之三巴堂

图 68：康熙初年西洋澳门图之三巴堂

图 69：雍正《广东通志·澳门图》之三巴堂

图 70：1740 年代澳门屏风图之三巴堂

　　17 世纪除了重建的望德、老楞佐、花王三座最古的教堂外，还有 1602 年始建，1634 年重建的阿巴罗教堂（Igreja de S. o Amparo）①，亦即《澳门记略》中的"唐人寺"。② 1622 年葡萄牙人在西望洋山建起了一座"法国之岩圣母教堂"。该堂由奥斯定会捐资 300 葡元修建，于 1622 年 4 月 29 日正式建成启用。该堂位于西望洋山山顶，初名为"卑拿教堂"，后修葺，并在大堂屋

---

① 林家骏：《澳门教区历史掌故文摘》之《澳门教区大事编年纪录》，51 页，澳门，澳门主教公署排印本，1982。
② 印光任、张汝霖：《澳门记略》卷上《官守篇》，82 页，澳门，澳门文化司署点校本，1992。

顶处竖有大理石雕刻的圣母像，故又称为"西望洋圣母堂"①。东望洋教堂兴建的时间不太明确，但据《大西洋国》中保存的葡文史料称，1622 年荷兰人进攻澳门时就提到了东望洋山隐修院，可证，东望洋山教堂应建于 1622 年之前。该堂建成后之名为"白雪圣母隐修院"，后又称为"导航圣母堂"。②1634 年还建起了圣家辣教堂，亦即尼寺。1633 年 11 月 5 日，澳门船队总指挥方济各会士菲亚略·费雷拉（Fialho Ferreira）从马尼拉护送 6 名圣克拉拉（又译圣家辣）修女抵达澳门，受到澳门人的热烈欢迎。第二年 4 月 30 日，澳门议事会在东望洋山麓，今南湾街与水坑尾交会处建起一座圣堂，奉献给"无原罪圣母"。该堂称为圣家辣堂，华人俗称"尼寺"。圣家辣堂建成时，堂内有 12 名修女居住。③到明朝灭亡之前，澳门城中兴建的教堂共 14 座，其中两座在万历二十二年（1594 年）时拆毁。

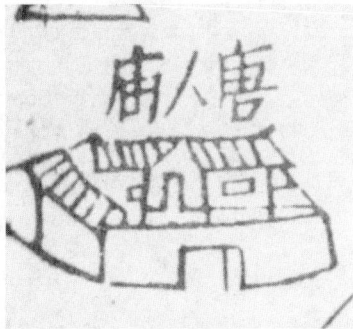

图 71：1740 年澳门屏风图之唐人庙　　图 72：《澳门记略·澳门正面图》之唐人庙

---

① Manuel Teixeira, Macau e a Sua Diocese, Vol. 3, p. 271.
② TA – SSI – YANG – KUO, Serie I, Vol. 1, p. 162. 东望洋山炮台与教堂兴建同时。据文德泉书引首任澳督马士加路也信函称，1623 年到澳门时，东西望洋山炮台都已具备雏形。参见郭永亮：《澳门香港之早期关系》，69 页，台北，中央研究院近代史研究所，1990。
③ Manuel Teixeira, Macau e a Sua Diocese, Vol. 3, pp. 483 ~ 484；龙思泰著，吴义雄、郭德水、沈正邦译：《早期澳门史》，27 页，北京，东方出版社，1997。

图 73：1635 年澳门要塞图之东望洋堂　　图 74：雍正《广东通志·澳门图》之东望洋堂

图 75：1635 年澳门要塞图之西望洋堂　　图 76：雍正《广东通志·澳门图》之西望洋堂

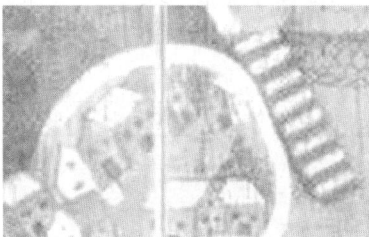

图 77：康熙初年西洋澳门图之尼姑庙　　图 78：雍正《广东通志·澳门图》之尼姑庙

明代澳门修建教堂表

时间	堂名	教堂归属
嘉靖三十六年（1557年）	望德堂	澳门教区
嘉靖三十七至三十九年（1558—1560年）	风顺堂	澳门教区
嘉靖三十七年至三十九年（1558—1560年）	花王堂	澳门教区
嘉靖四十四年（1565年）	圣母玛利亚堂（1594年拆）	耶稣会
万历七年（1579年）	嘉思栏堂	方济各会
万历十五年（1587年）	龙嵩堂	奥斯定会
万历十五年（1587年）	板樟堂	多明我会
万历八年（1580年）	玛尔定堂（1594年拆）	耶稣会
万历二十二年（1594年）	大三巴（圣保禄堂及神学院）	耶稣会
万历三十年（1602年）	阿巴罗堂（唐人庙）	耶稣会
天启二年（1622年）前	东望洋教堂	澳门教区
天启二年（1622年）	大堂	澳门教区
天启二年（1622年）	西望洋堂	奥斯定会
崇祯七年（1634年）	圣家辣堂	方济各会

三、澳门公共机构的出现与发展之二：其他公共建筑

这一时期在澳门城中完成的公共建筑除教堂之外，西方建筑还有议事亭、监狱、慈善机构、医院、学校和工厂。澳门政府及澳门社会的公共机构，早期记录不多，最主要的就是议事会。议事会，该机构于1583年4月成立，后在于南湾不远的地方修建了一座议事会公署，人称"议事亭"。议事亭不仅是葡人管理澳门

海上事务和对澳门城市行使管理权的重要政府机构，还是负责与
中国政府联系、沟通的澳门葡人的官方机构。议事会修成时是什
么形状呢？据布里 1590 年《澳门城市图》，离南湾不远处有一片
6 幢"人字形"屋顶的两层楼楼房，这应该就是当时的议事会及
监狱的所在地，在房子的前面有一座三角形亭子似的建筑，但有
墙，并非中国式的凉亭。这应该就是议事亭。整个议事会建筑四
周无围墙，[1] 但《澳门记略》中保存了一幅《议事亭图》。该建
筑为一两扇门的院落，四周有围墙，中间为一 8 根梁柱支撑四面
无墙的亭子式结构建筑，亭后有一排房屋。

图 79：1590 年代澳门城市图之议事亭

图 80：1635 年澳门要塞图之议事亭

图 81：康熙初年西洋澳门图之议事亭

图 82：雍正《广东通志·澳门图》之议事亭

---

[1]　薛凤旋编著：《澳门五百年：一个特殊中国城市的兴起与发展》，第 30 页收录了
　　特奥多雷·布里的这幅图，称之为 1590 年代《澳门城》。其时，该图进行重新绘
　　制，并清晰地标出图中主要建筑物名字，这一工作十分有意义。但遗憾的是薛氏
　　的标注完全错误。他将议事亭标在了板樟堂的位置。

图83：1740 年澳门屏风图之议事亭

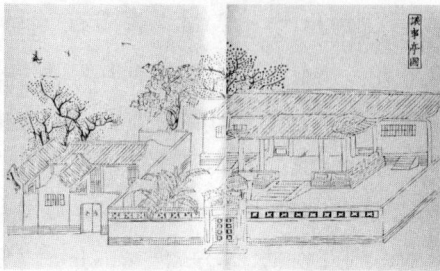

图84：《澳门记略》之议事亭图

从图中表现的建筑形状看当为中国式的古建筑群。[①] 这应是重新改建后的议事会建筑，但这种中国式风格当为中国画匠想当然的加工。议事亭始建于何时？郭永亮言，建于万历十三年至十五年（1585—1587 年）间。乾隆《香山县志》卷6称：

（王）绰卒，设位议事亭，番人春秋供祀事。[②]

王绰出镇澳门在万历五年（1577 年）后，卒亦当在万历中，可见，议事亭之建成亦当在万历中，与郭说相合。

在议事亭旁设有澳门监狱，监狱也是澳门议事会的属下机构。《澳门记略》载：

狱设龙嵩庙右，为楼三重，夷罪薄者置之上层，稍重者系于中，重则桎梏于下。[③]

文德泉称：

澳门议事会大楼最初的建筑物要追溯到1584 年，那时该建筑已附设监狱或牢房。从那时起，旧监狱巷和牢房街的

---

① 印光任、张汝霖：《澳门记略》附《议事亭图》，218～219 页，澳门，澳门文化司署点校本，1992。

② 暴煜：《（乾隆）香山县志》卷6《宦绩·王绰传》，影印清乾隆刊本，中山文献丛书。

③ 印光任、张汝霖：《澳门记略》卷下《澳蕃篇》，153 页，澳门，澳门文化司署点校本，1992。

命名，与公共街道连在一起。①

从现存《议事亭图》看，澳门监狱在议事亭左侧，有另外的门出进，共有 3 幢楼房，均为两层建筑。布里《澳门城市图》在议事亭旁亦为 3 幢两层的楼房，完全相合。②

最早建成的公共机构还有仁慈堂。仁慈堂，又称"支粮庙""安娘庙"早期主要任务是收容孤儿弃婴，其经费由政府及富商资助，创办人是贾尼路神父。仁慈堂建成于 1568 年，位于澳门议事亭前地一侧。它以"仁慈圣母"为主保，仿罗马仁爱协会之制，专以补助贫苦无告者之生活用品为职责，对葡萄牙"富人和商客"亦有安全保障作用，贾尼路神父将澳门税收的有 5% 用作维持仁慈堂的经费。③ 仁慈堂内还设有一育婴堂；"如内地育婴堂制，门侧穴转斗悬铎，置转斗中，僧闻铎声至，收而育之。"④ 布里《澳门城市图》记录了 16 世纪时仁慈堂的建筑形状：

> 仁慈堂位于议事亭稍近东北，有一幢"人字形"屋顶的两层楼房，亦即文德泉神父所言葡人习惯盖的样式，以木板和砖盖成的仓房形式。但明显比议事会的两层楼要高，其与议事会前的空地正好形成一个广场，即后来称之为议事亭前地。⑤

---

① 文德泉文转引自金丰居士《议事会大楼，大将登台气象万千》，载《新报》，2009 - 07 - 09。

② 薛凤旋编著：《澳门五百年：一个特殊中国城市的兴起与发展》，30 页，香港，生活·读书·新知三联书店，2012。

③ Lettrere dell's India Orientale, scritte da Reverendi Padri della Compagnia di Giesu, Novamente, Stampate, in Vinezia, appresso Antonio Ferrari. MDL XXX, pp. 215～216, 董少新：《贾尼路与澳门》，载《澳门杂志》，2002（8）。

④ 印光任、张汝霖：《澳门记略》卷下《澳蕃篇》，150 页，澳门，澳门文化司署点校本，1992。

⑤ 薛凤旋编著：《澳门五百年：一个特殊中国城市的兴起与发展》，30 页，香港三联书店，2012。

图 85：1590 年代澳门城市图之仁慈堂

图 86：1635 年澳门要塞图之仁慈堂

图 87：康熙初年西洋澳门图之仁慈堂

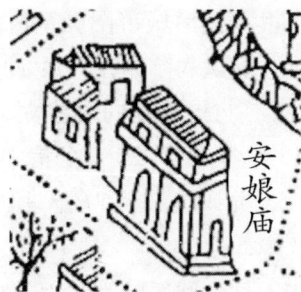

图 88：雍正《广东通志·澳门图》支粮庙作安娘庙

图 89：1740 年代澳门屏风图之仁慈堂

图 90：18 世纪箱盖上的澳门图之仁慈堂

　　仁慈堂辖下还建有两座医院，1623 年担任澳门市政厅书记官
的雷戈称：

　　　　慈善堂出资建立了两座医院。……这些修道院、教堂、
　　慈善堂、医院、慈善机构组成的整个系统靠日常和特殊的施
　　舍以及当地人自愿规定的某些捐赠建成，并支撑着这座
　　城市。①

　　一座为收留麻风病人的麻风医院。最开始，麻风病院是设在
贫民医院内，后将麻风病人迁至澳城水坑尾门外望德堂后，建麻
风病院，华人称为"发疯寺"或"疯堂"。《澳门记略》卷下载：

　　　　东南城外有发疯寺，内居疯蕃，月有廪。②

　　布里《澳门城市图》，在图的左上部分绘有望德堂，其正面
为教堂，麻风病院当在其后。③ 仁慈堂属下的另一座医院为"贫
民医院"，与仁慈堂同时建立，亦由贾尼路神父创办。贾尼路神
父于 1575 年 11 月 20 日的信中说：

　　　　甫抵澳门，即开设医院一间，不论教徒与否，一律
　　收容。④

　　华人称这间医院为"医人庙"。《澳门记略》卷下称：

　　　　别为医人庙于澳之东，医者数人。凡夷人鳏寡茕独，有
　　疾不能自疗者，许就庙医。⑤

---

① 雷戈：《澳门的建立与强大记事》（1623 年），载《文化杂志》，1997（31）。
② 印光任、张汝霖：《澳门记略》卷下《澳蕃篇》，151 页，澳门，澳门文化司署点
　校本，1992。
③ 薛凤旋编著：《澳门五百年：一个特殊中国城市的兴起与发展》，30 页，香港，生
　活·读书·新知三联书店，2012。
④ 郭永亮：《澳门香港之早期关系》，72 页，台北，中央研究院近代史研究所，
　1990。
⑤ 印光任、张汝霖：《澳门记略》卷下《澳蕃篇》，150 页，澳门，澳门文化司署点
　校本，1992。

图91：1590 年代澳门城市图之贫民医院

图92：1635 年澳门要塞图之贫民医院

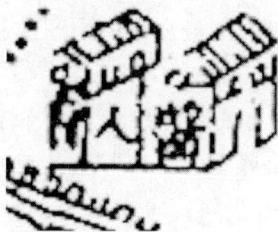

图93：雍正《广东通志·澳门图》之医人庙

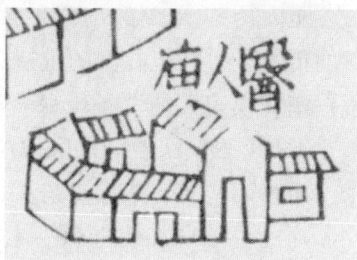

图94：《澳门记略·澳门正面图》之医人庙

康熙初年陆希言的《澳门记》则称：

> 又有别一堂，以病院为名，凡有病之男女老幼无扶持者，远来孤旅无依者，皆归于是而顾护之。……至于济众博施，不特顾病者幼者，而贫者苦者，七月之内，两给其衣食用。①

明代贫民医院即建在水坑尾处，规模有多大，尚无资料记录。布里《澳门城市图》中，在图的左上部望德堂的旁边绘有 4 间人字形屋顶的平房，② 这应就是当时的贫民医院。到 1747 年贫

---

① 陆希言：《墺门记》，见钟鸣旦、杜鼎克、蒙曦主编《法国国家图书馆明清天主教文献》，第 11 册，428～429 页，台北，辅仁大学神学院，1996。
② 薛凤旋编著：《澳门五百年：一个特殊中国城市的兴起与发展》，30 页，香港，生活·读书·新知三联书店，2012。

民医院扩建时，医院分了男、女两个住院部，各有 30 张床位。①
这可以反映贫民医院的规模，到 18 世纪时有较大的扩建。

澳门的学校始建于明隆庆五年（1571 年），为耶稣会建。当
时澳门耶稣会巡视员贡萨落·阿尔瓦雷斯（Gongcalo Álvares）决
定在圣玛利亚小堂附近开设一家学校，是为儿童教授阅读与书写
的学校，范礼安称之为"儿童学校"。1572 年，该学校正式开学。
数年后，又增设拉丁文课程。至万历十二年（1584 年）年时，该
学校的学生已发展到 200 人，其课程又增加了算术、音乐及文法
等。② 可知应是一座较有规模的学校。

至万历二十二年（1594 年）时，耶稣会日本教省为了培养赴
日的传教士，在范礼安的主持下，在澳门中部最高出的山冈建起
了一座规模宏大的"圣保禄学院"：

> （圣保禄学院）依山而建，周围有高墙环绕。两间带有
> 阁楼的宽大房宇露出墙头，如同两座城堡，其间有个美丽的
> 庭院。沿墙有条走廊，其间有数个小房间。由于地势关系，
> 小房间地面与两间大屋宇的阁楼一般高低。山脚与山上通过
> 两个阶梯相通，还有一个带庭院的教学区和正门。正门处有
> 几间办公室。再向上走，又有几间供教师职员使用的宽适房
> 间。正门前面，还有一座封闭式的极大庭院。整个庭院可容
> 纳四十名教士，而且居住条件十分舒适，因为除了四个教学
> 区外，上面还有十九个房间、两个大厅、两间教室和一间极
> 大的药房。下面还有另外七个房间和十分舒适的办公室。范
> 礼安视察员还决定再建一间新饭厅，因为目前使用的饭堂是
> 借来的。如果需要的话，我们还有许多地方可以建更多的
> 设施。③

---

① AHM/SCM, N. 277, Microfilm AO367，见董少新《形神之间——早期西洋医学入
华史稿》，77 页，上海，上海古籍出版社，2008。
② 李向玉：《汉学家的摇篮：澳门圣保禄学院研究》，13～14 页、31～32 页，北京，
中华书局，2005。
③ 1594 年 10 月 28 日《澳门圣保禄学院年报》，见李向玉《汉学家的摇篮：澳门圣
保禄学院研究》，51 页，北京，中华书局，2005。

这间学院内设 4 个班，一个教授阅读写字的儿童班，一个文法班，一个人文学班，一个伦理学班。不久，又增设艺术班。①该院还设有图书馆、印刷所、诊所、药房、天文观察台、礼拜堂及厨房、食堂等。② 文德泉《澳门的日本人》还介绍，在 17 世纪中叶在圣保禄学院内还创办了一所日本神学院和一所绘画学校。③学院与圣保禄教堂连成一片，组成一规模宏大的公共建筑群。

图 95：1635 年澳门要塞图圣保禄学院

图 96：康熙初年西洋澳门图圣保禄学院

图 97：1740 年代澳门屏风图之圣保禄学院

图 98：18 世纪箱盖上的澳门图圣保禄学院

① 1594 年 10 月 28 日《澳门圣保禄学院年报》，见李向玉《汉学家的摇篮：澳门圣保禄学院研究》，51 页，北京，中华书局，2005。
② 1594 年 11 月 9 日范礼安在澳门写给耶稣会总会长的信，转引自高瀬泓一郎的《キリシタン時代の文化と諸相》，348～353 页，东京，八木书店，2001。印刷所及药房参见李向玉：《汉学家的摇篮：澳门圣保禄学院研究》，135～136、142～143 页，北京，中华书局，2005。
③ 文德泉：《澳门的日本人》，载《文化杂志》，1993（17）。

明代在澳门城内还兴建了一批工厂，一般多是手工作坊，但也有个别工厂已达到了一定的规模。如澳门的铸炮厂：

> 澳门具有世界一流的铜、铁炮厂。铜炮厂开始很早，而铁炮厂则是在果阿总督利尼亚雷斯伯爵的命令下开办的。①

据《澳门界务说帖》：

> 1557 年，中国政府方准葡人建设工厂于该岛之东。此为葡人在澳实行建筑之始。②

1557 年就在澳门建工厂，可见葡人刚正式入居澳门就开始建设工厂，而最早就是铸炮厂。该厂建于西望洋山半山间，1625 年时，由两位西班牙人管理，到第二年开始由曼努埃尔·迪亚斯·波加劳管理，即著名的"波加劳铸炮厂"。③ 至明末时，澳门铸炮厂已发展得相当有规模。据施白蒂书，1642 年时，澳门表示对葡国新国王的效忠，一次运去澳门所造铜炮达 200 尊；据博克塞记录，由于荷兰人在马六甲海峡的阻挠，1643 年，澳门波加劳铸炮厂生产的大炮不断积压至数百门。④ 足见当时澳门铸炮厂的规模。该厂不仅有葡人铸炮工匠，还有粤中工匠来该铸炮厂，所铸火

---

① "Description of the City of the Name of God in China, by Antonio Bocarro, Chronicler – in – Chief of the State of India", in C. R. Boxer ed. and trans. , *Seventeenth Century Macau in Contemporary Documents and Illustrations*, p. 23

② 黄福庆主编：《澳门专档》第 4 册《澳门界务说帖》，81～82 页，台北，中央研究院近代史研究所，1990。成书于嘉靖末年的《日本一鉴·穷河话海》亦称："又闻（佛郎机夷）市铜铸大铳"。可证 1557 年建厂说不虚。

③ 里斯本海外历史档案馆、海外委员会钞件第 79 簿，参见桑托斯《铸造专家波加劳考》，97 页，转引自金国平、吴志良《镜海飘渺》，279 页，澳门，澳门成人教育学会，2001；科斯塔（Maria de Lourdes Rodrigues Costa）：《澳门建筑史》，载《文化杂志》，1998（35）。

④ 施白蒂著，小雨译：《澳门编年史：16—18 世纪》，50 页，澳门，澳门基金会，1995；C. R. Boxer, Portuguese Military Expeditions in Aid of the Mings against the Manchus, 1621—1647, in *Obra Completa de Charles Ralph Boxer*; *Vol. I*: *Estudos para a Historia de Macau*, Lisboa, Fundacao Oriente, 1991, p. 109. s.

炮，颇有影响。① 当时荷兰人亦称："澳门每年都制造大量的铜或其他金属的优质大炮。"②

早期澳门除了铸炮厂外，还有位于烧灰炉的石灰工厂，福建人开办的织造工厂，各种玻璃镜、自鸣钟及菱文席生产工厂、印刷厂及专门生产刺绣画像的作坊，③ 即屈大均言，生产"服食器用诸淫巧以易瑰货"。④ 前引陈吾德疏草"百工技艺，趋者如市"⑤，应是当时澳门工厂生产很准确的概括。

一座座西式教堂的出现，一幢幢西洋风格公共建筑物的完成，再加上形形色色的西洋式民居，一座完全欧化的城市出现在大明帝国的南海之滨。1601 年曾到过澳门的荷兰人范·纳克（J. Van Neck）说：

> 这是一个很大的城市，遍布西班牙风格的建筑。山顶上矗立着一个葡萄牙教堂，教堂顶端有一个巨大的蓝色十字架。⑥

据科斯塔《澳门建筑史》引当时澳门土生教士保罗·德·特林达德记载，在 1630 年，澳门是（仅次于果阿）葡萄牙在东方的第二大城市，有许多豪华的建筑和住宅，宽阔的院落和大菜

---

① 霍景荣：《为制胜务须西铳敬述购募始末疏》："广有工匠曾在粤中打造者，亦调二十余人，星夜赴京。"载《徐光启集》卷 4《练兵疏稿》2 附录。又徐光启：《徐光启集》卷 6《守城制器疏稿》之《闻风愤激直献刍尧疏》："缘澳中火器日与红毛火器相斗，是以讲究越精。"

② 莱萨：《澳门人口：一个混合社会的起源和发展》，载《文化杂志》，1994（20）。

③ 参阅科斯塔：《澳门建筑史》，载文化杂志，1998（35）；文德泉：《澳门四百年印刷业》，载《文化杂志》，1988（6）；村上直次郎（日译）、郭辉（中译）：《巴达维亚城日记》第 2 册；屈大均：《广东新语》卷 2；印光任、张汝霖：《澳门记略》卷下《澳蕃篇》；李瑞祥：《澳门美术发展的四个时期》，载《濠镜》，1986（创刊号）。

④ 屈大均：《广东新语》卷 2，92 页，北京，中华书局标点本，1985。

⑤ 陈吾德：《谢山存稿》卷 1《条陈东粤疏》，影印清刊本，四库存目丛书，济南，齐鲁书社，1997。

⑥ 包乐史著，庄国土、程绍刚译：《中荷交往史：1601—1989》第 3 章《前往中国》，荷兰，路口店出版社，1989；科斯塔：《澳门建筑史》，载《文化杂志》，1998（35）。

园。① 1640 年到过澳门的卡尔丹神父亦说：

> 澳门是一座建筑优美的城市，因商贸和日夜繁忙的交通而十分富裕。②

目前保存的一幅《澳门平面图》应是作于 16 世纪后期，为狄奥多·德·布里（1547—1598 年）所作。图中反映了 16 世纪后期澳门城市的真实状况，岛上约有数百幢高低不同的西洋建筑物，高者约三层，矮者为两层，多为砖瓦加木板之仓房结构。建筑形状一般为"人"字形屋顶，教堂或钟楼则为尖顶，亦有圆锥尖顶，亦有五角、六角之尖顶。图中有纵横交错的街道，有抬轿的、骑马的及撑着阳伞走路的西洋人（参见图 34）。③ 从这幅图看，当时的澳门城市建设已粗具规模。

再从保存在博卡罗《要塞图册》中被白乐嘉认为是绘于 1632 年的《澳门城市图》看，明显较上引 16 世纪后期的澳门图不同，房屋建筑成区成片，公共建筑规模扩大，各种军事防御设施已基本完成，城市格局亦大大扩充（参见图 35）。④ 以上可以表明，到这时，澳门城市的发展已完全成熟，故时人称澳门"高栋飞甍，栉比相望"⑤，成"雄然巨镇"⑥。屈大均则称澳门建筑"其居率为三层楼，依山高下，楼有方者、圆者、三角者、六角、八角者、肖诸花果形者，一一不同，争以巧丽相尚"⑦。这些中文资料与早期《澳门城市图》中表现的实况完全相合，反映了明朝时期澳门城市公共建筑及民居的宏伟气势与多姿多彩。

① 科斯塔：《澳门建筑史》，载《文化杂志》，1998（35）。
② 文德泉：《澳门的日本人》，载《文化杂志》，1993（17）。
③ 狄奥多·德·布里：《澳门城市图》，载《文化杂志》1996（26）。
④ 雷曾德：《澳门平面图》，载《文化杂志》，1992（10）。白乐嘉认为，该图成于 1632 年，见 J. M. Braga, *Hong Kong and Macao: A Record of Good Fellowship*, Hongkong, Graphic Press, 1960, p. 28.
⑤ 张廷玉：《明史》卷 325《佛郎机传》，北京，中华书局，1974。
⑥ 叶权、王临亨、李中馥：《贤博编》之《游岭南记》，44 页，北京，中华书局标点本，1987。
⑦ 屈大均：《广东新语》卷 2，36 页，北京，中华书局标点本，1985。

明代澳城的公共建筑除了西人所描绘的具有西洋风格的建筑物外，还有一部分中国式的公共建筑物，主要是明朝官方在澳门的行政衙署和祠庙。虽然数量不多，但颇具特色：

前明故有提调、备倭、巡缉行署三。①

从这一则材料即可看出，明朝在澳门城至少建有三座政府机构，即提调衙署、备倭衙署和巡缉衙署。这三座衙署明时位于何处，今已无考。唯 1665 年《澳门平面图》中在澳门中心区则标署为仁慈堂大楼背后的一处建筑物为"官署"② （参见图 131），余疑即守澳官之"官署"，又称"提调衙门"；或者是提调、备倭、巡缉三衙署之合署办公处。

明代澳城之内还有两座华人的公共建筑群：一为澳门东南海角的妈祖庙，一为沙梨头的永福古社。妈祖庙，又名天妃庙，该庙始建于何时今已不可考。1564 年时曾有明朝军官下澳与葡人协商剿盗，就提在澳门"村落的端点，面对大海的庙"③，这座庙就应该是妈阁庙；1581 年到澳门的利玛窦也称澳门那里敬奉着一座庙宇，叫"Ama"，因此称此地为"Amacao"，在我们的语言中，意即"阿妈港"。④ 由上可知，该庙建筑应起于 1564 年前。根据考古，于明万历三十三年（1605 年）由澳门德字街华商又捐资建妈阁庙之"神山第一亭"。⑤

---

① 印光任、张汝霖：《澳门记略》卷上《形势篇》，24 页，澳门，澳门文化司署点校本，1992。

② 薛凤旋编著：《澳门五百年：一个特殊中国城市的兴起与发展》，36～37 页，香港，生活·读书·新知三联书店，2012。

③ 罗理路著，陈用仪译：《澳门寻根》附录文献之 9 若奥·德·埃斯科巴尔《评述》（澳门，1565 年），112 页，澳门，海事博物馆，1997。

④ 利玛窦、金尼阁著，何高济、王遵仲、李申译：《利玛窦中国札记》，第 2 卷，第 2 章，140 页，北京，中华书局，1983。原文译做"偶像"。金国平称，意大利原文为 Pagoda，只能译做庙宇，无他义。

⑤ 前引谭世宝文录妈阁庙石壁铭文："明万历乙巳（三十三年）德字街众商建。"参阅谭世宝《澳门妈阁庙的历史考古研究新发现》，载《文化杂志》，1996（29）。

图 99：康熙初年西洋澳门图妈阁庙

图 100：雍正《广东通志·澳门图》妈阁庙

图 101：1740 年代澳门屏风图妈阁庙

图 102：《澳门记略》之妈阁庙

　　据 1622 年《澳门市平面图》，在澳门半岛西北部沙梨头的地方标出了"沙梨头中国村（Chinese Village Patane）"① 一名，可知，在明天启二年（1622 年）前，华人已在沙梨头建村。

---

① 薛凤旋编著：《澳门五百年：一个特殊中国城市的兴起与发展》，30 页，香港，生活·读书·新知三联书店，2012。此图为薛氏首次公布，十分重要。

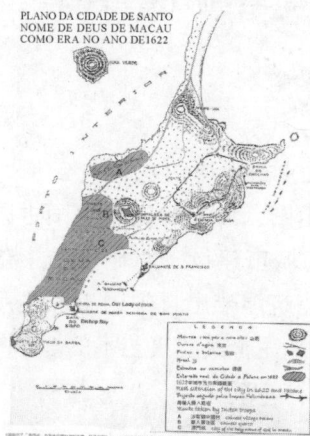

图103：1622 年澳门平面图之沙梨头村

图104：1740 年代澳门屏风图中国塔

又据《沙梨头永福古社重修碑志》，则知永福古社建于明季。① 明代澳门城内华人之公共建筑有确切资料者尚有一"中国宝塔"。龙思泰书提到在西望洋山脚下有一座"古老的中国塔"②，1665 年《澳门平面图》在今妈阁庙与下环街之间标有一处"中国宝塔"③。此塔建于何时，具何规模，均不可考。至于建于明代的莲峰庙及观音堂等均在望厦村内，当时俱在澳城之外，故不在此列。

值得注意的是，明代后期澳门葡人开始了对青洲的开发。焦祈年《巡视澳门记》称：

---

① 中华民国十三年《沙梨头永福古社重修碑志》称该庙"曩自明代，以迄于兹，由嘉庆重修，久矣。"参见王文达：《澳门掌故》之10《古庙小志》，71 页，澳门，澳门教育出版社，1999。

② 龙思泰著，吴义雄、郭德水、沈正邦译：《早期澳门史》，169 页，北京，东方出版社，1997。

③ 薛凤旋编著：《澳门五百年：一个特殊中国城市的兴起与发展》，36～37 页，香港，生活·读书·新知三联书店，2012。刘芳辑校，章文钦校：《清代澳门中文档案汇编》（上），第 20 号档，13～14 页，澳门，澳门基金会，1999，记录：道光八年（1828 年），澳门华人拟在新村尾地建一阁塔，这是第二次提到澳门建塔。从地理上看与明代之塔相近。余疑这新村尾拟建之塔是否明代即已出现的"中国之塔"呢？由于时间久远，至道光时已经坍塌，故提议重建。

青洲，草木蓊翳，有亭榭廊宇，土人指为鬼子园囿。①

吴历《三巴集》亦称：

青洲多翠木，为纳凉休浴之所。②

屈大均《广东新语》亦称：

青洲，林木芊森，桄榔槟榔之中为楼榭，差有异至。③

今保存在《澳门记略》中的青洲山图，岛上有完全中国古园林式的建筑。④ 可以反映这一时期澳门城市建设，明显接受了部分中国传统的建筑方法（大三巴牌坊建筑浮雕出自中国工匠之手亦是一例），是以中西融合互补的方式来完善其建筑艺术的。

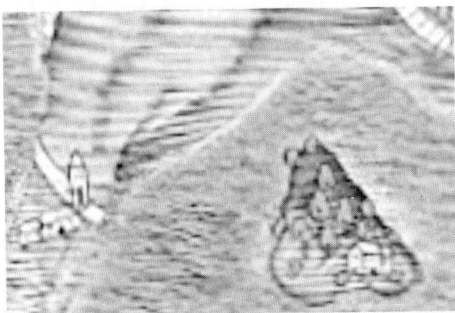

图 105：1635 年澳门要塞图之青洲

图 106：康熙初年西洋澳门图之青洲

图 107：雍正《广东通志·澳门图》之青洲

图 108：《澳门记略》之青洲

---

① 暴煜：《（乾隆）香山县志》卷9焦祈年《巡视澳门记》，影印清乾隆刊本，中山文献丛书。

② 吴历撰，章文钦笺注：《吴渔山笺注》卷2《三巴集》前帙《澳中杂咏》，169页，中华书局，2007。

③ 屈大均：《广东新语》卷2，36页，北京，中华书局标点本，1985。

④ 印光任、张汝霖：《澳门记略》附《青洲山图》，206～207页，澳门，澳门文化司署点校本，1992。

四、澳门城垣及堡垒的置废

澳门城垣的建筑始于何时？各种文献记载均无确切时间。据张维华先生的研究，澳门筑城"似自1607年始，而防御工事之完备，似在1622年"①。此说并不确切，祝淮《香山县志》：

> 澳城之建，年月无确证，诸书所载，大率在嘉靖时。②

祝氏所言大抵是指嘉靖时澳门即已开始筑城防御，此说颇有道理，叶权嘉靖末游澳门即称澳门为"雄然巨镇"③，当是在澳门见过城墙。施白蒂《澳门编年史：16—18世纪》载：

> 1568年（隆庆二年），经中国驻澳门官员同意，特里斯佟·瓦斯·达·维依加舰队司令下令在Chunanbo建起第一道城墙。④

据福鲁图奥佐《怀念故土（第二篇手稿）》载：

> 1568年，由于中国海盗侵扰澳门，特里斯佟·瓦斯下令在澳门建一道土坯围墙。他把葡萄牙人组成每五人或每六人一组，编成20个连队，每个连队建一段土墙。在十六天中，完成了271英寻长的土墙。葡萄牙国王们后来在那一带的许多城堡和城市就是从这里开始的。⑤

隆庆二年（1568年）与嘉靖末年仅一年之差，可知澳门筑城之始最准确的说法是嘉隆之间。故陈吾德隆庆三年（1569年）上疏时言⑥：

---

① 张维华：《明史欧洲四国传注释》，50页，上海，上海古籍出版社，1982。
② 祝淮：《（新修）香山县志》卷4《海防·澳门》，影印道光七年刊本，中山文献丛书。
③ 叶权、王临亨、李中馥：《贤博编》附《游岭南记》，44页，北京，中华书局标点本，1987。
④ 施白蒂著，小雨译：《澳门编年史：16—18世纪》，17页，澳门，澳门基金会，1995。
⑤ 福鲁图奥佐（Gasper Frutuoso）：《怀念故土(第2篇手稿)》，载《文化杂志》，1997（31）。
⑥ 张廷玉：《明史》卷215《陈吾德传》，北京，中华书局，1974。

佛郎机、满刺加诸夷，性之犷悍，器之精利，尤在倭奴之上。……乃开濠镜诸澳以处之，至乃结庐城守，据险负隅。①

"结庐城守"则可明确证明，在隆庆三年（1569 年）之前，澳门葡人已经开始筑城，这一点应该是可以确定的。

然而，在绘于 1598 年之前的《澳门城市图》中，我们基本看不到一堵城墙（但在城市的北端似乎还保留着一小段城墙的残留），亦看不到一座炮台堡垒（参见图 34）。② 在 1582 年，吕宋总督桑德（Francisco de Sande）的报告中亦说：

澳门至今没有武器与防御工事。……仅有 500 间房舍与一位葡萄牙总督和主教在那里。③

1568 年筑城时葡人就担心中国人不会看好，前引《怀念故土》称：

他很想把这项工程干完，但又想到中国官员对他们建城堡不会好眼相看，……还是先停止施工。④

据此推论，嘉隆之时澳门筑起的城墙可能被明政府派人拆毁。明人陈吾德云：

往岁总督俞大猷调诸夷剿平叛卒，许免抽分一年。至期，夷众负功不服抽税，此其负信在我，毋怪其然。然（海道）副使莫抑因而舍之，下令严戢，官兵把截，船不得通，路不得达，夷遂困服。⑤

---

① 陈吾德《谢山存稿》卷 1《条陈东粤疏》，影印清刊本，四库存目丛书，济南，齐鲁书社，1997。

② 狄奥多·德·布里《澳门城市图》，载《文化杂志》，1996（26）。

③ p. Pastelles, Catalogo de los documentos relativos a las islas Filipinas existente el archive de Indias de Savella，转引自张增信《明季东南中国的海上活动》（上编），253～254 页，台北，中国学术著作将助委员会，1988。

④ 福鲁图奥佐：（Gasper Frutuoso）：《怀念故土（第二篇手稿）》，载《文化杂志》，1997（31）。

⑤ 陈吾德：《谢山存稿》卷 1《条陈东粤疏》，影印清刊本，四库存目丛书，济南，齐鲁书社，1997。

此事发生在隆庆三年之前,之后,明政府又下令对澳门严加管理,"各处把海澳官兵严戢百工商贾,遇有阑出,多方设法侦捕。缉获略卖男妇一口者,官县重赏"①。在这种情况下,澳葡所筑城墙很可能就被入澳之明军拆毁,故在16世纪末时的澳门图上仅留有城墙的残垣。

澳门再次筑城乃源起于对荷兰人的防御。1601年9月,荷兰人有两艘贸易船进入澳门,其中有部分水手被扣留,并将其17人当做海盗处以死刑,导致葡荷结怨。1602年,荷兰人在马六甲海峡截击澳门船,1603年,葡船"圣卡塔利娜"号再次被劫,1604年6月,荷兰海军上将韦麻郎(Wybrane Van Warwyck)率领舰队进逼澳门。② 因为受到荷兰人的威胁,澳门葡人再次修筑城墙,以保卫澳门。《明神宗实录》:

> 万历三十三年(1605年),(澳夷)私筑城垣,官兵诘问,辄被倭抗杀。③

"私筑",即表明这次筑城是未经明朝政府同意的。《万历野获编》亦有记载:

> 丁未年(万历三十五年,1607年),广东番禺举人卢廷龙,请尽逐香山蠫夷。……其时,蠫夷擅立城垣,聚集海外杂沓居住。④

据路易斯·达·席尔瓦约于1607年绘制的澳门地图来看,图中的城墙已大体建成(参见图109),与汉文资料时间相合。⑤

① 陈吾德:《谢山存稿》卷1《条陈东粤疏》,影印清刊本,四库存目丛书,济南,齐鲁书社,1997。
② 包乐史著,庄国土、程绍刚译:《中荷交往史:1601—1989》第3章《前往中国》,荷兰,路口店出版社,1989;科斯塔:《澳门建筑史》,载《文化杂志》,1998(35)。
③ 《明神宗实录》卷257,万历四十二年十二月乙未条。
④ 沈德符:《万历野获编》卷30《香山嶅》,785页,北京,中华书局标点本,1959。
⑤ 路易斯·达·席瓦尔:《十七世纪前半叶的澳门》,见《卡里勃莱地图集》;见施白蒂著,小雨译《澳门编年史:16—18世纪》之附图,26页,澳门,澳门基金会,1995。

图109：席尔瓦约绘于1607澳门图

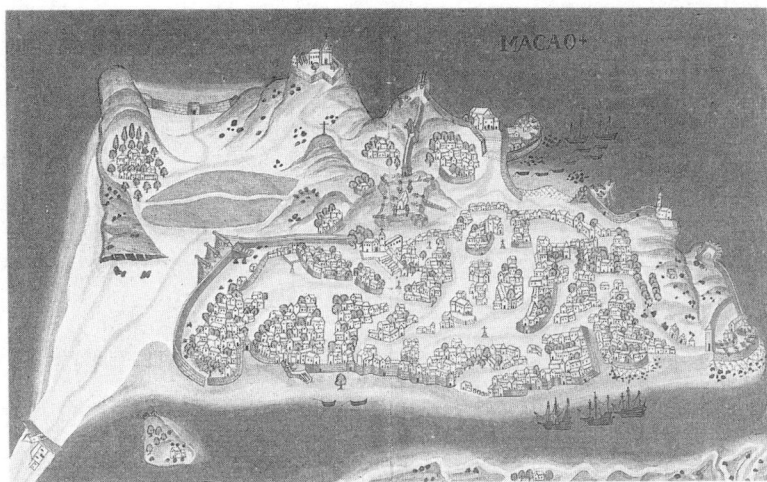

图110：1635年澳门要塞图

这一次澳城的修筑很可能在张鸣冈任两广总督时又一次被明政府拆毁。《全边略记》：

> （万历四十三年）十月，粤督张鸣冈奏，粤海旦夕以濠镜澳夷为兢兢，多蓄奴以为羽翼。臣令道臣俞安性、香山县

令但启元躬视澳中，宣上威德，献出倭夷一百二十三名，待以不杀，令归本国，已载舟挂帆矣。夷目咩哆啷（Jo. o Serr. o da Cunha，为当时澳门兵头）等，立状为之永禁。①

既然可以入澳将"私筑城垣"的倭奴"押送出境"，又称"数十年澳中之患，一旦祛除"，②可以推论这一次"私筑"的城墙应为明政府拆毁。再从万历四十二年（1614年）海道副使俞安性针对澳夷订立的《海道禁约》来看，其中一款明确提出：

> 禁擅自兴作。……此后敢有新建房屋，添造亭舍，擅兴一土一木，定行拆毁焚烧，仍加重罪。③

这很可能是在拆毁澳夷城垣后订立的禁款，力图以法令的形式禁止澳夷私造城垣。

但是澳门葡人并没有完全遵照执行这一禁约，1613年（万历四十一年）即开始修建妈阁炮台，④ 1616年（万历四十四年）即开始兴建著名的"三巴炮台"及北部城垣。⑤ 这次筑城"尽管他们得不到正式的同意，但丰厚的礼物使得地方官对1622年修筑一道从大炮台往东北直到大海的城墙一事视而不见"⑥。到1621年荷兰入侵澳门之前，澳门筑城的速度大大加快。道光《香山县志》载：

> 时徐如珂海道副使，澳夷奔告，红毛将犯香山，请兵请

① 方孔炤：《全边略记》卷9《海略》，北京，北京图书馆，民国十九年排印本。
② 沈德符：《万历野获编》卷30《香山嶴》，786页，北京，中华书局标点本，1959。
③ 印光任、张汝霖：《澳门记略》卷上《官守篇》，70页，澳门，澳门文化司署点校本，1992。
④ Antonio Bocarro: Decada 13 da Historia da India, Lisboa, Typ. da Academia Real das Sciencias, 1876, vol. 2, pp. 724~723. 记载1613年劳伦索·卡瓦略（Lourenco Carvalho）回复海道副使俞安性的答词中说："我等万般无奈，坚闭城门，在妈阁角修建炮台，随时准备保护我辈生命及船只"。
⑤ 施白蒂著，小雨译：《澳门编年史：16—18世纪》，33页，澳门，澳门基金会，1995。称：三巴炮台可能于1617年动工。
⑥ 龙思泰著，吴义雄、郭德水、沈正邦译：《早期澳门史》，31页，北京，东方出版社，1997。

饷请木石以缮垣墉。……已而，夷警寂然，而澳夷日筑百丈。①

"日筑百丈"，反映当时澳门为了防御荷兰人入侵，其筑城工作步伐极快。1621 年至 1622 年间，不仅三巴炮台还在继续修建，而且妈阁炮台、烧灰炮台、嘉思栏炮台及东、西望洋山炮台均在修建中。② 澳门东北之城，遂于 1622 年完成。③ 同时，青洲也修建了城堡，《皇明法传录续纪》载：

> 又于海中青山建一大楼堡。

又载：

> 旧年红毛报警（指天启二年荷兰犯澳门），则与规画地基，鸠工筑城，名为防御红毛，其实沿海一带，并无堆土，依山为墉，屹然成建瓴之势。④

这一次筑城之事亦遭到明政府的干涉。道光《香山县志》载：

> 如珂遣中军领兵戍澳，谕之曰：墉垣不毁，澳人力少也，吾助若毁，不两日，粪除殆尽。⑤

徐如珂署海道副使在职为万历四十六年（1618 年），离澳则在天启元年（1621 年），这应是他在离澳前的一次对澳门的行动。上文称"粪除殆尽"恐怕仅指青洲，并没有将整个澳门城垣毁除。《明史·佛郎机传》称：

> 天启元年，守臣虑其终为患，遣监司冯从龙等毁其所筑

---

① 祝淮：《（新修）香山县志》卷 4《海防》，影印道光七年刊本，中山文献丛书。
② 1622 年前后《澳门要塞图》三巴、妈阁、烧灰炉、嘉思栏及东、西望洋炮台均已建成，但架有炮者仅嘉思栏炮台和烧灰炉。参阅 Faria e Sousa, Asia, p. 362，转自 Jorge Graca, The Fortifications of Macau, p. 33.
③ 施白蒂著，小雨译：《澳门编年史：16—18 世纪》，36 页，澳门，澳门文化司署点校本，1992。
④ 高汝栻：《皇明续纪三朝法传全录》卷 13《陈熙昌奏疏》，续修四库全书本，上海，上海古籍出版社，2002。
⑤ 祝淮：《（新修）香山县志》卷 4《海防·澳门》，影印道光七年刊本，中山文献丛书。

青洲城，番亦不敢拒。①

西文资料亦称中国官兵将青洲岛上的建筑物全部拆毁。1622
年的荷澳之战，那些保存下来的澳门炮台和堡垒都发挥了重要的
作用。

荷澳之战结束后，1623 年 5 月，马士加路也（Don Fransisco
Mascarenhas）出任澳门兵头，他以更快的速度完成了澳门城墙的
建设和军事防御体系。施白蒂称：

> 他于同年（1623 年）7 月 17 日就职后建起了城墙，并
> 完善了堡垒体系。②

博卡罗则称：

> 澳门市的城墙基本上是由首任总督马士加路也完成的，
> 他修建了这些防御设施中的大部分。③

达尔波则称：

> 葡萄牙人利用于 1622 年被俘虏的荷兰人以筑城墙，作
> 为防御外来入侵。城墙起大炮台山之东偏北，直达方济各会
> 修院遗址。至 1626 年，全部工程遂告完成。④

《明清史料》乙编载：

> （上缺）环架大铳数十门，外望皆曰铳台，其实中虚，
> 非垒基也。侦者屡报夷人筑城费银二十万，报知该国王，谓
> 已据中朝一方地。该国王遂遣亲任名哝哱难系代具为呶唠，
> 赍敕前来镇守。夷言呶唠，即华言兵头也。兵头因筑此垣，
> 虚中耸外，欲规画为殿基，后建塔，请封一王子居守，故兵

① 张廷玉：《明史》卷 325《佛郎机传》，北京，中华书局，1974。
② 施白蒂著，小雨译：《澳门编年史：16—18 世纪》，36 页，澳门，澳门基金会，1995。
③ "Description of the City of the Name of God in China, by Antonio Bocarro, Chronicler - in - Chief of the State of India", in C. R. Boxer ed. and trans., *Seventeenth Century Macau in Contemporary Documents and Illustrations*, p. 22.
④ 达尔波：《东土之宝》，见郭永亮《澳门香港之早期关系》，20 页，台北，中央研究院近代史研究所，1990。

头盘踞此中，护惜城台，每有存亡与俱之意。幸蒙本部院指
受方略，首绝接济，以扼夷之咽喉；既絷揽头，以牵夷之心
腹，官兵密布，四面重围，严拿奸党，招回亡命；又用间用
谍，挑穷夷鬼妇，与兵头为难，浸成内变。番哨阑出，又一
鼓成擒，不能得志。于是，夷始坐困，受命叩关，甘认拆城
毁铳，驱奸灭哨，岁加丁粮一万两，编附为氓，写立认状在
案。当督夷人揽头役夫自二月二十三日起至三月初四日止
（下缺）①

这一份档案由于残缺，没有明确几年。其中提到国王侄儿哝
咈难系代具，当即 1623 年澳门兵头的葡国王室贵族马士加路也
（Don Francisco de Mascarenhas），② 哝当即 Don，难系代具当即
Francisco 之汉译。其中又提到"又用间用谍，挑穷夷鬼妇，与兵
头为难，浸成内变"，正是《历史上的澳门》一书所记：

他不断威胁恫吓群众，特别是他见到别人的老婆、女儿
就追，吓得妇女们都不敢去做弥撒。他的这些行为终于在
1623 年引发了一场暴动，他也被人暗杀了。③

其中"甘认拆城毁铳"，则又当指天启五年（1625 年）四月
毁城之事。见《明熹宗实录》卷 58 载：

（天启五年四月）总督两广何士晋疏报，濠镜澳夷迩来
盘踞，披猖一时，文武各官决策防御。今内奸绝济，外夷畏
服，愿自毁其城，止留海滨一面以御红夷。④

博卡罗所载亦相吻合：

然而，中国人十分多疑，认为修建这些设施是为了对付

---

① （台北）中央研究院历史语言研究所编：《明清史料》乙编第 7 本《澳夷筑城残
稿》，614 页，北京，中华书局，1984。
② 施白蒂著，小雨译：《澳门编年史：16—18 世纪》，36 页，澳门，澳门基金会，
1995。
③ 徐萨斯著，黄鸿钊、李保平译：《历史上的澳门》，58 页，澳门，澳门基金会，
2000。
④ 《明熹宗实录》卷 58，天启三年四月条。

他们的，因而迫使我们拆掉了朝陆那一边自三巴炮台起的大部分防御设施。结果，只有大海对面、城堡西边以及萨西利亚斯海滨狭长地带的设施保留下来。①

综上所述，可以看出，马士加路也出任澳督后，澳门的城墙及军事防御体系已基本完成。上引明档中所言"虚中耸外，欲规画为殿基，后建塔，请封一王子居守，故兵头盘踞此中"，又"环架大铳数十门"的铳台，考诸当时之澳门城图，则非三巴炮台莫属。可知，三巴炮台在当时不仅是澳门之一军事要塞，而且为澳督居留之地。档中称"夷人费银二十万两"，反映这一次筑城规模不小。据博卡罗介绍：

> 这些城墙高度为 2 英寻，到胸墙地段厚度只有 8 拃（即指尺）。此外，由于地面不平，城墙的高度随上下坡的变化而不同。这些城墙也是以泥土与石灰或稻草混合而成，整个城墙被垒在一起，因而特别坚固。②

天启五年（1625 年），在两广总督何士晋的强力干涉下，其北部城墙（即应包括三巴炮台在内）全部拆毁，但保留东南滨海一带城墙。故《澳门记略》称：

> 澳城固而庳，明所毁余地，今在聚庐中，于西北围墙不相属。③

北部城墙被拆毁后，澳葡并未完全放弃。不到五年，澳葡再次提出复筑城台。《崇祯长编》卷41 载：

> ［崇祯三年（1630 年）十二月］丙辰，礼科给事中卢兆龙上言：彝人擅筑城台，囊用大炮临之，拆不及半。今要挟

---

① "Description of the City of the Name of God in China, by Antonio Bocarro, Chronicler - in - Chief of the State of India", in C. R. Boxer ed. and trans. , *Seventeenth Century Macau in Contemporary Documents and Illustrations*, p. 22.

② "Description of the City of the Name of God in China, by Antonio Bocarro, Chronicler - in - Chief of the State of India", in C. R. Boxer ed. and trans. , *Seventeenth Century Macau in Contemporary Documents and Illustrations*, p. 22.

③ 转引自祝淮：《（新修）香山县志》卷4《海防·澳门》，影印道光七年刊本，中山文献丛书。按：今本《澳门记略》不见此条。

曰：必复筑城台而三百人始肯应调。……仍申谕澳中，城台永不许复筑。①

虽然明政府明令"不许复筑"，但澳葡政权并没有听命。从绘于 1632 年的《澳门平面图》看，澳门北部城墙及炮台已经复筑完成。从这张图上看得很清楚：当时澳城西起海边至沙梨头，在沙梨头建炮台一座；复稍南至三巴寺，在三巴寺东高地上建颇具规模的三巴炮台，从图上看就标出炮位 11 门；复向西至山顶，在水坑尾城门上建圣若奥堡垒，又在山顶建圣耶罗尼炮台；又在圣耶罗尼炮台的北面东望洋山上建炮台；城墙从圣耶罗尼炮台复南折沿海滨至嘉思栏炮台，复南折至西望洋炮台、烧灰炉炮台，最后至妈阁炮台。并在东望洋北麓海滨建一城垣（参见图 35）。②1665 年《澳门城平面图》所绘城墙、炮台与 1632 年《澳门平面图》完全一致，③ 可见，到明崇祯时整个澳门城除西部内港外，北部、东部及南部均建有城墙，并于诸要塞处建置炮台，使澳门城成为一座在军事上防范甚为严密的城堡。

明代时，澳门城建有四个城门。《澳门记略》称：

> 大门一，曰三巴门；小门三，曰小三巴门，曰沙梨头门、曰花王庙门。④

很明显，这四个门均设在北部城墙，主要是为了方便同北部中国内地进行交往而设。到后来，三小门俱塞，仅三巴一门为出入之口，俱因海禁及清王朝对澳门严加控管之故。直至道光时，方开水坑尾门和新开门，以方便澳门与内地交往。⑤

---

① 汪楫辑：《崇祯长编》卷41，崇祯三年十二月条，京都，日本京都中文出版社影印本，1984。
② 雷曾德：《澳门平面图》，载《文化杂志》，1992（10）。白乐嘉认为，该图成于 1632 年，见 J. M. Braga, *Hong Kong and Macao: A record of good fellowship*, p. 28.
③ 薛凤旋编著：《澳门五百年：一个特殊中国城市的兴起与发展》，36～37 页，香港，生活・读书・新知三联书店，2012。
④ 印光任、张汝霖：《澳门记略》卷下《澳蕃篇》，147 页，澳门，澳门文化司署点校本，1992。
⑤ 祝淮：《（新修）香山县志》卷4《海防・澳门》，影印道光七年刊本，中山文献丛书。

至于澳门之炮台，诸书多有记载，据《澳门记略》、薛韫《澳门记》、陆希言《墺门记》及暴煜《香山县志》诸书均称当时澳门有六座炮台：三巴炮台，又称大炮台、漫地炮台（Fortalez de Monte）、圣保禄炮台（Fortaleza de Sam Paulo do Monte）。1617年开始兴建，耗时10年，至1626年全部完工。[1] 该炮台是澳门最大的炮台。炮台位于一小山丘顶，成正方形城围，城围中部为1座三层楼房，每一层均架设大炮，共分布18门青铜榴弹炮。该炮台早期一直作为澳门兵头居所，直至18世纪。[2]

图111：1635年澳门要塞图大炮台

图112：康熙初年西洋澳门图大炮台

图113：《澳门记略·澳门正面图》大炮台

图114：三巴炮台遗址

[1] Jorge Graca: The Fortification of Macau, pp. 950～952；博卡罗：《要塞图册》，载《文化杂志》，1997（31）；郭永亮：《澳门香港之早期关系》，27页，台北，中央研究院近代史研究所，1990。

[2] "Description of the City of the Name of God in China, by Antonio Bocarro, Chronicler – in – Chief of the State of India", in C. R. Boxer ed. and trans., *Seventeenth Century Macau in Contemporary Documents and Illustrations*, pp. 20～21.

　　东望洋炮台，又称基亚炮台（Fortalez de Nossa Senhora da Guia），位于澳门最高点东望洋山上。该炮台始建于 1622 年。[①] 据博卡罗称，当时明朝"同意以 7 000 银币的酬金"拆除这座炮台。[②] 这就是说，在 1635 年之前该炮台已被拆除。但据今保存的该炮台碑志称："此炮台乃由澳门市民出资兴建，炮兵头是安多尼·黎伯禄。始建于 1637 年 9 月，而完成于 1638 年 3 月。"[③] 可见是拆毁后重建。炮台面积约 800 平方米，台墙高 6 米，建有塔楼 4 座，安置大炮 5 门。

图 115：1635 年澳门要塞图东望洋炮台

图 116《澳门记略·澳门正面图》东望洋炮台

　　西望洋炮台，又名竹仔室炮台，西人称佛兰姗圣母炮台（Forte de Nossa Senhora da Penha de Franca）。在 1622 年马士加路也的建炮台防卫计划中有西望洋炮台。[④] 该炮台为 1626 年建成，当时架设 2 门青铜炮。[⑤]

---

① 郭永亮：《澳门香港之早期关系》，32 页，台北，中央研究院近代史研究所，1990。

② "Description of the City of the Name of God in China, by Antonio Bocarro, Chronicler - in - Chief of the State of India", in C. R. Boxer ed. and trans., *Seventeenth Century Macau in Contemporary Documents and Illustrations*, pp. 19 ~ 20.

③ 郭永亮：《澳门香港之早期关系》，32 页，台北，中央研究院近代史研究所，1990。

④ 郭永亮：《澳门香港之早期关系》，33 页，台北，中央研究院近代史研究所，1990。

⑤ Jorge Graca, The Fortification of Macau, p. 92；博卡罗：《要塞图册》，载《文化杂志》，1997（31）。

图 117：1635 年澳门要塞图西望洋炮台　图 118：约康熙十八年绘澳门图西望洋炮台

图 119：《澳门记略·澳门正面图》西望洋炮台

　　妈阁炮台，又称娘妈角炮台、罢辣炮台（Fortaleza da Barra），还称圣地亚哥炮台（Fortaleza de S. Tiago da Barra），1612 年即已开始兴建，1622 年荷人进攻澳门时，该处即架设一尊大炮。1623 年，马士加路也加紧扩建该炮台，1629 年建成一座长 150 米、宽 50 米甚为壮观的炮台。炮台内建一水塘，可蓄水 3 000 吨，共架炮 18 门。①

图 120：1635 年澳门要塞图妈阁炮台

图 121：康熙初年西洋澳门图妈阁炮台

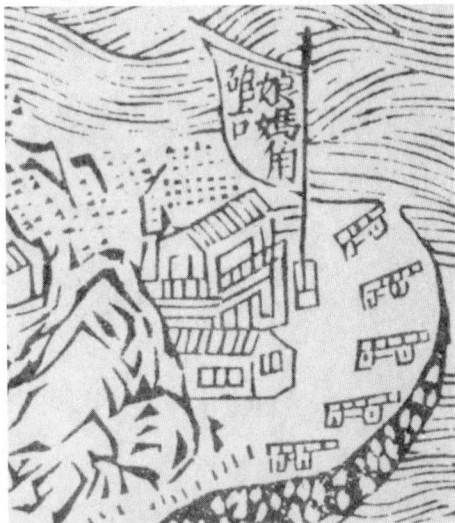

图 122：《澳门记略·澳门侧面图》妈阁炮台

烧灰炉炮台，又名南环炮台、蓬巴炮台（Fortaleza de Nossa

---

① "Description of the City of the Name of God in China, by Antonio Bocarro, Chronicler – in – Chief of the State of India", in C. R. Boxer ed. and trans. , *Seventeenth Century Macau in Contemporary Documents and Illustrations*, p. 16; Jorge Graca, The Fortification of Macau, pp. 63 ~ 64；博卡罗：《要塞图册》，载《文化杂志》，1997（31）。

Senhora do Bomparte），还有一别名"圣母炮台"。1622 年建成，荷人袭澳时，该炮台发挥作用。炮台呈三角形，当时置有 8 门大炮。[①]

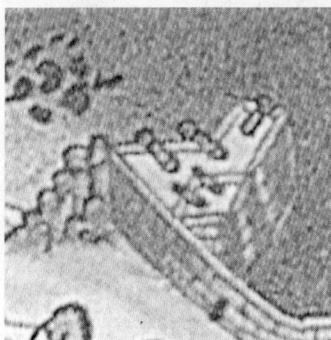

图 123：1635 年澳门要塞图南环炮台

图 124：约康熙十八年绘澳门图南环炮台

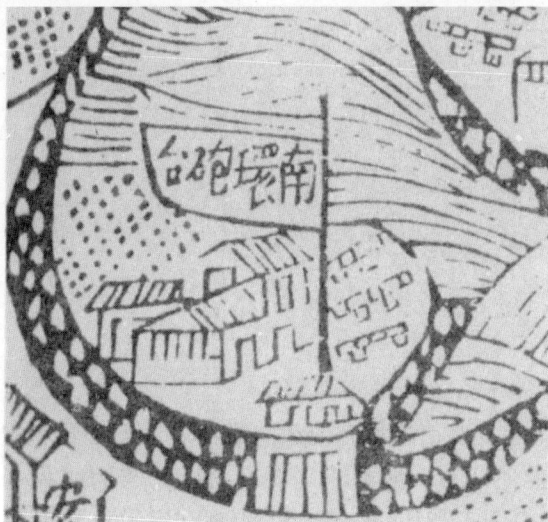

图 125：《澳门记略·澳门侧面图》烧灰炉炮台

---

① Jorge Graca：The Fortification of Macau, pp. 73～74；博卡罗：《要塞图册》，载《文化杂志》，1997（31）。郭永亮：《澳门香港之早期关系》，31 页，台北，中央研究院近代史研究所，1990。

嘉思栏炮台，又称噶斯兰炮台、法兰济斯炮台（Fortaleza de S. Francisco），还称圣方济各炮台。该炮台呈椭圆形，1622 年荷澳战争中即已存在，重建于 1629 年，共设有 7 门炮。[①]

图 126：1635 年澳门要塞图嘉思栏炮台　　图 127：约康熙十八年绘澳门图嘉思栏炮台

图 128：《澳门记略·澳门正面图》嘉思栏炮台

除了上述 6 座诸书均有记载的炮台外，还有几座炮台不知何故未见于上述诸书。博卡罗《要塞图册》与闵明我（D. F. Navarrete）《中国王朝历史、政治、伦理和宗教论》两书中均称澳

---

① Jorge Graca: The Fortification of Macau, pp. 73～74；博卡罗：《要塞图册》，载《文化杂志》，1997（31）。郭永亮：《澳门香港之早期关系》，31 页，台北，中央研究院近代史研究所，1990。

门有 8 座炮台,① 比上述诸书记载多出两座。1632 年《澳门平面图》及 1665 年《澳门平面图》分别标出了 10 座和 9 座炮台,② 则 1632 年《澳门平面图》比诸书要多出 4 座炮台。

其一是在沙梨头处建有炮台,当即沙梨头炮台,又称圣若奥炮台。郭永亮言,该炮台"为澳门最古的炮台之一,但其建筑年代不可考"③。据《澳门编年史:16—18 世纪》:"1562 年,第一座教堂——圣安东尼奥小教堂以居民点之门为要塞,置以火炮(沙梨头要塞)。"④ 可知沙梨头炮台应是澳门最早建立的炮台。据图则可知该炮台至 1632 年前,共架炮 3 门,是澳门较小的炮台之一。⑤

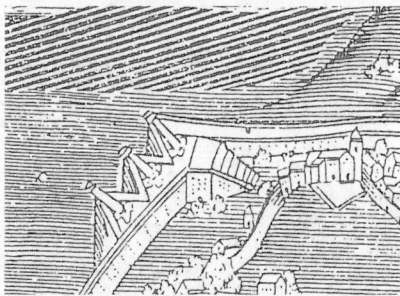

图 129:1632 年澳门要塞图中的沙梨头炮台

其二是圣伯多禄小炮台(Forte de S. Pedro)1626 年建成,位于南湾街中部。该炮台很小,刚建成时仅大炮 3 门,到 1635 年

① 博卡罗:《要塞图册》除上述六炮台外,还有圣伯多禄及圣若奥两座炮台,而闵明我(D. F. Navarrete)《中国王朝历史、政治、伦理和宗教论》称澳门有一座大炮台、七座小炮台,载《文化杂志》,1997(31)。
② 雷曾德:《澳门平面图》,载《文化杂志》,1992(10)。薛凤旋编著:《澳门五百年:一个特殊中国城市的兴起与发展》,36~37 页,香港,生活·读书·新知三联书店,2012。
③ 郭永亮:《澳门香港之早期关系》,34 页,台北,中央研究院近代史研究所,1990。
④ 施白蒂著,小雨译:《澳门编年史:16—18 世纪》,16 页,澳门,澳门基金会,1995。
⑤ 雷曾德:《澳门平面图》,载《文化杂志》,1992(10)。白乐嘉认为,该图成于1632 年,当以图中已建起的圣保禄教堂前尚未见完成于 1637 年的大三巴牌坊之故。参见 J. M. Braga, Hong Kong and Macao:A record of good fellowship, p. 28.

时仅设大炮 2 门①，1632 年《澳门平面图》没有绘圣伯多禄炮台，但 1665 年《澳门平面图》却绘了这一炮台。

图 130：18 世纪箱盖上澳门图之圣伯多禄小炮台

其三是圣若奥城堡，郭永亮称圣若奥城堡筑于"水坑闸门"墙上，城堡置有 5 门大炮。② 1632 年《澳门平面图》上有"圣若奥城堡"，1665 年《澳门平面图》亦标出"圣若奥城堡"，但未绘出炮位。③

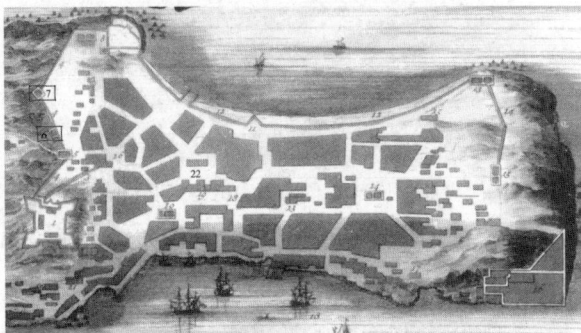

6（下）圣若奥堡垒，7（上）圣耶罗尼炮台，22 中国官署

图 131：1665 年澳门平面图

① Jorge Graca：The Fortification of Macau, pp. 73～74；博卡罗：《要塞图册》，载《文化杂志》，1997（31）。据郭永亮言，沙梨头炮在 1640 年被明政府逼令拆毁，见郭永亮：《澳门香港之早期关系》，34 页，台北，中央研究院近代史研究所，1990；1665 年《澳门平面图》上亦未标"沙梨头炮台"。
② 郭永亮：《澳门香港之早期关系》，37 页，台北，中央研究院近代史研究所，1990。
③ 薛凤旋编著：《澳门五百年：一个特殊中国城市的兴起与发展》，35 页、36～37 页，香港，生活·读书·新知三联书店，2012。

其四是圣耶罗尼炮台，又称"仁伯爵炮台"，即今山顶医院
出。郭永亮称该炮台建筑年代与澳城同年，亦即澳城最后完成
时，该炮台亦建筑完工。[①] 1632 年《澳门平面图》亦标出"圣耶
罗尼炮台"。[②]

上为圣耶罗尼炮台，下为圣若奥堡垒
图 132：1635 年澳门要塞图

还有一处炮台，仅见于 1632 年《澳门平面图》中，该图在
澳门内港沙栏仔海旁处绘有一炮台，炮台架炮 2 门，但这一炮台
在其他任何文献中均无记载，就连 1665 年的《澳门平面图》对
此炮台亦无标署。薛凤旋先生标此处炮台为"银坑炮台"，实
误。[③] 银坑在澳门半岛对面湾仔处，并不在澳门半岛。郭永亮亦
称："银坑炮台在内港对面银坑岛，与沙梨头互为对峙。"[④] 银坑
确实建有一座炮台，但建筑时间应在 1645 年以后。在 1655 年荷

① 郭永亮：《澳门香港之早期关系》，36 页，台北，中央研究院近代史研究所，
1990。
② 薛凤旋编著：《澳门五百年：一个特殊中国城市的兴起与发展》，35 页、36～37
页，香港，生活·读书·新知三联书店，2012。
③ 薛凤旋编著：《澳门五百年：一个特殊中国城市的兴起与发展》，35 页，香港，生
活·读书·新知三联书店，2012。
④ 郭永亮：《澳门香港之早期关系》，37 页，台北，中央研究院近代史研究所，
1990。

兰人豪斯伯格的地图上，湾仔之银坑标有一处葡萄牙炮台。[1] 但这一炮台并非澳门半岛上的沙栏仔炮台。

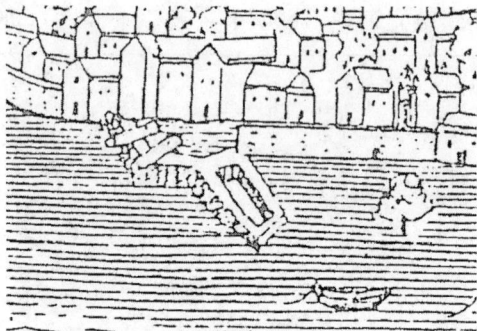

图 133：1632 年澳门要塞图中的沙栏仔海旁炮台

综上所述，可知明代在澳门修建的炮台总数为 11 座，但常见的大炮台为 6 座。下列表示之。

明代修建澳门炮台之时间及炮位设置[2]

炮台名	修建时间	《要塞图册》	《澳门记略》	《广东海防汇览》
南环（湾）	1622 年	8 门	3 门	5 门
三巴	1626 年	18 门	28 门	47 门
西望洋	1626 年	2 门	5 门	13 门
小炮台	1626 年	3 门	无	无
妈阁	1629 年	18 门	26 门	29 门
嘉思栏	1629 年	7 门	7 门	18 门
圣若奥	1632 年	5 门	无	无

---

① 潘日明著，苏勤译：《殊途同归：澳门的文化交融》，103 页，澳门，澳门文化司署，1992。

② 博卡罗：《要塞图册》乃记明末澳门炮台之数，《澳门记略》乃记乾隆时各台之位，而卢坤《广东海防汇览》卷32《方略》21 则是记道光时各炮台之炮位，故数目歧异较大。但从上表却可以看出，除南环（湾）炮台之炮位设置是逐渐递减外，其余各炮台均是愈往愈有增加。

续表

炮台名	修建时间	《要塞图册》	《澳门记略》	《广东海防汇览》
圣耶罗尼	1632 年	1 门	无	无
沙栏仔	1632 年	2 门		
东望洋	1638 年	5 门	7 门	20 门
沙梨头	1562 年	3 门	无	无

　　明代澳门城墙和炮台的建设经过几建几拆的过程，但最终仍在 1632 年（崇祯六年）之前全部工程完成。这很可能是明王朝北部边疆形势日渐危殆，明政府无暇顾及澳门筑城建台之事；也可能是明政府准备同澳葡合作，考虑到荷兰人东来入侵澳门的危险，而同意澳门葡人重建城墙及炮台。总之，在 1638 年澳门城墙及炮台重建完工之后，直至明朝灭亡，双方再也没有发生过拆建城垣的争执。

明代澳门史论稿

（下卷）

汤开建 著

黑龙江教育出版社

国家出版基金项目
NATIONAL PUBLICATION FOUNDATION

此图描绘了 16 世纪日本《南蛮屏风》图中绘制的黑人为其主人服务的形象。

第十二章 明清时期中国东南沿海与澳门的『黑人』

第十二章　明清时期中国东南沿海与澳门的"黑人"①

明清时期的澳门，素有"世界型的土地与海洋"② 之称。在这一块仅 2 平方公里的微型土地上，不仅居住有华人、葡萄牙人，还曾居住过为数不少的日本人、越南人、亚美尼亚人、英国人、美国人、法国人、意大利人、西班牙人、荷兰人、瑞典人、丹麦人、帕西人及南美各国人。葡萄牙人东来还带来了许多航线沿岸诸国之人。他们来自不同的国家，属于不同的种族，其中黑人占了很大的比重，后来逐渐成为澳门社会中极为重要的一分子，从而形成了澳门社会一种特殊而有趣的文化景观。关于明清时期来华黑人问题研究，余所见有德国普塔克（Roderick Ptak）教授、澳门文德泉神父及金国平、吴志良先生，还有艾周昌和沐

---

① 此文原为两篇文章：一为《黑人：明清时期澳门社会中一种异质文化景观》，载《世界民族》2004（2），二为《16—19 世纪澳门黑人来源考》，载《世界历史》2005（5），合作者为当时硕士生彭蕙，今将两文合并增补删改之。

② 潘日明著，苏勤译：《殊途同归：澳门文化的交融》，第 14 章，137～140 页，澳门，澳门文化司署，1992。

涛两位先生编写的《中非关系史》中也提到澳门黑奴问题。① 本
章拟就明代中国东南沿海及澳门出现的"黑人"现象展开深入研
究，这应是颇具学术意义的课题。但必须说明的是，本章所探讨
的"黑人"这一概念，并非完全人种意义上的黑种人，亦非明清
文献所言"夷人所役黑鬼奴，即唐时所谓昆仑奴"②，其所指实是
自葡萄牙、西班牙及荷兰人向海外扩张以来，他们均在各地役使
有色人种为奴仆，故将比他们自身肤色深的东方民族仆隶统称为
"黑人（Swart）"③，在文献中又称"黑奴""鬼奴""黑鬼""乌
鬼""黑番"等。④

一、明代文人笔下记录的中国东南海上的"黑人"

中国文人笔下最早对黑人的记录来自于一位最坚决反对葡萄

① 普塔克著，关山译：《澳门的奴隶买卖和黑人》，载《国外社会科学》，1985（6）；
Manuel Teixeira, *O Comercio de Escravos em Macau*, Macau Imprensa National, 1976；
金国平、吴志良：《郑芝龙与澳门——兼谈郑氏家族的澳门黑人》，见《东西望
洋》，189～211 页，澳门，澳门成人教育学会，2003；艾周昌、沐涛：《中非关系
史》，128～131 页，上海，华东师范大学出版社，1996。
② 傅恒、董诰、门庆安，等编：《皇清职贡图》卷1，93 页，沈阳，辽沈书社，
1991。
③ 曹永和、包乐史：《小琉球原住民的消失——重拾失落台湾历史之一页》，见曹永
和《台湾早期历史研究续集》，台北，联经出版社，2000。"按自葡萄牙、西班牙
向海外扩展以来，他们都在各地役使有色人种为奴仆。荷兰人也曾役使 Makkas-
sar、Bali、Banda 等诸岛屿或印度的 Coromandel、Malabar 等沿海地区的人，甚至
也有购自缅甸的 Arakan 等地人。他们的肌肤颜色比一般较深，被称为黑人
（swart），却不是非洲黑人。其实明末闽粤海商也时常役使这种有色人奴仆，而文
献上则称谓黑奴、乌鬼、鬼奴等。"普塔克：《澳门的奴隶买卖和黑人》："葡萄牙
人称黑人为'cafres'（黑种人）、'negros'（黑色的人）和'mo. os'（侍者）"。
金国平、吴志良：《郑芝龙与澳门——兼谈郑氏家族的澳门黑人》，见《东西望
洋》，189～211 页，澳门，澳门成人教育学会，2003；"葡萄牙人及西班牙人将比
他们肤色深的东方民族统称为黑人，尤指马来人、印度人、帝汶人等"。
④ 《明太祖实录》卷139，洪武十四年冬十月条辛巳条，"洪武十四年（1381 年），
爪哇贡方物及黑奴三百人"。印光任、张汝霖：《澳门记略》卷下《澳蕃篇》，
"其通体黝黑如漆，特唇红齿白，略似人者，是曰黑奴。"傅恒、董诰、门庆安，
等编：《皇清职贡图》卷1，第93 页："荷兰所役名乌鬼，生海外诸岛……通体黝
黑如漆。"朱纨：《甓余杂集》卷2《捷报擒斩之凶荡平巢穴以靖海道事》："刘隆
等兵船并力生擒哈眉须国黑番一名法哩须。"

牙人入华贸易的闽浙大吏——朱纨，在他那部完成于嘉靖二十八年（1549年）的《甓余杂集》中，以其亲眼所见，给我们留下了大量随葡萄牙人东来的“黑人”资料：

……刘隆等兵船并力生擒哈眉须国黑番一名法哩须；满咖喇国黑番一名沙哩马喇，咖呋哩国极黑番一名，嘛哩丁牛，喇哒许六，贼封直库一名陈四，千户一名杨文辉，香公一名李陆，押纲一名苏鹏。①

又据上虞县知县陈大宾申抄黑番鬼三名口词，内开一名沙哩马喇，年三十五岁，地名满咖喇，善能使船观星象，被佛郎机番每年将银八两雇佣驾船；一名法哩须，年二十六岁，地名哈眉须人，十岁时，被佛郎机买来，在海上长大；一名嘛哩丁牛，年三十岁，咖呋哩人，被佛郎机番自幼买来。……该臣（卢镗）看得前后获功数，内生擒日本倭贼二名，哈眉须、满咖喇、咖呋哩各黑番一名，斩获倭贼首级三颗。窃详日本倭夷，一面遣使入贡，一面纵贼入寇宁绍等府，连年苦于杀虏。……至于所获黑番，其面如漆，见者为之惊怖，往往能为中国人语。②

又据判官孙爚等报，（嘉靖二十七年）六月十一日，佛郎机夷人大船八只、哨船一十只径攻七都沙头澳，人身俱黑，各持铅子铳、铁镖、弓弩乱放。③

（嘉靖二十七年）八月初三日，……陈言所统福兵马宗胜、唐弘臣等合势夹攻，贼众伤死、下水不计，冲破沉水哨

① 朱纨：《甓余杂集》卷2《捷报擒斩元凶荡平巢穴以靖海道事》，明朱质刻本，天津，天津图书馆藏。

② 朱纨：《甓余杂集》卷2《议处夷贼以明典刑以消祸患事》，明朱质刻本，天津，天津图书馆藏。

③ 朱纨：《甓余杂集》卷3《亟处失事官员以安地方事》，明朱质刻本，天津，天津图书馆藏。

番船一只，生擒黑番鬼共帅罗放司、佛德全比利司、鼻昔吊、安朵二、不礼舍识、毕哆啰、哆弥、来奴八名，……①

（嘉靖二十七年十二月初八日）海道副使魏一恭手本。……泉徽等处贼人见驾大番船四只遁泊马迹潭，……十月分十二起：一起拿获海洋番货事，……一起敌获海洋贼船器械事。指挥张汉差报信军兵王昔等，于黄大洋遇漳贼三十余人、黑番七八人，对船交战，贼败走。……八月初三日，分督军门调到福建福州左卫指挥使陈言兵船，合势夹攻，贼众伤死、下水不计，冲破沉水哨番船一只，生擒黑番鬼共帅罗放司等八名，暹罗夷利引等三名，海贼千种等四名，斩获番贼首级五颗。②

（嘉靖二十七年九月十三日）今佛郎机夷船在大担屿，非回兵与海道夹攻不可。……八月二十八日，……贼船计有贼六十余人，内有黑色及白面大鼻番贼七八人，番婆二口。九月二十三日，……近获铜佛郎机铳并工匠窦光等到杭，委官监督铸造足用，方行福建一体铸造，仍行按察司查取见监黑鬼番驾驭兴工，此番最得妙诀工料议处回缴。七月十一日，浙江都司呈议，工料缘由批仰候原样至日，对同黑鬼番置造，合用料价，先行布政司议支缴。③

嘉靖二十七年十月初三日，……吴大器等擒解佛郎机、暹罗诸番夷贼一十六人……各报称，夷船八只哨船十只于六月十一等日劫掠沙头等澳。……本月初三日晚，探得夷船只

---

① 朱纨：《甓余杂集》卷4《三报海洋捷音事》，明朱质刻本，天津，天津图书馆藏。
② 朱纨：《甓余杂集》卷4《三报海洋捷音事》，明朱质刻本，天津，天津图书馆藏。
③ 朱纨：《甓余杂集》卷9《公移》3，明朱质刻本，天津，天津图书馆藏。

在黄崎澳攻劫烧毁房屋，……生擒番贼一十八人，……打破
贼船各二只，内反狱贼二名及番贼三名。……审得陈文荣等
积年通番，伙合外夷，先由双屿，继来漳泉，后因官兵追
逐，遂于福宁地方沿村打劫，杀人如艾，掳掠子女，烧毁房
屋。滨海为之绎骚，远近被其荼毒，神人共愤，罪不容诛。
及审诸番，各贼俱凹目黑肤，不类华人。①

图134：16世纪《南蛮屏风图》中记录的在日本的黑人形象

　　上引七条《篴余杂集》中的资料均提到了"黑人"，或称
"黑番"，或称"黑番鬼"。其中有许多对"黑人"的形象描写，
如"其面如漆，见者为之惊怖，往往能为中国人语"；"人身俱
黑，各持铅子铳、铁镖、弓弩乱放"；"各贼俱凹目黑肤，不类华
人"。从上引文中还看出，当时随葡人东来的黑人还有"黑番"
与"极黑番"之分，"极黑番"大概是指来自非洲的黑人，而
"黑番"则有可能是指印度或东南亚的黑人。文中提到的黑人至
少来源于三个国家。咖呋哩系Kaffir之译音，是欧洲人对一部分

① 朱纨：《篴余杂集》卷9《公移》3，明朱质刻本，天津，天津图书馆藏。

南非班图人的称呼;[1] 哈眉须，音近者有《郑和航海图》中的哈甫泥，即东非之哈丰角（C. Hafun），[2] 还有马鲁古群岛的主要岛屿哈马黑拉岛（Pulau Halmahera）音亦相近。廖大珂先生则认为应是霍尔木兹（Ormuz）之译音，[3] 此说当是。满咖喇，疑为满喇咖之倒讹，其他中文文献称之为"满剌伽"（今人称"满剌加"），当即马六甲。[4] 据《续吴先贤赞》一书记载，嘉靖二十九年（1550年）走马溪一战，被明军抓捕者就有"黑番四十六，皆狞恶异状可骇"[5]。从上引文看，葡萄牙人在闽浙沿海通商时就已经大量役使黑人，这些黑人成为葡萄牙人的得力助手，他们不仅能帮助葡萄牙人驾船，还充当对华贸易的翻译，甚至还充当铳手，而且还帮助葡人铸造佛郎机铳，等等。

[1] 艾周昌、沐涛：《中非关系史》，第4章，129页，上海，华东师范大学出版社，1996。"Kaffirs 来自阿拉伯语 kāfir，葡萄牙语是 cafre)，这个词汇最初是阿拉伯世界的穆斯林用来称呼异教徒的，后来被葡萄牙人用于指称黑人异教徒，再后来被用于指称所有的黑皮肤人"，引自 Clive Willis ed. , *Portuguese Encounters With the World In the Age of the Discoveries - China and Macau*，Ashgate, p. 93. 普塔克《澳门的奴隶买卖与黑人》中也指出："cafres"不仅是指非洲人，而且也包括其他深肤色人种的人在内，如孟加拉人。金国平《郑芝龙与澳门》释义为："源自阿拉伯语 kāfir，意即'异教徒'，原指东非海岸不信仰伊斯兰教的黑人。在葡萄牙语中，失去了'异教徒'的含义，仅作黑人解。"文中又释咖唻哩国葡语作"Cafraria"。不指具体某国，而是东非黑人地区的泛称。各家解释歧异，余意以为金国平所言较确。
[2] 向达整理：《郑和航海图》之《哈甫尼》，27页，中华书局，1961。
[3] 廖大珂：《明代佛郎及"黑番"籍贯考》，载《世界民族》，2008（1）。
[4] 王士骐：《皇明驭倭录》卷5，多次提到当时同葡萄牙商人一起在闽浙活动者为"满剌伽国番人"；佚名《嘉靖倭乱备钞》（不分卷）嘉靖二十九年七月条亦称："满剌伽国番人。"
[5] 王士骐：《皇明驭倭录》卷5，嘉靖二十九年条，影印明万历刊本，北京图书馆古籍珍本丛刊，北京，北京图书馆出版社，2000。

图 135：16 世纪《南蛮屏风图》中记录的在日本的葡人的黑人随从

朱纨《甓余杂集》卷 10《海道纪言》中还有一首关于"黑人"的诗：

> 黑鬼本来魑魅种，皮肤如漆发如卷。跞跳搏兽生能啖，战斗当熊死亦前。野性感谁恩蓄养，贼兵得尔价腰缠。（原注：此类善斗，罗者得之，养驯以货贼船，价百两数十两。）①

朱纨记录的是澳门开埠前活跃在闽浙沿海的黑人，对黑人英勇善战的形象描绘得十分生动，且记录了当时买卖黑人得市场价格"百两、数十两"不等。

早期葡人来华的贸易船只上均有黑人，这在葡文文献中亦有记载。《末儿丁·甫思·多·灭儿致函国王汇报中国之行情况》记录，1522 年，葡船离开马六甲前往中国时，"他们流窜、染病、死亡，因此，只得花钱请当地黑人驾船，协助航行。"② 平托《远

---

① 朱纨：《甓余杂集》卷 10《海道纪言》之《望归九首》，明朱质刻本，天津，天津图书馆藏。
② 《末儿丁·甫思·多·灭儿致函国王汇报中国之行情况》，见金国平编译《西方澳门史料选粹（15—16 世纪）》，37 页，广州，广东人民出版社，2005。

游记》记载，1542 年时法里亚率两艘船出发前往卡伦普卢伊岛，船上有 146 人，其中有"42 个奴隶"①，这 42 个奴隶应是黑人。如果再看看保存于日本的南蛮屏风画，更可看出在 16 世纪前期从印度到中国到日本航线上活跃着为数不少的黑人。从图中可以看出每年从澳门抵达长崎的"黑船"上不仅有白色的葡萄牙人，还有深肤色的非洲人。这些黑人有驾船司舵探望风汛者，有执枪拿棍护卫者，有牵马御象抱猫随行者，有搬箱提包奔忙者，还有撑伞抬轿伺奉者，黑人形象极为丰富。②

图 136：16 世纪《南蛮屏风图》中的葡人与黑奴

二、澳门开埠后中国文人记录的澳门黑人

澳门开埠后，进入澳门地区的黑人也成为中国人笔下最为引

---

① 费尔南·门德斯·平托著，金国平译：《远游记》上册，第 71 章，205 页，葡萄牙航海大发现事业纪念澳门地区委员会、澳门基金会、澳门文化司署、东方葡萄牙学会，1999。

② *Instituto Português do Oriente*，*Namban*，*Memórias de Portugāl no Japao.* pp. 64～65、p. 67、pp. 68～69、p. 70.

人注目的描写对象。澳门开埠不到十年，1565 年，安徽人叶权即游澳门，他在澳门目击了葡萄牙人外出，"随四五黑奴，张朱盖，持大创棒长剑"① 的情景。而且观察到：

> （葡萄牙人）役使黑鬼。此国人贫，多为佛郎机奴，貌凶恶，须虬旋类胡羊毛，肌肤如墨，足趾踈洒长大者殊可畏。……亦有妇人携来在岛，色如男子，额上施朱，更丑陋无耻，然颇能与中国交易。②

可见，这应是对开埠之初进入澳门的黑人第一次记录。据叶权的记录反映，在澳门不仅有男黑奴，也有女黑奴。他们均为葡人之奴隶。叶权特别提到那些相貌丑陋的女黑奴，却"颇能与中国交易"。女黑奴参加对中国的贸易，这一点似乎在其他文献中还找不到相同的记载。

第二位是万历年间曾在广东担任布政使的蔡汝贤，万历十四年（1586 年），他在其著作《东夷图像》中有一段黑人的描述：

> 黑鬼即黑番奴，号曰黑奴。言语嗜欲，不通性悫，无他肠，能捍主。绝有力，一人可负数百斤。临敌不畏死，入水可经一二日。尝见将官买以冲锋，其直颇厚，配以华妇，生子亦黑。久蓄能晓人言，而自不能言，为诸夷所役使，如中国之奴仆也，或曰猛过白番鬼云。③

---

① 叶权、王临亨、李中馥：《贤博编》附《游岭南记》，45 页，北京，中华书局标点本，1987。
② 叶权、王临亨、李中馥：《贤博编》附《游岭南记》，46 页，北京，中华书局标点本，1987。
③ 蔡汝贤：《东夷图说》之《黑鬼》，影印明万历刻本，29～30 页，四库存目丛书，济南，齐鲁书社，1997。

图 137：《东夷图说》中的黑奴

蔡汝贤笔下的黑奴勇猛善战，被"将官买以冲锋"；他们忠厚老实，为"诸夷所役使"；夷主还会给他们"配以华妇"，以解决他们的婚姻问题。黑奴的勇猛有时连葡萄牙人也比不上，因此便有"猛过白番鬼"的说法。

第三位是万历十九年（1591 年）到澳门的王临亨，其《粤剑编》卷 3 载：

> 番人有一种，名曰黑鬼，遍身如墨，或云死而验其骨亦然。能经旬宿水中，取鱼虾，生啖之以为命。番舶渡海，多以一二黑鬼相从，缓急可用也。有一丽汉法者，谳于余，状貌奇丑可骇。侍者为余言：此鬼犴狴有年，多食火食，视番舶中初至者暂白多矣。然余后谳狱香山，复见一黑鬼，禁已数年，其黑光可鉴，似又不系火食云。①

---

① 　王临亨：《粤剑编》卷 3《志外夷》，92 页，北京，中华书局标点本，1987。

黑奴的水性极好，他们常常被用来充当船上的水手，因此"番舶渡海，多以一二鬼相从，缓急可用也"。这种水性很好的黑人，应该是东南亚海岛诸国随葡人入华者，他们长年生长于海浪之中，故水性极好，与中国广东沿海的蜑民、卢亭之类极相似。

第四位对澳门黑人进行描述的是明代的王士性，其著作《广志绎》大约完成于万历二十五年（1597年），书中提到：

> 又番舶有一等人名昆仑奴者，俗称黑鬼，满身漆黑，止余两眼白耳，其人止认其所衣食之主人，即主人之亲友皆不认也。其生死惟主人所命，主人或令自刭其首，彼即刭，不思当刭与不当刭也。①

黑人的忠实可靠是各国夷主最为信任的，他们能为主人赴汤蹈火，而且"惟主人所命"，主人对其有生杀予夺的权利，主人令他们"自刭"，他们只有听之任之，别无选择，当然也不可能去思考应不应当去"自刭"。以上四位文人，先后记录了澳门黑人，他们对澳门黑人的描述虽然不尽相同，但能说明一点，澳门的黑人同"诡形异服"的葡萄牙人一样，已经成为了开埠之初澳门街头一道引人注目的亮丽风景线。

此后，各类文献关于澳门黑人这一特殊的异质文化景观均从各自不同的观察中作了各种方式的表现。明万历末年，庞迪我、熊三拔奏疏：

> 至于海鬼黑人，其国去中国六万里，向来市买服役，因西土诸国，无本国人为奴婢者，不得不用此辈。然仅堪肩负力使，别无他长，亦无知识，性颇忠实，故可相安。即内地将官，间亦有收买一二，充兵作使者。其人物性格，广人所习也。果系恶夷，在诸商尤为肘腋之患，独不自为计邪。②

① 王士性：《广志绎》卷4《江南诸省》，101页，北京，中华书局标点本，1993。
② 钟鸣旦、杜鼎克、黄一农，等编：《徐家汇藏书楼藏明清天主教文献》第1册庞迪我、熊三拔《奏疏》，100~101页，台北，辅仁大学出版社，1996。

入清以来，不少文人雅士也来到澳门，亦对澳门的黑人进行了描述。清初到澳门的屈大均记载澳门黑人：

> 其侍立者，通体如漆精，须发蓬然，气甚腥，状正如鬼，特红唇白齿略似人耳。所衣皆红所罗绒、辟支缎，是曰鬼奴。语皆侏儒不可辨。①

> 独暹罗、满剌伽诸番，以药淬面为黑，犹与古儋耳俗同。予诗："南海多玄国，西洋半黑人"谓此。予广盛时，诸巨室多买黑人以守户，号曰鬼奴，一曰黑小厮。其黑如墨，唇红齿白，发卷而黄，生海外诸山中，食生物，捕得时与火食饲之，累日洞泄，谓之换肠。此或病死，或不死即可久畜。能晓人言，绝有力负数百斤。性淳不逃徙，嗜欲不通，亦谓之野人。一种能入水者，……其人目晴青碧，入水能伏一二日，即昆仑奴也。……有曰奴团者，出暹罗国。暹罗最右僧，谓僧作佛，佛乃作王。其贵僧亦称僧王，国有号令决焉。有罪没为奴团。富家畜奴团数百口，粤商人有买致广州者，皆鬈黑深目，日久能粤语。②

这是屈氏对澳门身着红衣的葡萄牙贵族家内黑人仆役及广州之暹罗、满剌伽黑人奴团的描绘。康熙二十二年（1683 年）工部尚书杜臻巡视澳门记其事云：

> 予至澳，彼国使臣率其部人奏番乐以迎入，其乐器有牏箫、琵琶，歌声咿喔不可辨。……侍童有黑白二种，白者曰白鬼，质如凝脂，最雅靓，惟羊目不眴，与中国人异。黑者曰黑鬼，绝丑怪，即所谓昆仑波斯之属也。白者为贵种，大率皆子弟。黑鬼种贱，在仆隶耳。③

雍正七年焦祁年《巡视澳门记》也载：

---

① 屈大均：《广东新语》卷 2，37 页，北京，中华书局标点本，1985。
② 屈大均：《广东新语》卷 7，234 页，北京，中华书局标点本，1985。
③ 杜臻：《粤闽巡视纪略》卷 2，康熙二十三年二月乙未条，孔氏岳雪楼影抄本。

雍正七年十二月，将有事与澳门。……初八日，至前山寨，都司守之。……彝有黑白鬼二种，白贵而黑贱，猬须魋结发，各种种帽三角，短衣五色不等，扣累累如贯珠。咸佩刃，靴拖后齿，绷胫上。①

杜臻和焦祁年先后来到澳门巡视，杜臻记录的澳门奴仆分黑白两种，而焦祁年的记载则侧重黑奴衣着方面的描述，对黑人的外貌则着墨不多，只一句"猬须魋结发"而已。乾隆时，印光汝和张汝霖两位官员在澳门任职期间撰写了中国第一部系统介绍澳门的著作——《澳门记略》。其中有很大篇幅写到了澳门的黑人：

……其通体黝黑如漆，特唇红齿白，略似人者，是曰鬼奴。明洪武十四年，爪哇国贡黑奴三百人。明年，又贡黑奴男女百人。唐时谓之昆仑奴，入水不眛目，贵家大族多畜之。《明史》亦载和兰所役使名乌鬼，入水不沉，走海面若平地。粤中富人亦间有畜者。绝有力，可负数百斤。生海外诸岛，初至时与之火食，累日洞泄，谓之换肠，或病死；若不死即可久畜，渐为华语。须发皆卷而黄。其在澳者，则不畜须发。女子亦具白黑二种，别主奴。凡为户四百三十有奇，丁口十倍之。……男女杂坐，以黑奴行食品进。……食余，倾之一器，如马槽，黑奴男女以手持食。……黑奴男女皆为衣布。……屋多楼居……己居其上，而黑奴居其下。……凡庙所奉天主，有诞生图、被难图、飞升图。……出游率先夕诣龙松庙，迎像至本寺，燃灯达旦，澳众毕集，黑奴舁被难像前行，蕃童诵咒随之。②

《澳门记略》中对黑人的描绘非常生动，从他们的外貌、衣

---

① 郝玉麟：《（雍正）广东通志》卷62《艺文志》4；焦祁年：《巡视澳门记》，文渊阁四库全书本。
② 印光汝、张汝霖：《澳门记略》卷下《澳蕃篇》，143～151页，澳门，澳门文化司署点校本，1992。

着、服饰以及他们的饮食习惯都有所涉及。而且在一些节日出游时，黑奴没有因为身份低下而被排斥在外，相反他们还承担了一项神圣的任务，在出游时"舁被难像前行"。清代关于黑人的记载很多，尤其是乾、嘉、道三朝，人们的目光始终没有离开黑人这样一种别样的文化景观。《皇清职贡图》卷1载：

> 夷人所役黑鬼奴，即唐时所谓昆仑奴。明史亦载，荷兰所役名乌鬼，生海外诸岛，初至与之火食，累日洞泄，谓之换肠；或病死，若不死，即可久畜。通体黝黑如漆，惟唇红齿白，戴红绒帽，衣杂色粗绒，短衫，常握木棒。妇项系彩色布，袒胸露背，短裙无袴，手足带钏，男女俱结黑革条为履，以便奔走。夷人杂坐，以黑奴进食，食余，倾之一器，如马槽。黑奴男女以手抟食。夷屋多层楼，处黑奴于下。若主人恶之，锢其终身，不使匹配，示不蕃其类也。[①]

图138：《皇清职贡图》中的葡萄牙男女黑奴形象

赵翼《檐曝杂记》卷4《诸番》中则载：

[①] 傅恒、董诰、门庆安，等编：《皇清职贡图》卷1，93页，沈阳，辽沈书社，1991。

广东为海外诸番所聚。有白番、黑番，粤人呼为"白鬼子""黑鬼子"。白者面微红而眉发皆白，虽少年亦皓如霜雪。黑者眉发既黑，面亦黔，但比眉发稍浅，如淡墨色耳。白为主，黑为奴，生而贵贱自判。黑奴性最憨，且有力，能入水取物，其主使之下海，虽蛟蛇弗避也。古所谓"摩诃"及"黑昆仑"，盖即此种。某家买一黑奴，配以粤婢，生子矣，或戏之曰："尔黑鬼，生儿当黑。今儿白，非尔生也。"黑奴果疑，以刀斫儿胫死，而胫骨乃纯黑，于是大恸。始知骨属父，而肌肉则母体也。①

汤彝《盾墨》卷4《澳门西番》则云：

澳门，一名濠镜，隶香山县。……至国初，已尽易大西洋、意大里亚人，迄今二百年，孳育蕃息，其户口三千有奇，白主黑奴。……夷人所役之黑鬼奴，即唐时所谓昆仑奴，明时名乌鬼，生海外诸岛，通体如漆。夷人杂坐，以黑奴进食。食余倾之一器，如马槽，黑奴男女以手抟食。夷屋多层楼，处黑鬼于下。②

葡人东来，黑人随之而来，形成了"白为主，黑为奴"的局面，他们"生而贵贱自判"，过着非人的待遇，吃主人的残羹剩饭，白人，"食余，倾之一器，如马槽，黑奴男女以手抟食"。而且"夷屋多层楼，处黑鬼于下"，黑奴只能住在白人的下面，如果主人对黑奴表示厌恶，则"锢其终身，不使匹配，示不蕃其类也"③。可见，从明至清的大批中国士大夫对澳门的关注中其焦点始终没有离开黑人。

在清人的诗歌中也有大量涉及澳门"黑人"的题材。清初屈

① 赵翼：《檐曝杂记》卷4《诸番》，北京，中华书局标点本，1982。
② 汤彝：《盾墨》卷4《澳门西番》，续修四库全书本，上海，上海古籍出版社，2002。
③ 傅恒、董诰、门庆安，等编：《皇清职贡图》卷1，93页，沈阳，辽沈书社，1991。

大均《广州竹枝词》即云:

> 十字钱多是大官,官兵枉向澳门盘。东西洋货先呈样,
> 白黑番奴捧白丹。[1]

尤侗《荷兰竹枝词》亦说:

> 和兰一望红如火,互市香山乌鬼群。十尺铜盘照海镜,
> 新封炮号大将军。[2]

两首竹枝词都描写了黑人参加澳门葡人对外贸易的活动。康
熙十九年(1680 年)来澳门圣保禄学院修道的吴历在澳门生活了
近三年时间,在他的《澳中杂咏》则记录了澳门黑人较多信息:

> 黄沙白屋黑人居,杨柳当门秋不疏。夜半蜑船来泊此,
> 斋厨午饭有鲜鱼。(黑人俗尚淡黑为美。鱼有鲥鲻两种,用
> 大西阿里袜油炙之,供四旬斋素。)[3]

> 腊候山花烂熳开,网罗兜子一肩来。卧看欲问名谁识,
> 开落春风总不催。(花卉四时俱盛,游舆如放长扛箱。两傍
> 窗入,偃卧。尊富者雕漆巧花,居常者网罗一兜,以油布覆
> 之,两黑人肩走。)[4]

> 百千灯耀小林崖,锦作云峦蜡作花。妆点冬山齐庆赏,
> 黑人舞足应琵琶。(冬山以木为石骨,以锦作为山峦;染蜡
> 红蓝为花树状,似鳌山,黑人歌唱舞足与琵琶声相应。在耶
> 稣圣诞前后。)[5]

"黄沙白屋黑人居"从这句诗中可以看出黑人在澳门社会中
已经形成了一个群体,他们聚居在一起,有时会一起娱乐。他们

---

① 欧初、王贵忱编:《屈大均全集》第 2 册《翁山诗外》卷 16《广州竹枝词》,
   1306 页,北京,人民文学出版社,1996。
② 尤侗:《西堂全集》第 11 册《外国竹枝词》,文渊阁四库全书本。
③ 吴历撰,章文钦笺注:《吴渔山集笺注》卷 2《三巴集》前帙《澳中杂咏》3,
   161 页,北京,中华书局,2007。
④ 吴历撰,章文钦笺注:《吴渔山集笺注》卷 2《三巴集》前帙《澳中杂咏》11,
   169 页。
⑤ 吴历撰,章文钦笺注:《吴渔山集笺注》卷 2《三巴集》前帙《澳中杂咏》27,
   180 页。

的乐感很强，会应着琵琶声而手舞足蹈，因此吴历描述到"黑人舞足应琵琶"。张汝霖《澳门寓楼即事》中也写到黑人：

> ……居岂仙人好，家徒乌鬼多。移风伤佩犊，授业喜书蚪。富已输真腊，恩还戴不波。须知天泽渥，榷算止空舸。……①

夏之蓉《半舫斋诗钞》卷9亦载：

> ……野屋袅孤烟，岛屿相掩映。鬼奴形模奇，跂踵而交胫。藉此法王寺，阴森设椎柄。②

黑人的形状总体来说是很奇怪的，"形模奇，跂踵而交胫"，难以想象出他们怪异的样子。杭世骏《岭南集》卷5《黄孝廉同遣僮阿宝送鬼子羔》云：

> 鬼奴乌帽鞋勃毛，尺八腿缚行膝牢。左牵四尺帖尾獒，画幡招摇卷秀眊。③

嘉庆时期李遐龄《澳门杂咏》云：

> 黑种红衣薙鬈发，鸡毛插帽状堪哈。激筒药水溅肠罢，旋点玻璃打勺来。④

道光时潘有度《西洋杂咏》云：

> 头缠白布是摩卢（摩卢，国名；人皆用白布缠头），黑肉文身唤鬼奴。供役驶船无别事，倾囊都为买三苏。（夷呼中国之酒为三苏。鬼奴岁中所获，倾囊买酒。）⑤

不同时代均有文人对澳门黑人的诗歌描述，澳门黑人亦成为中国文人文学作品的关注对象。

---

① 印光任、张汝霖：《澳门记略》卷下《澳蕃篇》，146 页，澳门，澳门文化司署点校本，1992。
② 夏之蓉：《半舫斋诗钞》卷9《澳门》，乾隆三十六年刻本。
③ 杭世骏：《岭南集》卷5《黄孝廉同遣僮阿宝送鬼子羔》，光绪七年刻本。
④ 李遐龄：《勺园诗钞》卷1《澳门杂咏》，嘉庆十九年单刊本。
⑤ 潘义增、潘飞声：《番禺潘氏诗略》第2册《义松堂遗稿》之潘有度《西洋杂咏》，光绪二十年刻本。

三、明清东南海上及澳门黑人的来源

(一) 来源于东南部非洲的"黑人"

普塔克教授认为："葡萄牙人的奴隶大多数来自非洲。"他还说：

> 在澳门的所有人种中，黑人的社会地位是最低下的。他们大都是来自非洲，几乎没有受过教育，只从事简单的体力劳动，如作水手、手工业者的帮徒，或者充当 mo. os。[①]

普塔克教授的结论是有根据的。文德泉神父称，澳门自开埠之初即有非洲"黑人"，据1584年的记载，澳门耶稣会院就有19~29名非洲奴仆。[②] 万历年间，西洋传教士庞迪我、熊三拔向神宗帝上书解释澳门养奴之事称：

> 至于海国黑人，其国去中国六万里，向来市买服役。[③]

这"去国六万里"之国当指东部非洲国。1635年，澳门"有850个有家室的葡萄牙人，……他们平均有6个武装奴隶。其中数量最大、最优秀的是咖呋哩（cafre）人，还有其他族人"[④]。1637年，《彼得·芒迪游记》记录："澳门男奴隶大多数是卷头发的卡菲尔人。"[⑤] 1640年澳门出使日本的人员中有3名随行的卡菲尔奴隶。[⑥] 1771年一个在澳门的匈牙利人看到了一些来自加纳利群岛的卡菲尔人。[⑦] 根据一份1773年的葡文资料，澳

① 普塔克著，关山译：《澳门的奴隶买卖和黑人》，载《国外社会科学》，1985（6）。

② Manuel Teixeira, *O Comércio de Escravos em Macau*, p. 6.

③ 钟鸣旦、杜鼎克、黄一农，等编：《徐家汇藏书楼藏明清天主教文献》第1册庞迪我、熊三拔《奏疏》，100~101页，台北，辅仁大学出版社，1996。

④ 博克塞：《光复时期的澳门》，28页，里斯本，东方基金会，1993。转引自金国平、吴志良《郑芝龙与澳门——兼谈郑氏家族的澳门黑人》，见《东西望洋》，189~211页，澳门，澳门成人教育学会，2003。

⑤ Peter Mundy: *The travels of Peter Mundy, in Europe and Asia*, 1608—1667, Nenclelm, Rraus Reprit Ltd, 1967, VIII Part I, pp. 264~268.

⑥ Manuel Teixeira: *O Comércio de Escravos em Macau*, p. 10.

⑦ Manuel Teixeira: *O Comércio de Escravos em Macau*, p. 10.

门居民由四部分组成：出生在葡萄牙的葡萄牙人、出生在印度的葡萄牙混血儿、华人基督徒、非洲和帝汶的奴隶。[①] 从中可以看出，非洲黑人奴隶已成为澳门社会主要的组成部分之一。就是到澳门黑人衰减的清中期，天主教徒和印度商人还是积极参加奴隶贸易，1780—1830 年间每年有 200 至 250 个非洲人被运往葡属印度和澳门。[②]

以两地平分，则澳门在 1780—1830 年间每年均可增加 100 ~ 125 个非洲黑奴。1840 年，澳门土生葡人多明戈斯·皮奥·马贵斯（Domingos Pio Marques）遗产清单罗列的七名奴隶中就有两名卡菲尔人，一个是 40 岁的费列斯（Félix），另一个是 50 岁的丽塔（Rita）。他们的籍贯明确标明他们是卡菲尔人（cafre）。[③] 据鲁迪·包斯（Rudy Bauss）公布的 18 世纪的资料显示，澳门的非洲人占了白人和黑人总人口数的 33%。[④]可以证明，非洲黑奴在澳门总人口中占有相当多的数量。

非洲的莫桑比克因长期作为葡萄牙的东方属地和居留地，也成为澳门黑人奴隶的重要来源地。法国学者贡斯当的著述中提到：

> 澳门租用和修缮非常豪华的住宅，他们都择地区优美、漂亮、美观又带有很大的美丽花园。自 16 世纪以来，葡萄牙便习惯于将莫桑比克的黑人运到澳门，以给到那里住冬的

---

① 参见 A. M. Martins do Vale：Os Portugueses em Macau（1750—1800），Instituto Português do Oriente，1997，p. 130.

② Rudy Bauss：A demographic study of Portuguese India and Macau as well as comments on Mozambique and Timor，1750—1850，in *The India Economic and Social History Review*，34，2，1997，p. 212.

③ Jorge Forjaz：*Familias vol. 2*，0. 561，*Macaenses*，Macau，Fundacao Oriente，1996.

④ Rudy Bauss：A demographic study of Portuguese India and Macau as well as comments on Mozambique and Timor，1750－1850，in *The India Economic and Social History Review*，34，2，1997，p. 213. 澳门人口调查，载于澳门书信集，HAG 1314，1818 年，5 043 人，75 页；澳门书信，HAG 1334，1831，4 419 人，106 页；澳门书信集，HAG 1341，1835，4 804 人。普塔克《澳门的奴隶买卖和黑人》文也指出："非洲黑人占了大多数"。

　　驻穗欧洲人充当仆人。①

　　到18世纪后，欧洲各国东印度公司均在澳门设立商馆或办事处，其所役使之黑奴来自非洲东南部的莫桑比克。《瀛环志略》云：

　　　　澳门各夷馆所用黑奴，皆从此土（指莫三鼻给）贩。②

　　"莫三鼻给"即今之莫桑比克（Mozambique）。鲁迪·包斯的一份调查中也写到：（澳门）黑人一部分来自莫桑比克。18世纪中期成书的《中国和日本》一书中记载，当时澳门尚有许多"黑人"，其中不少是莫桑比克人。③ 可见，18世纪后澳门黑奴来自莫桑比克的数量在澳门总人口中占有不小的比例。

　　普塔克甚至还认为，在来自非洲的"黑人"中，有许多人是来自非洲西北部的佛得角群岛，他说，按照一些语言学家的看法，澳门葡人所讲的那种"澳门语"是受佛得角群岛语言的影响。④ 以此为依据，可以旁证澳门有不少从佛得角群岛来的黑人。

　　（二）来自霍尔木兹的"黑人"

　　早期来华的黑奴有来自霍尔木兹者。《甓余杂集》卷2载：

　　　　刘隆等兵船并力生擒哈眉须国黑番一名法哩须。⑤

　　又据上虞县知县陈大宾申抄黑番鬼3名口词，（其中）一名法哩须，年26岁，地名哈眉须人，10岁时，被佛郎机买来，在海上长大。⑥

―――――――――

① 贡斯当著，耿昇译：《中国18世纪广州对外贸易回忆录》（此书大概成书于19世纪末），载《暨南史学》，2003（2）。

② 徐继畬：《瀛环志略》卷8，256页，影印道光三十年刊本，256页，台北，华文书局，1968。

③ Manuel Teixeira: *Macau através dos séculos*, Macau, 1977, p. 24.

④ 普塔克著，关山译：《澳门的奴隶买卖和黑人》，载《国外社会科学》，1985（6）。

⑤ 朱纨：《甓余杂集》卷2《捷报擒斩元凶荡平巢穴靖海道事》，明朱质刻本，天津，天津图书馆藏。

⑥ 朱纨：《甓余杂集》卷2《议处夷贼以明典刑以消祸患事》，明朱质刻本，天津，天津图书馆藏。

该书卷 5 提到的"46 名黑番鬼"中也有一名来自哈眉须。①
又哈眉须，据考证为霍尔木兹。据葡文资料，1550 年前后，霍尔
木兹曾居住着大约 150 名葡萄牙人和"黑人居民"。② 据博卡罗的
解释，这里的"黑人"指"黑种已婚居民"即"当地的土著
人"。上面这些来自于哈眉须（Hormus）的黑奴当是当地土著
人。

（三）来自印度的"黑人"

17 世纪时，葡萄牙人将印度人分为两种：一种称为"伊斯兰
教摩尔人"；一种称为"非犹太教的黑人"。这种"黑人肤色浅
黑，具有其他人所没有的智慧。他们有一个恶习，他们是优秀的
窃贼。黑色非犹太人毫不吝惜自己的体力，可以成为一个很好的
仆人"③。澳门的印度黑人当是这种"非犹太教的黑人"。不仅葡
萄牙人将印度人视为"黑人"，美国人也将印度人称为"黑人"。
据哈丽特·洛日记：

> 在澳门，葡萄牙人常常与来自印度的混血女子结婚，
> ……马尔顿太太及两位威廉斯家小姐从加尔各答来，他们具
> 有一半种姓血统，肤色相当深……我们应该叫他们为黑人。④

《历史上的澳门》中载：

> 到 1563 年，已有 900 葡萄牙人（儿童不计在内），此外
> 还有几千名满剌加人、印度人和非洲人，他们主要充当从事
> 家务的奴隶。⑤

徐萨斯的记载中谈到 16 世纪澳门就有印度人充当奴隶。1564

---

① 朱纨：《甓余杂集》卷 5《六报闽海捷音事》，明朱质刻本，天津，天津图书馆
藏。
② 桑贾伊·苏拉马尼亚姆著，何吉贤译：《葡萄牙帝国在亚洲 1500—1700：政治和
经济史》，83 页，澳门，纪念葡萄牙发现事业澳门地区委员会，1997。
③ 桑贾伊·苏拉马尼亚姆著，何吉贤译：《葡萄牙帝国在亚洲 1500—1700：政治和
经济史》，238 页，纪念葡萄牙发现事业澳门地区委员会，1997。
④ 普噶：《从哈丽特·洛（希拉里）的日记看 19 世纪澳门性别的社会生活》，载
《行政》，2002（2）。
⑤ 徐萨斯著，黄鸿钊、李保平译：《历史上的澳门》，32 页，澳门，澳门基金会，
2000。

年到澳门的叶权看到葡萄牙人役使黑鬼，其中也有女黑奴，她们
"色如男子，额上施朱，更丑陋无耻"①，从其"额上施朱"来判
断，应是印度女人。可见，澳门开埠之初即有来自印度的黑奴。
利玛窦在肇庆时，曾在澳门调来一个印度黑人钟表匠，为肇庆知
府王泮造钟：

> 这个人来自印度果阿省，是所谓加那利人（Canarii），
> 肤色深褐，是中国人称赞为不常见的。

康熙六年（1667）随葡使玛讷·撒尔达聂（Manuel de Sal-
danha）入京进贡的仆人也有印度黑人。据葡文档案记录：

> 在我们的寓所，他们为巴塞因（Baçaim）一苦力仆人治
> 好了病。这个仆人病了一大场，虽说没变白，却不那么黑
> 了，皮肤变得光滑些了。原因是印度人并不像莫桑比克人那
> 样黝黑黝黑的。

来自印度的黑人主要为马拉巴尔人、卡那林人及其他种族。
入清后，来澳门的印度黑人多称"摩卢""摩啰"。道光时潘有度
《西洋杂咏》中曾提到：

> 头缠白布是摩卢，（摩卢，国名。人皆用白布缠头。）黑
> 肉文身唤鬼奴。②

《林则徐日记》则云：

> 更有一种鬼奴，谓之黑鬼，乃谟鲁国人，皆供夷人使用
> 者，其黑有过于漆，天生便然也。③

摩卢当即谟鲁。摩卢人葡文为 Mouro，英文作 Moor，今译摩
尔人。其词源是拉丁语 maurrus，原始语义是异教徒。在葡语中有

---

① 叶权、王临亨、李中馥：《贤博编》附《游岭南记》，46 页，北京，中华书局标
  点本，1987。
② 潘义增、潘飞声：《番禺潘氏诗略》第 2 册《义松堂遗稿》之潘有度《西洋杂
  咏》，光绪二十年刻本。
③ 陈胜粦编：《林则徐日记》，道光十九年七月二十六日，辑自陈树荣、黄汉强编
  《林则徐与澳门》，241 页，澳门，"纪念林则徐巡阅澳门一百五十周年学术研讨
  会"筹备会，1990。

两个基本的意思，一是不信基督教的土著，二是伊斯兰教徒，尤其是指北非和统治伊比利亚的穆斯林。在葡属印度，用于不信基督教的土著或穆斯林。上引被称之"黑鬼"的摩卢（谟鲁）人应指不信基督教的土著，也就是前言之"非犹太教的黑人"。澳门的印度"黑人"除为奴仆者外，还有一部分是服役当兵，崇祯三年（1630 年）组建支援明朝的 100 名黑人部队中有一部分是印度人。[①]1784 年，在澳门组建一个连队，其中主体就是 100 名印度叙跋兵（Sepoys）。[②] 在澳门有个摩罗园（Mouros），原来是从葡属印度招雇来的土著兵的军营，印度收回葡属印度后，改从非洲招兵。摩卢人，具体就是指葡萄牙人从葡属印度如果阿、柯钦等地带来的当地土著黑人。嘉庆十七年八月二十八日禀文也曾提到澳门一名嚤嚧鬼酒醉后到街上店铺闹事，后被其主人带回去处置。[③] 此嚤嚧鬼就是摩卢人。18 世纪后期来广州、澳门的 Mouro 或 Moor，却是葡属或英属印度殖民地的土著民，其人以白布缠头，如《西洋杂咏》中提到的"头缠白布是摩卢"。但须注意的是，还有一部分称之为"白头摩啰"或"港脚白头夷"者却不是在澳门为奴者，他们是居住在印度的巴斯人，他们大都是从事海上贸易的商人，其所奉者为祆教。故《瀛环志略》云：

> 粤东呼（波斯）为大白头，呼印度为小白头。两地皆有白布缠头之俗，因以为名者也。[④]

大白头为巴斯人，祆教徒；小白头为印度非基督教土著及穆斯林。

① Michael Cooper, Rodrigue：*O Interprete*：*Um Jesuita no Japão e na China do Seculo*，Lisboa，Quetzal，2003，XVI，p. 383.
② 龙思泰著，吴义雄、郭德水、沈正邦译：《早期澳门史》，65 页，北京，东方出版社，1997。
③ 刘芳辑，章文钦校：《清代澳门中文档案汇编》（上），第 599 号档，328 页，澳门，澳门基金会，1999。
④ 徐继畬：《瀛环志略》卷 3，影印道光三十年刊本，250 页，台北，华文书局，1986。

（四）来自孟加拉和马六甲的 "黑人"

据载，16 世纪进口到果阿的奴隶大部分来自孟加拉、中国和日本。17 世纪初果阿的奴隶大部分来自远东、孟加拉及东非三个地区，① 可见孟加拉奴隶在果阿的数量很大，而在澳门数量相应要少得多。目前为止仅发现两例：一是据巴范济 1583 年的信称，当时他身边有一个孟加拉人，名字叫 "阿隆索"，此人能说一口流利的官话。② 二是在何大化。《1643 年华南耶稣会年札》中记录的澳门城的黑人有孟加拉人。③

在葡萄牙人控制的东方殖民据点中，马六甲是离澳门地缘最近的基地，故与澳门的关系亦表现最为密切。葡萄牙人将马六甲土著人称 "黑人"，《明史·佛郎机传》载："（其地）男女椎髻，身体黝黑"④。平托《远游记》记载满剌加时，多次提到马六甲的 "黑人"，⑤ 第一节引朱纨《甓余杂集》中也记录了不少满剌加黑人。徐萨斯《历史上的澳门》称，1563 年时澳门就有 900 名葡萄牙人和数千名奴隶，其中一部分是来自满剌加的人。他还指出，"早期澳门的葡萄牙殖民者与日本或满剌加女人结婚，尤以后者为多"⑥。裴化行又指出："住澳门的外商，因为葡国妇女的缺乏，又不满于马六甲或印度而来的妇女，于是便与日本的特别

---

① 桑贾伊·苏拉马尼亚姆著，何吉贤译：《葡萄牙帝国在亚洲 1500—1700：政治和经济史》，237 页，澳门，纪念葡萄牙发现事业澳门地区委员会，1997。
② 巴范济致戈麦兹的信，1583 年 2 月 18 日，见夏伯嘉著，向艳红、李春园译《利玛窦：紫禁城里的耶稣会士》第 3 章《澳门》，82 页，上海，上海古籍出版社，2012。
③ 何大化：《中国年札》，167 页，东方葡萄牙学会、葡萄牙国立图书馆，1998。转引金国平、吴志良：《郑芝龙与澳门——兼谈郑氏家族的澳门黑人》，见《东西望洋》，189~211 页，澳门，澳门成人教育学会，2003。
④ 张廷玉：《明史》卷 325《佛郎机传》，北京，中华书局，1974。
⑤ 费尔南·门德斯·平托著，金国平译：《远游记》上册，42~43 页，葡萄牙航海大发现事业纪念澳门地区委员会、澳门基金会、澳门文化司署、东方葡萄牙学会，1999。
⑥ 徐萨斯著，黄鸿钊、李保平译：《历史上的澳门》，32 页，澳门，澳门基金会，2000。

是与中国的妇女结婚。"① 可见，早期进入澳门的马六甲女奴很多，葡人多娶女奴为妾。17 世纪中期的葡文资料记载，有人建议葡王从澳门进攻广州称："留下 300 葡萄牙人及 100 名满剌加混血基督徒留守广州"②，均可证明 17 世纪时澳门马六甲"黑人"尚有不少。

（五）来自帝汶的"黑人"

帝汶，清人称为地满。《澳门记略》载："有地满在南海中，水土恶毒，人黝黑，无所主。"③《澳门图说》：

> （澳内）夷有黑白二种：白曰白鬼，西洋人，其性黠而傲；黑曰黑鬼，西洋之属地满人，其性愚而贪，受役于白鬼。④

可见，中文文献中也明确称有澳门黑奴来自"地满"。但帝汶"黑人"进入澳门都是后期的事情。西文资料多有记录，前引 1773 年葡文资料称帝汶的奴隶是澳门居民的组成部分；鲁迪·包斯 18 世纪资料也称，澳门的"黑人"一部分来自帝汶。⑤ 施白蒂亦称：

> 唐·伊拉里奥修士在 1747 年致国王的呈文中指责澳门人把抢来、骗来、买来和用布匹换来的帝汶人带到澳门做

① 裴化行著，萧浚华译：《天主教十六世纪在华传教志》上编，110 页，上海，商务印书馆，1936。
② 澳门中国居民若尔热·平托·德·阿泽维多于 1646 年 3 月亲手给唐·菲利佩·马斯卡雷尼亚斯总督先生转呈议事会《呈吾主吾王唐·若昂四世陛下进言书》，转引金国平：《耶稣会对华传教政策演变基因初探——兼论葡、西征服中国计划》，见《西力东渐：中葡早期接触追昔》，148 页，澳门，澳门基金会，2000。
③ 印光任、张汝霖：《澳门记略》卷下《澳蕃篇》，142 页，澳门，澳门文化司署点校本，1992。
④ 王锡祺：《小方壶斋舆地丛钞》第 9 帙张甄陶《澳门图说》影印光绪辛卯，315 页，杭州，杭州古籍书店。
⑤ Rudy Bauss, A demographic study of Portuguese India and Macau as well as comments on Mozambique and Timor, 1750—1850, in *The India Economic and Social History Review*, 34, 2, 1997, p. 213.

奴隶。①

澳门土生葡人多明戈斯·皮奥·马贵斯财产清单中的七个奴隶，除了两个是卡菲尔人，另外五个都是亚洲的帝汶人，Tomás（托马斯），José（若泽），Luisa（路易莎），Louren. o（洛伦索）和 Ana（安娜）。②

综上可以看出，明清时期澳门"黑人"的来源是多方面的，根据各种文献记录来看，主要来自东南部非洲（包括西北非之佛得角群岛）、伊朗（主要指霍尔木兹）、印度（主要指科罗曼德尔 Coromandel）及马拉巴尔（Malabar）、孟加拉（Bengal）、马六甲（Malakar）及帝汶（Dimor）。其中来自东南非洲是 16—19 世纪澳门"黑人"中的主体部分，且从 16 世纪直到 19 世纪中叶，非洲黑人一直是澳门"黑人"的主体，其次是印度"黑人"，再次是帝汶"黑人"。马六甲"黑人"主要是在澳门开埠初期的一段时间进入的，而帝汶"黑人"主要在 18 世纪中后期才进入澳门。至于孟加拉"黑人"进入澳门者人数不多，在文献中仅见一次记录。

四、明清时期澳门黑人的数量及其在澳门社会中的地位和作用

随着葡人的不断东来，澳门的黑人也越来越多。他们主要来自非洲、印度和东南亚各国。那么黑人在澳门社会中到底有多少？澳门开埠初十年间，葡萄牙来澳人数最高达 900 名已婚者，③而当时澳门的外国人总人数为 5 000~6 000 基督教徒。④ 当时进

① 施白蒂著，小雨译：《澳门编年史：16—18 世纪》，136 页，澳门，澳门基金会，1995。
② Jorge Forjaz, *Familias Macaenses*, Macau：Fundacao Oriente, 1996, vol. 2, p. 561.
③ 施白蒂著，小雨译：《澳门编年史：16—18 世纪》，16 页，澳门，澳门基金会，1995。
④ 施白蒂著，小雨译：《澳门编年史：16—18 世纪》，17 页，澳门，澳门基金会，1995。

入澳门华人入教者不多，故这一时期来澳的黑人至少应在 4 000
人左右，其数据远远高于葡萄牙人。博卡罗曾经参照果阿的统计
数据写道：葡萄牙人家庭至少平均有 6 名以上的奴隶，他们 "是
具有服役能力的，其中绝大多数是黑奴及同类" ①。在对日贸易的
鼎盛时期，已婚的葡萄牙男户主的人数 1601 年达 400 人，1635
年达 850 人，1640 年减为 600 人。按 1：6 推算，黑人应为 2 400
人、5 100 人和 3 600 人②。17 世纪 40 年代初，澳门总人口估计
约为 40 000 人，其中约有 2 000 人是葡萄牙人或具有葡萄牙血统
的人。③ 如果以博卡罗所说的比例来计算，当时的黑人为数也
不少。

乾隆八年（1743 年）广东按察史潘思榘上奏："我朝怀柔远
人，仍准依栖澳他。现在澳夷计男妇三千五百有奇。"④ 19 世纪
初，澳门人口又有所增加。《粤海关志》记澳门人口云："今生齿
日繁，男女计至五千众"⑤，今指嘉庆十五年（1810 年）。可见此
时入华葡人及土生葡人数量已大不如以前，一是由于澳门经济逐
渐衰落，二是清政府的禁海政策，导致澳门葡人逐渐减少，因此
随之而来的黑人数量也相应减少。到了嘉庆十四年（1809 年）总
督百龄临澳点阅时，夷人 1 750，夷妇 1 680，夷兵 265，黑奴

① "Description of the City of the Name of God in China, by Antonio Bocarro, Chronicler –
in – Chief of the State of India", in C. R. Boxer ed. and trans., *Seventeenth Century
Macau in Contemporary Documents and Illustrations*, Hongkong, Heinemann, 1984,
p. 15.

② 中外关系史学会、复旦大学历史系编：《中外关系译丛》第 5 辑博克塞《十六—
十七世纪澳门的宗教和贸易中转港之作用》，82 页，上海，上海译文出版社，
1985—1991。

③ Sanjay Subrahmanyam: *The Portuguese Empire in Asia*, 1500—1700: A Political and E-
conomic History, London and New York, Longman, 1993, p. 207.

④ 印光任、张汝霖：《澳门记略》卷上《官守篇》，75 页，澳门，澳门文化司署点
校本，1992。

⑤ 梁廷枏：《粤海关志》卷 29《夷商》4，551 页，广州，广东人民出版社标点本，
2002。

365。① 这里的黑人数量明显比澳门对外贸易黄金时代统计的资料少得多。

从上述澳门葡人人口与黑人人口变化可以看出，明代澳门社会黑人人口比例远远高于葡人，成为澳门社会除华人以外第二主体人口。但入清后黑人人口比例逐渐下降，到嘉庆时竟降到 365 人，道光时又下降到 200 人，② 可见到清中叶时，澳门黑人在澳门人口中的比例已退居到较次要的位置上。

一般来说，黑人在澳门的身份均为奴隶或仆役，社会地位十分低下，即杜臻所言："黑鬼种贱，在仆隶耳。"③ 他们不具备"自由人"的身份，生命被主人掌握："其生死惟主人所命"④；甚至可以被主人像牲口一样贩卖："价百两、数十两"⑤ 不等；文德泉《18 世纪澳门》记录了 1708 年 4 月 13 日从澳门这往马尼拉贩卖的黑人发生暴力事件。他们只能吃主人的残羹冷饭："食余，倾之一器如马槽，黑奴男女以手抟食"⑥，居住则只能住在主人的楼下："己居其上，而黑奴居其下"⑦，最重要的是如果主人不喜欢这一黑奴，则终身不许其婚配："若主人恶之，锢其终身，不使匹配"⑧。可以说，黑人，是澳门社会中社会地位最为低下的。因此，在澳门社会中，"黑人"的反抗、逃亡、打架、酗酒、强奸、偷盗就成为了当时最为严重的社会问题。在明代，黑奴逃亡

---

① 祝淮：《（新修）香山县志》卷4《海防・澳门》引《县册》，影印道光七年刊本，中山文献丛书。
② 关天培：《筹海初集》卷1《奏覆查明澳门夷人炮台原委请免驱拆折》，见沈云龙《近代中国史料丛刊三编》，台北，文海出版社，1989。
③ 杜臻：《粤闽巡视纪略》卷2，康熙二十三年二月乙未条，孔氏岳雪楼影抄本。
④ 王士性：《广志绎》卷4《江南诸省》，101 页，北京，中华书局标点本，1993。
⑤ 朱纨：《甓余杂集》卷10《海道纪言》之《望归九首》，明朱质刻本，天津，天津图书馆藏。
⑥ 印光汝、张汝霖：《澳门记略》卷下《澳蕃篇》，143~151 页，澳门，澳门文化司署点校本，1992。
⑦ 印光任、张汝霖：《澳门记略》卷下《澳蕃篇》，145 页，澳门，澳门文化司署点校本，1992。
⑧ 傅恒、董诰、门庆安、等编：《皇清职贡图》卷1，93 页，沈阳，辽沈书社，1991。

事件就频频发生。① 在葡萄牙东波塔档案馆内就收藏了大量的关于澳门黑人各种犯罪的原始记录。② 尽管如此，但是在明清时期澳门社会中（特别在鸦片战争之前），由于"黑人"是澳门的第二大主体人口，他们在澳门社会中所占有的位置及所起的作用仍然是十分重要的。也就是说，澳门黑人在澳门社会中的地位和作用应引起研究者的注意。

1. 黑人"绝有力"③，且"临敌不畏死"④，再加上勇敢善战。"此类善斗"⑤，战斗力很强，冲锋陷阵，在所不辞，"故将官买以冲锋"⑥，并成为澳门最主要的军事力量。徐萨斯称：

> 议事会还保持一支市卫队，此外，海关还雇用一小队黑人。中国人十分惧怕这些黑人，因为他们异常骁勇，用扁担就能弹压骚乱。⑦

① Jose Maria Gonzalez, Historia de las Misiones Dominicanas de China, vol. 1, p. 150 记载，1638 年时，浙江温州城有一群从澳门逃往那里的黑人，据罗马耶稣会档案馆，日本－中国档第 122 号，第 264 页载，1647 年，在福建安海"从澳门逃跑的黑人（pretos）超过两百人"。据程绍刚译注《荷兰人在福尔摩沙（1624—1662）》，第 472 页称，"若澳门的出入检查松懈。所有的奴仆和其他自由黑人将投奔广东王（指尚可喜）"。而据费赖之《在华耶稣会列传与书目》上册第 297 页称："1641 年受洗者 230 人，有某官恶葡萄牙人，迁怒（聂）伯多，命束役殴之，并驱其出境，信教之黑人不愿为奴而从澳门逃出者，尽匿尼古拉（郑芝龙）舟中，闻伯多受窘，欲为复仇。"可知，郑芝龙手下的黑人也是在明末时从澳门逃出。据《葡萄牙国王遣中华及鞑靼皇帝特使玛讷撒尔达聂使京廷简记》（金国平《中葡关系史地考证》，第 179 页）记录，1667 年，随葡使进贡入京的黑人也在下船后即逃入皇宫。据 Manuel Teixeira, Macau no Séc. XⅧ, p. 17 记载 1701 年时，有澳门 2 位葡萄牙人的 16 名奴隶逃入广东顺德。
② 刘芳辑，章文钦校：《清代澳门中文档案汇编》上册第 6 章《民蕃交涉》，这一章近 200 份档案，其中多涉及黑人犯罪。
③ 屈大均：《广东新语》卷 7，234 页，北京，中华书局标点本，1985。
④ 蔡汝贤：《东夷图说》之《黑鬼》，影印明万历刊本，29～30 页，四库存目丛书，济南，齐鲁书社，1997。
⑤ 朱纳：《巆余杂集》卷 10《海道纪言》之《望归九首》，明朱质刻本，天津，天津图书馆藏。
⑥ 蔡汝贤：《东夷图说》之《黑鬼》，影印明万历刊本，29～30 页，四库存目丛书，济南，齐鲁书社，1997。
⑦ 徐萨斯著，黄鸿钊、李保平译，《历史上的澳门》，第 3 章，28 页，澳门，澳门基金会，2000。

工部右侍郎赛尚阿奏陈澳门情况时就说：

> 又有番哨三百余人，皆以黑鬼奴为之，终年训练，无间
> 寒暑。①

这些黑人在军队中充当士兵，成为军队重要的组成部分。
1606 年，黑人和葡萄牙人还一起参加了在青洲小岛的战斗。②
1622 年，在葡荷战争中，黑人对战斗的胜利起了决定性的作用。
当时还有一名女黑奴女扮男装，杀死了 2 名荷兰人。③ 咖唉哩国
的黑人作战勇敢，因此葡人特别喜欢役使他们。1622 年澳门反击
荷兰入侵战争中，葡萄牙人喜欢给卡菲尔奴隶大量酒、鸦片，使
这些卡菲尔奴隶勇敢作战，并战胜了荷兰人。耶稣会士鲁日满
（Francois de Rougemont）称：

> 在战斗里，这些士兵中表现最勇敢的是咖唉哩（os Caf-
> res）人。④

这次胜利意义重大，使荷兰彻底放弃了占领澳门的想法，转
而把注意力转移到中国东南沿海的台湾及澎湖群岛一带。而且为
了嘉奖黑奴表现出来的忠诚和勇敢，得胜者当场宣布归还他们
（指黑奴）以自由。事后，海道也给黑人送来了几百担大米。⑤
1622 年澳门送至北京一队铳师也是黑人：

> 天启初，宣彼国三十人至京教军士铳法。甲子春，遣
> 回，至杭州，曾见之。其人色黑如墨，颠毛不及寸，皆团结

① 中国第一历史档案馆、澳门文化司署：暨南大学古籍所编：《明清时期澳门问题
档案文献汇编》第 2 册《寄谕两广总督卢坤等澳夷在澳门自筑砲道训练番哨之事
著确切查明据实具奏》，259 页，北京，人民出版社，1999。
② 徐萨斯著，黄鸿钊、李保平译：《历史上的澳门》，第 5 章，45～46 页，澳门，澳
门基金会，2000。
③ 徐萨斯著，黄鸿钊、李保平译：《历史上的澳门》，第 6 章，55～56 页，澳门，澳
门基金会，2000。
④ 金国平、吴志良《郑芝龙与澳门——兼谈郑氏家族的澳门黑人》，见《东西望
洋》，189～211 页，澳门，澳门成人教育学会，2003。
⑤ 徐萨斯著，黄鸿钊、李保平译：《历史上的澳门》，第 6 章，57 页，澳门，澳门基
金会，2000。

如螺，两旁髭须亦然。颇似今所图达摩祖师像。所用刀锋利而薄，可以揉捲，盖千炼铁也。其小铳以弹飞鸟，亦在半空方响，发无不中。①

崇祯三年（1630 年）从澳门组织的 360 名雇佣军中，其中 100 人即被称之为"黑奴"的"非洲人和印度人"②。1638 年，因明朝"哨兵盗奸夷妇"之事，一队"黑夷"水手驾哨船，驾大铳驶入香山汛地，袭击明军，且"误杀"哨官何若龙，后为首 6 名黑人凶犯均被中国官员绞死。③ 当时威震东南海上的"一官船国"中也有一支黑人雇佣兵：

> 这些士兵是郑芝龙从澳门和其他地方弄来的。这些人是基督徒，有妻子儿女。他们来探望我们。他们的连长叫马托斯（Luis de Matos）是一个聪明、理智的黑人……在那里（安海），有一些澳门的黑人。他们是基督徒，是那位官员（郑芝龙）的士兵……上述官员一官手下一直有大量的从澳门来的棕褐色的基督徒为其效劳。他们有自己的连队，是优秀的铳手（arcabuceros）。他最信任他们，用他们护身、充兵役。我们一靠岸，一些人马上过来看望我们。有几个是我在澳门认识的……④

这些黑人为郑氏家族事业的发展和巩固贡献不少。他们捍卫自己的主人，为主人赴汤蹈火，为主人而战，他们还通过语言的

---

① 包汝楫：《南中纪闻》（不分卷）之《西洋国鸟铳》，丛书集成初编本，19 页，北京，中华书局，1985。

② Michael Cooper, Rodrigue：*O Interprete*：*Um Jesuita no Japão e na China do Seculo XVI*，p. 383. 韩霖《守圉全书》卷 3 韩云《战守惟西洋火器第一疏》称："购募澳夷数百人，佐以黑奴，令其不经内地，载铳浮海，分凫各岛。"此处"黑奴"即西文中的"非洲及印度人"。

③ 张镜心：《云隐堂文录》卷 3《直纠通澳巨贪疏》，光绪十六年磁州张璈刻本，26～33 页，北京，国家图书馆藏；Manuel Teixeira, Macau no Sec. XVII, pp. 69～70。

④ 《在华方济各会会志》第 2 卷，367 页，转引金国平、吴志良《郑芝龙与澳门——兼谈郑氏家族的澳门黑人》，见《东西望洋》，189～211 页，澳门，澳门成人教育学会，2003。

方式和勇敢的行为来表达对主人的忠诚。[①] 而这些黑人军队大部分来自澳门。[②] 这一批黑人最初有"300 多人",但至后来清军击败郑芝龙时"剩下来的大约 200 人,后来在胜利者(清朝)手下当兵,刚好被编入广州城的军队",驻守广州,防御海盗。

2. 由于黑人"性颇忠实"[③],其对主人十分忠诚,"其人止认其所衣食之主人,即主人之亲友皆不认也"[④]。效忠主人,甚至可以为其"用剑自杀而亡"。所以,他们是很好的护卫和家仆。葡萄牙人居住的房屋一般都有很多层,他们(指葡萄牙人)居住在上层,而黑奴居于最下层,目的就是要保护夷主和整个大宅院的安全,做好护卫工作。因此屈大均说:"诸巨室多买黑人以守户"[⑤],姚元之则称:

> 番人之有职者,所居墙外有黑鬼持火枪守之,隔数十步立一人。[⑥]

而且葡萄牙人用餐时,"男女杂坐,以黑奴行食品进"。姚元之以亲眼所见黑奴的家庭服务:

> 饮用熬茶,令鬼奴接客座以进;食果,鬼奴递送客前,取客前之盘返于主人,别置他果,往复传送,客引愈多,食愈多,则主人愈乐矣。[⑦]

---

① Peter M. Voelz, *Slave and Soldier: The Military Impact of Blacks in the Colonial Americas*, New York & London, 1993, pp. 367.

② 金国平、吴志良:《郑芝龙与澳门——兼谈郑氏家族的澳门黑人》,见《东西望洋》,189~211 页,澳门,澳门成人教育学会,2003。

③ 钟鸣旦、王鼎克、黄一农,等编:《徐家汇藏书楼藏明清天主教文献》第 1 册庞迪我、熊三拔《奏疏》,100~101 页,台北,辅仁大学出版社,1996。

④ 王士性:《广志绎》卷 4《江南诸省》,101 页,北京,中华书局标点本,1993。

⑤ 屈大均:《广东新语》卷 7,234 页,北京,中华书局标点本,1985。

⑥ 姚元之:《竹叶亭杂记》卷 3《广东香山有地》,北京,中华书局标点本,1982。

⑦ 姚元之:《竹叶亭杂记》卷 3《广东香山有地》,北京,中华书局,1982。

图 139：《阿妈港纪略稿》^①中葡萄牙贵族与其黑人仆役^①

又根据洛伦索·梅希亚斯神父 1548 年 12 月 8 日记载，在澳门耶稣会会院，有 19～29 名非洲奴仆，其中一人为看门员，另一位是圣器管理员。^② "夷人自有黑奴搬运家私，移顿货物……"^③《芒迪游记》还载，澳门一种主要流行于葡萄牙和西班牙民族的骑术和投球的游戏中，"每个骑士都有卡菲尔黑奴为自己传递泥球。"^④ 曾于 1829—1833 年在澳门居住的美国姑娘哈丽特·洛（Harriet Low）在日记中提到，1831 年 8 月 17 日，她在非洲卡菲尔奴仆的武装护卫下步行去欣赏歌剧。^⑤ 文德泉神父的

① 近藤守重：《近藤正斋全集》之《阿妈港纪略稿》卷下《杂图》，41 页，东京，国书刊行会，1905。
② Manuel Teixeixa, *O Comércio de Escravos em Macau*, p. 6.
③ 梁廷枏《粤海关志》卷 29《夷商 4》，554 页，广州，广东人民出版社标点本，2002。
④ Peter Mundy：*The travels of Peter Mundy, in Europe and Asia*, 1608～1667, VIII Part I, pp. 264～268.
⑤ 普噶（Rogério Miguel Puga）：《从哈丽特·洛（希拉里）的日记看 19 世纪澳门性别的社会生活》，载《行政》，2002，总 56 期，15（2）。

书中还提到非洲卡菲尔奴仆参加 1833 年新年庆祝活动的情景；
这些奴隶为总督提供各种服务。[①] 可见，葡人出行，卡菲尔黑奴
常伴其左右。这就可以反映出这些黑人仆役为他们的葡人主子从
事方方面面的家庭服务。

3. 黑人的水性很好，"入水可经一二日"[②]，甚至"其主使
之下海，虽蛟蛇弗避也"[③]，故多被用来作为船上的水手、护卫，
应急时可用。多种中文文献记录："有黑鬼者，最善没，没可行
数里"[④]；"番舶渡海，多以一二黑鬼相从，缓急可用也"[⑤]；"番
舶往来，有习于泅海者，谓之黑鬼刺船护送"[⑥]；"洋船：以黑鬼
善没者司之"[⑦]。当时每年从澳门抵达长崎的"大黑船"上，不
仅有白色的葡萄牙人和亚洲人，而且还有深肤色的来自非洲和亚
洲的水手："崇祯十三年五月十七日（1640 年 7 月 6 日）澳门一
艘小船抵达长崎，海员 74 人，内葡萄牙人 61 人，黑人十三人"，
而 1640 年 1 月 3 日大员出发的遇难获救的荷兰船上就有"黑奴 9
名"[⑧]。《南蛮屏风图》中有多幅图画描绘黑人在大黑船上充当各
种职务形象。[⑨] 由此可以反映出黑人在澳门对外贸易的航海中所
具有的重要作用。

---

① Manuel Teixeira, *O Comércio de Escravos em Macau*, p. 11.

② 蔡汝贤：《东夷图说》之《黑鬼》，影印明万历刊本，29～30 页，四库存目丛书，
济南，齐鲁书社，1997，29～30 页。

③ 赵翼：《檐曝杂记》卷 4《诸番》，北京，中华书局标点本，1982。

④ 李光缙：《景璧集》卷 9《却西番记》，影印崇祯十年本，南京，江苏广陵古籍刻
印社，1996。

⑤ 王临亨：《粤剑编》卷 3《志外夷》，92 页，北京，中华书局标点本，1987。

⑥ 《明熹宗实录》卷 11，天启元年六月丙子条。

⑦ 郝玉麟：《（雍正）广东通志》卷 9《海防志》，文渊阁四库全书本。

⑧ 村上直次郎（日译）、郭辉（中译）：《巴达维亚城日记》，第 2 册，265 页，台
北，台湾文献委员会，1970。

⑨ Institto Português do Oriente：Namban：*Memórias de Protugal no Japão*, p. 64, p. 66,
p. 67, pp. 74～75.

图 140：16 世纪《南蛮屏风图》中记录的航行中的黑奴

4. 由于黑人长期与其欧洲主人生活在一起而通欧洲语言，而到澳门后又多与华人打交道，或"见渐习华语"，或"日久能粤语"。因此，黑人多利用他们的语言知识，在中西交往中充当翻译。① 朱纨称黑人"往往能为中国人语"②，这些能讲中国话的黑人在嘉靖时期中日贸易中充当翻译。1583 年巴范济的信中称澳门耶稣会院有孟加拉人阿隆索，"能说一口流利的官话"③。此人亦充当翻译。徐萨斯《历史上的澳门》中也记载黑奴充当翻译的事情。1637 年，英国的威德尔率船队从果阿航行至澳门，他们首先派遣一支探测船队花一个月时间勘探河流情况，这支探测船队于中途被中国船队拦住，不让他们前行。中国舰队上的通事（翻译）就是一些从澳门逃出去的黑奴。中方官员通过通事规劝这支船队返回。最终这支英国的探测船队返回了澳门。从这件事情可以看出，黑奴在双方交涉的过程中起了很大的作用，他们是双方

---

① Austin Coates, *Prelude to Hong Kong*, London, Routledge & K. Paul, 1966, p. 13.
② 朱纨：《甓余杂集》卷 2《议处夷贼以明典刑以消祸患事》，明朱质刻本，天津，天津图书馆藏。
③ 巴范济致戈麦兹的信，1583 年 2 月 18 日，见夏伯嘉著，向艳红、李春园译《利玛窦：紫禁城里的耶稣会士》第 3 章《澳门》，82 页，上海，上海古籍出版社，2012。

交涉的桥梁，充当了翻译。[①]

最后值得注意的一点是，来到中国的黑人不全是作为奴隶的，他们中也有地位比较高的，在旧金山的亚洲艺术博物馆中就收藏了一幅 14 世纪的中国画。画中的一个黑人从其衣着和举止上明显能看出他地位之高。这里明显反映出黑人不全是作为奴隶来澳的，且他们的后裔也不全是被役使的。[②] 也就是说，并不是所有的黑人及其后裔世代都作为奴隶。[③]

---

① 徐萨斯著，黄鸿钊、李保平译：《历史上的澳门》，第 8 章，75 页，澳门，澳门基金会，2000。

② Ronald Segal, Islam's Black Slaves: the other diaspora, New York: Farrar, Straus and Giroux, 2001, p. 69. Illustrated in Runoko Rashidi, ed, African Presence in Early Asia, New Brunswick, N. J., Transaction Publisher, 1995, p. 54.

③ Ronald Segal, Islam's Black Slaves the other diaspora, New York, p. 69.

澳门最早的华人庙宇——妈阁庙。此图为未填海之前拍摄的妈阁庙旧照。

第十三章　明代澳门地区华人居住地钩沉

第十三章　明代澳门地区华人居住地钩沉①

——兼论望厦村妈阁庙及永福古社之起源

澳门自古即为中国之领土，四五千年前即有人类在今澳门地区活动，这一点通过文献和考古材料可以获得清楚的认识。但是在澳门开埠前后，澳门半岛上华人的居留情况如何，这个问题虽已有人提及，但无系统研究，本章拟作考证探索。

一、澳门开埠前华人在澳门地区居留

葡萄牙人正式进入澳门通商的时间应是嘉靖三十三年（1554年），在此之前，澳门地区居民情况如何？据现有资料，即嘉靖二十六年（1547年）成书的《香山县志》透露，嘉靖二十六年之前，明朝在今澳门地区没有设置任何一个村落。② 这就告诉我们，嘉靖二十六年以前，明王朝在今澳门地区并没有任何行政性的建置。但是没有行政性的建置并不表明澳门地区没有华人居住。著名澳门史家白乐嘉称：

> 在葡萄牙人抵达澳门之前，半岛上已住有少数渔民。普

---

① 原文载《海交史研究》，1998（1）。
② 邓迁：《（嘉靖）香山县志》卷1《风土第一》，日本藏中国罕见地方志丛刊本，广州，中山大学出版社，1998。

济禅院即观音堂是当时两座寺庙中较为古老的一座……观音堂一开始可能只是一间小屋，屋子里有供奉一尊小观音像的祭台，这是由从福建移民过来并在 Mongha valley 定居的华人建起来的。两个小家族，即沈姓家族和何姓家族是真正的澳门拓荒者。①

据澳门本土史家王文达先生称：

望厦村民以何、沈、黄、许、赵诸族人氏为最多，故前时各姓皆建立宗祠于村内。……何氏宗祠位于观音庙不远，根据俗谚所谓："未有望厦村，先有何家祠。"可知，何氏宗祠为望厦村中各氏宗祠中最古者，至少踰数百年之久。②

据郭永亮对何氏后人之调查口述材料：

我家世祖，来自福建，居住在这里也都死在这里。我则大约是第十几代后的人，但不可确知；历来为了生活奔波，也没有族谱。居住在这一带的同乡人，依我所知，还有姓沈、姓林二家。③

又据郭永亮在何氏宗祠见到的两块神位牌称：

十三世祖显考生员师左何公府君之神位

妣例赠淑德刘氏安人

十四世祖考世英何公府君之神位

妣淑德陈氏安人

郭氏言：

我依据"何氏宗祠"内所见神位牌来看，何家来到澳门

---

① J. M. Braga：*The Western Pioneers and Their Discovery of Macau*，Macau，Imprensa，National，1949，p. 106.

② 王文达：《澳门掌故》之12《闾巷漫谈》，132～133 页，澳门，澳门教育出版社，1999。

③ 郭永亮：《澳门香港之早期关系》，3～5 页，台北，中央研究院近代史研究所，1990。

望厦，大概是正德年间（1506—1521 年）。①

上述资料虽非是最准确、最权威的原始资料，但与中西文献所载及考古实物大致吻合，故可以相信，在澳门开埠以前今望厦地区确有华人居住，且是福建移民。

但是否即如有人所言："望厦开村的年代，可以考证到明朝洪武十九年，即 1638 年"，②"望厦村，是本澳古村，开村于明洪武十九年"③。费成康《澳门四百年》亦同此说④。还有人称"明洪武十九年，望厦村的村民为保卫乡梓，就曾组织'望厦乡民知守义团'"⑤。望厦乡民抗葡之事是道光二十九年（1849 年）刺杀亚马留事件后发生的事情。王文达称：

> 自道光二十九年沈米事件发生后，望厦村内之中国汛兵及县丞乃移屯白石及前山。故望厦村内之防守工事，概由望厦村民自行组织"望厦乡民知守义团"，负起捍卫社稷责任，在城隍庙址设立团部。⑥

后两广总督张之洞还赞望厦村人云：

> 望厦村民知守义团，团体独固，深堪嘉尚，不畏时局变迁。戊戌（1898 年）之秋，竟至华洋杂处。余触目时艰，狂澜莫挽，不禁感慨系之耳。⑦

将成立于道光以后的"望厦乡民知守义团"定为明洪武十九年，可见某些先生撰澳门史草率之甚。

是否望厦村开村于明洪武十九年呢？洪武十九年是赵彦方作

---

① 郭永亮：《澳门香港之早期关系》，3～5 页，台北，中央研究院近代史研究所，1990。
② 布衣：《澳门掌故》之《望厦开村在明朝》，105 页，香港，广角镜出版社，1977。
③ 唐思：《澳门风物志》，116 页，澳门，澳门基金会，1994。
④ 费成康：《澳门四百年》，5 页，上海，上海人民出版社，1988。
⑤ 元邦建、袁桂秀：《澳门史略》，11 页，香港，中流出版社，1990。
⑥ 光绪三十四年《倡建城隍庙碑》，见王文达《澳门掌故》之 10《古庙小志》，130 页，澳门，澳门教育出版社，1999。
⑦ 光绪三十四年《倡建城隍庙碑》，见王文达《澳门掌故》之 10《古庙小志》，130 页，澳门，澳门教育出版社，1999。

香山县令时间。嘉靖《香山县志》卷 5 载：

　　赵彦方，浦江人，儒士，洪武十九年任，卒于官。①

这里只称赵彦方洪武十九年任香山县令，并无文献称赵氏洪武十九年在澳门望厦开村。又据《（嘉靖）香山县志》称：

　　子孙入籍良字都。②

良字都在香山县东南 20 里，而望厦属恭常都，在县南 120 里，相距百里之远。赵氏在洪武后仅落籍香山，并未进入澳门望厦。

据乾隆十三年（1748 年）举人梁尚举撰《赵氏家庙碑记》载：

　　考赵氏本宋宗室，系出浙江金华浦江县，其先彦方公宦游闽粤，作宰香山，遂占籍焉。传至英玉祖，始卜居于香邑之澳门。……吾家自英祖来澳，已历六传。③

又据王文达称：

　　明末崇祯十五年，赵英玉始卜居澳门，更六传而至赵封石，乃建赵氏家庙于望厦。④

很清楚赵氏迁居澳门望厦乃是明末崇祯十五年（1642 年）以后的事情⑤，决非明洪武之时。

---

① 邓迁：《（嘉靖）香山县志》卷 5《县官表》，日本藏中国罕见地方志丛刊本，广州，中山大学出版社，1998。

② 邓迁：《（嘉靖）香山县志》卷 5《县官表》，日本藏中国罕见地方志丛刊本，广州，中山大学出版社，1998。

③ 梁尚举：《赵氏家庙碑记》，见王文达《澳门掌故》之 12《闾巷漫谈》，133 页，澳门，澳门教育出版社，1999。

④ 王文达：《澳门掌故》之 12《闾巷漫谈》，134 页，澳门，澳门教育出版社，1999。按：王文达录此望厦《倡建城隍庙碑》时将"望厦村民知守义，团体独固"一句衍出一"团"字，为："望厦村民知守义团，团体独固"。故凭空产生了一个望厦村的抗葡组织，以致后人多误。参见谭世宝《金石铭刻的澳门史：明清澳门庙宇碑刻钟铭集录研究》，383～402 页。

⑤ 王文达称崇祯十五年赵英玉始卜居澳门，此说法亦有问题。据仲漳邺生录《赵书泽堂家谱》之《浦江赵氏家谱》第 31 页，崇祯十五年（1642 年）是赵英玉出生的时间，他不可能一生出来就迁居澳门，不久又有迁海，赵家亦不可能迁往澳门，因此，余以为赵英玉迁居澳门应在康熙八年（1669 年）香山展界之后，这时的赵英玉已二十六七岁，已经成年，故可迁徙。

澳门开埠之前，除望厦地区有华人居住外，其他地区是否还有华人居住呢？《利玛窦中国札记》称：

> 这种交往持续了好几年，直到中国人的疑惧逐渐消失，于是，他们把临近岛屿的一块地方割给来访的商人作为一个贸易点。那里有一尊叫做阿姆（Ama）的偶像，今天还可以看见它，而这个地方就叫做澳门，在阿妈湾内。[①]

白乐嘉在其著作中亦称：

> 当早期葡萄牙人在 1555 年开始试图在澳门建城时，他们就已经熟悉这座庙当时流行的名字——"阿妈庙"。[②]

汪兆镛《澳门杂诗》亦称：

> 澳门纪事，葡人初至中国，寄碇澳口。是处有大庙宇，名曰"妈阁"，葡人误会此庙之名为地方，故以初到所见者名其地。[③]

关于妈阁庙的建庙时间，目前争论甚大，特别是谭世宝先生的几篇论文。很明显，被谭先生批判的妈阁庙建庙 500 周年说显然是没有根据的，没有任何原始文献作依据而立论。但完全断言妈阁庙始建于明万历三十三年（1605 年）恐怕尚须慎重。[④] 因为中国古代祠庙之创建是很难给予一个严格的上限的，特别是"天后"一类的民间崇拜，均有一个规模由小到大的过程，初始也许仅有一个偶像，后则建庙，再则成殿，而初始建偶像之时则未必就有祠庙碑铭之记录。现存之有关妈阁庙的古碑志共四通：一是道光九年（1829 年）赵允菁撰《重修澳门妈祖阁碑记》；二是道光二十七年（1847 年）黄宗汉撰《香山濠镜澳妈祖阁温陵泉敬

---

① 利玛窦、金尼阁著，何高济、王遵仲、李申译：《利玛窦中国札记》，第 2 卷，第 2 章，140 页，北京，中华书局，1983。

② J. M. Braga, *The Western Pioneers and Their Discovery of Macau*, Macau, Imprensa National, 1949, p. 107.

③ 汪兆镛：《澳门杂诗》，3 页，民国排印本，1918。

④ 谭世宝：《澳门妈祖阁庙的历史考古研究新发现》，载《文化杂志》，1996（29）。

堂碑记》；三是同治七年（1868 年）黄宗周撰《妈祖阁漳兴堂碑记》；四是光绪三年（1877 年）释善耕撰《重修妈祖阁碑志》。这四通碑均未讲明妈祖阁之始建年代，目前保存最早的道光九年《重修妈祖阁碑记》称：

> 阁之重修亦屡，向无碑志。[1]

可见，道光九年之前妈祖阁已经过多次重修，但均不见有碑文记录。上碑还称：

> 相传自昔闽客来游，圣母化身登舟，一夜行数千里，抵澳涉岸，至建阁之地，灵光倏灭，因立庙祀焉。[2]

道光二十七年碑云：

> 相传明时有一老妪，自闽驾舟一夜至澳，化身于此。闽潮之人商于澳者，为之塑像立庙，并绘船形，勒石纪事。[3]

同治七年碑云：

> 澳门濠镜向有天后庙，自明至今，多历年所，凡吾漳泉两地之贸易于澳者，咸感戴神灵，而静风弗怠焉。[4]

一是含混称“昔”，其余两通则大约指为“明”，可见，至道光之时，关于妈阁庙的创建时间已不可考。乾隆时《澳门记略》称：

> 相传明万历时，闽贾巨舶被飓，殆甚。俄见神女立于山侧，一舟遂安。立庙祭祠天妃，名其地曰“娘妈角”。[5]

这当然是目前保存的关于妈阁庙建庙时间的好材料，如果再

---

① 赵允菁：《重修妈祖阁碑记》，见郭永亮《澳门香港之早期关系》，14～15 页，台北，中央研究院近代史研究所，1990。

② 赵允菁：《重修妈祖阁碑记》，见郭永亮《澳门香港之早期关系》，14～15 页，台北，中央研究院近代史研究所，1990。

③ 黄宗汉：《香山濠镜澳妈祖阁温陵泉敬堂碑记》，见郭永亮《澳门香港之早期关系》，15～16，台北，中央研究院近代史研究所，1990。

④ 黄宗周：《妈祖阁兴堂碑记》，见郭永亮《澳门香港之早期关系》，16～18 页，台北，中央研究院近代史研究所，1990。

⑤ 印光任、张汝霖：《澳门记略》卷上《形势篇》，24 页，澳门，澳门文化司署点校本，1992。

联系原神山第一亭正面石梁上"明万历乙巳德字街众商建"和新发现得神山第一亭神龛背后的石刻碑文："钦差总督广东珠池市舶税务兼管盐法太监李凤建"的考古材料的话，余同意谭世宝先生的意见，妈阁庙的创建时代当为明万历三十三年（1605 年）。[①]

图 141：谭世宝先生发现妈阁庙神山第一亭神龛背后石刻碑文

但不排斥在此之前，就在妈阁庙建庙的地方，曾有福建人在这里建过"妈祖"之神像，即如道光二十七年碑中所云"塑像立庙"，而"塑像"和"立庙"是分别进行的，先塑像而后立庙，这一塑像也可能就是利玛窦所见位于"阿妈湾"内的"阿妈（Ama）偶像"。这"阿妈湾"当即"阿妈港"，亦即平托（Mendes Pinto）修士于 1555 年提到的"Amacauo"，[②] 亦即万历《粤大记·广东沿海图》中的"亚马港"，[③] 亦即日人文禄元年（1592 年）所称之"妈港"，[④] 亦即林罗山《长崎逸事》（庆长十五年，1610 年）中的"阿妈港"。[⑤] 万历《粤大记·广东沿海图》明确将"亚马港"标在澳门半岛顶南部，其大致方位与今妈阁庙所处地相近。因此，余推测利玛窦所见的"阿妈"神像当即在今妈阁庙附近的地方。当时可能仅有一座神像，而这座神像亦就成

① 谭世宝：《澳门妈祖阁庙的历史考古研究新发现》，载《文化杂志》，1996（29）。
② 罗理路著，陈用仪译：《澳门寻根》附录文献之 1，53 页，澳门，海事博物馆，1997。
③ 郭棐：《粤大记》卷 32《广东沿海图》，日本藏中国罕见地方志丛刊本，539 页，广州，中山大学出版社，1998。
④ 木宫彦泰著，胡锡年译：《日中文化交流史》第 4 章《明朝末年中日间的交通》，624 页，北京，商务印书馆，1980。
⑤ 早川纯三郎编：《通航一览》第 5 册，卷 183，林罗山《长崎逸事》，24~25 页，东京，国书刊行会，明治四十五年刊。

为当时人将此地命名为"阿妈湾""阿妈港"等的缘由。特别是陈树荣先生又在妈阁庙石殿镶嵌在神龛的石碑上发现有"四街重修""万历乙巳岁"的铭文后，[①] 即推翻了余对谭先生观点的认同，以今日发现的葡文资料及陈先生发现的新考古资料，可以判定，万历乙巳在妈阁庙内所建之"建筑物"不是始建，而是"重修"，这就可知，葡人所言，在澳门开埠之前，澳门即有天妃神像或天妃庙是大体可信的。

图 142：陈树荣先生发现妈阁庙石殿神龛上"四街重修"石碑

余之所以要证明这一点，这是要说明在澳门正式开埠之前，已有一些华人在半岛的南部居住。嘉靖八年（1529 年）开通海禁后，各国商人纷纷在香山澳（包括浪白、十字门、路环）进行贸易，嘉靖十四年（1535 年），更将贸易地点移至濠镜（当时仅在路环），[②] 所以，这一时期已有一部分内地（特别是福建）商人驻泊澳门半岛南部加入路环的贸易是完全可能的。

① 陈树荣：《澳门妈祖文化的形成与发展——从妈阁庙石殿神龛"万历乙巳四街重修"碑记谈起》，见徐晓望、陈衍德《澳门妈祖文化研究》，35～53 页，澳门，澳门基金会，1998。
② 汤开建：《澳门开埠时间考》，载《暨南学报》，1998（2）。

二、澳门开埠后至明朝灭亡前华人在澳门地区的居留

嘉靖三十三年（1554 年），海道副使汪柏正式应允葡商赴广州（包括澳门）贸易后，各国商人纷纷进泊澳门。嘉靖四十四年（1565 年）两广总督吴桂芳言：

> 至近年，各国夷人据霸香山濠镜澳恭常都地方。[1]

同时游澳门的叶权亦称：

> 今数千夷团聚一澳，雄然巨镇。[2]

这一时期澳门葡萄牙人口，据葡文资料，1562 年 800 人，1565 年 900 人，[3] 这仅指纯正的葡人。然葡人均有蓄奴之习，据博卡罗言，大约每一个葡人蓄奴 6～10 人，[4] 故又有资料称：1569 年时，澳门有 5 000～6 000 基督教徒（葡人及其奴仆均为教徒）。[5] 如果每个葡人蓄奴 6 人的话，则 900 葡人加蓄奴总数则与上数大致相合，亦与叶权所言"数千夷"相合。

然嘉靖四十三年庞尚鹏则称澳门葡人：

> 今筑室又不知几许，而夷众殆万人矣。[6]

这里"万人"之数应是指澳门这一时期的人口总数，其中应有大量的华人。《明史·佛郎机传》称："闽粤商人，趋之若鹜"[7]。可见，华商已经大批进入澳门。又据上引庞尚鹏疏：

---

① 陈子龙辑：《明经世文编》卷 342《吴司马奏议》卷 1《议阻澳夷进贡疏》，影印平露堂刊本，北京，中华书局，1962。
② 叶权、王临亨、李中馥：《贤博编》附《游岭南记》，44 页，北京，中华书局标点本，1987。
③ 施白蒂著，小雨译：《澳门编年史：16—18 世纪》，15～16 页，澳门，澳门基金会，1995。
④ 博卡罗（Antonio Bocaro）：《要塞图册》，载《文化杂志》，1997（31）。
⑤ 施白蒂著，小雨译：《澳门编年史：16—18 世纪》，17 页，澳门，澳门基金会，1995。
⑥ 庞尚鹏：《百可亭摘稿》卷 1《抚处濠镜澳夷疏》，广东文献，清同治二年重印本。
⑦ 张廷玉：《明史》卷 325《佛郎机传》，北京，中华书局，1974。

其通事多漳、泉、宁、绍及东莞、新会人为之。椎髻环耳，效番衣服声音。[1]

进入澳门的不仅有广东、福建商人，而且还有漳州、泉州、宁波、绍兴、东莞、新会等地的人担任葡人的"通事（翻译）"，这一批人数亦不少，如广东新会人钟鸣仁是嘉靖四十一年（1562年）生于澳门的，其父钟念山可能在澳门开埠之初进入澳门。[2]嘉靖四十三年（1564年），平定潮州柘林水兵的叛乱，俞大猷曾征用澳门华商的船只平叛：

叛兵事决为攻剿之图，亦须旬日后。乃可齐整香山澳船，猷取其旧熟用林宏仲者数船。[3]

俞大猷的"旧熟"当即华人，可见，以林宏仲为首的澳门华商曾参加嘉靖四十三年对柘林水兵的平叛。据葡籍学者阿尔维斯（Jorge Manuel dos Santos Alves）所见葡文资料称：

澳门开埠之初，葡人自选的商人执政官迪奥戈·佩雷拉支持了两个澳门华人团体：一是以林宏仲（Lin Hong - zhong）为首的华人商人团体，一是由华人翻译组成的团体。这两个团体亦是迪奥戈·佩雷拉对中国交往的喉舌与耳目，

---

① 庞尚鹏：《百可亭摘稿》卷1《抚处濠镜澳夷疏》，广东文献，清同治二年重印本。
② 张维华：《晚学斋论文集》，503页，济南，齐鲁出版社，1986；方豪：《中国天主教史人物传》上册，89~91页，北京，中华书局，1988。
③ 俞大猷：《正气堂全集》卷15《集兵船以攻叛兵书》，369页，福州，福建人民出版社标点本，2007。

由一位名叫托梅·佩雷拉的人领导。①

可见，在澳门开埠后不到十年的时间，华商团体及"通事"团体已成为澳门社会中举足轻重的角色，并受到澳门葡人的高度重视。

大致到隆庆末万历初，随着入澳华人的增多，澳门北部的望厦村开村，其依据有二：一是郭棐《粤大记·广东沿海图》，前证大致绘于万历四年时，该图上标有望厦村；② （参见图23）二是据逝世于1598年的荷兰画家狄奥多·德·布里（Theodore de Bry）绘的一幅《澳门城市图》，这幅图绘于澳门开埠后约40年的时间，在今望厦地区，画着一位中国农夫在耕地，田地旁还出现了一片村舍（参见图34），由此表明，这时望厦（当时作望下）村已经开村，大约在万历初年。

为了吸引更多的华人入居澳门，加入到澳门这一国际贸易大市场来，澳门葡人采取更为诱人的方法。隆庆三年（1569年）时，陈吾德称澳门葡人：

> 挟其重货招诱吾民，求无不得，欲无不遂，百工技艺，趋者如市。③

孙承泽《春明梦余录》更载：

> 而江西瓷器、福建糖品、果品之物，皆所嗜好。佛郎机

---

① 阿尔维斯：《澳门开埠后葡中外交关系的最初十年》，载《文化杂志》第19期，1994年。林宏仲之名在明代文献中凡三见，俞大猷《集兵船以攻叛兵书》为其一，其二则是朱纨《甓余杂集》卷5《议处夷贼以明典事以消祸患事》："柯乔访得长崎等处惯通番国林恭、林乾才、林三田、林宏仲等，各号为喇哒、总管、柁工、水梢等项名色。"记事为嘉靖二十八年。可证，嘉靖二十八年前，林宏仲就是福建长屿地方"惯通番国"的海商。其三，张瀚《台省疏稿》卷6《海上擒获捷音疏》："开报头目林宏仲、何中行等部领兵头来剿前贼。"前贼即曾一本，这次又是俞大猷调香山澳华商参加剿歼海盗。可证林宏仲乃澳门开埠初期华商集团的重要领袖人物。

② 郭棐：《粤大记卷》32《广东沿海图》，日本藏中国罕见地方志丛刊本，539页，广州，中山大学出版社，1998。

③ 陈吾德：《谢山存稿》卷1《条陈东粤疏》，影印清刊本，四库存目丛书，济南，齐鲁书社，1998。

之夷，则我人百工技艺有挟一技以往者，虽徒手，无不得食。民争趋之。①

在葡萄牙人诱引之下，来澳门者不仅是商人和翻译，连"百工技艺"亦"趋者如市"，以致在澳门出现"民夷杂居"的局面。

为了控制这种局面，从万历初年开始，明王朝从两个方面采取措施：② 一是万历二年（1574 年）在澳门城北的莲花茎建一关闸，"使华人不得擅出，彝人不得擅入"；③ 二是万历年间在澳门订立葡人户籍，以保甲连坐之制来约束葡人"毋得容奸（多指入澳之华商）"，④ 企图控制越来越多的华人入澳的局面。

明王朝的这些措施并没有制止住华人入澳之潮流，陆上建了关闸，有人则从海上入澳。万历四十一年（1613 年）郭尚宾言：

> 闽广亡命之徒，因之为利，遂乘以肆奸。有见夷人之粮米牲菜等物近仰于广州，则不特官澳通济，而私澳之贩米于夷者更多焉。有见广东之刀环硝磺铳弹等物尽中于夷用。则不特私买往贩，而投入夷人制造者更多焉。有拐掠城市之男妇人口卖夷以取赏，每岁不知其数，而藏身于澳夷之市，画策于夷人之幕者更多焉。夷人忘我与市之恩，多方于抗衡以自固之术，我设官澳，以济彼饷食，彼设小艇于澳门海口，护我私济之船以入澳，其不容官兵盘诘若此。⑤

这一段材料十分生动第反映了当时闽粤两地人民大量地进入澳门的情形，有的是通过私贩"粮米牲菜"进入澳门，有的是私

---

① 孙承泽：《春明梦余录》卷 42《闽省海盗》，光绪九年古香斋刻本。
② 隆庆三年陈吾德的《条陈东粤疏》应起了作用，其中云："臣愚以为先固内治，欲固内治，先严私通之禁，欲杜私通，先严官军之令。盖各处把海澳俱有官军，若非缘交通，彼固不能飞渡也。"
③ 庞尚鹏：《百可亭摘稿》卷 1《抚处濠镜澳夷疏》，广东文献，清同治二年重印本。
④ 郭棐：《（万历）广东通志》之《外志》，万历壬寅年序刊本。
⑤ 郭尚宾：《郭给谏疏稿》卷 1《防澳防黎疏》，11 ~ 12 页，丛书集成初编本，北京，中华书局，1985。

贩"刀环硝磺铳弹等物"进入澳门，有的则进入澳门工厂当工匠，还有"藏身于澳夷之市"，还有的当澳夷的"幕僚"，他们都是在澳夷船艇的保护下进入澳门的。万历四十三年（1615年）田生金言：

> 濠镜澳异类逼处，不闻挈一接济，而哨官吴元龙所获私澳之犯，径即释放，则防守谓何？①

万历四十一年（1613年）张鸣冈言：

> 至近日白艚盛行，在闽者以贩米为名，拒之则病邻，而不拒之交通百出。在粤者以贸货为名，禁之则阻绝生理，而不禁则通澳通倭，弊不胜究，法不胜设。②

从这些明朝士大夫的言论中可以清楚看出，当时华人进入澳门已成为明王朝十分焦虑的事情。至万历中期时，据当时下澳调查澳夷情况的韶州同知刘承范称：

> 中国豪商大贾，亦挟奇货以往，迻来不下数十万人。③

王临亨的记录是：

> 今聚澳中者，闻可万家，已十余万众矣。④

"数十万""十余万"，两个数字均有夸大，但在万历中期澳门海上贸易最鼎盛之时，华人商贾携家口入澳门者数万人应该是可以相信的。这一点我们还可以从澳门街的变化中获得更准确的信息。

澳门"中贯四维""东西各十号"的大街约建于万历二十一年（1593年）之前，当时的居民主要是葡人，故两广总督陈蕖为其"定其门籍"时，"诸夷唯唯听命"。⑤ 但到万历三十三年

---

① 田生金：《按粤疏稿》卷3《参防汛把总疏》，影印明万历四十五年刊本，天津，天津古籍书店。

② 《明神宗实录》卷59，万历四十一年六月条。

③ 刘承范：《利玛传》，载湖北监利泽堂《刘氏族谱》，民国三年本，12页。

④ 王临亨：《粤剑编》卷3《志外夷》，91页，北京，中华书局标点本，1987。

⑤ 郭棐：《（万历）广东通志》之《外志》，万历壬寅年序刊本。

（1605 年）时，这些街道已有了大批定居的华商，今妈阁庙神山第一亭正面横梁上有"明万历乙巳（万历三十三年）德字街众商建"①。这里所建即妈阁庙之神殿，可知建殿之"众商"当为华商，他们已居住在澳门街"畏、威、怀、德"四个街区的"德字街"。澳门街的居屋均由葡人所建，华商入澳后，欲在澳门商业中心发展贸易，遂租赁葡人居屋作为商铺。故屈大均明末清初时游澳门所见：

> 己居楼上，而唐人居其下，不以为嫌。②

"唐人居其下"当是华商租赁葡人居屋之楼下为商铺之写照。万历中后期应是华人入澳的一个高峰期，这时候，华人在半岛之南端大兴土木建妈阁庙，而澳门半岛之北部则已建起了"望厦村"。这说明到万历中后期，澳门城墙之外已聚居了大批华人，并建立了自己的村落。这时建立的村落首先应是沙梨头村。据 1622 年《澳门平面图》，在大炮台西北靠海边标有一个中国村为"Chinese Village Patane"，即沙梨头中国村，即为明证。澳门半岛上的沙梨头古村建于明天启二年（1622 年）之前，当为澳门半岛上建起的第二个华人村庄。值得注意的是，这幅古地图上在大炮台的左边靠近大码头处标有"Chinese Quarter"，即"华人居住区"与葡人居住区的"澳门城"相连。③（参见图 103）这幅地图十分重要，为我们展示了 17 世纪初澳门华人主要的居住地区。望厦村虽然在当时早已建村，但在 17 世纪初，华人主要居住地还是在从沙梨头到大码头的内港东岸沿线。

又据当地之传说：

> 据故老相传，谓望厦村中，在未有观音堂前，村之西早有一所观音古庙，但当时狭小异常，非比今日经过扩建后，

---

① 谭世宝：《澳门妈祖阁庙的历史考古研究新发现》，载《文化杂志》，1996（29）。
② 屈大均：《广东新语》卷 2，36 页，北京，中华书局标点本，1985。
③ 薛凤旋：《澳门五百年：一个特殊中国城市的兴起与发展》，29 页，香港，生活·读书·新知三联书店，2012。

较为宽敞也。庙本为土著村民所建，每岁庆祝观音诞时，因
庙狭人挤，故土著乃藉势霸据，只着村民拜祀，致使留澳之
闽籍人士，虽欲参神，亦不得其门而入，只得离宫殿墙外望
耳。闽人因是愤然，后来遂有酿资另建观音堂之举事。①

考观音堂（即普济禅院）内有一祀坛，上刻有"天启七年
（1627 年）七月吉日立"，② 又《重修祀坛石碑》称："澳门望厦
村之观音堂，创自明末天启年间。"③ 观音堂建于明天启七年
（1627 年），那在此之前的"观音古庙（俗称观音仔）"则当建于
万历中，且为当地土著（当是香山之移民）所建。据瞿九思《万
历武功录》载：

> 庚辰八月，暹罗亦使使者握坤那喇请予制置使刘尧诲
> 曰：乾（指林道乾）今更名林语梁，所居在臣国海澳中。
> ……是时香山澳人吴章、佛郎机人沉马啰𠾳及船主啰鸣哎呱
> 呹、通事蔡典全等二十余人，并踵制府上谒，请自治装往
> 击乾。④

庚辰为万历八年（1580 年），吴章、蔡典全当为澳门华人，
主动出资出兵船去暹罗进攻海盗林道乾，可以反映万历时期澳门
华商在澳门的实力不薄。又据江日昇《台湾日记》卷 1 载：

> 天启元年辛酉，一官（郑芝龙）年十八，……潜往粤东
> 香山澳寻母舅黄程。……至天启三年癸亥夏五月，程有白
> 糖、奇楠、麝香、鹿皮欲附李旭船往日本，遣一官押去。⑤

① 王文达：《澳门掌故》之 3《普济禅院之历史研究》，59~60 页，澳门，澳门教育
　　出版社，1999。
② 王文达：《澳门掌故》之 3《普济禅院之历史研究》，59 页，澳门，澳门教育出版
　　社，1999。
③ 王文达：《澳门掌故》之 3《普济禅院之历史研究》，59 页，澳门，澳门教育出版
　　社，1999。
④ 瞿九思：《万历武功录》卷 3《林道乾、诸良宝、林凤列传》，影印明刊本，北
　　京，中华书局，1962。
⑤ 江日昇：《台湾外记》卷 1，天启元年辛酉条，福州，福建人民出版社点校本，
　　1983。

郑芝龙天启元年（1621 年）时去澳门投靠其母舅黄程，并在澳门受洗入教，教名尼古拉·贾斯帕（Nicholas Gaspard），黄程则是经营澳门至马尼拉、日本的大商人，[1] 其去澳门亦当在万历中。据崇祯年间修安平《郑氏族谱》记载：郑芝龙之先辈在广东澳门从事贸易而死后葬于"香山澳""濠镜澳哨船头""濠镜澳乞子庙"或"香山望（厦）村"者有 7 人，另有死后葬于"广澳"（疑为广东澳门之省称）有 8 人。[2] 可知郑之家族至少在万历至天启时就有不少人移居澳门。又据《安平陈氏家谱》，陈懋褒亦是万历时期"居广东香山澳"。[3] 黄氏、郑氏、陈氏均为安平商人，万历四十五年（1617 年）海道副使俞安性入澳抓捕的奸商史玉台亦是福建人。[4] 再从前载，万历时期在妈阁一带重建或重修妈阁庙，均可以反映这一时期福建人移居澳门者不少。

到明末，华人入澳的规模更大，而且其中仍是以福建人为主。《崇祯长编》：

> （崇祯三年五月）礼科给事中卢兆龙上言：……闽之奸徒，聚食于澳，教诱生事者不下二三万人；粤之盗贼，亡命投倭为患者，不可数计。[5]

崇祯四年（1631 年）的胡平运奏疏亦称：

> 而大蠹则在闽商，其聚会于粤，以澳为利者，亦不下数

---

① Francois de Rougemont, *Relacam do estado politico e spiritual do Imperio da China*, *pellos annos de 1659 ate o de 1666*, *escrit a em Latim pello p. Francisco Rogemont Traduzida Por hum Religioso da mesma Companhia de Jesus*, pp. 7 ~ 14.

② 陈支平主编：《台湾文献汇刊》第 1 辑第 5 册崇祯《郑氏族谱》，512 页、545 页、556 页、557 页、574 页、595 页、596 页、603 页、604 页、605 页、610 页、638 页，北京，九州出版社，2009。

③ 中华民国十四年重修《安平陈氏家谱》之分支图，此材料由泉州博物馆叶恩典先生提供。

④ 田生金：《按粤疏稿》卷 3《条陈海防疏》，影印明万历四十五年刊本，天津，天津古籍书店。

⑤ 汪楫辑：《崇祯长编》卷 34，崇祯三年五月条，京都，日本京都中文出版社影印本，1984。

万人。凡私货通夷，勾引作歹，皆此辈为之。①

这一时期澳门对外贸易的发达，特别是对日本与马尼拉贸易的高度繁荣，吸引了大批的福建商人来到澳门，如崇祯年间香山县公牍中就出现了多份处理"闽揽"②"闽商"③ 在澳门走私贸易的文件。据 1640 年 12 月《吧达维亚城日志》记载，由于澳门近年经济不景气，郑芝龙下令从澳门和广东等地迁回 150 户福建织工，反映这一时期澳门的福建工匠亦不在少数。④ 卢兆龙言闽商不下"二三万人"，胡平运则称"数万人"，如再加上广东人的人数，到崇祯三年（1630 年）左右，澳门华人人口总数至少有 4 万人。这与西方文献的记载数字大致相合。博克塞称：1645 年澳门人口达到 4 万余人，汉族居民占 4 万左右。⑤ 林家骏神父亦称，1644 年，澳门有基督徒达 4 万人。⑥ 必须说明一点，这一时期，由于明朝的灭亡，大量的遗民涌入澳门，并在澳门定居。康熙九年（1670 年）时，有一批澳门华商赴日本贸易时遇风难飘流到朝鲜济州，他们自称：

> 本以大明广东、福建、浙江等地人，清人既得南京后，广东等诸省服属于清，故逃出海外香山岛，兴旺资生。又称："香澳"本南蛮地，蛮人甲必丹主之，其后寝弱，故明之遗民，多入居之。⑦

可以证明，至明朝灭亡之时，确有大批内地居民（不仅是广

---

① 史澄：《（光绪）广州府志》卷 222《列传》11，清光绪五年刊本。

② 颜俊彦：《盟水斋存牍》卷 2《谳略·奸揽谢玉宇等》，北京，中国政法大学出版社标点本，2002。

③ 颜俊彦：《盟水斋存牍》卷 2《谳略·闽商阑入郭玉兴等》，北京，中国政法大学出版社标点本，2002。

④ 村上直次郎（日译）、郭辉（中译）：《巴达维亚城日记》第 2 册，248 页，台北，台湾省文献委员会，1970。

⑤ C. R. 博克塞：《贡萨洛·西凯拉·索萨船长的使团》，36 页，见费成康《澳门四百年》，137 页，上海，上海人民出版社，1988。

⑥ 林家骏：《澳门教区历史掌故文摘》之《日渐茁壮的澳门华人地方教会》，9 页，澳门，澳门主教公署排印本，1982。

⑦ 吴晗辑：《朝鲜李朝实录中的中国史料》下编，卷 2，3 968 页，中华书局，1980。

东）移居澳门。

随着大批福建及广东等地商人大规模地进入澳门参与其对外贸易，华商在澳门经济贸易中的比重较过去大大增加。崇祯十四年（1641 年），李侍问言：

> （香山澳税）见在之额实二万二千也。虽有定额，原无定征，皆取诸丈抽，彝船与夫彝商、唐商之互市者。……万历二十六年额系二万六千两，比缘岁输不足，减去四千，皆取诸到澳之彝船、唐商，……香山澳税，初定二万六千，后征不足，议去四千，见在岁额二万二千，察所抽者，皆于到澳番船贸易之彝商，并唐商之下澳者。[1]

这里三次提到澳门的"唐商"，也是中国文献中仅见的明代华商在澳门被明政府征税的记载。到明朝末年，澳门华商已成为澳门向明政府的主要纳税者之一，足以反映华商在澳门势力的增长。这一时期，华商在澳门街的势力获得更大的扩殖。万历三十三年（1605 年），德字街众商集资兴建妈阁庙。到崇祯二年（1629 年）时，华商势力已扩展到"怀、德"二街，并由二街坊众集资重修妈阁庙。神山第一亭之石壁刻文有"崇祯己巳年怀德二街重修"[2]。（参见图 33）重修妈阁庙，当然是华人所为，可视做澳门福建商人之势力扩增；可证这一条澳门最重要的商业街到崇祯二年时，其四个街区，华人已占其二。崇祯十一年（1638 年）时，意大利旅行家马可·波罗（Marco de Avalo）游澳门时所见："澳门城内有几间装潢漂亮的华人商店，还有不少出售华人衣服和丝织品的商店。这些华人听说外国人从海外带来银子，便每日去他们的住处出售自己的商品。"[3] 这些资料均可以说明从

---

① 张嗣衍：《（乾隆）广州府志》卷53《艺文》5，李侍问《罢采珠池盐铁澳税疏》，清乾隆刊本。

② 谭世宝：《澳门妈祖阁庙的历史考古研究新发现》，载《文化杂志》，1996（29）。

③ 马可·阿瓦罗：《澳门纪事，1638 年》，见杰弗里·C·冈恩著，秦传安译《澳门史：1557—1999》，29～30 页，北京，中央编译出版社，2009。

万历末年开始到明朝灭亡之前华商已经进入澳门城内之中心商业区居住。

澳葡对外贸易初年主要依赖于对日本之贸易，而到 17 世纪 30 年代后，由于日本对天主教的仇视，开始禁止澳葡之贸易船队进入日本，而澳葡则依靠在澳门的华商来进行对日本的贸易和传教。日本宽永十七年（1640 年）《诛耶稣邪徒论阿妈港》文书载：

> 阿妈港之蠢蛮，平素尊天主之教，欲弘其邪法于本朝。比年所来之船中，或雇唐船以载耶稣之徒号伴天连者至于此。……阿妈港犹寄事于卖买，匿伴天连于所雇唐船之底来，而微服潜行于郡国。①

宽永十八年《谕大明商船三章》：

> ——吉利支丹（日人称天主教）以罪恶深重故，其驾舶所来者悉皆斩戮，且其徒自阿妈港发船渡海之事，既停止讫。自今以后，唐船若有载彼徒来，则速斩其身，而同船者亦当伏诛。②

澳葡对华商的依赖，恐怕也是这一时期澳门华商势力扩张的原因。故这一时期的澳门华人社会中的上层人物经常活跃在澳门政治及经济舞台上，如崇祯十二年（1639 年），澳门揽头吴万和、吴培宇等与澳夷勾结"诈夷（红夷）银五十二箱"一案，涉及澳门华人通事三人：李叶荣、刘德、林德；揽头三人：吴万和、吴培宇、沈吕西。③"通事"不再是普通的翻译，他们亦从事商业贸易，他们在澳门华人社会中是一股势力极大的集团。据博卡罗

---

① 早川纯三郎编：《通航一览》卷 183 藤原忠澄《诛耶稣邪徒谕阿妈港》，30 页，东京，国书刊行会，明治四十五年刊。
② 早川纯三郎编：《通航一览》卷 183 林罗山《谕大明商船三章》，34 页，东京，国书刊行会，明治四十五年刊。
③ （台北）中央研究院历史语言研究所编：《明清史料》乙编第 8 本《奸弁奸揽勾连澳夷等情残稿》及《兵部题〈失名会同两广总督张镜心题〉残稿》，北京，中华书局，1987。

《要塞图册》称：

> 除了 850 户华人家庭外，还有同样多的土著家庭，人数
> 最多的是被称为"口译者（Jurubassas）"的华人基督徒。①

"揽头"即最早的华人买办，亦是澳门葡人的心腹之人，
故称：

> 首绝接济，以扼夷之咽喉，既挚揽头，以牵夷人之
> 心腹。②

香山县寨差官及提调、备倭各官，唤令通夷事目（当做通
事、夷目）、揽头至议事亭宣谕，督促各夷赴省。③

可知，大致在明朝末年，这些被称为"通事""揽头"的华
人已成为了一个社会阶层，不仅庞大，甚至达到左右澳门政局之
程度。前引郭尚宾言："画策于夷人之幕者更多焉"④。霍与暇亦
言："戚总兵遣工画澳门地图，奸人教诱番夷勒兵为变。"⑤ 足见
当时华人对澳门政局干涉影响之大。

三、明代居住澳门地区华人的宗教信仰与生活习俗

实际上，在明代，澳门地区的华人形成了两大势力区：一是
澳门城内以怀、德二街为中心的华人商业区，即博克塞所言的
"中国基督徒街区"⑥。他们在澳门城内从事商业贸易、手工技艺
及翻译工作。1746 年耶稣会维特依拉·皮勒斯称：

> 北湾和望德堂一带，不包括龙环、望厦和沙梨头等卫星

---

① 博卡罗：《要塞图册》，载《文化杂志》，1997（31）。
② （台北）中央研究院历史语言研究所编：《明清史料》乙编第 7 本《澳夷筑城残
   稿》，北京，中华书局，1987。
③ （台北）中央研究院历史语言研究所编：《明清史料》乙编第 8 本《兵部题〈失名
   会同两广总督张镜心题〉残稿》，北京，中华书局，1987。
④ 郭尚宾：《郭给谏疏稿》卷 1《防澳防黎疏》，12 页，丛书集成初编本，北京，中
   华书局，1985。
⑤ 霍与暇：《勉斋集》卷 11《贺香山涂父母太夫人六十一序》，清光绪丙戌重刻本。
⑥ 中外关系史学会、复旦大学历史系编：《中外关系史译丛》第 5 辑博克塞《16—
   17 世纪澳门的宗教和贸易中转港之作用》，91 页，上海，上海译文出版社，1991。

村在内，约有一万名华人聚居，沿街租屋，商店鳞次栉比，……广东帮为主的工人、木匠、商人和店员集中于此。①

从北湾至望德堂，指的就是澳门城内区域，当时有 1 万名华人居住，有手工业者，有开商店者，且多为广东人。虽然此资料是清乾隆初期所记，但亦反映澳门城中华人的大致情况。关于粤人在澳门工作的情况，明天启时陈昌熙亦言：

> 地方摆橹行舶者，皆沙湾、市底等村人，打造铜铳、铜弹、刀钗，千船万艘，皆径河塘，马滘、坑尾等村之人，小民借此趁食，任从招摇，奸民敢于包揽，一呼而应。②

《澳门记略》则称：

> 其商侩、传译、买办、诸杂色人读闽产，若工匠、贩夫、店户，则多粤人③

由上可知，在澳门的福建人地位较高，主要以从事贸易、翻译为主，而广东人地位较低，主要手工业者及小商贩。他们长期与葡萄牙人打交道，"椎髻环耳，效番衣服声音"④，为葡萄牙文化同化，其中绝大多数信奉天主教。利玛窦言：

> 到澳门售卖食品和其他粮食的中国人，有不少已脱离异教的黑暗，见到了基督教的光明。⑤

明代澳门天主教徒纯正华人血统有名可考者共有 13 人，列表如下：⑥

---

① 维特依拉·皮勒斯（Pires）：《澳门——吕宋通商之行》，60 页，见潘日明著、苏勤译《殊途同归：澳门的文化交融》，133 页，澳门，澳门文化司署，1992。北湾，原译文作"细湾"，细湾即北湾。
② 高汝栻：《皇明续纪三朝法传全录》卷 13《陈昌熙奏疏》，续修四库全书本，上海，上海古籍出版社，2002。
③ 印光任、张汝霖：《澳门记略》卷上《形势篇》，24 页，澳门，澳门文化司署点校本，1992。
④ 庞尚鹏：《百可亭摘稿》卷 1《抚处濠镜澳夷疏》，广东文献，清同治二年重印本。
⑤ 利玛窦、金尼阁著，何高济、王遵仲、李申译：《利玛窦中国札记》，第 2 卷，第 3 章，146 页，北京，中华书局，1983。
⑥ 两表均依据荣振华《在华耶稣会士列传及书目补编》之材料编成，第二表之国籍虽大都说是"澳门人"或"中国澳门人"，但不排斥内含葡萄牙血统的土生葡人。

钟鸣仁（字念江）	1562 年生于澳门	祖籍广东新会
钟鸣礼（字若翰）	1581 年生于澳门	鸣仁幼弟
钟念山	澳门入教	鸣仁之父
黄明沙（字方济）	1569 年生于澳门	中国民族
徐必登（字复元）	1578 年生于澳门	
邱良禀（字完初）	1582 年生于澳门	祖籍浙江
邱良厚（字永修）	1584 年生于澳门	良禀弟
蔡安多	1620 年生于澳门	双亲为华人
游文辉（字含朴）	1575 年生于澳门	华籍
蒙明坚	1625 年生于澳门	双亲为华人
诺多明	1634 年生于澳门	双亲为华人
范有行（字勉致）	1609 年生于澳门	双亲为华人
石宏基（字厚齐）	1585 年生于澳门	双亲为华人

而含有中国血统或称之为"澳门人""中国澳门人"，但其国籍并不确切者还有：

倪雅古（字一诚）	1562 年生于日本	父华人母葡人
庞类思（字克己）	1601 年到澳门	父葡人母华人
费藏裕（字尔归）	1604 年生于澳门	父葡人母华人
费藏玉（字尔成）	1622 年生于澳门	父朝鲜人母华人
巴若翰	1570 年生于澳门	澳门人
珈巴斯	1568 年生于澳门	澳门人
郭巴相	1634 年生于澳门	中国澳门人
郭玛诺	1621 年生于澳门	澳门人
德格丁	1576 年生于澳门	中国澳门人
法尼阁	1620 年生于澳门	澳门人
费杜雅	1593 年生于澳门	中国澳门人
冯思嘉	1642 年生于澳门	中国澳门人
陆有机	1608 年生于澳门	父马来人母华人
诺迪奥	1559 年生于澳门	中国澳门人
李若望	1618 年生于澳门	澳门人
罗伯禄	1586 年生于澳门	澳门人
罗明坚	1577 年生于澳门	澳门人
魏玛窦	1608 年生于澳门	澳门人

这些生于澳门长于澳门的华籍天主教徒其生活习俗已基本"葡化"：

其在澳近教者，久居澳地，集染已深，语言习尚渐化为夷。①

由于澳门城内华人进教者日众，耶稣会士遂在澳城之内兴建华人教堂，林家骏称：

1602 年，耶稣会士在大三巴山脚初建荫庇之母小堂，该堂专为华人讲授福音。②

文德泉则称，1634 年耶稣会士班安德（André Palmeiro）建荫庇之母堂。③ 荫庇之母堂葡文作 Lgreja da Nossa Senhora do Amparo，即阿巴罗堂，亦称唐人寺。在澳城之内兴建专门的华人教堂，可以反映当时澳城之内华人信奉天主教之盛。天启时陈熙昌所言更能反映入澳华人的"葡化"：

又有华人接济爪牙，……乃垄断之徒，肩摩毂击，杂居澳中。谓无可结夷心，得夷利，则夷言、夷服、夷教，几于夷夏一家。④

说夷语、着夷服、习夷教，天启时，澳中华人均已全面"葡化"。

明代澳门城内的华人不仅生活习俗及宗教信仰均已"葡化"，而且在婚姻嫁娶上也是与葡人通婚。博克塞曾表述当时葡人娶妻的情况：

最初到澳门的移民主要是从东马来亚、印度尼西亚、日本中娶妻。到 1564 年，随着澳门中国人口的增长，改宗基

① 印光任、张汝霖：《澳门记略》卷上《官守篇》，81 页，澳门，澳门文化司署点校本，1992。
② 林家骏：《澳门教区历史掌故文摘》之《澳门教区大事编年纪录》，51 页，澳门，澳门主教公署排印本，1982。
③ 文德泉著，佚名译：《耶稣会士在澳门四百年》，10 页，澳门，澳门主教公署，1964。
④ 高汝栻：《皇明续纪三朝法传全录》卷 13《陈熙昌奏疏》，续修四库全书本，上海，上海古籍出版社，2002。

督教的中国妇女和少女与葡人通婚率明显提高。①

耶稣会神父桑切斯曾于 1582—1585 年两次来澳门，他说：

　　与其他国籍妇女相比，葡萄牙人更喜欢同中国女子结婚。②

1625 年一位耶稣会士报告澳门情况说：

　　当地的葡萄牙人的妻室大都是中国人和具有中国血统的人。③

1637 年彼得·芒迪游澳门记录：

　　全城除一名葡萄牙出生的妇女外，居民的妻子不是中国人就是中葡人的后裔。④

不仅葡人男子多与中国女子通婚，而且葡人女子亦喜欢择唐人为婿，屈大均明末清初游澳时曾看到：

　　得一唐人为婿，举澳相贺，婿欲归唐，则其妇阴以药薰黑其面，发卷而黄，遂为真番人矣。⑤

乾隆时张汝霖亦称居澳华人："或取鬼女而长子孙"⑥。崇祯十七年（1644 年），澳门城内的华人基督徒由于对澳门政府执行的民族政策不满，于 1644 年 1 月 12 日向新登基的葡萄牙国王若奥四世提交了一份措词激愤的抗议书。澳门华人基督徒市民共同声明：

　　众所周知，我们放弃了中国的法律和政治，服从了葡萄

---

① 中外关系史学会、复旦大学历史系编：《中外关系史译丛》第 5 辑博克塞《16—17 世纪澳门的宗教和贸易中转港之作用》，83 页，上海，上海译文出版社，1991。
② 中外关系史学会、复旦大学历史系编：《中外关系史译丛》第 5 辑博克塞《16—17 世纪澳门的宗教和贸易中转港之作用》，83 页，上海，上海译文出版社，1991。
③ 中外关系史学会、复旦大学历史系编：《中外关系史译丛》第 5 辑博克塞《16—17 世纪澳门的宗教和贸易中转港之作用》，84 页，上海，上海译文出版社，1991。
④ Peter Mundy, *The Travels of Peter Mundy in Europe and Asia*：1608—1667, vol. 3, pp. 256～316.
⑤ 屈大均：《广东新语》卷 2，36 页，北京，中华书局标点本，1985。
⑥ 印光任、张汝霖：《澳门记略》卷上《官守篇》，81 页，澳门，澳门文化司署点校本，1992。

牙的法律法制，一如既往地为陛下的忠实仆人。从这座城市产生的一天起，我们就成了这里的一个重要组成部分了，因此我们有责任参加这一活动和有义务来维持慈善机构和医院。随着葡萄牙人人数的增加，他们不仅要将我们排除出去，而且还在许多方面困扰我们，甚至还剥夺了我们养家劳动的自由，使我们陷入现在这样低下的地位。他们禁止我们的航海和对外投资，禁止我们去广东出席贸易展览会，而战事一起便强迫我们去充当炮灰。为了生活，我们终日疲于奔命，哪里还有时间？他们还不许我们穿外套来遮掩平素贫苦，也不履行应当归还给我们的债务。欧洲人是强悍的，法律在他们面前也显得难以生效了。我们被迫违反有关财产分配遗书，利用死者的资本进行贸易航海。在语言上和态度上，他们对我们进行人身侮辱，更有甚者，他们还在异教的中国人中恶意中伤我们，对待那些中国异教徒的言词和态度要比基督徒好得多，这对我们的改宗事业是很有影响的，而异教徒决不会放弃自己的做法，因为他们知道这样可以得到更多的自由和恩惠。我们知道，陛下在葡萄牙人应遵守的《准则》中命令他们对改宗事业应予以保护和优待，而上述措施违背了陛下对总督和列位高官的命令和指示，我们恳请陛下：1. 允许我们像原来那样以耶稣会的身份加入兄弟会。2. 允许我们和葡萄牙人、欧亚混血人在同样的地方进行贸易活动。3. 我们的警戒、驻守义务只限于战时。4. 允许我们穿外套。5. 给予我们法律救济和完全的财产权，我们遗孤的钱禁止他人使用。6. 我们应当与印度、锡兰及其他被允许的捕鱼区的渔港居住的当地土著基督徒一样享受同等的特权。①

从这一份极为重要的文件中，我们可以看出，入居澳门城内的华人是已经放弃中国国籍（虽然当时并无什么国际法）加入了葡萄牙籍而信仰天主教的中国人，他们服从遵守的是葡萄牙法律，为澳门葡萄牙政府服务，但他们在澳门社会中却遭到澳葡政府的歧视，并没有获得和其他欧洲人一样的权利。这份文书最详细地记载了居住在澳门城内归化葡籍的华人基督徒的政治、经济及生活状况。

另一处华人聚居区则与澳城之内的华人聚居区呈完全不同的风景。如果说，居住在澳门城内的华人由于长期与葡萄牙人相处接触已经"葡化"的话，那么居住在澳门城四周的华人则顽强地保持自己的传统——中华文化。白嘉乐称：

在"天主圣名城"四周，原有数座村落，即妈阁、青云、沙梨头、麻疯和望厦村等。②

这些村落到底在什么时候才开始有呢？前已证"望厦村"之建村约在 16 世纪即明万历初，妈阁虽在开埠之前即有华人在那里居停，却没有建立村庄。从现存 16—17 世纪初的地图上看，妈阁一带一直没有建筑物。因此，我们在地图上找不到明代妈阁建村的证据。值得注意的是雍正九年（1731 年）出现的《澳门图》在妈阁炮台后面与西望洋山麓之间标出一地名"亚妈寨"，该寨有围墙围成一圈，内有几幢民居建筑，而在"亚妈寨"之西侧又有一排建筑，标名为"新村尾"③。余疑这"亚妈寨"及

① 中外关系史学会、复旦大学历史系编：《中外关系史译丛》第 5 辑博克塞《16—17 世纪澳门的宗教和贸易中转港之作用》，91～92 页，上海，上海译文出版社，1991；博克塞未交代这份抗议书的具体时间，而叶士朋的《澳门法制史概论》第 45 页却记录了这一重要信息。

② J. M. Braga, Macau: *A Short Handbook*, 见郭永亮《澳门香港之早期关系》，19 页，台北，中央研究院近代史研究所，1990。

③ 郝玉麟：《（雍正）广东通志》卷 3《舆图·澳门图》，文渊阁四库全书本。

"新村尾"之区域即当时的华人居住区,亦即白乐嘉所讲的"妈阁村"。但雍正时既然称其为"新村",那么就不会早于明末清初。

沙梨头一地,葡文称之为 Patane,即为北大年,暹罗南部一地名。为什么葡萄牙人将沙梨头地名称之为 Patane,这应该同暹罗商人早期来澳门贸易有关。陈仁锡《皇明世法录》载:"淳泥,今称大泥(北大年),隶暹罗,尝与回回、锡兰山国各附舶香山濠镜澳贸易。"① 由此可知,澳门开埠之初,就有北大年商人进入澳门,而沙梨头名为 Patane 应证明早期有暹罗人在沙梨头居住贸易。那么什么时候变成华人居住区的呢? 1622 年《澳门市平面图》有了明确的记录,即从澳门半岛沙梨头地区标为"Chinese Village Patane"表明那就是"沙梨头中国村"(参见图 103)②。这就十分明确地告诉我们,沙梨头村建村时间应不晚于天启二年(1622 年),这似乎应是澳门半岛明代建成的第二个村落。沙梨头村有一座"永福古社"。

图 143:沙梨头永福古社

---

① 陈仁锡:《皇明世法录》卷 82《南蛮·淳泥》,影印明崇祯本,四库禁毁丛书,北京,北京出版社,1998。
② 薛凤旋编著:《澳门五百年:一个特殊中国城市的兴起与发展》,29 页,香港,生活·读书·新知三联书店,2012。

关于"永福古社"的建置时间，学界的认识十分模糊。又据中华民国十三年《沙梨头永福古社重修碑志》载：

> 神灵赫奕，同沐洪庥；庙貌庄严，藉宏瞻仰。曩自明季，以迄于兹，由嘉庆重修久矣。①

可见在明朝末年时，即在沙梨头建起了"永福古社"。又据《微尚斋诗续稿》内有《永福社行》诗一首，其序云：

> 澳门西偏，土名沙梨头，有永福古社。石栏峻伟，如殿陛制。其上古木参天，下为浅水湾。石坊题水月宫，大学士何吾驺书，年月漫减，当在明季永历时，志乘未载。②

这些资料就完全可以证明，沙梨头永福古社创建于明朝末年，而水月宫大致则建于南明永历帝时，而学界多流行"永福古社"建于南宋末，遂将澳门历史向前推至南宋末年。③ 这种说法大体来自坊间的传说，并无历史文献或考古资料为凭证，因此是不可信的。至于"永福古社"之"永福"二字与崖山宋帝"永福陵"相重，这或许仅只是一种偶合，但亦可能是当时居澳华人获知明朝被清推翻，出于对明朝的怀念，又以宋帝曾流亡香山，故以宋帝之陵名而为社名。当然，这仍须继续搜寻材料予以确证。但可以推论，沙梨头建村最早可能就在明天启二年之前。

近年还有学者称"宋代澳门已有龙田村和龙环村"④，这本不

---

① 中华民国十三年《沙梨头永福古社重修碑志》，见王文达《澳门掌故》之 10《古庙小志》，71 页，澳门，澳门教育出版社，1999。
② 汪兆镛：《微尚斋诗续稿》之《永福社行》，民国排印本，1918。
③ 李鹏翥：《澳门古今》，163 页，澳门，星光出版社，1988；唐思：《澳门风物志》，200 页，澳门，澳门基金会，1994；黄汉强、吴志良主编：《澳门总览》，第 2 版，432 页，澳门，澳门基金会，1996。
④ 黄启臣：《澳门历史》，20 页，澳门，澳门历史学会，1995。源起宋代之说见布衣《澳门掌故》，而布衣则又是根据章憎命的《澳门掌故》，亦仅说"其村名相传为宋代名堪舆家赖布衣所起"，并未称"龙田、龙环村在宋已存在"。布衣后来自己亦说："这种传说，究竟与偶多少分真实性，自然无人晓得。"可在我们堂皇的澳门史著作中则成了信史。

值得一驳，因为嘉靖《香山县志》已清楚地表明，在嘉靖二十六年（1547年）前，今澳门地区没有任何一个行政村落。但龙田村究竟源起何时，却须探明。据布衣言：

> 龙田村的历史，可上溯到明朝中叶。1622年荷兰人入侵澳门时，从黑沙湾登陆，企图绕过松山背攻打澳葡在松山的炮队，在经过龙田村时，就给村人击退过。①

不知布衣所据是民间传说，还是文献资料，但称龙田村开村于明朝中叶是比较适宜的。龙田村位于东望洋山山麓，在1626年《澳门图》中，在东望洋山山麓画有一片民居。② 王文达《澳门掌故》亦提到在莲峰庙未建之前，即有游方僧人到龙田村给人治病。莲峰庙建于万历三十年（1602年）③，则大致可判断龙田村的开村时间在万历中后期。

明代澳门四周即已形成以龙田、望厦、沙梨头、妈阁等村落的华人居住区，其主要居民成分为粤、闽两省之人，还有浙江籍的移民，如崇祯十五年（1642年）原入籍良字都的赵彦方后裔赵英玉亦移居望厦。④ 澳门浙江籍移民并不算少，如嘉靖末即有宁波、绍兴人在澳门当通译入籍澳门，⑤ 耶稣会士维特依拉·皮勒斯所见到的1746年的材料亦可旁证福建人居住阿婆井一带：

> 福建人和葡萄牙人早在"阿婆井"一带形成具有共同利益的社会，以捕鱼、建筑和修船为主。⑥

---

① 布衣：《澳门掌故》之《龙田村谈往》，香港，广角镜出版社，1977。
② 薛凤旋编著：《澳门五百年：一个特殊中国城市的兴起与发展》，31页，香港，生活·读书·新知三联书店，2012。
③ 王文达：《澳门掌故》之4《莲峰庙史乘》，47页，澳门，澳门教育出版社，1999；陈炜恒：《莲峰庙史乘》，39～40页，澳门，澳门传媒工作者协会，2008。
④ 王文达：《澳门掌故》之12《闾巷漫谈》，134页，澳门，澳门教育出版社，1999。
⑤ 庞尚鹏：《百可亭摘稿》卷1《抚处濠镜澳夷疏》，广东文献，清同治二年重印本。
⑥ 维特依拉·皮勒斯：《澳门——吕宋通商之行》，60页，见潘日明著，苏勤译《殊途同归：澳门的文化交融》，133页，澳门，澳门文化司署，1992。

　　"阿婆井"即今妈阁街尽头交叉路口一带，泛指妈阁与西望洋山之间地带。这虽然是明朝灭亡后一百年的材料，但可反映出从海路进入澳门的福建人，他们多居妈阁码头一带。闽、浙、粤各省居民进入澳门后，他们各自依照自己的生活习惯、文化传统组成自己的社会文化圈。居于妈阁码头一带的福建人建起了以明万历中"妈祖"信仰为中心的妈阁庙，另一部分移居望厦地区的福建人则于天启年间建起了观音堂；而居于澳门城北的广东籍移民先于万历中在望厦建起观音古庙，又于万历三十年建天后庙（即莲峰庙）；①沙梨头之粤籍移民则于明朝末年先后兴建"永福古社"和水月宫。在这一文化圈中，对祖先的崇拜、宗族的观念仍浓厚地维持着，如何氏宗祠与赵氏家庙的兴建。②

　　但值得注意的是，在澳门城外的华人在明朝末年已有了自己的公共行政组织。乾隆五十七《重修三街会馆碑记》云：

　　　　市镇之有公馆，由来尚矣。盖所以会众议，平交易，上体国宪，而下杜奸宄也。前于莲峰之西，建一妈阁，于莲峰之东，建一新庙，虽客商聚会，议事有所。③

　　这就告诉我们，妈阁庙和莲峰庙的建造，不仅是出自一种宗教信仰的需要，而且是解决当时澳门华人集议商事之公所。故清人何文绮的《重建三街会馆碑记》称：

　　　　刿澳民诸夷，自有明侨居宇下，以生以育，沐浴我朝雨

---

① 莲峰庙前身为天妃庙，相传明时为顺德龙涌杜姓乡人旅游澳之废祠，则知明时已有，又天后殿前一亭有"中外流恩"一匾，款署"万历岁次壬寅（万历三十年，1602 年）年仲春古旦创建值事崔吟翰敬奉"。又陈树荣先生存《莲峰庙尝业契券图侧记事册》之《大街六十六号铺及地段经过事略》称："溯自澳门之有莲峰古庙，创建于明万历壬寅岁。"与匾相合，是知莲峰庙创建于万历三十年（1602 年），见陈炜恒《莲峰庙史乘》，39～40 页，澳门，澳门传媒工作者协会，2008。
② 王文达：《澳门掌故》之12《闾巷漫谈》，澳门，澳门教育出版社，1999，还称："望厦村民以何、沈、黄、许、赵诸族人氏为最多，故前时各姓皆建立宗祠于村内。"
③ 王文达：《澳门掌故》之11《会馆谈往》，237 页，澳门，澳门教育出版社，1999。

露之化，饮和食德，二百年于兹。姑赤子之依父母，故虽华夷错杂，耦俱无迹，而又得缙绅先生相与维持而调护之，所为市尘不警，嚚竞不作，于以内崇国体，外绥夷情者，其必有道矣。①

很清楚，妈阁庙、莲峰庙作为当时澳门华人集议商事的公共场所确实源起于明末。

① 王文达：《澳门掌故》之 11《会馆谈往》，237 页，澳门，澳门教育出版社，1999。

第十四章　万历十四年蔡汝贤笔下的欧洲人形象及澳门资料

明万历十四年（1586年）广东右布政使蔡汝贤编纂《东夷图说》和《东夷图像》。此为该书之序。

第十四章 万历十四年蔡汝贤笔下的
欧洲人形象及澳门资料[①]

《东夷图说》，又记为《东南夷图说》，明蔡汝贤撰。该书分为两卷（图像一卷，图说一卷），成书于万历十四年（1586 年）。这是余发现的一部极为重要的澳门文献，其图像部分保存了中国最早记录的欧洲人图像资料，其图说部分则又保存了一个最早的"佛郎机传"，因此，可以说，这部文献是中国人对来华欧洲人第一次最为全面的记录，在中西关系史及澳门史中具有十分重要的地位。

一、中国现存最早的欧洲人形象资料——《东夷图说》

从 16 世纪始，欧洲人循着葡萄牙人开辟的贸易航线，一批接一批地从西方走向东方，并来到了中国。他们与中国民族迥异的体貌、文化及其器物，极大地震撼了古老的中华帝国。各种文献纷纷记录了他们的形象、行为、国力及风俗。文字记载虽有佚

---

① 此原为两篇文章，一为《中国现有最早欧洲人形象资料》，载《故宫博物院院刊》，2001（1）；二为《蔡汝贤〈东夷图说〉中的葡萄牙及澳门资料》，载《世界民族》，2001（6），合并成一文。这一重要资料及图像是本人首次发现并通过考证证实，今学界广泛使用此图及这一资料而不提首发现及考证者，学术之失范，可见一斑。

失，但保留至今的仍不少，然而，这方面的图像资料流传至今的却极为罕见，我们现在所能见到的最早的欧洲人的图像乃游文辉于 17 世纪初绘制的利玛窦图像。① 虽然现存明人之《三才图会》中有"红夷国"与"西洋国"人物的图像，② 但从其记事到图像，可以明显地看出这两幅图像并非历史传真，完全是凭空臆造，或据道听途说而编纂。

图 144：《三才图会》中的西洋国

图 145：《三才图会》中的红夷国

因此，以往我们要了解 16 世纪或 17 世纪来华的欧洲人的形象只有借助于清代乾隆时成书的《澳门记略》和《皇清职贡图》，③ 而明代的欧洲人之图像资料却无法寻索。

---

① 游文辉所绘利玛窦像为中国人创作的最早的一幅存世油画，现藏罗马耶稣会总会院档案馆。该画作于 1610 年。参阅陈继春：《澳门早期西洋宗教画》，载《澳门》，1998－12（7）。程大约《墨苑》、罗如望《天主圣像略说》、艾儒略《出像经解》中的图画虽有欧洲人形象，但这些图画都是仿照欧洲原画翻刻之基督宗教画，且均完成于 17 世纪中叶。

② 王圻：《三才图会》上册《人物》卷 13《西洋国》，844 页、卷 14《红夷国》，863 页，影印明万历王思义校正本，上海，上海古籍出版社，1985。

③ 印光任、张汝霖：《澳门记略》卷下《澳蕃篇》附图，224 页，澳门，澳门文化司署点校本，1992。傅恒、董诰、门庆安，等编：《皇清职贡图》卷 1《大西洋国夷人图》，78 页，沈阳，辽沈书社，1991。

图146：《澳门记略》中的葡萄牙人　图147：《皇清职贡图》中的葡萄牙人

图148：《皇清职贡图》中的西班牙人（左）与荷兰人（右）

近日翻检文献，发现蔡汝贤有《东夷图说》一卷，原以为"东夷"定不会包括欧洲人，因为明代人称欧洲为"西洋""西番"或"西南番"，却又从未见过将欧洲诸国纳入东夷者。然检其《东夷图总说》载：

> 盖闻明王慎德，四夷咸宾，子之图说，独详于东南夷，何也？贡由粤入，职所掌也。占城、西洋、真腊、暹罗、满剌加、苏门答腊、三佛齐、回回、锡兰山皆大国也；浡泥、彭亨、百花、吕宋，小夷也；天竺、咭呤、甘坡寨、顺嗒，不通贡而通市；爪哇戕我天使，佛郎机猎我华人，夷而狨矣。[①]

原来，书名虽记为"东夷"，实为"东南夷"，在《四库全书总目提要》中亦书做《东南夷图说》，故内含"佛郎机"。该书中保存的《满剌加图》《佛郎机图》及《吕宋图》。余以为，这是我国目前保存的几幅最早由中国人绘制的欧洲人之图像资料，其珍贵程度不言而喻。

图149：《东夷图说》中的佛郎机（左）、吕宋（右）

[①] 蔡汝贤：《东夷图说》之《东夷图总说》，影印明万历刊本，四库存目丛书，1页，济南，齐鲁书社，1997。

　　然而,《四库全书总目提要》(以下简称《四库提要》) 的作者却对该书全盘否定,称"其图像悉以杜撰,亦毫无所据"①。既然是"悉以杜撰",那么《佛郎机图》等亦当为杜撰,即无价值可言。如果我们轻信了《四库提要》的作者们毫不负责任的轻言妄断,就将漏失一份中国古代对外关系中的极为珍贵的文献,三幅我国现存最早的欧洲人之形象资料亦会无端埋没。下面,拟分几方面来求证其实,以还其本来面目。

　　首先,从作者蔡汝贤的历史背景进行考察。蔡汝贤,《明史》无传,据《掖垣人鉴》卷 15 载,其字用卿,一字思齐,号龙阳,松江华亭人。隆庆二年 (1568 年) 进士,由大名府推官选礼科给事中,历官御史。任中敢言,弹劾勋戚而无顾忌。② 又据阮元《广东通志》卷 18《职官表》9 所载,蔡氏于万历四年 (1576 年) 任广东布政司右参政;万历六年 (1578 年),升福建按察使;万历八年 (1580 年),再任浙江右布政使;万历十三年 (1585 年) 任广东左布政使,③ 最后官至南京兵部侍郎,致仕卒。从上述经历可以看出,以最保守的估计,蔡汝贤在广东任职至少十年以上,且均在布政使司。布政司为明代掌一省之政的首脑机关,外国诸蕃进贡之事,虽有市舶司具体管理,但布政司仍掌其大政,如贡使迎来送往,布政司需按国家礼仪予以接送。《东夷图说》之"安南"条载:"(安南) 使回,广东布政司管待如列国仪。"又"占城"条载:"嘉靖年再至,使回,令广东布政司管待,以示宠异焉。"再"满剌加"条载:"每贡使回,广东布政司饯之,尊会典也。"④ 可知广东布政司是一个必须经常同外国贡使

①　纪昀:《四库全书总目提要》第 2 册卷 78《地理类存目》7《东南夷图说二卷岭海异闻一卷续闻一卷》,2 074 页,石家庄,河北人民出版社标点本,2000。明刻本为"东夷图像一卷、东夷图说一卷、岭海异闻一卷、续闻一卷"。

②　萧彦:《掖垣人鉴》卷 15《蔡汝贤》,明万历刻本。

③　阮元:《(道光) 广东通志》卷 18《职官表》9,上海,上海古籍出版社影印本,1988。

④　蔡汝贤:《东夷图说》之《安南》《占城》及《满剌加》,4 页、6 页、14 页,影印明万历刊本,四库存目丛书,济南,齐鲁书社,1997。

打交道的政府机构，蔡汝贤在广东布政司任职达十年以上，且担任过布政司的最高官员，以常理论之，他应是一位经常与外国贡使打交道的官员，亦应是一位对海外诸国情况比较熟悉的官员。蔡汝贤在《东夷图总说》中亦称："贡由粤入，职所掌也。"① 外国使者由广东进贡，是蔡氏的职掌之范围。又称："有经世之责者，试思之国，凡二十有四，貌之者二十，间有与图说左者，在中国则服，然识所见也，余阙焉。"② 也就是说其书中有文字记录的国家有24国（其中黑鬼不应为一国），而画的图像只有20幅，均是他亲眼所见的，未见者，即存阙。这反映了蔡汝贤无论是记录文字或绘制图像均是极为严肃认真的，未见的外国使者，就没有画图像。如此严肃的作风，不知《四库提要》的作者为何会得出"其图像悉以杜撰，亦毫无根据"的结论？

第二，据《四库全书总目提要》蔡汝贤《东夷图总说》，《东夷图说》一书成于"万历丙戌"③，即万历十四年（1586年），这正是澳门海外贸易的黄金时代。万历十四年成书的《泾林续纪》载：

> 广属香山，为海舶出入襟喉，每一舶至，常持万金，并海外珍异诸物，多有至数万者，先报本县，申达藩司，令舶提举同县官盘验，各有长例。④

由于海外贸易的发达，万历中省城广州亦对外开放，外国商人均可赴广州贸易，并不只局限于澳门。霍与暇《上潘大巡广州事宜》载：

> 近日闽浙有倭寇之扰，海防峻密。凡番夷市易，皆趋广

---

① 蔡汝贤：《东夷图说》之《东夷图总说》，影印明万历刊本，四库存目丛书，1页，济南，齐鲁书社，1997。
② 蔡汝贤：《东夷图说》之《东夷图总说》，影印明万历刊本，四库存目丛书，3页，济南，齐鲁书社，1997。
③ 纪昀：《四库全书总目提要》第2册卷78《地理类存目》7《东南夷图说二卷岭海异闻一卷续闻一卷》，2 074页，石家庄，河北人民出版社标点本，2000。
④ 周玄暐：《泾林续纪》（不分卷），丛书集成初编本，27页，北京，中华书局，1985。

州，番船到岸，非经抽分不得发卖。①

霍疏上于万历初。又王临亨《粤剑编》卷3载：

> 西洋古国，其国乃西洋诸番之会。三四月间入市中国市
> 杂物，转市日本诸国以觅利，满载皆阿堵物也。余驻省时，
> 见有三舟至，舟各赍白金三十万投税司纳税，听其入城与百
> 姓交易。②

王氏驻省在万历中。可见，蔡汝贤撰《东夷图说》时，广州之对外贸易正处于十分繁盛时期，它既不同于正德末嘉靖初禁海时期的广州，又不同于嘉靖中各国番舶均转趋闽浙进行海上贸易而"广之市井萧然"③ 的时期，各国商人均可至广州进行交易。那时的广州是"临江喧万井，立地涌千艘"，"时时番鬼笑，色色海上眠"。④ 在这种情况下，当时出任广东布政使的蔡汝贤岂不是有很多机会对来广州贸易的外国商人进行了解并绘制他们的图像吗？

第三，《四库全书总目提要》的作者提出的否认《东夷图说》的理由不能成立。其称：

> 所记皆东南海中诸国，殊多传闻失实，如谓琉球国人窅
> 目深鼻，男去髭须，辑鸟羽为冠，装以珠玉赤毛。今琉球贡
> 使旅来，目所共睹，殊不如其所说。海西诸国统称西洋，汝
> 贤乃以西洋为国名，则更谬矣。⑤

否定的理由有两个：一例琉球；一例西洋。先看第一条，蔡氏记琉球是否失实。琉球国人窅目深（原文是高）鼻，《皇清职

---

① 霍与瑕：《勉斋集》卷12《上潘大巡广州事宜》，光绪丙戌重刊本。

② 王临亨：《粤剑编》卷3《志外夷》，91页，北京，中华书局标点本，1987。

③ 黄佐：《泰泉集》卷20《代巡抚通市舶疏》，岭南遗书本。

④ 徐朔方笺校：《汤显祖诗文集》卷11《南海江》及《广城二首》，上海，上海古籍出版社，1982。

⑤ 纪昀：《四库全书总目提要》第2册卷78《地理类存目》7《东南夷图说二卷岭海异闻一卷续闻一卷》，2 074页，石家庄，河北人民出版社标点本，2000。

贡图》称"琉球国人多深目长鼻"[①] 可证，蔡氏并非杜撰。男去
髭须，《图书编》卷50《琉球事实》载："风俗，男子不髭"[②]。
辑鸟羽为冠；《殊域周咨录》卷4《琉球载》载："（男）戴羽
冠"[③]。装以珠玉赤毛；《皇清职贡图》载："（琉球）属夷官品级
以金银簪为差等，用黄绫卷折圈为冠"[④]。前三条所记与蔡氏所记
完全相同，末条虽有不同，但蔡氏所记之琉球国人，当为一般百
姓，故"辑鸟羽为冠，装以珠玉赤毛"，而《皇清职贡图》所记
为"夷官"，故不是戴羽冠插赤毛的土夷，而是以黄绢缠头，戴
金银簪。蔡氏所记均有所本，而《提要》之言实风马牛不相及，
第一条否定的理由不能成立。

　　第二条，《四库全书总目提要》称，蔡汝贤以西洋为国名，
西洋本应是海西诸国的统称，蔡误。海西诸国统称为西洋是对
的，但蔡汝贤此处的西洋乃指西洋古里。王临亨《粤剑编》卷3
称："西洋古里，其国乃诸番之会。"[⑤]《皇明象胥录》载："古
里，绾西洋诸番之会，西濒海，南距柯枝，自柯枝海行，可三日
至；或曰从锡兰山取道，顺风十昼夜至。"[⑥] 再看蔡汝贤《东夷图
说》之《西洋》载："西洋在海西南，与僧迦密迩。自锡兰山放
洋，顺飚利舶十昼夜可抵其国。当巨海之要峿，乃诸番总会之区
也。"[⑦] 可知，蔡汝贤所言之"西洋国"，当即言西洋古里，只是
省去了"古里"二字，而西洋古里在明代文献中亦常被省称为
"西洋"。《明史·西洋琐里传》载：

① 傅恒、董诰、门庆安，等编：《皇清职贡图》卷1，46 页，沈阳，辽沈书社，
　 1991。
② 章潢：《图书编》卷50《琉球事实》，文渊阁四库全书本。
③ 严从简著，余思黎点校：《殊域周咨录》卷4《琉球》，北京，中华书局标点本，
　 1987。
④ 傅恒、董诰、门庆安，等编：《皇清职贡图》卷1，46 页，沈阳，辽沈书社，
　 1991。
⑤ 王临亨：《粤剑编》卷3《志外夷》，91 页，北京，中华书局标点本，1993。
⑥ 茅瑞征：《皇明象胥录》卷5《古里》，崇祯己巳刊本。
⑦ 蔡汝贤：《东夷图说》之《西洋》，8 页，影印明万历刊本，四库存目丛书，济
　 南，齐鲁书社，1997。

成祖须即位，诏于海外诸国，西洋亦与焉。①

《古今图书集成·西洋琐里部汇考》载：

永乐五年，古里国遣使朝贡，命太监郑和等赐西洋国诰命。按《广东通志》，西洋国地最大，与僧迦密迩，诸番之会也。②

《三才图会》卷13载：

西洋国近西南海滨，地产苏木胡椒、珊瑚、宝石等物。③

《古今图书集成·西洋琐里部汇考》将西洋琐里亦称为"西洋国"，还附有"西洋国"图像一幅。④《殊域周咨录》卷8称：

琐里国又曰西洋琐里国，或为二国，或为四国，《会典》诸书所载各异，皆西洋诸番之会。⑤

古里、琐里，均在今印度西南岸一带，明人混淆，有时视为一地，有时又分视。不论是西洋古里或西洋琐里，明人均有省称为"西洋"之例，蔡氏当亦是省称，何谬之有？《提要》作者不细审其书就妄下断语，可见其粗疏。余疑，蔡氏之书乃以书名犯忌，"东夷"二字遭满洲忌，故要将书删禁，又要找几个理由，便在书中胡乱引几句话，即轻言妄语以毙之，实《提要》之误也，非蔡氏谬。

第四，从蔡氏书中所记国名及图像亦可反映其所记十分真实。蔡氏书成于万历十四年（1586年），书中所记之国同欧洲有关者有佛郎机与吕宋。佛郎机为葡萄牙，吕宋为西班牙，葡萄牙人于嘉靖三十三年（1554年）进入澳门，西班牙人于万历四年

① 张廷玉：《明史》卷213《西洋琐里传》，北京，中华书局，1974。
② 陈梦雷编纂，蒋廷锡校订：《古今图书集成·方舆汇编·边裔典》卷85《西洋古里部汇考》，北京、成都，中华书局、巴蜀书社影印本，1985。
③ 王圻：《三才图会》上册《人物》卷13《西洋国》，影印明万历王思义校正本，844页，上海，上海古籍出版社，1985。
④ 陈梦雷编纂，蒋廷锡校订：《古今图书集成·方舆汇编·边裔典》卷85《西洋古里部汇考》，北京、成都，中华书局、巴蜀书社影印本，1985。
⑤ 严从简著，余思黎点校：《殊域周咨录》卷8《琐里·古里》，北京，中华书局点校本，1993。

（1576 年）后进入菲律宾，但文献多称佛郎机人占据吕宋。[①] 而蔡氏记吕宋称："吕宋在海之西南，其风俗服饰婚姻与佛郎机大同小异。"[②] "大同小异"可证蔡氏并不像一些无知者将占领菲律宾的西班牙人亦称做佛郎机。"同"是指他们都是西方人，且都是伊比利亚半岛上相邻最近之国；"异"是指他们是不同的两个国家，其认识是比较准确的。再看蔡氏画的《佛郎机图》和《吕宋图》，虽然画的都是西方人形象，但佛郎机人更似欧洲人，而吕宋人则接近西亚人。

再从蔡书之《满剌加图》看，这时的满剌加人从人种上已非马来人的形象，似乎为欧洲人与马来人的混血，大约是马六甲的土生葡人。从服饰上看则完全是 16 世纪葡萄牙人的服饰，着中排扣之上衣，穿宽腿裤，这种服饰可见于 16 世纪南蛮（葡萄牙）艺术屏风画中的葡人服饰。

图 150：《东夷图说》中的满剌加人　图 151：16 世纪《南蛮屏风图》中的葡萄牙人

---

① 张廷玉：《明史》卷 323《吕宋传》，北京，中华书局，1974；何乔远：《名山藏》第 8 册《王享记·东南诸夷》，6 162 页；茅瑞征：《皇明象胥录》卷 5《吕宋》，崇祯己巳刊本。

② 蔡汝贤：《东夷图说》之《吕宋》，影印明万历刊本，21 页，四库存目丛书，济南，齐鲁书社，1997。

因为从 16 世纪初，葡萄牙人已占据满剌加，葡人对马六甲的控制到蔡氏成书时已有七八十年，故贡使为土生葡人形象，服饰则为葡式服装。[①] 这种极为真实的写真，足以说明蔡氏曾对当时来广州的外国人进行过仔细观察和深入的了解，否则是不能画出这样的图像的。

蔡书中还有一幅《天竺图》。天竺指印度，是佛教之国，这是众所周知的。然而，在蔡氏图中，画一个天竺人，朝拜一位类似于观音菩萨，怀中抱着一个婴孩的女人。这是何故？原来这里拜的不是观音而是圣母玛利亚。天竺拜圣母玛利亚，岂不荒谬？《东夷图说·天竺》还载：其国"人多奉佛"，但这个"佛"并非释迦牟尼而是天主。"每七日一礼拜天，食辄诵经，食已复诵，谓谢天也。……左右前后，坐卧器皿，各置天主。"[②] 天竺国信天主教，这正反映了 15 世纪末期以来，葡萄牙人发现印度并占据印度西海岸，以及 1517 年方济各会的传教士到达果阿并逐步传播天主教之事实。但需说明的是，葡萄牙对印度的占据始终仅限于印度半岛西南沿海科钦、果阿一带，从未将其统治势力渗入印度内陆，[③] 所以，称天竺国信"天主"，实际上仅在印度半岛西南沿海很小的一部分地区的人，而不是全部。《坤舆图说》卷上的《印第亚》载：

　　印第亚即天竺。……今沿海诸国率奉天主正教。[④]

虽然蔡氏之《图说》称天竺国信奉天主教并不准确，但在当时的情况下，他能在图书中反映天竺（印度）国有天主教的传播，正说明他真实地记录了当时的历史。因为葡萄牙占领印度西

---

① 张礼千：《马六甲史》第 1 章《马六甲王国》，108 页，上海，商务印书馆，1940，称：葡人占据马六甲在 1511 年 8 月 10 日。
② 蔡汝贤：《东夷图说》之《天竺》，影印明万历刊本，22 页，四库存目丛书，济南，齐鲁书社，1997。
③ 恩·客·辛哈·阿·克·班纳吉：《印度通史》，第 21 章，490～491 页，北京，商务印书馆，1964。
④ 南怀仁：《坤舆图说》卷上《印第亚》，指海本。

南海岸后，果阿成了葡印总督的总部，西方传教士到中国往往是先去果阿，后至中国。最初到中国的传教士为了方便传教，均称自己为"天竺国僧"，如1584年出版的《新编西竺国天主实录》称："万历甲申岁秋八月望后三日天竺国僧书"[1]。来华传教士自称"天竺国僧"，这自然会影响到蔡汝贤对"天竺"的认识，故蔡书《天竺》又称："天竺僧自彼国渡海远来，历三年始达濠镜。诸夷信其法，遂奉之，以要束诸夷"[2]。我们知道到濠镜（澳门）来的是欧洲各国的传教士，蔡氏称之为"天竺僧"，盖因当时传教士之自谓也。此可证蔡氏之书非谬，实不明其曲折，据所见所闻而实书也。此又可反证该书之真实可信。

图152：《东夷图说》中的在"天竺"的葡萄牙人

最后，余欲将蔡氏之《佛郎机图》与日本艺术家绘制的南蛮

---

① 原件藏于罗马耶稣会总会院档案馆，转引自林金水《利玛窦与中国》，35页，北京，中国社会科学出版社，1994。又方豪《中国天主教史人物传》（上册）："天竺国僧辑，耶稣会后学罗明坚述"，北京，中华书局，1988。
② 蔡汝贤：《东夷图说》之《天竺》，22页，影印明万历刊本，四库存目丛书，济南，齐鲁书社，1997。

（日本人称葡萄牙人为南蛮）屏风画①中的葡萄牙人形象（参见图 149 及图 151）作一比较。蔡氏画与日本画均产生于同一时代——16 世纪末。蔡氏图中画线条简单，日本图中绚丽多彩，但二者所绘人物形象均十分生动逼真。加以比较，可以发现，二者十分近似。蔡氏画右第一位葡人，深目高鼻络腮胡，与日本画中葡人形象完全相同，身着衣饰，上身为中排扣紧身衣，下为宽腿裤，头戴高顶毡帽，日本《南蛮屏风图》中左起第五人之穿着与蔡氏画中右起第一人完全相同。其余人等穿着、形象亦基本相同。中日画家均以第一手资料反映了 16 世纪来东方经商的葡萄牙人的形象与服饰。《南蛮屏风》画在日本所见甚多，而 16 世纪中国人反映葡萄牙人形象、服饰的图画资料则罕见，蔡氏所绘绝无仅有。与乾隆时期绘制的《澳门记略》及《皇清职贡图》（参见图 146 及 147）比较，可以发现，蔡氏所绘葡人图像较乾隆时期所绘更为逼真。虽然蔡氏画之艺术价值未必很高，但作为真实记录历史的材料，该画之价值却极为珍贵，堪称是我国现存最早的欧洲人的形象画。

二、中国文献中保存最早的《佛郎机传》及其他方面的澳门史料

明代文献中有关葡萄牙及澳门的史料虽不算很少，但零零散散，且多有重复。在几十年来的中葡关系史及澳门史研究中，大部分明代史料已被学者们发掘利用，可以说，未被人利用的明代关于葡萄牙及澳门的史料已经不多了，但《东夷图说》却是从未被人利用的资料。下面拟将该书有关葡萄牙及澳门的史料全部摘录分述如下：

---

① 南蛮艺术屏风是日本 16—17 世纪所独有的一种艺术，本文所引之画约于 16 世纪末绘制，参见施白蒂著，小雨译《澳门编年史：16—18 世纪》之附图，16 页，澳门，澳门基金会，1995。

……占城、西洋、真腊、暹罗、满剌加、苏门答腊、三佛齐、回回、锡兰山，皆大国也，囿于夷，莫能相尚，列而存之，昭无外也，浡泥、彭亨、百花、吕宋，小夷也，序于爪哇、佛郎机、日本之上，盖尝事我中国，有献琛之诚焉；天竺、咭岭、甘坡寨、顺嗒，不能贡而通市，安知无慕华之思？原之斯，录之也。爪哇戕我天使，佛郎机猎我华人，夷而猂矣，退之示创也。……粤有香山濠镜澳，向为诸夷贸易之所，来则寮，去则卸，无虞也。嘉靖间，海道利其饷，自浪白外洋议移入内，历年来渐成雄窟，列廛市贩，不下十余国，夷人出没无常，莫可究诘。闽粤无籍，又窜入其中，累然为人一大赘疣也。……万历丙戌孟冬日东海蔡汝贤书。

满剌加……正德中被佛郎机仇杀，王退休陂隄兵去复国。

回回……宣德中遣使贡献方物，使回，广东布政司管待，今附舶香山濠镜澳贸易。（原注：濠、胡刀切、音豪、水名，在钟离）

锡兰山……正统·天顺间犹来朝贡，使回，广东布政司管待，今附舶香山濠镜澳贸易。

浡泥……每贡使回，广东布政司管待，今附舶香山濠镜澳贸易。

彭亨……使回，广东布政司管待，今附舶香山濠镜澳贸易。

百花……使回，广东布政司管待，今附舶香山濠镜澳贸易。

吕宋……吕宋，在海之西南，其风俗服食、婚姻与佛郎机大同小异。国小而产黄金，人勤而称富庶，且质朴，不喜争讼。交易不立契书，足穿皮履，出入佩刀自卫，时常礼佛诵经。犀角、象牙、珊瑚、珠贝，诸香品料，其方物也。永乐三年遣使朝贡，赐以文绮。使回，广东布政司管待，今附舶香山濠镜澳贸易。

天竺……先是，岭南香山有澳曰濠镜，为诸番互市之地，夷商杂处，财货充溢，其势必至于争。矧夷性嗜利，尤易猖也。天竺僧自彼国渡海远来，历三年始达濠镜，诸夷信其法，遂奉之以要束诸夷，诸夷事之惟谨，不敢或违，固怵于轮回果报之说，乃僧之戒行，亦足动人哉。以不通朝贡，故广东布政司不列管待。盖来不拒，去不追，王德体然也。

咭呤……地产胡椒、苏木、豆蔻、象牙，时附舶香山濠镜澳贸易。

甘坡寨……地产降真、豆蔻、象牙、犀角，时附舶香山濠镜澳贸易。

顺嗒……地产胡椒、象牙、丁香、豆蔻，时附舶香山濠镜澳贸易。

佛郎机，在海西南，以不通中国，未详何种。与满剌加同道，循之可至。其国民多富饶，巨室一家胡椒有至数百斛，犀角、象牙、珠贝、香品，蓄贮无筭。其俗不尚鬼，信佛，喜诵经，每六日一礼拜佛。先三日食鱼为斋，至礼拜日则鸡猪牛羊不忌。国人髡首，贵者戴冠，贱者顶笠，见尊者撤去之为敬。薙髭须，貌类中国。上著衫，腰穿长胯，下垂至胫。足有皮履，衣服极洁，用琐袱、西洋布、琐哈喇或中国丝绵绸缎为之，颜色惟意。手持一红杖而行，其他则否。饮食不用匙箸，富者食面，贫与奴仆食米。婚娶论财，无媒妁，家世相敌，即诣佛前相配，以一僧为证，谓之交印，遂携妇归。男聘以十四，责女之查资常数倍。奴团有五六房者，故外家非千金不以嫁女。构木为居，设舶为市。市侩交易，搦指节以示数，千金贸易，不立文字，指天为约，卒无敢负。相会则交扪其心，误扪其首，则勃然忿争。詈骂止及其身，虽甚辱不校。若骂子孙及其父祖，骂奴及其家长，辄以死斗。故佣奴以土著为上，为其能扞主也。贫民颇事剽掠，独客过，杀而夺其货，遇巡徼官执而戮之，王亦不诘。人积家财，临死时遗嘱，若干与妻孥，若干舍入庙，悉如其言。若无嘱书，即一半付子，一半归王，无有竞者。大都夷性凶狡嗜利。善制火铳，一发中人，无不立死，名曰佛郎机。中国仿制以御敌。正德间，假作贡献来，至近广，恃火铳设栅自固，掳婴孩烹食之，守臣率水兵攻之，乃遁。又与满剌加互市争，恨其囚执哪哒，归诉治兵，突至满剌加，大被杀掠，整众满载而归。其产有犀象、珊瑚、眼镜、琐袱、天鹅绒、琐哈剌、苏合、番段之属。入明来，以不预朝贡故，广东布政司亦无管待，盖疏而不亲，圣王制驭蛮夷之道如此。

黑鬼即黑番鬼，号曰鬼奴，言语嗜欲不通性欲，无他肠，能扞主。其色如墨，目圆发卷而黄。有牝牡，生海岛中，食生物腥秽，与以人肉，生啗之，火食则洞泄，过此则易畜矣。绝有力，一人可负数百觔，临敌不畏死，人水可经一二日。当见将官买以冲锋，其直颇厚。配以华妇，生子亦黑。久处能晓人言，而自不能言。为诸夷所役使，如中国之奴仆也。或曰猛过白番鬼云。

《东夷图说》中保存的葡澳史料在明代文献中应是较多的一种，特别是由于该书完成于万历十四年（1586 年），距离澳门开埠时间不长，故这些早期葡萄牙及澳门的史料就显得更为珍贵了。

（一）《东夷图说》从另一角度报道了澳门开埠的一些情况，为我们研究澳门开埠史提供了新史料

关于澳门开埠的最基本的原始中文材料主要是《明史·佛郎机传》、《明熹宗实录》、嘉靖四十三年（1564 年）庞尚鹏的《抚

处濠镜澳夷疏》、嘉靖四十四年（1565 年）吴桂芳的《议阻澳夷进贡疏》、万历三十年（1602 年）郭棐的《广东通志》、万历四十一年（1613 年）王以宁的《条陈海防疏》及《日本一鉴·穷河话海》诸书。中国学者大都赞同郭棐的《广东通志》卷 69《澳门》中"嘉靖三十二年"（1553 年）葡商进入澳门说。特别是还有部分学者极力反对《明史·佛郎机传》及《明熹宗天启实录》卷 6 中关于嘉靖十四年（1535 年）濠镜澳即已成为各国夷人贸易之所的记载。《东夷图说》的记载恰好可以证明《明史》及《明实录》不误。《东夷图说》称：

> 粤有香山濠镜澳，向为诸夷贸易之所，来则察，去则卸，无虞也。嘉靖间，海道利其饷，自浪白外洋议移入内，历年来渐成雄窟。

从行文之间可以明确看出，"嘉靖间"是指澳门开埠的时间，那么"嘉靖间"之前之记载，则应是指开埠之前的事，也就是说，蔡汝贤认为，在澳门正式开埠之前，"香山濠镜澳"已成为"诸夷贸易之所"。以文中"向为"二字，更可说明，濠镜澳成为"诸夷贸易之所"已经有很长一段时间了。蔡氏这一段话并非无凭。黄佐的《广东通志·番夷》载：

> 布政司查得递年暹罗国并该国管下甘蒲沰、六坤州与满刺加、顺搭、占城各国夷船，或湾泊新宁广海、望峒；或新会奇潭；或香山浪白、蠔镜①、十字门；或东莞鸡栖、屯门、虎头门等处海澳，湾泊不一。②

上文系林富于嘉靖八年（1529 年）上疏之后所记，它可以反映出濠镜澳在嘉靖初即已成为各国夷船湾泊之所。《明天启实录》卷 6 载：

---

① "蠔镜"即"濠镜"，也作"壕镜"，澳门的旧称。明代全称"濠镜澳"，指澳门整个港湾，包括浪白岛在内。
② 黄佐：《（嘉靖）广东通志》卷 66《外志》3，广州，广东地方志办公室影印本，1998。

至嘉靖十四年，指挥黄琼纳贿，请于上官，许夷侨寓濠
镜澳，岁输二万金。①

《明史·佛郎机传》略同，又可反映到嘉靖十四年（1535
年）时，已有各国夷人在濠镜澳展开贸易。嘉靖四十四年（1565
年）吴桂芳上《议阻澳夷进贡疏》称：

非我族类，……据澳为家，已逾二十载。②

这就是说，各国夷商在嘉靖二十四年（1545 年）以前就进入
了濠镜澳贸易。上述材料，均可证明在澳门未正式开埠之前时，
各国商人已在该地展开了贸易，即如蔡汝贤所言："粤有香山濠
镜澳，向为诸夷贸易之所"。但这一时期的贸易还完全是一种临
时性的搭棚贸易，"来则寮，去则卸"，即反映这一时期贸易的
性质。

至于蔡氏所言"嘉靖间，海道利其饷，自浪白外洋议移入
内"，据葡萄牙人索札（Loeonel de Sousa）1556 年 1 月 15 日的信
载，议从浪白移入濠镜是在嘉靖三十三年（1554 年），而正式从
浪白迁入濠镜则在嘉靖三十六年（1557 年）。③ 博卡罗的《东印
度各要塞、城市和居民点图册》（简称《要塞图册》）称："1555
年贸易移于浪白澳，1557 年由此转移至澳门。"④ 嘉靖四十三年
（1564 年）庞尚鹏的《抚处濠镜澳夷疏》亦称："往年俱泊浪白
等澳，……近数年来，始入濠镜澳筑室，以便交易。"⑤ 从 1557
年至 1564 年为七年，称"近数年"，亦大致相合。既可证，从浪
白移入濠镜是在嘉靖三十六年（1557 年）的事，则更清楚地说

① 《明熹宗实录》卷 6，天启元年六月丙子条。
② 陈子龙辑：《明经世文编》卷 342《吴司马奏议》卷 1《议阻澳夷进贡疏》，影印
平露堂刊本，北京，中华书局，1962。
③ 罗理路著，陈ından仪译：《澳门寻根》附文献 3《列奥内尔·德·索乌萨给路易斯王
子的信》，70 页，澳门，海事博物馆，1997。
④ 博卡罗：《要塞图册》，载《文化杂志》，1997（31）。
⑤ 庞尚鹏：《百可亭摘稿》卷 1《抚处濠镜澳夷疏》，广东文献，清同治二年重印
本。

明，在葡人正式入居澳门之前，濠镜澳早已成为各国商人贸易之
所了。只是我们对早期的"濠镜澳"一词不要狭义地理解为澳门
半岛就是了。① 总之，蔡汝贤所称："香山濠镜澳，向为诸夷贸易
之所"一段话，又为我们准确理解澳门早期开埠历史提供了新
资料。

（二）《东夷图说》介绍了部分东南亚国家及西亚国家参
与澳门国际贸易的情况

东南亚国家及西亚国家参与 16—17 世纪澳门国际贸易的资
料，反映在葡文文献及档案中有很多，如施白蒂的《澳门编年
史：16—18 世纪》言：

（1595 年）澳门与中国内地、日本、马六甲、印度以及
暹罗、东京、交趾支那、帝汶、文莱、勃固、阿默达巴德、
锡兰等地大规模通商。②

然而，关于这一方面的通商材料在中文文献中反映甚少，仅
王士性《广志绎》卷 4 有载：

香山嶴乃诸番旅泊之处。海岸去邑二百里，陆行而至。
爪哇、浡泥、暹罗、真腊、三佛齐诸国俱有之。③

吴桂芳《议阻澳夷进贡疏》亦载：

驯至近年，各国夷人据霸香山濠镜澳恭常都地方。④

万历三十八年（1610 年）王以宁《请蠲税疏》称：

诸夷互市于澳门。⑤

万历四十一年（1613 年）王以宁《条陈海防疏》又称：

---

① 汤开建：《澳门诸名刍议》，载《文化杂志》，1995（23）。
② 施白蒂著，小雨译：《澳门编年史：16—18 世纪》，27 页，澳门，澳门基金会，
　　1995。
③ 王士性：《广志绎》卷 4《江南诸省》，100 页，北京，中华书局标点本，1993。
④ 陈子龙辑：《明经世文编》卷 342《吴司马奏议》卷 1《议阻澳夷进贡疏》，影印
　　平露堂刊本，1962。
⑤ 王以宁：《东粤疏草》卷 1《请蠲税疏》，广州，广东省中山图书馆抄本，1958。

濠镜澳诸夷来自佛郎机诸国。①

这里的"诸国""各国""诸夷"明显包含东南亚国家及西亚国家。

诸多材料均可证明，早期入住澳门的外国人并非只有葡萄牙人，而应包括东南亚各国商人及部分西亚国家商人在内。故蔡汝贤亦言濠镜澳"向为诸夷贸易之所"。又称："香山有澳曰濠镜，为诸番互市之地。"其在《东夷图总说》中还称：

> ……历年来渐成雄窟，列廛市贩不下十余国，夷人出没无常，莫可究诘。闽粤无籍，又窜入其中，累然为人一大赘流也。

闽粤商人进入澳门，这在文献中反映甚多，值得注意的是，蔡氏作为当时广东布政司的负责官员称，在澳门"列廛市贩"的国家有"十余国"，这应是一个较可信的数目。这就是说，在万历年间，直接进入澳门并在澳门开展贸易的国家有十余国。

我们再看一看该书中关于各个国家的具体记载，即可发现，万历年间来广东贸易的外国商船有两种不同的形式：一种是外国商船来，由"广东布政司管待"；一种则是"附舶香山濠镜澳贸易"。属于前者的有：安南、占城、西洋、真腊、暹罗、满剌加、苏门答腊、三佛齐、爪哇；属于后者的则有回回、锡兰山、浡泥、彭亨、百花、吕宋、咭呤、甘坡寨、顺嗒等。而且文中还说明属于后者的国家过去也是由"广东布政司管待"，只不过到了万历十四年（1586年）时已发生了变化："今附香山濠镜澳贸易"。这一份由广东左布政使蔡汝贤公布的资料十分明确地告诉我们，万历初期，广东的对外贸易是分两种形式进行的：一种是外国商船仍保持原来的贸易形式，直接进广东省城贸易，故由"广东布政司管待"；另一种贸易方式则是在澳门进行，即"附舶香山濠镜澳贸易"。这份资料所透露的信息十分重要，特别是后

---

① 王以宁：《东粤疏草》卷5《条陈海防疏》，广州，广东省中山图书馆抄本，1958。

一种在澳门进行的贸易，对我们准确认识早期澳门之贸易史及广东对外贸易史有很大帮助。

正德末嘉靖初，中葡关系全面恶化后，广东地方政府下令"并绝安南、满剌加诸番舶"①。并称："凡番舶之来，私自行商，尽皆逐去。"② 因此，过去来广州进行贸易的东南亚及西亚各国商船均离开广东到福建的漳、泉一带进行贸易，造成"广之市井萧然"③ 的局面。嘉靖八年（1529年）林富上疏要求取消海禁，多数东南亚及西亚国家商船又返回广东海面，其中一部分就在香山之浪白、濠镜、十字门地区进行贸易，前引多种文献即可证明。在澳门开埠之前与澳门开埠初期，许多东南亚国家，如爪哇、暹罗、真腊、三佛齐诸国均在"濠镜澳"贸易，并与葡萄牙人共同开发了早期的澳门国际港口，故王以宁称："濠镜澳夷来自佛郎机诸国"。但开埠不久，由于葡萄牙商人大批进入澳门，正如嘉靖四十三年（1564年）庞尚鹏所言："故举国而来，扶老携幼，更相接踵。今筑室又不知几许，夷众殆万人矣。"④ 据葡文材料记载，1556年澳门的葡萄牙人近300人，1562年澳门的葡萄牙人已达800人，到1569年时，澳门约有5 000~6 000名基督徒。⑤ 由于葡萄牙人的势力在澳门越来越大，再加上葡萄牙商队的专横，原在濠镜立足的东南亚各国商人逐渐退出澳门，正如《明史·佛郎机传》所言："久之，其来益众。诸国人畏而避之，遂专为所据。"⑥于是，来中国广东贸易的外国船只就出现两种情况：一类是不依附于佛郎机的东南亚国家船队而去广州贸易，而另一类是部分依附于佛郎机或与佛郎机有密切关系的国家，他们就在澳门

---

① 《明世宗实录》卷106，嘉靖八年十月己巳条。
② 严从简著，余思黎点校：《殊域周咨录》卷9《佛郎机》，北京，中华书局标点本，1993。
③ 黄佐：《泰泉集》卷20《代巡抚通市舶疏》，岭南遗书本。
④ 庞尚鹏：《百可亭摘稿》卷1《抚处濠镜澳夷疏》，广东文献，清同治二年重印本。
⑤ 施白蒂著，小雨译：《澳门编年史：16—18世纪》，13、15、17页，澳门，澳门基金会，1995。
⑥ 张廷玉：《明史》卷325《佛郎机传》，北京，中华书局，1974。

进行贸易。而《东夷图说》中列出的九个国家，如回回、吕宋、锡兰山、浡泥、彭亨、百花、甘坡寨、咭呤、顺嗒，均是在澳门进行贸易。清初诗人尤侗《外国竹枝词》之《默德那》诗第二首之注称："回回识宝，附舶香山濠镜澳贸易。"[①] 当即源出于蔡氏之《东夷图说》。

　　（三）《东夷图说》是最早全面介绍葡萄牙人民情风俗的中国文献之一

在中国文献中第一个为葡萄牙人立传者为嘉靖《（嘉靖）广东通志》的作者黄佐，其在《（嘉靖）广车通志》卷66《番夷》中列有"佛郎机国"专条，成书时间是嘉靖四十年（1561年）。第二份"佛郎机条"则是依严从简的《殊域周咨录》卷9所载，成书于万历十一年（1583年）。这两篇文章所录文字均较蔡汝贤《东夷图说》中的《佛郎机传》多，特别是后者，更比蔡汝贤所作《佛郎机传》多出几倍的文字。这两篇有关佛郎机的文章的主要内容均集中介绍葡萄牙人来华之过程及中葡外交关系的变化，并涉及佛郎机火铳和蜈蚣船的介绍，基本未对葡萄牙人本身的情况进行介绍。蔡氏所录《佛郎机传》文字内容与黄氏及严氏传文完全不同，乃是一篇全面介绍葡萄牙人民情风俗的专传，很少涉及中葡关系。

然而，蔡汝贤并非是最早介绍葡萄牙民情风俗的中国人，嘉靖四十四年（1565年）完成《贤博编·游岭南记》一书的叶权则是最早介绍葡萄牙人民情风俗的中国人。[②] 如若将万历十四年（1586年）蔡氏所记录的葡人风俗与嘉靖四十四年（1565年）叶权所记录的葡人风俗进行比较的话，就可以发现叶氏所记录的是他在澳门亲眼所见的居住于澳门的葡人（包括土生葡人）习俗；而蔡氏所记，则是他从广州从事贸易的葡萄牙人处，了解到的居住在葡萄牙本国的葡人风俗，故此，两者有相同之处，但亦有很

① 尤侗：《西堂全集》第11册《外国竹枝词》之《默德那》，文渊阁四库全书本。
② 汤开建：《叶权与澳门》，见《明清士大夫与澳门》，澳门，澳门基金会，1998。

大的不同。

在《东夷图说》之后的明代文献中，对葡人民情风俗进行介绍的还有陈锡仁的《皇明世法录》①、茅瑞征的《皇明象胥录》②及《明史·佛郎机传》三种，前两书均完成于崇祯年间（1628—1644年），其有关"佛郎机"的文字记录，两书几无一字之异，但不知谁抄自谁。为了能准确地说明蔡汝贤《东夷图说·佛郎机传》的史料价值，余将上述四种书与《东夷图说》中介绍葡萄牙人的民情风俗的文字列表进行比较：

书名 序列	《贤博编》	《东夷图说》	《皇明世法录》 《皇明象胥录》	《明史·佛郎机传》
1. 身貌	其人白洁净，鼻隆隆起，眉长而低，眼正碧。	貌类中国	身长七尺，高鼻白，莺嘴猫眼。	其人长身高鼻，猫睛鹰嘴
2. 须发	髭发多髯	国人髡首……薙髭须。	须卷而发近赤，赤多髡首薙须。	拳发赤须
3. 顶戴	顶红帽，天稍寒则戴毡笠子。	贵者戴冠，贱者顶笠，笠，见尊者撤去之为敬。	贵者戴冠，贱者顶笠，见尊长撤去之。	贵者冠，贱者笠，见尊长撤去之。
4. 衣着	着裤袄，以撒哈喇为之，或用云彩绸缎凿梅花八宝之类于上。富者用红撒哈喇，以紫剪绒缘领，妇人华鬘被首，裹以幅布，或用锦绣……	上著衫，腰穿长裤，下垂至胫……衣服极洁，用琐袱、西洋布、琐哈喇或中国丝绵紬缎为之，颜色唯一。	着衫裤，垂至胫，衣服用琐袱、西洋布、琐哈喇，最华洁……	衣服华洁……

---

① 陈锡仁：《皇明世法录》卷28《佛郎机》，影印明崇祯本，四库禁毁丛书，北京，北京出版社，1998。
② 茅瑞征：《皇明象胥录》卷5《佛郎机》，崇祯己巳刊本。

续表1

书名 序列	《贤博编》	《东夷图说》	《皇明世法录》 《皇明象胥录》	《明史·佛郎机传》
5. 履杖	足登革履，俱勾身为便利，以软皮为指套套掌上。左手持念珠右拽一杖。	足有皮履……手持一红杖而行。	皮履。手持红杖而行……	无载
6. 居住	其屋室四面板壁，从脊下出，地藉软草，坐胡床及凳。	构木为居……	无载	无载
7. 饮食	火食，饮西洋酒，味醇浓，注玻璃杯中，色若琥珀，无匙箸，用西洋布方尺许，置小刀其上，人一事手割食之。	饮食不用匙箸，富者食面，贫与奴仆食米……	饮食不用匙箸，富者食面，贫与奴仆食米……	无载
8. 宗教信仰	事佛尤谨，三五日一至礼拜寺，番僧为说因果，……其所事神像中悬一檀香赤身男子，长六七寸，撑挂四肢，钉着手足，云是其先祖为恶而遭此苦。	其俗不尚鬼，信佛，喜诵经，每六日一礼拜佛。先三日食鱼为斋，至礼拜日	俗信佛，喜诵经，每六日一礼佛，先三日食鱼为斋，至礼拜日，鸡猪牛羊不忌。	初奉佛教后奉天主教。

续表 2

序列 书名	《贤博编》	《东夷图说》	《皇明世法录》《皇明象胥录》	《明史·佛郎机传》
9. 婚姻	无载	婚娶论财，无媒妁，家世相敌，即诣佛前相配，以一僧为证，谓之交印，遂携归。男聘以十四，责女之奁资常数倍……故外家非千金不以嫁女。	婚娶论财，责女奁数倍。无媒妁，诣佛前相配，以僧为证，谓之交印。	无载
10. 丧葬	唯有丧者衣青长衫，戴青帽，不用他颜色……	无载	人死贮布囊以葬	无载
11. 遗产	无载	人积家财，临死时遗嘱，若干与妻孥，若干舍入庙，悉如其言。若无嘱书，即一半付子，一半归王，无有竞者。	（人死）所畜半人僧室。	无载
12. 交易	无载	……设舶为市。牙侩交易，搦指节以示数，千金贸易，不立文字，指天为约，卒无敢负。	市侩互易，搦指节示数，累千金不立文字，指天为约，无敢负。	市易但伸指示数，虽累千金，不立契约。有事指天为誓，不相负。

续表 3

书名 序列	《贤博编》	《东夷图说》	《皇明世法录》 《皇明象胥录》	《明史·佛郎机传》
13. 争斗	无载	相会则交扣其心，误扣其首则勃然忿争。骂詈止及其身，虽甚辱不校。若骂子孙及其父祖，骂奴及其家长，辄以死斗。	相会则交扣心，误扣首，勃然忿争，或詈辱及子孙父祖家长，辄死斗。	无载
14. 劫掠	无载	贫民颇事剽掠，独客过，杀而夺其货，遇巡缴官执而戮之，王亦不诘。	无载	恃强凌轹诸国。
15. 奴仆	役使黑鬼。番人多者养五六人，女子多者十余人。	奴团有五六房者……佣奴以土著为上，为其能扞主也。	无载	无载
16. 富贾	无载	其国民多富饶，巨室一家胡椒有至数百斛，犀角、象牙、珠贝、香品，蓄贮无算。	相传其国颇富饶，多蓄犀角、象牙、珠贝、胡椒。	好经商，无所不往
17. 物产	无载	其产有犀象、珊瑚、眼镜、琐袱、天鹅绒、琐哈喇、苏合、番缎之属。	无载	所产多犀象、珠贝。

　　通过上表即可清楚地看出，明代文献中关于来华葡萄牙人民情风俗的记录主要来源只有两处：一是叶权的《贤博编·游岭南

记》；另一处则是蔡汝贤的《东夷图说》。叶权完全是站在民间的角度以私人笔记的形式去细致地描写来华葡人的身貌衣着、饮食起居，而蔡汝贤则是代表官方（广东政府）去全面介绍来华葡萄牙人的民情风俗。叶权的介绍细致但有偏重，蔡汝贤的介绍粗略但较全面。可以说，这两份文献均是明代介绍葡萄牙人民情风俗最重要的原始资料，其余文献中的有关介绍大多来源于此。

由于叶权著作属私人性质，在当时流传并不广，在当时也并不一定为人所知，故后人介绍葡人风俗时主要采用蔡氏之著作。从上表可以看出，《皇明世法录》与《皇明象胥录》中所录葡人风俗除了第 1 项"身貌"及第 10 项"丧葬"取材于别处，第 2 项"须发"部分取材于别处外，其余文字全部录自蔡汝贤的《东夷图说》，只是在表述中进行了部分删改，内容则完全一致。对于蔡氏书中的误记，后者亦未接受，如蔡氏称葡人"貌类中国"，他自已在《东夷图说·佛郎机传》中的图已画出了葡人的容貌完全与中国人不同，但在文中却又称"貌类中国"。余以为，蔡书这一句有可能是刊刻的讹误，故后者均未采纳。《明史·佛郎机传》的蓝本，不论是尤侗本、万斯同本或王鸿绪本，[1] 关于葡人风俗的记录基本上是照抄《皇明世法录》和《皇明象胥录》的文字，到张廷玉《明史》定稿时，才进行了较大删改，大部分关于葡人风俗的文字被删节，仅保留了其中一小部分。其中对葡人信"佛"之记录进行了订正，称"初奉佛教，后奉天主教"。其实，明人称葡人信"佛"，是指的另一种宗教意义之"佛"，并非中国传统佛教之"佛"，这一点在明人的心目中认识还是清楚的。明人刚开始时认识也许有些模糊，到明末天主教已在中国内地颇有规模地传播开来后，仍习惯称葡人信"佛"，仍称他们的传教士

---

[1] 关于《明史·佛郎机传》的纂修，最早为尤侗所修的《明史·外国传》，继万斯同《明史稿》及王鸿绪《明史稿》均增修佛郎机传。尤、万、王三氏所修佛郎机传多取材于《皇明世法录》及《皇明象胥录》，而不采蔡汝贤《东夷图说》恐怕亦同有《四库全书总目提要》作者否定蔡书之意。

为"僧"。《明史·佛郎机传》这样一改，反而成了一个错误，来华葡人一直信奉天主教，并无"初奉佛教，后奉天主教"的宗教改变。据此，可以说，蔡汝贤的《东夷图说·佛郎机传》虽然不是中国文献中的第一份"佛郎机传"，但却是一份最早全面介绍来华葡萄牙人民情风俗的最重要的原始资料，并是《皇明世法录》《皇明象胥录》及《明史·佛郎机传》中关于葡人风俗记录的史源。

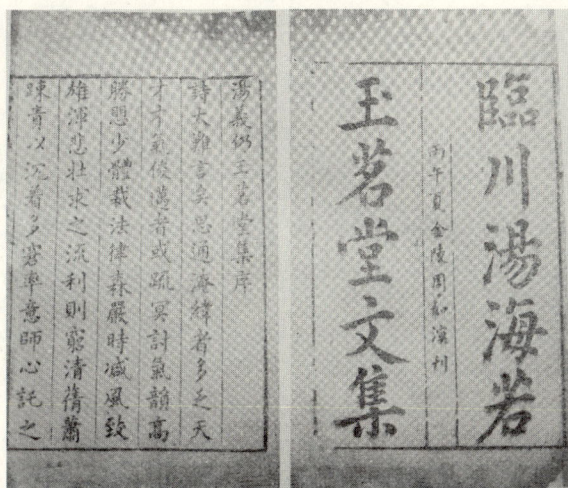

此为汤显祖之诗文集《玉茗堂文集》书影。明万历十九年（1591年）汤显祖之行所作的几首香山及澳门诗，俱收于该集之中。

第十五章　万历十九年汤显祖澳门之行^①

　　16 世纪澳门文化史上有两件大事值得一书：一是嘉靖三十五年（1556 年），葡萄牙伟大的民族诗人贾梅士（Luis de Camões）从印度被放逐到澳门，在这小城居留了两三年，并在该城西北的一个石洞（今称之为白鸽巢）中完成了著名长诗《葡国魂》；二是明万历十九年（1591 年），我国明代伟大的戏剧家汤显祖因抨击朝政，被贬至琼州海峡北岸的徐闻县，南下时绕道澳门，并在澳门居留游览，后以澳门新奇印象加工为《牡丹亭》第二十一出《遇遇》中参观宝物的场面，还留下了四首吟咏澳门的优美诗篇。这一中一西文化伟人在澳门的居留，无疑对澳门早期文化的发展产生了重大影响，并给中西合璧、多姿多彩的澳门文化增添了更为灿烂的光辉。但是学术界仍有学者极力否认万历十九年（1591 年）汤显祖澳门之行的史实，并将"汤显祖澳门之行"称之为"美丽的错误"。^② 因此对这些学术认识的分歧，不得不予以辨证，以求史实之澄清。

---

① 原文载《汤显祖与澳门》，载《广西民族学院学报》，2001（5）。

② 江弱水：《汤显祖"澳门之行"献疑》，见程祥徽主编《澳门文学研讨集——澳门文学的历史、现状与未来》，73～81 页，澳门，澳门日报出版社，1998。龚刚：《〈牡丹亭〉校注本"香山嶴里巴"注释献疑》，载《中华文史论丛》，2010（4）。商榷质疑是学术的勇气与进步，应予以鼓励，但商榷者一定要在全面掌握史料，通盘了解澳门历史，正确解读文献的基础上进行商榷和质疑，如果仅凭一孔之见，一隅之言就匆忙放炮质疑，这样的质疑很容易搅浑视线，让非专门学者无所适从。

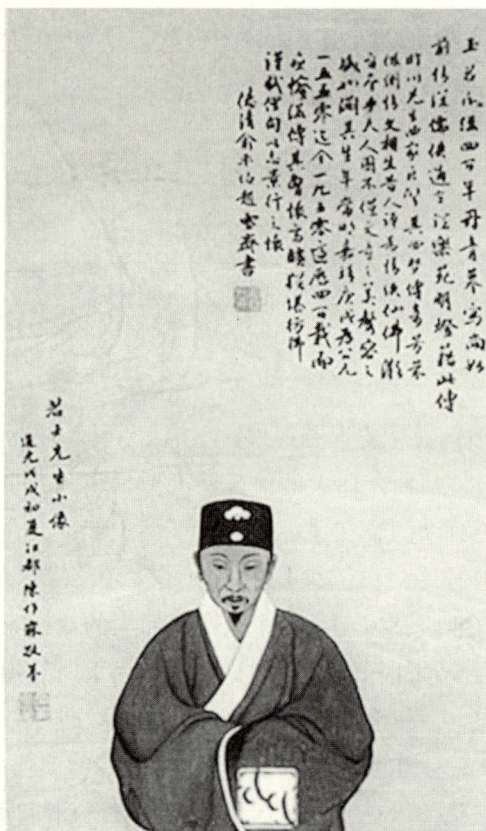

图 153：汤显祖像

一、最早接触西方文化的中国文人

从正德十二年（1517 年），葡萄牙贸易使团进入广州开始，西方文化亦随之传入，并在中国东南沿海产生影响。到嘉靖三十三年（1554 年），葡萄牙人正式进入澳门贸易，[①] 不久，不仅澳门成了葡人的居留地，广州亦对西方及东南亚各国商人开放。随着贸易的开放，其文化影响也逐渐深入内地，以天主教为例，先

---

① 汤开建：《澳门开埠时间考》，载《暨南学报》，1998（2）。

在上川、浪白，后濠镜、香山，再广州、肇庆、韶关，最后发展至南京、北京。① 汤显祖生活的时代，亦正是西方文化开始传入中国并逐渐被中国知识分子接受的年代。虽然现在保存的有关汤显祖与西方文化接触的材料不多，但这些零星而又极为珍贵的材料应引起我们足够的注意和重视，因为，这对于研究汤显祖的思想发展变化乃至明朝中后期中国封建知识分子群体的思想变化将会有所裨益。

汤显祖，字义仍，号若士，江西临川人，生于嘉靖二十九年（1550 年），殁于万历四十五年（1617 年）。汤氏少年时即颇具才情，5 岁能附对，10 岁即精乐府行五七言诗，现今保存的《玉茗堂全集》第一首诗《乱后》，即其 12 岁的作品。13 岁时受业于泰州学派巨子罗汝芳。② 当时江西长于理学，特别以左派王学风行，而左派王学之奇装异服，惊世骇俗，明显地趋向于反传统。这当对汤氏的少年时代产生重大影响。他入仕较晚，34 岁时，以低名次考中进士，一直在南京担任一些不很重要的虚职。③

汤显祖在政治上与东林党人有着共同的立场，早期东林党的重要人物，如顾宪成、高攀龙、邹元标、李三才等都是他的好友，他们在书信往来中，常以批评朝政为快，故他的剧作《紫箫记》也被怀疑为讥刺朝政而遭查禁。④ 万历十九年（1591 年），时任南京刑部主事的汤显祖因星变上奏《论辅臣科臣疏》，"陈言劾辅臣申时行欺蔽吏科给事中杨文举经理荒政受贿多赃，礼科给事中胡汝宁，一虾蟆给事，皆辅臣党护，诏切责之"⑤，岂料最终

---

① 利玛窦、金尼阁著，何高济、王遵仲、李申译：《利玛窦中国札记》，第 2 卷、第 4 卷，133 页、403 页，北京，中华书局，1983。
② 徐朔方笺校：《汤显祖诗文集》下册卷 37《秀才说》，1 166 页，上海，上海古籍出版社，1982。
③ 张廷玉：《明史》卷 230《汤显祖传》，北京，中华书局，1974。
④ 徐朔方笺校：《汤显祖诗文集》上册，2 页，上海，上海古籍出版社，1982。
⑤ 《明神宗实录》卷 235，万历十九年四月庚申条。

却以"以南部为散局，不遂已志，故假借国事攻击元辅"遭罪，[1] 被朝廷贬官，降为雷州府徐闻县典史。

南下途中，曾回家乡小住，然后由赣入粤，陆行过大庾，顺北江下广州。以当时之交通，汤氏到广州后应西行肇庆，过阳春、高州而入雷州境，汤显祖从徐闻回来时，就是走的这路线。然而，汤显祖没有这样走，而是先去东莞，游了一趟罗浮山，后折回广州，再南下番禺、顺德，来到香山。这一切均有汤显祖的诗为证，如《望罗浮夜发》《南海江》《番禺江上七日长至二首》《看番禺人入真腊》等。据徐朔方先生的笺证，汤显祖到番禺的时间是万历十九年十一月初七日，[2] 即 1591 年 12 月 22 日。汤氏在番禺又稍作停顿，故汤氏应在 1591 年圣诞节前后到达澳门。到广州之前，汤显祖应该没有见过西洋人，到广州后，从汤氏的广州诗中可以看出，他在广州待的时间不短，见到过不少外国商人，如《宿浴日亭因出小浪望海》一诗中："吾生非贾胡，万里握灵槎。"[3]《南海江》诗中："时时番鬼笑，色色海上眠。"[4] 万历十九年（1591 年）正是澳门商人在省城贸易十分活跃之时，时人霍与瑕言：

> 凡番夷市易，皆趋广州，番船到岸，非经抽分不得发卖。[5]

万历时王临亨亦言：

> 余驻省时，见有（西洋）三舟至，舟各齐白金三十万投税司纳税，听其入城与百姓贸易。[6]

① 《明神宗实录》卷 236，万历十九年五月丁卯条。
② 徐朔方笺校：《汤显祖诗文集》上册卷 11《番禺江上七日长至二首》，425 页，上海，上海古籍出版社，1982。
③ 徐朔方笺校：《汤显祖诗文集》上册卷 11《宿浴日亭因出小浪望海》，417 页，上海，上海古籍出版社，1982。
④ 徐朔方笺校：《汤显祖诗文集》上册卷 11《南海江》，424 页，上海，上海古籍出版社，1982。
⑤ 霍与瑕：《勉斋集》卷 11《上潘大巡广州事宜》，清光绪丙戌重刻本。
⑥ 王临亨：《粤剑编》卷 3《志外夷》，91 页，北京，中华书局标点本，1987。

这与汤显祖的《广城二首》记载相合：

> 临江喧万井，立地涌千艘，气脉雄如此，由来是广州。①

广州繁荣的对外贸易，到处可见的"贾胡""番鬼"，使他大开眼界。以此可以推论，在广州流传的"香山澳"的故事，即葡萄牙人入居澳门的故事（时距葡人入居澳门已 37 年）则是更为神奇。我想，这样一位才情并茂的浪漫主义艺术家，又面对这样一片极具吸引力的神奇土地，焉有不绕道一游之理。这恐怕是汤氏不走肇庆线西行而绕道澳门的原因。

还有一个因素似乎也值得一提，汤显祖与徐渭多有交往，万历五至七年，汤显祖完成《问棘邮草》，徐渭见到，立即去信大加赞赏，并称"自渭平生所未尝见"，还给汤送去两种自己的著作，"用替倾盖之矣"②。徐渭对汤显祖诗文亦多有点评，如评汤之《广意赋》称：

> 调逼骚，然却似家胥，不汉语而数夷语，是好高之心胜也，亦岂是堆垛剪插者之所能望其门屏者哉。③

而汤显祖则在《牡丹亭》序中对徐渭的诗给予很高的评价。虽然徐渭比汤显祖年长，但在明代江南文人圈中，惺惺相惜，互为引重则以"徐文长、汤若士"④ 并称。而徐渭在绍兴时又与西方传教士罗明坚有所交往，并留下了两首《天竺僧》的诗。⑤ 如此，汤在南京时是否是在徐渭处听过罗明坚之事而往香山澳访呢？

---

① 徐朔方笺校：《汤显祖诗文集》卷 11《广城二首》，412 页，上海，上海古籍出版社，1982。
② 徐渭：《徐渭集》第 2 册卷 16《与汤义仍》，485 页，北京，中华书局标点本，1983。
③ 徐朔方笺校：《汤显祖诗文集》上册卷 5《广意赋》，144 页，上海，上海古籍出版社，1982。
④ 徐朔方笺校：《汤显祖诗文集》下册附录《批点玉茗堂牡丹亭叙》，1 544 页、《批点牡丹亭题词》，1 544 页，上海，上海古籍出版社，1982。
⑤ 徐渭：《徐渭集》第 1 册，卷 4，102 页、卷 5，144 页，北京，中华书局标点本，1983。

公历 1591 年圣诞节前后，汤显祖到了澳门，看到了一座与中国风格迥然相异的欧洲小城，亦见了不少"碧眼愁胡"①的外国商人及"花面蛮姬②的葡萄牙姑娘"。汤显祖在澳门的时间不长。然后经开平、阳江入海，直抵涠洲，再折返徐闻。到徐闻时约在万历十九年（1591 年）十二月，亦即 1592 年年初了。据徐朔方先生言，"汤显祖在徐闻停留半年"③此言并不准确。其实汤氏在徐闻居停最多两月，这从他归途之诗《恩州午火》中可证："炎风不遣春销尽，二月桃花降雪盐。"④ 可见，归途过恩州时还是"二月"，则可知，汤显祖在徐闻居停时间充其量不过两个月。

这里值得一书的是，汤氏在归途中过端州（肇庆）时，遇到了两位西方传教士，并与他们进行了相当深刻的交谈，这些均保留在他当时完成的两首七绝中。《端州逢西域两生破佛立义，偶成二首》：

　　　　画屏天主绛纱笼，碧眼愁胡译字通。

　　　　正似端龙看甲错，香膏原在木心中。

　　　　二子西来迹已奇，黄金作使更何疑。

　　　　自言天竺原无佛，说与莲花教主知。⑤

"西域两生""二子西来"，非常清楚地告诉我们，汤氏所遇到的是当时在中国内地的耶稣会传教士，而万历二十年（1592年）在中国内地的传教士只有利玛窦（Matteo Ricci）与石方西

---

① 徐朔方笺校：《汤显祖诗文集》上册卷 11《端州逢西域两生破佛立义，偶成二首》，440 页，上海，上海古籍出版社，1982。
② 徐朔方笺校：《汤显祖诗文集》上册卷 11《听香山译者》，427 页，上海，上海古籍出版社，1982。
③ 徐朔方笺校：《汤显祖评传》第 2 章《坎坷的仕途》，上海，上海古籍出版社，1982。
④ 徐朔方笺校：《汤显祖诗文集》上册卷 11《恩州午火》，440 页，上海，上海古籍出版社，1982。
⑤ 徐朔方笺校：《汤显祖诗文集》上册卷 11《端州逢西域两生破佛立义，偶成二首》，440 页，上海，上海古籍出版社，1982。

（Francesco de Petris）二人。[1] 但是在万历二十年（1592 年）时，利玛窦等并不在端州（肇庆），因为在 1589 年时，他们即被两广总督驱逐出肇庆，迁至韶州居住了。《澳门编年史：16—18 世纪》载：

> 1589 年 8 月 3 日，耶稣会士被赶出肇庆。然而，同年 11 月，他们在韶州建立了第二个居住地。[2]

《利玛窦中国札记》载：

> 1592 年，在斋戒的日子里，恰好赶上中国的新年，利玛窦神父给他的朋友瞿太素送去一份礼物，瞿太素非常高兴，便亲自到韶州来回赠礼物。利玛窦利用他的访问，趁机随他一起回到南雄。[3]

万历二十年（1592 年）正月利玛窦尚在南雄，汤显祖二月至端州又见到了"西域两生"，而这"西域两生"又非利玛窦与石方西莫属。这就很有可能，利玛窦与石方西在万历二十年（1592 年）二月曾返回过肇庆。据《利玛窦中国札记》载，万历二十年（1592 年），利、石二人确实回过肇庆，原因是利氏在韶州建起的教堂遭暴徒抢劫，石方西神父被轻微砍伤，利玛窦脚踝也受了伤，为审结此案，广东按察司（设在肇庆）特将利、石二人带至肇庆复核案情，故他们二人在肇庆停留了一段时间。但是，据《札记》所记时间显示，这次去肇庆是在 1592 年 7 月之后，[4] 与汤氏过肇庆时间不合。余疑，这可能是《利玛窦中国札记》在时间记录上有误，利、石二人去肇庆的时间当在万历二十年二月至

① 利玛窦、金尼阁著，何高济、王遵仲、李申译：《利玛窦中国札记》，第 3 卷，第 5 章，265～267 页，北京，中华书局，1983。
② 施白蒂著，小雨译：《澳门编年史：16—18 世纪》，25 页，澳门，澳门基金会，1995。
③ 利玛窦、金尼阁著，何高济、王遵仲、李申译：《利玛窦中国札记》，第 3 卷，第 6 章，262 页，北京，中华书局，1983。
④ 利玛窦、金尼阁著，何高济、王遵仲、李申译：《利玛窦中国札记》，第 3 卷，第 7 章，265～267 页，北京，中华书局，1983。

三月间。①

汤显祖这次在肇庆与利玛窦相交，正是利玛窦在肇庆、韶关等地艰难传教时期，肇庆之基地已被驱逐，而韶关则刚刚立足。虽然在两地都发展了一些信徒，但中国的士大夫阶层从利氏信天主者仅瞿太素一人。② 故利氏在肇庆能与汤显祖相逢，自然是一件十分令人高兴的事。双方通过"译字（即通事、翻译）"在"绛纱笼"罩的"天主画屏"之下进行长谈，一方是"西来二子"，一方是北归骚客，利氏抓住了这一机会向汤显祖传播天主教义。汤显祖成年以后思想渐趋佛教，特别是结识高僧真可（达观）后，更是成为真可的虔诚追随者，其云："仆礼可上人，直是爱其神秀。"③ 在汤氏与利氏的交谈中，很可能极力颂扬佛教，故利氏则拼命"破佛立义"，以击破汤氏的宗教信仰，"自言天竺原无佛，说与莲花教主知"。④ 以上这两首诗可以反映，双方曾就释迦、耶稣之信仰热烈争论过。利氏的"破佛立义"最终仍然没有将汤显祖变为一名像瞿太素一样的天主教徒。汤显祖能接受反传统的左派王学，亦能接受具有异端思想的李贽，然而作为一名最早接触西方文化的中国文人，对于当时刚刚传进中国的异教——天主教始终没有接受。

---

① 利玛窦因脚受伤，在肇庆待了一段时间，并趁机看望了肇庆的"新教徒"。在这一次访问肇庆时，又给几位新基督徒的孩子进行了洗礼。后又收到范礼安的来信，要他回澳门，一是治脚伤，一是商议中国传教团之事。于是利玛窦就把他的同伴（石方西）送回韶州，而自己乘船从肇庆出发，采取最短的路径去澳门。11月，利玛窦抵达澳门。参见利玛窦、金尼阁著，何高济、王遵仲、李申译：《利玛窦中国札记》，第3卷，第7章，267～268页，北京，中华书局，1983。马爱德：《范礼安——耶稣会赴华工作的决策人》，载《文化杂志》，1994（21）。
② 利玛窦、金尼阁著，何高济、王遵仲、李申译：《利玛窦中国札记》，第3卷，第3章，245页，北京，中华书局，1983。
③ 徐朔方笺校：《汤显祖诗文集》上册卷44《与冯具区》，1 227页，上海，上海古籍出版社，1982。
④ 徐朔方笺校：《汤显祖诗文集》上册卷11《端州逢西域两生破佛立义，偶成二首》，440页，上海，上海古籍出版社，1982。

二、汤显祖的澳门诗

汤显祖游澳门时给我们留下了四首关于澳门的诗歌，这些诗歌不仅在澳门文学史上具有极高的文学价值，而且还成为直接反映明万历时期澳门历史及社会生活的最生动史料。

第一，二首题为《听香山译者》，这个"香山"，实际上即指"香山澳"，汤氏不过在此省了一字。"译者"即"通事（翻译)"。因为当时的对外贸易均集中在香山澳，故译者均应是香山墺的译者。庞尚鹏的《抚处濠镜澳夷疏》称："其（澳门）通事多漳、泉、宁、绍及东莞、新会人为之。"① 正因为这些"译者"为中国人，故汤氏向这些"译者"询问澳门的情况，这些译者们向他进行了介绍：

占城十日过交栏，十二帆飞看溜还。

握粟定留三佛国，采香长傍九州山。②

这首诗是描述澳门葡商出海至南洋诸国贸易购香之事。占城，印支半岛古国，在今越南南部，"交栏"即"交栏山"。费信在《星槎胜览》中称：

交栏山：自占城灵山起程，顺风十昼夜可至。

"占城十日过交栏"即指去南洋诸国的葡商从占城出发十日即可到达交栏山，即今印度尼西亚加里曼丹岛西南岸外的格兰（Gelam）岛。③ "十二帆飞"当指西洋舶之帆众多，屈大均称：

（洋舶）帆以布，凡七张之。④

---

① 庞尚鹏：《百可亭摘稿》卷1《抚处濠镜澳夷疏》，广东文献，清同治二年重印本。
② 徐朔方笺校：《汤显祖诗文集》上册卷11《听香山译者》，427 页，上海，上海古籍出版社，1982。
③ 陈佳荣、谢方、陆峻岭：《古代南方地名汇释》，386 页，北京，中华书局，1986。
④ 屈大均：《广东新语》卷18《洋舶》，482 页，北京，中华书局标点本，1985。

《澳门记略》后附之"洋舶图"就是有十余张帆，① "十二帆飞看溜还"，即形容西洋船舶在海上疾驶为飞，极为快捷。"握粟"，出自《诗经·小雅》："握粟出卜"，为古人一种占卜方式。这里汤显祖从"译者"口中知道，西洋人航海也要占卜来预测凶吉。廖赤麟《澳门竹枝词》：

> 郎趁哥斯万里间，计程应近此时还。
>
> 望人庙外占风信，肠断遥天一发山。②

证明葡人亦有占卜之俗。"三佛国"即三佛齐，南海古国，今印尼苏门答腊。③ "九州山"《星槎胜览》称：九州山"其山与满剌加国接境"。《东西洋考》卷9称，"巴禄头，其旁为九州山"，即今马来半岛西岸霹雳河口外的 Sembilan 群岛。④ 九州山为南洋著名产香之地：

> （九州山）林木丛生，枝叶茂翠。永乐间郑和遣人入山
> 采香，有长六七丈者数株，香味清远，黑花细纹。⑤

汤诗后两句之意即，握粟占卜的结果是，要先在三佛齐的港口停泊，然后再去九州山采购香料。透过"译者"的介绍，汤显祖十分生动地记录了澳门葡商与东南地区频繁的香料贸易。

第二首则是写澳门的葡国女郎"蛮姬"：

> 花面蛮姬十五强，蔷薇露水拂朝妆。
>
> 尽头西海新生月，口出东林倒挂香。⑥

这不仅仅是中国人最早写下吟咏葡萄牙少女的诗篇，而且也

---

① 印光任、张汝霖：《澳门记略》附《洋舶图》，233页，澳门，澳门文化司署点校本，1992。

② 廖赤麟：《湛华堂佚稿》卷1《澳门竹枝词》，同治九年重刊本。

③ 陈佳荣、谢方、陆峻岭：《古代南方地名汇释》，129页，北京，中华书局，1986。

④ 陈佳荣、谢方、陆峻岭：《古代南方地名汇释》，114页，北京，中华书局，1986。

⑤ 张燮著，谢方点校：《东西洋考》卷9《舟师考》，179页，北京，中华书局标点本，2000。

⑥ 徐朔方笺校：《汤显祖诗文集》上册卷11《听香山译者》，427页，上海，上海古籍出版社，1982。

是中国人对葡萄牙少女的第一次文字记录。"花面"①形容葡国女郎之漂亮。"蔷薇露水",即花露水。屈大均言:

> 蔷薇水,暹罗、爪哇、满剌加三国襄以进贡,其蔷薇乃三佛齐所种。②

澳门女郎以蔷薇水化妆,清人吴鏷亦有诗载:

> 遍将薇露洒尘香,一抹肌禔一抹春。
>
> 自是寒闺无怨女,天魔争看散花人。③

"尽头西海"乃是指葡萄牙人的故土在西海之尽头。"倒挂"为一种鸟,《星槎胜览》载:

> (爪哇国)其倒挂鸟身如雀大,被五色羽,日间焚香于其旁,夜间张羽翼而倒挂,张尾翅而放香。

这首诗之大意应是,澳门葡国少女貌美如花,用蔷薇露水沾洒衣裳,少女的美丽就如西海边上刚升起来的新月,口中吐出的香气就像那爪哇国张尾翅放香的倒挂鸟。这种夸张既逼真又超凡,不仅表现了汤显祖丰富的想象力,亦反映他观察事物的细致。这首诗则更清楚地表明,汤显祖确实进了澳门。因为,万历二年(1574年),明政府在莲花茎设立关闸后,就禁止夷人随意出入。在香山或中国内地,其他地方是不可能见到葡萄牙妇女的,这只能是进入澳门关闸之内才能见到的"花面蛮姬"。江弱水先生《汤显祖"澳门之行"献疑》一文,认为汤显祖《香嶴逢贾胡》等四首所谓咏澳诗可疑,并提出"香山澳"并非专指澳门,还引说沈德符《万历野获编》卷30"香山嶴"一条为证,称:"丁未年,广东番禺举人卢廷龙请尽逐香山嶴夷,仍归濠镜

---

① 汪大渊的《岛夷志略》及尤侗的《外国竹枝词》均记有"花面"一国。王慎之、王子今辑的《清代海外竹枝词》附记称:"花面,古国名,故地在今印度尼西亚苏门答腊岛北部,同苏门答腊国接界。以其民有刺花之风俗得名。"则"花面",乃指纹面,澳门葡人无纹面之俗,故此处当记为貌美如花解。

② 屈大均:《广东新语》卷14,390页,北京,中华书局标点本,1985。

③ 郭棐著,陈兰芝辑:《岭南名胜记》之《澳门记》卷7《澳门竹枝词和王骁骑遂行》,乾隆五十五年刊本。

故地。"江氏因而推断说:"香山嶴所称地方较濠镜为广。"① 江
弱水先生的质疑是有道理的,但因其对澳门整体历史的不了解,
而成片面之疑。其一,早期出现的"香山嶴"之名确不是专指澳
门,应包括浪白、濠镜、十字门等澳口,这一点余在《澳门诸名
刍议》一文中早已进行较为细致的考辨。② 但澳门开埠以后,特
别是1557年葡萄牙人大批从浪白滘转移至澳门定居后,澳门成
为了当时东西方国际贸易之据点,所有外国船只均来澳门进行贸
易,即文献所称"附舶香山濠镜澳贸易"③,故其他的澳口均废,
香山仅留濠镜一澳。此即屈大均所言:"自是……诸澳悉废,而
濠镜独为舶薮。"④ 所以说,汤显祖诗中的"香山澳"或"香
嶴"⑤ 就是指澳门,而非其他;其二,江氏所引《万历野获编》
之语:"丁未年,广东番禺举人卢廷龙请尽逐香山嶴夷,仍归蠔
镜故地。"⑥ 殊不知,这个资料本身就是错的。丁未年,即万历三
十五年(1607年),检查《明神宗实录》卷374万历三十五年四
月条的记录称:

> 先是数日,有番禺举人卢廷龙请逐香山澳夷还泊浪白,
> 戍蠔镜故地。⑦

沈德符抄这一段史料时,省去了"还泊浪白"之语,可知,
卢廷龙是要将香山澳夷驱逐至浪白,而非濠镜。将澳门葡人赶至
"浪白故地",并非卢廷龙一人之想法,谢杰《虔台倭纂》卷下

① 程祥徽主编:《澳门文学研讨集——澳门文学的历史、现状与未来》,73~81页,
澳门,澳门日报出版社,1998。
② 汤开建:《澳门开埠初期史研究》,71~73页,北京,中华书局,1999。
③ 蔡汝贤:《东夷图说》,影印明万历刊本,19页,四库存目丛书,济南,齐鲁书
社,1997。
④ 屈大均:《广东新语》卷2,36页,北京,中华书局标点本,1985。
⑤ 吴晗辑:《朝鲜李朝实录中的中国史料》下编卷2,显宗十一年七月乙丑条:"问:
香山岛今属何省?"答曰:"香嶴乃广东海外之大山,青黎国(中国)之邻界。"
可知,除汤显祖称澳门为"香嶴"外,当时的澳门人亦自称"香嶴"。
⑥ 沈德符:《万历野获编》下册卷30《香山嶴》,785页,北京,中华书局标点本,
1959。
⑦ 《明神宗实录》卷374,万历三十五年四月乙未条。

也载：

> 广人终以濠镜澳为忧，目为心腹之疾，或欲毁其巢庐，
> 或欲徙之南澳，或欲将移之浪白、三洲。①

两广总督张鸣冈的疏章亦言：

> 议者有谓，必尽驱逐，须大兵临之，以弭外忧；有谓濠
> 镜内地，不容盘踞，照旧移出浪白外洋就船贸易，以消
> 内患。②

据此可知，卢廷龙所言驱逐香山澳夷，不是到濠镜故地，而
是将其驱逐至浪白故地。沈德符误录之史料而致江先生有如此
"脱空之说"。③

第三首为《香山验香所采香口号》：

> 不绝如丝戏海龙，大鱼春涨吐芙蓉。
> 千金一片浑闲事，愿得为云护九重。④

这里为我们研究澳门史提供了新史料，"香山验香所"这应
是明王朝针对澳门设立的一个机构。明朝宫廷对海外香料的进贡
需求甚大，特别是龙涎香。《明史·食货志》称：

> （世宗）中年以后，营建斋醮，采木、采香、采珠宝玉
> 石，吏民奔命不暇。用……沉香、降香、海漆诸香，至十余
> 万斤。又分道购龙涎香，十余年未获。使者因请海舶入澳，
> 久乃得之。⑤

《东西洋考》卷12载：

> 嘉靖三十四年三月，司礼监传谕户部取龙涎香百斤，檄
> 下诸藩，悬价每斤赏一千二百两，往香山澳访买，仅得十一

① 谢杰：《虔台倭纂》卷下《倭议》1，北京图书馆古籍珍本丛刊影印。
② 《明神宗实录》卷527，万历四十二年十二月乙未条。
③ 龚刚：《牡丹亭校注本'香山嶴里巴'注释献疑》，载《中华文史论丛》，2010 (4)。
④ 徐朔方笺校：《汤显祖诗文集》上册《香山验香所采香口号》，上海，上海古籍出版社，1982。
⑤ 张廷玉：《明史》卷82《食货》6，北京，中华书局，1982。

两以归。内验不同，姑存之。亟取真者广州狱，夷囚与那列
的贮有一两三钱，上之，黑褐色；密地都密地山夷人继上六
两，褐白色。……万历二十一年十二月，太监孙顺为备东出
讲，题买五斤，司劗验香把总蒋俊访买。二十四年正月进四
十六两，再取于二十六年十二月买四十八两五钱一分，二十
八年八月买进九十七两六钱二分。自嘉靖至今，夷船闻上
供，稍稍以龙涎来市，始定买解事例，每两价百金，然得此
甚难。①

正因为在澳门购香成了明廷一项经常性的任务，而购龙涎香
又十分昂贵，又很难辨真假，故明廷在香山设立专门的"验香
所"对在澳门购进的各种香进行检验。据上言，这一验香所的官
员称"验香把总"，万历二十一年（1593年）之"验香把总"为
蒋俊。明廷在香山设立的这一专门负责澳门购香的机构在其他文
献中不见记载，可补史文之缺。而且，根据当时的实际情况，这
间名为"香山验香所"的机构很可能在澳门设有专门衙门，以方
便验香。但可惜史文没有留下更多的记载予以佐证。

"不绝如丝戏海龙"，应当是指当时澳门对外贸易的发达，进
出于澳门港的中外商船繁多。"大鱼春涨吐芙蓉"，徐朔方笺校
称："芙蓉，阿芙蓉一名鸦片。"此说影响很多学者，他们均认为
澳门开埠初期即已开始进行鸦片贸易。②余初亦从徐说，后发现
徐说有误。此处的"芙蓉"二字不应作为"阿芙蓉"解，明人叶
鈊称：

龙涎之为用也，入香合和，能收敛脑麝清气，虽数十年
香味仍在。得其真者，和香焚之，则香之翠烟裊空不散。涎
沫有三品：曰汎水，曰渗沙，曰鱼食。鱼食亦有两种，海旁

①　张燮著，谢方点校：《东西洋考》卷12《逸事考》，248页，北京，中华书局标点
本，2000。
②　黄启臣：《澳门历史》，111页，澳门，澳门历史学会，1995。

有花似木芙蓉，春夏间盛开，花落海，大鱼吞之，若腹肠中
先食龙涎，花咽入，久即胀闷，昂头向石上吐沫，干枯
可用。①

大鱼吞木芙蓉而吐沫成香，此当为汤显祖"大鱼春涨吐芙
蓉"之出处也。可知，此处之"芙蓉"并非"阿芙蓉"，而是指
龙涎香。

"千金一片浑闲事，愿得为云护九重。"前言龙涎香极为昂
贵，明世宗时定的价格是一斤为"一千二百两"②，故汤氏有
"千金一片"之说，这里明显对明廷不惜一切代价来澳门购香之
事有揶揄之意，但尽管如此，还得在诗末表示自己对朝廷的忠
心，愿意变成一片白云去护卫那京师的九重宫阙。

第四首是专门写澳门外国商人之诗，题目是《香嶴逢贾胡》。
此处之"香嶴"余以为有两种可能：一种可能是，明代澳门被一
般人通称为"香山嶴"，故此，"香嶴"为"香山嶴"之省称；
还有一种可能是，因为澳门为明代购香之重地，外国商人将各种
香料都运至澳门来进行贸易，龙涎香、、龙脑香、龙舌香、迦南
香、檀香、降香、速香、乳香等，形形色色，无一不有，澳门成
为海外诸国对中国贩卖香料的集散地。明朝宫廷及上流社会达官
贵人也纷纷派人来澳门求购名贵香料，澳门成为名副其实的"香
之城"，故汤显祖称其为"香嶴"。明清朝鲜文献亦称澳门为"香
嶴"。③

在汤氏笔下的澳门"贾胡（葡萄牙商人）"颇为雍华富贵，
生活得十分潇洒，诗云：

> 不住田园不树桑，球珂衣锦下云樯。

---

① 叶鋑：《明纪遗编》卷 2《诸番朝贡大略》，北京，北京出版社，2001。
② 张燮著、谢方点校：《东西洋考》卷 12《逸事考》，248 页，北京，中华书局标点本，2000。
③ 吴晗辑：《朝鲜李朝实录中的中国史料》下编卷 2，显宗十一年七月乙丑条，北京，中华书局标点本，1980。

明珠海上传星气，白玉河边看月光。①

"不住田园"指的是这些贾胡们都居住在澳门城内，他们"高居大厦，不减城市"。②《澳门记略》描述葡人居所：

> 屋多楼居，楼三层，……楼门旁启，历阶数十级而入，窈窱诘屈。己居其上，而居黑奴其下。③

"不树桑"，则是指澳门葡人不从事农业生产而以贸易为生，梁廷枏的《夷氛纪闻》称：

> 惟澳夷地在界外，生齿已繁，不便就阡陌耕作井，舍贸易又无以资其生计。④

《平南王元功垂范》亦称澳彝"彼不知耕种"⑤。"珂珂衣锦下云樯"则是指葡商穿着华丽衣裳佩饰贵重珠玉而登船出海贸易。澳门葡人不事农桑以贸易为生计，这在许多文献中均有记载。《澳门记略》称：

> 其（葡人）俗以行贾为业。凡一舶，货值巨万，家饶于财，辄自置舶。问其富，数舶以对。⑥

万历中期，正是澳门葡人海外贸易发展的黄金时期，故这一时期澳门葡人在生活上亦表现得十分富裕，《泾林续纪》言：

> 广属香山（澳），为海舶出入襟喉。每一舶至，常持万金，并海外珍异诸物，多有至数万者。⑦

刘承范《利玛传》亦称澳门葡人：

① 徐朔方笺校：《汤显祖诗文集》卷11《香嶴逢贾胡》，428页，上海，上海古籍出版社，1982。

② 王士性：《广志绎》卷4《江南诸省》，100页，北京，中华书局标点本，1993。

③ 印光任、张汝霖：《澳门记略》卷下《澳蕃篇》，145页，澳门，澳门文化司署点校本，1992。

④ 梁廷枏：《夷氛纪闻》卷1，1页，北京，中华书局标点本，1959。

⑤ 尹源进：《平南王元功垂范》卷下，康熙元年冬十一月条，广州，广东省中山图书馆油印本，1957。

⑥ 印光任、张汝霖：《澳门记略》卷下《澳蕃篇》，154页，澳门，澳门文化司署点校本，1992。

⑦ 周玄暐：《泾林续纪（不分卷）》，丛书集成初编本，27页，北京，中华书局，1985。

彼酋长皆家累万金，重自爱惜。①

《粤剑编》更云：

夷人金钱甚夥，一往而利数十倍。②

汤显祖所记"珴珂衣锦下云樯"亦是这一时期澳门葡人从事海外贸易致富的形象反映。

"明珠海上传星气，白玉河边看月光。"这两句乃指葡人在海外采购"珍异诸物"来澳门交易。汤显祖另一首诗《看贾胡别》亦有类似的诗句：

不信中秋月轮满，年年海上看明珠。③

其在《牡丹亭》中也记载香山嶴的宝物：

这宝来路多远？有远三万里的，至少也有一万程。④

海外产珠之地多在大食海上与锡兰海上，宋时赵汝适《诸蕃志》即有记载：

真珠出大食国之海岛上，又出西难、监篦二国。⑤

"西难"当即"锡兰"。《西洋番国志》称：

又其（锡兰）国海中有雪白浮沙一所，出螺蚌，产珠，日照光彩横发。王因别为珠池，每三年或二年取沙上螺蚌入珠池养之，令人看守，淘珠纳官。⑥

《澳门记略》中的"意兰"当亦指"锡兰"：

珠以意兰为上。土人取蚌，置日中晒之，俟其口自开，然后取珠，鲜白光莹，有大如鸡卵者，光照数里。⑦

① 刘承范：《利玛传》，载湖北监利存泽堂《刘氏族谱》序之卷2《艺文》，民国三年刊本，13 页。

② 王临亨：《粤剑编》卷3《志外夷》，92 页，北京，中华书局标点本，1987。

③ 徐朔方笺校：《汤显祖诗文集》卷21《看贾胡别》，870 页，上海，上海古籍出版社，1982。此诗所作年代不详。

④ 汤显祖：《牡丹亭》第21 出《谒遇》，北京，人民文学出版社标点本，1993。

⑤ 赵汝适：《诸蕃志》卷下《真珠》，北京，中华书局标点本，1996。

⑥ 巩珍：《西洋番国志》之《锡兰国》，22 页，北京，中华书局标点本，1982。

⑦ 印光任、张汝霖：《澳门记略》卷下《澳蕃篇》，166 页，澳门，澳门文化司署点校本，1992。

余意以为，汤诗中的"明珠海"当即指锡兰海。"白玉河"则是指于阗。《新五代史》卷74载：

> 其河源所出，至于阗分为三，东曰白玉河，西曰绿玉河，又西曰乌玉河，三河皆有玉而色异。[1]

于阗白玉河以产玉而闻名。"明珠海""白玉河"均以比喻澳门葡商出海贸易航程之远，远至"一万程"及"三万里"。

三、《牡丹亭》中所反映的澳门

汤显祖的名剧《牡丹亭》，据其自称是完成于万历二十六年（1598年），[2] 时距万历十九年（1591年）其游历澳门已有七年时间。《牡丹亭》是根据宋人《杜丽娘慕色还魂》话本改写而成。[3] 原话本写的是南宋时期的故事，根本就没有香山嶴祭宝这一场戏，在宋代，连香山嶴之名也未曾出现。万历十九年，汤显祖游澳门，澳门给汤氏留下了十分深刻的印象。为了揭露明朝宫廷穷奢极欲的荒淫生活，特别是不惜穷竭国库去采购海外珠宝的事实，汤显祖特地在《牡丹亭》中补插了一出戏《谒遇》，并将其在澳门的许多见闻均写入这场戏中。因此，《牡丹亭》虽然写的是南宋时发生的故事，但《谒遇》一场戏却是以明代澳门之事为背景写成，故戏中所反映的内容应有许多历史的真实，也为我们研究明代澳门史增添了不少史料。

《牡丹亭》中最早提到澳门是第六出《怅眺》云：

> （丑）老兄可知？有个钦差识宝郎中苗老先生，倒是个知趣人。今秋任满，如香山嶴多宝寺赛宝。那时一往何如？[4]

---

[1]　欧阳修：《新五代史》卷74《四夷附录·于阗》，北京，中华书局标点本，1974。

[2]　徐朔方笺校：《汤显祖诗文集》卷33《牡丹亭记题词》，1 094页，上海，上海古籍出版社，1982。徐朔方笺："明刊《牡丹亭还魂记》题词署'万历戊戌秋清远道人题'，是作于（万历）二十六年（1598年），自遂昌知县弃官归数月后。"

[3]　周育德：《汤显祖论稿》，200～201页，北京，文化艺术出版社，1991。

[4]　汤显祖：《牡丹亭》第6出《怅眺》，北京，人民文学出版社标点，1993。

这是第一次提到"香山澳多宝寺"。第二十一出《谒遇》云:

　　[光乍乍](老旦扮僧上)一领破袈裟,香山嶴里巴。多生多宝多菩萨,多多照证光光乍。小僧广州府香山嶴多宝寺一个主持。这寺原是番鬼们建造,以便迎接收宝官员,兹有钦差苗爷任满,祭宝于多宝菩萨位前,不免迎接。①

　　这里第二次提到"香山嶴多宝寺"。在这里,值得注意的是"香山嶴里巴"的"巴"字,据徐朔方先生之笺证:

　　巴:指寺庙。明代澳门耶稣会教堂 San Paolo 译为三巴寺。明末吴历《墨井集》卷 3 即名《三巴集》,里面都是他寓居澳门时所作诗。这里当是为押运而勉强用这个字。②

　　将"巴"视为"三巴"的省称应是有道理的。但徐先生没有搞清楚,汤显祖所见的"三巴"与吴历所见的"三巴"不是一回事。吴历所见之"三巴寺"即今日澳门大三巴牌坊处之"三巴寺",该寺兴建于万历三十年(1602 年),到三巴牌坊全部完工时已是崇祯十年(1637 年)。③ 所以说,汤显祖所见的"三巴寺"即圣保禄教堂(Igreja de São Paulo),并不是位于今日大三巴牌坊处的圣保禄教堂。但在 1602 年兴建"大三巴"前,澳门还有一座圣保禄教堂。澳门文德泉神父称,1563 年时,澳门就有一座

---

① 汤显祖:《牡丹亭》第 21 出《谒遇》,北京,人民文学出版社标点,1993。
② 汤显祖:《牡丹亭》第 21 出《谒遇》之注释一,112 页,北京,人民文学出版社标点,1993。按:关于"香山嶴里巴"的"巴"之解释,学术界有不同意见,如龚刚:《〈牡丹亭〉校注本"香山嶴里巴"注释献疑》(载《中华文史论丛》2010 年第 4 期)即称:"'巴'就是长住或黏着不走的意思。"如果单从"巴"字考虑,此说倒是有一定道理,如果置放于汤显祖澳门之行观看澳门海外珍宝及澳门的天主教背景这一情境中则显得与情境不符。特别是龚先生还说多宝寺应该是一座佛寺,这恐怕就完全脱离剧文原意了,因为剧中明明说:"这寺原是番鬼们建造",即是葡人所造,难道葡人造的是"佛寺"吗?
③ 王文达:《澳门掌故》之 7《大三巴牌坊详考》,95 页,澳门,澳门教育出版社,1999。

"以木板和砖盖成的仓房形式"的圣保禄堂。①　《澳门编年史：16—18 世纪》亦称：

> 他（卡内罗主教）于 1583 年 8 月 19 日在澳门去世，葬于城中心的圣保禄教堂。②

这一圣保禄教堂位于澳门花王堂近侧，为 1602 年兴建的"大三巴寺"之前身。16 世纪在澳城兴建的圣保禄教堂被 1595 年的大火吞噬，③ 故于 1602 年另择地在澳门边兴建"大三巴"。汤氏所见之"三巴"应当是 16 世纪位于澳门花王堂附近的圣保禄堂。有人以 1602 年方建大三巴来否认徐朔方"巴"即圣保禄教堂的解释，实不妥。1602 年兴建的大三巴称之为"圣保禄教堂"，但该堂始建于 1563 年至 1565 年之间，初为圣母小堂，又名圣母玛利亚堂，亦名圣保禄堂。由于澳门天主堂一堂均有多个名字，所以"大三巴"的前身亦称圣保禄堂。就是这个小教堂即被范礼安称为远东耶稣会最好的住所，在圣保禄遗址旁。

汤显祖将澳门圣保禄教堂译为"三巴"是为了押韵而省称为"巴"，这在汉文文献中还是第一次出现，而根据上引"僧"言，这个"巴"与"多宝寺"当是同指，那"多宝"亦当是圣保禄（São Paulo）的转译，上引剧文言："这寺原是番鬼们建造"，亦可证明，这是一座洋教堂。因为澳门天主教士自称是"西僧"，故将教堂亦称为"寺庙"，由此外人亦称澳门葡人信奉佛教。时

---

① 文德泉著，佚名译：《耶稣会士于澳门开教四百周年》，11 页，澳门，澳门主教公署，1964。按：文德泉神父此处之圣保禄堂，又名圣母小堂，或称圣母玛丽亚堂，为澳门耶稣会的第一所教堂，实际建成时间是 1565 年 12 月 21 日，位于花王堂附近。该堂于 1595 年被一场大火焚毁。参阅阿儒达图书馆编《耶稣会士在亚洲》Cod. 49 – IV – 59, fl. 84；郭永亮：《澳门香港之早期关系》，53 页，台北，中央研究院近代史研究所，1990。1563 年应是始建时间。

② 施白蒂著，小雨译：《澳门编年史：16—18 世纪》，18 页，澳门，澳门基金会，1995。

③ 王文达：《澳门掌故》之 7《大三巴牌坊洋考》，94 页，澳门，澳门教育出版社，1999。

人刘承范称："及商于澳门者，咸谓诸夷，素奉佛教"①。利玛窦也说过："要说服中国人我们不是和尚是不可能的，因为我们不结婚。我们在教堂里祷告，做和尚做的每件事情。"② 天主教士自称为僧人，所做的事情亦为和尚们所为，再加上汤显祖本人也崇尚佛教，所以他将澳门之天主教全部改为佛教，洋教堂变成了寺庙，将圣保禄教堂译成多宝寺，即采《妙华莲花经·宝塔品》"多宝如来"之意，将教堂供奉的耶稣变成了"多宝菩萨（如来）"，将天主教士变成了"僧""和尚"。汤显祖与利玛窦肇庆相遇时，虽然利玛窦曾极力"破佛立义"，宣扬天主教，而汤显祖始终没有接受，可以表明汤氏对天主教的拒绝。《牡丹亭》中汤氏将澳门的天主教的形式改为佛教形式出现在舞台上，亦可以反映汤氏对天主教的排斥。

　　关于"香山嶴里巴"还有一种解释也应引起重视，费成康先生言："巴"并非寺庙之意，而是葡文"Padre"的音译，意为"神父"。③ 将 Padre 译为"巴"虽然这里是首见，但明清中文文献中将"神父"多译为"吧地唎"或"吧哋哩"，④ 有时又译做"巴礼"⑤。"巴"亦即"吧地唎"或"巴礼"之轻读省译。以此说置于《牡丹亭》原剧本中亦可解释得通。"［光乍乍］（老旦扮僧上）"，因为初来澳门的天主教神父均自称为"僧"或"天竺僧"。"一领破袈裟，香山嶴里巴"，因为当时澳门的神父都是以

① 刘承范：《利玛传》，载湖北监利存泽堂：《刘氏族谱》序之卷 2《艺文》，民国三年刊本，13 页。
② 利玛窦致阿桂委瓦的信，1593 年 12 月 10 日，转自夏伯嘉著，向艳红、李春园译《利玛窦：紫禁城里的耶稣会士》，第 6 章，144 页，上海，上海古籍出版社，2012。
③ 费成康：《"香山嶴里巴"辨正》，载《读书》，1987（11）。
④ 刘芳辑，章文钦校：《清代澳门中文档案汇编》（下），第 1031 号档，519 页，澳门，澳门基金会，1999："随至三巴庙吧地唎家"；第 1053 号档，531 页："西洋教主昂沙卢歪传唐人教，给小的吧地哩呫呫地名号"。
⑤ 叶廷勋：《梅花书屋诗钞》卷 4《于役澳门纪事十五首》之 7"花王大庙尊巴礼"，清道光刊本。

僧人打扮，"把自己的头和脸刮得精光，穿上袈裟同化成中国僧侣"①。此句即言香山嶴内的神父身着一领破旧的袈裟，与当时天主教在澳门发展的形势完全吻合。因此，费成康之"巴"为神父说亦当为一种重要的见解，应与徐说并存。

剧中还出现了一位去香山嶴接受宝物的官员，即"钦差识宝使臣苗舜宾"：

> [挂真儿]（净扮苗舜宾，末扮通事，外帖扮阜卒，丑扮番鬼上）半壁天南开海汉，向真珠窟里排衙。……铜柱珠崖道蹈难，伏波横海旧等坛。越人自贡珊瑚树，汉使何劳獬豸冠。自家钦差识宝使臣苗舜宾便是。三年任满，例当祭赛多宝菩萨。通事那里？……叫通事，分付番回献宝。（末）俱已陈设。（净起看宝介）奇哉宝也。真乃磊落山川，精莹日月。多宝寺不虚名矣！（净）和尚，替番回海商，祝赞一番。②

明代澳门无"钦差识宝使臣"一职，但明代宫廷经常派遣使臣去澳门购买珠宝奇珍。《利玛窦中国札记》载：

> 总督本人刚接到朝廷来的信息，命令他购买澳门商人的精美羽毛，并尽速呈送皇帝。于是长官把罗明坚神父用一艘相当大的船送到澳门去为总督采购。③

《明穆宗实录》卷65载：

> （隆庆六年正月）己未诏：云南、广东采办珠宝，岁进宝石二万块，珠八千两。④

广东采办珠宝的主要地点即澳门，而负责采办珠宝的官员当即《牡丹亭》中"钦差识宝使臣"。

---

① 罗光：《利玛窦传》，第2章，12页，台北，学生书局，1983。
② 汤显祖：《牡丹亭》第21出《谒遇》，北京，人民文学出版社标点本，1993。
③ 利玛窦、金尼阁著，何高济、王遵仲、李申译：《利玛窦中国札记》，第2卷，第8章，180页，北京，中华书局，1983。
④ 《明穆宗实录》卷65，隆庆六年正月己未条。

"半壁天南开海汉，向真珠窟里排衙。"香山嶴为"天南"之"海汉"，又称为"真珠窟"，当因明代采办珍珠多赖澳门供给，故称澳门为"真珠窟"。值得注意的是，识宝使臣苗舜宾命令通事（翻译）："吩咐番回献宝"。献宝完毕后，苗又命令和尚："替番回海商，祝赞一番。"这种献宝的场面在《利玛窦中国札记》中经常可见：

> 作为向总督表示好意的献礼，以免他可能干扰贸易，澳门人士赠送给他一批礼物，包括他们知道是中国人所特别宝贵的东西。其中有纯丝的衣料，还有带褶的衣服，水晶镜子以及其他这类珍品。

> 两位代表来到肇庆总督面前，他们献上表和几只三角形的玻璃镜。……长期以来他们认为玻璃是一种极为贵重的宝石。①

"番回"原意指阿拉伯商人，又称"回回"。尤侗的《外国竹枝词·默德那》载：

> 香山濠镜辨光芒，妙女儿干进秘方。（注云）：回回识宝，附舶香山濠镜澳贸易。正德中，进女儿干于永献房中秘方。②

"默德那"即"天方国"或"回回国"。可知，汤显祖去澳门时，澳门还有一定数量的阿拉伯商人。嘉靖末吴桂芳称"各国夷人霸据香山濠镜澳恭常都地方"③ 均可证，《牡丹亭》所言并非虚构。

《谒遇》一出戏中写得最多的就是澳门的宝物：

> ［亭前柳］（净）三宝唱三多，七宝妙无过。庄严成世界，光彩遍婆娑。

① 利玛窦、金尼阁著，何高济、王遵仲、李申译：《利玛窦中国札记》，第2卷，第3章，148~151页，北京，中华书局，1983。
② 尤侗：《西堂全集》第11册《外国竹枝词》，文渊阁四库全书本。
③ 汤显祖：《牡丹亭》第21出《谒遇》，北京，人民文学出版社标点本，1993。

　　［驻云飞］（净）这是星汉神砂，这是煮海金丹和铁树花。少什么猫眼精光射，母碌通明差。这是靺鞨柳金芽，这是温凉玉斝，这是吸月的蟾蜍，和阳燧冰盘。①

　　汤显祖在这里将澳门写成了一个宝物世界，琳琅满目，光彩婆娑，遍地均是宝，但汤氏并未夸大。万历时人霍与暇曾言：

　　　　澳门番舶，外国宝贝山积，皆县官司其榷课。②

同时刘承范亦称：

　　　　香山澳距广州三百里而遥，旧为占城、暹罗、贞腊诸番朝贡舣舟之所，海滨弹丸地耳。第明珠、大贝、犀象、齿角之类，航海而来，自朝献抽分，外襟与牙人互市，而中国豪商大贾，亦挟奇货以往，迩来不下数十万人矣。③

乾隆时张甄陶称：

　　　　其（澳门）货则明珠、珊瑚、玻璃、洋布、鼻烟及诸珍诡之物。④

　　《澳门记略》所录澳门有来自世界各国的宝物，真珠、珊瑚、琥珀、红靺鞨宝石、金刚石、五色鸦鹘石、十色玻璃、玛瑙、水晶、咖石仑、吸毒石、火石、蜜蜡、玳瑁、珐琅、龟筒、猫睛、鹤顶、麒麟竭等。⑤ 这即可证，澳门在当时确实聚集了世界各地的名贵珠宝，汤显祖剧中所言完全符合明代澳门的真实。只不过他是使用文字语言将这些来自南洋、西海的宝物用"靺鞨""煮海""阳燧"等中国少数民族和民间传说进行比喻。

　　透过对澳门遍地宝物的描写，汤显祖是想以此来揭露明廷不

---

① 陈子龙辑：《明经世文编》卷 342《吴司马奏议》卷 1《议阻澳夷进贡疏》，影印平露堂刊本，北京，中华书局，1962。
② 霍与暇：《勉斋集》卷 11《贺香山涂父母太夫人六十一序》，清光绪丙戌重刻本。
③ 刘承范：《利玛传》，载湖北监利存泽堂《刘氏族谱》序之卷 2《艺文》，民国三年刊本，12～13 页。
④ 王锡祺：《小方壶斋舆地丛钞》第 9 帙张甄陶《澳门图说》，影印光绪辛卯刊本，315 页，杭州，杭州古籍书店。
⑤ 印光任、张汝霖：《澳门记略》卷下《澳蕃篇》，166 页，澳门，澳门文化司署点校本，1992。

惜重价在海外收购奇珍异宝来满足其穷奢极欲的荒淫生活：

> ［前腔］天地精华，遍出番回到帝子家，禀问老大人，这宝来路多远？（净）有远三万里的，至少也有一万程。（生）这艘远，可是飞来、走来？（净笑介）那有飞走而至之理，都因朝廷重价购求，自来贡献。①

"因朝廷重价购求"，这是这出戏的关键一笔，道出了澳门能成为当时世界各地珍贵珠宝的汇聚之地的秘密，即："重价高悬下，市舶能奸诈，浪把宝船划"。②我们看看《明史·食货志》所载：

> （世宗）中年以后，营建斋醮，采木、采香、采珠玉宝石，吏民奔命不暇。……太仓之银，颇取承运库，办金宝珍珠。于是猫儿睛、祖母碌、石绿、撒索尼石、红刺石、北河洗石、金刚钻、朱兰石、紫英石、甘黄玉，无所不购。……穆宗承之，购珠宝益急。③

到万历时，神宗皇帝更"以金钱珠玉为命脉"。④

> 户部尚书陈渠言库藏已竭，宜加撙节，中旨切责。而顺天府尹以大珠鸦青购买不如旨，镌级。至于末年，内使四出，采造益繁，内府告匮，至移济边银以供之。⑤

确实如汤显祖所言，在明廷"重价高悬"的收购下，那些"遍出番回"的"天地精华"之宝物均来到了"帝子家"，而其结果是"内府告匮，至移济边银以供之"，几乎动摇了一个大国的根基。汤显祖通过香山澳多宝寺赛宝这场戏将明朝宫廷的荒淫无度进行了大胆的揭露。在剧中，他还通过《牡丹亭》之男主角柳梦梅的嘴对明廷在澳门的购宝一事进行了酣畅淋漓的嘲笑和

---

① 汤显祖：《牡丹亭》第21出《谒遇》，北京，人民文学出版社标点本，1993。
② 汤显祖：《牡丹亭》第21出《谒遇》，北京，人民文学出版社标点本，1993。
③ 张廷玉：《明史》卷82《食货》6，北京，中华书局，1974。
④ 张廷玉：《明史》卷237《田大益传》，北京，中华书局，1974。
⑤ 张廷玉：《明史》卷82《食货》6，北京，中华书局，1974。

讽刺:

> （生叹介）老大人，这宝物蠢尔无知，三万里之外，尚然无足而至；生员柳梦梅，胸怀奇异，到长安三千里之近，倒无一人购取，有脚不能飞。
>
> ［三学士］你带微醺走出这香山嶴，向长安有路荣华，无过献宝当今驾。①

　　好一个"无过献宝当今驾"，献宝者即有富贵荣华，又从另一个侧面道出了为什么明代澳门珠宝贸易特别繁盛的秘密。屈大均言："诸舶输珍异而至，云帆踔风，万里倏忽。"② 番商奔波万里，将海外珍异珠宝运至澳门，主要是当时明宫廷大量需求带来的市场效应。

---

① 汤显祖:《牡丹亭》第 21 出《谒遇》，北京，人民文学出版社标点本，1993。
② 屈大均:《广东新语》卷 2，37 页，北京，中华书局标点本，1985。

第十六章 万历中期广东税监李凤与澳门的关系

——以朱吾弼《参粤珰勾夷疏》为中心

1598 年荷兰人派出了两支舰队，希望绕道南美经由太平洋完成环绕世界一圈的壮举。1601 年进入广州及澳门海域的荷兰船，即上图所示船队的属部。

第十六章　万历中期广东税监李凤 与澳门的关系

——以朱吾弼《参粤珰勾夷疏》为中心[1]

李凤，明代万历年间执掌广东地区经济、政治、军事及对外关系等诸多权力之显赫人物，领衔为"钦差总督广东珠池、市舶、税务兼管盐法太监"。关于李凤事迹，已见有研究者予以关注，且进行了一些探究。关于李凤与澳门的关系，澳门谭世宝在妈阁庙"神山第一亭"神龛后李凤题字被发现后，亦有学者提及。[2] 然限于资料，很多问题尚在推测中。本章拟根据新发现的一些资料对李凤与澳门之关系这一专题进行更深入的探讨。

一

近日翻苏州图书馆藏明万历三十年（1602 年）刻本之《皇明留台奏议》，在其卷 14 中发现了一份与澳门历史关系十分密切的重要奏章《参粤珰勾夷疏》，先将全疏录文如次：

---

① 原文载《岭南文史》，1999（3）。
② 黄鸿光：《李凤其人》，见广州市文化局、广州市文物博物馆学会编《羊城文物博物研究》，102 ~ 106 页，广州，广东人民出版社，1993；王川：《市舶太监李凤事迹考述》，见《广州与海洋文明》，127 ~ 182 页，广州，中山大学出版社，1997；谭世宝：《澳门妈祖阁庙的历史考古研究新发现》，载《文化杂志》，1996（29）。

参粤珰勾夷疏　朱吾弼　万历三十年闰二月上

夫矿之害军民，税之害商旅，矿税中官之肆害无上下大小远迩之遗。诸臣耳闻目击形之章奏者，言人人殊，不啻烛照。数计皇上既洞悉，曾未闻有放肆无忌、无君无法、勾夷酿乱如广东税使李凤，又甚于陈奉者。臣等待罪南台，得之风闻，意不其然，乃详质之官于广商于广及广之官吏、商贾南来者，莫不缩颈吐舌，惧广人祸将不测。或曰：李凤公署匾字，擅改圣旨之赐，朱其户壁，僭拟王者之居，而堂题华夷贡赋，侈然者九重尊严矣。

或曰：李凤藐视诏旨，高坐不出趋迎任委官，市井之辈，峨冠高舆，轻侮诏使。即万寿诸贯大礼，皆公然不行矣。

或曰：听信奸棍，诱说挖宝，掘地得大铁猫一个，重数百斤，乃昔大盗黄萧养等叛乱事败而埋者，李凤辄示人以为天赐兴王之兆，迎至，杀牲吉服行祭，民间喧。无君之人，得反贼之物，大为骇怖矣。

或曰：香山濠镜澳，有三巴和尚者巨富。李凤亲往需索，激变黑夷，干戈相向，不得志而归。日增兵增船，又打死罗通事，香山军民、澳门汉夷，恐大兵剿洗。非署印汤同知出示安抚，人心惊惶，几成大乱。

上年八月，突有海船三只，其船与人之高大皆异常，而人又红发红须，名曰红毛夷，将至澳行劫，澳夷有备，执杀红夷二十余人而去。皆谓李凤深恨澳夷，曾遣人啖之以利，勾来灭澳，此实澳门前所未有。李凤仍遣船追送不及，澳夷且日惧红夷，必怀报复，再拥众至矣。

或又曰：李凤时时有人往来暹罗、日本等国，示以澳门殷富，饵其来澳，一雪三巴和尚不遂索骗之耻。

至于珍宝奇货堆如山积，美妇艾女聚于市门，弁髦文武

百官，草芥汉夷众命。冠带之滥给，等于天官部；刑罚之惨
施，酷于镇抚司，征敛之横暴，甚于劫夺盗。所任用左右，
非遗寇亡命之辈，则积蠹漏网之徒。真虎而翼，飞而食人。
故珠使李敬以同类且甚恶而痛绝之。盖罄南山之竹，莫写其
赃罪者。臣等访询既真，质证甚确，忧切于衷，义形于色。
窃谓凤之无君无法，辱官虐民，恶既贯盈。皇上赫怒，徐置
典刑，自足伏辜。惟是红夷、暹罗、日本之勾引，万一诸夷
轻信，倚凤为内应，凤之意虽在灭澳夷，逞其雄心，不知澳
夷骚动，全广渐无宁日！全广骚动，天下渐无宁日。在在实
苦矿税，人人易与为乱，其时，缚凤寸斩以谢天下，晚矣。
臣等发思，欲杜乱萌，矿税必不可不罢，中使必不可不撤，
逆恶酿乱如李凤，又不可不亟逮正法，以安澳夷，宁全广，
杜红夷群丑之窥伺也。

　且闻李凤所进正税及孝顺土仪诸物不过数十万，其所私
藏宝玩金银珠币不下数百万，皇上试行该省抚按官查而籍
之，于大工之助非小。何故任其剜人胸肉填凤溪壑，为国家
祸本耶。李凤赃私狼戾，臣等远已知其概，抚按官近必知其
详。伏乞檄下锦衣卫，尸解李凤入京正罪，着落抚按官籍其
所有造册，差官解进，拔置羽翼恶党一一提问追赃究拟。庶
中夏更生，外夷摄服，欢声遍海隅，祝圣天子万寿无疆，而
亿万年治安之庆瑞在是矣。臣等无任恳切待命之至。①

　这虽是一篇全面声讨李凤任两广税使后所犯种种罪行的檄
文，但其中透露李凤与澳门之关系的信息却为明代澳门史研究提
供了极为珍贵的资料。

---

① 朱吾弼、李云鹄、萧如松，等辑：《皇明留台奏议》卷14《参粤珰勾夷疏》，万
历三十年刻本，苏州，苏州图书馆藏。

二

万历二十七年（1599 年）二月，明神宗正式委任李凤入粤掌
管广东市舶。李凤入粤后，即大行虐政，贪赃枉法，胡作非为，
"广置腹心，众树爪牙，委官参随，多亡命无赖，掘人冢，坏人
庐，淫人室，荡人产，劫人财，以济溪壑之欲"①。李凤在广东作
恶，表现得最为突出的是搜刮财物，《神宗实录》称其搜刮之疯
狂是"穷天际地，搜刮靡遗，由公递私，挪移殆遍"②。而这一时
期的澳门，正是其对外贸易的黄金时代，"夷人金钱甚夥，一往
而利数十倍"③。"彼酋长皆家累万金，重自爱惜"。"诸褊裨之
仕，慕诸夷珍宝山积，大创即可囊而归之。"④ 遍地黄金，宝贝山
积，富得流油的澳门当然亦是李凤重要的搜刮对象之一。前引朱
吾弼疏称：

> 香山濠镜澳三巴和尚者巨富，李凤亲往需索，激变黑
> 夷，干戈相向，不得志而归。日增兵增船，又打死罗通事。
> 香山军民、澳门汉夷，恐大兵剿洗。非署印汤同知出示安
> 抚，人心惊惶，几成大乱。

这一事实不见于其他任何中文文献，亦未见葡文文献对此事
有所透露，故十分珍贵，而这主要是由于在此疏中涉及了以下
内容：

首先是关于澳门耶稣会士的财富问题。朱疏称："香山濠镜
澳三巴和尚巨富"。朱疏将这一事置于"上年八月"三只海船突
入澳门海域之前，又称是由于这次往澳门"需索"未成而记恨，
就唆使红毛夷行劫澳门。查红毛进犯澳门之事在万历二十九年

① 《明神宗实录》卷 370，万历十年三月壬申条。
② 《明神宗实录》卷 553，万历四十五年正月辛未条。
③ 王临亨：《粤剑编》卷 3《志外夷》，92 页，北京，中华书局标点本，1987。
④ 刘承范：《利玛传》，载湖北监利存泽堂《刘氏族谱》序之卷 2《艺文》，民国三
年刊本，13 页。

（1601 年）9 月间，则李凤去澳门当在 1601 年 9 月之前。"三巴和尚"，即指圣保禄教堂的耶稣会士。早期来澳门的传教士为了适应中国国情，将自己打扮成僧人模样，以利传教，① 故 1565 年到澳门的叶权称澳门葡人"髡发虬髯"②，"髡发"疑即指澳门耶稣会士为僧人打扮，故称"髡发"。保存在日本大阪博物馆的南蛮屏风中的来日本的葡人中有蓄发戴帽者，亦有完全光头如僧者。③

图 154：16 世纪《南蛮屏风图》中的葡萄牙传教士的僧人形象

① 1584 年罗明坚前往绍兴，当地人问其来历，他的回答是："爷爷，天竺国僧"，载《罗明坚中国传教生活回忆录》，转引自宋黎明《神父的新装——利玛窦在中国（1582—1610）》第 18 页注释②；万历十七年（1589 年）出任韶州同知的刘承范，为利玛窦好友，曾作《利玛传》称："利玛窦者，西域之高僧也，另号西泰，与其弟天佑重九译而至粤之端州，寓古刹中。"参见湖北监利存泽常《刘氏族谱》序之卷 2《艺文》，民国三年刊本，11 页。
② 叶权、王临亨、李中馥：《贤博篇》附《游岭南记》，45 页，北京，中华书局标点本，1987。
③ Instituto Portugues do Oriente, Namban, Memorias de Pórtugal no Japao, p. 71.

万历十四年（1586年）蔡汝贤的《佛郎机图》中有一脱帽佛郎机人亦都是光头（参见图149）。[①] 1584年，利玛窦抵肇庆时，称自己为"僧"[②]，称教堂为"寺"[③]。虽然，利玛窦在国内传教，改僧人形象为"儒士"，取消传教士"僧"名和教堂"寺"名之称，废除刮脸、剃头、穿袈裟的释教之俗，[④] 但在澳门，耶稣会士仍然保持旧俗，如汤显祖澳门所见：

> ［光乍乍］（老旦扮僧上）一领破袈裟，香山嶴里巴。多生多宝多菩萨，多多照证光乍乍。小僧广州府香山嶴多宝寺一个住持。这寺原是番鬼们建造……[⑤]

很明显，多宝寺即澳门天主教堂，"小僧""住持"就是耶稣会士。汤显祖去澳门在万历十九年（1591年），澳门耶稣会士仍保持旧俗。王临亨万历二十九年（1601年）见到的西洋人仍是"秃顶虬髯"[⑥]。故万历二十八九年（1600—1601年）间，李凤去澳门时仍称圣保禄教堂的传教士为"三巴和尚"。

"三巴和尚巨富"，则反映澳门耶稣会士在澳门具有很大的经济实力。晚一些的中文文献亦有映证，《澳门记略》卷下载：

> （澳门）临街列肆，间为小楼，率入租寺僧。每肆一区，

---

① 蔡汝贤：《东夷图说》之《佛郎机图》，9页，影印明万历刊本，四库存目丛书，济南，齐鲁书社，1997。

② 1584年利玛窦协助一位福建秀才翻译罗明坚《天主实录》，取名《新编西竺国天主实录》，书中《天主实录引》题为："万历甲申岁秋，八月望后三日天竺国僧书"。1590年罗皇教宗《致神宗国书》亦称"都僧皇哂狮嘟"。两书原件均藏罗马耶稣会总会院档案馆，转引自林金水《利玛窦与中国》，35页、211页，北京，中国社会科学出版社，1994。

③ 利玛窦、金尼阁著，何高济、王遵仲、李申译：《利玛窦中国札记》，第2卷，第5章，173页，北京，中华书局，1983。载：肇庆知府王泮送给利玛窦在肇庆所建教堂的匾题为"仙花寺"。

④ 《16世纪的中国——利玛窦1583至1610年日记》，259页，转引自林金水《利玛窦与中国》，35页，北京，中国社会科学出版社，1994。

⑤ 汤显祖：《牡丹亭》第21出《谒遇》，北京，人民文学出版社标点本，1993。

⑥ 王临亨：《粤剑编》卷3《志外夷》，91页，北京，中华书局标点本，1987。

岁租蕃钱十余元。蕃寺通岁所入几万元。[1]

通过出租房屋获得财富。澳门耶稣会士获得财富的另一条渠道就是参与海外贸易，据 C. R. 博克塞教授所掌握的材料显示，为了解决耶稣会日本传教团的经费困难，耶稣会东方视察员范礼安于万历六年（1578 年）与澳门商人达成协议：在澳门大船每年运入日本 1 600 担生丝中，拨 100 担给耶稣会，售后所得作为其经费。这项协议使耶稣会正式参与了澳门——长崎的丝货贸易，每年可得到 4 000～6 000 杜卡特的稳定收入。[2] 1618 年 7 月，由澳门开往日本的 6 艘船上，耶稣会士装载的丝绸和其他纺织品总价值达 11 573 两白银。[3] 潘日明神父所掌握的材料也告诉我们，耶稣会有商船"圣保禄号"专门从事越南、马来亚、印度尼西亚与望加锡，甚至印度之间的海上贸易。[4] "三巴和尚"的财富早期更可能是通过海上贸易而积累的。万历十九年（1591 年），汤显祖在澳门多宝寺（三巴寺）看到的"赛宝"场面，[5] 亦可证明"三巴和尚"之"巨富"。还须说明一点，万历二十九年（1601 年），正是圣保禄教堂遭大火焚毁的一年，整座教堂被烧得只剩下一座讲堂。当年三巴和尚即发动全澳葡商筹款重建，并筹得巨额金元（3 130 巴度金元）[6]。这时正是李凤去澳门时，可见，文中称"三巴和尚巨富"实为不虚。

---

[1] 印光任、张汝霖：《澳门记略》卷下《澳蕃篇》，147 页，澳门，澳门文化司署点校本，1992。

[2] C. R. Boxer, *The Christian Century in Japan*, 1549～1650, *Berkeley*: *University of California Press*, 1951, pp. 117～118；高瀬泓一郎：《日本イエズス会の生丝贸易について》，见卓新平、许志伟《基督宗教研究》，第 13 辑，148～149 页，北京，宗教文化出版社，2010。

[3] C. R. Boxer, *The Great Ship from Amacon*: *Anuals of Macao and the Old Japan Trade*, 1555～1640, pp. 185～189.

[4] Benjamin Videira Pieres, S. J., A Vida Marítima de Macau no Século XVIII, Macau, Instituto Cultural de Macau, 1993, p. 20.

[5] 汤显祖：《牡丹亭》第 21 出《谒遇》，北京，人民文学出版社标点本，1993。

[6] 费尔南·格雷罗神父（Fernao Guerreiro）：《耶稣会神父事务年度报告》，第 2 卷，第 1 版，里斯本，1605，载《文化杂志》，1997（31）。

其次，李凤亲自下澳"需索"。据朱疏云，其对象是"三巴和尚"，那就是说，他这次并非代表政府去澳门抽分征税，很可能就是趁圣保禄教堂筹得巨款准备重建之机，向耶稣会敲诈勒索。依往常的惯例，中国大员下澳，澳门葡人均会准备相当的礼金。万历二十八年（1600 年），广东巡按顾龙祯的奏疏即可明证：

> 指县官之风力者则曰，而予我海澳之税余；指府佐之清白者则曰，而予我夷舶之常例；指司道之赤心者则曰，而予我畲夷之琛赂。①

这虽然讲的是李凤诬陷广东地方官吏的诬告词，但却说明，当时澳门外商对中国官员的办法就是赠以"常例"，予以"琛赂"。然而，李凤这次索贿没有成功，"三巴和尚"不但不给"琛赂"，反而"激变黑夷，干戈相向"。这是什么原因？很可能是，李凤贪得无厌，索赂过重，再加李凤平日作威作福、凶焰逼人，导致了澳门葡人的反抗。而且事情越闹越大，澳葡方面"增兵增船"，还打死了随李凤下澳的"罗通事"。当时形势十分紧张，"香山军民，澳门汉夷恐大兵剿洗"。如果广东方面调发军队讨伐澳夷，那一场大战则必不可免。当时主持广东军务者为两广总督戴燿，戴氏与李凤关系不睦，且对李凤在广东所作所为十分不满，亦曾多次上疏弹劾李凤，故事件发生后并未发兵讨伐澳门，而是由海防通知汤某发布告示平息这一事件。

上面仅是根据朱疏表面文字作的一个解释，这一事件的发生，是否还有什么重大背景，是否仅仅是向"三巴和尚"索贿，就激起这么一场大的事变？余以为，李凤这次亲自下澳，是与他在万历二十七年（1599 年）入粤后将广东税额提高到 20 万两有关。② 为了完成这一税额，李凤对澳门的税额抽征在原来的 2 万两的基础上，又增加了一倍。这加征一倍的税额，才是导致澳门

---

① 《明神宗实录》卷 346，万历二十八年四月乙未条。
② 《明神宗实录》卷 340，万历二十七年十月壬辰条。

汉夷哗变的真正原因。我们细分析之：

澳门原来的税额"系二万六千两"，因为每年征税均不足，到万历二十六年（1598年）时，广东方面下令"减去四千"，即二万二千两。① 万历二十七年（1599年），李凤入粤后，将广东税额提高到二十万两（浙江、福建、湖广等大省均只有五六万两）。为了征足这一税额，李凤决定在澳门原税额二万二千两的基础上，再增派二万两。这一点在文献中是有确凿证明的。郭尚宾的《防澳防黎疏》载：

> 每岁括饷金二万于夷货，往岁丈抽之际，有执其抗丈之端。②

郭尚宾的《粤邦独苦税金疏》载：

> 又派之濠镜澳货二万两，榷解十余年以来，商民皮肉已尽。若目前虑澳夷之叵测，澳夷亦雄据以相持，不过为此二万饷金耳。榷此不能益内帑之毫毛，减此可以图夷人之徙舍。夷人已成尾大不掉之势，皇上乃惜二万税金之蠲，以忘国恤。……亟蠲澳货二万两，以图徙夷之策。③

郭尚宾的《税监可撤不可移疏》载：

> 粤东取二万于澳夷，尤不足额。④

方孔炤的《全边略记》载：

> （濠镜）近年增税二万金，广民食其机利。⑤

王以宁的《条陈海防疏》载：

① 张嗣衍：《（乾隆）广州府志》卷53《艺文》3《罢采珠池盐铁澳税疏》，清乾隆刊本。
② 郭尚宾：《郭给谏疏稿》卷1《防澳防黎疏》，丛书集成初编本，11页，北京，中华书局，1985。
③ 郭尚宾：《郭给谏疏稿》卷1《粤邦独苦税金疏》，丛书集成初编本，17页，北京，中华书局，1985。
④ 郭尚宾：《郭给谏疏稿》卷1《税监可撤不可移疏》，丛书集成初编本，29页，北京，中华书局，1985。
⑤ 方孔炤：《全边略记》卷8《两广略》，北京，北京图书馆民国十九年排印本。

市夷非我族类，实逼处此，岂以柔远？不过为二万税金耳。①

郭棐的《（万历）广东通志》载：

计每年税银约四万余两备饷，自万历二十七年后皆内监李榷使专之。②

很明显，万历二十七年（1599 年）后澳门税银增加到"四万余两"，那就是说明，在原有的二万二千两的基础上又增加了二万两。上引郭尚宾万历四十一年（1613 年）上疏称："榷解十余年"，如从万历二十七年算起到万历四十一年（1613 年），为14 年，正好是十余年。可证，从万历二十七年开始，明政府在澳门又加派了二万两白银的货税。在原有的基础上，澳门葡人所需交的税额整整地翻了一倍。过去二万余两的税额，还"比缘岁输不足"③，现已变为四万余两，李凤岂不更担心澳门会抗税匿税？在这种情况下，李凤决定亲自下澳督税。"下澳督税"应是万历二十八九年间（1600—1601 年）李凤亲入澳门的真正原因，而向"三巴和尚"索贿只是督税过程中派生的枝节。正因为明政府对澳门加派的货税太重，澳门葡人对于这随意加派二万两白银的货税均感到十分愤怒，故"激变黑夷，干戈相向"，甚至"增兵增船，又打死罗通事"。如果仅仅是向"三巴和尚"索贿这么简单的事，断不会引发澳葡政府"增兵增船"，"打死罗通事"这么大规模与广东政府对抗的行为。万历二十八九年间（1600—1601年），澳葡与广东政府大规模的对抗，完全应该是为了反抗广东政府当时对澳门成倍成倍地增派货税的举措，即前引郭尚宾所言："往岁丈抽之际，有执其（指增派二万货税）抗丈之端。"

---

① 王以宁：《东粤疏草》卷5《条陈海防疏》，广州，广东省中山图书馆抄本，1958。
② 郭棐：《（万历）广东通志》之《外志》，万历壬寅年序刊本。
③ 张嗣衍：《（乾隆）广州府志》卷53《艺文》3《罢采珠池盐铁澳税疏》，清乾隆刊本。

三

我们将万历二十八九年间（1600—1601 年）澳葡与广东政府冲突的真正原因搞清之后，再来看万历二十九年（1601 年）李凤勾结红夷劫夺澳门这一事件就会清楚许多。如果简单地只用朱疏所言"一雪三巴和尚不遂索骗之耻"来看李凤，那只不过是公报私仇。那就不可能对李凤的目的有真正的认识，"灭澳夷，以逞其雄心"，实际上是企图利用荷兰人的力量，"以夷攻夷"，逼澳门葡人就范，乖乖地交纳每年新增派的二万两货税，以完成他每年给中央上缴的二十万两的广东税额，以讨神宗皇帝的欢心。下面，我们再来分析万历二十九年（1601 年）李凤勾结红毛劫掠澳门之事件，朱疏云：

> 上年八月，突有海船三只，其船与人之高大皆异常，而人又红发红须，名曰红毛夷，将至澳行劫，澳夷有备，执杀红夷二十余人而去。皆谓李凤深恨澳夷，曾遣人咶之以利，勾来灭澳，此实澳门前所未有。李凤仍遣船追送不及，澳夷且日惧红夷，必怀报复，再拥众至矣。

朱疏上于万历三十年（1602 年），此处"上年"即为万历二十九年（1601 年）。万历二十九年（1601 年），红毛夷至澳门事，王临亨《粤剑编》纪事最详：

> 辛丑九月间，有二夷舟至香山澳，通事者亦不知何国人，人呼之为红毛鬼。其人须发皆赤，目睛圆，长丈许。其舟甚巨，外以铜叶裹之，入水二丈。香山澳夷虑其以互市争澳，以兵返之。其舟移入大洋后，为飓风飘去，不知所适。[1]

王临亨又在该书《九月十四夜话记》更详细地记录了此事：

> 大中丞相戴公，再宴余于衙舍。尔时海夷有号红毛鬼者二百余，扶二巨舰，猝至香山澳，道路传戴公且发兵捕之

---

[1] 王临亨：《粤剑编》卷 3《志外夷》，92 页，北京，中华书局标点本，1987。

矣。酒半，余问戴公："近闻海上报警，有之乎?"公曰："然。""闻明公发兵往剿，有之乎?"公曰："此参佐意也。吾令舟师伏二十里外，以观其变。"余问："此属将入寇乎? 将互市乎? 抑困于风伯，若野马尘埃之决骤也?"公曰："未晓，亦半属互市耳。今香山澳夷据澳中而与我交易，彼此俱则彼此必争。澳夷之力足以抗红毛耶? 是以夷攻夷也。我无一镞之费，而威已行于海外矣; 力不能抗，则听红毛互市，是我失之于澳夷而取偿于红毛也。吾以为全策，故令舟师远伏以观其变。虽然，于公何如?"余曰："明公策之良善，第不佞窃有请也。香山之夷，盘踞澳中，闻可数万。以数万众而与二百人敌，此烈风之振鸿毛耳。顾此二百人者，既以互市至，非有罪也，明公乃发纵指示而歼之，于心安乎? 倘示尽歼，而一二跳梁者扬飘逸去，彼将纠党而图报复。如其再举，而祸中于我矣。彼犬羊之性，安能分别泾渭，谓囊之奸我者非汉人耶? 不佞诚效愚计，窃谓海中之澳不止一香山可以互市，明公诚发译者好词问之，果以入市至，令一干吏，别择一澳，以宜置之。传檄香山夷人，谓彼此皆来宾，各市其国中之所有，风马牛不相及也，慎毋残，先举兵者，中国立诛之。且夫主上方宝视全玉，多一澳则多一利孔，明公之大忠也; 两夷各释兵而脱之锋镝，明公之大仁也; 明公以天覆覆之，两夷各慑服而不敢动，明公之大威也。孰与挑衅构怨，生令中国为池鱼林木乎哉?"戴公曰："善。"遂乐饮而罢。[①]

王临亨是以亲眼所见而录，应十分可信。王氏记此事与朱疏不同有二: 其一是，王氏称"九月"，朱氏称"八月"; 其二是，王氏称"二巨舰"，朱氏称"海船三只"。据荷兰文材料记载，当

[①] 王临亨:《粤剑编》卷4《志游览》，103～104 页，北京，中华书局标点本，1987。

时到澳门是由范·纳克（J. Van Neck）将军带两艘船来。① 那是否是朱氏所载有误呢？据葡文资料记载，施白蒂的《澳门编年史：16—18 世纪》亦有详细记载：

> （1601 年）9 月 27 日，澳门海面出现了荷兰'阿姆斯特丹'和'戈乌达'号战船及范·纳克海单上将船队的一只双桅小船。②

费尔南·格雷罗（Fernão Guerreiro）神父于 1605 年记录：

> 这一年（1601 年）……这几艘船到达这里一天之后，海上出现了另外三艘船朝这里开来，船帆鼓起，十分平稳，……其中两艘大船，一艘较小，是帕塔索船。人们马上意识到是敌人。③

可见，王氏与朱氏所记均应是准确的，王氏所言是两艘大舰，朱氏所言是连大带小共三艘海船，故郭棐的《（万历）广东通志》则称之为"二三大舶"④，混而言之也。

荷兰船到澳门海面的时间，据王氏书记载是在"九月"，但朱氏疏则称"上年八月"，荷兰文及葡文材料均称荷兰船是在"9 月 21 日"到达澳门海面，郭棐的《（万历）广东通志》、张燮的《东西洋考》均记为"万历二十九年冬"⑤，即 1601 年 9 月 27 日即农历九月初二，可见，王氏"九月"之说准确。朱氏"八月"之说是否误记呢？余以为西文资料缺记一件事，即荷兰人在广州待了一个月这一事实。此事首记于郭棐的《（万历）广东通志》卷 69：

---

① 包乐史著，庄国土、程绍刚译：《中荷交往史：1601—1989》，第 3 章，34 页，荷兰，路口店出版社，1989。
② 施白蒂著，小雨译：《澳门编年史：16—18 世纪》，31 页，澳门，澳门基金会，1995。
③ 费尔南·格雷罗神父（Fernao Guerreiro）：《耶稣会神父事务年度报告》，第 2 卷，第 1 版，里斯本，1605，载《文化杂志》，1997（31）。
④ 郭棐：《（万历）广东通志》之《外志》，万历壬寅年序刊本。
⑤ 张燮著，谢方点校：《东洋西考》卷 6《红毛番》，北京，中华书局标点本，2000。

　　红毛国不知何国，万历二十九年冬，二三大船顿至濠镜之口，其人衣红，眉发连须皆赤，足踵及趾长尺二寸，形状大倍常，似扞澳夷。数诘问，辄译言不敢为寇，欲通贡而已。两台司道皆讶其无表，谓不宜开端。时李榷使召其酋入见，游处会城，将一月，始遣还。诸夷在澳者，寻共守之，不许登陆，始去。[①]

张燮的《东西洋考》、金光祖的《广东通志》所载基本转录郭棐文字，与《明史·和兰传》所载稍异：

　　二十九年，驾大舰，携巨炮，直薄吕宋，吕宋人力拒之，则转薄香山澳。澳中人数诘问，言欲通贡市，不敢为寇，当事难之。税使李道即召其酋入城，游处一月，不敢闻于朝，乃遣还。澳中人虑其登陆，谨防御，始引去。[②]

此处"税使李道"当为"税使李凤"之误。[③] 从这一段史料来看，荷兰船到中国后，是先被召进广州，后才与澳葡发生冲突的。按照明朝的进贡惯例，如无进贡表文，是不许接待的。为什么李榷使（李凤）会要破例接待荷兰船队呢，而且热情得要"召其酋入见，游处会城，将一月"呢？这就是朱疏所揭露的阴谋，"李凤深恨澳夷，曾遣人啗之以利，勾来灭澳"。李凤与红毛勾结，从王临亨书中亦可反映：

　　西洋之人，深目隆準，秃顶虬髯。……税使因余行部，祖于海珠寺。其人闻税使宴客寺中，呼其酋十余人，盛两盘饼饵、一瓶酒以献。[④]

王临亨到广东是万历二十九年（1601年），当时李凤与澳门葡人之关系十分紧张，因向三巴和尚"需索"之事，导致"激变黑夷，干戈相向"，甚至"增兵增船，又打死罗通事"，几乎酿成

---

① 郭棐：《（万历）广东通志》之《外志》，万历壬寅年序刊本。
② 张廷玉：《明史》卷325《和兰传》，北京，中华书局，1974。
③ 张维华：《明史欧洲四国传注释》，90～92页，上海，上海古籍出版社，1982。
④ 王临亨：《粤剑编》卷3《志外夷》，91页，北京，中华书局标点本，1987。

大乱。所以，这里的"西洋之人"献饼、酒者，不应是葡萄牙人，而应是被李凤召进广州的荷兰人。这亦可反映出李凤与荷兰人之间的相互勾结。据此可证，朱疏所言之"八月"实际是指荷兰人到广州的时间，而王氏所讲的"九月"则是荷兰人在澳门海面与葡人冲突的时间。二者所载，均十分准确。

将朱疏所载与上述资料综合起来分析，可以看出这一次事件的大致原委。万历二十九年八月，荷兰武装商船到中国海面进入珠江口，要求进贡，由于荷兰人过去未曾向明王朝进过贡，且无明朝所规定的进贡表文，所以，主管对外贸易事务的广东官员均接受到正德末年佛郎机要求进贡而酿成祸乱的教训，主张不可开这一先例。但当时在广东执掌市舶大权的李凤认为这是一个对澳门葡人报复的良机，遂擅自主张，热情邀请荷兰船酋且领进广州城，给予热情款待，勾结荷兰，并诱说荷兰人去劫夺澳门，将祸水引向澳门，"一雪三巴和尚不遂索骗之耻"。荷兰船队在李凤唆使下于九月初二（9月27日）来到澳门海面，见澳门海岸防御甚严，亦不敢轻举妄动，只派一艘小船去打探消息，后被澳夷俘虏，第二天再派一艘小船去，又被葡人俘获，先后被澳夷"执杀红夷二十余人"。荷兰舰队尝试用各种方法去解救被俘之人，但均未成功；而要用武力征服澳门，则是"以数万众与二百人敌"，亦绝无成功希望。在这种情况下，荷兰舰船于10月3日撤离澳门回国。[①] 当时，"李凤仍遣船追送"，但没有来得及赶上。荷兰舰队离开澳门时，已进入农历十月，故郭棐、张燮所言"万历二十九年冬"，是指这一事件的全过程。

---

① 包乐史著，庄国土、程绍刚译：《中荷交往史：1601—1989》，第3章，34页，荷兰，路口店出版社，1989。C. R. Boxer, *Fidalgos in the Far East* (1550—1999)，p. 49载：这次事件澳门葡人共附录荷兰人20名，范·纳克将军企图通过写信救回俘虏，但未获回复。范·纳克在营救无望的情况下遂于10月3日返航前往北大年，其中17名俘虏被葡萄牙人以海盗罪处决。这次澳门大屠杀的3名幸存者有两名是年轻的仆役，另一人为代理人马丁·阿丕乌斯（Martinus Apius），他们被送往果阿之后，马丁·阿丕乌斯于1604年返回荷兰。

　　李凤勾结荷兰人于万历二十九年（1601 年）劫夺澳门之事是由于朱疏的发现才得以昭明。如果没有朱疏对这一事实的揭露，过去对于《东西洋考》〔应该是首见于郭棐《（万历）广东通志》〕中关于李凤邀请荷兰酋长进广州城"游处一月"之事是无法理解的。朱疏将李凤勾结红毛夷行劫澳门以图"灭澳夷，逞其雄心"的阴谋揭露出来，大大有助于对早期中荷关系史料的理解，更加深了对早期中、荷、葡三角关系的认识。王临亨书中所载大中丞戴公所谈中、荷、葡关系的一段话可证：

　　　　令香山澳夷据澳中而与我交易，彼此俱则彼此必争。澳夷之力足以抗红毛耶？是以夷攻夷也。我无一镞之费，而威已行于海外矣；力不能抗，则听红毛互市，是我失之于澳夷而取偿于红毛也。吾以为全策，故令舟师远伏以观其变。①

　　以荷兰人的力量去夺取澳门，看来绝不是李凤一人对澳门有私仇者所独有的思想，明朝士大夫中传统的"以夷攻夷"的观念并非没有市场。这位被称之为"大中丞"的戴公，应即当时的两广总督戴燿（因其兼任都察院副都御史，故尊称其为大中丞）。戴氏与李凤关系并不好，但在利用荷兰人劫夺澳门一事上，却与李凤主张一致。可见，李凤之所以敢擅自勾结荷兰人去进攻澳门，还是具有相当的基础。

　　王临亨在对待明王朝与荷兰、葡萄牙的三角关系上所持态度明显与李凤、戴燿等人不同。他认为，只要是来中国进行贸易的外国人，均应视为"来宾"，"各市其国中所有"，反对他们之间的互相残杀。甚至提出：

　　　　窃谓海中之澳不止一香山可以互市，明公诚发译者好词问之，果以入市至，令一干吏，别择一澳，以宜置之。②

　　主张在"香山澳"之外，另外选择"一澳"作为荷兰商人的

---

①　王临亨：《粤剑编》卷 4《志游览》，103 页，北京，中华书局标点本，1987。
②　王临亨：《粤剑编》卷 4《志游览》，103 页，北京，中华书局标点本，1987。

贸易据点，还称"多一澳则多一利孔"，足以反映王氏开海禁与外国通商贸易的思想是相当大胆、开放的。

李凤与荷兰人勾结，企图挑唆葡、荷之间的争夺，以坐收渔翁之利这一事实，虽然仅见于朱疏，但其他文献亦有蛛丝马迹可寻。王临亨在《九月十四夜话记附》一文的文尾留下了一句很耐人寻味的话：

> 孰与挑衅构怨，坐令中国为池鱼林木乎哉？①

这难道不是暗中谴责李凤勾结荷兰红毛，引发澳门事端吗？据《明神宗实录》卷370万历三十年三月载，刘九经参劾广东税监李凤"乾没倍于上供及勾夷起衅"②。"勾夷起衅"应当即指万历二十九年李凤与荷兰勾结寻衅澳夷之事。可证朱疏言李凤勾结荷兰寻衅澳夷一事，在当时亦非十分秘密之事，多为广东官方所知。

四

至于朱疏又载，有人指责李凤与暹罗、日本诸国往来，是勾结他们来报"三巴和尚"之仇。疏云：

> 或又曰，李凤时时有人往来暹罗、日本等国，示以澳门殷富，饵其来澳，一雪三巴和尚不遂索编之耻。

> 惟是红夷、暹罗、日本之勾引，万一诸夷轻信，倚凤为内应，凤之意虽在灭澳夷，逞其雄心，不知澳夷骚动，全广渐无宁日！全广骚动，天下渐无宁日。

李凤多与暹罗、日本等国商人往来这应是事实。李凤万历二十七年（1599年）主掌广东市舶司，而暹罗在万历二十一年（1593年）后，对明朝"奉贡不替"③。澳门开埠后，暹罗商人亦

---

① 王临亨：《粤剑编》卷4《志游览》，104页，北京，中华书局标点本，1987。
② 《明神宗实录》卷370，万历三十年三月癸酉条。
③ 张廷玉：《明史》卷324《暹罗传》，北京，中华书局，1974。

是经常往来澳门进行贸易的外国商旅,"香山嶴乃诸番旅泊之外,爪哇、渤泥、暹罗、贞腊、三佛齐诸国俱有之"①。这一时期,李凤与暹罗保持经常性的往来应是十分正常的。至于日本,这一时期更是澳门与日本海上贸易最发达之时。万历二十二年(1594年)许孚远称:

> 日本长岐地方,广东香山澳佛郎机番,每年至长岐买卖,装载禁铅、白丝、扣线、红木、金物等货。……乌铅乃大明所出,有广东香山澳发船往往贩卖,炼成铅弹,各州俱盛。②

李凤作为掌管澳门市舶税收的明朝官员,派人参与澳门对日本的贸易获取私利,这也是可想而知的事情。万历三十年(1602年)三月,户部都给事中姚大尉称李凤"航海通夷"③,八月广东巡抚李日华称李凤"通澳夷,放白艚贩采"④,均可证明,李凤通过澳门的海上贸易,频繁地与外商往来接触,以获取个人的巨额利润。李凤与日本、暹罗的往来,除了其经济目的之外,是否也有利用日本、暹罗的力量来对付澳门的意图呢?目前似乎还找不到确切的证明,但我们见到的是大量材料表明,澳门葡人从万历二十年(1592年)开始,不断收买倭奴黑鬼,加强其武装力量,展开全面对外防御。万历三十八年(1610年)王以宁言:

> 诸夷互市于澳门,……藉口防番,收买健斗倭夷以为爪牙,亦不下二三千人。⑤

万历四十一年(1613年)王氏又言:

> 濠镜澳夷来自佛郎机诸国,从未有狡倭杂处其间者,有

---

① 王士性:《广志绎》卷4《江南诸省》,100页,北京,中华书局标点本,1993。
② 陈子龙辑:《明经世文编》卷400《疏通海禁疏》,影印平露堂刊本,北京,中华书局,1962。
③ 《明神宗实录》卷370,万历三十年三月癸酉条。
④ 《明神宗实录》卷375,万历三十年八月甲寅条。
⑤ 王以宁:《东粤疏草》卷1《请蠲税疏》,广州,广东省中山图书馆抄本,1958。

之，自万历二十年后始，初藉口防番，买倭以为爪牙；今且贪倭之利，潜与之通。……独计澳中收买倭奴番鬼不止五六千人，而且甘为倭之居庭。①

同年，郭尚宾亦言：

彼此蓄聚倭奴若而人，黑番若而人，亡命若而人，以逼处此土，……动曰：红毛夷鬼，我所首防。②

万历四十二年（1614年）张鸣冈言：

澳之有倭奴，犹虎之傅翼也。万历三十三年私筑墙垣，官兵诘问，辄被其抗杀，意莫谁何。今此倭不下百余名，兼之畜有年深，业有妻子庐舍。③

万历四十三年（1615年）张鸣冈又言：

粤海旦夕，以濠镜夷竞竞，多畜倭奴，以为羽翼。④

据C. R. 博克塞的记载，1606年时，广州方面控告澳门葡人和耶稣会士"征募日本基督教徒雇佣兵"⑤。大量的材料都是说明，澳门葡人与日本人勾结，并未见日本同中国方面勾结窥视澳门的材料。澳门葡人多次声言均是"防番"或防"红毛夷"，并未曾言"防倭"。

然而，1608年发生的一次澳门骚乱却令人关注。11月30日，有两艘日本船抵达澳门，其中一艘在澳门附近失事。日本船员下船后，"他们30至40人一伙，手持武器，在城内各处走来走去。这种傲慢蛮横的行为使很多市民感到害怕，他们要求当局把日本人赶出去。而市议员却只规劝日本人对自己的行为有所节制，并且穿上像中国市民一样的衣服。日本人拒绝接受这些要求。因

① 王以宁：《东粤疏草》卷5《条陈海防疏》，广州，广东省中山图书馆抄本，1958。
② 郭尚宾：《郭给谏疏稿》卷1《防澳防黎疏》，丛书集成初编本，12页，北京，中华书局，1985。
③ 《明神宗实录》卷527，万历四十二年十二月乙未条。
④ 方孔炤：《全边略记》卷9《海略》，北京，北京图书馆民国十九年排印本。
⑤ C. R. Boxer, *The Great Ship from Amacau*, Lisboa, 1959, p. 70.

此，城内发生了严重的骚乱。在冲突过程中，澳门审判官即法官受了伤，有一些日本人被杀害。教堂的钟声发出警报，司令官即地方县官安德烈·佩索阿（Andre Pessoa）带着士兵到达发生战斗的现场，日本人迅速进入一所房屋进行顽抗，他们当中一些人投降了，事后在监狱里关了不长的时间。但是，他们当中大约有40人战斗到最后一个人"①。这一次骚乱的发生，目前还找不到资料说明，日本船员到澳门后为什么会采用武力挑衅的办法来威胁澳门葡人。这与朱疏所言，李凤企图勾结暹罗、日本来报复澳门葡人是否有关？因为万历三十六年（1608年）李凤仍然主持广东之对外贸易大权。当然，这仅是一种推测，目前所有资料尚无法证实这一点。

五

万历二十八九年间（1600—1601年），李凤赴澳门督税，并向三巴和尚索贿，激起事变，后又挑唆红夷进攻澳门，李凤与澳门葡人的关系十分紧张。但是，据许重熙《宪章外史续编》卷10《万历注略》载：

> （万历三十二年正月）两广总督戴燿极言中官采珠之害。初，粤中香山澳，九夷贸易，番舶所舣，渐乃筑城聚室，俨然立一番主。交构中官，流毒一方云。②

这里称香山澳"交构中官"，此一中官，只能是李凤。因为，澳门开埠后，内臣监市舶之制早已裁撤，直到万历中后期才开始恢复，而广东市舶司恢复市舶太监则是在万历二十七年（1599年），恢复后的市舶太监即是李凤，故称戴燿上疏攻击的与香山澳交构的"中官"就是李凤。

---

① 文德泉：《澳门的日本人》，载《文化杂志》，1993（17）。
② 许重熙：《宪章外史续编》卷10《万历注略》万历三十二年正月条，北京，全国图书馆文献缩微复制中心影印本，1994。

　　根据朱吾弼的疏文及前面所引资料可以说明，李凤入粤后，由于澳门"需索"事件与勾结红夷犯澳门之事，澳门葡人与李凤的关系是十分紧张的，为什么到万历三十二年（1604 年）戴燿又称澳门葡人"交构中官，流毒一方"呢？余以为，这里面有一个双方关系变化的过程。

　　万历三十年（1602 年）闰二月，朱吾弼上疏弹劾李凤勾结红夷进攻澳门，三月，刘九经又上疏参李凤"勾夷起衅"，同月，姚大尉再上疏参李凤"航海通夷"。接二连三的弹劾李凤的奏章根本没有触动万历皇帝对李凤的信任，李凤仍然执掌着广东对外贸易的大权，特别是对澳门的"抽分"权。对澳门葡人来说，这位执掌着澳门"抽分"大权的市舶太监李凤就同掌握了他们生死大权的判官一样，时刻都担心再次引发事端。再加上当时的荷兰人与澳门葡人为敌，在亚洲各地多处劫掠葡船进行报复。1603 年 2 月 25 日，范·纳克率荷兰船队在马六甲海峡劫掠葡船圣卡达尼那号（Santa Catarina）[1]；7 月 30 日，荷兰船在澳门内港劫夺贡萨罗·罗德里格斯·德·索萨（Goncalo Rodrigues de Sousa）司令的大黑船；[2] 1604 年，荷兰人企图袭击和占领澳门；[3] 1605 年 3 月 26 日，荷兰人在暹罗附近劫夺葡船圣·安东尼奥（Santo Antonio）号大黑船；[4] 1607 年 9 月 9 日，荷兰人再次袭击澳门。[5] 由上表明，荷兰在当时确已成为澳门葡人最为担忧的敌人。邹维

① 包乐史著，庄国土、程绍刚译：《中荷交往史：1601—1989》，第 3 章，34 页，荷兰，路口店出版社，1989。
② 施白蒂著，小雨译：《澳门编年史：16—18 世纪》，31 页，澳门，澳门基金会，1995。
③ 施白蒂著，小雨译：《澳门编年史：16—18 世纪》，31 页，澳门，澳门基金会，1995。
④ 施白蒂著，小雨译：《澳门编年史：16—18 世纪》，31 页，澳门，澳门基金会，1995。
⑤ 施白蒂著，小雨译：《澳门编年史：16—18 世纪》，31 页，澳门，澳门基金会，1995。

琏称:"佛郎机苦其荼毒,香山澳畏其凶锋。"① 澳葡对外也声言:
"红毛夷鬼,我所首防。"② 前引朱疏亦言:"澳夷且日惧红夷,
必怀报复,再引众至矣。"李凤与荷兰勾结之事实又为时人所知,
在这种情况下,澳门葡人不得不向李凤表示低头屈服,只好采用
传统的办法"以礼物、贿赂和屈从来面对李凤的压力,试图保持
在澳门取得的脆弱的利益平衡"③。即承认广东政府加派的二万两
货税,以保证澳门的安定。前引万历四十一年(1613 年)郭尚宾
疏载:

> 又派之濠镜澳货二万两,榷解十余年以来,商民皮肉
> 已尽。④

"榷解十余年"一语,就完全可以证明,澳门葡人接受了增
派的二万两货税。所谓"交构中使",当是以接受增派二万两货
税为前提而化解澳葡与李凤之间的紧张关系。万历三十年(1602
年)八月广东巡抚李日华疏称李凤"通澳夷,放白艚贩采"⑤,
亦可证明李凤与澳葡关系已趋好转,而且时间是万历三十年八月
之前。

值得注意的是,澳葡虽然接受了李凤加派给澳门的二万两货
税,但这只能说明,澳门葡人不再用武装对抗的方式来抵制加派
之货税,而是暗中采取"匿税"的方法。郭尚宾言:"夷人善匿
亏饷之罪"⑥ 即指此。王以宁疏载:

---

① 邹维琏:《达观楼集》卷 18《奉剿红夷献俘疏》,四库存目丛书本,济南,齐鲁
  书社,1997。
② 郭尚宾:《郭给谏疏稿》卷 1《防澳防黎疏》,丛书集成初编本,12 页,北京,中
  华书局,1985。
③ Jorge Noronha e Silveira, *Subsidios Para a Historia do Direito Constitucional de macau*
  (1820 – 1974), *Macau*, Instituto Portugues do Oriente, 1991, p. 14.
④ 郭尚宾:《郭给谏疏稿》卷 1《粤邦独苦税金疏》,丛书集成初编本,17 页,北
  京,中华书局,1985。
⑤ 《明神宗实录》卷 375,万历三十年八月甲寅条。
⑥ 郭尚宾:《郭给谏疏稿》卷 1《防澳防黎疏》,丛书集成初编本,12 页,北京,中
  华书局,1985。

迩年夷情渐狡，私济渐多，税且有时而缩，如（万历）三十九年，仅得九千余两。[①]

一年收税银仅"九千余两"，不足澳门加税后的1/4，可以反映澳夷"匿税"现象是十分严重的。在这种情况下，李凤为了对付澳门葡人"匿税"之事，决定亲自驻节香山，以便加强对澳门的税收管理。康熙《香山县志》卷5载：

会大珰李凤入粤督税，议驻节县内。（张）大猷抗言：……夫彝情叵测，……万一巡行其地，仓卒有变，犯及命使。如朝廷威德何议上，大珰色沮，御史诸大夫咸题之，卒赖中止。[②]

据康熙《香山县志》记载，张大猷是万历二十九年（1602年）出任香山县令，万历三十三年（1605年）离任。万历二十九年时，李凤与澳门关系极度紧张，故李凤不会提出来要求驻节香山。万历三十年（1602年）后，李凤与澳葡紧张关系缓和，澳葡接受了加派的二万两货税，因此，李凤提出亲自到香山来督税，并加强对澳门的管理。而深知夷情的张大猷则知道，澳葡对李凤的屈从只是表面上的缓解，被食尽"皮肉"，吸尽"脂髓"的澳门"商民"[③]骨子里对李凤是十分痛恨的，而李凤此人报复心极重，表面上李凤已接受了澳葡的和解，但"灭澳夷，逞其雄心"这一思想在李凤心中并未泯灭。如李凤驻节香山，直接插手澳门的管理，即有可能再生事端，再酿大乱。故张大猷及"御史诸大夫"纷纷反对，暂时阻止了李凤驻节香山。

然而，李凤在万历三十年后还是亲自巡视过澳门，并在澳门妈阁庙主持建筑"神山第一亭"，有以下考古材料为证：一是，今妈阁庙神山第一亭后神龛背面石壁上刻有"钦差总督广东珠池

---

① 王以宁：《东粤疏草》卷5《条陈海防疏》，广州，广东省中山图书馆抄本，1958。
② 申良翰修，欧阳羽文纂：《（康熙）香山县志》卷5《宦绩志》，康熙十二年刻本。
③ 郭尚宾：《郭给谏疏稿》卷1《粤邦独苦税金疏》，丛书集成初编本，17页，北京，中华书局，1985。

市舶税务兼管盐法太监李凤建"（参见图141）的新发现；二是，神山第一亭门口石陇梁上有"万历乙巳年德字街众商建"字样（参见图33）。这些材料可以证明万历三十三年（1605 年）在李凤的主持下，由澳门德字街商人出资在妈阁庙内之小山上建起了"神山第一亭"①。万历三十三年（1605 年），李凤巡视澳门的情况我们不得而知，但通过李凤在澳门建庙，明显可以看出，李凤是在向澳葡示威。古代建庙，大多由官方主持，庙宇的存在，在一定程度上则是代表官方权力的象征，故庙宇前均竖大旗纛，早期的妈阁庙是如此，稍晚的莲峰庙亦是如此。李凤在澳门建庙，即要向澳葡表示，李凤之权力要永驻澳门，借此以震慑和威吓已经在表面上表示屈从但实际上仍在以匿税逃饷来抵制的澳门葡人。

---

① 谭世宝：《澳门妈祖阁庙的历史考古研究新发现》，载《文化杂志》，1996（29）。

第十七章　万历末年熊明遇笔下的欧洲三国

此图系明熊明遇《绿雪楼集·岛夷传》之书影。该影本为明天启刻本。

第十七章　万历末年熊明遇笔下
的欧洲三国[①]

　　关于熊明遇其人其事，国内迄今尚未见有专门研究成果，[②]
海外学者的研究则主要集中于熊氏在中国科技史上的成就。[③] 当
然，冯锦荣先生近期的成果《明末熊明遇父子与西学》对熊氏的
生平、著作及与耶稣会士的交往等又作了很大的补充，为我们了
解熊明遇其人及与明末传入中国的"西学"之关系提供了新的认
识。[④] 余近日读熊氏《绿雪楼集》，看到熊氏在《素草》一书之
《岛夷传》中记录了 16—17 世纪来华的欧洲三个国家的传，进而
又发现熊氏《绿雪楼集》中关于入华欧洲三国的记录是迄今为止
尚未有人提及者，更不要说展开研究。即连征引繁复的张维华先
生、梁嘉彬先生、戴裔煊先生有关明末欧洲国家来华史料之研究

①　原文载澳门理工学院《中西文化研究》创刊号，2002 – 6。
②　王重民：《中国善本提要》第 278 页中对熊明遇《格致草》有简略的介绍，上海，
　　上海古籍出版社，1983。
③　Arthur William Hummel，Astronomy and Geography in the Seventeenth Century. Annual
　　Reports of the Librarian of Congress [Division of Orientalia]，1938，pp. 226 ~ 228. 海野
　　一隆《明清におけるマテオ・リッチ系世界図》，见山田庆儿主编《新发现中国
　　科学史资料の研究》，京都，京都大学人文科学研究所，1985 年。
④　冯锦荣：《明末熊明遇父子与西学》，见香港中文大学历史系《明末清初华南地区
　　历史人物功业研讨会论文集》，香港，香港中文大学，1993。

也均未言及,①　此遂使余起兴,兹就余所见,采以他闻,对熊氏笔下记录的欧洲三国谈一点看法。

一、熊氏记录欧洲三国之时间与熊氏作《岛夷传》之目的

查继佐《罪惟录·熊明遇传》载熊氏著作称:"所著有《敛（剑）草》《则草》《素草》《绿雪楼集》《中枢集略》。"②　将诸"草"与《绿雪楼集》并列成为数本书。其子熊人霖所撰《先府君宫保公神道碑铭》则称:"所著有《绿雪》《青玉》《华日》《挞华》《中枢》《南枢》《延喜》《英石》八集,行于世。"③

其中不谈诸"草"。今余读天启刻本的《绿雪楼集》与熊人霖记录相合,《敛草》《则草》《素草》均为《绿雪楼集》中的一部分,并非单独专书。余所见《绿雪楼集》之《素草》下有《岛夷传》,其中录有《佛郎机》《吕宋》《红毛番》三传。④　众所周知,明代的佛郎机、吕宋、红毛番,分别是指这一时期来华的葡萄牙、西班牙、荷兰三国人。因此,搞清熊氏记录欧洲三国来华之事的时间,对于确定熊氏记录的价值是十分有用的。

天启刻本的《绿雪楼集》和沈演的《集叙》及张蔚然之《集跋》均未载《绿雪楼集》完稿时间,叙、跋作者亦未署时间。但据《则草》引则可知《则草》完成于"万历庚申春",并称写于"福宁神署之逍遥阁"。万历庚申为万历四十八年,即1620

---

①　张维华:《〈明史·欧洲四国传〉注释》,上海,上海古籍出版社,1984;梁嘉彬:《明史佛郎机传考证》,载《国立中正大学文史研究所月刊》,1934,2（2/3）;戴裔煊:《〈明史·佛郎机传〉笺正》,北京,中国社会科学出版社,1984。

②　查继佐:《罪惟录》第3册《熊明遇传》,2 087～2 088页,杭州,浙江古籍出版社,1986。

③　熊人霖:《鹤台先生熊山文选》卷12《先府君宫保公神道碑铭》,顺治十六年刊本,转引自冯锦荣《明末熊明遇父子与西学》,见香港中文大学历史系《明末清初华南地区历史人物功业研讨会论文集》,香港,香港中文大学,1993。

④　熊明遇:《绿雪楼集》之《素草》下《岛夷传》,四库禁毁丛书本,22～27页,北京,北京出版社,1997。

年，① 而据《素草》之《王者以天下为家》一文又载："是时，余少年未能习古文也，距今辛酉二十余年矣。"辛酉，为天启元年，即1621年，则知《素草》② 成书当在天启元年（1621年）。据熊人霖《先府君宫保公神道碑铭》载，从万历四十五年（1617年）到天启元年（1621年）间，熊明遇一直在福建任职。张蔚然《绿雪楼集跋》称绿雪楼集凡八种，均是"在闽言闽，在浙言浙"③。因此，可以肯定，熊氏所撰《岛夷传》之欧洲三国来华史实记录应不会早于1617年，亦不会晚于1621年。

从16世纪开始，葡萄牙、西班牙、荷兰三大欧洲海上强国先后来华，这在世界近代史及中国近世史上均是一件影响极为深远的大事。然而，由于这一时期中国与西方采取的是一种完全不同的外交政策，特别是中西交往的初期，基本上是以闭关自守的态度对待西方海上强国的来华，也没有采取积极的认识态度加深对西方诸国了解。因此，在中国与西方强国打交道的过程中，记录有关早期来华的欧洲三国资料较少。最早比较系统对葡萄牙进行介绍的主要为广东香山人黄佐及浙江嘉兴人严从简。他们分别在嘉靖三十九年（1560年）和万历二年（1574年）完成的《广东通志》卷66及《殊域周咨录》卷9内的《佛郎机传》中进行了记录；④ 万历十四年（1586年）时，广东右布政使蔡汝贤完成

---

① 熊明遇：《绿雪楼集》之《则草引》，四库禁毁丛书本，2页，北京，北京出版社，1997。

② 熊明遇：《绿雪楼集》之《素草》下《王者以天下为家》，四库禁毁丛书本，19～21页，北京，北京出版社，1997。

③ 熊明遇：《绿雪楼集》之张蔚然《集跋》，四库禁毁丛书本，5页，北京，北京出版社社，1997。据今存天启刻本《绿雪楼集》内收《则草》《素草》《掖草》《台草》《鹤草》《剑草》《履草》《琴草》及《觳草》凡九种，而非《集跋》所云"八种"，且诸草刊刻时间不一，《则草》在万历四十八年，《素草》在天启元年，《掖草》在万历四十七年，《剑草》在万历四十七年，《台草》在天启五年后，其余尚不可考。

④ 黄佐：《（嘉靖）广东通志》卷66《外志》3，广州，广东地方志办公室影印本，1998；严从简著，余思黎点校：《殊域周咨录》卷9《佛郎机传》，320～324页，北京，中华书局标点本，1983。

《东夷图说》，其中有佛郎机与吕宋（即葡萄牙与西班牙）二传，[①] 由于西班牙于 1571 年占据菲律宾，当时，对吕宋的认识甚少，故蔡氏之《吕宋传》文字极为简略，到万历三十二年（1604年）左右，何乔远完成的《名山藏》才比较详细地记录了佛郎机和吕宋两国之事，但未有"红毛"，[②] 因为万历二十九年（1601年）荷兰人刚刚来华。到万历四十七年（1619 年）时，又有沈德符完成《万历野获编》，其中记录了葡萄牙人占据的香山澳及红毛夷，但其中无"吕宋"[③]。最早较为完整、系统地记录早期来华欧洲三国者，仅有三人：一是张燮之《东西洋考》，成书于万历四十五年（1617 年）；[④] 一是熊明遇《岛夷传》，成书于万历四十八年（1620 年）前；还有一位即是郭棐，在万历三十年（1602 年）完成《广东通志》，其中收有佛郎机、吕宋、红毛三传，但吕宋、红毛二传均记广东事，而不涉及吕宋、红毛在闽海的活动。[⑤] 后之《皇明世法录》《皇明象胥录》及《明史·外国传》等书虽均收有欧洲三国者，但成书则在崇祯时及清初。[⑥] 张燮的《东西洋考》对于研究 16 世纪欧洲诸国对中国的交往的重要性早已为人熟知，且成为人们最常使用的资料。然而熊明遇这位与早期入华欧洲耶稣会士多有接触，对当时传入中国的"西

---

① 蔡汝贤：《东夷图说》（不分卷）之《吕宋》及《佛郎机》，影印明万历刊本，21~38 页，四库存目丛书，济南，齐鲁书社，1997。

② 何乔远：《名山藏》第 8 册《王享记·东南夷传》。《名山藏》修于万历四十年至四十四年。又据《明史·何乔远传》，知《名山藏》成书于《闽书》前，而《名山藏》：纪事最晚至万历三十二年，故推该书成于此时。

③ 沈德符：《万历野获编》下册卷 30《外国》，782~786 页，北京，中华书局标点本，1959。该书前编序作于万历三十四年，而续编序作于万历四十七年，故全书之完成当在万历四十七年。

④ 张燮著，谢方点校：《东西洋考》之萧基《小引》，16 页称："时万历丁巳"，丁巳即万历四十五年，北京，中华书局标点本，2000。

⑤ 郭棐：《（万历）广东通志》之《外志》，万历壬寅年序刊本。

⑥ 陈仁锡：《皇明世法录》卷 82《南蛮》，影印明崇祯本，四库禁毁丛书，北京，北京出版社，1998；茅瑞征：《皇明象胥录》卷 5，崇祯己巳刊本。张廷玉：《明史》卷 323《吕宋传》、卷 325《佛郎机传》、《和兰传》，北京，中华书局，1974。

学"多有了解的政界，学界之名人①所著欧洲三国传迄今无人介绍与研究，其主要原因是书不易找到。因熊氏的《绿雪楼集》分别在乾隆四十三年（1778年）及五十三年（1788年）被定为违碍书和禁毁书，② 坊间传本甚少。

由于熊明遇其人入闽之前在北京与欧洲传教士多有接触，对当时已在北京等地开始传播的"西学"有所了解，并对西洋科学技术热切追求。所以可以说当时的熊明遇已是一位关心西学，对西学科学具有相当的认识水平的中国士大夫。这一切除了在《西域天官书引》及《题七克引》中有所表现外，③ 在他撰修的《岛夷传》中亦是有体现的。熊氏之《岛夷传》与一般史书之外国传不同，并非对海外诸国的全部记录，那些"不相寇盗贼杀，于沿海郡国无风鱼之患者不具论"④。一般史书中外国传收录的"海外杂国"，如大食、大泥、林邑、扶南等均不收录，故所收岛夷之国仅六，即：佛郎机、吕宋、红毛番、东番、琉球、倭奴，实际上都是与当时福建地区对外贸易及海防关系较为密切的对象，这就体现了熊氏对西方世界的关注和重视。熊氏在万历四十五年（1617年）入闽，看到"奸阑之民横行海上，乃闽中四郡尤甚"，"漳泉之人，视吕宋如衢户，视日本如乡里，即佛郎机、红毛夷亦有译通为市者。异日擅山海之奇，依阻瓯脱，而东南始眷眷多

---

① 冯锦荣：《明末熊明遇父子与西学》，见香港中文大学历史系《明末清初华南地区历史人物功业研讨会论文集》，香港，香港中文大学，1993。

② 姚觐元：《清代禁毁书目》，157页、56页，北京，商务印书馆，1957。

③ 《西域天官书引》即熊明遇为熊三拔《表度说》所作的序，《题七克引》即熊氏为庞迪我《七克》所作的序，见《绿雪楼集》之《素草》下，1~3页。方豪的《从中国典籍见明清间中国与西班牙的文化关系》（见《方豪六十自定稿》下册，1 501页。）一文称："明清之际，很多人会为西洋教士译撰的书作序，但有许多竟不见于各家文集，也许是后来教难时，各家后裔所删去。所以曹于汴序之存于文集，可谓空谷足音。"熊氏《绿雪楼集》还保存西洋教士庞迪我、熊三拔撰写的序，当为方豪先生所未见。

④ 熊明遇：《绿雪楼集》之《素草》下《岛夷传》序，四库禁毁丛书，27页，北京，北京出版社，1997。

事"。①很明显，熊氏作为福建官员选择上述六国作传，其主要目的就是要加深人民对已经来华的欧洲三国及日本、琉球诸夷的认识，既希望出现"万国岛夷，慕汉物之饶，丝楮之利，舟航接至"②的局面，又提醒当政者必须加强对海外诸夷的防范而确保东南沿海的海上安全。这一切，又足以体现熊氏作为一传统的儒家士大夫极为现实的经世致用思想。

二、熊氏《岛夷传》报道了入居澳门后葡萄牙人的最新情况

葡萄牙人来华始于 16 世纪初，到熊氏著《岛夷传》时，在当时中国文献中关于葡萄牙人来华情况的零星介绍已多处可见，特别是黄佐的《（嘉靖）广东通志》及严从简的《殊域周咨录》正式出版后，关于葡萄牙人的系统介绍已为时人所知。佛郎机在福建的活动主要在嘉靖三十年（1551 年）前，故至万历末，身处福宁的熊明遇对葡萄牙人的介绍则主要采用前人之记录。熊氏的《佛郎机传》全文共录 732 字，仔细核对全文，发现其中有葡萄牙人入居澳门之前的资料，其 602 字全部录自严从简书，熊氏除作部分删减改动外，内容与严氏书基本一致，可以说没有多少史料价值。关键的是文章后部分的 130 字，却是字字珠玑，全部为他人所未言，是以简练的语言介绍葡萄牙人入居澳门后的情况。录文为下：

> 今香山澳夷皆海外长子孙，西南夷航海，大舶率倚为居停处，而擅于山海之货，岁入金百数十万，广用以饶。所需骄丝为上，瓷次之，麝次之，墨次之。而欧罗巴人观光中国者，绝海九万里，亦附其舶以至。其人深目而多须髯，画革旁行，以为书记，精于天官，能华语。尝与余曰："天竺、

① 熊明遇：《绿雪楼集》之《素草》下《岛夷传》，四库禁毁丛书本，22 页，北京，北京出版社，1997。
② 熊明遇：《绿雪楼集》之《素草》下《岛夷传》，四库禁毁丛书本，22 页，北京，北京出版社，1997。

大夏以西，皆仰给中国之丝瓷。则华风所被者远矣。"

上述 130 个字，可以归纳出几个问题：

（一）熊氏关于香山澳夷人种的最新报道

"今香山澳夷皆海外人长子孙"。熊氏此处既不言"香山澳夷"为佛郎机人，又不像《澳门记略》称西洋人。① 为什么？是由于熊氏对澳门之了解也。因为他知道当时入居澳门的并不全是"佛郎机"。这一点，早于熊氏的著作亦有言及，如王士性的《广志绎》卷4：

> 香山澳乃诸番旅泊之处，爪哇、淳泥、暹罗、真腊、三佛齐诸国俱有之。②

蔡汝贤的《东夷图总说》载：

> 粤有香山濠镜澳，向为诸夷贸易之所，嘉靖间，海道利其饷，自浪白外洋议移入内，历年来渐成雄窟，列廛市贩，不下十余国，夷人出没无常，莫可究诘。③

王以宁《条陈海防疏》载：

> 濠镜澳夷来自佛郎机诸国，从未有狡倭杂处其间者。④

吴桂芳《议阻澳夷进贡疏》载：

> 驯至近年，各国夷人据霸香山濠镜澳恭常都地方，私创茅屋营房，擅立礼拜番寺，或去或住，至长子孙。⑤

西洋传教士庞迪我、熊三拔《具揭》亦言：

> 香山濠镜澳夷商，交易始自何年？非迪我所知也。……

---

① 印光任、张汝霖：《澳门记略》卷上《官守篇》，71 页，澳门，澳门文化司署点校本，1992。
② 王士性：《广志绎》卷4《江南诸省》，100 页，北京，中华书局标点本，1987。
③ 蔡汝贤：《东夷图说》之《总说》，影印明万历刊本，2~3 页，四库存目丛书，济南，齐鲁社，1987。
④ 王以宁：《东粤疏草》卷5《条陈海防疏》，广州，广东省中山图书馆抄本，1958。
⑤ 陈子龙辑：《明经世文编》卷342《吴司马奏议》卷1《议阻澳夷进贡疏》，影印平露堂刊本，北京，中华书局，1962。

然其人系各国人民经营牟利，挈其妻，长子孙。①

很明显，熊明遇之记录当脱胎于上文，并准确地表述了葡萄牙人入居澳门后，澳门外国人并非只有葡萄牙人一种，而是海外诸国人（过去研究澳门开埠，眼光总是集中在葡萄牙人身上，如果将澳门开埠与葡萄牙大批入居澳门两者分开思索，很多问题的解决就不会有太多的分歧了）。而到万历末年时，澳门居住之外夷已是"海外人长子孙"即后之所言"土生仔"。关于这一点，还可以引用 1621 年在澳门的葡萄牙人雷戈和 1637 年到澳门的英国人芒迪的记录作证。雷戈言：

> 澳门有四百多的已婚葡人……还有许多当地和外地的已婚者及许多其他国家的人。②

芒迪言：

> 据报道，全城除一名葡萄牙出生的妇女之外，居民的妻子不是中国人，就是中葡混血儿。③

龙思泰的著作则说得更清楚：

> 马来人、中国人、日本人和来自其他各地的妇女成为他们的配偶，他们的子女的母亲，而这些子女的后代也许仍然是这一社区的成员，他们的后裔与众不同，被称为"混血儿"。其次是这样一些人，他们的祖先不是葡萄牙人，而是马来人、中国人或日本人的皈依者。④

熊明遇对入居澳门人种记录的与众不同且如此准确，说明了熊氏对澳门的熟悉与了解。

---

① 钟鸣旦、杜鼎克、黄一农，等编：《徐家汇藏书楼藏明清天主教文献》第 1 册，庞迪我、熊三拔：《奏疏》，13 页，台北，辅仁大学出版社，1996。
② 雷戈著，范维信译：《澳门的建立与强大记事》，载《文化杂志》，1997（31）。
③ Peter Mundy, The Travels of Peter Mundy in Europe and Asia: 1608 – 1667, vol. 3, p. 588.
④ 龙思泰著，吴义雄、郭德水、沈正邦译：《早期澳门史》，36 页，北京，东方出版社，1997。

（二）熊氏报道了葡萄牙人入居澳门后澳门成为富庶的国际贸易港的情况

"西南夷航海，大舶率倚为居停处，而擅于山海之货，岁入金百数十万，广用以饶"。简练地介绍澳门成为国际贸易港后，海外贸易十分发达，亦促进了澳门的繁荣富庶。这些也可从其他同时代文献中获得证明，王临亨的《粤剑编》卷3载：

> 西洋之人往来中国者，向以香山澳为舣舟之所。夷人金钱甚夥，一往而利数十倍。①

周玄暐的《泾林续纪》载：

> 广属香山（澳）为海舶出入襟喉，每一舶至，常持万金，并海外珍异诸物，多有至数万者。②

霍与暇的《勉斋集》卷11载：

> 澳门番舶，外国宝贝山积。③

1635年葡文资料《要塞图册》也有资料证明：

> （澳门）是东方最繁华的城市之一，与各地来往贸易兴隆，有大量各种财物和珍贵物品，有很多已婚者，他们比印度州的任何地方的人都富有。④

据全汉升先生统计，16—17世纪之交若干年内，葡日贸易款每年值约100万两以上，到1637年，则增至2 141 468.05两，其后更超过300万两。⑤ 上述资料足以证明，熊氏记录澳门"岁入金百数十两，广用以饶"十分准确。

---

① 王临亨：《粤剑编》卷3《志外夷》，91～92页，北京，中华书局标点本，1987。
② 周玄暐：《泾林续纪》（不分卷），丛书集成初编本，27页，北京，中华书局，1985。
③ 霍与暇：《勉斋集》卷11《贺香山涂父母太夫人六十一序》，清光绪丙戌重刊本。
④ 博卡罗著，范维信译：《要塞图册》，载《文化杂志》，1997（31）。
⑤ 全汉升：《明代中叶后澳门的海外贸易》，载香港中文大学《中国文化研究所学报》，1972，5（1）。

（三）熊氏报道了中葡贸易中葡萄牙人最需要的中国货物之信息

所需胬丝为上，瓷次之，麝次之，墨次之。

"胬丝"当即生丝，澳门葡人对外贸易输出中国货物者以丝货（生丝及丝织品）为大宗。[①] 在中葡接触的初期，《皮莱资〈东方简志〉》及弗朗西斯科·罗德里格斯的书就有对中国丝绸的详细报道：

> 中国的大宗货物为素丝及各色丝绸。有各色缎子、锦缎及其他布匹。较稀疏的丝绸他们称之为纱，其色彩繁多。我以为，生丝为中国最大路货，因为他们将丝列为货物之首。素丝的产地在福建，染色丝绸来自交趾；锦缎、缎子、金银缎、纱、罗则产于南京和安庆。[②]

早在澳门开埠之前，许氏海商集团即"节年结伙收买丝绵、绸缎、瓷器等货，并带军器运往佛郎机、满喇加等国"；在双屿的佛郎机商人常常因听说有"棉布、绵绸、胡丝"之交易而被华商骗去不少银两。[③] 又据许孚远《请计处倭酋疏》称：

> 广东香山澳佛郎机番每年至长歧买卖，装载禁铅、白丝、扣、红木、金物等货。[④]

徐光启《海防迂说》称：

> 有西洋番舶者，市我湖丝诸物，走诸国贸易。[⑤]

孙承泽《春明梦余录》卷42更称：

> 是两夷者（指葡、西二国），皆好中国绫缎杂缯，其土

① 全汉升：《明代中叶后澳门的海外贸易》，载香港中文大学《中国文化研究所学报》，1972，5（1）。

② 金国平编译：《西方澳门史料选萃（15—16世纪）》，24~26页，广州，广东人民出版社，2005。

③ 朱纨：《甓余杂集》卷4《三报海洋捷音事》、卷2《议处夷贼以明典刑以消祸患事》，明朱质刻本，天津，天津图书馆藏。

④ 陈子龙辑：《明经世文编》卷400《敬和堂集》之《请计处倭酋疏》，影印平露堂刊本，北京，中华书局，1962。

⑤ 徐光启：《徐光启集》卷1《海防迂说》，37页，上海，上海古籍出版社，1984。

不蚕，惟藉中国之丝，到彼能织精好缎疋服之，以为华好，是以中国胡丝百斤值银百两，若至彼得价二倍。[1]

据葡籍孟三德（Edouard de Sande）神父1590年的记载：

> 这种蚕丝是如此的多，每年可以载满由印度开来澳门的船，其中至少一艘是前来我国的。这些丝绸不但在印度适用，也带到葡萄牙去。不光是生丝运到那边去，而求还有各式各样的丝织品。[2]

据全汉升先生统计，1580年至1590年间，澳门运往果阿的生丝每年为3 000担，到1635年时甚至达到6 000担，而运往长崎的，在1578年至1580年间是1 500～1 600担，在1600年至1635年间是2 400～3 000担之间。[3] 葡人运出的生丝不论是销往日本还是西洋，其贸易均为大宗，故熊氏所言，香山澳夷"需胬丝为上"。

"瓷次之"。瓷器亦是当时澳门输出中国货物仅次于胬丝的重要商品，霍与瑕的《上潘大巡广州事宜》载：

> 每番船一到，则通向濠畔街外省富商，搬瓷器、丝绵、私钱、火药违禁等物，满载而去。[4]

孙承泽《春明梦余录》卷42载：

> 江西瓷器、福建糖品果品诸物，皆所嗜好（指佛郎机）。[5]

1585年西班牙方济各会马尔丁修士记录：

> 运到西班牙的瓷器已经是很粗糙的了。……然而，在那边（指中国），这样细的瓷器多得很，只要一件这样的瓷器，

---

① 孙承泽：《春明梦余录》卷42《闽省海贼》，光绪九年古香斋刻本。
② 孟三德（Edouard de Sande）神父著，陈ији仪译：《日本天正遣欧使团》，载《文化杂志》，1997（31）。
③ 全汉升：《明代中叶后澳门的海外贸易》，载香港中文大学《中国文化研究所学报》，1972，5（1）。
④ 霍与瑕：《勉斋集》卷12《上潘大巡广州事宜》，清光绪丙戌重刻本。
⑤ 孙承泽：《春明梦余录》卷42《闽省海贼》，光绪九年古香斋刻本。

到了我国，就会珍贵如黄金。[1]

1590 年孟三德神父更称：

> 瓷这种物质……只有江西才出产，……由于拿来拿去十分危险而且困难，所以并不输出国外。……葡萄牙人对这些瓷器的赏识是令人赞叹的。他们克服巨大的困难，把这些瓷器不单运到了日本和印度，而且还运到欧洲的一些国家。[2]

据林梅村先生介绍，在明正德年间，即中葡第一次正式接触之时，葡萄牙商人即在景德镇订购了一批明青花瓷器，而且这些瓷器均绘有"葡萄牙王盾牌"或"浑天仪徽章"。[3] 据此可证葡萄牙人对中国瓷器的喜好，故熊明遇将瓷器列为澳门葡人所需物资中仅次于生丝的第二种是很有道理的。

"麝次之"。"麝"指麝香，葡人需要中国之麝香，尚未见其他中文文献记录，但在葡文资料有不少记录。早在中葡接触之初，在托梅·皮莱资的书中就已记录：

> 麝香以粉末或囊计算，质地绝不亚于勃固的产品。有一个名叫陕西的地方所出麝香数量不多，但质量上乘。（原注：麝香来源的城市名叫西安府，它位于中国。据说，陕西有供取麝香的麝牛。）[4]

克路士《中国志》称 1554 年以后，"我们便在中国第一港口广州作贸易，中国人带着丝绸和麝香上那儿去，这是葡人在中国

---

[1] 马尔丁（Martin Lgnácio de Loyola）著，陈用仪译：《自西班牙至中华帝国的旅程及风物简志》，载《文化杂志》，1997（31）。

[2] 孟三德（Edouard de Sande）神父著，陈用仪译：《日本天正遣欧使团》，载《文化杂志》，1997（31）。又斐理伯（G. Philipo）《西班牙漳州通商之初期》称，为西班牙所喜者，则为丝绸、瓷器之类，见张维华《明史欧洲四国传注释》，64 页，上海，上海古籍出版社，1982。

[3] 林梅村：《澳门开埠以前葡萄牙的东方贸易——15—16 世纪景德镇青花瓷外销调查之二》，载《文物》，2011（12）。

[4] 金国平编译：《西方澳门史料选萃（15—16 世纪）》，25 页，广州，广东人民出版社，2005。

购买的主要货物".① 罗曼于 1584 年成书的《中国风物志》记载：

> 麝香只有中国才有，从中国出口到今世界各地，数量如此巨大，没有一个商人没有六公担至八公担。②

孟三德神父 1590 年记载：

> 麝香，……葡萄牙人十分欣赏。……他们把大量的麝香带到印度去，也带到了日本来。③

从葡文资料可以印证熊氏记录澳门葡人对麝香的需求。

熊氏将"墨"列为第四位，然而我们还找不到任何资料证明澳门葡人对"墨"的需求，这当是首见于熊氏之说。以余推测，很可能是满足葡日贸易中日本对中国墨的需要。

（四）熊氏是最早对欧洲使用"欧罗巴"一词的中国人之一

"而欧罗巴人观光中国者，绝海九万里，亦附其舶以至。"这一句是指欧洲传教士进入中国。由于当时葡萄牙国王拥有亚洲地区的保教权，保教权规定，凡来华传教士均须乘葡萄牙船先到澳门，然后入中国内陆，故称"附其舶（葡船）以至"。传教士入华传教称"观光中国"，这是当时耶稣会士适应中国的一种策略提法，不称传教，而称"观光"。《明神宗实录》载：

> 西洋国陪臣庞迪我等奏，臣与先臣利玛窦十余人涉海九万里，观光上国。④

《大西西泰利先生行迹》载：

> 利子以旅人浮海东来，观光上国。⑤

熊明遇万历四十二年（1614 年）为庞迪作《七克引》时称：

① 博克塞著，何高济译：《16 世纪中国南部行纪》之克路士《中国志》第 23 章，131 页，北京，中华书局，1990。
② 罗曼（Juan Bautista Roman）著，陈用仪译：《中国风物志》，载《文化杂志》，1997（31）。
③ 孟三德神父著，陈用仪译：《日本天正遣欧使团》，载《文化杂志》，1997（31），119 页。
④ 《明神宗实录》卷 575，万历四十六年十月乙亥条。
⑤ 艾儒略：《大西西泰利先生行迹》，见钟鸣旦、杜鼎克主编《耶稣会罗马档案馆明清天主教文献》（第 12 册），200～242 页，台北，利氏学社，2002。

西极之国，有畸人来，最先西泰利氏，次顺阳庞氏、有纲熊氏，偕徒友十数，绝海九万里，观光上国。①

文中出现"欧罗巴"一词，可以反映熊氏受西学影响。欧洲传教士初来华时，国人多以"天竺僧"或"西竺僧"称之，② 其时知其为欧罗巴者不多。自利玛窦《山海舆地全图》制成刊刻后，与西学接触者始知"欧罗巴"之名。③《山海舆地全图·各图经纬度分略》载：

初制全图者，欧罗巴与利未亚二大洲者，俱中华之西也。④

但第一位中国人提到"欧罗巴"者，当为万历十七年（1589年）出任韶州同知的刘承范，其与利玛窦关系密切，尝作《利玛传》称：

第闻海南欧罗巴国，有二僧潜住我境。⑤

李之藻的《浑盖通宪图说自序》亦称：

① 熊明遇：《题七克引》，见《绿雪楼集》之《素草》下，四库禁毁丛书本，3 页，北京，北京出版社，1997。
② 如罗明坚 1584 年编译的《新编西竺国天主实录》其《天主实录引》题为"万历甲申岁秋八月望后三日天竺国僧书"，转引自顾宝鹄《利玛窦的中文著述（续）》，载台北《恒毅》总 378 期第 32 卷第 6 期页 3，1972 年 1 月。罗明坚中文诗《寓杭州天竺，诗答诸公二首》中亦有"僧从西竺来天竺"句，即称自己为"西天竺僧"，见 Albert Chan, Michel Ruggieri, S. J.（1543—1607）and his Chinese poems, Monumenta Serica41（1993），p. 141. 蔡汝贤的《东夷图说·天竺》亦称："天竺僧自彼国渡海远来，历三年始达濠镜。"徐渭的《徐文长三集》卷 4 及卷 5 中各有"天竺僧"诗一首指的就是西洋传教士。中华书局标点本《徐渭集》第 1 册页 102 及 144，1983 年。又据陈伦绪的考证，此天竺僧即指罗明坚，参见 Albert Chan, S. J. "Two Chinese poems written by Hsü wei（1521—1593 年）on Michele Ruggieri, S. J.（1543—1607）", Monumenta Serica 44, 1966, pp. 317~337.
③ 利玛窦在肇庆即已刻制舆地山海全图，万历二十八年（1600 年）将旧图扩大、修改，并加注释，改称《山海舆地全图》，重新在南京出版，图中第一次出现了"欧罗巴"字样，参见顾保鹄《利玛窦的中文著述（续三）》，载台北《恒毅》，1912（总 380 期，33 卷 2 期）。
④ 洪业（煨莲）：《考利玛窦的世界地图》，载《禹贡》，1936，5（3/4）。
⑤ 黎玉琴、刘明强《利玛窦史海钩沉一则》，载《肇庆学院学报》，2011，32（4）。

昔从京师识利先生，欧罗巴人也。①

顾起元万历四十五年（1617 年）前完成的《客座赘语》卷6 称：

利玛窦，西洋欧罗巴国人也。②

熊氏的《西域天官书引》亦称：

西域欧罗巴人，四泛大海，周遭地轮，……③

熊氏万历三十八年（1610 年）授兵科给事，但由于母亲去世，回乡服丧，直到万历四十一年（1613 年）才北上进京。④ 熊氏接触传教士与西学大概始于此。据其子熊人霖记载：

先府君久与庞（迪我）、阳（玛诺）、徐（光启）、毕（方济）诸君游。初刻《则草》，始章《西学》，晚刻《格致草》，稍正金水诸天之未尽。⑤

熊氏进京后主要交往的传教士为庞迪我、阳玛诺、毕方济。熊明遇之《则草》是其研究西学的开始，而《则草》成书于万历四十八年（1620 年），故可知熊氏初始接触西学亦当在万历四十一年（1613 年）至万历四十五年（1617 年）其在京任职期间。

（五）熊氏从多方面介绍了自己对当时来华传教士的认识与接触

"其人深目而多须髯，画革旁行，以为书记，精于天官，能华语。"这是熊氏对当时入华传教士概况的介绍。因为欧洲传教士入华均从澳门来，故熊氏将传教士介绍录于《佛郎机传》之

---

① 利玛窦译，李之藻演：《浑盖通宪图说》之《自序》，明刻天学初函辑习是斋续梓本。
② 顾起元：《客座赘语》卷 6《利玛窦》，193 页，北京，中华书局标点本，1997。
③ 熊明遇：《西域天官书引》，载《绿雪楼集》之《素草》下，四库禁毁丛书本，1页，北京，北京出版社，1997。
④ 熊人霖：《鹤台先生熊山文选》卷 12《先府君宫保公神道碑》，顺治十六年刊本。
⑤ 熊人霖：《鹤台先生熊山文选》卷 12《先府君宫保公神道碑》，顺治十六年刊本。

后,《明史·佛郎机传》称:"其时大西洋人来中国,亦居此澳。"① 此"大西洋人"即指欧洲传教士。《澳门记略》称:"先是有利玛窦者,自称大西洋人,居澳门二十年,其徒来者日众,至国初已尽易西洋人,无复谓佛郎机者。"② 反映当时欧洲传教士来澳门极多。《澳门编年史:16—18 世纪》公布的葡文资料显示,从 1554 年澳门开埠耶稣会第 13 批传教士到 1602 年第 51 批传教士来东方的人,其中大部分经过澳门。③ 因此,将欧洲传教士与澳门等同起来,是很多明朝官员的认识,甚至当时还有人就将传教士视之为"香山澳夷商细作"④。

"精于天官,能华语"实际上就是指熊氏所接触的身边几位传教士,而不是所有入华教士。李之藻的《请译西洋历法疏》载:

> 伏见大西洋归化陪臣庞迪我、龙华民、熊三拔、阳玛诺……洞知历算之学,……晓习华音。⑤

熊氏所言概指上数人,当非言所有传教士也。

"尝与余曰:'天竺、大夏以西,皆仰给中国之丝瓷。则华风所被者远矣。'"天竺为印度,大夏为阿拉伯诸国,以西则当指欧洲,"尝与余言",即指来华传教士同他的谈话。而同熊氏谈话者,当即庞迪我、阳玛诺、毕方济等人。这是一段极有意义的中国文化向西方传播的重要史料,语出欧洲人之口,而又是以中国

---

① 张廷玉:《明史》卷 325《佛郎机传》,北京,中华书局,1974。

② 印光任、张汝霖:《澳门记略》卷上《官守篇》,71 页,澳门,澳门文化司署点校本,1992。

③ 施白蒂著,小雨译:《澳门编年史:16—18 世纪》,12 ~ 31 页,澳门,澳门基金会,1995。

④ 钟鸣旦、杜鼎克、黄一农,等编:《徐家汇藏书楼藏明清天主教文献》第 1 册庞迪我、熊三拔《奏疏》之《具揭》,13 页,台北,辅仁大学出版社,1996。

⑤ 陈子龙辑:《明经世文编》卷 483《李我存集》之《请译西洋历法疏》,影印平露堂刊本,北京,中华书局,1962。

文字记录。西文文献中记录对中国丝瓷的仰慕文字不可谓少，但中国文字记录下的当时欧洲人对中国丝瓷的评价却极为罕见。姚旅的《露书》有罗华宗（即罗雅谷）之得名："罗华宗者，西洋人，慕华而至，华衣冠，饮食言动皆宗华者。"[①] 这也是对中华文化钦慕之欧洲人，但远不如熊氏所录"天竺、大夏以西，皆仰给中国之丝瓷"来得重要且符合当时的实际。

图 155：《皇清职贡图》中的男女葡萄牙人像

三、熊氏《岛夷传》中关于早期西班牙人来华的记录

西班牙人征服吕宋（菲律宾）在 1571 年，中国人第一个为西属菲律宾作传者则在万历十四年（1586 年），作者为蔡汝贤。该传虽然透露了西班牙占据吕宋的信息，也略为介绍了当时吕宋

---

① 姚旅：《露书》卷 9《南海》，影印明刊本，四库存目丛书，济南，齐鲁书社，1997。

的一些情况，但毕竟万历十四年（1586 年）时中国政府及民间对吕宋的情况了解不多，故该传十分简略，仅 114 字。[①] 随着隆庆间福建海禁放松，闽人赴吕宋贸易渐盛，关于吕宋的认识亦逐渐增多。于是，第二篇《吕宋传》由闽人何乔远撰成，即《名山藏·王享记·吕宋篇》。《名山藏》成书于万历四十年前。第三篇即张燮的《东西洋考》卷 5《吕宋传》，以字数算，熊氏吕宋传比何、张二传要少得多，仅 436 字，以时间计算，熊氏传比何、张两传均要晚，但其史料价值则不可低估。下录其全文：

> 吕宋者，海中之小岛也，一曰佛郎机之属夷。其去倭奴远，至中国稍近，而以小，故不通贡献，历代无可考。自增设海澄县，于是海舶由月港出洋，始有至其岛者矣。考我朝永乐三年，其国远臣隔察老入朝贡方物，后遂无闻焉。其岛之平衍可居处，延袤四十余里，广不及十里。庐舍栉比，生齿蕃，地土腴，出黄金。闽广之百工技艺咸往趋之，受廛作业，与其土著杂（处），而中国之商贾者，操大舶日夜装我之绮缯、丝絮、陶器、饴糖诸食货往市，视吕宋几如归焉。官予之符引，榷其赢以输军兴者，岁四万。盖其岛居琉球、日本之南，为海舶要会。其人复黠慧，遂为各番互市牙侩商舶竞主焉。闽中驵藉言充饷，市利压冬，其羁旅为家者，不啻万数。所以吕宋有大明之街。

> 万历三十年，奸民张嶷倡金穴之说，疏请至彼采金至勤，朝廷遣官勘视，彼林以为我将略地，遂密告佛郎机国王，必残我人而后快。因厚直买我羁旅者佩刀，买且尽。即一夜屠杀我商民数万，无生还者。我亦以为万里之外，杀者多奸阑，不复发兵兴击，闭海道，莫通一二年，隔绝器物。诸夷失互市，彼如黑子著面，不能奇赢，辄大困，而闽人不得奸阑出，财物亦遂告诎。今稍稍复通，互市如故。前事漫

---

① 蔡汝贤：《东夷图说》之《吕宋》，影印明万历刊本，21～22 页，四库存目丛书，济南，齐鲁书社，1997。

漫不录矣！区区小岛，不啻邾莒之贼，大都海中夷，仰给机利之场，非乱我者也。

《名山藏》之《吕宋》篇，虽早于熊氏，但将两文逐字逐句比较，可以说内容完全不同，且无《名山藏》所记佛郎机夷向吕宋国"乞地如牛皮"之类无根之谈。可知，熊氏记录之吕宋事绝非转录自《名山藏》。《东西洋考·吕宋传》虽略早于熊氏，但二者所记内容也不尽相同。

首先，熊氏《吕宋传》称：吕宋为"佛郎机之属夷"，这种提法与前人及当时人均不相同。《名山藏》称："名虽吕宋，实佛郎机也。"①《东西洋考》称："佛郎机既得地，……而吕宋遂为佛郎机有矣。"② 将吕宋完全等同于佛郎机，其概念不够准确，而称吕宋为佛郎机的"属夷"，即菲律宾为西班牙之属地，这种提法是较准确的。

其次，首言中国与吕宋通商之缘起，"其去倭奴远，至中国稍近，而以小，故不通贡献，历代无可考。自增设海澄县，于是海舶由月港出洋，始有至其岛者矣"。《名山藏》称："其地迩闽，闽漳人多往焉"。《东西洋考》则为："其地去漳为近，故贾舶多往"③。考《明世宗实录》卷 566，海澄设县在嘉靖四十五年（1566 年）十二月，其目的即"建县通商"④。又据《东西洋考》卷 7 载："隆庆元年，福建巡抚都御史涂泽民请开海禁，准贩东西二洋。盖东洋若吕宋、苏禄诸国，……先是发舶在南诏之梅

---

① 何乔远：《名山藏》第 8 册《王享记·东南夷传》，6 162～6 166 页，北京大学图书馆藏善本丛书本。
② 张燮著，谢方点校：《东西洋考》卷 5《吕宋传》，89 页，北京，中华书局标点本，2000。
③ 何乔远：《名山藏》第 8 册《王享记·吕宋传》，6 162 页，北京大学图书馆藏善本丛书本；张燮著，谢方点校：《东西洋考》卷 5《吕宋传》，89 页，北京，中华书局标点本，2001。
④ 《明世宗实录》卷 566 嘉靖四十五年十二月甲午条。张燮著，谢方点校：《东西洋考》卷 7《饷税考》第 131 页称：（嘉靖）四十四年，奏设秦设海澄县治。当是四十四年奏设，到四十五年十二月才正式设立。

岭，后以盗贼梗阻，改道海澄。"① 海澄之港即月港。熊氏称闽人通商吕宋自海澄县始，盖指此。

第三，介绍吕宋之地理形势物产为诸书所无。"其岛之平衍可居处，延袤四十余里，广不及十里。庐舍栉比，生齿蕃，地土腴，出黄金。"对吕宋地理形势之介绍，在明代不仅是首次，而且是唯一的一次，就连《明史·吕宋传》亦无记载。其物产诸书均言其地产金，而无庐舍、生齿、地土之载。又据1671年马尼拉地图，图中马尼拉"建筑物鳞次栉比，繁荣异常"②。此图较熊氏记录晚50年，当然不能作熊氏之言的直接证据，但可作旁证。

第四，记闽广之技艺工人移民吕宋，为早期菲律宾华侨史珍稀资料。诸书有言因赴吕宋经商"压冬"不归者，但无称"百工技艺"在吕宋"受廛作业，与其土著杂（处）"者。晚于熊氏书的《春明梦余录》有载："佛郎机之夷，则我人百工技艺，有挟一技以往者，虽徒手，无不得食，民争趋之。"③《春明梦余录》当本熊氏书。

第五，介绍中国与吕宋贸易情况，亦与诸书不同。"中国之商贾者，操大舶日夜装我之绮缯、丝絮、陶器、饴糖诸食货往市，视吕宋几如归焉。"用大舶日夜装中国货物贩吕宋，指明了中国对吕宋贸易的繁荣，也反映当时西班牙人统治下的菲律宾对中国物资之依赖。1595年至1603年间，时任菲律宾总督的莫伽（Antoniodo Morga）曾言："倘无中菲之间的贸易，菲岛则无法维持。"④ 熊氏书载表明，中国输入吕宋主要商品为丝货、陶瓷及糖，此亦见载于《春明梦余录》："东洋则吕宋，……如中国绫、缎、杂缯，……而江西瓷器、福建糖品、果品诸物，皆所嗜

---

① 张燮著，谢方点校：《东西洋考》卷7《饷税考》，131 页，北京，中华书局标点本，2000。
② 方豪：《流落于西葡的中国文献》，见《方豪六十自定稿》下册，1 761 页，台北，学生书局，1969。
③ 孙承泽：《春明梦余录》卷42《闽省海贼》，光绪九年古香斋刻本。
④ 陈荆和：《16 世纪之菲律宾华侨》，4 页，香港，香港新亚研究所，1963。

好。"① 对丝货及瓷器的要求，能见诸于多种文献，而"饴糖"对吕宋出口，则始见于熊氏书。

第六，介绍中国政府对通商吕宋的征税制度："官予之符引，榷其赢以输军兴者，岁四万。"海澄设县，海禁开后，政府规定，凡华船下番，应先请引，请引则须缴纳一定的引税。其引税初时每引银三两，征税则有三种：一曰水饷，一曰陆饷，一曰加增饷，去吕宋之船，每船追银百五十两。② 这就是明政府当时对通商吕宋的榷税。全汉升先生据《东西洋考》卷7《饷税考》载：海澄月港之每年税饷隆庆3 000两，万历初增至6 000两，最高数为万历二十二年29 000两，万历四十三年为23 400两。③ 而熊氏言月港之税收"岁四万"，当是万历末年之数，较万历二十二年（1594年）最高税收数还高一万余两。万历四十三年（1615年）后，熊明遇任职福建按察司，对该地方政府的财政税收是清楚的，所录应不会有太大误差。万历四十三年23 400两之数为"应征银"，实为官方制定的税额。这一时期中国与吕宋贸易极盛，这从马尼拉每年对中国货课征入口税之数亦可旁证。1596—1600年为24 155.5西元，1606—1610年为46 390.2西元，1616—1620年为37 843西元，④ 故熊氏万历末年记录实际收税超过原额之数是完全可能的。

第七，指明了"吕宋有大明之街"，解决了诸书"涧内"一词之疑惑。《名山藏》载：

> 其地迤闽，闽漳人多往焉，率居其地，曰涧内者。其久

---

① 孙承泽：《春明梦余录》卷42《闽省海贼》，光绪九年古香斋刻本。
② 张燮著，谢方点校：《东西洋考》卷7《饷税考》，131页，北京，中华书局标点本，2000。
③ 全汉升：《明季中国与菲律宾间的贸易》，载香港中文大学《中国文化研究所学报》，1968，1，38页。
④ 全汉升：《明季中国与菲律宾间的贸易》，载香港中文大学《中国文化研究所学报》，1968，1，41页。

贾以数万，间有削发，长子孙。①

《东西洋考》载：

> 华人既多诣吕宋，往往久往不归，名为压冬，聚居涧内
> 为生活，渐至数万，间有削发长子孙者。

又引许孚远奏议称：

> 我民往贩吕宋，中多无赖之徒，因而流落彼地不下万
> 人。番酋筑盖铺舍，聚札一街，名曰涧内，受彼节制。②

而熊氏称：

> 闽中馹，藉言充饷，市利压冬，其羁旅为家者，不啻万
> 数。所以吕宋有大明之街。

《名山藏》及《东西洋考》均为"数万"，熊氏称"万数"，
与许孚远疏合，三书均称此街为"涧内"，而熊氏称"大明之
街"。后之书因不明"涧内"一词何义，大多将其略去不提，如
《皇明象胥录》《明史·吕宋传》。方豪先生称："涧内就是唐人
街，英文作 China Town，而涧内正是西班牙 China 的译音。"③ 方
豪先生卓见委实令人佩服。如当时方神父能见到熊氏之书，岂不
为其"涧内为唐人街"之说提供了一条极有说服力的证据吗？

第八，关于万历三十一年（1603 年）西班牙人屠杀吕宋华侨
2 万余人而中国政府没有进行报复，熊氏谈到了原因。万历三十
年（1602 年）张嶷上疏称，吕宋有金穴，每年开采可得金 10 万
两、银 30 万两。为了落实此事，中国政府遣官赴吕宋勘察。当
时吕宋有华人聚居数万，而西班牙人仅八百余。因此，中国政府
官员到吕宋之事，引起了西班牙人的疑虑和恐慌，遂设计屠杀居
吕宋华人，共杀死华人 2 500 人。④ 此事诸书所载大致相同，但其

---

① 何乔远：《名山藏》第 8 册《王享记·东南夷传》3，6 163 页，北京大学图书馆
　藏善本丛书本。
② 张燮著，谢方点校：《东西洋考》卷 5《吕宋传》，89～91 页，北京，中华书局标
　点本，2000。
③ 方豪：《从中国典籍见明清间中国与西班牙的文化关系》，见《方豪六十自定稿》
　下册，1 589 页，台北，学生书局，1969。
④ 张维华：《明史欧洲四国传注释》，76～77 页，上海，上海古籍出版社，1982。

详略与杀死华人人数不同。然而,《名山藏》《东西洋考》及后来的《皇明世法录》《皇明象胥录》诸书均不言中国政府为什么不出兵讨伐吕宋夷人。《明史·吕宋传》仅言:"吕宋酋擅杀商民,抚按官议罪以闻。学聚等乃移檄吕宋,数以擅杀罪,令送死者妻子归,竟不能讨也。"[①] 熊氏书则讲出了其中原因:

> 我亦以为万里之外,杀者多奸阑,不复发兵兴击。

熊氏之议,亦见于徐学聚《报取回吕宋囚商疏》中:

> 皇帝以吕宋久相商贾,不殊吾民,不忍加诛;又海外争夺,未知祸首;又中国四民,商贾最贱,岂以贱民兴动兵革?又商贾中弃家游海,厌冬不回,父兄亲戚,共所不齿,弃之无所可惜,兵之反以劳师,终不听有司言。[②]

不忍对吕宋"加诛"是冠冕堂皇的漂亮话,认为吕宋所杀华人多为"奸阑",故"弃之无所可惜"才是真话。有明一代,对贩海外出之人在正统观念中均被视之为不良之人,所以,中国政府对海外属国吕宋这么大规模屠杀华人事件表现如此冷漠的态度其根本原因即在此。熊氏之言更直接地指明了中国政府不愿出兵吕宋之原因。

第九,介绍了万历三十一年后中国与吕宋恢复通商之事。《名山藏》仅言:"已而,中国人又商贩其处矣。"[③]《东西洋考》言"明年,贾舶乃稍稍去……至是祸良已,留者已成聚矣。"[④]《明史·吕宋传》则称:"其后华人复稍稍往,而蛮人利中国互市,亦不拒,久不复成聚。"[⑤] 熊氏书云:

> 闭海道,莫通一二年,隔绝器物。诸夷失互市,彼如黑

---

① 张廷玉:《明史》卷323《吕宋传》,北京,中华书局,1974。
② 陈子龙辑:《明经世文编》卷433《徐中丞奏疏》之《报取吕宋囚商疏》,影印平露堂刊本,北京,中华书局,1962。
③ 何乔远:《名山藏》第8册《王享记·东南夷》3,6162页,北京大学图书馆藏善本丛书本。
④ 张燮著,谢方点校:《东西洋考》卷5《吕宋传》,93页,北京,中华书局标点本,2000。
⑤ 张廷玉:《明史》卷323《吕宋传》,北京,中华书局,1974。

子著面，不能操奇赢，辄大困，而闽人不得奸阑出，财物亦遂告诎。今稍稍复通，互市如故。

据熊氏书，则万历三十一年吕宋屠杀华人事件爆发后，双方中止了一二年的互市贸易，但由于隔绝互市，吕宋西班牙人得不到中国的货物，特别是他们所必需的日常用品，"辄大困"，而中国方面由于丧失了对吕宋的贸易，"财物亦告诎"，在双方市场共同需要的情况下，中国与吕宋的贸易又开始恢复。"今稍稍复通，互市如故"。实际上不仅仅是恢复过去的通商贸易，而且双方的贸易水平还达到了一个更高的层次。万历三十九至四十三年（1611—1615年），马尼拉港对中国征收的入口税达 64 482 西元。[1] 创明代中菲贸易之最高峰，这就是恢复贸易后双方商贸更为繁荣的一个明证。

图156：《皇清职贡图》中的西班牙人像

---

[1]　全汉升：《明季中国与菲律宾间的贸易》，载香港中文大学《中国文化研究所学报》，1968，1。

四、熊氏《岛夷传》中关于早期来华荷兰人的记录

荷兰来华始至年代在 1601 年，即万历二十九年，而最早记录者，则为当年在广州、澳门亲眼见到"红毛"的《粤剑编》作者王临亨；其次是第二年上《参粤珰勾夷疏》的朱吾弼。1601 年荷兰人在广东的活动随后即载入郭棐的《（万历）广东通志》、沈德符的《万历野获编》、张燮的《东西洋考》。荷兰人第二次来华在 1604 年，即万历三十二年，关于这一年荷兰来华的详细报道，首见于徐学聚的《初报红毛番疏》。该疏上于万历三十二年十一月，① 次见于陈学容的《谕西夷记》，② 李光缙的《却西番记》，③ 沈有容的《仗剑录》，④ 及至今保存在澎湖马公市妈祖庙内之《沈有容谕退红毛番韦麻郎碑》⑤ 之中。随后亦录于《万历野获编》及《东西洋考》中。熊氏的《岛夷传》中关于荷兰的记载，大约与《万历野获编》及《东西洋考》同时。熊氏记录荷兰（红毛番）全文 845 字，详于《万历野获编》而略于《东西洋考》。熊氏所录是万历三十二年（1604 年）间荷兰人第一次进入澎湖之事，熊氏入闽则是在万历四十五年（1617 年），故知所录并非其耳闻目见。但由于这一次荷兰人入澎湖，当时人留下了几份极具价值的原始记录，即为熊氏撰写《红毛番传》提供了可供采撷的素材。考熊氏《红毛番传》全部文字应当出于李光缙之《却西番记》碑，李氏原碑文 1 882 字，熊氏传为 845 字，删去近

① 陈子龙辑：《明经世文编》卷 433《徐中丞奏疏》之《初报红毛番疏》，影印平露堂刊本，北京，中华书局，1962；《明神宗实录》卷 403，万历三十二年十一月条。
② 沈有容：《闽海赠言》卷 2 陈学伊《谕西夷记》，台湾文献丛刊，第 2 辑，第 56 册。
③ 李光缙：《景璧集》卷 9《却西番记》，影印崇祯十年本，南京，江苏广陵古籍刻印社，1996。《闽海赠言》卷 2 亦收李光缙《却西番记》。
④ 沈有容：《仗剑录》（自传稿），载厦门大学《台湾研究集刊》，1986（4）。
⑤ 包乐史著，庄国土、程绍刚译：《中荷交往史：1601—1689》，第 2 章，40 页，荷兰，路口店出版社，1989。

1 000 字，所删部分主要是沈有容劝韦麻郎退兵的对话，而保持了事件的完整。由于李光缙的《却西番记》碑是当时人记当时事，具有极高的史料价值。熊明遇则是以史家独到的眼光选择李氏碑这一最具权威的原始资料作为自己撰写《红毛番传》的蓝本，并进行一定程度的删改，而成为当时中国人为早期来华荷兰人修成的最早三个"红毛传"之一。

图 157：《皇清职贡图》中的男女荷兰人像

比较《东西洋考》及《万历野获编》中的两个"红毛传"，熊氏所具独到的史料价值如下：

（一）第一次较系统的向中国人介绍了荷兰的地理位置、风俗习惯及国名

虽然早在万历二十九年（1601 年）时，中国人即已有了关于荷兰人的记录，但当时只知其来华活动，而不知是何国，如《粤剑编》卷 3 载："辛丑九月间，有二夷舟至香山澳，通事亦不知

何国人，人呼为红毛鬼。"① 万历《广东通志》卷69亦称："红毛鬼，不知何国？万历二十九年冬，二三大舶顿至濠镜之口。"② 直至万历四十七年（1619年）成书的《万历野获编》亦称："红毛夷，自古不通中国，亦不知其国何名。"③ 即使是当时直接与红毛打交道的万历三十二年（1603年）任福建巡抚的徐学聚也没有搞清"红毛"是哪一国人。④ 而熊氏书却交代得十分清楚：

> 大西洋之番，其种有红毛者，志载不经见，或云罗斛别部，赤眉之种；或云唐贞观中所为赤发绿睛之种；或又云即倭夷岛外所谓毛人国也，俱无定考，译者以为荷兰国者。

李光缙原碑无"志载不经见"到"俱无定考"等字，此为熊氏增补。但认定"红毛"即荷兰者，首为李光缙也。时在万历三十二年。成书于万历四十五年（1617年）之《东西洋考》虽亦称"红毛番自称荷兰国"，⑤ 但较李氏碑晚十余年，张燮亦或参见李氏碑。而明朝廷了解红夷为荷兰者则在天启以后。

《天启实录》载：

> （天启三年四月）壬午，……按红毛夷者，乃西南荷兰国远夷。⑥

关于荷兰国的地理位置，特别是荷兰、葡萄牙、西班牙三国之间的关系，在当时是没有任何一种书有过介绍的。《万历野获编》甚至提出疑问"其（指红毛）在何所？"⑦《东西洋考》也只

---

① 王临亨：《粤剑编》卷3《志外夷》，93页，北京，中华书局标点本，1989。

② 郭棐：《（万历）广东通志》之《外志》，万历壬寅年序刊本。

③ 沈德符：《万历野获编》卷30《红毛夷番》，782页，北京，中华书局标点本，1959。

④ 陈子龙辑：《明经世文编》卷433《徐中丞奏疏》之《初报红毛番疏》，影印平露堂刊本，北京，中华书局，1962。

⑤ 张燮著，谢方点校：《东西洋考》卷6《红毛番》，127页，北京，中华书局标点本，2000。

⑥ 《明熹宗实录》卷33，天启三年四月壬午条。

⑦ 沈德符：《万历野获编》下册卷30《红毛夷番》，782页，北京，中华书局标点本，1959。

能提出："（红毛）与佛郎机接壤。"① 成书于万历三十五年（1607年）的《三国图绘》则更称："红毛国，在安南西北。"② 熊氏书称：

> 近是负西海而居，地方数千（李氏碑有"余"字）里，与佛郎机、干丝蜡（李氏碑有"两国主"三字）并大，而各自王（李氏碑作"君"）长，不相臣属（李氏碑作"畜"）。俗尚、嗜好、食饮相类，去中国水道最远。

李氏碑③这一段文字除个别字差异外，还有一段文字被熊氏删去：

> 译者云，在昆仑西北，春夏昼长，秋冬稀见日，或为昆仑高所掩也。

熊氏这时已接触西学，对"欧罗巴"的地理已有大致了解，故认荷兰"在昆仑西北"之说为荒诞不经，因此删去。但对当时荷兰、葡萄牙、西班牙的认识却认同李氏碑所载，此三国是"各自王长，不相臣属"，但"俗尚、嗜好、食饮相类"，还称此三国"并大"，即认识到这三个国家都是当时西方海上具有同等实力的大国，且距离中国很远。在万历末即已这样提出，说明李光缙、熊明遇这一批闽中士大夫对当时来华欧洲诸国已有了基本清楚的认识。这一点是很不简单的。因为直至明末，尽管早已有利玛窦《坤舆全图》及艾儒略《职方外纪》的出版，但是完成于清初的《明史·和兰传》仅言："荷兰又名红毛番；地近佛郎机。"④ 还停留在张燮的认识水平上。

---

① 张燮著，谢方点校：《东西洋考》卷6《红毛番》，127页，北京，中华书局标点本，2000。

② 王圻：《三才图绘》卷14《红夷国》，影印明万历丁未刊本，上海，上海古籍出版社，1985。

③ 文中"李氏碑"均指李光缙《却西番记》原碑文，参见李光缙《景璧集》卷9《却西番记》，影印崇祯十年本，南京，江苏广陵古籍刻印社，1996。《闽海赠言》卷2亦收李光缙《却西番记》。

④ 张廷玉：《明史》卷325《和兰传》，北京，中华书局，1974。

文中出现"干丝蜡"一名,也是中国文献第一次较准确地对西班牙国的翻译。干丝蜡,为西班牙文 Castilla 之译音,利玛窦《万国全图》称加西郎,本为西班牙中北部国名,但近东、中东一带均称西班牙为 Castilla。① 《东西洋考》亦称:"有佛郎机者,自称干系蜡国。"② 张燮书成于万历四十五年(1617 年),此文则录自万历三十二年,故知此处出现"干丝蜡"是目前所见中国人最早对西班牙的翻译。

(二)熊氏《岛夷传》关于荷兰物产及经济情况的记录是中国文献中最早记录者

查现存明代文献有关荷兰物产及经济方面资料,涉及者甚少。仅张燮《东西洋考》有红毛物产条载:"金、银钱、琥珀、玛瑙、天鹅绒、琐服、哆罗连、刀。"③ 《明史·和兰传》及他书亦多转录此。但熊氏书记录此远详于张燮书:

地无他产,产白金(李氏碑作"银"),国中用白金铸钱(李氏碑作"国中用度以银为钱"),轻重大小有差。钱如其王面。《史》云,安息以银为钱,如其王面。王死辄更钱效王面焉(李氏碑在此后有"今荷兰国钱面未必王,然皆银为之。佛郎机,干丝蜡两国银钱率类此矣")《汉书》云,安息钱文独为王面,幕为夫人面。又称罽宾市列,以金银为钱,文为骑马,幕为人面;乌弋地暑热莽平,其钱独文为人头,幕为骑马。安息、罽宾、乌弋,皆极西域,是岂其种落耶?抑近国也。其(李氏碑作"荷兰")国人富,少耕种,

① 张维华:《明史欧洲四国传注释》,55 页,上海,上海古籍出版社,1982;方豪:《从中国典籍见明清间中国与西班牙的文化关系》,见《方豪六十自定稿》下册,1 501 页,台北,学生书局,1969。
② 张燮著,谢方点校:《东西洋考》卷 5《吕宋传》,89 页,北京,中华书局标点本,2000。
③ 张燮著,谢方点校:《东西洋考》卷 6《红毛番》,130 页,北京,中华书局标点本,2000。

善贾。

这一段文字熊氏虽录自李氏碑，但从"《汉书》云"起，至"抑近国也"72 字为熊氏增补，进一步考证汉时西域安息、罽宾、乌弋等国银钱与荷兰银钱之异同，及这些西域古国与荷兰的关系。为什么熊氏要增补这一段考证呢？因为他看到当时流入福建荷兰银钱很多，且与《史记》《汉书》中记录的西域古钱相类。清人王大海《海岛逸志·圆饼银》载：

> 和兰铸圆饼银，中肖番人骑马持剑，名曰马剑；有中者，名曰中剑。有小而厚者，铸和兰字，名曰帽盾；有半者，名曰小盾。……又有黄金铸者，中肖番人持剑而立，名曰金钫……①

很明显，荷兰银钱"马剑"与"金钫"与汉时西域古钱相似，故熊氏增入此段考证。荷兰在当时正是刚刚崛起的西方海上强国，极为重视海外贸易，且掠夺海外殖民地之财富，故李光缙、熊明遇均称"和兰人富，少耕种，善贾"是对当时荷兰人真实的写照。

（三）关于荷兰早期来华与中国通商的情况也保留了许多珍贵记录

万历三十二年（1604 年）徐学聚之《初报红毛番疏》虽然提到红毛与中国互市之事，但没有具体资料介绍双方通商。沈德符的《万历野获编》亦多处言及红毛与华人贸易：

> 因粤夷以求通贡，且于澎湖互市，不许；次年又至闽海，时税案高寀肆毒，遂许其贸易；以抚按力过而至。
>
> 通番奸商，私与互市，与吕宋诸国无异，距今又十五六

---

① 王大海著，姚楠、吴琅璇校注：《海岛逸志》卷 5《闻见录》27《圆饼银》，146 页，香港，学津书店，1992。

年矣。彼日习海道，而华人与贸易，亦若一家。①

但熊氏《岛夷传》载此红毛与华通商甚详：

> （和兰）喜中国缯絮财物，往之装银钱大舶中，多者数百万（李氏碑多"少者千余"），浮海外之旁属国（李碑多"与华人市"），市汉缯絮财物以归。先是吕宋为中国人市场（李碑作"吕宋澳开"），然吕宋第佛郎机旁小岛（李碑作"邑"），土著贫，无可通中国市者。其出银钱，市汉（李碑作"海"）物，大抵皆佛郎机之属，而和兰国岁至焉，于是，红毛岛夷始稍稍与中国通矣。中国人利其银钱。所赢得过当（李碑作"率一直而数倍售之"）辄侦其船之至不至。酌一岁息之高下，有逗（李碑作"守"）冬以待者。近（李碑作"近岁"）吕宋杀中国贾人，不尽死者奴虏之。自是汉财物少至。

这一段除删改少数文字外，全部录自李氏碑。上述记载告诉我们，荷兰初与华人通商是通过在其属国中贸易开始的。即《东西洋考》中言：

> 商舶未有抵其地者，特暹罗、爪哇、渤泥之间与相互市。彼国即富，裒蹄华夷，货有当意者，辄厚偿之，不甚较直。故货为红夷所售，则价骤涌。②

到后来西班牙人在吕宋开港贸易后，荷兰人又入吕宋参与当时吕宋与华人的贸易。徐学聚的《初报红毛番疏》亦言：

> 我贩吕宋，直以有佛朗银钱之故，与其货于险远之吕宋，而得佛郎机之银钱，孰若贩于红番，而近致之为愈乎？不知不可数数也。吕宋诸洋与我商民习，彼此贸易，久已相

---

① 沈德符：《万历野获编》卷30《红毛夷番》，782 页，北京，中华书局标点本，1959。

② 张燮著，谢方点校：《东西洋考》卷6《红毛番》，130 页，北京，中华书局标点本，2000。

安。番在澎湖而市，势必绝吕宋诸洋之贩。①

但是，随着万历三十年（1602年）吕宋屠杀华人事件爆发后的一二年间，华人财物去吕宋者渐少，荷兰在吕宋的贸易当亦被驱逐。熊氏书当是初期荷兰来华贸易最详之中文记录。

（四）熊氏关于万历三十二年荷兰人第一次进入澎湖岛记事与他书所载大同小异

徐学聚的《初报红毛番疏》多次提到红毛在澎湖，但如何入澎湖，则未提及。《万历野获编》记录其事言：

> 至岁甲辰，徐石楼学聚抚闽，忽有此夷船近海濡住泊。时漳州海商潘秀等，素商于大泥国，习与红夷贸易，且恃税监奥主，因先世于旧浯屿通贡市为辞，两院仍拒绝，遂罢议。②

《东西洋考》关于此事记录特别详细，记录其过程极为细致，粗统计共有840余字，③而熊氏书在此仅以70余字简略概括，亦可知其梗概：

> 和兰居佛郎机国外，取道其国，经年始至吕宋。至则无所得贾，译者绐（李碑作"诒"）之曰：漳泉可贾也。先漳民潘秀贾大泥国，与和兰酋韦麻郎贾，相善，阴与谋，援东粤佛郎机故事，请开市闽海上。秀持其国之文至，不得请。是秋，舶（李碑作"艘"）果从西南来，趋澎湖岛。红毛番（李碑作"艘"）之入闽中境（李碑作"渡闽"）自此始。时万历甲辰之七月也。

记荷兰国先来吕宋贸易，但由于万历三十年（1602年）吕宋

---

① 陈子龙辑：《明经世文编》卷433《徐中丞奏疏》之《初报红毛番疏》，影印平露堂刊本，北京，中华书局，1962。

② 张燮著，谢方点校：《东西洋考》卷6《红毛番》，127～129页，北京，中华书局标点本，2000。

③ 包乐史著，庄国土、程绍刚译：《中荷交往史：1601—1989》，第3章，31页，荷兰，路口店出版社，1989。

事件爆发，中国与吕宋的通商暂时中断，故荷兰至吕宋时"无所得贾"，遂希望转贩"漳泉"，但未得中国政府的批准，而荷兰船舶却自行闯入，并占据漳州外海之澎湖岛。这是荷兰人第一次进入澎湖，时在万历三十二年（1604 年）七月间。关于这一次荷兰人入据中国领土澎湖岛，所有中国文献均将其罪推到当时同荷兰人贸易的华商身上，均称是华商潘秀、李锦、郭震等引诱荷兰人到中国来占据澎湖者。熊氏书亦持此说。实际上荷兰人要打开进入中国市场的大门，是早已在计划之中的事情，不管有没有华人的引诱。正如包乐史先生所言："在荷兰人准备远航亚洲诸港口的计划中，中国和香料群岛是最重要的目的地。"而荷兰人入据澎湖，就是想"援东粤佛郎机故事，请开市闽海上"，打开中国市场，而以澎湖岛为据点。这一点徐学聚也看得十分清楚："今岁红番一岛也，明岁他岛闻风至矣；香山澳非殷鉴欤?"①

（五）关于荷兰人的外貌特征及船舶、炮的介绍熊氏书亦有不同于他处的记载

最早记录荷兰人外貌特征的中国人为《粤剑编》作者王临亨，其称："其人（红毛）须发皆赤，目睛圆，长丈许。"② 稍后即有朱吾弼的《参粤珰勾夷疏》称："其（红毛）船与人之高大，皆异常，而人又红发红须。"③《（万历）广东通志》则称："其人衣红，眉发连须皆赤，足踵及趾，长尺三寸，形壮大倍常，似悍澳夷。"④《东西洋考》称："其人深目长鼻，毛发皆赤。"⑤ 而熊氏的《岛夷传》称：

---

① 陈子龙辑：《明经世文编》卷 433《徐中丞奏疏》之《初报红毛番疏》，影印平露堂刊本，北京，中华书局，1962。
② 王临亨：《粤剑编》卷 3《志外夷》，93 页，北京，中华书局标点本，1987。
③ 陈子龙辑：《明经世文编》卷 342《吴司马奏议》卷 1《议阻澳夷进贡疏》，影印平露堂刊本，北京，中华书局，1962。
④ 郭棐：《（万历）广东通志》卷之《外志》，万历壬寅年序刊本。
⑤ 张燮著，谢方点校：《东西洋考》卷 6《红毛番》，127 页，北京，中华书局标点本，2000。

图 158：荷兰人与黑小厮

其人长身红发，深目蓝睛，高鼻赤足，居常带剑，剑善者直百余金。跳舟上如飞，登岸则不能疾。

其外貌特征应该说是概括了上述诸说。但荷兰人"赤足"说恐怕记录不实。不论是以万历十四年（1586 年）蔡汝贤所绘葡萄牙人、西班牙人像，[①] 还是 16 世纪日本人绘制艺术屏风中的欧洲人均无赤足的记录。[②] 唯一有王圻《三才图会》之"红夷国"人却是"赤足"，[③] 但李氏碑成书早于《三才图会》。荷兰人赤足说，当为误传，或以其奴仆黑鬼赤足而误记，荷兰人善于在海上活动，而不善于路上战斗在其他文献中亦多见，如《万历野获

---

① 蔡汝贤：《东夷图说·东夷图像》之《吕宋》与《佛郎机像》，影印明万历本，6页，9页，四库存目丛书，济南，齐鲁书社，1997。

② 南蛮艺术屏风画是日本 16—17 世纪的独有的一种工艺品，画中绘有大批来日本经商的葡萄牙、西班牙及荷兰人形象。在这些画中，在这些画中，我们找不到关于荷兰人"赤足"的形象，原画藏日本大阪南蛮艺术博物馆。

③ 王圻：《三才图会》卷 14《红夷国》，影印明万历王思义校正本，上海，上海古籍出版社，1985。

编》载："诱之（红夷）登岸，则伎俩立穷。"① 《两朝从信录》卷16载："其人利水击，不利登陆。"②

关于荷兰船记录最早的也是王临亨，称："其舟甚巨，外以铜叶裹之，入水二丈"③。《东西洋考》记载荷兰船，"舟长三十丈，横广五六丈，板厚二尺余，鳞次相衔，树五桅。舶上以铁为纲，外漆打马油，光盈可监。舟设三层"。④ 熊氏的《岛夷传》记荷兰船与张燮不同：

> 舟长二十（李碑有"余"字）丈，高三丈一（李碑作"数丈"），甲底木厚二尺有咫。外鎏金锢之。四桅，桅三接以布为帆（李碑有"桅一坚树，二候风之恬猛为升降，中横一杆"）。桅上建大斗，斗（李碑作"大"）可容四五十人。系绳若阶（李碑作"梯"），上下其间，或瞭远，或逢敌掷标石（李碑作"或有急掷矢石"）。舟前用大木作照水，后有舵。水工有黑鬼者，最善没，没可行数里。

张燮书作"舟长三十丈"，《明史·和兰传》亦作"三十丈"，⑤ 而熊氏书作"二十余丈"。按当时佛郎机之"蜈蚣船"亦号称巨舰，其船"长十丈"，⑥ 大福船为明水师中有名的巨舰，亦仅为"九丈"。⑦ 当时荷兰船或比葡萄牙船大，但不至于超过许多，故当以熊氏荷兰船作"二十余丈"为宜，也是葡萄牙船的一倍。张燮书作"五桅"，而熊氏书作"四桅"；《澳门记略》称荷

① 沈德符：《万历野获编》卷30《红毛夷番》，782，北京，中华书局标点本，1959。
② 沈国元：《两朝从信录》卷16，天启二年十月兵部奏疏，四库禁毁丛书，7页，北京，北京出版社，1997。
③ 王临亨：《粤剑编》卷3《志外夷》，93页，北京，中华书局标点本，1987。
④ 张燮著，谢方点校：《东西洋考》卷6《红毛夷番》，129页，北京，中华书局标点本，2000。
⑤ 张廷玉：《明史》卷325《和兰传》，北京，中华书局，1974。
⑥ 黄训：《名臣经济录》卷43《兵部职方》下汪鋐《奏陈愚见以弥边患事》，文渊阁四库全书本。
⑦ 王冠倬：《中国古船图谱》之9《明清——步履维艰的造船与航海事业》，216页，北京，生活·读书·新知三联书店，2000。

兰戈船（战船），有"五桅、九桅，首位皆有舵"。① 似乎当时来华荷船有多种，四桅、五桅甚至九桅者均有之。

关于红夷铳（荷兰铳）熊氏所本之李光缙《却西番记》当是第一次记录：

> 左右两樯，兵铳甚设（李氏碑作"列铳"）。铳大十数围，皆铜铸。中具铁弹丸，重数（李氏碑有"十"）斤，船遇之立碎（李氏碑作"粉"）。他器械精利称是（李氏碑作"非诸夷比"）。

佛郎机铳（炮）传入时间较早，嘉靖初年，中国多能仿制生产。② 红夷铳传入时间较晚，目前所见，李氏碑所记录之红夷铳为最早。又据谈迁《国榷》卷88有一则材料称"万历末红夷船沉"，而两广总督商周祚得红夷炮十门，后运往北京。③ 这恐怕应是中国人掌握红夷炮技术的开始，当在万历末。又《明史·兵志》亦载："大西洋船至，复得巨炮，曰红夷，长二丈余，重者至三千斤，能洞裂石城，震数十里。天启中，赐以大将军号。"④

---

① 印光任、张汝霖：《澳门记略》卷下《澳蕃篇》，130页，澳门，澳门文化司署点校本，1992。
② 《明世宗实录》卷108，嘉靖八年十二月庚辰条载："都御史汪鋐奏：先在广东亲见佛郎机铳致远克敌，屡奏奇功，请如式制造。兵部复议，诏铸造三百，分发各边。"
③ 谈迁：《国榷》卷87《熹宗》，天启六年八月壬辰条，北京，中华书局排印本，1958。又意大利传教士卫匡国（Martin Martini）著、戴寅译《鞑靼战记》中亦有一位广东人"在海岸边一艘荷兰破船中发现"红夷铳的记载，参见杜文凯编《清代西人闻见录》，12页，北京，中国人民大学出版社，1985。
④ 张廷玉：《明史》卷92《兵志》4，北京，中华书局，1974。刘旭：《中国古代火炮史》下编，234页，上海，上海人民出版社，1992，认为红夷炮于万历年间传入中国当为无误，但称"明军在荷兰舰队的交战中，终于缴获了荷兰人的'巨炮'"，并引《明史》此材料为证。这是不妥的。因为从目前公布的中、荷两国文献万历年间荷兰人多次来华从未同中国军队发生过战斗。《万历野获编》中关于荷兰人与明军战事，是否有，未有其他材料为凭。很可能是沈德符居京师而听人传说的"海上故事"（沈德符"红毛夷"记事有多处不可信）。即使是荷兰人击败明军，何以有战斗中缴获"巨炮"说。而最初红夷炮传入中国当来自两条渠道：一是万历年间中国与荷兰通商贸易中，红夷铳传入；二是从因海难而沉船的荷兰船中得到的一批红夷炮。《明史·兵志》所言之从西洋船运来"巨炮"当亦指此。

这批红夷炮亦在万历中传进中国。《东西洋考》也有红夷铳的记载：

> 舟设三层，傍凿小窗，各置铜铳其中。每铳张机，临放，推由窗门以出，放毕自退，不假人力。桅之下置大铳。长二丈余，中虚如四尺车轮，云发此可洞裂石城，震数十里。敌迫我时，烈此自沉，不能为虏也。①

《万历野获编》也记录了红夷铳的传入：

> 自来中国惟重佛郎机大炮，盖正统（应作'德'）以后始有之，为御夷第一神器。自此（红毛）夷通市，遂得彼所用诸炮，因仿其式并方制造，即未能尽传其精奥，已足凭为长城矣。②

《天工开物》则介绍了两种欧洲大炮：

> 西洋炮，熟铜铸就，圆形若铜鼓。引放时，半里之内，人马受惊死。红夷炮，铸铁为之，身长丈许，用以守城。中藏铁弹并火药数斗，飞激二里，膺其锋者为齑粉。③

《明史·和兰传》则云：

> 旁设小窗置铜炮，桅下置二丈巨铁炮。④

西洋大炮传进中国的过程中，是铜炮、铁炮同时传入的，荷兰人入华之前的佛郎机铳既有铜铸者，亦有铁铸者。汪鋐的《奏陈愚见以弭边患事》载：

> 其（佛郎机）铳管用铜铸造……提铳四把，以铁为之，铜弹内用铁。⑤

① 张燮著，谢方点校：《东西洋考》卷6《红毛番》，129页，北京，中华书局标点本，2000。
② 沈德符：《万历野获编》卷6《红毛番》，782页，北京，中华书局标点本，1959。
③ 宋应星：《天工开物》卷下《佳兵》第十五，396页，北京，中国社会出版社标点本，2004。
④ 张廷玉：《明史》卷325《和兰传》，北京，中华书局，1974。
⑤ 黄训：《名臣经济录》卷43《兵部职方》下汪鋐《奏陈愚见以弭边患事》，文渊阁四库全书本。

谭纶隆庆元年《条陈蓟镇未尽事宜疏》载：

火器之利又莫踰于佛郎机。但其制必用铜，其次用铁。[1]

所以，明代传入中国的西洋炮并非如宋应星所言"西洋炮（指葡萄牙）"全为"熟铜铸就"，而"红夷炮（荷兰炮），铸铁为之"。实际情况是，不管是葡萄牙还是荷兰，其炮传入中国时，就同时传进了铜炮和铁炮。但以铸炮技术而言，后来的红夷炮明显超过了早期的佛郎机炮，故崇祯时人言："今红夷铳法盛传中国，佛郎机又为常技矣。"[2]

（六）关于译者林玉为荷兰互市中国入闽而被捕事为诸书所不载

《东西洋考》《明史·和兰传》均言当时有华人奸商李锦、潘秀、郭震引诱荷兰入中国贸易，且被福建政府系之于狱，但未言及"译者林玉"之事。熊氏《岛夷传》载：

既次澎湖，译者林玉以互市请，而漳泉奸民又从而饵（李氏碑作"诱"）之。事闻两台，以玉生事招外夷（李氏碑作"以为招外夷生事"），系（李氏碑有"玉"字）狱中。且颂言诛秀，下监司郡国议。议曰：澎湖，漳泉卧榻之边（李氏碑作"漳泉之门外"），市一开（李氏碑作"许之"），必且勾外夷逼处此土（李氏碑作"必多勾引，久定宜窟穴，庐室其中，或易以梯乱"），其害有不可言者（李氏碑作"利一而害百"），斥之便（李氏碑作"宜趋之"），不则，剿之（李氏碑有"便"字）。

记录 1604 年荷兰人入闽求中国互市者最详尽莫过《东西洋考》；《明史·和兰传》只不过据《东西洋考》删减而成，而《东西洋考》记事却无"译者林玉"。然据当时人陈学伊及沈有容的记载，参与引荷兰人入闽华人确有"林玉"。陈学伊的《谕西

[1] 乾隆皇帝敕编：《御选明臣奏议》卷 27 谭纶《条陈蓟镇未尽事宜疏》，文渊阁四库全书本。

[2] 茅瑞征：《皇明象胥录》卷 5《和兰》，崇祯己巳刊本。

夷记》载："（黄金）率其通事林玉以来，藉名求榾，实侦息也。"① 沈有容的《仗剑录》载："红夷韦麻郎、栗葛等听高寀勾引，遣通事林玉入贿寀。"② 荷兰文史料也与上述情况大致相合。据包乐史书载：

> 范·华威克（明译为韦麻郎）寻找华人领航员、翻译和书记员来帮助荷兰的这次航行。他终于找到了一个在一定条件下愿意帮忙的华人海商。他和四位朋友准备引导荷兰人航向福建对岸的澎湖列岛。这个华商叫恩浦（Lmpo）……1605年（误，当为 1604 年）年 8 月初到澎湖列岛，范·华威克在澎湖派遣一名通事到福建省，向当地官员呈报荷兰人前来通商。不久，荷兰人接到一名中国太监的来信，信中说荷兰人能预付 4～5 万银元，他就与荷兰人合作，但后一直没有音信。③

范·华威克即荷兰酋韦麻郎，恩浦当即李锦，李锦的四位朋友则当为《明史·和兰传》入狱的潘秀、郭震、詹献忠三人，再加陈学伊《谕西夷记》中的黄金，华威克的通事当指林玉，太监则为高寀。可见，中西文献记事大体相合，亦见证了李氏碑及熊氏书资料之可信。

（七）记录材官沈有容劝谕荷兰人撤离澎湖之事

熊氏书载：

> 于是，檄浯屿檄沈有容往。有容曰：彼来求市，非为寇也，剿之无名，及请出译者林玉与俱至，则麻郎望见玉来，大喜过望，有容为之陈说，汉法严，无敢奸阑者。于是率部落免冠叩首，扬帆望西海而去。

熊氏关于此事记录仅 76 字，而较李氏原碑则删去近 800 字。

---

① 沈有容：《闽海赠言》卷 2 陈学伊《谕西夷记》，台湾文献丛刊，第 2 辑，第 56 册。
② 沈有容：《仗剑录》（自传稿），载《台湾研究集刊》，1986（4）。
③ 包乐史著，庄国土、程绍刚译：《中荷交往史：1601—1989》，38 页，荷兰，路口店出版社，1989。

李氏原碑载沈有容劝谕韦麻郎撤离澎湖之对话极为生动，晓之以理，动之以情，且透露福建方面整顿军旅、屯兵澎湖之外的信息，恩威并施，逼迫荷兰人撤出澎湖。沈有容事，《东西洋考》也有详细记事。荷兰文史料亦有记录：

> 范·华威克决定再派一名代表前往大陆时，一支50艘左右的中国舰队把荷兰舰队团团包围在澎湖湾。以前荷兰人派出的那位通事也从中国船上回来，向范·华威克报告有关情况。他说，那位太监与荷兰的接触使全省哗然，连澳门的葡萄牙人也惶惶不安。葡萄牙人派遣使团携带重金，前往福建行贿，以便破坏荷、中联系。在中国水军将领沈有容几次显示实力并给予含糊许诺后，终于说服荷兰人撤走。[①]

中西史料大致相合，但包乐史称荷兰人离开澎湖在1604年10月15日，而《东西洋考》则是在"十月二十五日"，即1604年12月15日。[②]

五、结语

综上所述，从熊明遇万历末年完成的欧洲三国传来看，他实际上是当时最早向国人较系统地介绍葡萄牙、西班牙及荷兰三国的中国学者之一。介绍内容虽有很多地方比不上略早十几年成书的张燮的《东西洋考》详细，但又有许多内容为张燮书所不载，具有独到的史料价值。至于万历三十年完成的郭棐的《（万历）广东通志》虽然是第一个完整记录欧洲三国之书，但由于当时粤人对吕宋认识较浅，而荷兰人又初来，所以郭书之吕宋、荷兰两传极为简略，还谈不上对这两国有较深的认识。所以，熊明遇的《岛夷传》与张燮的《东西洋考》就成为当时中国最早介绍欧洲三国的双璧。然而，由于历史的原因，熊氏《岛夷传》因一直未

---

① 包乐史著，庄国土、程绍刚译：《中荷交往史：1601—1989》，38页，荷兰，路口店出版社，1989。
② 张燮著，谢方点校：《东西洋考》卷6《红毛番》，129页，北京，中华书局标点本，2000。

被人发现而湮没无闻，其在中西文化交流史上的地位也无法得到人们的承认。今天，我们将这份三百余年前的文献挖掘出来，并进行了一些粗浅的研究，希望引起学界对熊明遇其人及其与西学关系的注意，并希望继续发掘材料，而深化 16 至 17 世纪中国人对西方世界的认识这一课题的研究。

此图系明邓士亮《心月轩稿》卷17《粤东铳略》之书影，该书记录了明万历四十八年（1620年）英国船遇风浪沉船广东阳江海域的全过程。

第十八章　万历四十八年红夷船沉阳江始末考
——兼谈红夷大炮早期入华问题

第十八章 万历四十八年红夷船
沉阳江始末考①

——兼谈红夷大炮早期入华问题

一

明人邓士亮有《心月轩稿》，传世不多，甚为罕见。该书卷17又有《粤东铳略》一文，揭示人所不知的明末中西交通疑案一桩：

> 南京户部广东清吏司员郎邓士亮谨揭：为大铳有裨边方小臣微劳足念乞更取未解之铜铳以振雄略事。窃见海上，红夷大铳，最称威武。其造也，镕山为炉，而其发也，横海为沸。顾今知夷铳之有裨于用，而至于铳所由来，则未知也。若红铜大铳之坚美尤倍于铁铳，方今剿寇收功之日，正军中所急需。职敢崖略陈之。

> 职原任粤东推官，于万历四十八年，有红夷船追赶澳夷

---

① 原文载《澳门研究》，2003（6）。开始撰写这篇文章时，台湾清华大学黄一农教授来函告之，他亦在展开对明末欧洲沉船问题研究。余窃喜，看来余这一选题尚有共鸣者。特别令人欣喜的是，黄教授并不因为余做相同的题目而封锁资料，相反却将极为罕见的资料韩霖《守圉全书》中委黎多《报效始末疏》全文抄录寄予，后又将尚未发表大作《欧洲沉船与明末传华西洋大炮》赠我，使余能及时修正部分尚不成熟的看法。在此特别示以谢忱。

船，遭飓风，俱沉阳江县海口。夷贼骁悍肆掠，居民惊逃。总督许檄令高肇二府海防及各官查验，俱称海水渺茫，船沉无踪。总督震怒。职奉委，星驰阳江，各官力阻，职坚不听，飞骑会同参将王扬德及守备蔡一申至海上。差通事译夷（言）多方计诱之，解去戈矛，分置村落。寻觅善水者捞探，方知船沉深水中，架有大铳，堕浸沙泥。即搭鹰扬架，捐俸雇募夫匠，设计车绞，阅九十日，除中小铳外，获取大铳三十六门。总督胡将二十余门运解至京，此则取大铳之所由来也。

红夷船有西洋布、纳绒、胡椒、瓷器等货物，船底深邃，药气昏迷。职令多人垂绠而下，搜取货物若干，发广州府库，变价二千余两。时澳夷船尽经抢掠，两海防官尽法力追，不获分厘。职访有首事为奸者，大张告示，献银免罪。未及两旬，相率献银二千两，贮广州府库，共计四千余两。是后也，防守则旗锣分为密巡，登记则各书并为载笔，纤悉不漏，无敢染丝毫者。夫此数千两之银，敢自矜侈。第大铳，世所稀有，彼时若非职破雷同之见，决必往之念，露宿区画，殚悴心力，则千尺沙涛，汹涌漂没，竟属乌有而已。取铳事竣，值有贼船二十余只，每只数百人，逼近阳江青洲海。事变叵测，城门尽闭，职檄集各寨兵船，料理战具，整齐伏兵，险要处架所取铳击之，贼众惊遁去，则大铳之效于斯见矣。

又至天启五年，职巡海发泛，偶拾有海边铁弹者。职诘问踪，寻其处，一望汪洋，探捞月余，知水底藏有大铳，设架以大船装满土石，重压水面，用铁链系铳耳，仍令去其土石，而船轻上浮，以天车绞之。职自乘艇，旦暮鸠工，获取大红铜铳两门。其铳精光炫耀，人间异物，不知何年沉贮而偶尔出现，固波神之效灵于圣朝者。

当日，两台题留疏云：本官当海上夷船之被掠，奉檄查

追而匿赃者争献。数日，获金数千，则其威信之素孚也。当
海寇巨舶之内犯，单骑驰视，而窥伺者潜遁，我兵不遗一
镞，则其方略之预定也。又云：躬督艅艎，驱海寇于青州，
身披风露，起夷铳于白浪，此俱确然有据。前此，锦远捷报
叙疏中管放夷铳者，俱获加升。其后，藉此邀焦头烂额之赏
者不少，职不得不为一披陈。至于红铜铳二门，见贮肇庆府
军器局，日者小丑肆害，职积忿填胸，恨不灭此朝食，以上
舒圣主之忧。伏乞取二铳至京给发应用，庶肤功有藉，而微
臣当日一片苦心稍获自见，盖身受国恩，少图报效，寸里固
自不容已也，为此具揭。职不胜屏息待命之至，须至揭者。①

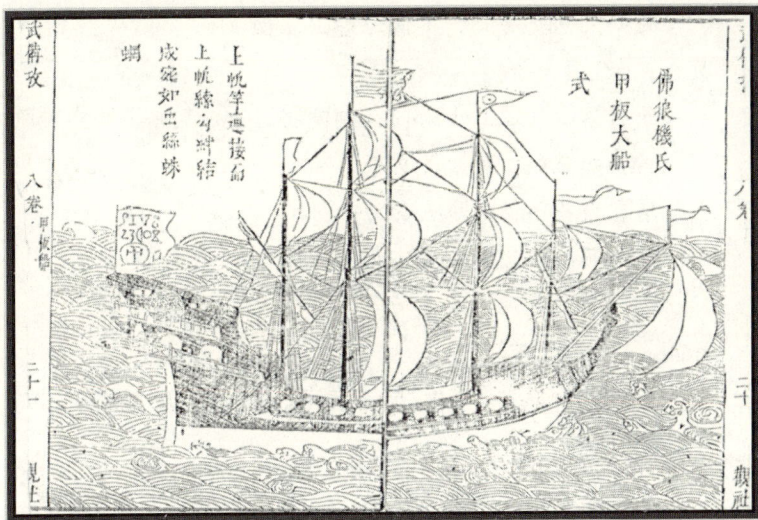

图 159：郑大郁《武备考经国雄略》卷 8 之《佛狼机氏甲板大船式》②

---

① 邓士亮：《心月轩稿》卷 17《粤东铳略》，《四库未收书辑刊》第 6 辑，四库未收
书辑刊影印明刊本，143～145 页，北京，北京出版社，1997。

② 郑大郁《武备考经国雄略》卷 8 之《佛狼机氏甲板大船式》。按：此处的"佛狼
机"为"和兰拂郎机"，在明代中国，佛朗机通常指葡萄牙人和西班牙人，但也
偶指荷兰人，《揭子兵法》（北京：军事科学出版社，2009 年）161 页，"欧罗巴
西洋海中，有红毛番，曰红毛岛夷。明万历间，同和兰拂郎机并达中国"。上图
所见的"佛狼机甲板船"应即是指荷兰船。

邓士亮记"红夷"事，除上述《粤东铳略》外，还留下了四首相关的诗。①

其一，《红夷、西洋船角斗，居民震惊，予为调置，获其货物及被掠银四千余两，贮广州库》：

纷纷血刃震城隅，边计敢辞心力纡。

国事艰难辽饷急，也将些子佐征输。

其二，《红夷船高大异常有赋》：

滨岛长帆挂晓风，楚舟粤楫谩夸雄。

凭空乍拥墉垣起，巨势惟容海浪通。

宝铳架悬金垒险，绒衣装就紫花丛。

为知天意芟夷日，不假边师卫霍功。

其三，《红夷大铳》：

予费尽心计取三十六门，制院将二十四门解京。

神物知非偶，相看气自豪。

堪容数斗药，何事五营刀。

镕冶倾山窟，腾音沸海涛。

边城欣有藉，不敢侈功劳。

其四，《红铜大铳》：

予于海中取获二门，闻者诧异，制院奇之，贮军器局。

予时欲请解京。

此事真堪诧，飞涛太渺茫。

映潮摇紫气，炫日动金光。

宝物定须现，波神未敢藏。

近闻边堠急，还拟向渔阳。

上述诗文，均为记录明末中西交通之重要史料，为诸书所阙。今全文录出，并证以其他中西文献，以求认清万历四十八年

---

① 邓士亮：《心月轩稿》卷5《诗》，四库未收书辑刊影印明刊本，70页，北京，北京出版社，1997。

（1620 年）"红夷"船沉阳江海难事件之始末。

二

要认清万历四十八年（1620 年）阳江海难始末，最重要的问题是要搞清邓士亮诗文中提及的"红夷"何指？而要搞清这一问题就必须了解万历四十八年前西方海上强国在远东地区角逐之背景。

16 世纪中叶后，葡萄牙与西班牙相继占据我国之澳门与菲律宾之马尼拉为贸易港口，荷兰奋起直追。1596 年，荷兰首航万丹，即与葡萄牙人发生冲突，万历二十九年（1601 年），荷兰转向澳门，又遭澳门葡人抵制，葡人抓获一批荷兰水手，吊死 17人，从此，荷、葡两国结为世仇。荷兰展开了对葡萄牙人的打击，1605 年荷兰人夺取安汶，还占领蒂多雷上的一个西班牙要塞。[①] 其对葡人亚洲海上之劫夺则屡见不鲜，据施白蒂《澳门编年史：16—18 世纪》载：

> 1603 年 2 月 25 日，塞巴斯蒂奥·塞隆（Sabastião Serrao）船长指挥的 1 500 吨"圣·卡达琳娜（Santa Catari-na）"号大黑船在柔佛海峡被荷兰海军上将雅各布·埃尔姆克尔克（Jacob Heemskerck）所掳。
>
> 1603 年 7 月 30 日，荷兰两艘战船和一艘双桅小船进入（澳门）内港，并夺取贡萨罗·德·索萨司令的大黑船。
>
> 1605 年 3 月 26 日，荷兰海军上将维特兰·万·瓦利克（Wijerant Van Waryck）舰队在（巡逻）巴特那港夺取正返回中国的"圣·安东尼奥（Sanco António）"号大黑船。
>
> 1607 年 9 月 9 日，荷兰人企图袭击和占领澳门，由迈特

---

① 包乐史著，庄国土、程绍刚译：《中荷交往史》，第 3 章，34～35 页，荷兰，路口店出版社，1989；桑贾伊·苏拉马尼亚姆著，何吉贤译：《葡萄牙帝国在亚洲：1500—1700 政治和经济史》6《退却中的帝国》，160 页，澳门，纪念葡萄牙发现事业澳门地区委员会，1997。

利夫（Correlis Matelieff）海军上将指挥的 8 艘荷兰船：Orange 号、Mauricio 号、Erasmo 号、Euniee 号、Delff 号、Pequenosol 号和一艘小艇，共 551 人，被 6 艘葡萄牙船只驱逐出澳门海域，荷兰人损失一艘战船和一艘小艇。[①]

由于荷兰人多次袭澳事件发生，故 1607 年 1 月 18 日，葡、西联合王国国王菲力普三世颁布敕令，下令澳门加强防御工事，决定在澳门建筑炮台，并"在果阿继续铸炮，为此下令从中国运来铜料"[②]。这命令是"为确保获得铜料，所有从中国贩运货物至此的人必须携带一定数量的铜并以此在我国的海关支付货税"[③]。由于葡、荷结仇，为了对付荷兰船队对马六甲—澳门—日本航线上葡船的袭击，葡印总督于 1610 年开始派海军军舰给葡商船护航。[④] 荷兰一直试图寻求机会到中国沿海通商，澳门葡萄牙人则极力阻挠与破坏，但"这些努力都枉费心机，一一失败"。故包乐史（L. Blussé）称："明朝政府确实指定珠江口作为接受外国商船之地，外国商人只能在严密的官方监督下从事贸易。葡萄牙人守在广东（澳门），其作用犹如看门狗，阻挡其他国家与中国直接贸易。"[⑤]

为了争夺远东贸易的巨大利润，英国人也不甘落后，1600 年正式成立了英国东印度贸易公司，并派出船只进入东南亚地区进行贸易。然而，英国人远征，首先就遭到葡萄牙人的反对。印度

---

① 施白蒂著，小雨译：《澳门编年史：16—18 世纪》，31～32 页，澳门，澳门基金会，1995；另参阅 C. R. Boxer, *Fidalgos in the Far East* (1550—1770), pp. 50～53; Manuel Teixeira, *Macau no Sec. XVII*, pp. 8～10.

② 西班牙西芒卡总档案馆，各省秘书处档，第 1551 号抄件，491 页及 494 页，转引自金国平、吴志良《镜海飘渺》，276 页，澳门，澳门成人教育学会，2001。

③ 里斯本国家档案馆编 Documentos Remetidos da India ou Livros das Moncoes, vol. 1, p. 149.

④ 龙思泰著，吴义雄、郭德水、沈正邦译：《早期澳门史》，108 页，北京，东方出版社，1997；徐萨斯著，黄鸿钊、李保平译：《历史上的澳门》，48 页，澳门，澳门基金会，2000。

⑤ C. R. Boxer, *Fidalgos in the Far East* (1550—1770), pp. 48～49；包乐史著，庄国土、程绍钢译：《中荷交往史》第 3 章，40 页，荷兰，路口店出版社，1989。

历史学家苏拉马尼亚姆（Sanjay Subrahmanyam）言：

> 英国人决定开拓在古吉拉特的贸易，即使冒挑起与葡萄牙人的冲突的风险也在所不惜。到 1615 年止，英国人在一系列海上交战中非常成功地设法避开了果阿的反挑战。[①]

也就是说尽管英国已进入远东地区，并遭到葡萄牙人的反对，但直至 1615 年，英、葡之间并没有直接的冲突。相反，英国人的远征，却遭到了荷兰人的强烈反对，且双方"在 17 世纪头十年中还打了一系列海战"。仅在 1614—1619 年间，就曾发生了多次荷兰人劫夺英国船只事件：

> 1619 年 7 月，去年有三艘荷兰船突然向航行于北大年途中的商船"桑普森（Sampson）"号和"猎犬（Hound）"号袭击时，印度的英国船长乔丹（John Jourden）在抵抗时丧生。[②]

荷兰人还经常"以英国的名义"在海中拦截其他国家船只。当时的形势是：英国在古吉拉特和波斯湾的势力比较强大，而在科罗曼德尔和东南亚的势力则弱得多，荷兰人的情况恰恰相反。直到 1619 年，英国国王詹姆斯一世和荷兰"为了解决争端，在伦敦签订了防守条约（Treaty and Defence），产生了一种暂时和平的效果"[③]。到 1620 年，两国又组成远东海上联合舰队，封锁台湾海峡，截击往来船只，破坏西班牙与中国的贸易。同时，"他们又联合向果阿和马尼拉进攻，直到 1622 年荷兰进攻澳门之前，

① 桑贾伊·苏拉马尼亚姆著，何吉贤译：《葡萄牙帝国在亚洲：1500—1700 政治和经济史》，168 页，澳门，纪念葡萄牙发现事业澳门地区委员会，1997。
② 马士著，区宗华译：《东印度公司对华贸易编年史》，第 1 卷，第 1 章《绪论》，12 页，广州，中山大学出版社，1991。
③ 桑贾伊·苏拉马尼亚姆著，何吉贤译：《葡萄牙帝国在亚洲：1500—1700 政治和经济史》，168 页，澳门，纪念葡萄牙发现事业澳门地区委员会，1997；马士著，区宗华译：《东印度公司对华贸易编年史》，12 页，广州，中山大学出版社，1991。

他们才分开"①。当时，英荷远东海上联合舰队共拥有 20 艘船舰，船队一半以巴达维亚为基地，一半以日本平户为基地，封锁台湾海峡，截击往来船只。1620 年 6 月，英、荷两国各 5 艘战舰相继开出平户，游弋于澳门和马尼拉之间，以截击葡、西两国及中国往来马尼拉的船只。② 万历四十八年（1620 年）的阳江海难就发生在英荷联合舰队对葡萄牙与西班牙的船只发动袭击的背景之下。

三

关于万历四十八年红夷沉船阳江之事，《明史》及《明实录》均无详细记载，但从零星资料中仍可找出不少蛛丝马迹来。

一是沈国元《两朝从信录》卷 9 载：

职闻泰昌元年九月，红夷沉舟粤海，阳江县捞得铜炮大小二十余位。③

万历四十八年八月改年号为泰昌。此处称"阳江县捞得铜炮大小二十余位"。

二是谈迁《国榷》卷 87 载：

（天启六年八月）壬戌，两广总督商周祚进红夷炮十。初，万历末，红夷船沉，炮已解京三十二，尚存其十也。④

这里告诉我们，万历末年，广东有红夷船沉没，中国获红夷炮四十二门。

三是《明熹宗实录》卷 16 载：

① 程绍刚译注：《荷兰人在福尔摩沙》之《库恩 1619—1623》，2 页，台北，联经出版社，2000；马士著，区宗华译：《东印度公司对华贸易编年史》，第 1 卷，第 1 章，12 页，广州，中山大学出版社，1991。

② 村上直次郎（日译）、郭辉（中译）：《巴达维亚城日记》第 1 册《序说》，6～7 页，台北，台湾文献委员会，1970。

③ 沈国元：《两朝从信录》卷 9，天启元年十一月，四库禁毁丛书本，30～171 页，北京，北京出版社，1997。

④ 谈迁：《国榷》卷 87，熹宗天启六年八月壬戌条，北京，中华书局排印本，1958。

（天启元年十一月丙寅）雷州府海康县有红毛夷大炮二十余位，肇庆府阳江县有东南夷大炮二十余位，俱堪取用，或一概制造。①

这里也提到阳江县有大炮"二十余位"，但称这二十余位炮为"东南夷大炮"。

四是《明熹宗实录》卷17载：

（天启元年十二月丙戌）仍令赴广取红夷铜铳及选募惯造惯教夷商赴京。②

这里告诉我们，到天启元年（1621年）十二月时，北京已派人来广东取这一批"红夷铜铳"。再对照邓士亮《粤东铳略》所载：

万历四十八年，有红夷船追澳夷船，遭飓风，俱沉阳江县海口。……寻觅善水者捞探，……阅九十日，除中小铳外，获取大铳三十六门。总督胡将二十余门运解至京，此则取大铳之由来。③

"万历四十八年（1620年）"与沈国元之"泰昌元年"、谈迁之"万历末"相合。但是谈迁记录获取的"红夷铳"为四十二门，而邓士亮《粤东铳略》所录打捞红夷铳为三十六门，由胡应台总督运进京者为"二十余门"。邓士亮《红夷大铳》小序称："予费尽心计取三十六门，制院将二十四门解京。"④ 尽管各种文献记录不完全相同，但一个基本史实是清楚的，即万历四十八年（1620年），有一艘红夷船和一艘澳夷船沉没于阳江海口，后从中打捞三十六门大炮，其中"二十四门"由两广总督军应台解送北

① 《明熹宗实录》卷16，天启元年十一月丙寅条。
② 《明熹宗实录》卷17，天启元年十二月丙戌条。
③ 邓士亮：《心月轩稿》卷17《粤东铳略》，四库未收书辑刊影印明刊本，143～145页，北京，北京出版社，1997。
④ 邓士亮：《心月轩稿》卷5《红夷大铳》，四库未收书辑刊影印明刊本，70页，北京，北京出版社，1997。

京。但是，在这里有一个问题却并不清楚，即这次沉船的"红夷"何指？因为在明代的中文文献中，通常将英国与荷兰统称为"红毛夷"或"红夷"。[①]

先看看有关的葡文资料。施白蒂《澳门编年史：16—18世纪》称：

> （1620年7月28日）若尔热·达·席尔瓦（Jorge da Silva）指挥的"圣·巴尔托罗梅乌（Sao Bartolomeu）"号双桅船前往日本途中，遭荷兰人袭击。船上的商人保证，只要他们生还，一定建造一座贝尼亚·德·弗兰萨圣母（Senhora da Penha de Franca）小教堂。他们履行了自己的诺言，将捐款交给了奥古斯丁修道院院长西蒙·德·圣·安东尼奥（Simão de Santo António）和受权人阿雷利奥·科雷托（Aurelio Coreto）。[②]

很明显，1620年荷兰人袭击葡萄牙船只虽确有其事，但葡船似乎并没有被荷船击毁，葡船安全地返回了澳门。文德泉《17世纪的澳门》载：

> 1620年，正值澳门总督卡尔瓦罗（Jerónimo Macedode Carvalho）第二次来到日本；他的船"圣·巴尔托罗梅乌（Sao Bartolomeu）"号奇迹般地躲过7月28日荷兰在台湾海峡发动的进攻。[③]

文德泉所录葡文档案与施白蒂所记一致，1620年荷兰人袭击葡船"圣·巴尔托罗梅乌"号双桅船并未成功。但文德泉所录葡文档案载：

> 1620年，一艘驶往日本的英国船"独角兽（Unicorn）"

---

① 张维华：《明史欧洲四国传注释》，119页，上海，上海古籍出版社，1982，称："盖英人初至中国，华官以其人似和兰，故亦以红番称之。"
② 施白蒂著，小雨译：《澳门编年史：16—18世纪》，34页，澳门，澳门基金会，1995。
③ *Manuel Teixeira*, *Macau no Sec. XVII*, p. 29.

号在广东沿海失事沉没。船上的木匠弗罗比西（Richard Fro-bisher），其妻若安娜（Joana）和两个孩子、一个名叫朱迪思（Judith）的女佣幸免于难。[1]

文德泉所录葡文档案同年（1620 年）还记录：

> （葡船）船员们发现被英国船追击，船长、驾驶员和船员决定利用小船靠岸逃生。船在失事中被破坏，货物全无。船员和乘客只能步行数里（葡国里约为 5 公里）来到澳门。他们个个衣衫褴褛，精疲力竭，削瘦而饥饿不堪。[2]

对照葡文档案，我们发现《粤东铳略》所载史实与葡文档案记录 1620 年英国船"独角兽（Unicorn）"号追击葡船，两船均在广东沿海沉没之事完全吻合。《粤东铳略》称沉船后逃上岸的夷人"骁悍肆掠，居民惊逃。……职……差通事译夷（言）多方计诱之，解去戈矛，分置村落。……时澳夷船尽经抢掠，两海防官员尽法力追，不获分厘"[3]。邓士亮又在《心月轩稿》中另载："澳夷船，贸易之船也，故船小而载多。……若澳夷船，则被劫无存。"[4] 葡文档案称英国船与葡船遇难后均有人逃生上岸，到后来，这些逃生上岸的人又到了澳门，并称葡船"在失事中被破坏，货物全无"[5]。中葡文献档案记录此事基本相合。据此，我们可以判断，万历四十八年沉船阳江的"红夷船"为英国船"独角兽（Unicorn）"号。

另外，荷兰文档案《东印度公司事务报告》1622 年 1 月 21 日库恩报告中也载此事：

> 在中国沿海搁浅的英国海船"独角兽（Unicorn）"号上

---

① *Manuel Teixeira, Macau no Sec. XVII*, p. 29.

② *Manuel Teixeira, Macau no Sec. XVII*, p. 29.

③ 邓士亮：《心月轩稿》卷 17《粤东铳略》，四库未收书辑刊影印明刊本，143～145 页，北京，北京出版社，1997。

④ 邓士亮：《心月轩稿》卷 13，四库未收书辑刊影印明刊本，4 页，北京，北京出版社，1997。

⑤ *Manuel Teixeira, Macau no Sec. XVII*, p. 29.

的大炮均被中国人卸下运至广州。①

库恩报告没有谈到"独角兽（Unicorn）"号船上大炮的门数。巴笃里（Daniello Bartoli，1608—1685）《中华耶稣会史》载英国沉船却较详：

> 钦使（指 1620 年 10 月赴澳购炮使臣）因不久以前，某英船为飓风漂流至中国东岸，舟至破坏，舟上所有巨炮三十尊，遂为中国所获，故要求聘前优良炮手十人。②

不久以前，当指 1620 年 7 月间，③ 三十尊炮与《粤东铳略》所记之"三十六门"亦基本相合，一是大概数，一是准确数，巴笃里书成于 1663 年，亦是当时人记当时事。可证，万历四十八年（1620 年）沉没阳江之红夷船应为英国船。

还有《粤东铳略》称："获取大铳三十六门，总督胡（应台）将二十余门运解至京。"④ 邓士亮《红夷大铳》诗之小序亦称："予费尽心计取三十六门，制院将二十门解京。"⑤ 前引《明

① 程绍刚译注：《荷兰人在福尔摩沙》之《库恩 1619—1623》，5 页，台北，联经出版社，2000。

② 巴笃里（Daniello Bartoli）：《中华耶稣会士史》，920 页，见自方豪《明末西洋火器流入我国之史料》，载《东方杂志》，1943，40（1）。

③ 施白蒂著，小雨译：《澳门编年史：16—18 世纪》，34 页；Manuel Teixeira, Macau e a Sua Diocese, Vol. 9, p. 272；Manuel Teixeira, Toponímia de Macau, Vol. 1, Macau：Impr. National, 1979, p. 87；C. R. Boxer, *Fidalgos in the Far East* (1550—1770), pp. 69～70；黄一农据英国东印度公司档案资料称"独角兽"号于 1620 年 6 月 2 日或 6 月 22 日沉没于 Tympaon（电白）或 Macojo（"澳门"另译）（黄一农：《欧洲沉船与明末传华的西洋大炮》，载《中央研究院历史语言研究所集刊》第 3 分册，2004）。此时间与葡文资料及中文资料的时间均不相合。中文资料《（乾隆）阳江志》称"（万历四十八年）六月，飓风大作，时澳人为红毛番所劫，有顺风漂泊北寮（在阳江县西南海滨处）者，转自《（民国）阳江志》卷 37，5 页"。六月为西历 1620 年 6 月 30 日—7 月 28 日。这一时间正与葡文资料 7 月 28 日相合。又沈国元《两朝从信录》卷 9 天启元年十一月条，蔡思充上疏称："红夷船沉在九月。"九月应是邓士亮完成打捞铜炮的时间。

④ 邓士亮：《心月轩稿》卷 17《粤东铳略》，四库未收书辑刊影印明刊本，143～145 页，北京，北京出版社，1997。

⑤ 邓士亮：《心月轩稿》卷 5《红夷大铳》，四库未收书辑刊影印明刊本，70 页，北京，北京出版社，1997。

熹宗实录》亦称："肇庆府阳江县有东南夷大炮二十余位。"[①] 而中国历史博物馆收藏的西洋大炮炮身拓片上则有刻款称："天启二年两广总督军门胡，题解红夷铁铳二十二门。"[②] 炮身所刻徽记呈盾形，下面为 3 艘 4 桅帆船，上部为两顶皇冠和两只雄狮，为英国东印度公司徽记。[③] 可知，由胡应台题解进京的二十二门红夷铁铳为英国铳，亦可知万历四十八年沉没阳江的"红夷船"确为英国船。

图 160：明天启二年两广总督胡应台押解进京的阳江英国沉船红夷大炮

据文德泉提供的葡文档案记载，这艘沉于阳江的英国船为"独角兽（Unicorn）"号，查 1620 年 5 月组成的英荷联合舰队十

---

① 《明熹宗实录》卷 16，天启元年十一月丙寅条。
② 周铮：《天启二年红夷炮》，载《中国历史博物馆馆刊》，1983（总 5）。现保存在中国国家博物馆和中国军事博物馆的 4 门"独角兽"号船上的火炮均为铁炮，长度约为 300～308 厘米，口径为 12.0～12.5 厘米，故应使用 121lb 的铁弹，而炮种属"半蛇铳"。黄一农：《欧洲沉船与明末传华的西洋大炮》，载《中央研究院历史语言研究所集刊》第 3 分册，2004。
③ 周铮：《天启二年红夷炮》，载《中国历史博物馆馆刊》，总第 5 期，1983。

艘战船中并无"独角兽（Unicorn）"号。[1] 因此，可以判断，英船"独角兽（Unicorn）"号是英荷联合舰队之外的一艘配置有很强火力的武装商船。也可从《粤东铳略》的记录中获证：

> 红夷船有西洋布、纳绒、胡椒、瓷器等货物……职令人垂缒而下，搜取货物若干，发广州府库，变价两千余两。时澳夷船尽经抢掠。[2]

西洋布为暹罗、苏门答腊、锡兰等国之特产；"纳绒，当时为波斯语 Saqalàt（撒哈拉）一词的半音译之俗称，意为毛料，呢绒"[3]，锡兰、暹罗均有生产；胡椒则是东南亚诸国普遍生产的商品；瓷器则为中国之产品。英国船上货物仅值银"两千余两"，可见货物甚少。邓士亮作了这样的解释："红夷船，劫夺之船，故器械备而货物少。……然红夷货物虽少，尚发广州变价二千余两，据实价则当倍之。"[4] 邓氏解释不完全准确，"独角兽（Unicorn）"号这次装载货物不多并非为"劫掠之船"之故，而当有另因。可以看出，这艘"独角兽（Unicorn）"号英国船确实是一艘装载有东南亚诸国与中国货品前往日本贸易的商船。《澳门记略》称红毛蕃（含荷兰、英国）：

> 其船有商船，有戈舶，底皆二重。商舶楼橹数十重，环以飞庐，内含大铳百。……戈船有五桅，九桅；首尾皆有舵，……时时为盗外洋，又与佛郎西、吕宋仇杀。吕宋避其

---

① Paul A. Van Dyke, "The Anglo-Dutch Fleet of Defense（1620—1622）: Prelude to the Dutch Occupation of Taiwan." Conference on Maritime History of East Asia and the History of the Island of Taiwan in the Early Modern Period, *Academia Sinica*, 2002. 当时英荷各出 5 艘舰只组成，英方舰: Moon, Palsgrave, Elizabeth, Bull, Hope；荷方舰: Trow, Bantam, Harlem, Hope, St Michael. 承蒙范岱克（Paul A. Van Dyke）博士寄赠大作，特此致谢。

② 邓士亮:《心月轩稿》卷17《粤东铳略》，四库未收书辑刊影印明刊本，143~145页，北京，北京出版社，1997。

③ 金国平、吴志良:《从〈岭南游记〉中两个外来语的考证看中葡早期沟通》，见《东西望洋》，362~363 页，澳门，澳门成人教育学会，2003。

④ 邓士亮:《心月轩稿》卷13，四库未收书辑刊影印明刊本，4页，北京，北京出版社，1997。

锋，不入市者三年。①

邓士亮还作诗专称"红夷船高大异常"②，与《澳门记略》载红毛番"商舶楼橹数十重"相合，可证，万历四十八年（1618年）沉没于阳江的红夷船应为一艘英国商船。

四

搞清万历四十八年阳江沉船事件后，同时引发的问题就是天启年间传入中国的三种大炮的相互关系。欧洲火器传入中国，先是佛郎机铳，后是红夷（衣）大炮，继则吕宋大铜铳，最后是西洋大炮。③ 佛郎机铳，传入较早，主要是指从葡萄牙输入中国的大炮，关于这一问题已有较多的研究成果，其与以后三种炮的关系是清楚的，故无混淆之处。而后三者之间是什么关系，学术界，特别是科学史界学者认识是极为模糊的，我们有必要从文献的角度进行一次正本清源。

吕宋大铜铳之吕宋，即指明时占据菲律宾的西班牙人，而吕宋大铜铳则应是指从西班牙传入中国的大炮。程开佑《筹辽硕画》卷38载户科给事中应震万历四十七年（1619年）疏：

> 在岁癸卯（1603年），西洋人仅四百计耳，以用火炮，致我闽漳泉贩夫贾子被歼于吕宋者四万。今西洋人潜住粤澳，实繁有徒，闽人尚多传得其法。戎政尚书黄克缵业捐多金，购闽人之善造者十数人辈至京，同泰宁侯造炮于京营，已造成大炮一位，铜重三千斤。④

① 印光任、张汝霖：《澳门记略》卷下《澳蕃篇》，130 页，澳门，澳门文化司署点校本，1992。
② 邓士亮：《心月轩稿》卷 5《红夷船高大异常有赋》，四库未收书辑刊影印明刊本，70 页，北京，北京出版社，1997。
③ 张维华：《明史欧洲四国传注释》，122 页，上海，上海古籍出版社，1982；"明末西洋之铳有佛郎机、红夷、吕宋三种，……然流行于中国者，则以佛郎机铳及红夷炮为最多，而吕宋炮之名，则仅见之耳"。张维华先生不提"西洋炮"，可见他将"西洋"视为当时欧洲之总称。
④ 程开佑：《筹辽硕画》卷 38《万历四十七年应震疏》，清史资料丛书影印万历刊本，21～31 页。

同书卷39载彭鲲化万历四十七年《通州兵哗幸定疏》称：

戎臣欲制吕宋炮，一可当万，闽中行之既效。[1]

《明熹宗实录》卷9载：

（天启元年四月壬辰）臣任协理戎政时，曾慕能铸吕宋大铜铳匠人来京，铸完大炮二十八位。[2]

兵部尚书崔景荣天启元年五月初一日上疏称：

先是刑部尚书黄克缵疏请吕宋大铜铳，发去辽阳，试有成效。[3]

徐光启万历四十七年九月十五日上疏称：

广东慕送能造西洋大小神铳巧匠、盔甲巧匠各数十名，买解西洋大小诸色铳炮各十数具，铁盔甲十数副。[4]

此处"西洋神铳"当即吕宋铳。可知，万历四十七年（1619年）前福建、广东均能制造吕宋铳即西洋铳。宋应星《天工开物》卷中《冶铸》第八言及当时的外国炮：

凡铸炮，西洋、红夷、佛郎机等用熟铜造。[5]

同书卷中《燔石》第十一又载：

至奇炮出于西洋与红夷。[6]

同书卷下《佳兵》第十五又载：

西洋炮熟铜铸就，……红夷炮铸铁为之。[7]

除佛郎机外，当时的外国炮，宋应星认为就是两种：一是西

① 程开佑：《筹辽硕画》卷39《万历四十七年彭鲲化》，清史资料丛书影印万历刊本，18~22页。

② 《明熹宗实录》卷9，天启元年四月壬辰条。

③ 崔景荣：《题为制胜务须西铳敬述购募始末疏》，见徐光启《徐光启集》卷4附录2，181~183页，上海，上海古籍出版社，1984。

④ 徐光启：《徐光启集》卷3《练兵疏稿》1《恭承新命谨陈急切事宜疏》，125页，上海，上海古籍出版社，1984。

⑤ 宋应星：《天工开物》卷中《冶铸》第八，246页，北京，中国社会出版社标点本，2004。

⑥ 宋应星：《天工开物》卷中《燔石》第十一，312页，北京，中国社会出版社标点本，2004。

⑦ 宋应星：《天工开物》卷下《佳兵》第十五，396页，北京，中国社会出版社标点本，2004。

洋铳，一是红夷铳，而无吕宋铳。为什么？因为"吕宋铳"就是"西洋铳"。澳门葡人先从吕宋（西班牙人）引进来，[①] 然后又进献给明朝，输入内地，故遂以"西洋大铳"名闻于天下。"香山澳夷所传西洋大铳为猛烈神器"[②]，"西洋大炮我首称长技前无横敌者"[③]，"我之用西洋大铳，授自异人，斯器一精，诸器可废矣"[④]。为什么以"西洋"二字为大炮名。葡人初来华时，明朝均以"佛郎机"称之，对西班牙人亦称"佛郎机"。后来此称呼逐渐改变，特别是大批欧洲传教士通过澳门进入中国后，均自称"大西洋人"。《明史·佛郎机传》："其时大西洋人来中国，亦居此澳。"[⑤] 故将葡萄牙称为"大西洋"，而将果阿称为"小西洋"。这一点，公沙·的西劳（Gonzalves Teixeira）《西洋大铳来历略说》一文说得最清楚：

> 西洋统领公沙等系西极欧罗巴沿海国土人，在小西洋（果阿）之西，故称曰大西洋，其总名也。[⑥]

公沙·的西劳为葡萄牙人，故知当时称葡萄牙为大西洋国，而当时葡、西已合并为一国，故"大西洋国"实指葡、西联合王国（有时则简称"大西国"[⑦]），这就是为什么"吕宋大铳"就是"西洋大铳"之原因。这里必须指出的一点是，明代的"大西洋""西洋"等词并不是今天所言"大西洋"及"西洋"的意义，而

---

① 澳门引进西班牙铸炮技术来生产西洋炮，亦有 1620—1621 年间从马尼拉购买回来的 7 门及 12 门吕宋（西洋）大炮，参见雷戈著，范维信译《澳门的建立与强大记事》，载《文化杂志》，1997（31）。库恩 1622 年 1 月 21 日及 1622 年 3 月 26 日报告，参见程绍刚译注《荷兰人在福尔摩沙》，4 页、7 页，台北，联经出版社，2000。
② 《明熹宗实录》卷 33，天启三年四月辛未条。
③ 徐光启：《徐光启集》卷 6《钦奉明旨敷陈愚见疏》，310 页，上海，上海古籍出版社，1984。
④ 韩霖：《守圉全书》卷 3 王懋官《制器篇序》，1 页，明崇祯九年刊本，台北，中央研究院傅斯年图书馆善本室藏。
⑤ 张廷玉：《明史》卷 325《佛郎机传》，北京，中华书局，1974。
⑥ 韩霖：《守圉全书》卷 3 公沙·的西劳《西洋大铳来历略说》，明崇祯九年刊本，95～96 页，台北，中央研究院傅斯年图书馆善本室藏。
⑦ 李日华：《紫桃轩杂缀》卷 1《大西国》，济南，齐鲁书社，1997。

有其特指，即专指葡萄牙，或 1582—1640 年间的葡、西联合王国，绝不可解释为广泛意义的外国和欧洲。

图 161：澳门波加劳炮厂生产西洋大炮

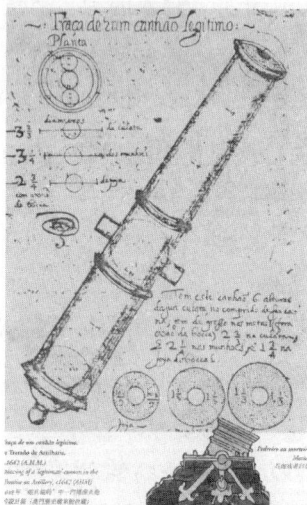

图 162：澳门铸炮厂西洋大炮设计图①

　　澳门自己生产大炮始于何时并不十分清楚，尽管目前已公布了 1623 年 12 月 13 日澳门兵头马士加路也（Franciso Mascarenhas）与华人签订的铸炮合同，② 但天启元年（1621 年）五月崔景荣的奏章即已提出"广有工匠曾在嶴中打造者（指造炮）"③，即知天启元年（1621 年）五月之前，澳门就在生产大炮。龙思泰的著作中也称：在大三巴炮台"可以看到波加劳于 1621 年铸造的大炮"④。更早的资料则有《日本一鉴·穷河话海》

---

① 里贝罗·罗德里格斯著，蔚玲译：《澳门的军事组织和军服四百年》，30 页，澳门，澳门文化司署，1999。
② 金国平、吴志良：《镜海飘渺》，277 页，澳门，澳门成人教育学会，2001。
③ 崔景荣：《题为制胜务须西铳敬述购募始末疏》，见徐光启《徐光启集》卷 4 附录 2，181～183 页，上海，上海古籍出版社，1984。
④ 龙思泰著，吴义雄、郭德水、沈正邦译：《早期澳门史》，37 页，北京，东方出版社，1997。

中称:"龙崖门(澳门别称)……又闻市铜铸造大铳"①,时在嘉靖末。霍与暇《处濠镜澳议》则称:"军门以尔(澳门葡人)土著于此,招集无赖,买马造铳"②,时在隆庆末。可见,澳门本土自开埠始即已有铸炮厂生产大炮,但应是属于私人性质而不是1623年正式建立的"王家铸炮厂"。1623年"澳门王家铸炮厂"正式建成后继续生产大炮。天启四年(1624年)吏科给事陈熙昌上奏称澳门葡人"打造铜铳、铜弹、刀坯,千船万艘,皆径河塘、马滘、坑尾村之人"③。这应是中文文献关于澳门王家铸炮厂的造炮记录。当时的炮厂铸造师是"留发汉人铸铁匠人有苍、德泉"④,而工厂负责人则是一位"来自马尼拉的西班牙人"⑤。据前引资料,当时华人掌握的铸炮技术还是吕宋(西班牙)的铸炮技术,负责人亦是西班牙人。故知1623年后澳门自己生产的大炮仍然是吕宋大炮,故又可称"西洋大铳"。西洋大铳传入中国,吕宋大炮之名遂没。故明末文献中几乎见不到吕宋大炮之名。

但是由于有一部分明朝士大夫对当时外国炮的认识有限,故在很多文献中常常把"西洋大铳"与"红夷大铳"混淆。前引公沙·的西劳《西洋大铳来历略说》载:

> 只因红夷海寇等类出没海洋,劫掠货物,公沙等携带大铳,御敌保命。今滋贡献大铳,皇上赐名"神威",奈何间有不究来历原由,指大铳曰:"红夷铳",指吾辈曰:"红夷人"。是不免认子为贼。况红夷为虣害,存心巨测,昭昭然不待言说。本蠠统管委黎多等,每每尽力驱逐,求永杜中国隐忧。今乃以"红夷铳""红夷人"混称我辈,岂不大伤我

---

① 郑舜功:《日本一鉴·穷河话海》卷6《海市》,民国二十八年影印本。
② 霍与暇:《勉斋集》卷19《处濠镜澳议》,清光绪丙戌重刊本。
③ 高汝栻:《皇明续纪三朝法传全录》卷13,《陈熙昌奏疏》,续修四库全书本,上海,上海古籍出版社,2002。
④ 金国平、吴志良:《镜海飘渺》,277页,澳门,澳门成人教育学会,2001。
⑤ 金国平、吴志良:《镜海飘渺》,277页,澳门,澳门成人教育学会,2001。

皇上"神威"之敕赐、"忠顺"之褒词乎?①

当时人韩霖也称:

> 西铳歼夷宁远,固守京都,御寇涿州,功已彰明较著
> 矣。原其始,则徐文定、李同卿、杨京兆三公耶?许而致
> 之,今谁知其功哉。且混其名曰"红夷炮"。红夷,海寇也。
> 讵肯为我用者。余故详其源流,俾后世有考焉。②

当时除了一批通西学又与西方传教士经常打交道或参与澳门
购炮事件的相关人员,如徐光启、李之藻、孙元化、韩霖、韩
云、崔景荣、董儒汉、陆若汉、公沙·的西劳等外,确实有一部
分人分不清哪一种炮是"红夷炮",哪一种炮是"西洋炮"。如尤
侗《外国竹枝词》:"和(荷)兰一望红如火,互市香山鸟鬼群。
十尺铜盘照海镜,新封炮号大将军。"③ 明朝封炮为"大将军"
者,仅天启六年封"西洋所进四位中第二位"西洋大炮为"安边
靖虏镇国大将军"④,是西洋炮不是红夷炮。再如礼科给事中卢兆
龙在其崇祯三年五月的疏中即言:

> 红夷大炮,闽粤之人有能造者,昨督臣王尊德所解
> 是也。⑤

据《崇祯长编》卷31载:

> (崇祯三年二月庚申)两广总督王尊德疏奏。粤东原无
> 大铳,昨海寇猖獗,地方需此至急。臣不得已,借用澳中大
> 小二十具,中有铁铸大铳四具,询之则粤近亦能办此。臣因
> 购其工巧者,开炉备物,俾之冶铸,今已铸二百具。一并解

---

① 韩霖:《守圉全书》卷3公沙·的西劳《西洋大铳来历略说》,明崇祯九年刊本,
　95~96页,台北,中央研究院傅斯年图书馆善本室藏。
② 韩霖:《守圉全书》卷3韩云《战守惟西洋火器第一议》,110~111页。韩云为韩
　霖之兄,俱为天主教徒,徐光启门生。
③ 尤侗:《西堂全集》第11册《外国竹枝词》之《荷兰》,文渊阁四库全书本。
④ 瞿式耜:《瞿忠宣公集》卷2《讲求火器疏》,清光绪十三年刊本。
⑤ 汪楫辑:《崇祯长篇》卷34,崇祯三年五月条,京都,日本京都中文出版社影印
　本,1984。

京，以为备预之用。①

徐光启《闻风愤激直献刍荛疏》载：

> 且闻广东王军门借用澳中大小铳二十门，照样铸造铁铳五十门，斑鸠铳三百门，前来攻敌。②

可见，两广总督王尊德崇祯三年解京的是仿制澳门葡人生产的大铳，则应是西洋大铳，而非红夷铳。不仅卢兆龙如此错认，连当时著名学者陈仁锡在《皇明世法录·和兰传》中亦称：

> 今红夷铳法盛传中国，佛郎机又为常技矣。③

陈说对后世人影响很大，很多文献将此说照抄。其实这也是陈仁锡分不清红夷铳与西洋铳为两种不同的铳之缘故。启、祯年间虽有不少红夷炮传入中国，但国人仿制及学习者仍为西洋铳法，均由澳门（西洋）传入。徐光启《谨申一得以保万全疏》载：

> 若能多造大铳，如法建台，……一台之强可当雄兵数万，……盖其法即西洋诸国所谓铳城也。④

又徐光启《钦奉圣旨复奏疏》载：

> 窃照大铳之法，来自海外西洋诸国，东事以来，澳夷屡次献铳效劳，流传入于天朝。近年海寇猖獗，两广督臣王尊德、福建抚臣熊文灿，依仿其法，大兴鼓铸；恭进听用。然其原法止用合口弹一丸，药又与弹丸对准，即今澳夷见译，审其法亦皆如此。但书皆夷文，不敢用以为据；所批督臣王

---

① 汪楫辑：《崇祯长篇》卷31，崇祯三年二月条，京都，日本京都中文出版社影印本，1984。
② 徐光启：《徐光启集》卷6《闻风愤激直献刍荛疏》，299页，上海，上海古籍出版社，1984。
③ 陈仁锡：《皇明世法录》卷82《南蛮·和兰》，影印明崇祯本，四库禁毁丛书，北京，北京出版社，1998。
④ 徐光启：《徐光启集》卷4《练兵疏稿》2《谨申一得以保万全疏》，175~176页，上海，上海古籍出版社，1984。

尊德刻有《大铳事宜》一册，会经达部，并以贻识。①

何乔远认为：

> 铳之制造，西洋国最良，发铳之法，西洋国之人最良。②

非常清楚，明末启、祯年间中国盛传者为西洋铳法（即澳夷铳法），而不是红夷铳法。陈仁锡之误，贻误后人。这种错误认识直接影响了明史的修纂。《明史·兵志》称：

> 大西洋船至，复得巨炮，曰红夷。③

大西洋船是指葡萄牙船，为何得炮为红夷炮？天启中赐以"大将军"号者明明是"西洋所进四位中第二位"的西洋大炮，为何称"红夷炮"。这种混淆"红夷铳"与"西洋炮"的认识，直至今天仍然是一种很普遍的现象。如国内火炮史专家刘旭《中国古代火炮史》即明确称：

> 红彝炮、红夷炮、红裔炮，即是红衣炮。有的史书上又称之为"西洋大炮"，实际上都是同一种炮。④

另一位炮史专家王兆春《中国火器史》虽然没有这么明说，但他也是认为"红夷炮"即西洋大炮。他在其书第 229 页称：

> 据徐光启称，受封之炮是他们首批购买的十门红夷炮之一。⑤

据《徐氏庖言》原文为：

> 所致西洋大炮四位，业已解到，此歼夷灭虏第一神器。⑥

徐氏明确说"西洋大炮"，而王兆春则称："红夷炮"，足证其认识亦为红夷炮即西洋大炮。这种错误认识应该说在今天的学

① 徐光启：《徐光启集》卷 6《钦奉圣旨复奏疏》，302 页，上海，上海古籍出版社，1984。
② 何乔远：《镜山全集》卷 66《钦恤忠顺西洋报效若翰哥·亚墓碑》，日本内阁文库藏，21～22 页。
③ 张廷玉：《明史》卷 92《兵志》4，北京，中华书局，1974。
④ 刘旭：《中国古代火炮史》下编，233 页，上海，上海人民出版社，1992。
⑤ 王兆春：《中国火器史》，229 页，北京，军事科学出版社，1991。
⑥ 徐光启：《徐光启集》卷 10《书牍》之《与吴生白方伯》，473 页，上海，上海古籍出版社，1984。

者中是普遍的，而这种错误认识既来源于明清以来部分文献本身对西洋大炮与红夷大炮的混淆，又来源于当时欧洲炮传入中国的背景极为复杂，同一时间段内输入欧洲炮的葡萄牙，既有西洋大炮的输入，亦有红夷大炮的输入；而这一时间段内既有华人仿制的西洋大炮运至京师，亦有从欧洲沉船上打捞的"红夷炮"运进北京，而中文文字记述的简略，遂使上述史实表现得极不清晰，以致形成当时人及今人的错误认识。

五

将西洋大炮与红夷大炮的种种关系辩证清楚后，余欲再谈一谈红夷大炮早期入华问题。红夷大炮早期入华，一是入华时间，[①]二是以何种途径传入中国，[②] 三是传入中国的红夷炮究竟是哪一国的炮。[③] 下面综合上述三个问题，拟展开如下讨论：

1. 通过荷兰与明朝的通市贸易，属籍于荷兰的红夷大炮传入中国。沈德符《万历野获编》保存了珍贵的记载：

> 至岁甲辰（万历三十二年，1604 年），徐石楼抚闽，忽有此夷（红毛夷）船近海壖住泊。……当此夷初至内地，海

---

① 关于红夷大炮输入中国的时间，刘旭《中国古代火炮史》下编，234 页："红衣炮在万历年间传入我国。"张显清《徐光启引进和仿制西洋火器述论》，载《文化杂志》，1993（13/14），53 页："万历后期，随着荷兰殖民主义者的东侵，又传入红夷大炮。"郭永芳《明清间西方火炮火枪传入中国历史考》，载黄盛璋主编《亚洲文明》第 1 集，174～175 页，合肥，安徽教育出版社，1992："红夷炮传入中国的时间，最早不超过万历二十九年，至迟不晚于万历末年（1619 年）。"黄一农《火器》，载《法国汉学》（科技史专号），第 6 辑，371 页，北京，中华书局，2002："欧洲火炮（指红夷大炮）于 1620 年正式传入中国。"
② 关于红夷大炮传入中国的途径，刘旭的《中国古代火炮史》下编，236 页载："明代政府通过传教士、荷兰人入侵战争及澳门葡人的三种途径，将当时欧洲先进的红衣大炮传入我国。"郭永芳的《明清间西方火炮火枪传入中国历史考》175 页载："红夷炮最初传入中国，可能还是从打捞红夷沉船中得到的。"
③ 入华红夷究竟是哪一国炮，刘旭的《中国古代火炮史》下编，233 页载："红夷炮，因为首先是从荷兰人那里传入的，当时中国称荷兰人为红夷或红毛夷，故这种炮就被叫做红夷炮。"郭永芳的《明清间西方火炮火枪传入中国历史考》174 页："红夷炮即是荷兰人所造的大炮。"王兆春的《中国火器史》，226 页载："将在澳门购买的西洋炮和胡应台解运进京的二十二门红夷炮均视为英国炮。"

上官军素不习见，且状貌服饰非向来诸岛所有，亦未晓其技能，辄以平日所持火器遥攻之。彼姑以舟中所贮相酬答，第见青烟一缕，此即应手糜烂，无声迹可寻，徐徐扬帆去，不折一簇，而官军死者已无算，海上惊怖。……次年，复漂洋出粤东，迫近省会。粤人谋之香山鼻诸贡夷，皆云：彼火器即精工，万无加于我曹，愿首挫其锋。比舳舻相接，硝铅互发，则香山夷大衄，所丧失以万计。及诱之登岸，焚其舟，则伎俩立穷。自此相戒毋犯，鼻夷因与讲解议和，往来大浸，听其贩鬻，然终无以互市请者。

自来中国惟重佛郎机大炮，盖正统（德）以后始有之，为御夷第一神器。自此夷（红毛夷）通市，遂得彼所用诸炮，因仿其式并方制造，即未能尽传其精奥，已足凭为长城矣。[①]

沈德符《万历野获编》原书分为正编 20 卷、续编 12 卷，正篇完稿于万历三十四年（1606 年）冬，续编完稿于万历四十七年（1619 年）秋。清人钱枋因"苦其事多猥杂，难以查考，因割裂。排缵，都为三十卷，分四十八门"[②]。今中华书局标点本《万历野获编》即清人重新编排之三十卷本。故知上引述事均为万历四十七年（1619 年）前之事。而上述记事中记录了两次荷兰与中国交往之史实。第一次是岁甲辰（万历三十二年，1604 年）荷兰人在福建海面与中国人交往，此事在徐学聚《初报红毛番疏》[③]、李光缙《却西番记》及张燮《东西洋考》中均有记载，但如沈德符记荷兰战船与明朝海上官军交战事，且明朝官军"死者已无

---

① 沈德符：《万历野获编》卷 30《红毛夷番》，782～783 页，北京，中华书局标点本，1959。

② 沈德符：《万历野获编》卷首《重印说明》，引清钱枋《万历野获编分类凡例》《万历野获编序》和《续编小引》，北京，中华书局标点本，1959。

③ 陈子龙辑：《明经世文编》卷 433《初报红毛番疏》，影印平露堂刊本，北京，中华书局，1962。

算"的记录却不见于其他文献。第二次是"次年",荷兰人再次与明朝广东地方及澳门人发生冲突。"次年"据行文之年序当是万历三十三年（1605 年），但现存史料尚未发现 1605 年荷兰人进攻澳门的记录，而万历三十五年（1607 年）则有此事，故疑"次年"为万历三十五年。文德泉《17 世纪澳门》载：

> 1607 年 8 月 18 日，荷兰舰队司令迈特利夫（Correlis Matelieff）率领三艘战船 Orange、Erasmus、Mareitius 以及一艘双桅船 Eendracht 来到广东河面停泊。船上共有 285 名荷兰人，30 名印度尼西亚人，25 名中国人。在 9 月 9 日，澳门甲必丹末安德烈·佩阿索（Andre Pessoa）有六艘战船，派遣三艘平底船去攻击荷兰人的双桅货船。迈特利夫（Matelieff）派战船 Erasmus 前去救援，在撤出双桅货船的炮火与人员后，被迫离去。[①]

《万历野获编》关于荷兰人 1607 年到广东后与澳门葡人冲突之事不见于其他中文文献，但在葡文文献中却能获印证，至于沈德符所记"香山夷大衄，所丧失以万计"应是指货物，而不是人。沈德符《万历野获编》所载有关红毛夷事应不是他亲身经历，而是他在京城所闻，而且很可能是从当时已经入居北京的西洋传教士利玛窦、庞迪我、阳玛诺、毕方济、熊三拔等人口中得知。据此可知，《万历野获编》记录红毛夷事大体可信。故沈德符进而言之："自此夷（红毛夷）通市，遂得彼所用诸炮，因仿其式并方制造，即未能尽传其精奥，已足凭长城矣。"即沈德符认为，荷兰与明朝通市，荷兰红夷大炮即已传入中国，而且在万历四十七年（1619 年）前明朝已基本上能仿制红夷大炮。沈德符的记录亦可获其他中文资料证实。陈学伊《谕西夷记》载万历三十二年荷兰韦麻郎从福建撤退时：

> 三夷舟俱滨缆去，濒行时，携铳器及土产别谢将军（沈

---

① Manuel Teixeira, *Macau no Sec. XVII*, p. 10.

有容），将军受其器，还其产。（韦麻）郎与诸部落向将军
泣，至望将军不见，犹登尾楼以眺者。①

同时之李光缙《却西番记》载此事略有不同：

　　旦日，（韦麻）郎以铜铳、铳弹及国产物答将军，将军
却他玩及铜铳不受，受铳弹。②

　　陈学伊称沈有容接受了荷兰人赠送的"铳器"，而李光缙则
称沈有容只接受了"铳弹"而拒绝了"铜铳"。余以为，如明军
无红夷铳，受铳弹何益？当以陈学伊记录为准。如是，则是万历
三十二年（1604 年）荷兰人与福建通市中红夷大炮即已传入福建
海疆，这应是目前见到红夷大炮传入中国有具体时间的最早
记载。

　　2. 通过澳门葡人与荷兰人的多次战争，荷兰红夷大炮亦传
入澳门。从万历二十九年（1601 年）开始，澳门葡人即与荷兰人
在澳门有接触，且爆发冲突。在 1601 年的葡、荷冲突中，澳门
葡人对荷兰火炮的威力认识是深刻的，称荷兰火器"精工"。③
1605 年《耶稣会神父事务年度报告》则称，1601 年战斗中俘获
一艘荷兰帕塔索船，船上有"四门火炮同一些军用器械"④。这应
是最早传入澳门的红夷炮。1607 年葡、荷再次在澳门激战，荷兰
损失战船一艘，故有可能当时有更多的荷兰红夷炮传入澳门。⑤
1622 年对荷兰战役中缴获红夷炮一门，⑥ 1627 年的战役中缴获红

---

① 沈有容辑：《闽海赠言》卷 2 陈学伊《谕西夷记》，台湾文献丛刊第 2 辑，第 56
　　册。
② 沈有容辑：《闽海赠言》卷 2 李光缙《却西番记》。按：李光缙《景璧集》卷 9
　　《却西番记》（江苏广陵古籍刻印本）无上引文字。
③ 沈德符：《万历野获编》卷 30《红毛夷番》，782～783 页，北京，中华书局标点
　　本，1959。
④ 费尔南·格雷罗著，范维信译：《（1605 年）耶稣会神父事务年度报告》，载《文
　　化杂志》，1997（31）。
⑤ 施白蒂著，小雨译：《澳门编年史：16—18 世纪》，32 页，澳门，澳门基金会，
　　1995。
⑥ 雷戈著，范维信译：《澳门的建立与强大记事》，载《文化杂志》，1997（31）。

夷炮二十四门。① 红夷大炮传入澳门后，澳门生产西洋大铳吸收一定的荷兰铸炮技术是可能的，但并不等于澳门生产的就是红夷炮。由于陈仁锡对西洋炮与红夷炮并无清楚的认识，故在其《纪采神炮》一文中出现澳门葡人生产红夷炮之误说。其云：

> 神炮出自红毛夷国，今广东濠镜澳夷亦能造之。②

清人屈大均《广东新语》卷16更发展陈说：

> 西洋大铜铳者，重三千斤，大十余围，长至二丈许。……红毛擅此大器，载以巨舶，尝欲窥香山澳门，胁夺市利。澳夷乃仿为之，其制比红毛益精，安置南北两台，以守要害。③

《澳门记略》卷下有大致相同的表述：

> （澳门）通计炮七十有六，……其大铜具者重三千斤，大十余围，长二长许，……明时红毛擅此大器，尝欲窥香山澳，胁夺市利。澳人乃仿为之，其制视红毛尤精。④

《澳门记略》的根据是屈大均的《广东新语》，而屈大均的认识很可能受陈仁锡影响，也是分不清西洋大炮与红夷大炮的关系，不仅将"西洋大铜铳"与"红毛大器"混同起来，而且提出澳门生产的炮是仿造的红夷大炮。而对当时学习西炮技术最知情者徐光启却称：

> 窃见东事以来，可以克敌制胜者，独有神威大炮一器而已。一见于宁远之歼敌，再见于京都之固守，三见于涿州之阻截。所以然者，为其及远命中也。所以及远命中者，为其物料真，制作巧，药性猛，法度精也。至彼国（葡萄牙）之

① 索萨·法里亚（Manel Souza e Faria）：《葡属亚洲》，转引自龙思泰著，吴义雄、郭德水、沈正邦译《早期澳门史》，90页，北京，东方出版社，1997。
② 陈仁锡：《陈太史无梦园初集》卷1《纪采神炮》，四库禁毁丛书本，北京，北京出版社，1997。
③ 屈大均：《广东新语》卷16，442页，北京，中华书局标点本，1985。
④ 印光任、张汝霖：《澳门记略》卷下《澳藩篇》，148页，澳门，澳门文化司署点校本，1992。

人所以能然者，为在海内外所当敌人如红毛夷之类，技术相
等，彼此求胜，故渐进工也。①

徐氏又言：

> 缘澳中火器日与红毛火器相斗，是以讲究愈精，人器
> 俱习。②

当时对国外火炮的输入，徐氏是最早倡导者，因此，他对当
时的各种外国炮应是很熟悉的。我们从徐光启的介绍中只能看出
一点，那就是当时在澳门铸造的西洋大炮很可能吸收了红夷大炮
的优点，实际上是将吕宋大炮的铸炮技术同红夷大炮的铸炮技术
结合起来生产出一种既不同于吕宋大炮，也不同于红夷大炮的一
种新炮，故将其命名为西洋大炮。澳门于 1623 年正式建立的
"王室铸炮厂（后称波加劳铸炮厂）"在当时造出的大炮之所以质
量特别优良，在远东地区十分闻名，也正是由于澳门将西班牙与
荷兰铸炮技术融合，还掺入了广东佛山华人的铸铁技术，故造出
质量十分优良的西洋大炮来。当时人瞿式耜称：

> 我之火器二百五十年矣。……欲求进步，必须倍大倍
> 精，倍大莫如西洋大铳，次则红夷火器。③

可见采用了红夷炮铸造技术的澳门葡人造出来的西洋大炮质
量胜于红夷炮。

3. 万历四十八年（1620 年）前后荷兰与英国船只在中国海
面沉没，而从沉船上打捞上来的红夷炮亦有不少传入中国。这一
时期的欧洲沉船事件，至少有三起值得我们关注：

一是万历四十八年沉没于广东阳江的是英国船"独角兽（U-
nicorn）"号，这在第三节已作出充分证明。当时从沉船上打捞英

---

① 徐光启：《徐光启集》卷 6《西洋神器既见其益宜尽其用疏》，289 页，上海，上
海古籍出版社，1984。
② 徐光启：《徐光启集》卷 6《闻风愤激直献刍荛疏》，299 页，上海，上海古籍出
版社，1984。
③ 瞿式耜：《瞿忠宣公集》卷 2《讲求火器疏》，清光绪十三年刊本。

国红夷炮三十六门，其中二十四门由两广总督胡应台解运京师，这是当事人邓士亮《粤东铳略》的记录，而据中国历史博物馆保存下来的红衣铁炮刻款拓片载："天启二年两广总督军门胡，题解红夷铁铳二十二门。"① 邓士亮称："制院将二十四门解京。"稍后经瞿式耜考证后所言："从广东取到红夷火炮二十三门。"② 为什么会出现二十二门、二十三门、二十四门三种数位的差异呢？我的解释是，胡应台从阳江解运回来的炮总数为二十四门，但其中二十二门为铁炮，两门为铜炮，我们今天见到的仅是二十二门铁炮的题款；而在押运过程中又损失或遗弃或置放于其他地方一门，故进京之数为二十三门。而这次打捞的三十六门红夷大铳全为英国铁炮。

二是天启元年（1621 年）十一月前沉没于雷州府海康县的"红毛番船"。《明熹宗实录》卷 16 载：

> （天启元年十一月丙寅）雷州府海康县有红毛番大炮二十余位。肇庆府阳江县有东南夷大炮二十余位，俱堪取用。③

虽然这里并没有说这二十余门"红毛番大炮"是从外国沉船上打捞的，但《明熹宗实录》将海康的大炮与阳江的大炮同时并提，而上节已证明阳江大炮是从英国沉船上打捞上来的，由此可以证明，雷州海康县的二十余门大炮应当也是从外国沉船上打捞的。又前引谈迁《国榷》称万历以来从红夷沉船所得红夷炮总数是四十二门，而《明实录》中两处炮数总和正好为四十余门，两数相合，亦可证海康红夷炮亦是从红夷沉船中获得。但无法确证海康沉船之"红毛番"是英国抑或荷兰。

三是天启元年前葡人曾在电白县击沉一艘"红毛剧贼大船"。委黎多《报效始末疏》：

① 周铮：《天启二年红夷炮》，载《中国历史博物馆馆刊》，总期第 5 期，1983。
② 瞿式耜：《瞿忠宣公集》卷 2《讲求火器疏》，清光绪十三年刊本。
③ 《明熹宗实录》卷 16，天启元年十一月丙寅条。

　　天启元年，奴酋陷失辽左，总理军需，光禄寺少卿李之
藻奏为制胜务须西铳等事，仍差原官购铳。而多等先曾击沉
红毛剧贼大船于电白县，至是复同广海官兵捞寻所沉大铳二
十六门，先行解进。①

　　这则材料亦未见他处有载，葡人击沉红毛船于电白，② 并获
大铳二十六门，解进京师。"先行解进"，因为当时明朝地方政府
已准备将从阳江打捞上来的炮解进北京，故葡人要"先行解进"，
以抢夺头功。《明熹宗实录》天启六年孙元化的报告亦称：

　　　　澳商闻徐光启练兵，先进四门，迨李之藻督造，又进二
十六门。③

　　此二十六门大铳，当即"同广海官兵捞寻"的二十六门红夷
大炮。因为，孙元化明确指出这二十六门红夷大炮是澳商进献，
与委黎多《报效始末疏》的记录完全一致。此又可获梁廷栋《神
器无敌疏》佐证：

　　　　广东香山澳商慕义输忠，先年共进大炮三十门。④

　　与孙元化的记录完全一致。这三十门大炮分两次输入，一次
是泰昌元年张焘入澳"买得大铳四门"⑤，另一次就是澳门葡人于
天启元年进献的二十六门。这一事实是可以相信的。因此余以为
这同胡应台解运进京的二十二门红夷铁炮应不是同一回事。据比

---

① 韩霖：《守圉全书》卷3 委黎多《报效始末疏》，明崇祯九年刊本，86～91页，台
　北，中央研究院傅斯年图书馆善本室藏。
② 雷戈1623年完成的《澳门的建立与强大记事》称："1618年，（澳门）贸易船前
　往日本，我们的人在途中用一艘大黑船击沉他们（荷兰）的一艘大型帕塔索船，
　把它打得着了火而沉入海底。"又文德泉《17世纪的澳门》 （*Manuel Teixeira,
　Macau no Sec. XVII,*）第25页也载，1618年，有6艘澳门往长崎底大帆船在途中
　遇到从东京至平户的荷兰船Jacatra号，双方发生战斗，荷兰着火沉没。这艘称为
　Jacatra号的大型帕塔索船，当即委黎多《报效始末疏》中所言天启元年（1621
　年）以前在电白被葡人击沉的"红毛剧贼大船"。
③ 《明熹宗实录》卷68，天启六年二月戊戌条。
④ 韩霖：《守圉全书》卷3 梁廷栋《神器无敌疏》，明崇祯九年刊本，85～86页，台
　北，中央研究院傅斯年图书馆善本室藏。
⑤ 陈子龙辑：《明经世文编》卷483《李我存集》之《奏为制胜务须西铳乞敕速取
　疏》，影印平露堂刊本，北京，中华书局，1962。

利时传教士卫匡国（Martin Martini）在《鞑靼战记》中记载一起荷兰沉船事件：

> 毛文龙将军，他的强大舰队占据了靠近朝鲜鸭绿江口的岛屿……这个著名人物生于葡属澳门附近的广东省。他精通兵法，拥有很多大口径火炮，这些火炮是他在海岸边一艘荷兰船上发现的。[①]

此为戴寅先生据英文本的译文。金国平、吴志良先生据1654年最早的拉丁文《鞑靼战记》的译文是：

> 毛文龙为广东人。在同葡萄牙人的交道中，学会了许多军事战略，同时得到了一条荷兰船在（广东）沿海出事后留下的许多大炮，并即用这些大炮守卫宁远城墙。[②]

卫匡国所言的荷兰船当即委黎多《报效始末疏》中电白击沉的"红毛剧贼大船"。据《明史·毛文龙传》，文龙为仁和人，而不是广东人，恐怕是卫匡国将毛文龙与另一位镇守辽东的广东籍将军袁崇焕事迹混淆。[③] 袁崇焕镇守宁远的火炮来源是清楚的。据《明熹宗实录》卷68载澳商进献的三十门炮"调山海者十一门"[④]。据计六奇《明季北略》称，宁远"城内架西洋大炮十一

---

① 卫匡国著，戴寅译：《鞑靼战记》，见杜文凯编《清代西人闻见录》，1～69页，北京，中国人民大学出版社，1985。

② 卫匡国著，金国平译：《鞑靼战记》，罗马，1654年拉丁文版，18～19页，转引自金国平、吴志良《镜海飘渺》，71～72页，澳门，澳门成人教育学会，2001。《耶稣会1625年度报告》亦称"一艘在澳门附近出事的荷兰船上得来的几门大炮"。转引自方豪《明末西洋火器流入我国之史料》，载《东方杂志》，1943，40（1）。

③ 金国平、吴志良：《镜海飘渺》，71页，澳门，澳门成人教育学会，2001。

④ 《明熹宗实录》卷68，天启六年二月戊戌条。

门"①。这十一门炮除其中一门是在澳门购买的西洋炮外，② 其余十门均为红夷炮。如果委黎多《报效始末疏》与卫匡国所记的"荷兰船"无误的话，则另十门红夷炮即荷兰炮，也就是说这十门炮是来自葡人从电白荷兰沉船上打捞而进献给明朝的二十六门荷兰炮中的十门。

综上所述，明万历末天启初，至少有三艘英国船、荷兰船在广东沿海沉没，中国政府和澳门葡人在打捞这三艘欧洲沉船中获得了大批的英国大炮及荷兰大炮，计有海康二十余门，阳江三十六门，电白二十六门，这就是早期红夷大炮入华的第三条途径，从当时来看，似乎是最主要的途径。红夷炮传入澳门最早在万历二十九年（1601 年），传入中国有具体时间记载最早为万历三十二年（1604 年）。这一时期传入的红夷炮不仅有荷兰炮，还有英国炮，这是容易被史学界所忽视的问题。传统的中、英关系史上，均将 1637 年威德尔（John Weddell）船长进入广州作为中、英两国的第一次接触，③ 但据上所考，万历四十八年（1620 年）至少有一艘英国船在中国海面沉没，不仅有遇难英国海员进入广东阳江海岸，还有大批英国炮进入中国。因此，是否又可以说，明万历四十八年（1620 年），中、英两国已经开始有了双方的首次接触呢。

---

① 计六奇：《明季北略》卷 2《袁崇焕守宁远》，42 页，北京，中华书局标点本，1984。

② 因为徐光启、韩云及瞿式耜的记载均称，宁远之捷守城的炮册封为西洋所进四门大铳中的一门。参见前揭徐光启《西洋神器既见其益宜尽其用疏》及《与吴生白方伯》、韩云《战守惟西洋火器第一议》、瞿式耜《讲求火器疏》。天启六年之前，被运送到北京明确为"西洋大炮"者仅四门，故知宁远十一门炮中，有十门是天启三年四月进京，后又调运宁远的红夷炮。

③ 马士著，张汇文、张志信、马伯煌，等译：《中华帝国对外关系史》，56 页，北京，商务印书馆，1963；格林堡著，康成译：《鸦片战争前中英通商史》，5 页，北京，商务印书馆，1961。

此图所示为考古发现的外国银元和钱币。

第十九章　明中后期中葡贸易中饷税问题考述

第十九章　明中后期中葡贸易中
饷税问题考述①

关于明代中葡贸易中的饷税问题，研究者不少，也解决了不少问题，但至今仍有许多需进一步考证的地方，除各家讨论之歧义外，尚有许多遗漏或讹误之处。② 关于明中后期中葡贸易中饷税问题，有些中文史料的记录过于简单笼统，如《明史·佛郎机传》及《明熹宗实录》卷 11 均言嘉靖十四年（1535 年）夷人居濠镜澳后，"岁输二万金"③，万历四十六年总督许弘纲、巡按王命璿则称："澳夷，……先市舶于澳，供税二万以充兵饷。"④ 新发现的委黎多《报效始末疏》也在嘉靖三十六年葡人侨寓澳门前称："中外互市相通，每年输饷二万二千余两。"⑤ 西文史料对这一问题的记录虽然不少，但却十分零散，没有一处资料系统反映

---

① 原载澳门理工学院《中西文化研究》，2005（1）。
② 费成康：《澳门四百年》，18～37 页；黄鸿钊：《澳门简史》，79～82 页；邓开颂、吴志良、陆晓敏主编：《粤澳关系史》，第 3 章，105～108 页；黄启臣：《澳门历史》，84～90 页；万明：《中葡早期关系史》，133～136 页。上述诸位专家表述这一问题所使用的资料结论大体一致。
③ 张廷玉：《明史》卷 325《佛郎机传》北京，中华书局，1974；《明熹宗实录》卷11，天启元年六月丙子条。
④ 《明神宗实录》卷 576，万历四十六年十一月壬寅条。
⑤ 韩霖：《守圉全书》卷 3 委黎多《报效始末疏》，明崇祯九年刊本，台北，中央研究院傅斯年图书馆藏本。

明中后期中葡贸易中的饷税在各时期的不同与变化。因此，如何认真搜集与整理现存各种中西文献中关于明中后期中葡贸易饷税问题的史料并加以辨析，这才是解决这一问题的关键。本文即拟综合迄今所见相关之中西文资料，将明中后期中葡贸易中的饷税问题分为五个时期进行考述。

一、抗税时期：1513—1521 年

明弘治以前，外国来华进贡船只"俱无抽分"。至正德五年（1510 年），都御史陈金下令对来广州的外国船只所载货物"俱以十分抽三"[①]；到正德十二年（1517 年）时，升任两广总督的陈金会同右布政使吴廷举倡立番舶交易法，外国船只来广，"不拘年份，至即抽货"[②]，并规定"题议只许十分抽二"[③]。就在这一年，第一个葡萄牙来华贸易使团来到广东。在葡萄牙第一个来华使团进入广州前，葡人船只"俱在东莞千户所海澳湾泊"[④]，并与华人展开贸易，这个贸易的具体地点，早期葡文文献中均称之为 Tumon。据本人的考证，葡人来华最初所至之 Tumon 应为上川岛上的"大澳"[⑤]。据金国平先生不断开掘第一手葡文资料进行研究的结果，1513—1520 年中葡最早的贸易岛（Beniaga）—Tumon 是在大屿山。[⑥] 关于在 Tumon 中葡贸易的情况资料不多，成书于

---

① 黄佐：《（嘉靖）广东通志》卷 66《外志》3，广州，广东地方志办公室影印，1998。
② 《明武宗实录》卷 194，正德十五年十二月己丑条。
③ 黄佐：《（嘉靖）广东通志》卷 66《外志》3，广州，广东地方志办公室影印，1998。
④ 顾应祥：《静虚斋惜阴录》卷 12《杂论》3，北京图书馆古籍珍本丛刊本，北京，北京图书馆出版社，2000。
⑤ 汤开建：《中葡关系的起点：Tamão 新考》，载《学术研究》，1995（3）。
⑥ 关于 Tamão 或 Tamun 一地的研究论文很多，各种观点颇多歧异。有上川说、大澳说、大门岛说、下川说、伶仃说、屯门说、南头说 20 余种。各说均可见金国平《Tumon 杂考》（见《西力东渐：中葡早期接触追昔》，19～42 页，澳门，澳门基金会，2000）一文，而金氏利用第一手葡文资料进行研究得出的结论是："葡语文献中的 Tamou 作岛解时为大屿山，而作港解时，为屯门澳。"

1515 年的《东方简志》记录：

> 麻剌加平底帆船泊于屯门澳，暹罗的平底帆船则下碇
> Hu Cham 港，较之暹罗人的港口，我们（指葡萄牙）的港口
> 距中国更近 3 里格。货物先到暹罗人港口，然后再至我们的
> 港口。南头老爷见平底帆船前来，马上向广州报告平底帆船
> 进入各岛的情况。广州派来估价员对货物估价，以实物抽
> 分。当地详知每物所值，只要你说出需要什么货物，他们便
> 会带来。①

从上述资料可以看出，当时在 Tumon 各港口进行贸易的外国
船都要接受广州官员的"课税"，并"以实物抽分"。据《明实
录》，在正德九年（1514 年）时，广东政府的官员就开始了对来
广州的外国商人进行抽分，但此事被广东布政司左参议陈伯献奏
了一本，礼部批示：

> 下令广东巡抚等官，禁约番船，非贡期而至者即阻回，
> 不得抽分。②

但礼部的禁令，广东地方并没有接受。至正德十二年（1517
年），广东右布政使吴廷举根据广东对外贸易的实际情况正式进
行改革，"命番国进贡并装货舶船，榷十之二"③。故谈迁《国
榷》称：

> 自吴廷举不限年，至即抽货，致蛮夷杂沓。④

何乔远则更称：

> 昔祖宗时夷贡有期，毋敢阑入。自吴廷举议弛禁，于是
> 夷心无厌，射利如隼，扬帆如驰，以致佛郎机伺隙而侮。⑤

---

① 金国平：《〈东方简志〉新释》，见《中葡关系史地考证》，137 ~ 150 页，澳门，
澳门基金会，2000。
② 《明武宗实录》卷 113，正德九年六月丁酉条。
③ 《明武宗实录》卷 149，正德十二年五月辛丑条。
④ 谈迁：《国榷》卷 52，正德十五年十二月己丑条，北京，中华书局排印本，1958。
⑤ 何乔远：《名山藏》第 8 册《王亨记·东南夷传》，北京大学图书馆藏善本丛书
本，6 152 页。

　　葡萄牙人即在这种情况下进入 Tumon 贸易区，故明朝官员也要对葡船抽分。汪鋐《奏陈愚见以弭边患事》：

　　　　正德十六年正月内，臣访据东莞县白沙巡检司何儒称，其上年因委抽分，曾到佛郎机船。①

《殊域周咨录》卷9亦载：

　　　　东莞县白沙巡检何儒为抽分至佛郎机船，遇一船员，本中国人。②

　　可见，在正德十五年（1520 年）时，东莞县的官员还要负责对佛郎机船的抽税工作。正德十二年（1517 年），葡萄牙使团进入广州后，因佛郎机国从来就不是传统的对华朝贡国，"《皇明祖训》并诸司职掌等书原无开载"。故对佛郎机的进贡则不给予批准。但为了体现中国政府"优待远人"的政策，"照依先年巴西国事例，行令本布政司，将使臣人等以礼犒劳，抽分货物，量给价值"③。据此可知，最初来华的葡萄牙人不管是到广州还是停泊在 Tumon 贸易区的葡船均要接受明朝官员的抽分。但据《广州葡囚信》称：

　　　　受广州大吏之命前往贸易岛课税的官员奏闻国王说，他们某年某月前去收税，看见佛郎机携带武器，甚至装备火铳而来。他们不按章纳税。广州官员信件则称：佛郎机抗税并抢夺暹罗人的税款。④

　　据这一资料又可知，当时葡人在 Tumon 贸易时对明政府是抗税或拒绝交税的。中文文献中陈文辅《都宪汪公遗爱祠记》载：

　　　　近于正德改元，忽有不隶恶彝号为佛郎机者，与诸狡猾

----

① 黄训：《名臣经济录》卷43《兵部职方》下汪鋐《奏陈愚见以弭边患事》，文渊阁四库全书本。
② 严从简著，余思黎点校：《殊域周咨录》卷9《佛郎机》，324 页，北京，中华书局标点本，1993。
③ 毛纪：《密勿稿》卷1《揭帖》，四库存目丛书，济南，齐鲁书社，1997。
④ 《广州葡囚信》，见金国平编译《西方澳门史料选萃（15—16 世纪）》，80 页，广州，广东人民出版社，2005。

凑杂屯门、葵涌等处。①

王希文《重边防以苏民命疏》则明言葡人抗税:

> 正德间,佛郎机匿名混进,突至省城,擅违则例,不服抽分。②

这里所记录的葡萄牙人的恶劣表现同葡文文献一致,证明来华葡商不管在广州还是在大屿山贸易区的对华贸易中并不向明政府交纳关税,多以抗税态度对待明政府。这是 1521 年之前的中葡贸易情况。

二、冒名纳税时期:1522—1553 年

正德十六年(1521 年),嘉靖帝即位后,中葡关系出现了新的转折。首先是将进京的葡萄牙人赶出京城,"佛郎机夷人,差人送回广东"③。其次是在广东"悉驱在澳番舶及夷人潜住者"④。再次是葡萄牙人要求进贡,并主动"请以所赍蕃物,如例抽分",而明朝"诏复绝之"⑤。中葡屯门之战爆发后,明朝政府对葡萄牙人采取"驱绝之"的政策,禁止广东政府与葡人通商贸易。⑥ 由于当时的葡萄牙人已控制了由马六甲至广东的海上贸易线,故禁止同葡人通商,实际上也就禁绝了同东南亚各国的通商,"有司自是将安南、满剌加番舶尽行阻绝,皆往漳州府海面地方,私自驻扎,于是利归于闽"⑦。一般研究者均认为 1522 年以后,由于禁止广东政府同葡人通商,葡人商队遂转向闽浙海上贸易,而忽

---

① 靳文谟:《(康熙)新安县志》卷 12《都宪汪公遗爱祠记》,康熙刻本抄本,广州,广东省中山图书馆。
② 张二果、曾起莘:《(崇祯)东莞县志》卷 6《艺文志》,影印崇祯刻本,东莞,东莞市地方志办公室,1995。
③ 杨廷和:《杨文忠三录》卷 4《奉迎之议既定条》,文渊阁四库全书本。
④ 《明武宗实录》卷 194,正德十五年十二月己丑条。
⑤ 何乔远:《名山藏》第 8 册《王亨记·东南夷传》,北京大学图书馆藏善本丛书本,6 153 页。
⑥ 黄佐:《泰泉集》卷 20《代巡抚通市舶疏》,岭南遗书本。
⑦ 黄佐:《泰泉集》卷 20《代巡抚通市舶疏》,岭南遗书本。

略了 1522 年至澳门开埠前葡萄牙人还一直在广东海上的上川岛、
浪白滘等地同华人展开贸易。《利玛窦中国札记》称:

> 在澳门城兴建之前,上川岛是中国与葡萄牙人贸易的
> 地点。①

1621 年澳门大三巴学院院长马托斯(Gabriel de Matos)的一
份文件称:

> 直至 1553 年,葡萄牙人与华人在 São Choǎo (上川)岛
> 进行交易。②

另一份 17 世纪的葡萄牙文献称:

> 首先,大约在 104 年前,葡萄牙人开始与华人贸易。这
> 在 1518 年左右,当时的正德皇帝即万历皇帝的曾祖父。起
> 初的 47 年,部分时间在上川,部分时间在其他港口,一直
> 交纳常规的船税。③

1623 年澳门议事会书记官雷戈(D. C. Rego)记录称:

> 第一批(指 1522 年后重返广海的第一批)葡萄牙人于
> 1524 年来到中国这一带地区,在上川岛与中国人做了 18 年
> 生意,又在浪白滘与中国人做了 12 年生意后,才发现澳
> 门港。④

1552 年沙勿略(S. Francisci Xaverii)在上川岛的信记录为:

> 上川港距广州三十里格,许多商人从广州赶来此地与葡
> 萄牙人交易。⑤

中文文献中也有可以说明问题的资料。明人曹学佺《广东名

---

① 利玛窦、金尼阁著,何高济、王遵仲、李申译:《利玛窦中国札记》,第 2 卷,第
　1 章,128 页,北京,中华书局,1983。
② 高美士:《荷兰殖民地档案馆藏葡萄牙 17 世纪文献》,载《贾梅士学院院刊》,
　1975,9 (1)。
③ 高美士:《荷兰殖民地档案馆藏葡萄牙 17 世纪文献》,载《贾梅士学院院刊》,
　1975,9 (1)。
④ 雷戈:《澳门的建立与强大记事》,载《文化杂志》,1997 (31)。
⑤ 舒拉曼:《方济各·沙勿略通讯录》,第 2 卷,491 页,译文见金国平《西力东渐:
　中葡早期接触追昔》,294 页,澳门,澳门基金会,2000。

胜志》载：

> 上川，左右为大、小金门，又西南二百里番舶往来之冲，是为寨门海。①

《（万历）广东通志》卷1载：

> 上川山之左曰大金门海，右曰小金门海，诸夷入贡，风逆则从此进，其西南曰寨门海，系番舶往来之冲。②

《粤大记·广东沿海图》在三洲山（上川）、柳渡山（下川）西北标有"番船澳"和"番货澳"两地名（参见图8）。③可证，上川岛西北海域为外商船只停泊与外商货物寄存之处。这两地名在上川岛附近出现，可以反映当时外国商人在上川岛贸易之发达。

综合上述中西文献史料，完全可以证明，在澳门开埠之前，上川岛确是中葡贸易的重要据点。如果雷戈的记录可信，则上川岛的贸易当始于嘉靖三年（1524年）。④

据前引雷戈的记载，葡萄牙人进入浪白滘与华人做生意应始于1542年。龙思泰的书亦记录：

> 可以把1542年几名葡萄牙人的来访看作和解的开始。

他们在该港口（上川）没有见到一个熟人，便驶往浪白滘，

---

① 曹学佺：《广东名胜志》卷1《新宁县》，丛书集成初编本，北京，中华书局，1985。

② 郭棐：《（万历）广东通志》之《藩省志》，万历壬寅年序刊本。

③ 郭棐：《粤大记》卷32《广东沿海图》，日本藏中国罕见地方志丛刊本，538页，广州，中山大学出版社，1998。

④ 张廷茂：《16世纪前期葡中日贸易关系的建立》（提交"16—18世纪的中西关系与澳门"国际学术讨论会论文，2003年）认为"1536年，瓦斯科·卡尔沃（Vsaco Calvo）从广州监狱给停泊在'广海海岸（banda de Conhjay）'的葡萄牙商船的船长写信。这是目前所知最早记载葡萄牙人在上川岛一带活动的葡萄牙文献"。张文有两处错误，一是葡文 banda 一词无海岸之意，我们查阅《简明葡汉辞典》，banda 应作"边、侧"解释，故金国平译为"广海那边"。二是葡囚信原文并没有指明为"上川岛一带"，据金国平的译文应为"广海那边也有3座城市，它们分别是雷州、廉州及琼州"。可见，根本无"上川岛一带"之意。参见金国平：《西力东渐：中葡早期接触追昔》，201~202页，澳门，澳门基金会，2000。

那里停泊着来自马六甲的四艘中国帆船。①

平托（F. M. Pinto）《远游记》第 221 章载：

　　浪白滘，当时（1555 年）葡人与华人在岛上交易。②

1555 年平托的信则称：

　　8 月 3 日到达浪白滘，船舶都在这里互市贸易。③

1555 年巴列托（M. N. Barreto）神父的信则称：

　　在我们的港口（浪白港）就有三万多担胡椒，还有刚从日本开到的一艘船，运来了十万克鲁扎多④白银。这一切一个月左右全都销光。⑤

《皇明续纪三朝法传全录》载：

　　自佛郎机猫儿睛挟赀来，无处栖泊，暂借浪白互市，然犹海外也。⑥

郭尚宾《防澳防黎疏》称：

　　查夷人市易，原在浪白外洋，后当事许其移入濠镜。⑦

庞尚鹏《抚处濠镜澳夷疏》称：

　　（濠镜澳夷）往年俱泊浪白等澳，限隔海洋，水土甚恶，难于久驻。守澳官权令搭篷栖息，殆舶出洋即撤之。⑧

---

① 龙思泰著，吴义雄、郭德水、沈正邦译：《早期澳门史》，10 页，北京，东方出版社，2007。

② 费尔南·门德斯·平托著，金国平译：《远游记》下册，698 页，葡萄牙航海大发现事业纪念澳门地区委员会、澳门基金会、澳门文化司署、东方葡萄牙学会，1999。

③ 费尔南·门德斯·平托（1555 年）：《给巴尔塔扎尔·迪亚斯神父的信》，见罗理路著，陈用仪译《澳门寻根》附文献之 1，56 页，澳门，海事博物馆，1997。

④ 克鲁扎多（Cruzado），葡萄牙银币，1 克鲁扎多约等于中国银 1 两（tael）。

⑤ 巴列托：《1555 年 11 月 23 日给果阿耶稣会士们的信》，见罗理路著，陈用仪译《澳门寻根》附录文献之 2，63 页，澳门，海事博物馆，1997。

⑥ 高汝栻：《皇明续纪三朝法传全录》卷 13《陈熙昌奏疏》，续修四库全书本，上海，上海古籍出版社，2002。

⑦ 郭尚宾：《郭给谏疏稿》卷 1《防澳防黎疏》，丛书集成初编本，11 页，北京，中华书局，1985。

⑧ 庞尚鹏：《百可亭摘稿》卷 1《抚处濠镜澳夷疏》，广东文献，清同治二年重印本。

上述中葡史料均可证明，澳门开埠前，浪白澳亦是中葡贸易一重要据点，而且其贸易还十分发达。但浪白澳的对外贸易却始于嘉靖八年（1529 年）林富上疏要求开广东贸易之禁后。《（嘉靖）广东通志》卷66 在林富上疏后称：

> 布政司案：查得递年暹罗国并该国管下甘蒲沰、六坤州，与满剌加、顺搭、占城各国夷船，或湾泊新宁广海、望峒；或新会奇潭；香山浪白、蠔镜、十字门；或东莞鸡栖、屯门、虎头门等处海澳，湾泊不一。①

可知，在嘉靖八年（1529 年）林富上疏后，除佛郎机外的东南各国商人均前来广东贸易，贸易点分散于新宁、新会、香山、东莞各澳；香山之浪白、濠镜及十字门三澳均于此时成为对外贸易的港口。虽然当时广东政府仍然明令不得与葡萄牙人通市：

> 如佛郎机者，即驱逐出境，如敢抗拒不服，即督发官兵擒捕。②

但葡商却利用其他国商人来广东贸易的机会，偷偷地混进来，《殊域周咨录》卷9 称：

> 虽禁佛郎机往来，其党类更附番舶杂至为交易。③

黄佐《（嘉靖）广东通志》卷66 载：

> 嘉靖中党类（指佛郎机）更番往来，私舶杂诸夷中交易，首领人皆高鼻白皙，广人能辨识之。④

于是，葡萄牙人开始从上川岛逐渐进入浪白澳。1537 年的两张古葡萄牙航海图在珠江出海处标有 Labupa 或 Labups，即为浪白

---

① 黄佐：《（嘉靖）广东通志》卷66《外志》3，广州，广东地方志办公室影印本，1998。
② 黄佐：《泰泉集》卷20《代巡抚通市舶疏》，岭南遗书本。
③ 严从简著，余思黎点校：《殊域周咨录》卷9《佛郎机》，324 页，北京，中华书局标点本，1993。
④ 黄佐：《（嘉靖）广东通志》卷66《外志》3，广州，广东地方志办公室影印本，1998。

之音译。① 故知在 1542 年之前，葡萄牙人即已进入浪白澳进行贸易。浪白澳是香山三澳之一。故《明史·佛郎机传》称：

> 自是，佛郎机得入香山澳为市。②

在上川岛、浪白澳的葡华贸易中葡商是否给中国政府交税，前文引葡文文献称：

> 起初的 47 年，部分时间在上川，部分时间在其他港口，一直交纳常规的船税。③

一份 16 世纪的葡文文献称：

> 1533 年，我又去了广东，去了老港口（Porto Velhio），我在那里付了关税。④

这"老港口"当为上川。1551 年被囚禁于广州的葡商喇卜的（Ganspar Lopez）在信中称：

> 如果你们以任何一种途径提出放人要求，将会得到满足。为此原因，广东政府已对他们发话说，你们可以放心来纳税，并要求释放他们。⑤

1556 年索札（Leonel de Sousa）的信称：

> 我颇受礼遇，一上船抽税的官员已被提名荣升海道，登船抽分。⑥

此时，索札与汪柏的议和尚在商订。可见，1522 年后至澳门开埠前，葡商在上川、浪白等地的贸易是向明政府交纳关税的。

---

① 张增信：《明季东南中国的海上活动》（上编），279 页，台北，中国学术著作奖助委员会，1988。
② 张廷玉：《明史》卷 325《佛郎机传》，北京，中华书局，1974。
③ 高美士（Luis Gonzaga Gomes）：《荷兰殖民地档案馆所藏葡萄牙 17 世纪文献》，载《贾梅士学院院刊》卷 9，1975，9（4）。
④ 拉法尔·廷迪诺（Raffaella D'Lneino）：《中国风物志—16 世纪文献集》，转引自金国平《西力东渐：中葡早期接触追昔》，42 页，澳门，澳门基金会，2000。
⑤ 舒拉曼（Georg Schurhammer）：《沙勿略文集》，671～672 页，见金国平、吴志良《过十字门》，63 页，澳门，澳门成人教育学会，2004。
⑥ 金国平：《莱奥内尔·德·索札与汪柏》，见《中葡关系史地考证》，41 页，澳门，澳门基金会，2000。

中文资料也可证明这一时期的佛郎机人向明政府交纳关税。俞大猷《论海势宜知海防宜密》称：

> 市舶之开（指林富上疏后广东重开海禁），惟可行于广东。盖广东去西南之安南、占城、暹罗、佛郎机诸番不远，诸番载来乃胡椒、象牙、苏木、香料等货，船至报水，计货抽分，故市舶之利甚广。数年之前，有徽州、浙江等处番徒，勾引西南诸番，前至浙江双屿港等处买卖，逃免广东市舶之税。①

可见，当时葡人同东南亚商人到闽浙海上的贸易是走私贸易，无须交纳关税，而在广东海上之贸易，均须计货抽分，交纳"广东市舶之税"。

但明政府一直公开以法令的形式禁止与葡萄牙人做生意，1556年索札的信还称：

> 皇帝获知我们在私下贸易，他恩准一切商人纳税贸易，唯独心肠狠毒的佛郎机，即葡萄牙人在禁止之列。②

为什么被禁止贸易的葡商还能够公开纳税呢？这是因为在1554年中葡和约未签订之前，葡商一直是混杂在东南亚诸国商人中来上川、浪白贸易的，他们"冒他国名"③，故也以他国商人的名义对明政府纳税。有时地方官、抽分官可能也知道是冒充，但如果有贿赂，也就睁一只眼闭一只眼佯装不知。这就是在葡萄牙人尚未获得对华贸易的合法权利时为什么向明政府交纳关税的原因。

---

① 俞大猷：《正气堂全集》卷7《论海势宜知海防宜密》，196页，福州，福建人民出版社标点本，2007。
② 金国平：《莱奥内尔·德·索札与汪柏》，见《中葡关系史地考证》，39页，澳门，澳门基金会，2000。
③ 郑舜功：《日本一鉴·穷河话海》卷6《海市》，民国二十八年排印本。平托《远游记》第44章第126页记录，葡商法里亚（António de Faria）船到靠近海南岛的Camoy海湾时，中国人问他们是何人，"我们回答说是暹罗商人"。

三、实物抽分制时期：1554—1570 年

嘉靖三十三年（1554 年），葡萄牙船长索札与广东海道副使汪柏议和后，中葡贸易关系随之发生变化：

> 广东周围及广州城海道遣人议和定税。……至于这次议和，我未与他达成任何税率或协议，商议的结果是，我们必须遵照习惯按百分之二十纳税并按国王的恩准在华完纳。至于上述百分之二十的关税，我只同意支付百分之十。海道答复我说无法压低税率，因为这是皇帝规定的税则。……于是，将当时我们所携带的货物一半按百分之二十纳税，这样平摊下来也只是我们所说的百分之十。他要求我好生招待上船抽税的官员。……于是，在华商务出现了和局，众人得以高枕无忧做生意，赚大钱。许多葡萄牙人前往广州及其他地方行商。……除支付上述税率外，无其他苛捐杂税。许多商人隐报，实际上，仅仅支付三分之一货物的关税。[1]

克路士（Gaspar da Cruz）《中国志》亦称：

> 自 1554 年以来，莱昂尼·德·索札任少校，和中国人订立条约说我们要向他们纳税，他们则让我们在他们的港口进行贸易。[2]

嘉靖三十三年（1554 年）的中葡议和至少给中葡关系带来了非常明显的三大变化：一是中葡贸易由过去的明令禁止而开始转入合法化；二是允许葡萄牙商人进广州城及周围诸港口贸易（包括澳门）；三是葡萄牙人由过去"冒他国名"向明政府交税转为开始以公开合法的身份向明政府交税。《日本一鉴·穷河话海》中的这个资料非常能说明问题：

---

[1] 金国平：《莱奥内尔·德·索札与汪柏》，见《中葡关系史地考证》，39～40 页，澳门，澳门基金会，2000。

[2] 克路士（Gaspar da Cruz）：《中国志》，第 23 章，见博克塞著，何高济译《16 世纪中国南部纪行》，131 页，北京，中华书局，1990。

岁甲寅（嘉靖三十三年，1554 年），佛郎机夷船来泊广东海上。比有周鸾好客纲者，乃与番夷冒他国名，诳报海道，照例抽分。副使汪柏故许通市，而每以小舟，诱引番夷，同装番货，市于广东城下，亦尝入城贸易。……岁乙卯（嘉靖三十四年，1555 年）佛郎机夷人诱引倭夷，来市广东海上，周鸾等使倭扮作佛郎机，同市广东卖麻街，迟久乃去。自是佛郎机夷频年诱倭市广东矣。[①]

在嘉靖三十三年（1554 年）索札与汪柏议和之前，明朝政府是"恩准一切（外国）商人纳税贸易，唯独心肠狠毒的佛郎机即葡萄牙人在禁之列"[②]。因此，在 1554 年索札同汪柏的议和未商议之前（议和当在 1554 年较晚的月份）佛郎机夷（葡萄牙人）还不得不"冒他国名"来"诳报海道"。但嘉靖三十三年（1554 年）年尾商订和议后的第二年——嘉靖三十四年（1555 年），葡萄牙人不仅自己可以公开"市广东卖麻街"，而且还要日本商人扮作葡萄牙人一起混进广东贸易。这种十分明显的变化应当确凿无疑地来源于 1554 年索札与汪柏的议和。

到 1557 年葡萄牙人从浪白外洋正式移居澳门后，澳门人马托斯曾言：

从将此港及半岛交给我们葡萄牙人的那时起，除了关税或泊费外，还支付一定数量的白银地租。[③]

万历十四年（1586 年）蔡汝贤也讲得很清楚：

嘉靖，海道利其饷，自浪白外洋议移入内。[④]

---

① 郑舜功：《日本一鉴·穷河话海》卷 6《海市》，民国二十八年影印本。

② 金国平：《莱奥内尔·德·索札与汪柏》，见《中葡关系史地考证》，39 页，澳门，澳门基金会，2000。

③ 马托斯（Gabriel de Matos）：《议事亭对耶稣会关于青洲抗议答复辩澳门城葡萄牙人权利》，见金国平《中葡关系史地考证》，128～132 页，澳门，澳门基金会，2000。

④ 蔡汝贤：《东夷图说》（不分卷）之《总说》，影印明万历刊本，2 页，四库存目丛书，济南，齐鲁书社，1997。

这里的"内"即是"广州及其他地方（包括澳门）"，这里的"饷"则是汪柏提出的20%的税率。明朝政府对外国商船的抽分税率是常有变化的。正统至弘治年间是"无抽分"，正德四年（1509年）是"十分抽三"，正德十二年（1517年）又改定为"十分抽二"。①故对葡萄牙亦采取正德十二年的定例，征20%的海关税。葡萄牙人以浪白转入濠镜澳后，仍用此税率。前引庞尚鹏奏疏：

> 夷人入贡，附至货物，照例抽盘。其余蕃商私赍货物至者，守澳官验实申海道，闻于抚按衙门，始放入澳。候委官封籍，抽十之二，乃听贸易。②

《（万历）广东通志》卷69载：

> 番商舟至水次，往时报至督抚，属海道委官封籍之，抽其十二，还贮布政司库变卖，或备折俸之用，余听贸易。③

可见，这是一种征收实物为关税的抽分制，税率为20%。这一时期葡人入广州贸易均是按规定交税的，据海道副使俞安性言："先时番舶至广，易换唐货，一出一入皆征税，毋敢匿。"④

四、丈抽税银制时期：1571—1597年

到隆庆时，⑤ 明政府改变了征税方式，即采取丈抽税银制。

① 郭棐：《（万历）广东通志》之《外志》，万历壬寅年序刊本。
② 庞尚鹏：《百可亭摘稿》卷1《抚处濠镜澳夷疏》，广东文献，清同治二年重印本。
③ 郭棐：《（万历）广东通志》之《外志》，万历壬寅年序刊本。
④ 牛荫麐：《（民国）嵊县志》卷27《纪事》3俞安性《香山澳散倭纪事》，上海，上海书店影印本，1994。
⑤ 据陈吾德《谢山存稿》卷1《条陈东粤疏》："往岁俞大猷调诸夷剿平叛卒，许免抽分一年，夷众负勇不服抽税。……然副使莫抑，因而舍之，下令……夷人只于澳上交盘，不许引类径至省内。"此疏上于隆庆三年（1569年）十月（《明穆宗实录》卷38隆庆三年十月辛酉条作"遇抽税时，第令交于澳上，毋令得至省城"）。故知，至隆庆三年十月前，澳门仍行抽分制。又梁廷枏《粤海关志》（广东人民出版社，2002）卷22《贡舶》2称："（明）隆庆五年（1571年）以夷人报货欺奸，难于查验，改定丈抽之例"，故定改制时间为1571年。

这一次变实物抽分制为丈抽税银制的原因，除了明中期后白银在广东作为重要价值尺度和支付手段地位已经确立这一大环境外，①还可以在霍与瑕《上潘大巡广州事宜》一文中看出一些海关抽分因弊而变的因素：

> 近日闽浙有倭寇之扰，海防峻密，凡番夷市易皆趋广州。番船到岸，非经抽分，不得发卖。而抽分经巡抚海道行移委官，动逾两月，番人若必候抽分乃得易货，则饿死久矣。故令严则激变之祸生，令宽则接济之奸长。近来多失之宽，恐侮敌玩寇，闽浙之祸将中于广州也。广东隔海不五里而近乡名游鱼洲，其民专驾多橹船只，接济番货。每番船一到，则通同濠畔街外省富商搬瓷器、丝棉、私钱、火药违禁等物，满载而去，满载而还，追星趋月，习以为常，官兵无敢谁何？比抽分官到，则番舶中之货无几矣。②

霍与瑕《贺香山涂父母太夫人荣封序》也谈了一些原因：

> 凡番舶抵澳，必一二月，官乃为盘验抽分。番奴坐困，不得以货易粟，每厚贿执事，以救饥饿，利归积猾，而夷人怨苦矣。③

余以为上述因素正是隆庆年间澳门税制改革的重要原因。以税银代替实物，以丈量估验代替"抽十之二"。

关于隆庆年间澳门实行丈抽税银制，以往的研究中存在的问题较多，归纳起来有两点：

1. 错误地使用清人梁廷枏《粤海关志》卷 22 中的一则史料。从费成康先生、黄鸿钊先生到邓开颂先生均征引这一史料来证明澳门的丈抽制。我们先看看这则史料全文：

---

① 李庆新：《广州"交易会"及其制度改革（1567—1644）》，见天津古籍出版社编写组《陈捷先教授、冯尔康教授古稀纪念论文集：明清人口婚姻家庭史论》，92页，天津，天津古籍出版社，2002。
② 霍与瑕：《勉斋集》卷 12《上潘大巡广州事宜》，清光绪丙戌重刊本。
③ 霍与瑕：《勉斋集》卷 11《贺香山涂父母太夫人荣封序》，清光绪丙戌重刊本。

康熙二十四年（1685 年），监督宜尔格图奏言：粤东向有东、西二洋诸国来往交易，系市舶提举司征收货税。明隆庆五年（1571 年），以夷人报货奸欺，难于查验，改定丈抽之例，按船大小为额税。西洋船定为九等，后因夷人屡请，量减抽三分，东洋船定为四等。[①]

这则出自于清朝康熙年间满族官员口中的明代史料是否有问题？

首先，关于明代澳门丈抽制度内容的记载目前仅见于郭棐《（万历）广东通志》卷 69 中，尚未见记载于其他文献，郭棐的书中并无将"西洋船定为九等"的分等级税额的记载，[②] 而且在当时的中葡文献中也找不到对澳门船分等级征收船税的记载。广州给西洋来粤贸易的船只分等级征税，那是康熙二十三年（1684 年）粤海关建立以后的事情。[③]

其次，文中称"粤东向有东、西二洋诸国来往交易"，并有西洋船的九等税制和东洋船的四等税制。按："东洋若吕宋、苏禄诸国，西洋若交趾、占城、暹罗诸国。"[④] 明代广州港贸易从来是不对东洋开放的，澳门开埠后，在澳门贸易或进广州贸易者都是西洋诸国。万历二十六年（1598 年）八月，曾有一艘吕宋船来广东求贡市，而当时广东官员们"咸谓其越境违例，议逐之"[⑤]，"越境违例"一语完全可以说明当时的东洋吕宋诸国对华贸易地点不在广东（广州——澳门），而是在福建，故指斥吕宋"越境违例"。龙思泰《早期澳门史》第 6 章亦称：

　　根据西班牙与葡萄牙两国 8 款和约的规定，葡萄牙人保

① 梁廷枏：《粤海关志》卷 22《贡舶》2，广州，广东人民出版社标点本，2002。

② 郭棐：《（万历）广东通志》之《外志》，万历壬寅年序刊本。

③ 《清会典事例》卷 235《户部》84《关税》，777 页，北京，中华书局影印本，1999。

④ 张燮著，谢方点校：《东西洋考》卷 7《饷税考》，130 页，北京，中华书局标点本，2000。

⑤ 郭棐：《（万历）广东通志》之《外志》，万历壬寅年序刊本。

持了与印度及其他所有合并了的葡萄牙领地的独占贸易，并得以与西班牙、秘鲁和马尼拉自由往来。澳门商人志在获取广州贸易的垄断权，并且也得到了。[1]

故张天泽《中葡早期通商史》第5章称：

广州与西班牙的殖民地之间的贸易也控制在葡萄牙人手中，因为西班牙人被排除在此项贸易之外。[2]

明代广东无东洋贸易之记录，故不可能在制度中给东洋贸易船只定等级。只是到了清代康熙二十三年粤海关建立后，东洋船只进入广东贸易才成为合法的制度。[3]

再次，余以为，康熙二十四年宜尔格图所说的隆庆五年制定的丈抽制度指的是漳州海澄的对外贸易，而不是广州、澳门。张燮《东西洋考》卷7载：

（嘉靖）四十四年（1565 年），奏设海澄县治。其明年，隆庆改元（1567 年），福建巡抚都御史涂泽民请开海禁，准贩东、西二洋。

西洋船而阔一丈六尺以上者，征饷五两，每多一尺加银五钱。东洋船颇小，量减西洋十分之三。

看得海澄饷税，初仅三千，其后增益至万，又加倍之，迨中使专榷，始盈二万七千。近奉恩命减三分之一，议减三千。[4]

漳州海澄港开放后，成为当时中国唯一对东、西两洋全方位开放的港口。从《东西洋考》一书所载内容再比较宜尔格图所言

① 龙思泰著，吴义雄、郭德水、沈正邦译：《早期澳门史》，第6章，143页，北京，东方出版社，1997。
② 张天泽著，姚楠、钱江译：《中葡早期通商史》，第5章，120页，香港，中华书局，1988。
③ 参见《清会典事例》卷235《户部》84《关税》，777页，北京，中华书局影印本，1999。
④ 张燮著，谢方点校：《东西洋考》卷7《饷税考》，131~132页，北京，中华书局标点本，2000。

文字看，很明显，宜尔格图所讲的"隆庆五年的丈抽之例"是指漳州海澄港的东、西洋贸易，并不是指广州、澳门。漳州海澄与潮州毗连，漳潮二地关系十分密切，潮属粤东，宜尔格图将漳属之海澄误言为"粤东"，这种情况是完全可能的。

2. 错误地将《东西洋考》中关于漳州海澄对外贸易的饷税制度挪用到澳门的饷税制度中来。大谈什么澳门有水饷、陆饷及加增饷。这一失误源起于张维华先生，其《明史欧洲四国传注释》注释澳门"岁输课二万金"时称：

> 明人征收外舶之税，计有两种：一为水饷，依船之大小而征收者也。一曰陆饷，依货物之多寡而征收者也。大抵此两万之饷银，兼水饷与陆饷而有之。[1]

张维华先生并没有注明材料出处，只是含糊地称水饷与陆饷是明人征收外国船的税，也并没有明指澳门。戴裔煊先生亦持此观点，并称福建广东与海外交通的情况，大致差不多，所以谢杰《虔台倭纂》卷上《倭原王》说："闽广事体，大约相同，观丙子（1576年）、丁丑（1577年），刘军门尧诲、庞军门尚鹏调停贩番，量令纳饷。"[2] 但也没有明确指出，澳门有上述"三饷"。后来的邓开颂、黄启臣及万明诸先生均十分明确地说：

> 万历三年（1575年），明朝制定征税则例，广东官府在澳门征收的关税，包括水饷、陆饷、加增饷三种。[3]

然后，分别用相当的文字来说明这三饷，其中黄启臣先生使用的篇幅最多，还包括大量的数据。但是，十分奇怪的是论证一个如此重大的问题，三位先生均未有一个注释，黄先生的千余字

---

① 张维华：《明史欧洲四国传注释》，21 页，上海，上海古籍出版社，1982。
② 戴裔煊：《〈明史·佛郎机传〉笺正》，63～64 页，北京，中国社会科学出版社，1984。"闽广事体，大约相同"，只是指海外贸易的方式有很多相同的地方；"量令纳饷"，就是具体纳饷的办法不是完全相同的。
③ 万明：《中葡早期关系史》，133 页，北京，社会科学文献出版社，2001。其他诸家表述内容与万明书完全一致。

篇幅及大量的数据亦未见一个注释。① 其实要查上述三饷的来源是十分容易的事，全部见于张燮《东西洋考》卷7《饷税考》：

> 万历三年，中丞刘尧诲请税舶以充兵饷，岁额六千。同知沈植条海禁便宜十七事，著为令。……其征税之规有水饷，有陆饷，有加增饷。水饷者，以船广狭为准，其饷出于船商。陆饷者，以货多寡计值征输，其饷出于铺商。……加增饷者，东洋吕宋，地无他产，夷人悉用银钱易货，故归船自银钱外，属吕宋船者，每船更追银五十两，谓之加征。②

该卷中还附有十分详细的水、陆二饷的细则。我们知道《东西洋考》是记录明代漳州地区对外贸易的一部专书，其中卷7《饷税考》全部记录的是漳州解除海禁后的税则、税务、税官及税馆问题，而与澳门饷税无关。很明显，上引《东西洋考》万历三年（1575年）三饷的规定是福建省针对本省的对外贸易制定的税则，并不是中央政府针对全国对外贸易颁发的税制规定，更不可能适用于当时广州、澳门的对外贸易，这一点是决不能相互混淆的，而明代广州从无吕宋船贸易，又何来设"加增饷"一项？仅此一点就可以确证"三饷"是指漳州而非澳门。总之，以万历三年福建实行的"三饷"制度来说明隆庆年间澳门实行的"丈抽"制度实在有"失之千里"之感。

那么，隆庆年间实行的澳门丈抽税银制究竟有些什么样的内容呢？是否有万历三年福建省所推行的所谓水饷、陆饷及加增饷的"三饷制"呢？让我们看看有关的中西文献关于澳门丈抽制度的记录。郭棐《（万历）广东通志》卷69载：

> 隆庆间，始议抽银，檄委海防同知、市舶提举及香山正官，三面往同丈量估验，每一舶以首尾两艕丈过，阔若干、

---

① 黄启臣：《澳门历史》，84～90页，澳门，澳门历史学会，1995。

② 张燮著，谢方点校：《东西洋考》卷7《饷税考》，131～132页，北京，中华书局标点本，2000。

长若干。验其舶中积载出水若干，谓之水号，即时命工将艕刻定，估其舶中载货重若干，计货若干，该纳银若干。验估已定，即封籍，其数上海道转闻督抚，待报征收。如刻记后水号征有不同，即为走匿，仍再勘验船号出水分寸又若，定估走匿货物若干，赔偿若干，补征税银，仍治以罪。号估税完后，贸易听其便。计每年税银约四万两备饷。自万历二十七年后，皆内监李榷使专之，虽丈估不得主裁矣。①

隆庆后，在澳门实行丈抽税银制的文献记录是非常清楚的，就是外国船只到澳门后，由海防同知、市舶提举及香山知县三方共同丈估，即丈量船只的长宽，然后根据船只的吃水深度来计算船内载货的重量和数量而制定其应纳税银的数量。这里讲得十分清楚，就是明政府只对入澳的葡船征收一种税，即"按船只大小为额"②的舶税。葡文方面也有这样的记载，曾德昭（Alvaro Semedo）于1638年在果阿完成的《大中国志》称：

广州市场的关税，百分之六或七，价值约4万或5万克朗。③

因为是按船只大小交纳关税，而不按货物价值，故货物价值高者其百分比可能还要小。1584年《中国风物志》载：

葡萄牙人……运货前来的船舶，按各船的容积与长度缴税，而不按货物缴税。因而有些船载货达六七千杜卡多而在广州仅缴百分之二的税。④

1635年博卡罗的《要塞图册》亦称：

载运货物进入的各类船只按船只大小交税，五百或六百

① 郭棐：《（万历）广东通志》之《外志》，万历壬寅年序刊本。
② 梁廷枏：《粤海关志》卷22《贡舶》2，广州，广东人民出版社标点本，2002。
③ 曾德昭著，何高济译：《大中国志》，第2部，第1章，210页，上海，上海古籍出版社，1998。克朗（Krona），北欧国家使用的一种货币。
④ 罗曼（Juan Bautista Roman）：《中国风物志》，载《文化杂志》，101页，1997（31）。杜卡多（Ducado）为中世纪欧洲金币名，约合白银37.59克，1杜卡多相当于1两白银。

坎迪尔（Candis）的帕塔索船（Patachos）交五百或六百澳门元。……另外，他们并不注意船上载运什么货物。①

值得注意的是 1594 年出版的林旭登书中的资料：

> 澳门岛及城由葡萄牙人和华人共居。他们同广东人有贸易。华人从那里携货来并在此购货。葡人不能航行到那里（广州），只有印度有船来澳门才可以。在此情况下，由官员或澳门总管来丈量，即量取船的长宽并据此计算关税多少。完后，可随意装购任何数量的任何货物，而无需再付分文。允许推选一个葡萄牙人，代表大家航行去广州，可随意选购货物，但必须在城外过夜，否则严惩不贷。②

林旭登采用的资料均在 1587 年之前。这里告诉我们几点：一是居住澳门的葡萄牙人并不可以进广州贸易，只有从印度来的葡船才可以进广州；二是这时葡船只需向明政府交纳关税，根据"船的长宽""计算关税多少"；三是葡商在广州购买货物回澳，"无需再付分文"。据前引《（万历）广东通志》，万历二十七年（1599 年）之前，明政府对葡商每年通过丈抽税银制可获"税银约四万余两"③。

五、定额税银制时期：1598—1644 年

这种丈抽税银制的实施，带来了很多弊端，特别是在奸商们的贿赂下，其弊更显。前引博卡罗书称：

① 博卡罗（António Bocarro）：《要塞图册》，载《文化杂志》，1997（31）。坎迪尔（Candis），葡萄牙容量单位，1 坎迪尔约合 218 至 245 公升；帕塔索船（Patachos）为一种与大黑船类似的老式三桅船。
② *Arie Pos e Rui Manuel Loureiro，Leinerário，Vìagem ou navegação para as Indias Orientais ou Portuguesas，Lisboa，Comissão National para as Comemorações dos Descobrimentos Portugueses*，1997，pp. 131～132. 林旭登（1563—1611）此书初版于 1594 年，但他采用的资料均在 1587 年之前。
③ 郭棐：《（万历）广东通志》之《外志》。又据霍与瑕《勉斋集》卷 12《陈青田复书》称："澳中舶利周岁不逾三万两。"这也是在万历二十七年之前的记录，可知，当时澳门丈抽税收的收入大致在三四万两之间。

丈量船只的时候，可以向丈量者行贿，使他们高抬贵手，这样，中国国王的收入就会少得多。因为丈量员关心自己的收入甚于关心他们国王的收益。[①]

龙思泰的记录则称：

> 葡萄牙人从 1578 年（万历六年）开始，常去广州。受议事会委托处理该城市商贸事务的商人，晋谒有关管理本地事务的官员，带上 4 000 两银子作为见面礼。当船只满载起航时，还要奉上两倍于此的数目。[②]

这里提到的"见面礼"的 4 000 两和"两倍于此的数目（8 000两）"应不是关税，而是属于明朝官员对葡萄牙人的定额索贿。一份 1646 年的葡文文献记载，当时葡人对中国官员的贿赂每年高达三四万两，合 9 万色拉芬（xerafins），[③] 万历时周玄暐载：

> 广属香山为海舶出入咽喉，每一舶至，常持万金，并海外珍异诸物，多有至数万者。先报本县，申达藩司，令舶提举同县官盘验，各有长例，而额外隐漏，所得不赀，其报官纳税者不过十之二三而已。[④]

当时的葡商也承认：

> 贿赂是存在的，丈量时，官员总是粗略估计的。[⑤]

为了应对丈抽制带来的弊端，大约是在万历二十六年（1598

---

① 博卡罗：《要塞图册》，载《文化杂志》，1997（31）。

② 龙思泰著，吴义雄、郭德水、沈正邦译：《早期澳门史》，第 6 章，108 页，北京，东方出版社，1997。

③ 《呈吾主吾王唐·若昂四世陛下进言书》。中国居民若尔热·平托·德·阿泽维多于 1646 年 3 月亲手交给唐·菲利佩·马斯卡雷尼亚斯总督先生转呈印度议事会，阿儒达宫图书馆《耶稣会士在亚洲》54 - XI - 21 钞件，第 9 号文件，见金国平《西力东渐：中葡早期接触追昔》，145 页，澳门，澳门基金会，2000。色拉芬（xerafins），葡萄牙古银币，1 克鲁扎多等于 1.33 色拉芬。

④ 周玄暐：《泾林续纪》（不分卷），丛书集成初编本，27 页，北京，中华书局，1985。

⑤ C. R. Boxer ed., *Seventeenth Century Macao in Contemporary Documents and Illustrations*, Hongkong, Heinemann, 1984, p. 77.

年）的时候，明政府开始实行定额税银制。李侍问崇祯十四年
（1641 年）的奏疏称：

> 又据香山县知县顾其言申，……万历二十六年，额系二
> 万六千两，比缘岁输不足，减去四千，皆取诸到澳之彝船、
> 唐商、彝商之贸易。

> 该本道看得香山澳税初定二万六千，后征不足，议去四
> 千，见在额二万二千。察所抽者皆于到澳之番舶、贸易之彝
> 商并唐商下澳者。丈量尺寸，盘秤斤两，各有定制，按而抽
> 之，莫能高下其手。饷之足与不足，在乎番舶商货之大小多
> 寡而盈缩焉。虽有定额，实无定规。……今东洋绝市，西洋
> 罕至，商货停阻，可足饷者，日孜孜以求足额为念。第舶饷
> 之盈亏，总在彝船之多寡。或东西两洋日后和好，依旧互
> 市，岁额庶可充足。①

《广东赋役全书》载：

> 每年洋船到澳，该管澳官见报香山县。通详布政司并海
> 道俱批。市舶司会同香山县诣船丈抽，照例算饷。详报司道
> 批回该司，照例征饷，各夷办纳饷银，驾船来省，经香山县
> 盘明造册，报道及开报该司，照数收完饷银存库。夷舶饷银
> 原额银二万六千两，续因缺太多，万历三十四年该司道议详
> 两院题准，允减银四千两，尚实额银二万二千两。②

从上述资料可以看出，从万历二十六年（1598 年）起，开始
实行定额税银制，初定额 2.6 万两。后因为征税不足，减去 0.4
万两，到万历三十四年（1606 年）时，改定额为 2.2 万两，以后
定额税均为 2.2 万两。但是，对这个 2.2 万两的定额税应给予两
点说明：

---

① 张嗣衍：《（乾隆）广州府志》卷 53《艺文》5 李侍问《罢采珠池盐铁澳税疏》，
　　广东省图书馆藏乾隆刊本。
② 《广东赋役全书》之《澳门税银》及《征收之法》，顺治九年刊本，144 页。

　　第一，这 2.2 万两的额税是"所抽者皆于到澳之番舶、贸易之彝商并唐商下澳者"，这就是说，2.2 万两关税是葡萄牙商船的船税和葡华商人货税的总和，而对葡商的征税实际只是 2.2 万两中的一部分，对葡商除征收船税外，还包括葡商的货物出口税及华商的货物进口税。故知这 2.2 万两包括三项税：船税及进出口货税。据龙思泰言，万历七年（1579 年）前，进出口货税均由华商承担，直到 1579 年开始才规定："葡萄牙人必须在广州缴纳出口税。"① 也就是说，葡商到万历七年（1579 年）后不仅要交船税，还增加了一项货物出口税。故一份 17 世纪葡文文献称："我巍巍大中华治夷言而有信，而不在于你们可以支付的关税（direi-tos，即船税）和商税（alcavallas，即出口货税）。"② 但是葡人交这两项税时是有优惠的。龙思泰还称："葡萄牙人拥有仅为在广州购买运往澳门的各类货物、交纳比别国人少三分之二的税款的特权。"并告知 1579 年的有关货税是："细丝每担 12 钱银子，粗丝每担 8 钱银子，其他各来商品每担征税 12 钱银子。"③ 葡萄牙人缴纳船税也享受明政府的优待：

　　　　例如，一艘 200 吨级的葡萄牙商船经过第一次丈量后，缴付白银 1 800 两作为舶税，以后每次前来，只需缴纳此数的三分之一。而一艘同样吨位的挂着其他任何外国国旗的船只无论是第一次还是以后各次抵达港口，都须缴纳白银 5 400 两。④

　　第二，这 2.2 万两的定额只是明政府要求广州府香山县对澳

---

① 龙思泰著，吴义雄、郭德水、沈正邦译：《早期澳门史》，第 6 章，108 页，北京，东方出版社，1997。

② 埃武腊公共图书馆及档案馆 Cod CXVI/2－5 钞件，见文德泉《澳门及其教区》卷 9《澳门德玛利亚信仰》，414～415 页，见金国平、吴志良《东西望洋》，187～188 页，澳门，澳门成人教育学会，2003。

③ 龙思泰著，吴义雄、郭德水、沈正邦译：《早期澳门史》，第 6 章，108 页，北京，东方出版社，1997。

④ 卡斯特罗（Montinho de Melloe Castro）：《备忘录》，41～44 页，转引自张天泽著，姚楠、钱江译《中葡早期通商史》，第 5 章，118 页，香港，中华书局，1988。

门征税定的一个指标，实际征收多少，还是要看每年实际到澳或上省的澳门葡萄牙船只的多少和船载进出口货物的多少而定的。即如李侍问疏所言："其饷之足与不足，在乎番船商货之大小多寡而盈缩。"所以是"虽有定额，实无定规"①。万历二十六年（1598 年）给广州下达的指标是 2.6 万两，后因为来的船只不多，丈抽数不足，达不到 2.6 万两的指标，于是在万历三十四年（1606 年）就减去 0.4 万两而将指标定为 2.2 万两。万历二十六年（1598 年）前，由于澳门对外贸易兴旺发达，故明政府每年可获"税银约四万余两"，后来随着葡萄牙海外贸易的兴衰起伏，逐渐衰落或其他原因的影响，不仅万历二十六年 2.6 万两的税银征收指标达不到，就连万历三十四年削减后的 2.2 万两指标也达不到，如万历三十九年（1611 年）的税银就只收到九千两。② 到崇祯以后"东洋绝市，西洋罕至，商货停阻"③。这 2.2 万两的指标就成了有关部门日夜孜孜以求"足额"的梦想了。

天启五年（1625 年）一份葡文档案称：

> 该国将提高税收。据他们的档案，通常支付的数额是 1.4 万两至 3.2 万两，某年份是 2.2 万两，外加地租 1 万两，共计 3.2 万两。……我们决定：尔等每年支付 2.2 万两关税，不得有误。……每年 2.2 万两必须在尔等来广州时分两次付讫，届时可获准贸易。④

可见，葡文资料同中文文献是吻合的，葡商每年实际支付关

---

① 张嗣衍：《（乾隆）广州府志》卷 53《艺文》5 李侍问《罢采珠池盐铁澳税疏》，广东省图书馆藏乾隆刊本。
② 王以宁：《东粤疏草》卷 5《条陈海防疏》，广州，广东省中山图书馆抄本，1958。
③ 张嗣衍：《（乾隆）广州府志》卷 53《艺文》5 李侍问《罢采珠池盐铁澳税疏》，广东省图书馆藏乾隆刊本。
④ 埃武腊公共图书馆及档案馆 Cod CXVI/2 – 5 钞件，见文德泉《澳门及其教区》卷 9《澳门德玛利亚信仰》，414 ~ 415 页，见金国平、吴志良《东西望洋》，187 ~ 188 页，澳门，澳门成人教育学会，2003。

税的数额是不同的，从 1.4 万两到 3.2 万两（其中有 1 万两地租，① 实为 2.2 万两）都有，故最后定额为 2.2 万两。但这 2.2 万两的定额税银并非如前引《明史》《明实录》及委黎多《报效始末疏》所言为中葡贸易中始终实行的税制，它的准确实行时间应始于万历三十四年（1606 年）后。

---

① 关于征收澳门 1 万两地租，参见金国平、吴志良《“地租银一万两”与“丁粮一万两”》，见《东西望洋》，182 ~ 188 页，澳门，澳门成人教育学会，2003。

此为清人外销画中所绘广州十三行夷馆区，其中可以反映当时广州国际贸易的繁荣。

第二十章　明中后期『广州交易会』始末考

第二十章 明中后期 "广州交易会" 始末考①

关于明中后期葡萄牙人到广州贸易之事学术界近年有不少文章与著作涉及此事，发表了一些重要的意见。邓开颂等先生主编的《粤澳关系史》中第 3 章称：

> 万历初年是澳门贸易港早期发展的转折时期。当时广州重开每年一次（后分夏、冬两季）的定期贸易，每次数月或数星期不等。

> 万历六年，居澳葡商被视为对外贸易的代理商，获准可直接到广州参加交易会。这一年，对澳门海外贸易的空前发展，具有划时代的意义。②

此书在这一重要结论之下并无资料征引，也未见注释。而黄启臣先生在他的《澳门历史》第 3 章也有大致相同的表述：

> 葡萄牙人进入和租居澳门后，利用明代中国政府准许广州口岸为对外贸易的特殊政策，开展对广州的贸易活动。从 1578 年起，葡萄牙人获准于每年夏、冬两季到广州海珠岛参

---

① 原文载《学术研究》，2005（5）。
② 邓开颂、吴志良、陆晓敏主编：《粤澳关系史》，116 页、123 页，北京，中国书店出版社，1999。

加中国举办的为期数周的定期市集（交易会），直接与在广州的中国商人贸易，从而获得更多更好的中国商品运往澳门，转销日本、果阿、马尼拉等地，并运销至欧洲和美洲。①在这一段文字内既未有资料的征引，也未见注释。另外一篇专门论及广州交易会的论文《广州 "交易会" 及其制度改革（1567—1644）》亦称：

> 由此可见，直到隆庆初期，贸易仍在澳门进行，外国人不得进入广州。……澳门葡萄牙人不能公开到广州贸易，仅能在澳门与各国通商，只向明朝缴纳船税，所有进出口货物税全部由下澳中国商人负担，结果反而对葡萄牙人有利而不利于中国商人和广州贸易。为改变这一状况，同时更为了开拓财政来源，增加外贸税收，广东官方从万历六年（1578年）开始每年在广州举办春、夏两季交易会，有些欧洲人称之为 "盛大的市集"。②

广州交易会的出现和关闭，是明代对外贸易中的一件大事。在许多西文澳门史著作中均涉及这一问题，但未见详细论证。上述中国学者的论著则多是不征引原始资料而遽下结论，且错讹甚多。故拟将有关中西文献中关于广州交易会的资料进行一次系统的梳理，以求得一个正确的结论。

一

正德十六年（1521年），中葡屯门之战爆发后，明政府采取了十分坚决的断绝中葡合法通商贸易的政策，不允许葡萄牙人进入广东，这种情况一直持续到嘉靖三十二年（1553年）。这一时期，虽然有不少葡萄牙商人在广东海上活动，在上川、浪白等地

---

① 黄启臣：《澳门历史》，36 页，澳门，澳门历史学会，1995。
② 李庆新：《广州 "交易会" 及其制度改革（1567—1644）》，见天津古籍出版社编写组《陈捷先教授、冯尔康教授古稀纪念论文集：明清人口婚姻家族史论》，84页，天津，天津古籍出版社，2002。

与华人展开贸易，甚至有不少广州商人携带货物到上川、浪白等地与葡商贸易，但葡商进入广东则始终是明朝政府予以严禁的。1552 年沙勿略（Francisci Xaverii）的信中称：

> 上川港距广州三十里格，许多商人从广州城赶来此地与葡萄牙人交易。葡萄牙人不断与他们打交道，看看是否有人愿意带我去广州城。众人一致拒绝，他们说若广东督臣得知带我入城，他们的性命及财物将遭受极大的危险。因此，不管我开多大的价，他们也不敢让我随他们的船去广州城。①

1556 年索札（Leonel de Sousa）的信中称：

> 我辗转中国三载，生意一笔接一笔，可获利菲薄。中国各处港口堡垒森严，船队严阵以待，决不允许我们从事贸易。②

但嘉靖三十三年（1554 年），索札与广东海道副使汪柏签订协议后，这种情况发生了变化：

> 于是，在华商务出现了和局，众人得以高枕无忧做生意，赚大钱。许多葡萄牙人前往广州及其他地方行商。③

耶稣会士佛罗依斯（Luis Froes）1555 年 12 月 1 日的信称：

> 去年，当我们获悉葡萄牙人得允进入广东后，罗尼士·巴列托（Nunes Barretto）神父显得非常感动。④

克路士（Gaspar da Cruz）《中国志》载：

> 因为自 1554 年以来，莱昂尼·德·索札任少校，和中国人订立条约说我们要向他们纳税，他们则让我们在他们港

---

① 舒拉曼：《方济各·沙勿略通讯录》，第 2 卷，491 页，译文见金国平《西力东渐：中葡早期接触追昔》，294 页，澳门，澳门基金会，2000。
② 金国平：《莱奥内尔·德·索札与汪柏》，见《中葡关系史地考证》，38～39 页，澳门，澳门基金会，2000。
③ 金国平：《莱奥内尔·德·索札与汪柏》，见《中葡关系史地考证》，40 页，澳门，澳门基金会，2000。
④ *Cartas dos Jesuitas na Asia*, Codex49 - IV - 54, ff. 91. in Ajuda library, Lisbon，转引张增信《明季东南中国海上活动》（上编），248 页，台北，中国学术著作奖助委员会，1988。

口贸易。从此后我们便在中国第一港口广州作贸易。中国人带着丝绸和麝香上那儿去，这是葡人在中国购买的主要货物。①

这三条是最原始的葡文材料，可以证明，从嘉靖三十三年（1554年）起，明朝政府正式允许葡萄牙人进入广州贸易。但是，1622年的一份葡语文献与上述记录稍有歧异：

1555年，被获准参加的广州交易会贸易和纳税。时至今日，已经67年。②

郑舜功《日本一鉴·穷河话海》卷6载：

岁乙卯（1555年）佛郎机夷诱引倭夷，来市广东海上，周鸾等使倭扮作佛郎机，同市广东（州）卖麻街，迟久乃去。③

葡语资料明确称，明王朝对葡萄牙人开放的"广州交易会"始于1555年；中文文献也十分清楚地记录，1555年，葡萄牙人伙同日本商人在广州卖麻街贸易。广州交易会到底始于1554年抑或1555年？余以为，索札与汪柏的议和应该是在1554年索札船从日本返回广东停留准备住冬时商定的，时间应在1554年10月至12月间，故在议和商定后，葡商即在当年底"前往广州及其他地方行商"，从1月份起开始采购运往马六甲及印度等地的货物。签订和议在1554年底，而广州的冬季市场又是1554年11月、12月至1555年1月、2月间，期间跨了两个年度，故有的文献称1554年葡人进入广州贸易，也有的文献称1555年葡人被获准参加广州交易会，两种说法均为有据。但龙思泰《早期澳门

---

① 博克塞著，何高济译：《16世纪中国南部行纪》之克路士《中国志》，第23章，131页，北京，中华书局，1990。

② 高美士：《荷兰殖民档案馆所藏葡萄牙17世纪文献》，载《贾梅士学院院刊》1975，9（4），见金国平、吴志良《过十字门》，52～53页，澳门，澳门成人教育学会，2004。

③ 郑舜功：《日本一鉴·穷河话海》卷6《海市》，民国二十八年排印本。

史》称：

从1555年到1578年，中国商人在澳门进行易货贸易，主要以丝绸换取外国货物，承担进口货和中国出口货的货税。葡萄牙人从1578年开始，常去广州。[①]

张天泽《中葡早期通商史》亦称：

在1578年以前，中国商贾虽被禁止出洋，但其进出口货物仍须缴税。因此，葡萄牙人仅被视为他们的对外贸易代理商，替他们把中国商品销往国外，并为他们购回外国货物。可是在那一年（1578年），澳门的葡萄牙人开始自行前往广州购买中国货物。[②]

这应当就是前引几位中国学者所指的万历六年开始举办"广州交易会"的史料来源。很明显，龙思泰和张天泽将万历六年（1578年）视为葡萄牙人进入广州贸易之始是错误的，因为，当时的中葡文献均一致记录，葡萄牙商人被明朝政府获准进入广州的时间是在1554年底及1555年初。就这一点而言，龙思泰及张天泽书不足征信。

但是，到嘉靖三十八年（1559年）时，由于广东海上政局的变化，明朝对葡贸易政策又发生变化。《（嘉靖）广东通志》卷68载：

（嘉靖）三十八年，海寇犯潮，始禁番商及夷人毋得进广州城。[③]

郑舜功《日本一鉴·穷河话海》卷6载：

①　龙思泰著，吴义雄、郭德水、沈正邦译：《早期澳门史》，第6章，108页，北京，东方出版社，1997。
②　张天泽著，姚楠、钱江译：《中葡早期通商史》，第5章，117页，香港，中华书局，1988。葡萄牙学者白乐嘉亦称："在1578年，与华人的主要贸易被转移到广州。"见 J. M. Braga, *The Western Pioneers and Their Discovery of Macao*, Macau, Impresensa National, 1949, p. 144. 这一说法均来自于龙思泰书。
③　黄佐：《（嘉靖）广东通志》卷68《外志》5，广州，广东省地方志办公室影印本，1997。

嘉靖己未（三十八年），巡按广东监察御史潘季驯禁止佛郎机夷登陆至省，惟容海市。[1]

由于广东地方再次遭受海盗的严重寇扰，故于嘉靖三十八年（1559 年）明政府开始下令禁止葡萄牙人去广州贸易，"惟容海市"。允许葡萄牙人进入省城广州进行贸易的政策因海上寇盗的猖獗被暂时中止。

二

这一次禁令维持多久，目前尚未见明确记录"广州交易会"对澳门葡人再次开放。但葡方对于争取再次开放广州贸易做出过很大的努力。1563 年，为了改善葡中关系，葡印总督派出以吉尔·德·戈依斯（Gil de Gois）富商为首的使节团前往广州谈判，希望通过谈判能使葡商获准进入广州贸易。但澳门那些倒买倒卖的商人们是有意阻挠吉尔·德·戈依斯大帆船开往广州的，他们生怕这位特使会在这一年将一切同中国人的贸易往来统统垄断起来。

其间，虽然又爆发了 1564 年年初的"柘林水师兵变"，葡萄牙人还组织精锐武装帮助明朝平定叛乱，但是，明朝政府并没有因此对葡萄牙人再次开放广州，仅同意派一个耶稣会代表团访问广州。[2] 连原来答应的"许免抽分一半"的承诺也未兑现，[3] 引致居澳葡人的"不服"，遂"拥货不肯输税"。[4] 于是，明政府再次申令："夷人只于澳上交盘，不许

---

① 郑舜功：《日本一鉴·穷河话海》卷 6《海市》，民国二十八年影印本。
② 罗理路著，陈用仪译：《澳门寻根》，24～28 页，澳门，海事博物馆，1997。
③ 陈吾德：《谢山存稿》卷 1《条陈东粤疏》，影印清刊本，四库存目丛书，济南，齐鲁社，1997。
④ 叶权、王临亨、李中馥：《贤博编》附《游岭南记》，44 页，北京，中华书局标点本，1987。

引类径至省内。"① 再次重申葡人不许至广州贸易。

葡萄牙人再次出现在广州交易会上，大约是在隆庆末年（1571 年或 1572 年）。1621 年马托斯（Gabriel de Matos）文章称：

> 1571 年或 1572 年，当葡萄牙人前往广州参加交易会时，官员按照惯例，身著红袍，出大门来收葡萄牙人带来的税金。②

这一则珍贵的葡文史料给出一个比较准确的信息：隆庆末年（1571 年或 1572 年）时，明朝政府再次开放了针对葡商的"广州交易会"，而不是万历六年开放的。至于什么原因使得广州贸易对葡人开放，目前尚未确切查知。总之，1571 或 1572 年后，葡萄牙人再次进入广州贸易。罗明坚万历八年（1580 年）的信称：

> 治理广东的官吏们准许住在澳门的全体居民，不论住在何区，不论任何身份，不论何天皆可去广州经商，不必要求特别许可，什么时候离开任便，但为避免拥挤，产生混乱，每条船只准乘坐五位葡萄牙人。这样新的措施为他们葡人提供方便了，从此可以更方便更自由地和中国人交易了；因为以往一年只准一次前往经商。③

这一时期霍与暇亦有相同的记载：

> 近日闽浙有倭寇之扰，海防峻密，凡番夷市易皆趋广州。番船到岸，非经抽分，不得发卖。……每番船一到，则通同濠畔街外省富商搬瓷器、丝棉、私钱、火药违禁等物，满载而去，满载而还，……番夷市易将毕，每于沿海大掠童

---

① 陈吾德：《谢山存稿》卷 1《条陈东粤疏》，影印清刊本，四库存目丛书，济南，齐鲁书社，1997。

② 马托斯（Gabriel de Matos）：《议事亭对耶稣会关于青洲抗议答复辩澳门城葡萄牙人权利》，见金国平《中葡关系史地考证》，128～132 页，澳门，澳门基金会，2000。

③ 利玛窦著，罗渔译：《利玛窦书信集》下册附录《罗明坚神父致罗马麦尔古里亚诺神父书》，425 页，台北，光启出版社，1986。

男童女而去。①

据罗明坚信可知，万历八年（1580 年）以前，葡人到广州贸易只是一年一次，什么时候改成允许葡萄牙人每年两次去广州贸易的呢？这一点，龙思泰书有详细记载：

> 开始时市场每年开放一次，但从 1580 年起，根据两次不同的季候风，每年开放两次。贸易经理人，从 1 月份起采购运往印度及其他地方的货物，从 6 月份起采购运往日本的货物。每年两个月，三个月，有时是四个月。②

可见，一年两季的 "广州交易会" 始于万历八年（1580 年），而不是万历六年（1578 年），这在新发现的史料委黎多《报效始末疏》③ 之中也有相似的记录，其中所言 "两季到省贸易"，即应指此。

一年两次的 "广州交易会" 在中外文献中均有较多资料予以记录。万历十三年（1585 年）利玛窦给罗马总会长的信称：

> 每年两次在广州举行商展，藉此商展让麦（安东）神父跟葡籍商人一块前来比较安全。④

而《利玛窦中国札记》则有更清楚的记述：

> 葡萄牙商人已经奠定了一年举行两次集市的习惯，一次是在一月，展销从印度来的船只所携带的货物，另一次是在六月末，销售从日本运来的商品。这些市集不再像从前那样在澳门港或在岛上举行，而是在省城本身之内举行。由于官员的特别允许，葡萄牙人获准溯河而上至广东省壮丽的省会作两天的旅行。在这里他们必须晚间待在他们的船上，白天

---

① 霍与暇：《勉斋集》卷 12《上潘大巡广州事宜》，清光绪丙戌重刊本。
② 龙思泰著，吴义雄、郭德水、沈正邦译：《早期澳门史》，第 6 章，108 页，北京，东方出版社，1997。
③ 韩霖：《守圉全书》卷 3 委黎多《报效始末疏》，明崇祯九年刊本，87 页，台北，中央研究院傅斯年图书馆善本室藏。
④ 利玛窦著，罗渔译：《利玛窦书信集》上册 6《致罗马总会长阿桂委瓦神父书》，69 页，台北，光启出版社，1986。

允许他们在城内的街道上进行贸易……这种公开市场的时间一般规定为两个月。①

麦安东（António de Almeida）神父 1585 年的信则记录了葡人在广州交易会上的贸易街区：

> 葡萄牙人在划分成十至十二个区域中从事买卖，很少需要去陆地上买东西的，这里可以找到一切，鸡卖二十至三十铜钱一只，鸭子的价钱不一，有贵有贱。②

这个"十至十二"个区域，恐怕也就是上面霍与暇提到的"濠畔街"及《日本一鉴·穷河话海》中的"卖麻街"。万历十九年（1591 年）在广州的王临亨也记录了当时葡人在广州贸易之情况：

> 西洋古里，其国乃西洋诸番之会。三四月间入中国市杂物，转市日本诸国以觅利，满载皆阿堵物也。余驻省时，见有三舟至，舟各赍白金三十万授税司纳税，听其入城与百姓交易。③

这里的"西洋古里"即指葡属印度，阿堵物为钱，葡商载运着大量的白银进入广州贸易。这正是广州交易会最兴盛时的记录。就是这一年著名戏剧家汤显祖到了广州，④ 其诗中也记录了外商在广州的活动，如《南海江》有：

> 时时番鬼笑，色色海上眠。⑤

"色色海上眠"，正是汤显祖看到广州交易会的各色外国人晚上只准许住在船上的真实写照。1598—1599 年曾在澳门停留的旅

---

① 利玛窦、金尼阁著，何高济、王遵仲、李申译：《利玛窦中国札记》，第 2 卷，第 2 章，144 页，北京，中华书局，1983。
② 利玛窦著，罗渔译：《利玛窦书信集》下册附录 11《麦安东神父致罗德里格神父书》，481 页，台北，光启出版社，1986。
③ 王临亨：《粤剑编》卷 3《志外夷》，91 页，北京，中华书局标点本，1987。
④ 汤开建：《汤显祖与澳门》，载《明清士大夫与澳门》，69 页。
⑤ 徐朔方笺校：《汤显祖诗文集》上册《南海江》，424 页，上海，上海古籍出版社，1982。

行家卡勒其（Francesco Carletti）更记录了广州交易会的重要内容：

> 　　特许这位首领（指葡人首领）在该年备船前往日本，其他无此特权。船载本城居民发往那里的货物，这些货物都是一年分两次在举行交易会的广州市购买的。这些货物在9、10月运往东印度，广州交易会或集市来临时，我把现金交给了代表们。从澳门市民中选出四五人，任命他们以大家的名义去购货，以便货物价格不出现变化。代表们乘中国人的船被送到广州，携带着想花或可以动用的钱，一般是相当于25万至30万埃斯库多的雷阿尔或来自日本及印度的银锭。这些船名叫龙头船（Lantee），① 类同日本的黑船，以桨航行。葡萄牙人不得离开这些船只。只有白天允许他们上岸行走，入广州城商讨价格，观看货物，商定价格。定价称作"拍板"。之后，可以这一价格购买各人欲购的货物，但在商人代表订立合同前，任何人不得采购。入夜后，所有人返回龙头船上进食休眠，一边购货，一边根据葡人的需要将其龙头船运至来自印度的大舶或澳门。②

库帕（Michael Cooper）书中提供的资料是：

> 　　1611年他（陆若汉 Jean Rodriguez）写完年报不久，就跟葡萄牙商人代表团一起去了广东的冬季市场。该市场每年开办两次，每次持续2到3个月，戒备心很强的中国人只有这个时期才正式允许葡萄牙人入境……陆若汉（1615年7月）回到澳门，两三个月之后，又回到了广东。跟1612年一样，要去广东的冬季市场，带领葡萄牙人，于11月底12

---

① 疑 Lantee 船即俞大猷《正气堂全集》卷15《论夷商不得恃功恣横》中提到的葡人"龙头划"，原文为"贼所恃者龙头划，然贼不过一二十只"。
② 卡勒其：《周游世界评说（1594—1606）》，见马尔吉亚诺·葵戈利埃密内特蒂主编《17世纪游记记编》，181～182页，都灵，1969。按：作者于1598—1599年曾滞留澳门。

月初出发。……1621 年，他也像往常一样，带领葡萄牙商人去广东市场。①

就是万历四十一年（1613 年）海道副使俞安性为澳门葡人制定的《海道禁约五款》之葡文也明确规定：

四、禁接买私货。若有偷运到澳门者，请将其执送澳官。这样，本官将把尔等视为良。尔等可至广州进货，其地物美价廉。②

议事亭代表卡瓦略（Louvenco Cavalho）对海道的回复是：

四、大人禁止我等接买私货。我等葡萄牙人合法买卖，一切货物公开买卖，货款清楚，价格统一。我等去广州可选购所需货物，为何收买私货？走私者实为大人子民，他们与师船、兵船串通一气，偷运货物。此事与我等有何牵涉？③

从上面两则材料甚至可以看出，当时葡商实际上还与中国走私商人勾结，进行走私贸易。1622 年的葡文档案记录：

每年两次前往广州缴纳船税，并为印度和日本的贸易参加交易会。④

1625 年一份葡文档案亦称：

你们已每年缴纳了 2.2 万两，得赴广州参加交易会。……每年 2.2 万两，必须在尔等来广州时分两次付讫。⑤

1629 年荷兰人努易兹（Pieter Nuyts）交给荷印总督的一份报

① Michael Cooper, Rodrigues, *O Interprete*：*Um Jesuita Protugues no Japao e na China do Seculo XVI*, p. 308, pp. 325～326, pp. 350～351.
② 安东尼奥·博卡罗：《印度旬年史之十三》，第 2 卷，727 页，见金国平《西力东渐：中葡早期接触追昔》，287 页，澳门，澳门基金会，2000。
③ 安东尼奥·博卡罗：《印度旬年史之十三》，第 2 卷，733 页，见金国平《西力东渐：中葡早期接触追昔》，291 页，澳门，澳门基金会，2000。
④ 高美士：《荷兰殖民地档案馆所藏葡萄牙 17 世纪文献》，载《贾梅士学院院刊》，1975，9（4），40～41 页。
⑤ 埃武腊公共图书馆及档案馆 Cod CXVI/2－5 钞件，见文德泉《澳门及其教区》卷 9《澳门德玛利亚信仰》，414～415 页，见金国平、吴志良《东西望洋》，187～188 页，澳门，澳门成人教育学会，2003。

告亦称：

> 澳门的葡萄牙人已和中国贸易 130 年之久，贸易方式经由特殊的付款及送礼，其大使经皇帝特准居住于此，其商船到广东参加每年两次的市集，购买货物。①

从上述征引资料中可以看出，自 1571 或 1572 年，广州交易会重新开放后，直到崇祯四年（1631 年），一直未曾关闭，且发展成为一种常设性、制度化的交易会。但不排除在中葡关系发生激烈冲突时，广州市场也会出现短暂关闭，如 1606 年的郭居静事件，② 但 1625 年的拆毁澳门城墙事件的爆发并没有影响当年的广州交易会。③

三

广州交易会，中国商品输出之最大宗者即丝绸：

> 帝国全境有大量的丝绸，多从广州城运往葡属印度，每年多达 3 000 多公担（每公担 59 公斤），另外，运往日本的许多公担没算在内，还有通常开往吕宋群岛的 15 艘船所载和暹罗及其他国家的人拿去的大量丝绸都未计算在内。④

另一份葡文文献中记录了当时丝绸的各类价格：

> 既然谈到了澳门的贸易。宜谈谈葡萄牙人常常在此买卖的某些货物及其大约的时价。……应该说，在中国，丝绸分为三类：一类叫南京（Nanquim），最上乘者；一类叫佛山

---

① 甘为霖英译，李雄辉汉译：《荷据下的福尔摩沙》第 1 部分《福尔摩沙概述》，74 页，台北，前卫出版社，2003。
② 徐萨斯著，黄鸿钊、李保平译：《历史上的澳门》，第 5 章，48 页记载，郭居静事件过后，"他们终于解除了戒备，澳门又恢复了平静，贸易又同往常一样开展起来"。
③ 科尔特斯（Adriano de las Cortes）：《中国旅行记》，载《文化杂志》，1997（31）。其中第 152 页中记录 1625 年中葡因拆城墙发生冲突，中国军队包围了澳门，但当年还是有参加广州货市的葡萄牙人。
④ 罗耀拉（Martin Lgnácio de Loyola）：《自西班牙至中华帝国的旅程及风物简志》，载《文化杂志》，1997（31）。

（Fuh-sjan），也不错；第三类最差，名叫南航（Nankhang）。除了这些，也有其他的丝绸品种。未成线的叫生丝，还有单股丝和多股丝（seda torcida），后者葡萄牙人称其为丝线（retrós）。每担（pico）南京素色生丝一般价值 145 至 150 八雷阿尔银元（reais‒de‒oito）或同值的塔勒雷斯（táleres）。每担佛山素色生丝价值 140 至 145 八雷阿尔银元。每担南航素色生丝价值 70 至 80 八雷阿尔银元。每担南京素色丝线或多股丝价值 160 至 170 八雷阿尔银元。每担佛山或四川素色或有色丝线或多股丝价值 130 至 135 八雷阿尔银元。每担广东（或广州，cantão）素色丝线或多股丝价值 55 至 60 八雷阿尔银元，其他色多股丝价值相同。每担广东彩色生丝价值 55 至 60 八雷阿尔银元。14 尺（côvado）长的素色细绸，按照不同的年份，每百匹价值 55 至 60 八雷阿尔银元。其他的中国奇珍异货价格随时节而定，但不如丝绸这么大宗。上述货物是葡萄牙人的主要生意，是中国的主要财富和向周边地区出口的货物。[①]

而葡萄牙商人进广州所携带的最重要的商品就是白银。上引葡文文献称：

从澳门送往日本的货物是丝绸，回来的是白银，白银赚头很大。[②]

1590 年《日本天正遣欧使节团》一书载：

葡萄牙人为了采购货物，每年运到那个叫做广州的城市的白银，就至少有四百个塞斯特尔休，但一点儿白银也都没

---

① *Arie Pos e Rui Manuel Loureiro*, *Itinerário*, *viagem ou navegacão para as índias Orientais ou portuguesas*, Lisboa, Comissãoo National para as Comemoraações dos Descobrimentos Portugueses，1997，pp. 132 ~ 134.

② Arie Pos e Rui Manuel Loureiro, Itinerário, viagem ou navegação para as índias Orientais ou portuguesas, p. 132.

有从中国流出境外。①

前引葡文文献则载:

> 葡萄牙人携来中国出售的货物如下:最畅销,最大量,利润最高,最保险的是八雷阿尔银元。在中国价值5个多托斯滕(toestães)。他们并非只喜欢这种银子,什么银子都要。分成小块,然后按照他们的方式花用,对此前有所述。葡萄牙人贩来葡萄酒,有葡萄牙的,也有印度的。还有深受欢迎的橄榄油。中国绝对没有,也不会生产的天鹅绒和红呢,尽管有许多绵羊和羊毛。还有镜子、象牙及各色水晶及玻璃饰物。自鸣钟及此类的奇货最受青睐。②

随着中国各地商人的商品大量涌入广州市场,以致当时以富裕著称的葡商也缺乏资金购买。努易兹关于中国贸易的报告称:

> 中国物产是这么丰富,它可以充足地供应全世界某些货物。汉人将全国各地的货物送到易于脱售的城市或港口。……然后又送到澳门和广东的市集,但是商品这么多,葡萄牙人根本买不完。③

龙思泰的书中也有较详细的记录:

> 这种贸易甚至从1578年开始,葡萄牙人载有200到600和800吨货物的船只驶入广州之后,还在继续。他们从欧洲带来毛织品,从印度运来琥珀、珊瑚、象牙、檀香、银子、香料等等,但最大宗的是胡椒。《葡属亚洲》一书断言,他们每年的出口达5 300箱精致丝绸,每箱包括100匹丝绸、锦缎和150匹较轻的织物(卫匡国在他的《中国新地图集》中说有1 300箱);2 200或2 500锭黄金,每锭重10两;还

---

① 孟三德:《日本天正遣欧使节团》,载《文化杂志》,1997(31)。

② Arie Pos e Rui Manuel Loureiro, *Itinerário, viagem ou navegação para as Índias Orientais ou portuguesas*, p. 134.

③ 甘为霖(Wiliam Campbell)英译,李雄辉汉译:《荷据下的福尔摩沙》第1部分《福尔摩沙概述》,77页,台北,前卫出版社,2003。

有 800 镑麝香，此外还有珍珠、宝石、糖、瓷器和各种小件物品。①

《历史上的澳门》则载：

> 一个连续数月的集市首次在广州举行后，以后一年两次，一月份澳门商人开始购买发往马尼拉、印度和欧洲的商品，六月份则购买发往日本的商品，以便及时备好货物，使商船能在东南和东北季风开始时按时起航。远东与欧洲的贸易为葡萄牙王室垄断。一支王家船队每年从里斯本起航，通常满载着羊毛织品、大红布料、水晶和玻璃制品、英国制造的时钟、佛兰得造的产品，还有葡萄牙出产的酒。船队用这些产品在各个停靠的港口换取其他的产品，船队由果阿去柯钦，以便购买香料和宝石，再从那里驶向满剌加，购买其他品种的香料，再从其他群岛购买檀香木。然后，船队在澳门将货物卖掉，买进丝绸，再将这些连同剩余的货物一起在日本卖掉。换取金银锭。这是一种能使所投资本成 2 倍或 3 倍增长的投机买卖。船队在澳门逗留数月后，从澳门带着金、丝绸、麝香、珍珠、象牙和木雕艺术品、漆器、瓷器回国。葡萄牙国王为自己保留了东方贸易中最大的特权。他给予有功的大臣的最大实惠就是允许他们用一两艘大帆船运来东方商品，卖给里斯本商人，以获巨大利润。②

通过广州交易会，明朝政府也获得巨大的利益。万历中期韶州同知刘承范称：

> 且军门军饷，取给广州者，每岁不下三十余万，皆自榷

---

① 龙思泰著，吴义雄、郭德水、沈正邦译：《早期澳门史》，第 6 章，100 页，北京，东方出版社，1997。
② 徐萨斯著，黄鸿钊、李保平译：《历史上的澳门》，第 4 章，40 页，澳门，澳门基金会，2000。

税中来。①

这"三十余万"的榷税是包括中外商税之总和。从丰富的史料记录中，我们可以看出这一持续 80 余年的广州交易会的盛况。成书于 1582 年之后的《中国诸岛简讯》，其作者可能就是参加广州交易会的葡商，其中记录了从澳门到广州的水道路程：

> 从澳门取海道前往广州，可走两条路：一条叫内线，即沿着澳门所在岛屿的西侧，途经香山［镇］，沿着顺德岛的左侧，前往广州。另外一条叫外线，即沿着澳门港所在岛屿的东侧，穿过一个小海湾，途经许多小岛，沿着顺德岛的左侧，前往广州。返回走同路。外线若不起东风，较快捷，因为没有内线的那么多海潮。

> 到目前为止，仅仅得知一条海舶可以进入广州的水路，即走东莞（ilha do Tancoão）岛的南头（Nanto）岬角，它位于去那里（广州）路上的右手。从那里可以抵达顺德（Sunte）岛的东侧。由此可以进入广州港（barra de Cantão）。阿隆索·桑切斯（Sanchez）神父先生便是从这里返回东莞的。海道驻扎在那里。从此至广州港的距离为两西班牙里格。至东莞约七或八里格。当年费尔南·佩雷斯·德·安德拉德（Fernão Peres de Andrade）曾取此道。稍后，其兄弟西蒙·德·安德拉德（Simão de Andrade），也是驾驶大船由此入广州的。

> 至于其他路程，我们得知，海舶不可通行。据说，东莞及陆地之间有海舶可航行的水道，因为有许多满载的船在此通行。我们的一条中国帆船从日本返回时，遇到了风暴也曾穿过这里，不知不觉来到了南头岬角。这是我们所获得的进

---

① 刘承范：《利玛窦传》，载湖北监利存泽堂《刘氏族谱》序之卷 2《艺文》，民国三年刊本，12 页。

入广州入口的消息。①

四

天启以后，由于澳门葡人不断加紧澳门城垣及炮台的建设，虽经几次拆毁，但至 1626 年时，全部防御体系建成。② 中国地方官一直怀疑澳门葡人修建城墙和炮台是准备在中国扩张领土，故对葡人经常性且规模越来越大地进入广州市场参加贸易之事越来越担心。龙思泰《早期澳门史》载：

> 商人们（葡萄牙）大体都为几乎独占了整个日本、亚洲与欧洲的贸易而洋洋得意，所以为中国官方对他们的冷淡态度而感到震惊。议事会在 1596 年给果阿总督的一封信中抱怨（中国官方）对他们的这种忽视，但坦率地承认，这要更多地归咎于葡萄牙人自己，而不是中国人，并补充说，"中国人要求我们不要去广州，全部贸易应在澳门进行"。这种暗示遭到了轻视。③

前引 1629 年努易兹关于中国贸易问题的报告称：

> 因为他们（指澳门葡人）开始筑城等工事，中国人开始怀疑，担忧会像侵入马六甲一样侵入中国。后来葡萄牙人在广东的市集里被中国人和官吏虐待，遭到损失和困难，因而逐渐退出，由别人代理贸易。④

到天启末年时，葡萄牙商人由于中国官员的阻挠与反对，已经"逐渐退出"广州的市集，而是委托中国商人为他们的代理人去广州贸易，而这些中国代理商就是充斥于文献中的"闽揽"，

---

① 西班牙马德里图书馆第 3015 号手稿 165 ~ 168 页，《中国诸岛简讯》，作者不详，可能是一年两度去广州参加交易会的澳门葡商，成文时间在 1582 年后。
② 汤开建：《澳门开埠初期史研究》，243 页，北京，中华书局，1999。
③ 龙思泰著，吴义雄、郭德水、沈正邦译：《早期澳门史》，第 6 章，100 ~ 101 页，北京，东方出版社，1997。
④ 甘为霖英译，李雄辉汉译：《荷据下的福尔摩沙》第 1 部分《福尔摩沙概述》，77 页，台北，前卫出版社，2003。

其中《盟水斋存牍》一书中记录了崇祯元年（1628 年）至崇祯三年（1630 年）"闽揽"在广州交易会的活动：

> 其闽船四只突入里海者，据批番禺报，各有姓名，并无违禁货物，已发海道市舶照例输饷。

> 审看得郭玉兴、高廷芳、陈仰昆、包徐良四船，满载番货，排列刀铳，聚集千人，突入省地，通国惊惶。

> 蒙察院梁批：郭玉兴等，藉闽引以通番，贩番货以闽粤，此走死如鹜之巨奸也。

> 总之，闽揽之不利于粤，自有大原因，而非其目前之谓也。粤之欲去闽揽，自有大主持，而非数人之谓也。①

崇祯三年（1630 年）五月，卢兆龙疏称：

> 时驾番舶，擅入内地，扼杀我官兵，掠我人民，掳我子女，广收硝黄铅铁，以怀不轨。②

崇祯三年（1630 年）十二月卢兆龙疏又称：

> 广州府城，对海乡名河南，昔年大盗黄萧养屯驻于此，海贼曾一本亦屯此四十余日，此扼险之区也。夷人要挟拨给此地起造营房，隐然窥视，意欲何为？……广州对岸不许借名囤货，渐谋盘踞。③

葡人趁当时明政府向澳门求援西铳西兵之机，向明政府提出要求拨广州对岸河南之地来囤居货物。崇祯四年（1631 年）的熊明遇疏更称：

> （澳葡）以输饷为名，以市舶为窟，省会之区，纵横如

---

① 颜俊彦：《盟水斋存牍》卷 1《谳略》之《诈财姚昇等》、卷 2《谳略》之《闽商阑入郭玉兴等》及《奸揽谢玉宇等》，71～80 页，北京，中国政法大学出版社标点本，2002。颜俊彦任广州推官为崇祯戊辰（1628 年）至庚午（1630 年）。书中所涉案件均在 1628—1630 年间。

② 汪楫辑：《崇祯长编》卷 34，崇祯三年五月条，京都，日本京都中文出版社影印本，1984。

③ 汪楫辑：《崇祯长编》卷 41，崇祯三年十二月条，京都，日本京都中文出版社影印本，1984。

沸，公家仅得其二万金之饷，而金钱四布，徒饱积揽奸胥之腹。番哨听其冲突，夷鬼听其抢掠，地方听其蹂践，子女听其拐诱，岂不大为失计。①

这些"积揽奸胥"不仅纵横省会之区，还抢掠地方，诱拐子女，也不向中国政府交纳船钞与货税文献记载：

> 尽管中国地方官一再规劝那些走私者（指葡商），因为他们既不交纳船钞，也不交纳进出口货税，许多葡萄牙船只还是在海岸徘徊，一旦有什么人被逮住，这些外国人就向省政府官员大声抱怨，遁词狡辩，说该政府无权惩治这些闯入者。②

广州交易会的正常市场秩序完全被这些福建"揽头"——澳门葡商的代理人破坏了。于是，明朝政府不得不宣布关闭广州市场，有文献记载：

> 这种纷扰争吵的局面，以1631年向葡萄牙关闭广州港口而告结束。③

崇祯四年（1631年）关闭广州市场的禁令下达后，葡人仍然赴广贸易，崇祯七年（1634年）胡平运奏疏：

> 番夷在澳门，彼占住濠镜，而阑入之路，不特在香山，凡番、南、东、新，皆可扬帆直抵也。……所到之处，硝黄、铁刀、子女、玉帛违禁之物，公然搬载，沿海乡村被其掠夺杀掠者，莫敢谁何？④

---

① 崇祯四年《兵部尚书熊明遇等为澳关宜分里外之界以防事题行稿》，见中国第一历史档案馆、澳门文化司署、暨南大学古籍所合编《明清时期澳门问题档案文献汇编》，第1册，第7号档，12页，北京，人民出版社，1999。
② 龙思泰著，吴义雄、郭德水、沈正邦译：《早期澳门史》，第6章，101页，北京，东方出版社，1997。
③ 龙思泰著，吴义雄、郭德水、沈正邦译：《早期澳门史》，第6章，101页，北京，东方出版社，1997。
④ 崇祯七年《兵部尚书张凤翼等为广东深受澳夷之患等事题行稿》，见中国第一历史档案馆、澳门文化司署、暨南大学古籍所合编《明清时期澳门问题档案文献汇编》，第1册，17页，北京，人民出版社，1999。

崇祯十二年（1639 年）意大利传教士毕方济（Francois Saambiasi）奏疏称：

> 广东澳商，受廛贸易纳税已经一百年。久为忠顺赤子，偶因牙侩争端，阻遏上省贸易，然公禁私行。①

禁令是禁令，但葡人上省贸易仍然是"公禁私行"。矢野仁一也认为：

> 虽然 1631 年以后葡萄牙人同广东的贸易遭到禁止，但他们通过行贿实际上可以继续进行这一贸易。他们只不过在规则上被禁，实际上他们通过所谓内河航路可以自由地往来于澳门、广东之间从事贸易。②

但为了取得到广州贸易的合法地位，澳门葡人于 1637 年 10 月调停"英人威德尔（John Weddell）擅闯省城事件"③ 时，曾奉命同广东政府商量恢复贸易。龙思泰又称：

> 1637 年，从澳门派遣一个由 6 名绅士组成的代表团到广州，他们受命前来谈判恢复在这里的贸易，但没有成功。广州的高级地方官员不胜烦扰，又不会接受他们的要求，便向皇帝上了一道奏折说："澳门从前是个繁华之地，现在变成了一个独立王国，有很多炮台，以及为数众多傲慢蛮横的人口。应该问清葡萄牙人需要多少大米酒水，并向他们供应，但让他们来广州互市则是不合适的。"皇帝同意了这一建议，

① 钟鸣旦、杜鼎克、黄一农，等编：《徐家汇藏书楼藏明清天主教文献》第 2 册毕方济《奏折》，911～918 页，台北，辅仁大学出版社，1996。
② 矢野仁一：《明代澳门的贸易及其兴衰》，载《史林》，1978，3（4）。
③ "英人威德尔（John Weddell）擅闯省城事件"，可参考《明史·佛郎机传》，《明清史料》乙编第 8 本《兵部题〈失名会同两广总督张镜心题〉残稿》，马士《东印度公司对华贸易编年史》1 卷《威得尔在广州》第 15～30 页等资料。上揭矢野仁一文崇祯十三年（1640 年）对葡人关闭广州市场是因为"1637 年英国威德尔船队开进广东省城，这一事件使中国人对外国人的觊觎大生疑心。看来，1640 年是把本应该给英国人的报复而给了葡萄牙人"。

他的最高命令于 1640 年 6 月 11 日发到澳门。①

在广州官员的建议下，明中央政府于崇祯十三年（1640 年）正式宣布对澳门葡人关闭广州市场。顺治四年（1647 年）《两广总督佟养甲题请准许濠镜澳人通商贸易以阜财用本》：

> 前朝渐入至濠镜澳侨居，盖造房屋。每年输广省布政司地租五百两，名曰水米椒银。以是每年许其来广入市，点其名数，税其货物。离城三十里，泊舟海面内，与粤人互市，以通事伴之。前朝广省内外货物流通，番舶巨商贾争相贸易，民获资生，商歌倍利，岁额饷二万二千两，每年不缺。厥后官贪弊积，需索繁苦，以激怒杀兵之隙，禁不许来，出令商人载货下澳。此前朝崇祯十三年事。②

施白蒂《澳门编年史：16—18 世纪》亦称：

> 1640 年（崇祯十三年）6 月 11 日，中国皇帝下旨，禁止葡萄牙人在广州贸易。③

---

① 龙思泰著，吴义雄、郭德水、沈正邦译：《早期澳门史》，第 6 章，101 页，北京，东方出版社，1997。
② 顺治四年《两广总督佟养甲题请准许濠镜澳人通商贸易以阜财用本》，见中国第一历史档案馆、澳门文化司署、暨南大学古籍所合编《明清时期澳门问题档案文献汇编》，第 1 册，22 页，北京，人民出版社，1999。
③ 施白蒂著，小雨译：《澳门编年史：16—18 世纪》，35 页，澳门，澳门基金会，1995。

第二十一章　两广总督张镜心《云隐堂文录》与崇祯末年的中英、中葡冲突

此为明季两广总督张镜心《云隐堂文录》之《报镇将驱逐红夷疏》书影。书中详细记录了明季中、英、葡三国间的三角关系。

第二十一章 两广总督张镜心《云隐堂文录》 与崇祯末年的中英、中葡冲突①

澳门回归前，我们曾对明清文献中保存的澳门史料进行过一次较为系统的辑录与整理，并作为《明清时期澳门问题档案文献汇编》第五、六两册出版。该书出版后受到澳门史研究者的欢迎，为澳门史研究提供了极大的便利，成为澳门史研究及中外关系史研究中征引次数最多的著作。中国古籍数量浩瀚如海，其中尤以明清古籍为最。我们深知，在明清档案文献中搜寻挖掘澳门史料的工作远远没有结束，仍须继续，故在回归之前，余大部分精力仍关注在澳门史料的追寻、搜集与整理上，特别是在报刊及近代档案上费力尤多，而对于明清文献中的澳门史料亦偶有所得。在邓士亮《心月轩稿》中发现《粤东铙略》、韩霖《守圉全书》中发现委黎多《报效始末疏》后，余近日又在崇祯十年（1637年）担任两广总督张镜心的《云隐堂文录》中发现一批崇祯十年至十二年的澳门史料，内容十分丰富，可补其他中葡文献记录澳门史事之缺。

张镜心（1590—1656），字孝仲，号湛虚，晚号晦臣，又称云隐居士。先世襄垣人，后迁磁，遂为磁州人。天启二年进士，

---

① 原文载《澳门研究》，2006（35）。

授萧山知县，后累升至兵部右侍郎、两广总督、代辽蓟总督，加兵部尚书，为明末著名的封疆大吏。入清后，荐而不起，晚年闭门读书注《易经》。① 留有《云隐堂集》四十五卷。《云隐堂集》中有奏议十卷，后由镜心六世孙张璪、张玉辅刊刻为单行本，称《云隐堂文录》。② 我们从《云隐堂文录》中共辑录崇祯十年至十二年的澳门奏议七份，总字数达 8 000 字。下面拟将各卷各疏分别整理，公之于众，并略加考证，以方便学界同仁对明末澳门史的研究。

一、《报填将驱逐红夷疏》（卷 2，第 27~28 页）

　　两广总督臣张瑾题，为仰藉天威，红夷远遁，谨驰报以纾圣怀事。臣赴任中途即闻红夷之警，兼程受事后，据巡视海道按察司佥事郑觐光详报案照本年五月二十一日准香山参将杨元、虎门副总兵黎延庆等报称，红夷泊舟求市，镇将堵御驱逐，夷丑远遁等情。该臣看得，驭夷之道，恩威并济。故犯则讨，服则舍，而尤清内地之勾引，则自治、治夷之要著也。顷者，红夷匪茹，连樯海上，在彼乞市，似无别情；在我防边，敢驰汉禁？铳台之击，自是兽穷则攫之常，乃将士毕力火攻，未邀风伯之灵，道廓擒拿，番艘实系诸夷之颈。斯时也，代管督务抚臣郑茂华驾长驱远，号令风驰；广东按臣葛徵奇亲驻省会，励将诘奸，洞情形乎胸中，施操纵于不测。因其摇尾，宥以生还，查追夷货，给付分明。堂堂中国之体，可谓得矣。该夷业自认开洋，而又半趋半避于澳界，且前且却于波臣，卑飞戢翼，时作窥伺，令人不能不恨豺狼之叵测也？臣以时难姑待一面将接济奸究，法治禁缉，

---

① 汤斌著，范志亭、范哲辑校：《汤斌集》第 1 编《汤子遗书》卷 6《前兵部尚书湛虚张公墓志铭》，289~292 页，郑州，中州古籍出版社标点本，2003。

② 张镜心：《云隐堂文录》，光绪十六年磁州张璪刻本，北京，国家图书馆藏。

檄镇将驻师浪白，相机剿御。檄道厅亲至澳门宣示汉法，以法绳澳，以澳驱红，节节相促，务使俯首折心，受我戎索，而该夷旋以遁归报矣。此实圣明天威遐届，致夷丑宵潜，庶几海波不惊，而内地有敉宁之日也。是役也，按臣沉几远虑，刻刻图维，臣入境疏中谓夷情飘忽，难保帖然者，见实相合。直至十一月二十六日，诸将在外海穷洋中确见遁去情形，并澳夷结报前来，乃敢据实先闻，其铳台失事，正在查核，按臣疏中自能言之也。谨会同巡按广东监察御史葛徵奇具题，伏乞敕下，该部施行。谨题请旨。崇祯十年十二月初八日题。十一年二月二十六日奉旨，该部知道。

二、《参镇臣庇奸之罪疏》（卷3，第3~5页）

题为镇臣守粤之能，已见庇奸之罪宜明，伏乞敕部别用以全使过事，臣思年来军旅之气不扬，非无兵患，无将耳。若大将，横玉垂金，位高宠极，而乃不图振旅诘戎，一意庇奸戤法，负国恩而羞阃钺。臣不敢不问，则广东总兵官陈谦是矣。臣入境即闻李叶荣勾夷之事，该镇谒臣舟中，臣首举以问，即见其曲为庇护，情辞闪烁，臣窃疑之。乃貌强年富，又未尝不思用之也。臣抵端州，即促该镇出师浪白，宣示汉法。若红夷谕之不遵，泛海楼船，须众须整，勿容轻易。已复探之曰："李叶荣能拿定红夷去来，诈亦可使。"该镇即欣然曰："能！能！"夫叶荣，非勾夷之人，而何以能也？比其移师，犹手书敦勉。乃徐徐其行，仅驻香山，或者曰"夷非久遁去"。不及浪白而返，而军容草略，大类棘门。该镇两年所治何事，臣又窃轻之矣。因而访之，有谓利在许市，假公济私，差叶荣勾之入者；有谓红夷到日，即入总府。见万众喧拥，即发回哨船者。迨夷鬼居停揭邦俊家，蝴蝶沸腾，几酿祸变。赖按臣葛徵奇深心定力，电烛霜严，批究叶荣等凛凛不少假借。该镇亦觉机势叵测，始算数清给，或抛命向土究追还者。嗟！嗟！大将军旗鼓相向，自尔正正堂堂，即驾驭相机，亦当明明白白，而乃为此居心不净，黏手难白之事乎？迨臣追治李叶荣、叶贵、揭邦俊、林心湖等罪状，该镇申详曰，叶荣之事，二司会议，道将会差，劳可蔽罪等语。臣批云："李叶荣罪列前详，功于何在？仰二司官查明报，今二司之覆具在也，议则有矣，未议差，即会差有矣，未差叶荣即差叶荣，宣扬汉法矣，岂令之勾没夷财乎？"亦足见该镇之智昏而心横也。

先是，臣忧东粤之兵防海艰剧，语该镇造舟缮器，件件整顿，若肯实心作事，钱粮自当措发，而该镇无以应也。臣前疏言道厅缉夷合拍无人，为该镇而发也。迨正月二十日见臣，臣示以叶荣之罪，按院初批甚厉，兼本部院批行究治，何得议宽，尚呶呶代辩。臣正色曰："谕之使去，非谕之使来。谕之归澳，非谕之市汉。明纶不捍堵，驾驭并严乎？该镇居一日官，当治一日事。红夷再来，有谓根芽已伏者，该镇无得泄泄。"于是，面色如土而出。臣事事认真，凡胸膈中事，必倾吐向人，今日臣之参谦，即当日臣之所以语谦者。总之，该镇举念一差，触手尽错，欲遂调停之术何资，缓急之防，且物议已腾，无颜将士之上。而本官历任皆在滇黔，陆战或其所长，海战或其所短。伏祈敕下兵部，量行别调，以无误地方。至粤东多事，更祈敕下部，补一人地相宜者，以剪长鲸而固海围，所关匪浅鲜矣。谨会同巡按广东监察御史葛徵奇遇请施行，谨题请旨。崇祯十一年正月二十四日题，十一年三月二十四日奉旨：陈谦已有旨了，李叶荣等著该部一并议处具奏。

按：上录二疏《报镇将驱逐红夷疏》及《参镇臣庇奸之罪疏》均是反映 1637 年中、英、葡广州交涉事件的新资料。疏中的"镇将""镇臣"均是指广东总兵陈谦，而"红夷"即指英国，"澳"则指澳门葡人或澳门。

17世纪初，英国船队通过几次去印度和东南亚贸易后，已开始感到与中国建立正式的商业关系的迫切需要。万历三十八年（1610年），英王詹姆士一世趁商人尼古拉·道通（Nicholas Downton）东航之机，托他带信给万历皇帝，但信并未带到。[①] 1621年在东印度公司中有传言称："新皇帝（指天启）已经准许我们每年派两只船去经商，贸易地点是福州。"[②] 1625年英王查理一世再次提出要派使者到中国，但最后却没有实现。1635年英国东印度公司与葡属果阿总督林哈列斯（Count de linhares）伯爵缔结对华自由贸易的协定，准许英人有权出入澳门。[③] 同年，第一艘英国商船"伦敦（London）"号到达澳门。[④] 与此同时，英王查理一世颁发一份委任状，任命威德尔（John Weddell）上校为船长，纳撒尼尔·蒙特尼（Nathaniell Mountney）为首商"去进行一次远航，到果阿、马拉巴尔、中国海岸及日本，在这些地方进行贸易"。1636年4月14日，威德尔船长率领一支由"撒旦（Dragon）"号、"苏尼（Sunne）"号、"凯萨琳（Catherine）"号、"普兰特（Planter）"号四艘大船和"安妮（Anne）"号、"探索（Discovery）"号两只小艇组成的船队从英国唐斯港出发，1636年10月7日到达果阿，1637年6月25日到达澳门附近的Monte de Trigo。[⑤] 当时澳门的情况十分微妙。澳门议事会在英国

① William Foster ed. , *The Voyage of Nicolas Downton to the East Indies*, London：Hakluyt Society，1939，pp. 13 ~ 14.

② E. M. Thompson ed. , The Diary of Richard Cocks，1615 – 1622, London：Hakluyt Society，1983，Vol. 2，p. 324，转自刘鉴唐主编《中英关系系年要录：13世纪——1760》，第1卷，100页，成都，四川省社会科学院出版社，1989。

③ 束世澄：《中英外交史》，4页，上海，商务印务馆，1932。

④ 马士著，区宗华译：《东印度公司对华贸易编年》，第1卷，12页，广州，中山大学出版社，1991。

⑤ Monte de Trigo，一般均将此地名译为横琴岛，似不妥，参见吴志良、汤开建、金国平《澳门编年史》第1卷，第466页注释①。

同葡印总督缔结的条约中允许英国来澳门，但考虑到澳门本地商人的利益（因为当时澳门的繁荣，全赖于葡萄牙船队的往来贸易），则坚决反对英商进入澳门参加对华贸易。故议事会采取种种方法拖延时间，阻止英国商船入港。英船只好移至伶仃洋停泊。7 月 15 日，威德尔不顾澳门葡人的阻拦，率领船队离开澳门，直奔广州，在珠江口勘查广州河口水道，并找到了虎门入口，还调查了珠江河口中国方面的军事防御力量，然后于 7 月 22 日返回伶仃洋。①

7 月 29 日，威德尔再次率领船队向广州进发，8 月 6 日，行抵珠江口，当时中国官方要求其等待上级的批复，但威德尔没有等待就率领船队驶入内河，向广州城挺进。8 月 12 日，中、英双方展开炮战，战斗仅半小时，虎门炮台即已失陷，英军登陆占领炮台，缴获了 44 门小炮和 35 条枪，还捕获了两艘平底船和一只渔船。② 8 月 19 日，威德尔派托马斯·鲁宾逊（Thomas Robinson）、彼得·芒迪、纳撒尼尔·蒙特尼三人去广州谈判通商。③然后中英葡三方在广州围绕着通商中出现的一系列问题展开交涉，直到 11 月 22 日，中英双方签订贸易协定："允许（英商）自由经商，扩大贸易，长久居住，但英方每年应缴付（中国）皇帝 2 万两白银（合 30 000 里尔）及 4 门大炮和 50 支毛瑟枪。"④ 12 月 26 日，英代表离开广州回澳门。12 月 29 日威德尔率船队离澳门回国。⑤

---

① 马士著，区宗华译：《东印度公司对华贸易编年史》，第 1 卷，15～18 页，广州，中山大学出版社，1997。
② 马士著，区宗华译：《东印度公司对华贸易编年史》，第 1 卷，19～20 页，广州，中山大学出版社，1997。
③ Peter Mundy, *The Travels of Peter Mundy in Europe*, 1608—1667, London, Hakluy Society, 1907—1963, vol. 3, pp. 165～170.
④ Peter Mundy, *The Travels of Peter Mundy in Europe*, 1608—1667, London, Hakluy Society, 1907—1963, vol. 3, pp. 165～170.
⑤ 马士著，区宗华译：《东印度公司对华贸易编年史》，第 1 卷，25～27 页，广州，中山大学出版社，1997。

关于 1637 年广州事件的信息，我们过去依赖的资料主要来自于英国文献，一是彼得·芒迪的《游记》（The Travels of Peter Mundy），一是马士（H. B. Morse）的《东印度公司对华贸易编年史》（The Chronicles of the East India Company Trading to China），另外瑞典人龙思泰的《早期澳门史》也含混地记录了这一事件。中文资料记载这一事件的主要有《明史·和兰传》①、蒋擢《张镜心传》②、凌义渠：《奸镇通夷事露疏》③、汤斌《前兵部尚书湛虚张公墓志铭》④、战效曾《葛征奇传》⑤、《明清史料》乙编第 8 本公布有《奸弁奸揽勾连澳夷等情残稿》及《兵部题〈失名会同两广总督张镜心题〉残稿》残档两份，⑥《明清时期澳门问题档案文献汇编》第一册又公布崇祯十二年《兵部为纠参通夷纳贿之官员事行稿》一份。⑦ 上述中文史料中，尤以《兵部题〈失名会同两广总督张镜心题〉残稿》记事最为详细，许多中、英葡交涉细节均赖此档得以知晓。欧洲的研究者关于这一事件的研究论著甚多，但其主要资料来自于英文文献档案及葡、荷文文献档案间或涉及的这一记录，基本不用中文资料。中国研究这一问题的学者虽兼采中西文献，但大都叙事简略，如周景濂《中葡外交史》⑧、束世澄《中英外交史》、张维华《明史·和兰传注释》⑨、

① 张廷玉：《明史》卷 325《和兰传》，北京，中华书局，1974。
② 蒋擢：《（康熙）磁州志》卷 16《张镜心传》，康熙四十二年刊本。
③ 凌义渠：《凌忠介公奏疏》卷 6，崇祯十年十二月二十七日《奸镇通夷事露疏》，清刊本，5～6 页。
④ 汤斌著，范志亭、范哲辑校：《汤斌集》第 1 编《汤于遗书》卷 6《前兵部尚书湛虚张公墓志铭》，289～292 页，郑州，中州古籍出版社标点本，2003。
⑤ 战效曾：《（乾隆）海宁州志》卷 10《葛征奇传》，道光二十八年刊本。
⑥ （台北）中央研究院历史语言研究所编：《明清史料》乙编第 8 本《奸弁奸揽勾连澳夷等情残稿》，716 页；《兵部题〈失名会同两广总督张镜心题〉残稿》，751～756 页，北京，中华书局，1987。
⑦ 中国第一历史档案馆、澳门文化司署、暨南大学古籍所合编：《明清时期澳门问题档案文献汇编》第 1 册第 10 号档，崇祯十二年正月三十日《兵部为纠参通夷纳贿之官员事行稿》，20～21 页，北京，人民出版社，1999。
⑧ 周景濂：《中葡外交史》，上海，商务印书馆，1936。
⑨ 张维华：《明史欧洲四国传注释》，85～124 页，上海，上海古籍出版社，1982。

郭廷以《近代中国史》①、张轶东《中英两国最早接触》②、费成康《澳门四百年》③、刘鉴唐主编的《中英关系系年要录：13 世纪—1760》第 1 卷④及林子昇《16 至 18 世纪澳门与中国之关系》。⑤ 中国对这一事件展开详细研究的学者，首推香港的汪宗衍，他于 1968 年完成《明末中英虎门事件题稿考证》⑥，该书即对《明清史料》中《兵部题〈失名会同两广总督张镜心题〉残稿》内容展开了较详细的考证；近年则有万明完成的一篇论文《明代中英的第一次直接碰撞——来自中英葡三方的历史记述》⑦，该文较全面地引录现存中英葡方面的主要资料，对 1637 年中英葡广州交涉事件进行了全面的探讨。上述两大成果对研究 1637 年中英葡广州交涉事件均有新的推进。特别是万明的文章，极为细致地分析了这一事件的全部进程，其中有多处见解发前人之所未发，对后人认识这一事件有很多启示。然而，到 2005 年又有人再次对这一问题发表文章《1637 年英国人在澳门的活动》⑧，该文既无新资料，又无新认识，且对前人所有研究成果一概不知，在文中未注一字。此风令人担忧。这种不开掘新资料，重复前人研究成果的现象在学术界是一件令人头痛的事情，如不予以制止，很难推动学术的健康发展。

　　关于 1637 年中英葡广州交涉事件的研究是否没有推进的可能呢？否。关于这一事件还有整套的葡文资料，并没有全部为学

---

① 郭廷以：《近代中国史》，上海，商务印书馆，1936。
② 张轶东：《中英两国最早接触》，载《历史研究》，1958（5）。
③ 费成康：《澳门四百年》，上海，上海人民出版社，1988。
④ 刘鉴唐主编：《中英关系系年要录：13 世纪 – 1760》，第 1 卷，110～121 页，成都，四川省社会科学院出版社，1989。
⑤ 林子昇：《16 至 18 世纪澳门与中国之关系》，87～91 页，澳门，澳门基金会，1998。
⑥ 汪宗衍：《明末中英虎门事件题稿考证》，香港，于今书屋，1968。
⑦ 万明：《明代中英的第一次直接碰撞——来自中英葡三方的历史记述》，载《中国社会科学院历史研究所学刊》，第 3 集，北京，商务印书馆，2004。
⑧ 汤后虎：《1637 年英国人在澳门的活动》，载《文化杂志》，2005（2）。

者利用。金国平先生目前正在着手整理这批档案。而在中文材料的开掘上，似乎尚有不少空间。上述两个奏章即前述所有研究者未曾利用的两份新资料。1637 年广州事件发生的时间是 1637 年 6 月到 12 月，而这时正是张镜心刚刚出任两广总督的时间。据《国榷》所载，其正式任命是在崇祯十年（1637 年）闰四月丙辰。任命下达之时，正是英国人准备进入广州之时，故《报镇将驱逐红夷疏》称："臣赴任中途即闻红夷之警。"张镜心到任即组织处理英国人进广州之事。他采用的政策是"恩威并济"，"犯则讨，服则舍"。故英国人强行闯入珠江时，则以"铳台之击，自是兽穷则攫之常，乃将士毕力火攻，未邀风伯之灵，道廓擒拿，番艘实系诸夷之颈"。虎门炮台对英船的炮击，将士们对红夷的火攻，最后还抓获了几条"番艘"。然而，他也清楚，红夷"连樯海上，在彼乞市"，是来要求通商的。故"因其摇尾，宥以生还，查追夷货，给付分明"。英国方面的资料与中方出入甚大：

> 8 月 12 日，"龙号（应译为'撒旦'）"派驳船测量水道，在驶往亚娘鞋炮台附近时，它被炮轰三次，但没有击中，我们的四艘船将其包围起来，中国人先行开火，但毫无作用，而英国炮火则密集射击，半小时后，中国军队逃出炮台，英国人登陆。……9 月 10 日，潮水退，早晨两点钟，有三艘火器船向船队突袭，被及时发觉，各船将缆绳斩断或滑脱，脱了险。几艘火器船在我们的周边行驶，火焰猛烈，火球及火箭等向我们密集射，但一点没有触及我们，……9 月 18 日，威德尔开始积极行动。翌日天亮前，已焚毁三艘装备作为火器船的帆船及其他的帆船两艘，放火焚烧一处小城镇，并带走了 30 头猪，舰队其余 16 艘兵船溃逃。[①]

这是双方对 1637 年虎门之战的记录，差距甚大。至于前疏

---

① 马士著，区宗华译：《东印度公司对华贸易编年史》，第 1 卷，20～22 页，广州，中山大学出版社，1991。

中称，中方抓获"番艘"之事，英方资料称：

8月12日，诺雷蒂（Pablo Noretti，即李叶荣）带来海道和总兵的华文档一份，他将其译成葡文给威德尔。该文件称，他们给我们在其国内买卖任何商品的自由（前提是愿意缴付皇上的税款），指定三处给我们选择作为船只的淀泊所。文件上还指定诺雷蒂为经纪，要求派两三个商人到广州准备购办货物，并请求我们把炮和帆船放还。8月24日，诺雷蒂返回广州，由私商首席代表蒙太尼和约翰·蒙太尼、鲁宾逊等三人陪同前往，他们携带西班牙银元22 000八单位里尔，另两箱日本银。其中10 000送给官吏，其余作投资用。……9月21日，接到蒙太尼的来信，他说商人们已被监禁，看管日益严厉和可怕。①

实际上是扣留了同李叶荣到广州去的三位英商所乘之船，并将人货同时扣押。至于前疏中言"因其摇尾，宥以生还，查追夷货，给付分明"之事，英方资料称：

澳门总督否认发生事变的责任，但用友好的调解方式劝威德尔用谦卑的禀帖，代替挑战式的抗议书，则葡萄牙人可以利用他们的地位请求释放商人，取回款项及货物等。因为威德尔不大相信澳门的葡萄牙人，此事延搁了一些时间。后来巡抚答应他的请求，把威德尔的东西发还。10月9日，送还他的商人、款项及货物等，要他和平地离开中国河面，不得伤害一人。……10月16日，一些葡萄牙人到广州来调解此事。10月18日，举行了一个滑稽的会议，企图强迫商人应允立即永远离开广州，并且还要为他们已做的交易的特权付28 000八单位里尔。10月20日，通知商人们说，官员估计定付款的数额为2 800两。对于这种勒索，商人们坚决拒

---

① 马士著，区宗华译：《东印度公司对华贸易编年史》，第1卷，21页，广州，中山大学出版社，1991。

绝。……最后，他们得回自己的财产，但是完成了他们的贸易。①

在细节及双方的荣辱上中英资料有较大的不同，但事件经过大体一致。张镜心疏中还提到这次处理广州事件的办法是："道厅亲到澳门，宣示汉法，以法绳澳，以澳驱红，节节相促，务使俯首折心，受我戎索。"也就是采用传统的"以夷制夷"，以澳夷来对付红夷。从上述资料看，整个事件的解决，葡萄牙人的从中调停是起了不小作用的。

第二份奏章主要内容是处理 1637 年中英葡广州交涉事件中李叶荣勾结红夷及总兵陈谦受贿之事。关于此事的英文资料是：

> 诺雷蒂在澳门是声名狼藉的，后来他对威德尔及其他商人玩弄了一些诡计，但当时，他说得很好听，鼓励了威德尔的希望，以致威德尔觉得他进攻和扫除虎门炮台的举动是不错的。②

可见，威德尔进攻虎门炮台与诺雷蒂（李叶荣）有直接的关系。李叶荣作为当时广东总兵陈谦从澳门借过来的通事，在翻译上做了很大的手脚，他将广东官兵对英国人的劝谕和警告译成只要英国人愿意交税，就可以获得广州贸易的自由。英方资料称："威德尔直到 10 月，仍不知道这一文件的真实意义，而根据的是诺雷蒂的翻译及其表面价值。"③

关于广东总兵陈谦受贿及李叶荣"勾没夷财"的事实，英方资料称：

> 当商人们到达广州时，经由诺雷蒂替他们安排送给官员

---

① 马士著，区宗华译：《东印度公司对华贸易编年史》，第 1 卷，21～22 页，广州，中山大学出版社，1991。
② 马士著，区宗华译：《东印度公司对华贸易编年史》，第 1 卷，21 页，广州，中山大学出版社，1991。
③ 马士著，区宗华译：《东印度公司对华贸易编年史》，第 1 卷，22 页，广州，中山大学出版社，1991。

10 000 八单位里尔作即时买卖的礼银；如果以后在此处建立商馆，则跟葡萄牙人一样每年付银 30 000 八单位里尔。他们携带的款项只不过 22 000 多，其中 10 000 已被官方扣起。……他们买了一些货物，又定购了一些，故此，他们派人向船上要求更多的款项；于是又送去 40 000 八单位里尔。官员们把礼银瓜分。总兵将分给全体总额 10 000 元的六成据为己有；他的上司——海道除将总兵扣押外，又实行更多的办法。①

派李叶荣到英人处交接，是总兵陈谦的指使。故陈谦极力为李叶荣辩护。《参镇臣庇奸之罪疏》称："该镇（陈谦）申详曰：叶荣之事，二司会议，道将会差，劳可敝罪。"《兵部题〈失名会同两广总督张镜心题〉残稿》仅提"万旦缠、毛直缠及嘛道氏"等红夷居停"揭邦贵"家。而《参镇臣庇奸之罪疏》则揭露了一个重要的事实："红夷到日，即入总府。见万众喧拥，即发回哨船者。"可见，最先接待英国人的就是陈谦。因为看"红夷"的人太多，怕影响太大，才将红夷"发回哨船"。

英方资料称：

> 11 月 22 日，……总兵曾经第一次和蒙太尼订约并签署条款；为了自由和广阔的贸易与居住，英国人每年缴付皇上银 20 000 两（30 000 八单位里尔），4 门铁大炮和 50 枝毛瑟枪。②

关于李叶荣"勾没夷财"等，明档记事更清：

> 通事李叶荣带夷目二人进省。……据留滞在省夷商万旦缠等番书禀称：先六月二十六日，随通事带有大银钱一万文，交李叶荣买货，二次有银钱一万一千六百文，及琥珀、

---

① 马士著，区宗华译：《东印度公司对华贸易编年史》，第 1 卷，25 页，广州，中山大学出版社，1991。

② 马士著，区宗华译：《东印度公司对华贸易编年史》，第 1 卷，26 页，广州，中山大学出版社，1991。

哆罗绒等货，俱交李叶荣手。……红夷梦嗁哩等，今赴领到原带进银钱三万八千文，内除哩等先买糖姜酒米四千文，又自买糖货八千文，尚实银钱二万六千文，通事李叶荣原领一万四千文，叶宅原领银钱一万二千文，以上通共三万八千文，逐一验收银货，装载回船。①

由于这一事件主要责任人为广东总兵陈谦，故张镜心上疏要求将陈谦调离广东：

本官历任皆在滇黔，陆战或其所长，海战或其所短。伏祈敕下兵部，量行别调，以无误地方。②

《明史·和兰传》则称：

（红夷）已为奸民李叶荣所诱，交通总兵陈谦为居停出入。事露，叶荣下狱，谦自请调用以避祸。③

三、《直纠通澳巨贪疏》（卷3，第26~33页）

题为直纠通夷纳贿巨贪，以明汉体，以维官箴，以肃夷防事。照得澳夷泡寄海滨，仰命中国，原无异志。直贪官、奸揽、蠹胥三者，相倚为奸，诈骗财货，勾连出入，以致夷人轻侮中国，藐不畏明。今年三月二十九日澳夷因哨兵盗奸夷妇，误杀哨官何若龙等，臣谓属夷擅杀，渐岂可长，檄道将一面访究开衅哨兵，一面严谕澳夷缚凶正罪。随据署海道事岭西兵巡道右布政使陶崇道奉牌宣谕，间即取有澳夷愿缚罪出献结状报，臣谓可旦夕结局。不意海道中军守备吴维宪，内结书办罗秉谦、万门子，外结奸揽吴万和、吴培宇，往来澳中，骗夷目噉嘀唭呢吧唠喈噫等，包管打点，诈夷银

① （台北）中央研究院历史语言研究所编：《明清史料》乙编第8本《兵部题〈失名会同两广总督张镜心题〉残稿》，751~756页，北京，中华书局，1987。

② 张镜心：《云隐堂文录》卷3《参镇臣庇奸之罪疏》，光绪十六年磁州张璓刻本，5页，北京，国家图书馆藏。

③ 张廷玉：《明史》卷325《和兰传》，北京，中华书局，1974。

五十二箱及琥珀、合油等物，招摇狼藉，计与延脱，遂致夷人反复观望，不行献罪。白画攫金，通国鼎沸，历四、五、六、七月，夷人背约，狂肆日甚一日。时新道刘柱国莅任，铁面冰心，认真执法，始得从头收拾，臣随檄拿奸揽吴万和、吴培宇，该道亦拿书办罗秉谦、万门子置之狱。臣又会同按臣葛徵奇牌行该道，内开，照得澳为天朝豢夷，身负重罪，念其悔罪缚凶，自供就法，业经署印岭西道，取有夷状甘结，姑从宽政，乃该夷一凭奸揽蠹弁吞骗金钱，遂妄意打点有灵，游魂可贷，限逾三月，法不再宽。应正内地奸贪并问狡夷罪状，为此牌仰本道官吏，严行谕示，限本月内献出真正罪夷，姑免穷治。倘仍前窥觇狡脱，该道先将卖法近奸，表里相依，肆行贪噬，为通国之沸腾，弄澳夷之线索者，立解赴军门正法。该夷听一面奏闻，一面问罪，贯盈小丑，自有制其死命者。该道身膺重责，万难委卸。当念汉夷体统攸关，全粤利害倚伏，国法公论，谁能为事解免者，慎勿姑息纵容等因去后，随据该道禀称，仍用维宪谕示澳夷，盖以前局贪声播扬，少知自好者避不肯往，故用以观后效。随于八月十四日据巡视海道副使刘柱国呈称，本年八月初八日，准香山寨手本移据管澳备倭把总黎建绩、巡缉把总何乔栋赴职禀称，本月初四日，奉海道差官吴维宪面交澳夷呈词五张，著建绩等缴报转缴，理合禀报连递，缴濠镜澳议事亭夷目委黎多等、通事林德呈词五张，俱为遵依捉获凶犯以彰天朝法事，称澳夷素尊天朝国法，岂有杀伤官兵之理？及细查乃系澳中逃出贼夷，已经捉获正犯六名、驾船水手二十名。哆等同中军官解赴香山县，但恐入省又遭奸棍扰害毁谤，上司难以结案。伏乞作主，恩请本道驾临香山定案结局，庶夷商得上省贸易，举夷沾恩等情。其词五纸，职恐未的，随即差人帖约吴中军前来，面称澳夷献犯情真，所据夷词合就缴报。又据中军守备吴维宪呈报同前情到道，转报到臣，当批据详，该夷缚献罪人，姑从宽政，但其惴惴入省，奸人扰害，不知汉法严明，且该道拿奸禁扰，令纪肃然，谁敢犯者。仰道牌谕，赴审速结，以释夷商，勿得再滋观望取罪去后，九月初六日，又据该道呈称，按照先奉两院批行，本道责令该澳夷目将杀官凶犯缚献正法，屡经严催，随据香山寨参将杨元、中军守备吴维宪报称，夷目委黎多等赴见，自愿立限本月二十八日献解审究。卑职维宪到澳，会同在澳提调备倭巡缉官唤集兵头夷目，责限缚献，就据夷目委黎多等，通事林德缚献凶犯具列氏、安屯年、兵番敝奴、黑奴、牙豹奴、戎文氏六名，并报出水手二十名，番哨船一只，大铳五门，鸠铳七门并药弹红旗到道，该本道查。看得澳夷杀兵，虽弁髦汉法，而究所由来，皆汛兵先为无礼，闽棍后复播弄，日延一日，几于中国之令格而不行矣。经奉两院批行，缚献凶手，本道严督，中军并提调澳军再三谕以利害，晓以法纪，宣朝廷之威德，禁奸棍之煽惑，而后各夷悔悟，始将凶犯六名系缚，俾水手二十名驾船献解，此非仰藉威灵，何以有此？除将六犯收监，水手二十名召保，听候宪批发审外，拟合详报等因到。臣随批，该夷捆献凶犯，报解水手并一切船只凶仗，既伏汉法，故将羁夷释放，仰该道如法究拟速报。同日又据该道呈，为奸弁指官诬夷事，照得澳夷杀兵，已将凶手六名献解到省，当于公所受凶释质，示威示信，随具文祥宪矣。惟是澳为金钱之薮，结澳案者，须先防薏苡之疑。此案自岭西道陶布政委曲调停，慨认了局，本道私幸可免覆疎。已而凶手不出，文卷仍移本道。蒙宪台暨按院责职祗承，不敢推诿，幸席始事之谋，稍正献俘之体。

先时，正恐别委他官往提澳中，又多一番骚扰，是以仍遣中军吴维宪赍牌往谕。然而播弄之巨棍与指诬之神奸，固未敢一刻弛防也。自奉委以来，四路差役密访，而省会、濠镜尤处处不时密缉。前月差役从澳地访报云，凶犯将献，正在议处公费，职大概已得其根株矣。及夷犯已到，随密地遍访于会城内外，觉指称本道诓诈夷财确有实据。因于本月初四日黎明，唤南海县典史同本道巡捕等官，跟随出城，阳云他往公干，而阴令舟人鼓棹径向中军吴维宪所坐哨。时该弁不在本船，因呼捕盗王富过船诘之，富错愕惊惶，莫知所措。答云："夷银实有在船者。职随亲诣其船，招南海蒋知县眼同起银，则银条一十五篓，俨然出诸舱中，与所访篓数无异也。"当问王富此银从何得来，对云，从澳中搬送上船者，第不知作何使用。职随谕蒋知县，将前银抬至东察院启篓验对。本道即还本署，而该弁随亦来谒。叩以此银从来，则曰夷人之备赎镪者也。本道诘之曰："即备赎镪，亦不过数百金耳，如许之多，何故？"则有遁其词云，是夷人托买紬段者也。本道叱之曰："该弁系钦授中军，非商非揽，而借口为夷买货，以掩饰指称将通夷接济之罪，又安所逃哉？且质留一十四夷，虽经释放，船尚湾泊省河。银果夷人之有，何以不在夷船，而乃在中军之船也？"而维宪亦舌咋而不能答，有俯首恳从宽政而已矣。总之，此十五篓之银，先访于澳内，则科派于澳者云，以酬本道；及访于省城，则该弁屡于船上语其守者曰，此系海道什物，好生看管。耳属于垣，该弁何不念之也。所幸质夷尚在省河，前银犹未搬入私室耳。若各夷早去，则秽名自本道当之，而诓骗任该弁售之矣。斯则关本道名节者固非小，而其示夷以官方之玷，使夷人轻我中国，而威信渐不申于外夷，所关于封疆不更大哉？今据南海县验兑，共计银一万四千九百四十二两三钱，内酌将三百两为缉探者充赏鼓励，候宪台裁夺，外实计一万四千六百四十二两三钱，俱番银。据南海县当堂唤银匠，估照市舶饷银例倾泻足大锭，每百两连耗计销折二十一两，该纹银共一万一千五百六十七两四钱一分七厘，现贮南海县库。该弁属在命官，本道本不敢擅逮，而真赃累累抑又不敢擅纵，已羁候按察司监，谨具详申报。至其银之倾泻与否，作何支销，弁之褫处与否，作何究拟，统候宪批详示施行。

其质夷一面差官立押出海，并以附闻等因到，臣随批澳夷杀官一事乃汉体所关，本部院以三尺绳之，三令五申以严骗诈，蚤虑及此矣。贪人反居为奇货，吞诈公行，贿赂张著。使夷人反复观望，四月不结，舆论沸腾，及本部院闻之，几为惊吒。不图该道清严执法，夷人俯首伏辜，中军吴维宪尚敢逞其故智，指索如许金银，当经收获质对明白，真无日无天之事。而从前脏私情态，一盘捧出。仰该道将吴维宪先行羁禁，脏银贮库，候题参行缴去后，该臣会同巡按广东监察御史葛徵奇，看得中国控驭海夷，有法有体，唯在出以公廉，始可慑服犬羊，而制其跳动。不意粤中贪官猾胥，以外夷为奇货，每有一番蠢动，即有一番吞骗。如去年红夷之事，丑声播腾，尚未结局，而吴维宪之脏又见告矣。维宪以钦授中军任缉防之责，身为溪壑，贪比豺狼，内结道书罗秉谦、万门子，外连奸揽吴万和、吴培宇，乘澳夷擅杀官兵，横行诈索，骗夷银五十二箱，烹分打点。遂使输罪之夷，因之中变，延至四月余，骄肆渐著，岌岌乎纲维之裂矣。幸新道臣刘柱国清严执法，奉臣牌拿奸揽贪胥，立置之法。夷始闻而心折，缚罪夷六人，番哨二十名以献，而维宪又复逞其故智，指名使费，骗夷银一十五箱。嗟！嗟！罪夷献矣，尚割金钱巨万，夷何尝不畏汉官哉，只汉官如此贪污，如此苟且，何以令夷人，何以存汉体？向非该道一尘不染，渊深有谋，从容缉获，则此一万五千公然饱狐兔，以辱清朝，夷即骈首汉法，有死不服，臣之所以抚膺而浩叹者也。又据该司道详报，单开吴维宪赃款累累不下数万金。此一弁者，智工狐假，恶比鸱张，勾腹心羽翼而痛饮贪泉，作贿赂招摇以大坏戎索脏之获。贮者既确，款之证告者复明，若不重法绳之，将外夷视中国为弁髦，而吏治边防决裂且尽矣。所当革职拿问，追已获金钱数万两以仰助边饷者也。至新任海道副使刘柱国，认真执法，发觉脏私七万余金，应予记录优异，以风吏治者。伏惟皇上敕下，该部查议。如果臣言不谬，将吴维宪从重追拟，刘柱国特行记录，庶激扬有赖，而外夷仰国法之森严矣。谨题请旨，崇祯十一年九月十六日题。十二年正月初五日奉旨，该部知道。

四、《直纠贪婪监司疏》（卷4，第1~5页）

题为直纠贪婪监司以肃夷防事。臣惟监司居风宪之地，海道笼夷夏之防，少知自好，当为朝廷存体统，不谓结狐鼠以行奸，欺蛮髦而攫利，如陶崇道可异也。本官与臣同城朝夕共事，才识机警，臣甚任之。三月委署海道，四月澳夷杀官，臣时剿寇韶州，贻书本官处置。臣度其才，雅足办此，即本官一宣谕间，该夷投词伏罪，此岂敢抗汉官法哉。奈本官智以谲行，才为贪使，居澳夷为奇货，引奸揽为幕宾，待衙蠹如腹心，凭中军作线索，恣行其牢笼、吞噬之计，始犹坐道衙，修启闭，既且移浮宅向海滨，朝进一揽焉讲话，暮进一夷焉禀事。中军直闯榻前，家僮招摇门外。而夷金之五十余箱，乘便烹分过付矣。然河干非无人之乡，通国有如沸之口，臣待人坦白，始既相托，终欲相成。书示本官，谓奸揽吴万和有负该道，而本官不问也。吞其饵难割其人也。又谓风闻澳中载金打点，而本官则曰：利其贡献，生员孝廉缙绅也。岂非己实欲之，而借他人为解嘲耶？又谓献缚何日，则曰，罪夷澳中自尽，断难责以内地正法。岂非利其所有而为蛮奴作说客耶？臣谬其词曰：刑罪人于市，刑澳夷于澳，但须献罪至耳，而夷不至。本官计无所出，面奖之，重赏之，纵中军航货以饵之，而夷不至。申拿别揽以示威，质留夷商以责信，而夷不至。夷既割金，便思代死。本官阴阳簸弄，夷人实应且憎。臣见潦倒狼狈，恐生夷变，始檄新道速任料理。本官尚携文卷归端州，以几幸夷人之至，而夷人终不至。又阅月，始送文卷还，海道详语，刺刺不自觉，情见乎词也。臣与新道臣刘柱国商榷，夷蠹不除，夷心不服，夷之观望不断，夷之缚献不来。于是吴万和等逮而夷慑，骗金打点之奸破，而罪夷六名、番哨二十人之缚至。即今累累系狱，安在不向内地正法哉？本官追忆前言，成何面孔？而腹弁吴维宪者，尚敢逞其故智，吓诈夷金，状诬清官，混淆黑白。向使新道薏苡之谤成，则旧道贿赂之诮解矣。讵料新道缉脏之举发，而旧道受脏之案确哉。未几澳夷投词自首，词联本官。据夷目呈中称官干、称道谕、称把柄在手、称包银五万、称误坠奸计、称献追充饷，而道果何人哉？堂堂方面，禄位非轻，伎同盗铃，衷如败絮，贻讥市井，取诮犬羊，命金两失，在狙夷方致恨，暮四朝三，廉隅全隳。即本官亦真觉心劳日拙，坏戎索而启外夷之轻辱朝廷。而羞当世之士，即甚爱本官者，不能为之解矣。臣谨就事论事，毋庸旁及，直据采访并报款符合者，为皇上陈之。

1. 本官性多豪纵，衙门漫无关防，久腾物议。及署海道，竟不驻扎衙门，座船湾泊河下几三月余。纵家人登岸需索，把哨等啧有烦言随捕。船甲郭蟾灿、苏永泰等证之。

2. 本官称巨揽吴万和、吴培宇，为澳夷信服，可用侦探红夷，慑谕澳鬼。臣初信之，令投文见臣，严加面饬。不料本官阴与作缘，利其贡献，藉以谋利，以致丑声播着。通省轰传证。

3. 本官受中军吴维宪银三百两，申委兼摄广海印务，书手罗益交证。益受银五十两，一堂猫鼠同眠，成何宪体。

4. 本官为黑夷杀兵一事，听揽头吴万和、吴培宇，中军吴维宪吓诈夷银五十二箱。打点禀送本官银二十箱，或以食盒，或以酒埕，令张英、周龙、陈瑞搬送座船，本官随放夷目先回，以缎匹猪酒赏之使去。余银三十二箱，吴维宪等三人瓜分并衙门上下人等，如罗秉谦等辈，均用掩口。船主梁成翰、揽头许耀岳等，通事洪酉、林德并一号船捕盗黄金正等证之。

5. 本官署海道听吴维宪播弄，将揽商李明邹、陈跻寰、王仰畴、施敬、史希圣、谢尊宇、王挺伟、林枢廷等无故拿禁，索银八百两，维宪过交。各揽商可证。

6. 市舶司每年额饷二万二千，除抽丈夷船外，尽取足于夷商入省贸易。每岁夏初到省一次，每次该船艇二只，每一艇约可征饷三千或二千余两。本官任内一艇止报一千一百余两，余属染指，致令额饷大亏。直年揽商可鞫证。

7. 本官每发公票开澳船贸易，内藏私货私商最多，免盘银每次千两。俱罗益交证。

8. 本官任纵吴维宪、万和等押䌷缎五百余箱，下澳漏饷侵分，故托不知。门军供报在案。

此一官者，才情闪烁，操守卑污，物议蜩螗，虽庸夫走卒通知，似难忝颜监司之列者也。伏祈敕部查核。如果臣言不谬，将陶崇道照例议处，庶官箴夷防两有攸赖矣。谨题请旨，崇祯十一年十月十三日题。

五、《再解缉获澳金助饷疏》（卷4，第6~7页）

题为再报解缉获夷金仰佐军需事。臣见□势□□国用殷繁，合提□二粤，得银三万两，具疏题解，而臣愚区区未敢自已。诚念国家三空四尽，凡为臣子，苟有丝毫积贮，忍不悉索以供军兴？臣谨会同广东巡按御史葛徵奇，查得海道刘柱国拿获吴维宪诈骗夷金一万四千六百余两，盖本官清真任事，夺诸贪弁之吻而得之者也。念洋人市饷久亏，缘官贪弁浊，总成尾闾归虚。幸道臣正己率下，遂源洁流清，立获金钱巨万，诚转无用为有用，可佐军前醪纩之资者。谨令熔照原估七九成色，倾销成锭，共实银一万一千五百六十七两四钱一分七厘，附差主簿郝鸣皋解进，总期有一分效一分之用，蚤一日获一日之需。在朝廷征兵措饷，大涣王居，在遐方把彼注兹，何羞行潦。伏祈敕部查收，庶于军前急需少有裨益矣。谨题请旨，崇祯十一年十一月二十九日题。

按：以上《直纠通澳巨贪疏》《直纠贪婪监司疏》及《再解缉获澳金助饷疏》等三疏均是反映一个问题，即崇祯十一年（1638 年）三月间以中军守备吴维宪为首的明朝官员到澳门诈骗银万余两而引发的中葡冲突，历时长达五个月的一次重大事件。这一被称之为"白昼攫金，通国鼎沸"的事件，在当时中葡交涉史上影响极大。关于这一事件，中文方面《明史》《明实录》及其他别史、杂史均无记载。在所有的澳门史著作中，亦无人提及此事。事情大体经过如下：

崇祯十一年三月，曾有前山地区明军防守哨兵"盗奸"葡国妇女一名，而澳门方面则出动兵力进攻明方，致事件扩大，误杀明方哨官何若龙。明朝政府问罪澳门，澳夷已将凶犯六人及驾船水手二十名捉获，准备解赴香山县。正当广东政府着手处理此事时，海道中军守备吴维宪，勾结书办罗秉谦、万门子，外结奸揽吴万和、吴培宇以处理此事为借口，到澳门，要夷目敞厨具呢·吧唠冒惹①等人打点，还诈骗其银五十二箱及琥珀、合油等物。

---

① 此处夷目"敞厨具呢·吧唠冒惹"当为 1637 年任澳门议事会理事官之 Francisco de Araujo de Barros。见 Manuel Teixeira, *Os Ouvidores em Macau*, p. 197.

澳门葡萄牙人知道骗情后，不仅不愿交出杀害明方哨官的六名凶犯，反而聚众闹事，"狂肆日甚一日"。后经新任海道刘柱国铁面无私，认真执法调查落实此案，将吴维宪一干人等抓捕入狱，此事件逐渐平息。

《直纠通澳巨贪疏》全部内容就是介绍这一事件发生的原因、经过及侦探、处理此案之全过程。关于这一事件，文德泉《17世纪澳门》公布了很简单的信息："（1638年）几个喝醉了酒的黑奴杀害了三名中国人，中国官员禁止葡萄牙人参加交易会，直至凶手被绞死。"① 文氏摘录葡文档案虽然简略，但基本史实与中文资料一致。中文资料"恳请本道驾临香山定案结局，庶夷商得上省贸易，举夷沾恩"，即说明中国官员因这一案件而"禁止葡萄牙人参加广州交易会"。中文资料公布了六名凶犯的姓名"具列氏、安屯年、敝奴、黑奴、牙匏氏、戎文氏"，又称此事为"黑夷杀兵"。葡文档案明确指明这几名凶手为"黑奴"，而这几名"黑奴"又"系澳中逃出贼夷"，与中文资料一致。

《直纠贪婪监司疏》则是因海道中军守备吴维宪入澳诈银一案事发，又直接牵涉到吴维宪的顶头上司——旧海道副使，即疏中的"本官"。原来整个事件的发生均起于旧海道副使："本官智以谲行，才为贪使，居澳夷为奇货，引奸揽为幕宾，待衙蠹如腹心，凭中军作线索，恣行其牢笼、吞噬之计。"吴维宪诈银52箱，其中20箱进入旧海道之腰包。这位旧海道副使由于受澳夷银钱，而帮澳夷说话，称凶犯只能在"澳中自尽，断难责以内地正法"。由于两广总督张镜心及新海道副使刘柱国的迅速果断处理，澳夷才将凶犯"缚至，即今累累系狱"，并在"内地正法"。葡文档案也称"凶手被绞死"。这是用中文记录的中国政府对澳门夷人违犯中国法律而予以制裁的第一次案例记录，也是明朝政府在澳门行使司法权的最好例证。此疏即对旧海道副使案的追

---

① Manuel Teixeira, Macau no Seculo XVII, pp. 69~70.

审。但不知何故，此疏中未言明"旧海道"之姓名。新任海道副使为刘柱国，则旧海道副使当为 1637 年中、英、葡广州交涉案中主要人物海道副使郑觐光。[①]

《再解缉获澳金助饷疏》则是对这一案件追获的赃银一万一千五百六十七两四钱一分七厘的处理，最后决定佐军助饷，"庶于军前急需少有裨益"。

六、《答陶岭西虎溪崇道》（卷7，第18～20页）

贵道筹制海夷如极势一款，确乎不易之定论也。濠镜弹丸，红夷一二艇泊外洋，非能为中国大害。若中国绝接济，则守可固；备火攻，则战可胜，粤闽已事不居然在乎。但澳名属夷，红为化外，以法谕澳，以澳拒红，中国安于无事，夷种自为羁縻，亦不治之治。贵道以功归澳，以赏酬功，据其意不过啖犬守篱，弄之股掌，惟吾绦索，有何不可。千斤之赏，一骨之投也，有何吝惜。不佞若鳏鳏焉有欲商榷者，则在我之名，在夷之请与，夫不可长之渐耳，总欲以势控之，一时之体，百世之虑也。备陈于后，尚烦再酌。

夫澳与红，皆夷也。红犹来去波臣，澳则鼾睡卧侧，营青洲，起殿塔，分封王子，见前制院之牍，皆入告之言也。近且邸第僭拟，番哨入扰。方图裁抑，岂容议赏？彼将谓制院资我御红，启其轻中国之念，名之不可者一也。

中国驭夷当使收功在我，不宜推以与澳。况去年奸人骗取重货，既诱其剖腹之藏。道厅拿获番艘，复挟夫五夷之质。红夷口词，具在乞人货之还，矢再犯之誓，业经入告，原未尝资澳也。即传谕领红，正责以义，非借其力，今无故预为赏格以待之，其亵已甚，名之不可者一也。澳与红，世

---

① 郑觐光在《报镇将驱逐红夷疏》中已变为"巡视海道按察司佥事"，可见，张镜心到任，郑觐光已降职。

仇也，昔何角拒？今何互市？佛郎机以女配英雉呢王子也，不直居停，且属肺腑。去年红夷入犯，内奸贪饵为愚，外澳指发为谲，明明尝试中国，看中国何以处之耳。不然，仇好不两立，焉有交市数年，姻连如故，即不拒之而又毒之？如红夷所云，害我三四十人皆假也。此而赏之，令澳笑我愚，此情之不可者一也。

红市澳，则利在澳，澳之情也。红市汉，则利去澳，尤澳之情也。是澳原乐市红也，即使澳如去年故事，听红入犯，则我当声澳之罪，严揽禁绝货米，澳何恃不恐，澳之情也。红若仍前入犯，本部院已修船缮器，火攻毕，檄郑芝龙付一炬焉。一劳永逸，极势中已悉之矣，红又何恃不恐，红之情也。我既得其情，安肯予以名，此情之不必者一也。

两夷本念，止贪汉货，虽不必有过虑，而喜人怒兽，匪我族类，全恃法令笼络之耳。一归以拒红之功，则红岁岁来市，澳岁岁取赏，中国成何体势？澳夷再有番哨阑入，或跳越于法，既赏其假，难挫其骄，彼纵无言，我亦不壮，此渐之不可者一也。

千言万语，总归以势控之，不出极势之筹，而尊中国之体耳。控之伊何，曰：你夙仇红，今何相好？以前私市，明明左券，昨年红夷入虎门，究竟何利中国，勾引奸人已置重典，难道你夷可委不知？今后澳夷当感中国豢养之恩，谕示红夷不许入洋求市。其外洋尔等所为，前已听之，今不过求你夷遵此，你夷之分也。中国也见你夷孝顺，你夷不遵先奏，治你夷。其在红夷，中国自有制御之法。

按：此疏是两广总督张镜心针对岭西道陶崇道"筹制海夷如极势"的看法提出的观点，特别是针对崇祯末年英国、荷兰等红夷国家不断侵袭我国东南沿海地区这一新形势，明王朝的"制夷"政策应该如何筹措，提出自己的建议张镜心认为：

> 澳名属夷，红为外化，以法谕澳，以澳拒红，中国安于
> 无事，夷种自为羁縻，亦不治之治。

张镜心还认为，对调停 1637 年中英广州冲突事件有功的澳
夷亦不可赏酬：

> 夫澳与红，皆夷也。红犹来去波臣，澳则鼾睡卧侧。营
> 青洲，起殿塔（指盖大三巴炮台），分封王子（指派澳兵
> 头），见前制院之牍，皆入告之言也。近且邸第僭拟，番哨
> 入扰。方图裁抑，岂容议赏？彼将谓制院资我御红，启其轻
> 中国之念，名之不可者一也。中国驭夷当使收功在我，不宜
> 推以与澳。

对于英、葡、中之间的三角贸易关系，张镜心亦分析得十分
透彻：

> 红市澳，则利在澳，澳之情也。红市汉，则利去澳，尤
> 澳之情也。是澳原乐市红也。

张镜心另一疏中也提出了类似的看法：

> 夫互市之制，不有澳，但为夷心所厌，原未为汉法所
> 拒，且澳固肘腋之寇也。与红市则必与澳绝，与澳绝则必将
> 肆螫于红，而反噬于我，干戈相寻，大乱之道。……夫红之
> 离志于澳，已成矛盾。澳安则红安，红安则中国安。计莫若
> 以汉御澳，以澳御红。仍市之旧，还澳之尝。①

"以汉御澳，以澳御红"，这就是张镜心的基本主张，也是崇
祯末年明朝政府对待海上来华的几种西方势力的基本态度及处理
方法。

值得注意的还有两点：一是张疏中提到"英雉呢"一词，
即："澳与红，世仇也。昔何角拒？今何互市？佛郎机以女配英

---

① （台北）中央研究院历史语言研究所编：《明清史料》乙编第 8 本《兵部题〈失名
会同两广总督张镜心题〉残稿》，755 页，北京，中华书局，1987。

雉呢王子也。"过去，我们一直认为明朝人不知道有"英吉利"一国，只知道荷兰，故将 1637 年英国船队威德尔上校闯入珠江之事件列入《和兰传》。以此疏看明崇祯末年，至少广东地方政府已知道"英吉利"一国，亦知道英吉利并非荷兰。从"佛郎机以女配英雉呢王子"一信息，反映当时的广东地方政府通过海上交通的管道获得的国际信息远较内地要多得多。张疏中的"英雉呢"一词是中国文献中最早对英国的确切记载。二是张疏中反复提到的"奸揽"一词。从明天启以后，葡萄牙商人由于进入广州市场交易会遇到中国官员的刁难和敲诈，故葡商开始物色中国商人为他们的代理人去参加广州贸易。到崇祯时，各地揽头往往由福建商人充任，被称之为"闽揽"。① 如《盟水斋存牍》中的谢玉宇、余腾苍、叶植宇、梁七、王怀东、郭玉兴、高廷芳、陈仰昆、包徐良等;②《兵部题〈失名会同两广总督张镜心题〉残稿》中的沈昌西、吴万和、吴培宇等;《直纠贪婪监司疏》中的巨揽吴万和、吴培宇，揽头许耀岳，揽商李明邹、陈跻寰、王仰畴、施敬、史希圣、谢尊宇、王挺伟、林枢廷等。这些奸揽不仅"藉闽引以通番，贩番货以闯粤"③，而且与中国政府的贪官、蠹胥"相倚为奸，诈骗财货，勾连出入，以致夷人轻侮中国，藐不畏明"④。这些揽头不仅活跃在明末中外贸易活动的商场上，而且卷入到一系列中外交涉的冲突事件中，他们是值得我们注意的晚明粤东社会中出现的一个新兴群体。如被称为巨揽的吴培宇，第一

<hr>

① 　汤开建：《委黎多〈报效始末疏〉笺证》，81～83 页，广州，广东人民出版社，2004。

② 　颜俊彦：《盟水斋存牍》卷 2《谳略》，73～80 页，北京，中国政法大学出版社标点本，2002。

③ 　颜俊彦：《盟水斋存牍》卷 2《谳略》，80 页，北京，中国政法大学出版社标点本，2002。

④ 　张镜心：《云隐堂文录》卷 3《直纠通澳巨贪疏》，光绪十六年磁州张璪刻本，26 页，北京，国家图书馆藏。

次出现在崇祯十年（1637 年）的中英葡广州交涉事件中；第二次
出现在崇祯十一年诈骗葡人事件中；第三次出现在康熙六年
（1667 年）的下澳走私贸易中。① 这是一位在中外贸易中活跃了
三十余年的葡商代理人。他们在当时的中外贸易及中西关系中究
竟起了什么作用，应如何评价，这还是一个亟待深入探讨的
问题。

---

① （台北）中央研究院历史语言研究所编：《明清史料》乙编下册第 6 本《刑部残题
本》，北京，中华书局，1987。

此图系明万历四十八年(1620年)意大利耶稣会士艾儒略所绘的《万国舆图》。

第二十二章 明季澳葡政权的走向与中国政府的关系

第二十二章 明季澳葡政权的走向 与中国政府的关系[1]

　　明末时期（1621—1651 年）澳门与中国政府的关系在文献中缺乏系统记录，双方交涉之情况表现得极不清晰。以往国内澳门通史或简史的研究者对这一段历史多采取敷衍态度，或不予叙述，或一笔带过。在 C. R. 博克塞、方豪、欧阳琛、黄一农、林子昇等人的论著中对这一问题虽有所涉及，但并无全面论述者。[2]本文则企图通过对零散中西史料的整理与勘比，特别是通过对新近公布的中文档案的利用，挖掘出了一些隐晦不清的史实，大致勾勒出明末清初澳门与中国政府发生关系的基本线索来，从而填补这一段历史叙述的不足。

---

①　原文载（台北）中央研究院历史语言研究所编：《新史学》，2001，12（3）。

②　参阅 C. R. Boxer, *Dares - e - Tomares nas Relacoes Luso - Chinesas dueante os Seculos XVIIe XVIII atraves de Macau*, Macau, Imprensa National, 1981; C. R. Boxer, Portu-guese Military Expeditions in Aid of the Mings against the Manchus, 1621—1647, in *Obra Completa de Charles Ralph Boxer*; *Vol. I*; *Estudos para a Historia de Macau*, Lisboa, Fundacao Oriente, 1991, p.199; 欧阳琛：《明季购募葡炮葡兵始末》，珠海书院文史研究所未刊硕士论文，手抄复印本；方豪：《中西交通史》下册第 4 编第 4 章《军器与兵制》，767～787 页，长沙，岳麓书社，1987；黄一农：《天主教徒孙元化与明末传华的西洋大炮》，载《中央研究院历史语言研究所集刊》，第 67 本，第 4 分册，1996；林子昇：《16—18 世纪澳门与中国之关系》，澳门，澳门基金会，1998。

一、西洋大炮进京与澳门同明朝政府关系的改善：1621—1640 年

澳门于 1557 年开埠后，很快就建立了自己的"自治"政权。① 虽然葡萄牙人入居澳门获得了明朝政府的认可，但双方的关系在初期的适应过程中一直存在着摩擦，可以说，双方关系时好时坏。到 16 世纪末，由于日本国内开始禁止天主教，并出现 1597 年的殉教事件，大批的传教士和日本信徒离开日本到澳门避难，② 而这批人在明朝官员中被视为"澳门蓄倭"，再加上 1605 年参加修筑澳城的日本人"抗杀官兵"事件，③ 双方关系极度紧张，要将葡萄牙人从澳门驱逐出去的声音一浪高过一浪，直到万历四十二年（1614 年）张鸣冈出任两广总督后，才将驱葡出澳之意见否定，但同时对澳门的管制和防范却明显较前加强，④ 双方仍处在较紧张的关系中。万历四十四年（1616 年）"南京教案"爆发，使这一紧张关系更为加剧，因为明朝政府了解到王丰肃、曾德昭等外国传教士在南京"煽惑百姓不下万人，朔望朝拜动以千计"⑤ 的最大支持者就是澳门，"王丰肃一切费用，俱自香山澳送来"⑥。还称传教士"且往来濠镜，与澳中诸番通谋"⑦。虽然南京教案的处理结果只是将南京、北京及其他地方的传教士均押送至澳门安置，但明朝政府对澳门的防范与控制则大大加强。当时人许大受对澳门的看法可以说代表着明朝政府内相当一部分人的观点：

---

① 吴志良：《澳门政治发展史》第 2 章《澳门葡人内部自治时期》，44 页，上海，上海社会科学院出版社，1999。
② 文德泉：《澳门的日本人》，载《文化杂志》，1993（17）。
③ 沈德符：《万历野获编》卷 30《外国》，785 页，北京，中华书局标点本，1959。
④ 汤开建：《张鸣冈治澳事迹述评》，载台北《历史月刊》，1996（6）。
⑤ 《明神宗实录》卷 547，万历四十四年秋七月戊子条。
⑥ 徐昌治辑：《圣朝破邪集》卷 2《会审钟明礼等犯一案》，100 页，香港，香港建道神学院标点本，1996。
⑦ 张廷玉：《明史》卷 326《意大里亚传》，北京，中华书局，1974。

嘉靖间，澳门诸夷，不过渐运木土驾屋，若聚落尔，久之，独为舶薮。今且高筑城垣，以为三窟。且分遣间谍，峨冠博带，阑入各省直地方，互相交结，即中国之缙绅章缝，折节相从，数千里外，问候不绝，得其馈赠者甚夥。频年结连吕宋、日本，以为应援。凡我山川厄塞去处，靡不图之于室。居垣指画某地兵民强弱、帑藏多寡，洞如观火，实阴有觊觎之心。时时炼兵器，积火药，适且鼓铸大铳无虚日，意欲何为？此岂非窥伺中国，睥睨神器之显状耶？①

在这种认识下，明政府对澳门的防范大大加强，不仅命原驻雍陌的海防同知"今议仍以本官专驻其地，会同钦总官训练军兵严加讥察"②，而且于万历四十六年（1618 年）在前山设立香山参将，统兵一千防守澳门。③ 更有甚者，天启元年（1621 年），广东政府竟派兵入澳"毁其所筑青洲城，番亦不敢拒"④。由此可以反映出，当时明朝政府与澳门的关系相当紧张。

由于明王朝在东北地区战事连连失利，"沈辽暂失，畿辅惊疑"⑤。一批具有天主教背景的明廷重臣如徐光启、李之藻、杨廷筠等开始思索如何利用澳门葡萄牙人军事技术的优势改善明军对后金作战屡败之状况。C. R. 博克塞称：

> 在明朝对满洲鞑靼人的失败战争中，葡萄牙人提供了军事技术援助。让葡人提供军事技术援助的想法，首先是通过利玛窦神父而皈依基督的有名的教徒、博学之士兼政治家徐光启提出的。这位杰出人物显然在 1620 年甚至更早之时就

---

① 徐昌治：《圣朝破邪集》卷 4《圣朝佐辟》，227 页，香港，香港建道神学院标点本，1996。
② 田生金：《按粤疏稿》卷 3《条陈海防疏》，影印明万历四十五年刊本，天津，天津古籍出版社。
③ 《明神宗实录》卷 576，万历四十六年十一月壬寅条。
④ 张廷玉：《明史》卷 325《佛郎机传》，北京，中华书局，1974。
⑤ 陈子龙辑：《明经世文编》卷 483《李我存集》之李之藻《奏为制胜务须西铳乞敕速取疏》，影印平露堂刊本，北京，中华书局，1962。

有此想法，因为耶稣会士祁维材（Wenceslaus Pantaleon Kirwitzer）在澳门所写的《1620年报导》（标署日期是该年11月28日）里提到了此事。简单地说，保禄（徐光启的教名）的计划是向明帝提供几门来自澳门的葡萄牙大炮。澳门有一个兴盛的铸炮厂，由波加劳（M. T. Bocarro）监管。这些大炮须由耶稣会士押送北京，他们能用汉语教中国人如何使用这些大炮。这样一来，这些当时备受怀疑的传教士能重新获得明帝的恩宠。[①]

这一计划的实施是先赴澳门买炮然后奏报明廷的。李之藻天启元年二月《奏为制胜务须西铳乞敕速取疏》称：

> 昨臣在原籍时，少詹事徐光启奉敕练军，欲以此铳（指葡炮）在营教演，移书托臣转觅。臣与原任副使杨廷筠合议捐资，遣臣门人张焘间关往购。至则澳禁方严，无由得达，具呈按察司吴中伟。中伟素怀忠耿，一力担当，转呈制按两台，拨船差官伴送入澳。夷商闻谕感悦，捐助多金，买得大铳四门。议推善艺头目四人，与傔伴通事六人，一同诣广。此去年十月间事也。[②]

可知张焘赴澳门购炮实际时间是泰昌元年（1620年）十月间的事情，而李之藻上疏朝廷则在天启元年（1621年）二月。紧接着，徐光启于天启元年四月再次上疏言及取西洋铳事，天启元年五月，兵部尚书崔景荣再上疏支持。[③]

具有天主教背景的徐光启、李之藻、杨廷筠等人提出引进澳门葡人军事技术的计划除了有加强明朝军事与边防力量之用意

① C. R. Boxer, Portuguese Military Expeditions in Aid of the Mings against the Manchus, 1621—1647, in Obra Completa de Charles Ralph Boxer; Vol. I: Estudos para a Historia de Macau, p. 105.

② 陈子龙辑：《明经世文编》卷483《李我存集》之李之藻《奏为制胜务须西铳乞敕速取疏》，影印平露堂刊本，北京，中华书局，1962。

③ 徐光启：《徐光启集》卷4《练兵疏稿》2附录2《崔景荣等题为制胜务须西铳敬述购募始末疏》，182页，上海，上海古籍出版社，1984。

外，缓和澳门与明朝之紧张关系，消除明廷对入华传教的传教士的怀疑，恐怕也是他们一箭双雕之意图。上引李之藻疏文称：

> 风闻在澳夷商，遥荷天恩，一向皆有感激图报之念，亦且识臣姓名，但以朝廷之命临之，俱可招徕抚辑而用也。[①]

徐光启另疏称：

> 千闻不如一见，巧者不如习者，则之藻所称陪臣毕方济、阳玛诺等，尚在内地，且携有图说。臣于去年一面遣人取铳，亦一面差人访求。今宜速令利玛窦门人邱良厚见守赐莹者，访取前来，依其图说，酌量制造。[②]

这一次购买葡炮工作很顺利，据金尼阁记此事：

> 二人（指张焘，教名绰额尔，和孙学诗，教名保禄）抵澳门后，……购四尊大炮，寄送光启，以便转献于帝，以为军援。然二人仍不以此为足，复以自费聘请炮手四人，盖愿以此表示效忠于君也。[③]

稍后瞿式耜记此事亦称：

> 臣考万历四十七年（1619 年）奉旨训练，遣使购求，而得西洋所进大炮四门者，今礼部右侍郎徐光启。[④]

然据 C. R. 博克塞称：

> 在 1621 年 10 月，神父连同大炮已经上路。但在这一时刻，出现了一个多少预料不到的障碍。在到达广州之时，四名炮手被阻止，后来送回澳门，只让大炮北运。但提供大炮和炮手的行动给中国官员留下了好印象，葡萄牙人和神父们

---

① 陈子龙辑：《明经世文编》卷 483《李我存集》之李之藻《奏为制胜务须西铳乞速取疏》，影印平露堂刊本，北京，中华书局，1962。
② 徐光启：《徐光启集》上册卷 4《练兵疏稿》2《台铳事宜疏》，187 页，上海，上海古籍出版社，1984。
③ 金尼阁：《1621 年中国报告》，转引方豪《明末西洋火器流入我国之史料》，载《东方杂志》，1944，40（1）。
④ 瞿式耜：《瞿忠宣公集》卷 2《讲求火器疏》，清光绪十三年刊本。

的威望也因此提高。①

　　澳门葡人为了改善与明政府的关系，对这一次明方入澳购炮之事也表现得十分热情并很有诚意：

　　　　其时群议派遣葡国武装精良者，前往声援明帝。又另派百人为助手，此百人亦为从军者，又委洛斯·贝格利奥（Laurent de Los Veglio）统率全军。

　　　　孙学诗及张焘二人为使臣至澳门，……民众夹道而观，群欲一睹风采，澳门士绅亦全体率仪仗相迎，并在一华美大厅中接待。②

　　澳门西洋炮运进京后，迅速进入了辽东战场。天启六年正月宁远之战，"歼贼一万七千余人"③，明守城军用西洋炮击退满洲兵，重创努尔哈赤，④ 使东北战局暂时稳定。

　　宁远之役，"其得力多藉西洋炮"⑤，西洋大炮的威力使明政府更加深刻地认识到西洋火器装备对边境军事防御的重要。特别是崇祯元年（1628 年）徐光启再次被起用，主持朝政，⑥ 故购募西铳西兵之主张在宫中又完全占据上风。"蒙徐业师特与兵部商

---

① C. R. Boxer, Portuguese Military Expeditions in Aid of the Mings against the Manchus, 1621—1647, in *Obra Completa de Charles Ralph Boxer*; *Vol. I*: *Estudos para a Historia de Macau*, p. 106. 4 门西洋炮于 1621 年 10 月进京，4 名炮手则被阻止在广州。但据葡籍神父何大化《远方亚洲（Asia Extrema）》第 6 编第 4 章记载，孙学诗于 1622 年再次赴澳门招募炮手 7 人，另有几位仆人和翻译，共 24 人，于 1622 年 11 月底离开澳门，经肇庆、南昌等地，于 1623 年 5 月 1 日进京。据《明熹宗实录》卷 33 记载，"夷目七名，通事一名，傭伴十六名"是天启三年（1623 年）四月辛未前进京。何大化书载《耶稣会士在亚洲》丛钞第 49－Ｖ－6 号手稿，藏葡萄牙里斯本阿儒达宫图书馆，汉译本为金国平先生提供。
② 巴笃里：《中华耶稣会史》，716～717 页、771～772 页，转引方豪《明末西洋火器流入我国之史料》，载《东方杂志》第 40 卷第 1 号，1994，40（1）。
③ 瞿式耜：《瞿忠宣公集》卷 2《讲求火器疏》，清光绪十三年刊本。
④ 王戎笙主编：《清代全史》，第 1 卷，第 3 章，222～223 页，沈阳，辽宁人民出版社，1995。据何大化《远方亚洲》第 4 编第 3 章，称宁远之战"杀死一万鞑靼人，其中包括一王子"。"王子"当为努尔哈赤。
⑤ 孙铨：《孙文正公年谱》卷 3，天启六年丙寅条，乾坤正气集本。
⑥ 徐骥：《文定公行实》第 555 页记载："戊辰今上即位，诏起原官，待日讲，补经筵讲官。"

权，业经具题差官往取，十月内差官孙都司同西洋陪臣陆教士解到西铳三十余门"①。可证 1628 年明廷派人入澳购募西铳西兵之计划完全是徐光启策划的。

请求葡萄牙的军事援助是天启以来明政府一贯的外交政策。据葡文文献记载，自天启元年先后从澳门进献三十门大炮后到崇祯元年之间，明政府还多次派人入澳请求葡萄牙的军事援助。1624 年，澳门理事官帕雷德（Pinto Parede）曾请示葡印总督是否向明朝提供大炮抗清，当时总督弗朗西斯科·达·伽马（Francisco da Gama）又就此请示葡王，1625 年 3 月 29 日获准。② 一份 1625 年 3 月 29 日《季风书》保存如下信息：

> 澳门的佩罗·德·帕莱德斯（Pero de Paredes）上尉讲述了中国皇帝请求葡萄牙人援助的一封信。这封信（中国皇帝的信）呼吁葡萄牙人参加到对抗鞑靼人的战争中去。他承认给予很多赏赐，并授权加强澳门防御工事，并为葡萄牙传教士进入中国提供方便。帕莱德斯上尉认为能扩大葡萄牙在这一区域的影响，还写到最好是把仍在葡萄牙势力范围之外的孟加拉（Bengala）的 3 000 人的葡萄牙人组成军队来帮助中国皇帝。因此，菲力普三世应派传教士到那个地区（Bengala）颁布敕令，宣布参与对抗鞑靼人的行动。除可获得中国皇帝给予的赏赐之外，还可以获得很多奖励。此外，根据中国皇帝的要求，创立一支小桅帆船舰队，能够到达澳门，在那里用于对付鞑靼人。上尉还写了怎样组织舰队的方式。③

---

① 韩霖：《守圉全书》卷 3《催护西洋火器揭》，明崇祯九年刊本，83 页，台北，中央研究院傅斯年图书馆善本室藏。

② 葡萄牙里斯本国家档案馆：《季风书》（Livro das Moncoes），第 21 簿，153 ~ 157 页，转引自金国平、吴志良《镜海飘渺》，66 页，澳门，澳门成人教育学会，2001。

③ Comissao National para as Comemoracoes dos Descobrimentos Portugueses, Documentos Remetidos da India ou Livros da Mancoes（1625—1627），Volume 1. 此件系金国平先生寄赠原件，由博士生田渝译出。

1625 年佩罗·德·帕莱德斯在孟加拉组织 3 000 人的葡萄牙远征军的计划并未能实现。天启七年（1627 年），后金军队对辽东边境的武力进犯进一步加剧，明政府不得不再次求助于澳门。库帕称：

> 因为满族人再次入侵中国，1627 年明朝再次向澳门当局请求军事援助。通过两广总督李逢节转达口信，请求澳门方面派遣 20 名熟练炮手操作中国人手中的大炮。鉴于荷兰人可能再次袭击澳门，而澳门不可能总如 1622 年 6 月 22 日那样幸运，葡萄牙人拒绝了明朝的请求。次年，1628 年，北京朝廷以皇帝的名义再次请求澳门给予军事援助，这次是请求派遣 10 名炮手和 20 名教官用以击退满族入侵者。[1]

崇祯元年（1628 年）明政府再次派官员到澳门购炮、募兵：

> 1628 年，崇祯元年，崇祯皇帝下令由兵部（Pinpú）向广州李逢节索要澳门的大铳 10 门，因为这些大铳是中国人从搁浅在电白（Timpã）的英国船只上缴获。[2] 因为李逢节同广东高官下令以皇帝名义向澳门索要 10 门大铳、20 名熟练炮手，都堂下令所有大铳进献朝廷，因为澳门位于皇帝的领地上，此时正是向他效忠的大好时机。为了响应中国皇帝的请求，总督唐·费利佩·洛博（Dom Felipe Lobo）与澳门城要人聚集议事亭商谈此事，一致决定接受这一请求，选派人员运送从荷兰船上缴获的铁铳入京。

> 热忱于本城事业的 4 位炮手被选出，他们是佩德罗·金荅（Pedro do Quintal），由马尼拉到达澳门，曾在马尼拉炮兵团服务，佩德罗·平托（Pedro Pinto）、拂郎·亚兰达（Francisco

---

① Michael Cooper, Rodrigue：*O Interprete*：*Um Jesuita no Japao e na China do Seculo XVI*, p. 374.

② 中国人从英国船上缴获的炮不在电白，而在阳江，而葡人击沉荷兰船在电白缴获 26 门荷兰炮。徐西满档将英、荷两艘不同沉船的地点混淆，见汤开建《委黎多〈报效始末疏〉笺正》，123～128 页，广州，广东人民出版社，2004。

Arenda),及弗朗西斯科·科雷亚(Francisco Correa);两名通事,我——徐西满(Simão Coelho)第二次进京,享有皇帝授予的官员特权,任皇帝的葡语通事,及屋腊所·罗列弟(Oratio Nerenti),澳门的已婚中国人,皈依天主教不久,籍贯泉州(Chincheo);还有13名助手、队长的仆役和通事,一起出发。①

崇祯元年(1628年)明朝第二次赴澳募兵、购炮,C. R. 博克塞教授的研究报告中没有涉及。但在当时保存的中文文献澳门委黎多《报效始末疏》中则有详细记录:

> 兹崇祯元年七月,蒙两广军门李逢节奉旨牌行该蕃,取铳取人,举蕃感念天恩,欢欣图报,不遑内顾。谨选大铜铳三门,大铁铳七门,并鹰嘴护铳三十门;统领一员公沙·的西劳,铳师四名伯多禄·金荅等,副铳师二名结利窝里等,先曾报效到京通官一名西满·故未略,通事一名屋腊所·罗列弟,匠师四名若盎·的西略等,驾铳手十五名门会戳等,傔伴三名几利梭黄等。及掌教陆若汉一员,系该蕃潜修之士,颇通汉法,诸凡宣谕,悉与有功。遵依院道面谕,多等敦请管束训迪前项员役,一并到广,验实起送。复蒙两广军门王尊德遣参将高应登解铳,守备张鹏翼护送,前来报效。伏乞皇上俯念远人两次进铳进人微功,并前次多番功绩,恳求皇恩收录忠勤,一视如内地赤子,感戴绥柔,莫大德泽。倘蒙不鄙末技,或有任委,敢不承顺,谨令统领公沙·的西劳代控愚衷,仰祈圣明鉴察,臣不胜激切待命之至。②

一方面明朝政府需要澳门的西洋炮抵御满洲人的进攻;另一方面,澳门政府亦希望通过献炮并向崇祯帝上疏,陈诉澳门葡人

---

① BA, JA, Cód. 49 – v – 8, pp. 403 ~ 407.
② 韩霖:《守圉全书》卷3 委黎多《报效始末疏》,明崇祯九年刊本,86 ~ 91 页,台北,中央研究院傅斯年图书馆善本室藏。

报效明朝所立下的功劳，亦希图进一步改善同明政府的关系。这一次澳门共献铜、铁大铳共十门，鹰嘴护铳三十门。崇祯二年（1629 年）二月从广州出发，11 月到涿州，当时正逢满洲兵进攻，遂留四门炮保涿，其余六门进京保京师，到崇祯三年正月运至北京。

崇祯三年（1630 年）四月，西洋教士陆若汉进京后不久又上疏自告奋勇去澳门进行第三次募兵购炮：

> 徐保禄上皇帝第一个奏疏为葡军统领、大使公沙·的西劳以葡文草成，交保禄呈皇帝，建议皇帝从澳门调葡兵以协助将入侵之鞑靼人驱逐出帝国境内。公沙·的西劳将军自告奋勇，以最快的速度前往澳门搬兵；徐保禄亦愿意一同前往。

崇祯帝批复：

> 据尔等所奏，朕已知远人之忠诚及其武功在摧毁鞑靼人方面之价值。诏谕广东军门、地方官员，依照此奏疏，即刻招集人马，提供一切必需物资，伴送远人来京。队伍所经各地，地方官员务必即刻接替伴送人员，继续护送远人，以便远人星夜火速进京，不得有误。礼部左侍郎（即徐保禄光启）立即选一人随同陆若汉神甫前往澳门，侍郎本人不必前往。凡谕令所至，务遵旨照办。[1]

此事在中文文献中亦有记录：

> 近闻残虏未退，生兵复至，将来凶计百出，何以待之。汉等居王土，食王谷，应忧皇上之忧，敢请容汉等悉留统领以下人员，教演制造，保护神京。止令汉偕通官一员，傔伴二名，董以一二文臣，前往广东濠镜澳遴选铳师艺士常与红

---

① 阿儒达图书馆《耶稣会士在亚洲》Cod. 49－v－9，pp. 73～74，《礼部左侍郎徐保禄为葡使葡人入京效力与澳交涉事三次上奏及皇帝上谕》。此系浙江大学历史系董少新博士从里斯本影印葡萄牙人原档并翻译赠予。

毛对敌者二百名，傔伴二百名，统以总管，分以队伍，令彼自带堪用护铳盔甲、枪刀牌盾、火枪火标，诸色器械，星夜前来。往返不过四个月，可抵京都。[1]

陆若汉偕明使臣姜云龙赴澳，澳葡政权为了"从帝国取得十分诱人的商业和物质利益"，为了"给传教士提供更多的机会去传播福音"。[2] 1630 年 8 月 16 日，澳门议事会召开秘密会议，并决定支持明廷的募兵计划：

8 月 16 日议事会召开隆重会议讨论这个问题。可能陆若汉正在途中，他派人先将中国当局的请求送达，但我们知道他将在本月底到达澳门。……来自北京徐光启的一封信也对议事会的决定产生了影响，这封信在会上传阅，徐光启在信中写道，如果澳门能够给予军事援助，皇帝将来一定给予澳门特别关照。为此，议事会成立一个由 6 人组成的委员会研究这个问题。可能委员会趋向于支持派兵的决定，因此澳门很快决定派遣军队与满族入侵者作战。

然而澳门没有答应明朝的全部请求，而是只派遣 16 名葡萄牙士兵，一支由澳门人组成的 200 人的队伍，以及约百人的非洲人和印度人。尽管如此，可以说澳门是鼎力相助了，因为当时澳门的葡萄牙人不足千人，全部人口只有 11 000 人。皇帝支出 53 000 两作为士兵们的佣金，收到 450 元葡币的年饷后，他们中许多人马上用其中一大部分购买了精良的武器和盔甲，穿上帅气艳丽的衣服。整个队伍分成两组，分别由佩德罗·科尔代罗（Pedro Cordeiro）和安东尼奥·罗德里格斯·杜·坎波（Antonio Rodrigues do Campo）

---

[1] 徐光启：《徐光启集》卷 6《守城制器疏稿》之《闻风愤激直献刍荛疏》，299 页，上海，上海古籍出版社，1984。

[2] C. R. Boxer, Portuguese Military Expeditions in Aid of the Mings against the Manchus, 1621—1647, in *Obra Completa de Charles Ralph Boxer*；*Vol. I*：*Estudos para a Historia de Macau*, p. 111.

指挥，而两位指挥官则听从公沙·的西劳的命令，公沙·的西劳将在中国内地与整个队伍汇合。①

据费赖之神父记载，当时还有谢贵禄、聂伯多、林本笃、方德望及金弥阁等五位神父"欲利用时机随军进入内地"②。传教士均成功地进入了内地，但这一支远征军在以卢兆龙为代表的阻止引进澳葡军事援助势力的反对下而被阻隔在江西南昌，"兵至南昌，帝有诏，命退还澳门，仅许少数人北上"③。在崇祯三年五月、六月及十二月，卢兆龙连上三疏，极力反对澳葡远征军北上，称："夫此三百人（实 400 人）者，以之助顺则不足，以之酿乱则有余"④。"澳夷即假为恭顺，岂得信为腹心？即火技绝精，岂当招入内地？……澳夷之志欲强中国以捍红夷，则是堂堂天朝必待澳夷而后强？臣前疏所谓笑我中国无人者，此类是也。"⑤ 在其十二月疏中更编造谎言，说澳门葡人要挟明方，必须先撤除香山参将及驻兵并答应澳门继续修造城垣才同意发兵。⑥ 很明显这是当时反对派为了阻止葡军北上而编造的谎言，因为事实上葡军在崇祯三年十月左右即已进入中国内地，并到达南昌，而当时明朝政府既没有同意澳门恢复筑城，更没有撤香山参将及驻军。崇祯四年三月到北京的陆若汉也向崇祯帝辩白称："其（澳门葡人）绝无筑城台、撤参将要挟诸款。"⑦

---

① Michael Cooper, Rodrigue：*O Interprete*：*Um Jesuita no Japao e na China do Seculo XVI*, pp. 382～383.
② 费赖之著，冯承钧译：《在华耶稣会士列传及书目》上册，218 页，北京，中华书局，1995。
③ 费赖之著，冯承钧译：《在华耶稣会士列传及书目》上册，218 页，北京，中华书局，1995。
④ 汪楫辑：《崇祯长编》卷 34，崇祯三年五月丙午条，京都，日本京都中文出版社影印本，1984。
⑤ 汪楫辑：《崇祯长编》卷 35，崇祯三年六月辛酉条，京都，日本京都中文出版社影印本，1984。
⑥ 汪楫辑：《崇祯长编》卷 41，崇祯三年十二月丙辰条，京都，日本京都中文出版社影印本，1984。
⑦ 汪楫辑：《崇祯长编》卷 44，崇祯四年三月巳卯条，京都，日本京都中文出版社影印本，1984。

关于明朝改变原定计划，阻止葡萄牙军队北上之事，葡方资料的解释是：

> 作为葡人贸易伙伴的中国人，在广东跟葡人交易，从中获得巨大利益。他们现在开始感到葡人这次进入中国，肯定可取得成效，他们将轻易得到进入中国的特许进行贸易，售卖自己的货物，从而损害这些中国人的利益。所以，在葡人出发前，他们极力阻止葡人成行，呈递许多状子反对此事。①

C. R. 博克塞亦称：

> 广州的官员从通过澳门的对外贸易中获取巨大利益，澳门则成了中国展开海外贸易的唯一合法的窗口，因为中国与日本和爪哇的贸易要么被禁止，要么由福建走私者操控着。因此，广州的官员担心（公沙）的西劳的军队如在北方取得显著成就，感恩的明帝就会授予葡萄牙人垂涎已久的特权以示报答，即让他们在沿海其他地方和中国内地进行贸易。这样，广州弥足珍贵的垄断地位会丧失，广州官员也将失去可进行榨取的宝贵财源。因此，他们就贿赂兵部向明帝上奏一道与原来要求雇佣葡萄牙辅力的建议相反的奏疏。这一行动获得成功。②

虽然这一次大规模援明抗清的葡萄牙远征军并没有成功，但通过三次募兵购炮之行动，明廷与澳门的关系大大改善，特别是

---

① 曾德昭著，何高济译：《大中国志》，第1部，第21章，126页，上海，上海古籍出版社，1998。

② C. R. Boxer, Portuguese Military Expeditions in Aid of the Mings against the Manchus, 1621—1647, in *Obra Completa de Charles Ralph Boxer*; *Vol. 1*: *Estudos para a Historia de Macau*, p. 114. 徐萨斯在《历史上的澳门》第5章第51页称："由于远征队大受欢迎，广州的商人担心葡人可能最终获得在内地的商贸特权，从而积聚大量的利润。这些商人一开始就想方设法为分遣队远征设置重重障碍。……他们加紧贿赂，终于使自己的观点获得了赞同。正是那些曾经极力推荐过这支分遣队的官员，现在却带着另一份奏章去拜见皇帝。这份奏章的大意是不再需要葡人的援助了。……广东政府藉口这支远征军没有达到目的地，要求澳门返还共达34 000两银子的远征费用。议事会为免遭更多的烦扰，竭尽全力支付了全部款项。"

崇祯四年（1631 年）的登州保卫战，澳葡将领公沙·的西劳、故未略等 12 人战死沙场，更加深了明廷对澳门葡人的信任。[①]

明廷除了向澳门买炮外，还不断从澳门引进西洋传教士和澳门工匠来北京制造西洋炮。明兵部尚书崔景荣称：

> 广有工匠曾在澳中打造者，亦调二十余人，星夜赴京。诸澳工素所信服者，西洋陪臣阳玛诺、毕方济等，皆博涉通综，深明度数，并饬同来，商略制造。[②]

黄伯禄《正教奉褒》载：

> 天启二年，上依部议，勒罗如望、阳玛诺、龙华民等制造铳炮，以资戎行。[③]

费赖之《汤若望传》称：

> 1636 年在皇宫旁设铸炮厂一所，（汤）若望竟制成战炮二十门，口径之大，有足容重四十磅炮弹者。已而又制长炮，每一门可使士卒二人。[④]

另外，澳门葡人还以帮助明朝政府打击广东、福建地区猖獗海盗势力的办法来改善与明朝政府的关系。利类思《不得已辨》称：

> 天启元年，海寇攻澳门，西洋人出敌，杀贼一千五百有奇，活擒数百名。[⑤]

《正教奉褒》亦载：

① 汪楫辑：《崇祯长编》卷 58，崇祯五年四月丙子条，京都，日本京都中文出版社影印本，1984。汤开建：《委黎多〈报效始末疏〉笺正》，198~201 页，广州，广东人民出版社，2004。

② 徐光启：《徐光启集》卷 4《练兵疏稿》2 附录 2《崔景荣等题为制胜务须西铳敬述购募始末疏》，182 页，上海，上海古籍出版社，1984。

③ 黄伯禄：《正教奉褒》，天启二年条，中国天主教史籍汇刊本，476 页，台北，辅仁大学出版社，2003。

④ 费赖之著，冯承钧译：《在华耶稣会士列传及书目》上册，171 页，北京，中华书局，1995。

⑤ 吴相湘编：《天主教东传文献》第 1 册利类思《不得已辨》，318 页，台北，学生书局，1965。

天启二年，广东、福建海疆不靖，盗劫肆行，西士奉旨往澳，商请葡萄牙国水师官员，拨发炮船兵弁捕剿，葡官允之。未几，盗悉扑灭。①

崇祯二年（1629年）广东水师剿灭海盗李之奇部时，"又蒙鼓舞澳夷，借用夷铳以作冲锋"②，击败贼兵。崇祯九年（1636年），澳门议事会组织澳商两艘船只的武装协助明政府围剿海盗，但由于情报泄露，没有成功。③ 澳门葡萄牙人与西洋传教士在加强明朝军事力量及协助明朝保卫国土与海疆上作出了很大的努力，亦付出了沉重的代价，其结果是双方关系得以改善，表现在如下方面：

一是首先是改变了明王朝对澳门葡人的态度。徐萨斯《历史上的澳门》载："（明朝）皇帝却对澳门提供的赞助赞赏有加，他两次邀葡人进京，隆重款待他们，还特别恩准他们紧邻皇宫住下。"④ 在对待葡萄牙与荷兰的政策上，改变了过去"坐山观虎斗"的"以夷攻夷"策略。⑤ 天启二年，荷兰武装舰队进犯澳门，这一次明朝方面在葡、荷交战时明确支持葡方，方孔炤《全边略记》称：

今夏红毛番仇杀澳夷，澳夷呼救甚急，助以酒米，张设军容，红番始遁。⑥

这一次与澳门葡人合作击退荷兰人的是两广总督胡应台，战

① 黄伯禄：《正教奉褒》，天启二年条，中国天主教史籍汇刊本，476 页，台北，辅仁大学出版社，2003。
② （台北）中央研究院历史语言研究所编：《明清史料》乙编第 7 本《广东巡抚关尚默揭帖》，622～623 页，北京，中华书局，1987。
③ Manuel Teixeira, Macau no Seculo XVII, p. 71.
④ 徐萨斯著，黄鸿钊、李保平译：《历史上的澳门》，第 5 章，51 页，澳门，澳门基金会，2000。
⑤ 汤开建：《澳门开埠初期史研究》，154～173 页，北京，中华书局，1999。
⑥ 方孔炤：《全边略记》卷 8《两广略》，北京，北京图书馆民国十九年排印本。

事结束后，"广州的总督赏给他们（澳门葡人）200 担大米"①。

二是允许传教士在内地自由传教。1616 年"南京教案"后，内地传教士大都被驱逐，而到天启二年（1622 年）后，"当时方待澳门遣葡萄牙兵携带枪炮来京效力，由是许彼等自由传教。""由是传布宗教，接待朝官如故，全国诸传教所渐得安处"。②1636 年耶稣会年报称：

> 有 23 位神父和 4 位耶稣会教友参与了今年的弥撒的相关工作，其中何大化是一位新加入的神甫，他已经为 3 475 人进行洗礼，这个数字已经足够使我们相信，我们的传教士之伟大，更使我们能全身心地用我们对主的崇拜来投身这项传教事业中去。③

福音传播至崇祯时已深入明宫。高龙鞶《江南传教史》载：

> 龙华民的传教员邱良厚修士竟能把福音传入深宫。有太监十一人接受信仰。通过这一批人，又有许多人受了洗礼。竟在宫中辟一小堂，置一祭台，由汤若望进宫施行隆重的洗礼，并举行弥撒。内中有太监三人，更为热心，而且由于他们的地位，能有相当影响。三人的洗名，一名纳来（Neree），一名亚基楼（Achilee），一名普罗德（Protee）。普罗德是宫中禁卫长，他的接受洗礼，盛传于宫中，并有多人随之信教，信仰因此能传布于宫中，有王妃一人、皇子一人也受了洗礼。为时不久，受洗者已有五百四十人之多。

> 甚至皇帝也信教的消息一度自京师流传各地。当时某城被清兵攻陷之后，皇帝命毁宫中偶像，把金银佛像熔化改

---

① 龙思泰著，吴义雄、郭德水、沈正邦译：《早期澳门史》第 6 章《对外关系》，90 页，北京，东方出版社，1997。

② 费赖之著，冯承钧译：《在华耶稣会士列传及书目》上册，111 页，北京，中华书局，1995。

③ Antonio de Gouvea, *Cartas Anuas da China*, Instituto Portuguese do Oriente, 1998, p. 59.

铸，充作军费。其他也都被毁。这时徐光启又加授新的荣衔，似乎得到皇上特别的知遇。时人都在猜测皇帝是否将随光启而改信天主教。但崇祯帝绝无接受信仰的准备，至多他目睹信教者的良好榜样，不能不听到天主教的教义，知道偶像的虚妄，但要进一步接受信仰，相差还很远，他从未能超过这一关。①

三是放宽了对葡萄牙人的管制。1620 年以前明朝对澳门管制极严，特别对其修筑城墙一事更予以坚决反对，因此，明政府曾对澳门修筑城垣之事屡加干涉，并多次派人入澳拆毁城墙。而 1622 年以后，明政府则对澳门筑城之事大大放松。费赖之《在华耶稣会士列传及书目》载：

> 先是华人不许葡萄牙人筑城，自是（1622 年）以后，始许葡萄牙人筑城以守。②

虽然何士晋时曾为了索贿而对澳葡筑城有所干涉，但在澳门的贿赂下，筑城工作顺利完成，到 1632 年后，澳门所有城垣堡垒等防御系统全部完成，亦一直保持到明朝灭亡以后。③ 表面上是称："番夷在澳，尚不容其筑城驾炮。"④ 但实际则根本不管。这从 1635 年《澳门要塞图》中显示的澳门城墙即可看出，不仅北面的城墙完整无损，而且在城墙上还增修了两座堡垒炮台，一是位于水坑尾之圣若奥城堡，一是位于东望洋南逢的圣耶罗尼炮台。⑤ 而 1665 年《澳门城平面图》表现的澳门城墙则更清晰，原天启末年在明政府压力下拆毁的南湾滨海一线的城墙，又再次兴

---

① 高龙鞶著，周士良译：《江南传教史》上编，第 1 册，140~141 页，上海，天主教上海教区光启社，2008。
② 费赖之著，冯承钧译：《在华耶稣会士列传及书目》上册，194 页，北京，中华书局，1995。
③ 汤开建：《明代澳门城市建置考》，载《文史》，1999（3）。
④ 颜俊彦：《盟水斋存牍》卷 2《谳略》，78 页，北京，中国政法大学出版社标点本，2002。
⑤ 薛凤旋编著：《澳门五百年：一个特殊中国城市的兴起与发展》，35 页，香港，生活·读书·新知三联书店，2012。

建起来，北与嘉思栏炮台，南与南湾炮台相连，与北面城墙组成一完整的防御工事。①

　　四是重新开放广州市场，允许澳门葡商赴广州贸易。允不允许葡萄牙人到广州贸易是检验明朝与澳门关系的晴雨表，双方关系正常时，葡人往往可以去广州自由贸易；而一旦关系紧张，广州的大门就迅即对葡萄牙人关闭。嘉靖三十三年（1554 年），索札与广东海道副使汪柏签订协议，开放葡萄牙人到广州贸易，②之后时开时闭。由于两广总督张鸣冈加紧对澳门的控制，对澳门葡人"仍申市禁"③。

　　很可能到万历末年，广州贸易市场已完全关闭。故到天启登基后，赴澳门购炮募兵之事展开，广州市场亦随之开放。《澳门编年史：16—18 世纪》载：

　　　　1622 年，被关闭的广州市场打开了，澳门成为外国人每年一度前往广州市场交易的基地或跳板。④

　　当时广州市场对澳门葡人的开放程度，从崇祯四年与崇祯七年的两份档案中可以获得最直观的反映。崇祯四年（1631 年），兵部尚书熊明遇上疏称：

　　　　查澳关之设，所以禁其内入，惟互市之船经香山县，原立有抽盘科，凡省城酒米船下澳洲与澳中香料船之到省，岁有常额，必该县官亲验抽盘，不许夹带盐、铁、硝磺等项私货。立法之始，为虑良周。今甲科县官，往往避膻，不欲与身其间，而一以事权委之市舶，市舶相沿陋规，每船出入，以船之大小为率，有免盘常例，视所报正税不啻倍蓰。其海

---

① 薛凤旋编著：《澳门五百年：一个特殊中国城市的兴起与发展》，36～37 页，香港，生活·读书·新知三联书店，2012。
② 金国平：《莱奥内尔·德·索札与汪柏》，载《澳门研究》，1998（7）。
③ 《明神宗实录》卷 499，万历四十九年九月戊戌条。
④ 施白蒂著，小雨译：《澳门编年史：16—18 世纪》，35 页，澳门，澳门基金会，1995。

道衙门，使费称是，而船中任其携带违禁货物，累累不可算数。更有冒名饷船，私自出入游奕，把哨甲壮人役托言拿接济而实身为接济者，又比比皆是，不可致诘。总之，以输饷为名，以市舶为窟，省会之区，纵横如沸，公家一年仅得其二万金之饷，而金钱四布，徒饱积揽奸胥之腹。番哨听其冲突，夷鬼听其抢掠，地方听其踩践，子女听其拐诱，岂不亦大为失计，大为寒心者哉！①

崇祯七年（1634年）胡平运奏疏更反映广州港开放后带来的一些负面影响：

其一，番夷在澳，彼占住濠镜，而阑入之路，不特在香山，凡番、南、东、新，皆可扬帆直抵者也。其船高大如屋，上有楼棚，叠驾番铳，人莫敢近。所到之处，硝黄、刀铁、子女、玉帛违禁之物公然般载，沿海乡村被其掳夺杀掠者，莫敢谁何？②

崇祯四年刊刻的《盟水斋存牍》则有在澳门的福建商人如何去广州贸易的骇人场景：

番夷在澳，尚不容其筑城驾炮，况令其船众竟入内地乎？夷纵狡悍，尚存疑畏，惟内奸引导接济，故冥行无忌耳。……审看得郭玉兴、高廷芳、陈仰崐、包徐良四船，满载番货，排列刀铳，聚集千人，突入省地，通国惊惶。询之父老，此粤中从来未有之创见也。③

上述资料一方面反映出澳门葡人（包括当时在澳门贸易的闽

---

① 中国第一历史档案馆、澳门基金会、暨南大学古籍研究所合编：《明清时期澳门问题档案文献汇编》第1册《兵部尚书熊明遇等为澳关宜分里外之界以香山严出入之防事题行稿》，12页，北京，人民出版社，1999。
② 中国第一历史档案馆、澳门基金会、暨南大学古籍研究所合编：《明清时期澳门问题档案文献汇编》第1册《兵部尚书张凤翼等为广东深受澳夷之患等事题行稿》，17页，北京，人民出版社，1999。
③ 颜俊彦：《盟水斋存牍》卷2《谳略》，78页，北京，中国政法大学出版社标点本，2002。

粤商人）在开放的广州市场上违法乱纪的现象,① 另一方面亦可看出，这一时期广州市场对外贸易开放程度之大，澳门葡人几乎是可以自由出入于广州。

二、澳葡政权援明抗清政策的坚持与失败：1641—1651 年

明朝政权的土崩瓦解与满洲势力的如日中天在明王朝最后几年的双方较量中表现得极为明显，满洲将取代朱明王朝这是当时的大势所趋。偏处南海一隅的澳葡政权由于与各地传教士的紧密联系，对于这一大势应该是非常清楚的。这从汤若望留居北京并向新政权贡献新的西洋历法，并获新政权的认可即可明证。② 弃明归清，或静观待变，这对于租居中国土地的外国人来说，并不存在道统的背逆及道德的谴责。然而澳葡政权在这明、清政权更迭的关键时刻并没有采取上述较为安全稳妥的办法，而是继续坚持援明抗清的立场，甚至对待南明小朝廷也是保持同样的态度。我们先看看以下事实：

其一，据 C. R. 博克塞的资料，1643 年 12 月，"在两广总督的请求下，澳门提供了一门大铁炮和一名炮手来防卫广州，以对

---

① 葡商在广州市场违法乱纪行为在西文资料中亦可获证，龙思泰《早期澳门史》第 6 章《对外关系》第 101 页载："尽管中国地方官员一再规劝那些走私者（指葡商），因为他们既不交纳船钞，也不交纳进出口货税，许多葡萄牙船只还是在海岸徘徊，一旦有什么人被逮住，这些外国人就向省政府官员大声抱怨，遁词狡辩，说该政府无权惩治这些闯入者。这种纷扰争吵的局面，以 1631 年向葡萄牙人关闭广州港口而告结束。于是，葡萄牙商人与中国商人结成同盟，这些商人带来出口货物并在澳门收购进口物品。这种阴谋勾当只进行了几年，合伙人之间相互闹翻。中国的合伙人变得对澳门怀有敌意。于是，1637 年从澳门派遣一个由六名绅士组成的代表团到广州，他们受命前来谈判恢复在这里的贸易，但没有成功。广州的高级地方官员不胜烦扰，又不会接受他们的要求，便向皇帝上了一道奏折说：'澳门从前是个繁华之地，现在变成了独立王国，有很多炮台，以及为数众多傲慢蛮横的人口。应该问清葡萄牙人需要多少大米酒水，并向他们供应，但让他们来广州互市则是不合适的。' 皇帝同意了这一建议，他的最高命令于 1640 年 6 月 11 日发到澳门。"

② Liam Mathew Brockey, *Journey to the East*: the Jesuit Mission to China, 1579—1724, London, the Belknap Press of Havard Press, 2007, pp. 64 ~ 65.

付可怕的造反者李自成可能发动的进攻，出于同一目的，还送另外三名炮手至南京"①。施白蒂《澳门编年史：16—18 世纪》亦载此事："1643 年 12 月 12 日，澳门决定满足中国官员通过毕方济神父转达的请求，派遣一名炮手去广州。当时毕方济和三位炮手正在广州准备去南京。同时也决定，除派遣炮手之外，还送去一尊铁炮作为澳门市的赠品。"② 这是明朝政府在正式关闭广州市场、中止葡萄牙人赴广州贸易后，澳葡政权对即将垮台的明王朝的第一次援助。

其二，1644 年，满洲人攻进北京后，残存的南明弘光、隆武、永历政权先后控制两广地区继续抗清。1644 年，弘光帝即位时，就曾"命毕方济为使臣赴澳门求援"，1645 年 3 月底，毕方济离南京前往广州，途中闻弘光帝殁，但仍继续前行赴澳门，隆武即位后，又从澳门将毕方济召回，"仍以弘光委任之事委之"，并命"毕方济偕太监庞天寿同奉使澳门"。1646 年 9 月，隆武帝遇难，桂王永历政权"仍以隆武帝所付之特权"授毕方济出使澳门。③ 在澳门耶稣会团的极力鼓动下，议事会决定由"尼古拉·费雷拉率领 300 葡萄牙士兵离开澳门前去援助（驻扎在南方的）明军抵抗清军"④，这次同行的还有德籍耶稣会士瞿安德。费赖之在《瞿安德传》中亦称："澳门曾以葡萄牙兵 300 人援助永历，

---

① C. R. Boxer, Portuguese Military Expeditions in Aid of the Mings against the Manchus, 1621—1647, in *Obra Completa de Charles Ralph Boxer*; *Vol. I*; *Estudos para a Historia de Macau*, pp. 114 ~ 115.

② 施白蒂著，小雨译：《澳门编年史：16—18 世纪》，50 页，澳门，澳门基金会，1995。

③ 费赖之著，冯承钧译：《在华耶稣会士列传及书目》上册，146 ~ 147 页，北京，中华书局，1995；另参见裴化行考释：《明末耶稣会士一封信》，载《北平图书馆馆刊》，1932，6（5）；Antonio de Gouvea, *Cartas Anuas da China*, pp. 270 ~ 285.

④ 施白蒂著，小雨译：《澳门编年史：16—18 世纪》，53 页，澳门，澳门基金会，1995。

安德尝与其主将费雷拉（Nicolas Fereira）相随。"① 瞿安德及 300
葡兵进入中国内地后，隶属于明将焦琏部下，在 1647 年的桂林
保卫战中，这支援明葡军起到了很重要的作用。② 这是澳葡政权
在明、清鼎革之际对明王朝的第二次军事援助。值得注意的是这
一时期澳门亦是处于内部政治混乱、贸易中衰及生活极度贫困的
境况中，1645 年嘉尔定（Antoine Fracois Cardim）的报告称："由
于战争，食物供给不济，澳门有 5 000 名华人死亡。"③ 然而，处
在如此困境中的澳葡政权仍组织 300 人的军队援助明朝，可以反
映出当时澳门葡人对朱明王朝仍抱有助其中兴的幻想。

　　其三，1647 年 5 月，由于李成栋的叛清归明，广东大部分地
区又回到桂王永历政权的控制之中。1648 年，由于瞿安德与庞天
寿的努力，永历政权宫内后妃、太监多加入天主教。当时皇子患
病，瞿安德给其授洗，并取教名当丁（Constantim），使其很快病
愈。④ 皇太后王氏则利用天主教这一层关系"遣使至澳门求弥撒，
一为谢恩，一为求天主眷佑皇家平安"⑤，更重要的是，希望继续
获得澳门葡人的军事援助。使臣庞天寿一行于 10 月 17 日到澳门
圣保禄教堂，21 日离开澳门。澳门耶稣会团向永历王室赠送了丰
厚的礼物，澳葡政权则"以火铳一百具赠天寿，附书言此乃备皇

---

① 费赖之著，冯承钧译：《在华耶稣会士列传及书目》上册，271 页，北京，中华书
　　局，1995；Albert Chan, A European Document on the Fall of Ming Dynasty（1644—
　　1649），Monumenta Serica, no. 35（1981—1983），pp. 75 ~ 109.
② 方豪：《中国天主教史人物传》上册，303 页，北京，中华书局，1988。钱海岳：
　　《南明史》卷 74《毕方济传》，3 548 页，北京，中华书局，2006。据《明季稗史
　　初编》卷 20 瞿其美《粤游见闻》载："（陈子壮）部伍士卒皆蛋户、番鬼，其人
　　敢勇，善发西洋铳。"陈子壮部之"番鬼"，余疑即焦琏部被打散后加入到陈子
　　壮抗清队伍的澳门葡人炮兵。
③ 嘉尔定：《1645 年日本教省报告》，转引自 Manuel Teixeira, Macau no Seculo XVII,
　　p. 87.
④ 沙不列（Robert Chabrie）著，冯承钧译：《卜弥格传》，第 1 编，第 1 章，36 页、
　　40 页、41 页、42 页，上海，商务印书馆，1945，其 36 页云："此外肇庆宫中信
　　教者尚有烈纳太后之母与宫监某妇人，别有妃嫔五十，大员四十，阉者无数"。
⑤ 萧若瑟：《天主教传行中国考》卷 5《自崇祯末至永历末》，239 页，上海，上海
　　书店出版社，1989。

帝士卒之用"①。这应是这一时期澳葡政权第三次对朱明王朝的军事支援。

其四,就在澳葡政权第三次军事援明之后的"数月",也就是 1648 年年底至 1649 年年初,永历帝又派耶稣会士瞿安德"赴澳门求援",其函称:

> 中国国王谕耶稣会视察员神父、澳门总督及市议员:本王敬告诸位,朕曾命瞿式微神父修历,业已诏行。朕目前朝思夜想图复河山。朕知澳人忠义友好,善使火器,为我朝之效力有目共睹。对此,朕敬重万分,思之欣慰。今遣瞿神父往澳门,与尔等共商援助一事,望输铜炮弹药,或遣派兵士,护卫朕身或随朕征战,以助朕业。望量予考虑,有所决定。尔等忠义之举,朕将感激不尽。钦此。②

经澳门议事会及澳门总督商议,"遣兵一队炮二门赴援",当澳门兵出发时,正赶上 1649 年清兵围攻广州,故费赖之书称

---

① 沙不列著,冯承钧译:《卜弥格传》,第 1 编,第 1 章,44 页,上海,商务印书馆,1941,此为沙不列据《中华帝国纪要》一书的资料,又据教廷传信部文件《中国纪要》称庞天寿这一次出使"澳门遣士卒五百人往助"。火铳 100 具,又据台北中央研究院张伟仁主编《明清档案》第 9 册 A9 – 162 号《南赣等处巡抚刘武元奏疏残件》载:"贼(指李成栋)带红衣大炮 100 位,来攻赣城 40 位,尚有 60 位见在梅岭。"李成栋 1647 年 5 月叛清归明后,成为南明政权的最主要军事力量,是否澳门送庞天寿的 100 支火铳又给了李成栋使用呢? 故李成栋攻江西时,有"红衣大炮 100 位",当即西洋火铳 100 具呢? *Manuel Teixeira, Macau no Seculo XVII*, pp. 87 ~ 88 称"火铳 1000 枝",澳门赠送火铳 1000 支,数量太大,不可信,当为 100 之误。又见 Albert Chan, A European Document on the Fall of Ming Dynasty (1644—1649), Monumenta Serica, no. 35 (1981—1983), pp. 75 ~ 109;金国平:《庞天寿率团访澳记》,载《中西文化研究》,2004 (1)。

② Matias de Maya, Relacao da Conversao a nossa Sancta Fe da Rainha, Lisboa, Craesbeeckiana, 1650, p. 11.

"澳门兵盖防广州者"①，是谓这一时期澳葡对明朝的第四次军事
支援。

其五，除了上述四次澳门葡人对明朝的军事支援外，澳门葡
人协助永历使臣卜弥格赴欧洲谒见罗马教皇亦为双方合作的一件
大事。② 1650 年，澳门耶稣会决定运动明廷遣使罗马，向教廷及
欧洲各国求援，此事见费赖之书：

> 初拟命太监庞天寿往，然天寿未能远离，兹见（卜）弥
> 格至，欲命弥格往使。安德、弥格请命于澳门诸道长，诸道
> 长许之，弥格乃受命。③

1650 年 11 月，卜弥格率随从罗若瑟与沈安德二人抵澳门，
在澳门居停近一月。1651 年 1 月 1 日离澳门赴欧洲。④ 卜弥格出
使欧洲并未达到运动教廷及欧洲各国对明朝援助的目的。虽然澳
门葡政权在当时对卜弥格的出使并不支持，澳督费苏沙（D. Jo o
de Sousa Pereira）出于澳门的局势反对批准南明政权使者出使。

---

① 费赖之著，冯承钧译：《在华耶稣会士列传及书目》上册，271 ~ 272 页，北京，
中华书局，1995。关于这一次南明赴澳门购炮募兵，C. R. 博克塞文（C. R. Box-
er, Portuguese Military Expeditions in Aid of the Mings against the Manchus, 1621—
1647）认为："据 1650 年发表的一份葡萄牙文材料的原件，（应该说文字写得很
不明确），这似乎可能就是两年前尼古拉·费雷拉的小分队。……因此，很可能
所谓 1648 年的小分队或是与 1646 年的小分队混淆了，或是它组成不久就解散，
没有参加任何战斗。"博克塞的否定依据的是他自己也说"文字写得很不明确"
的 1650 年葡文材料，而没有提出任何其他证据，故不可信。沙不列《卜弥格传》
第 44 页称："《中国略记》（教廷传信部文件）载有澳门应瞿安德神父请，又遣将
一人或二人率士卒三百人往助之事。"史式微（Serviere de La）《中国耶稣会昔日
传教事业》页 34 载："1648 及 1649 年时，新派往澳门求援之使臣，只能得士卒
三百，炮二尊小助而已。"转引沙不列：《卜弥格传》，44 页，与费赖之书相合。
② 《北京公教月刊》1915 年 11 月刊 27 号页 430 载："1650 年诸新入教之显者，遣波
兰神甫卜弥格赴罗马者，欲求教皇因诺曾爵十世与诸奉教国王之维护也。"高龙
鞶《江南传教史》第 1 编页 24 亦称："自明室后妃领洗以来，澳门耶稣会士即商
之于瞿安德神甫，谋使新入教之贵人上书于罗马教皇与耶稣会长。"此两处资料
均转引沙不列著，冯承钧译：《卜弥格传》，47 ~ 49 页，上海，商务印书馆，
1941。
③ 费赖之著，冯承钧译：《在华耶稣会士列传及书目》上册，275 ~ 276 页，北京，
中华书局，1995。
④ Manuel Teixeira, Macau no Sec. XVII, p. 91.

就连圣保禄学院院长巴尔达萨雷·奇塔德拉（Baldassare Citadella）也是卜弥格出使的反对者。12 月 28 日，中日教区巡视员马亚神父出具相应证明，向澳门当局说明卜弥格出使的原因。12 月 31 日，在澳督费苏沙官邸讨论此事，中日教区巡视员马亚、耶稣会中国副省会长曾德昭及澳门教区主教均支持卜弥格出使，最后，由朱里奥·贾科莫（Giulio di Giacomo）神父说服了澳督，批准卜弥格以明朝使节身份出使罗马。[①] 但在澳门耶稣会团的坚持下，澳葡政权还是同意让明永历政权使者经澳门出使欧洲。即在 1650 年时，澳门葡萄牙人还是同朱明王朝保持着密切的关系。

　　1641—1651 年明、清鼎革之际澳门与明朝的关系是在天启、崇祯年间双方已建起友好关系的基础上的继续发展。这一时期虽然主要是明朝不断向澳门求援，而澳门方面亦在援助明朝的过程中获得很多好处：

　　一是再次获得在中国内地的传教自由。毕方济出使澳门时，弘光帝答应毕方济"事成之后，允许传教，并许教徒建设教堂"[②]。1646 年 3 月 26 日，在隆武帝的支持下，福州教堂获以重建与修缮，隆武还给教堂题匾："上帝临汝"。明朝礼部还向福建八府所有官员发布文书并下达御旨："允许为神圣信仰建立教堂，命令所有官员以皇帝的名义在自己辖区内广泛宣传。"[③] 1646 年，毕方济在庞天寿的帮助下，"在广州建筑教堂、居宅各一所"[④]。1647 年，瞿安德在瞿式耜等南明官吏的帮助下"在桂林建教堂一所"[⑤]。耶稣会、多明我会及奥斯定会则纷纷进入澳门对面的 Lapa

①　爱德华·卡伊丹斯基著，张振辉译：《中国的使臣卜弥格》，第 9 章，105 页，郑州，大象出版社，2001；*Manuel Teixeira, Macau no Sec. Xvii*, p. 90.

②　费赖之著，冯承钧译：《在华耶稣会士列传及书目》上册，146～147 页，北京，中华书局，1995。

③　Antonio de Gouvea, *Cartas Anuas Da China*, pp. 311～312, 322.

④　费赖之著，冯承钧译：《在华耶稣会士列传及书目》上册，146～147 页，北京，中华书局，1995；Antonio de Gouvea, *Cartas Anuas da China*, pp. 270～285.

⑤　费赖之著，冯承钧译：《在华耶稣会士列传及书目》上册，271 页，北京，中华书局，1995。

地区修建教堂和别墅。[1] 这一时期，福建、广东、广西及湖南等地的天主教明显获得较快的发展。

二是再次获得赴广州贸易的权利。崇祯十三年，明政府下令禁止澳门葡人赴广州贸易。虽然暗地里的走私贸易仍在广州进行，但毕竟大规模的公开的贸易却无法在广州展开。[2] 1645 年毕方济出使澳门，明廷再一次将广州对澳门开放。1645 年弘光帝诏书称：

> 朕命尔为钦差大臣，赴广东向澳门城的商人开放海禁诏令，安抚众人，商船可以往返，中华赖以供应，人民得以便利，朕发现尔等系……之人，可自由往返贸易，任何人不得阻拦。此事双方共赢；尔等长居镇境，并经常在迁贸他国，此已非一朝之事。兹朕废除海禁，依照律例，所有往来船只，所装商品接受检查，你们追求应得礼仪，朕亦得便。从今以后，不得受奸人指使，违反律例，不得蒙骗税口，夹带货物，收赃，否则将遭惩处。朕之官员应为朕着想，善待番商，中外一体，勿滋事，戒突乱。此诏书下达之时尚未缴纳之关税，特赦免缴。[3]

不仅开放广州贸易，而且特赦免缴以前所欠之关税。裴化行考释《明末耶稣会士一封信》载：

> 毕神父又得另一谕，赐葡人得享很大自由，可到广州去营商。又为许多供给澳门粮食的埠口上，得到免税。[4]

同时，明廷批准"这一年内入澳门口的商船货物，得免缴纳

---

① *Manuel Teixeira, Macau no Sec. XVII*, pp. 79～80.

② 龙思泰著，吴义雄、郭德水、沈正邦译：《早期澳门史》第 6 章《对外关系》，101 页，北京，东方出版社，1997。

③ 阿儒达图书馆：《耶稣会士在亚洲》，JA49－V－13, fl. 38v1－382.

④ 裴化行考释：《明末耶稣会士一封信》，载《国立北平图书馆馆刊》，1932，6 (5)。

入口税，此数很大，达 1 200 色勒芬"①。1648 年底，瞿安德神父出使澳门时，永历皇帝应耶稣会之请，"永远蠲免澳门每年 500 两的地租银，还蠲免数年澳门传播的饷税"②。可见澳葡政权从明廷获得的经济利益很大。

三是获得明廷对澳门土地的赠赐。由于 1643 年明政府希望澳门提供火炮加强南京城的防务，澳葡政权趁机向明政府提出要求，要求在澳门旁边的对面山赐地埋葬对明廷有功的传教士陆若汉。到 1644 年 10 月 6 日，"中国官府批出青洲岛对面的一块土地用来埋葬陆若汉神父；后来，除了这块土地外，又赐给了湾仔岛银坑的另一地段"③。据《耶稣会教士在亚洲》保存的一份文献载：

> 1644 年 10 月 6 日，根据钦差在广州下达的批示以及其他中国高官和香山官员的意见，特使赐给埋葬陆若汉神父的地方一座碑。该碑本应竖在青洲对面一个地段的新围墙之内，但后来中国官员认为应当立在临水的银坑山的山脚下。10 月 26 日，神学院卡斯巴尔·德·亚马拉尔（即谭玛尔，Caspar de Amaral）神父第一次在那里竖起四根木桩，上面写着：这块土地是钦差以中国皇帝的名义赐给，用来埋葬圣保禄教堂的神父们的。④

青洲对面一块地即对面山，即今珠海之北山岛。虽然广东政府将地批给了澳门，但广东地方仍对这一批地赐予有异议，正如库帕所言："关于此地产权及用途的争执一直不断"。故澳门方面钉下地界木桩几天后就被人拔掉。所以，毕方济 1644 年代表澳

---

① 裴化行考释：《明末耶稣会士一封信》，载《国立北平图书馆馆刊》，1932，6（5）。

② *Manuel Teixeira, Macau no Sec XVII*, p. 87. 文神父称此资料来自梵蒂冈档案。

③ 施白蒂著，小雨译：《澳门编年史：16—18 世纪》，51 页，澳门，澳门基金会，1995。

④ 施白蒂著，小雨译：《澳门编年史：16—18 世纪》，51 页，澳门，澳门基金会，1995。

门出使南京时，再次提出：

> 陆若汉赏劳南还调理，老死广省，至今未葬。察得澳中
> 三巴寺旁有海隅僻地，恳祈皇上恩赐一区，掩其枯骨，俾同
> 伴垦种供祀，得以苴（茸）筑斗室，焚修祝圣，以报盛世泽
> 枯之仁。[①]

后遂持弘光帝批准的手谕才算正式获得"赉赐陆神父坟地"：

> 该坟地很广，地又肥沃。倘能开垦种植起来，我们传教
> 区，因商业的衰落，近来经济上贫乏，将来也稍得补助。在
> 坟地上竖立了大十字架，又立一石碑，用中文写明，系奉旨
> 钦赐的墓地，使地方官不敢稍有亵慢。[②]

这块坟地即"湾仔岛银坑"，亦是北山岛，其东南部分即称
湾仔银坑。据费赖之书《毕方济传》称："（毕）方济……迄于
1649 年之殁，永历帝命以盛仪葬于隆武帝之赐地中，其地遂为澳
门会团（即澳门耶稣会）之产业。"德礼贤（Pasquale d'Elia）神
父则称："隆武帝赐地在澳门对岸 Lappa 岛（即对面山）之银坑
村中，方济墓殆在此处。"[③] 正因为对面山岛成为耶稣会的墓葬之
处，故该岛葡文名又称神父岛（Patera lsland）。由于南明政权将
对面山土地赐给耶稣会做墓地，多明我会士和奥斯定会士也乘机
在对面山侵占所谓"荒地"，后来，耶稣会士还在那里建一座小
教堂，不少葡萄牙贵族则在那里建乡间别墅，澳葡政权甚至还曾
在那里建过一座炮台和一座船坞。[④] 由于当时控制广东地区的南
明政权寄中兴希望于澳门及教会的支援，加上也没有更多的力量

---

① 钟鸣旦、王鼎克、黄一农编：《徐家汇藏书楼藏明清天主教文献》见第 2 册，毕
　方济《奏折》，911～918 页，台北，辅仁大学出版社，1996。
② 裴化行考释：《明末耶稣会士一封信》，载《国立北平图书馆馆刊》，1932，6
　(5)。
③ 费赖之著，冯承钧译：《在华耶稣会士列传及书目》上册，146～147 页，北京，
　中华书局，1995。
④ 徐萨斯著，黄鸿钊、李保平译：《历史上的澳门》，第 13 章，132 页，澳门，澳门
　基金会，2000。

去管理这边界之事务，因此，葡萄牙人继居留澳门半岛后，又开始了逐步侵吞与居留对面山的历史。

也许会有人问，作为一个外国人在中国居留地上建立的政权面对清朝政权的崛起和强盛而不顾，反而要去支持一行将灭亡的腐朽政权，难道是澳门葡人完全看不清当时的形势吗？决非如此。澳葡政权之所以在当时要逆潮流而行，敢于抗拒强清而扶助弱明，理由有三：

一是利益的驱使。澳门葡人通过对明朝的支援可获得以下四个方面的利益：自由传教，使明代业已发展起来的天主教得到继续发展的保证；获得蠲免澳葡政权长期以来一直对明朝承担的每年 500 两地租银；开放广州贸易并获免税，力图恢复和发展由于中断澳日贸易而逐渐衰微的澳门经济；特别是通过军事援明而获得新土地的赠赐，这块比澳门本土还要大的新土地的获得，对澳葡政权来说，应该是更大、更吸引人的利益。

二是由于天主教的原因。由于耶稣会利玛窦等人的努力，天主教传入北京后，获得较快的发展，特别是"从 1610 年起，尤其是从 1635 年起，天主教不仅仅进入了北京，而且进入（明朝）最高和最为难以接近的社会阶级，一些诸如徐光启、杨廷筠和李之藻学士这样的一些大人物的名字从此之后再也不是特殊例外了。1636 年，在 38 000 多名天主教徒中，共计有 14 名高级官吏、10 名学士、11 名进士、251 名秀才、140 多名皇亲国戚、40 多名宦官和从第二年起就形成了'皇宫贵夫人'基督徒队伍的几名贵人"[1]。到南明永历时，王皇太后、马皇太后、王皇后及皇子慈恒均受洗。由此可以反映出，天主教在明朝上层社会具有广泛的影响，到明朝末年时，天主教在中国社会中已奠定了基础。入华耶稣会士深知这一切来之不易。在他们对满洲政权对天主教将持什

---

[1] 荣振华著，耿昇译：《在华耶稣会士列传及书目补编》第 2 章《大事年表》，806~807 页，北京，中华书局，1995。

么态度尚无法了解之时，如果野蛮的"鞑靼人"（西人对满洲人的称呼）将文明的汉族政权颠覆，他们担心经数十年时间辛勤努力而获得的在明王朝中的地位会随之丧失。因此，入华耶稣会士与澳门耶稣会团在明、清政权鼎革之际多采取援明抗清之立场，并以此说服澳葡政权放弃中立倾力援明，这应是其中最重要的原因。

三是葡萄牙人虽然从 1557 年正式居澳至明末已有近 90 年，但始终没有获得这一土地的"主权"。葡萄牙人如此积极地帮助明朝政府抵抗清朝，其最终的目的还是希望获得并得澳门这一土地的"主权"，这从 1646 年 3 月若尔热·平托·德·阿泽维多呈葡王若奥四世的进言书中即可获证。进言书中称：

> 此为天赐良机，无贸易糊口，无立锥之地，饱经磨难的葡萄牙人依附（中国）国王，被起义搞得焦头烂额的国王亦有赖于葡萄牙人以保王位。中国国王同澳门人拧成一股绳，齐心协力。澳门人帮助国王保国，国王则让澳门人继续待在澳门。①

希望以助明而获得在澳门的永久居留权，这恐怕是澳门葡人积极援明的最重要的原因。

---

① 《〈呈吾主吾王唐·若昂四世陛下进言书〉》中国居民若尔热·平托·德·阿泽维多于 1646 年 3 月亲手交给唐·菲利佩·马斯卡雷尼亚斯总督先生转呈印度议事会，阿儒达宫图书馆《耶稣会士在亚洲》54－XI－21 钞件，第 9 号文件，见金国平《西力东渐：中葡早期接触追昔》，145 页，澳门，澳门基金会，2000。

附录一　外国人名对译表

A

阿尔维斯	Jorge Manuel dos Santos Alves
阿尔维斯	Jorge Manuel dos Santos Alves
阿雷利奥·科雷托	Aurelio Coreto
埃斯科巴尔	João de Escobar.
艾儒略	Jules Aleni
爱雷迪	Manuel Godinho de Eredia
安布罗济奥·德·雷戈	Ambrósio de Rego
安德拉德	Fernão Peres de Andrade
安德烈. 佩阿索	Andre Pessoa
安东尼奥·博卡罗	António Bocarro
安东尼奥·罗德里格斯·杜·坎波	Antonio Rodrigues do Campo
安东尼奥·洛博·法尔康	Antonio Lopo Falcao
安娜	Ana
奥利维拉	Fernando Correia de Oliveira
奥塞尔	Auxerre

B

巴笃里	Daniello Bartoli
巴尔达萨雷. 奇塔德拉	Baldassare Citadella
巴列托	M. N. Barreto
巴罗斯	João De Barros

白妲丽	Graciete Nogueira Batalha
白乐嘉	J. M. Braga
班安德	Andre Palmeiro
包乐史	L. Blussé
贝勒兹	Franosols Perez
本涅拉	Mattia Penella
本托·德·弗朗萨	Bento de Franca
毕方济	François Saambiasi
波加劳	M. T. Bocarro
伯希和	Paul Pelliot
博卡罗	António Bocarro
博卡热	Manvel Maria Barbosa do Bocage
博克塞	C. R. Boxer
D	
戴遂良	L. Wieger
黛乌斯	Jacinto de Deus
丹弗斯	Frederick Charles Danvers
德礼贤	Pasquale d'Elia
狄奥多. 德. 布里	Theodore de Bry
狄奥哥·杜·寇图	Diogo do Couto
迪奥戈·德·梅洛	Diogo de Mello
迪奥戈. 卡尔沃	Diego Calvo
迪奥戈. 佩雷拉	Diogo Pereira
迪奥戈. 苏亚雷斯	Diogo Soares
杜赫德	Du Halde
杜瓦尔特. 科埃略	Duarte Coelho
多明戈斯·皮奥·马贵斯	Domingos Pio Marques
F	
法里亚	António de Faria
范·华威克（韦麻郎）	Wybrane Van Warwyck
范·纳克	J. Van Neck

J

伽思帕尔. 罗珀思	Gaspar Lopas
吉尔·德·戈依斯	Gil de Gois
嘉尔定	Antonio Francisco Cardim
嘉果	Baltezar Cago
贾梅士	Luis de Camões
杰弗里. C. 冈恩	Geoffrey C. Gunn
杰瑟斯. 马里奥	Jesus Mario
金尼阁	Nicolas Trigault

K

卡布列托尔. 德. 马托斯	Gabriel de Matos
卡尔莱蒂	Francesco Carletei
卡尔瓦罗	Jerónimo Macedode Carvalho
卡尔沃	Vasco Calvo
卡勒其	Francesco Carletti
卡斯达聂达	Fernão Lopes de Castanheda
卡斯特罗	Montinho de Melloe Castro
卡瓦略	Louvenço Cavalho
坎波	Antonio Rodrigues do Campo
康格里夫	W. Congreve
柯瑞亚	Gaspar Correa
柯撒里	Andrea Corsali
科埃略	Duarte Coelho
科尔特斯	Adriano de las Cortes
科斯塔	Maria de Lourdes Rodrigues Costa
克里斯托万·费雷拉	Cristóvão Ferreira
克路士	Gaspar da Cruz
克罗斯	P. L – Jos. – Marie Cros
库恩	Jan Pietersz. Coen
库帕	Michael Cooper

L

拉法尔·廷迪诺	Raffaella D' Lneino
拉法尔. 普雷斯特罗	Rafal Perestrello
喇卜的	Ganspar Lopez
兰萨罗特. 佩雷伊拉	Lancarote Pereira
劳伦索. 卡瓦略	Lourenco Carvalho
雷曾德	Barreto de Resend
雷戈	Diogo Caldeira Rego
丽塔	Rita
利类思	Ludovicus Buglio
利玛窦	Matteo Ricci
利尼亚雷斯伯爵	Conde de Linhares
林哈列斯	Count de linhares
林旭登	Jan Huygen Linschoten
龙思泰	A. Ljungstedt
鲁迪. 包斯	Rudy Bauss
鲁日满	Francois de Rougemont
陆若汉	Jean Rodriguez Tuzzu
路易莎	Luisa
罗博. 苏亚雷斯	Lobo Soares
罗理路	R. M. Loureiro
罗曼	Juan Baultista Romoin
罗明坚	Michel Ruggieri
罗耀拉	Martin Lgnácio de Loyola
洛伦索	Lourenço
洛斯. 贝格利奥	Laurent de Los Veglio
尼古拉·贾斯帕	Nicholas Gaspard

M

马查多	Joaquim Jose Machado
马丁. 阿丕乌斯	Martinus Apius
马尔丁	Martin Lgnácio de Loyola

马尔吉亚诺·葵戈利埃密内特蒂　　Marziano Guglielminetti

马尔廷·格德斯　　　　　　　Martim Guedes

马尔廷. 阿丰索. 德. 索扎　　Martim Afonso de Sousa

马可. 阿瓦罗　　　　　　　Marco de Avalo

马士　　　　　　　　　　　H. B. Morse

马士加路也　　　　　　　　Don Fransisco Mascarenhas

马特乌斯. 德. 布里托　　　Mateus de Brito

马托斯　　　　　　　　　　Luis de Matos

马玉　　　　　　　　　　　Francisco de Alarcão Soto – Maitor

迈特利夫　　　　　　　　　Correlis Matelieff

麦安东　　　　　　　　　　Antoine d' Almeyda

麦高士　　　　　　　　　　Antonio Martins da Costa

曼里克　　　　　　　　　　S. Manrique

曼努埃尔·德·阿拉乌若　　Manuel de Araujo

梅尔乔尔　　　　　　　　　Mestre Melchior

门多萨　　　　　　　　　　Airez Gonzalez de Mendoza

蒙特尼　　　　　　　　　　Nathaniell Mountney

孟三德　　　　　　　　　　Edouard de Sande

米罗　　　　　　　　　　　Alfonso Martins de Mello

闵明我　　　　　　　　　　D. F. Navarrete

末儿丁·甫思·多·灭儿　　Martim Afonso de Melo Coutinho

莫伽　　　　　　　　　　　Antoniodo Morga

穆尔　　　　　　　　　　　A. C. Moule

N

纳来　　　　　　　　　　　Neree

尼古拉. 道通　　　　　　　Nicholas Downton

努易兹　　　　　　　　　　Pieter Nuyts

诺雷蒂（李叶荣）　　　　　Pablo Noretti

O

欧维士　　　　　　　　　　Jorge álvares

若泽 José

S

萨阿	Don Leonardo de Saa
萨赖瓦	Joaquim de Sousa Saraiva
塞隆	Sabastião Serrao
桑德	Francisco de Sande
桑切斯	Sanchez
沙不列	Robert Chabrie
沙勿略	S. Francisci Xaverii
圣·安东尼奥	Simão de Santo António
施白蒂	Beatriz Bastoda Silva
石方西	Francesco de Petris
史式微	Serviere de La
舒拉曼	Georg Schurhammer
斯当东	George Staunton
斯维埃拉	Jorge Noronhae Silveira
苏拉马尼亚姆	Sanjay Subrahmanyam
索萨. 法里亚	Manuel Souza e Faria
索札	Leonel de Sousa

T

唐·费利佩·洛博	Dom Felipe Lobo
特里斯唐. 德. 加	
托马斯	Tomás
托马斯·鲁宾逊	Thomas Robinson

W

瓦利克	Wijerant Van Waryck
瓦斯科·卡尔沃	Vsaco Calvo
威德尔	John Weddell
维略纳	Antonio de Vilhena
维特依拉. 皮勒斯	Pires
卫匡国	Martin Martini

卫三畏	Wells Williams
文德泉	Manuel Teixeira
屋腊所·罗列弟	Oratio Nerenti
X	
西蒙	Simão de Andrade
西蒙. 德. 圣. 安东尼奥	Simão de Santo António
席尔瓦	Jorge da Silva
辛耀华	Isaú Santos
熊三拔	Sabatinho de Ursis
徐萨斯	Montalto de Jesus
徐西满	Simão Coelho
薛奎罗	Diogo Lopes de Sequeira
Y	
雅各布·埃尔姆克尔克	Jacob Heemskerck
亚基楼	Achilee
亚劳佐	Rub de Aranjo
尤塞利斯 W. Robert Usellis	
约翰. 斯皮德	John Spit
约瑟. 安德拉德	Jose Inacio de Andrade
Z	
曾德昭	Alvarez Semedo
朱迪思	Judith
朱里奥. 贾科莫	Giulio di Giacomo

附录二 征引文献版本

（一）古籍

1. 安平陈氏家谱 ［M］. 民国十四年重修. 泉州海交史博物馆叶恩典先生提供.

2. ［明］田生金. 按粤疏稿 ［M］. 影印明万历四十五年刊本. 天津：天津古籍书店.

3. ［清］印光任，张汝霖. 澳门记略 ［M］. 澳门：澳门文化司署点校本，1992.

4. 汪兆镛. 澳门杂诗 ［M］. 1918 年排印本.

5. 黄福庆主编. 澳门界务说帖 ［G］//澳门专档（第 4 册）. 台北：中央研究院近代史研究所，1996.

6. ［明］庞尚鹏. 百可亭摘稿 ［M］. 清同治二年重印本. 广东文献.

7. ［清］夏之蓉. 半舫斋诗钞 ［M］. 乾隆三十六年刻本.

8. 崔涯. 笔山文集 ［M］. 明万历刊本.

9. ［明］应槚辑，凌云翼，刘尧诲重修. 苍梧总督军门志 ［M］. 影印万历辛巳林大春序刊本. 北京：全国图书馆文献缩微复印中心，1991.

10. 吴晗辑. 朝鲜李朝实录中的中国史料 ［M］. 北京：中华书局标点本，1980.

11. 陈仁锡. 陈太史无梦园初集. 四库禁毁丛书本. 北京：北京出版社，1997

12. ［明］程文德. 程文恭公遗稿［M］. 四库存目丛书本. 济南：齐鲁书社，1997.

13. ［清］王士祯. 池北偶谈［M］. 北京：中华书局标点本，1982.

14. ［明］王植. 崇德堂稿［M］. 续修四库全书本. 上海：上海古籍出版社，2002.

15. ［清］汪楫辑. 崇祯长编［M］. 京都：日本京都中文出版社影印本，1984.

16. ［明］张二果，曾起莘.（崇祯）东莞县志［M］. 影印崇祯刻本. 东莞：东莞市地方志办公室，1995.

18. ［清］章鸿. 重修电白县志［M］. 清道光六年刻本.

19. ［清］宝鋆. 筹办夷务始末（同治朝）［M］. 北京：故宫博物院影印本，1930.

20. ［清］关天培. 筹海初集［M］//沈云龙. 近代中国史料丛刊第三编. 台北：文海出版社，1989.

21. ［明］胡宗宪. 筹海图编［M］. 文渊阁四库全书本. 台北：商务印书馆，1986.

22. ［明］邓钟. 筹海重编［M］. 四库存目丛书本. 济南：齐鲁书社，1997.

23. ［明］程开祐. 筹辽硕画［M］. 清史资料丛书影印万历刊本.

24. ［明］孙承泽. 春明梦余录［M］. 光绪九年古香斋刻本.

25. ［明］邹维琏. 达观楼集［M］. 四库存目丛书本. 济南：齐鲁书社，1997.

26. 李维桢. 大泌山房集［M］. 四库存目丛书本. 济南：齐

鲁书社，1997.

27. ［明］杨简. 大明律集解［M］. 明万历刊本

28. ［明］艾儒略. 大西西泰利先生行迹［G］//钟鸣旦，杜鼎克主编. 耶稣会罗马档案馆明清天主教文献（第12册）. 台北：台北利氏学社，2002.

29. 汪大渊. 岛夷志略［M］. 北京：中华书局标点本，1981.

30. ［清］阮元.（道光）广东通志［M］. 上海：上海古籍出版社影印本，1988.

31. ［明］杨士奇著，刘伯涵，朱海点校. 东里文集［M］. 北京：中华书局标点本，1998.

32. ［明］张燮著，谢方点校. 东西洋考［M］//向达. 中外交通史籍丛刊. 北京：中华书局标点本，2000.

33. ［明］蔡汝贤. 东夷图说［M］. 影印明万历刊本. 四库存目丛书. 济南：齐鲁书社，1997.

34. ［明］王以宁. 东粤疏草［M］. 广州：广东省中山图书馆抄本，1958.

35. ［清］顾祖禹. 读史方舆纪要［M］. 北京：中华书局标点本，2005.

36. ［清］汤彝. 盾墨［M］. 续修四库全书本. 上海：上海古籍出版社，1995.

37. 钟鸣旦，杜鼎克，蒙曦编. 法国国家图书馆明清天主教文献［M］. 台北：辅仁大学神学院，1996.

38. ［宋］楼钥. 攻媿集［M］. 四部丛刊本. 上海：商务印书馆，1937.

39. ［清］陈梦雷编纂，蒋廷锡校订. 古今图书集成［M］. 北京、成都：中华书局、巴蜀书社影印本，1985.

40. ［清］史澄.（光绪）广州府志［M］. 清光绪五年刊本.

41. ［清］孙云锦.（光绪）淮安府志［M］. 光绪十年本.

42. ［清］吴联薰. （光绪）漳州府志 ［M］. 光绪三年芝山书院刊本.

43. 广东赋役全书 ［M］. 顺治九年刊本.

44. ［清］卢坤. 广东海防汇览 ［M］. 清道光刊本.

45. ［明］曹学佺. 广东名胜志 ［M］. 丛书集成初编本. 北京：中华书局，1985.

46. ［明］戴璟. 广东通志初稿 ［M］. 影印明嘉靖本. 北京图书馆古籍珍本丛刊. 北京：北京图书馆出版社，2000.

47. ［清］桂文灿. 广东图说 ［M］. 影印同治刊本. 台北：成文出版社，1967.

48. ［清］屈大均. 广东新语 ［M］. 北京：中华书局标点本，1985.

49. ［明］王士性. 广志绎 ［M］. 北京：中华书局标点本，1993.

50. ［明］郭尚宾. 郭给谏疏稿 ［M］. 丛书集成初编本. 北京：中华书局，1985.

51. ［清］谈迁. 国榷 ［M］. 北京：中华书局排印本，1958.

52. ［清］王大海著，姚楠，吴琅璇校注. 海岛逸志 ［M］. 香港：香港学津书店，1992.

53. ［明］万表. 海寇议 ［M］. 明嘉靖金声玉振集本影印本.

54. ［明］黄衷. 海语 ［M］. 文渊阁四库全书本

55. ［明］熊人霖. 鹤台先生熊山文选 ［M］. 顺治十六年刊本.

56. ［明］王在晋. 皇明海防纂要 ［M］. 续修四库全书本. 上海：上海古籍出版社，2002.

57. ［明］沈越. 皇明嘉隆两朝闻见纪 ［M］. 明万历二十七年刻本影印本.

58. [明] 冯应京辑. 皇明经世实用编 [M]. 明万历刊本.

59. [明] 朱吾弼, 李云鹄, 萧如松, 等辑. 皇明留台奏议 [M]. 万历三十年刻本. 苏州图书馆藏.

60. [明] 陈仁锡. 皇明世法录 [M]. 影印明崇祯本. 四库禁毁丛书. 北京: 北京出版社, 1998.

61. [明] 茅瑞征. 皇明象胥录 [M]. 崇祯己巳刊本.

62. [明] 高汝栻. 皇明续纪三朝法传全录 [M]. 续修四库全书本. 上海: 上海古籍出版社, 2002.

63. [明] 王士骐. 皇明驭倭录 [M]. 影印明万历刊本. 北京图书馆古籍珍本丛刊. 北京: 北京图书馆出版社, 2000.

64. [清] 傅恒, 董诰, 门庆安, 等编. 皇清职贡图 [M]. 沈阳: 辽沈书社, 1991.

65. [意] 利玛窦, [明] 李之藻. 浑盖通宪图说 [M]. 明刻天学初函辑习是斋续梓本. 台北: 学生书局, 1965.

66. [明] 霍韬. 霍文敏公文集 [M]. 清同治元年石头书院刊本.

67. 佚名. 嘉靖倭乱备钞 [M]. 北京图书馆古籍珍本丛刊影印本

68. [明] 黄佐. (嘉靖) 广东通志 [M]. 广州: 广东地方志办公室影印本, 1998.

69. [明] 邓迁. (嘉靖) 香山县志 [M]. 日本藏中国罕见地方志丛书本. 广州: 中山大学出版社, 1998.

70. [清] 汪梅鼎. (嘉庆) 海州直隶州志 [M]. 南京: 南京大学出版社, 1993.

71. [清] 王崇熙. (嘉庆) 新安县志 [M]. 嘉庆二十四年刊本. 成都: 天地出版社, 2007.

72. [明] 揭暄. 揭子兵法 [M]. 北京: 军事科学出版社标点本, 2009.

73. ［明］周玄暐. 泾林续纪［M］. 丛书集成初编本. 北京：中华书局，1985.

74. ［明］李光缙著，曾祥波点校. 景璧集［M］. 影印崇祯十年本. 扬州：江苏广陵古籍刻印社，1996.

75. 袁永伦. 靖海氛记［M］. 道光十年碧萝山房本.

76. ［明］顾应祥. 静虚斋惜阴录［M］. 北京图书馆古籍珍本丛刊本. 北京：北京图书馆出版社，2000.

77. ［明］何乔远. 镜山全集［M］. 崇祯十四年刊本. 日本内阁文库藏.

78. ［清］蒋擢.（康熙）磁州志［M］. 康熙四十二年刊本.

79. ［清］郭文炳.（康熙）东莞县志［M］. 影印康熙刻本. 东莞：东莞市地方志办公室，1994.

80. ［清］申良翰修，欧阳羽文纂.（康熙）香山县志［M］. 康熙十二年刻本.

81. ［清］靳文谟.（康熙）新安县志［M］. 康熙刻本抄本. 广州：广东省中山图书馆藏.

82. ［明］顾起元. 客座赘语［M］. 北京：中华书局标点本，1997.

83. ［比］南怀仁. 坤舆图说［M］. 指海本.

84. ［明］沈国元. 两朝从信录［M］. 四库禁毁丛书本. 北京：北京出版社，1997.

85. 向达校注. 两种海道针经［M］. 北京：中华书局，1982.

86. 刘承范. 利玛传［M］// 湖北监利存泽堂. 刘氏族谱. 民国三年本.

87. ［明］林希元. 林次崖文集［M］. 乾隆三十八年诒燕堂刊本.

88. ［清］林则徐. 林则徐集·公牍［M］. 北京：中华书局

标点本，1985.

89. ［明］凌义渠. 凌忠介公奏疏 ［M］. 清刊本.

90. ［清］杭世骏. 岭南集 ［M］. 光绪七年刻本.

91. ［明］郭棐著，［清］陈兰芝增辑. 岭南名胜记 ［M］. 乾隆五十五年刊本.

92. ［清］丘逢甲. 岭云海日楼诗抄 ［M］. 上海：上海古籍出版社标点本，1982.

93. ［明］姚旅. 露书 ［M］. 影印明刊本. 四库存目丛书. 济南：齐鲁书社，1997.

94. ［明］何广. 律解辩疑 ［M］. 明洪武刊本.

95. ［明］熊明遇. 绿雪楼集 ［M］. 四库禁毁丛书本. 北京：北京出版社，1997.

96. ［清］叶廷勋. 梅花书屋诗钞 ［M］. 清道光刊本.

97. ［明］颜俊彦. 盟水斋存牍 ［M］. 北京：中国政法大学出版社标点本，2002.

98. ［明］毛纪. 密勿稿 ［M］. 四库存目丛书本. 济南：齐鲁书社，1997.

99. ［明］霍与暇. 勉斋集 ［M］. 清光绪丙戌重刻本.

100. 牛荫麐. （民国）嵊县志 ［M］. 上海：上海书店影印本，1994.

101. ［明］沈有容. 闽海赠言 ［M］. 台湾文献丛刊本.

102. ［明］何乔远. 闽书 ［M］. 福州：福建人民出版社标点本，1995.

103. ［明］黄训. 名臣经济录 ［M］. 文渊阁四库全书.

104. ［明］何乔远. 名山藏 ［M］. 北京大学图书馆藏善本丛书本.

105. 雷礼. 明大政记纂要. 北京图书馆古籍珍本丛刊影印本.

106. 屈万里编. 明代登科录汇编 ［G］. 台北：学生书

局，1969.

107. [明] 申时行. 明会典 [M]. 北京：中华书局排印本，1989.

108. [清] 叶銍. 明纪遗编 [M]. 北京：北京出版社，2001.

109. 计六奇. 明季北略 [M]. 北京：中华书局标点本，1984.

110. [明] 陈子龙辑. 明经世文编 [M]. 影印平露堂刊本. 北京：中华书局，1962.

111. 张伟仁主编. 明清档案 [G]. 台北：中央研究院历史语言研究所，1986.

112. 中国第一历史档案馆，澳门文化司署，暨南大学古籍研究所合编. 明清时期澳门问题档案文献汇编 [G]. 北京：人民出版社，1999.

113. 台北中央研究院历史语言研究所编. 明清史料 [G]. 北京：中华书局，1987.

114. 明实录 [M]. 影印台北中央研究院历史语言研究所校勘本，1962.

115. [清] 张廷玉. 明史 [M]. 北京：中华书局，1974.

116. 夏燮. 明通鉴 [M]. 北京：中华书局标点本，1959.

117. [明] 李贤，彭时. 明一统志 [M]. 影印明天顺五年刻本. 西安：三秦出版社，1990.

118. [明] 汤显祖. 牡丹亭 [M]. 北京：人民文学出版社标点本，1993.

119. [清] 包汝楫. 南中纪闻 [M]. 丛书集成初编本. 北京：中华书局，1985.

120. [清] 潘义增，潘飞声. 番禺潘氏诗略 [M]. 光绪二十年刻本。

121. ［明］朱纨. 甓余杂集［M］. 明朱质刻本. 天津：天津图书馆藏.

122. ［清］林福祥. 平海心筹［M］. 广州：广州古籍书店刻印本，1960.

123. ［清］尹源进. 平南王元功垂范［M］. 广州：广东省中山图书馆油印本，1957.

124. ［宋］朱彧. 萍州可谈［M］. 丛书集成初编本. 北京：中华书局，1985.

125. 刘芳辑，章文钦校. 清代澳门中文档案汇编［G］. 澳门：澳门基金会，1999.

126. ［明］谢杰. 虔台倭纂［M］. 北京图书馆古籍珍本丛刊影印. 北京：北京图书馆出版社，2000.

127. ［清］李嗣衍. （乾隆）广州府志［M］. 清乾隆刊本.

128. ［清］战效曾. （乾隆）海宁州志［M］. 道光二十八年刊本.

129. ［清］赵宏恩. （乾隆）江南通志［M］. 文渊阁四库全书本.

130. ［清］暴煜. （乾隆）香山县志［M］. 影印清乾隆刊本. 中山文献丛书.

131. ［清］张懋建. （乾隆）长泰县志［M］. 乾隆十三年修. 民国二十年重刊.

132. ［清］姚觐元. 清代禁毁书目［M］. 北京：商务印书馆，1957.

134. 清会典事例［M］. 北京：中华书局影印本，1991.

135. ［清］贺长龄. 清经世文编［M］. 北京：中华书局影印本，1992.

136. 清实录［M］. 北京：中华书局影印本，1985—1987.

137. 欧初，王贵忱编. 屈大均全集［M］. 北京：人民文学出版社，1996．

138．［明］瞿式耜．瞿忠宣公集［M］．清光绪十三年刊本．

139．［明］方孔炤．全边略记［M］．北京图书馆民国十九年排印本．

140．［明］侯继高．全浙兵制［M］．四库存目丛书本．济南：齐鲁书社，1997．

141．［明］郑舜功．日本一鉴·穷河话海［M］．民国二十八年影印本．

142．［明］王圻．三才图会［M］．影印明万历王思义校正本．上海：上海古籍出版社，1985．

143．［清］李遐龄．勺园诗钞［M］．嘉庆十九年单刊本．

144．［明］徐昌治辑．圣朝破邪集［M］．香港：香港建道神学院标点本，1996．

145．［明］韩霖．守圉全书［M］．明崇祯九年刊本．台北：中央研究院傅斯年图书馆善本室藏．

146．［明］严从简著，余思黎点校．殊域周咨录［M］．北京：中华书局标点本，1993．

147．［清］纪昀．四库全书总目提要［M］．石家庄：河北人民出版社标点本，2000．

148．［元］脱脱．宋史［M］．北京：中华书局标点本，1977．

149．［宋］窦仪．宋刑统［M］．北京：中华书局标点本，1984．

150．［明］孙铨．孙文正公年谱［M］．乾坤正气集本．

151．［清］黄叔璥．台海使槎录［M］．台湾文献丛刊．台北：台湾银行经济研究室，1957．

152．［明］张瀚．台省疏稿［M］．四库存目丛书本．济南：齐鲁书社，1997．

153. ［清］江日昇. 台湾外记［M］. 福州，福建人民出版社点校本，1983.

154. 陈支平主编. 台湾文献汇刊［J］. 北京：九州出版社，2004.

155. ［明］黄佐. 泰泉集［M］. 岭南遗书本.

156. ［清］汤斌著，范志亭，范哲辑校. 汤斌集［M］. 郑州：中州古籍出版社标点本，2003.

157. ［明］徐朔方笺校. 汤显祖诗文集［M］. 上海：上海古籍出版社，1982.

158. ［宋］王溥. 唐会要［M］. 北京：中华书局排印本，1955.

159. ［唐］长孙无忌. 唐律疏议［M］. 北京：中华书局标点本，1983.

160. ［明］宋应星. 天工开物［M］. 北京：中国社会出版社标点本，2004.

161. ［明］何汝宾.（天启）舟山志［M］. 影印天启六年何氏藏本. 中国方志丛书.

162. ［清］顾炎武. 天下郡国利病书［M］. 清光绪二十七年图书集成铅印本.

163. 吴相湘主编. 天主教东传文献［M］. 台北：学生书局，1965.

164. ［清］张兆栋，孙云，丁晏，等.（同治）重修山阳县志［M］. 南京：江苏古籍出版社，1991.

165. ［明］章潢. 图书编［G］. 文渊阁四库全书本.

166. ［明］郭棐.（万历）广东通志［M］. 万历壬寅年序刊本.

167. ［明］瞿九思. 万历武功录［M］. 影印明刻本. 北京：中华书局，1962.

168. ［明］沈德符. 万历野获编［M］. 北京：中华书局标点本，1959.

169. ［明］王阳明著，叶绍钧校注. 王文成公全书［M］. 四部丛刊本.

170. 汪兆镛. 微尚斋诗续稿［M］. 民国排印本. 1918.

171. 故宫博物院文献馆编. 文献丛编［G］. 北平：和济印刷局，1930.

172. ［明］黄俣卿. 倭患考原［M］. 影印明刻本. 北京图书馆古籍珍本丛刊.

173. ［明］郑晓. 吾学编［M］. 北京图书馆古籍珍本丛刊本.

174. ［清］吴历撰，章文钦笺注. 吴渔山集笺注［M］. 北京：中华书局，2007.

175. 郑大郁. 武备考经雄略［M］. 美国哈佛大学哈佛燕京图书馆藏中文善本汇刊本.

176. ［清］尤侗. 西堂全集［M］. 文渊阁四库全书本.

177. ［明］巩珍. 西洋番国志［M］. 北京：中华书局标点本，1982.

178. ［清］张萱. 西园闻见录［M］. 明清史料丛刊本.

179. 韩琦、吴旻校注. 熙朝崇正集. 北京：中华书局，2006.

180. 佚名. 暹罗国译语［M］. 北京：北京图书馆出版社，2000.

181. ［明］叶权. 贤博编［M］. 北京：中华书局标点本，1987.

182. 释迹删. 咸陟堂诗文集［M］. 清康熙刻本.

183. ［清］卫哲治. （咸丰）淮安府志［M］. 咸丰二年重刊本.

184.［清］许重熙. 宪章外史续编［M］. 北京：全国图书馆文献缩微复制中心影印本，1994.

185.［明］项乔. 项乔集［M］. 上海：上海社会科学院出版社标点本，2006.

186.［清］王锡祺. 小方壶斋舆地丛钞［M］. 影印光绪辛卯刊本. 杭州：杭州古籍书店，1985.

187.［明］陈吾德. 谢山存稿［M］. 影印清刊本. 四库存目丛书. 济南：齐鲁书社，1997.

188.［明］邓士亮. 心月轩稿［M］. 四库未收书辑刊影印明刊本. 北京：北京出版社，1997.

189.［宋］欧阳修. 新五代史［M］. 北京：中华书局标点本，1974.

190.［清］祝淮.（新修）香山县志［M］. 影印道光七年刊本. 中山文献丛书.

191.［明］费信. 星槎胜览［M］. 学海类编本. 扬州：江苏广陵出版社，2007.

192.［明］徐光启纂，王重民辑校. 徐光启集［M］. 上海：上海古籍出版社，1984.

193. 钟鸣旦，杜鼎克，黄一农，等编. 徐家汇藏书楼藏明清天主教文献［M］. 台北：辅仁大学出版社，1996.

194.［明］徐渭. 徐渭集［M］. 北京：中华书局标点本，1983.

195.［清］赵翼. 簷曝杂记［M］. 北京：中华书局标点本，1982.

196.［明］王世贞. 弇山堂别集［M］. 北京：中华书局标点本，1985.

197.［明］杨廷和. 杨文忠三录［M］. 文渊阁四库全书本.

198. 钟鸣旦，杜鼎克主编. 耶稣会罗马档案馆明清天主教文献（第 12 册）［G］. 台北：台北利氏学社，2002.

199. ［明］萧彦. 掖垣人鉴［M］. 明万历刻本.

200. ［清］梁廷枏. 夷氛纪闻［M］. 北京：中华书局标点本，1959.

201. ［清］徐继畬. 瀛环志略［M］. 影印道光三十年刊本. 台北：华文书局，1968.

202. ［清］郝玉麟.（雍正）广东通志［M］. 文渊阁四库全书本.

203. ［清］谢旻.（雍正）江西通志［M］. 文渊阁四库全书本

204. 永乐大典［M］. 北京：中华书局影印本，1986.

205. ［清］乾隆皇帝敕编. 御选明臣奏议［M］. 文渊阁四库全书本.

206. ［明］郭棐. 粤大记［M］. 日本藏中国罕见地方志丛刊本. 广州：中山大学出版社，1998.

207. ［清］梁廷枏. 粤海关志［M］. 广州：广东人民出版社标点本，2002.

208. ［明］王临亨. 粤剑编［M］. 北京：中华书局标点本，1987.

209. ［清］杜臻. 粤闽巡视纪略［清］. 孔氏岳雪楼影抄本.

210. 瞿其美. 粤游见闻. 明季裨史初编本.

211. ［明］张镜心. 云隐堂文录［M］. 光绪十六年磁州张璥刻本. 北京：国家图书馆藏.

212. ［清］廖赤麟. 湛华堂佚稿［M］. 同治九年重刊本.

213. ［明］黄光升. 昭代典则［M］. 济南：齐鲁书社，1997.

214. ［清］黄伯禄. 正教奉褒［M］. 中国天主教史籍汇刊本. 台北：辅仁大学出版社，2003.

215.［明］俞大猷. 正气堂全集［M］. 福州：福建人民出版社标点本，2007.

216.［清］夏燮. 中西纪事［M］. 北京：中华书局标点本，1982.

217. 蔡襄. 忠惠集［M］. 文渊阁四库全书本.

218.［宋］赵汝适. 诸蕃志［M］. 北京：中华书局标点本，1996.

219.［清］潘希曾. 竹涧集［M］. 文渊阁四库全书本.

220.［清］姚元之. 竹叶亭杂记［M］. 北京：中华书局标点本，1982.

221.［明］李日华. 紫桃轩杂缀［M］. 济南：齐鲁书社，1997.

222.［清］查继佐. 罪惟录［M］. 杭州：浙江古籍出版社，1986.

（二）中文现代著作

1. 艾周昌，沐涛. 中非关系史［M］. 上海：华东师范大学出版社，1996.

2. 澳门中华妈祖基金会编. 妈祖文化研究——第一届妈祖文化研究奖得奖作品集［G］. 澳门：澳门中华妈祖基金会，2005.

3. 布衣. 澳门掌故［M］. 香港：广角镜出版社，1977.

4. 曹永和. 台湾早期历史研究续集［M］. 台北：联经出版社，2000.

5. 陈佳荣，谢方，陆峻岭. 古代南海地名汇释［M］. 北京：中华书局，1986.

6. 陈树荣，黄汉强编. 林则徐与澳门［M］. 澳门："纪念林则徐巡阅澳门一百五十周年学术研讨会"筹备会，1990.

7. 陈炜恒. 莲峰庙史乘［M］. 澳门：澳门传媒工作者协会，2008.

8. 陈沂春. 澳门 [M]. 民国排印本. 1916.

9. 程祥徽主编. 澳门文学研讨集——澳门文学的历史、现状与未来 [G]. 澳门：澳门日报出版社，1998.

10. 戴裔煊.《明史·佛郎机传》笺正 [M]. 北京：中国社会科学出版社，1984.

11. 邓开颂，吴志良，陆晓敏主编. 粤澳关系史 [M]. 北京：中国书店出版社，1999.

12. 董少新. 形神之间——早期西洋医学入华史稿 [M]. 上海：上海古籍出版社，2008.

13. 杜文凯编. 清代西人闻见录 [M]. 北京：中国人民大学出版社，1985.

14. 方豪. 方豪六十自定稿 [M]. 台北：学生书局，1969.

15. 方豪. 中国天主教史人物传 [M]. 北京：中华书局，1988.

16. 方豪. 中西交通史 [M]. 长沙：岳麓书社，1987.

17. 费成康. 澳门四百年 [M]. 上海：上海人民出版社，1988.

18. 冯承钧. 西域南海史地考证译丛 [G]. 北京：商务印书馆，1995.

19. 郭廷以. 近代中国史 [M]. 上海：商务印书馆，1936.

20. 郭永亮. 澳门香港之早期关系 [M]. 台北：中央研究院近代史研究所，1990.

21. 黄汉强，吴志良主编. 澳门总览 [M]. 第2版. 澳门：澳门基金会，1996.

22. 黄汉强、吴志良主编. 澳门总览 [M]. 澳门：澳门基金会，1996.

23. 黄鸿钊. 澳门史纲要 [M]. 福州：福建人民出版社，1991.

24. 黄培坤. 澳门界务争持考 [M]. 广州：东升中西印务，1931.

25. 黄启臣. 澳门历史 [M]. 澳门：澳门历史学会，1995.

26. 黄文宽. 澳门史钩沉 [M]. 澳门：星光出版社，1987.

27. 江苏省政协文史资料委员会，宿迁市政协学习文史资料委员会编. 宿迁名人 [M]. 南京：《江苏文史数据》编辑部，1999.

28. 金国平，吴志良. 东西望洋 [M]. 澳门：澳门成人教育学会，2003.

29. 金国平，吴志良. 过十字门 [M]. 澳门：澳门成人教育学会，2004.

30. 金国平，吴志良. 镜海飘渺 [M]. 澳门：澳门成人教育学会，2001.

31. 金国平. 西力东渐：中葡早期接触追昔. 澳门：澳门基金会，2000.

32. 金国平. 中葡关系史地考证 [M]. 澳门：澳门基金会，2000.

33. 李鹏翥. 澳门古今 [M]. 澳门：星光出版社，1988.

34. 李向玉. 汉学家的摇篮：澳门圣保禄学院研究 [M]. 北京：中华书局，2005.

35. 林家骏. 澳门教区历史掌故文摘 [M]. 澳门：澳门主教公署排印本，1982.

36. 林金水. 利玛窦与中国 [M]. 北京：中国社会科学出版社，1994.

37. 林天蔚，萧国健. 香港前代史论集 [G]. 台北：商务印书馆，1985.

38. 林子昇. 16 至 18 世纪澳门与中国之关系 [M]. 澳门：澳门基金会，1998.

39. 刘鉴唐主编. 中英关系系年要录：13 世纪—1760 ［M］. 成都：四川省社会科学院出版社，1989.

40. 刘修业，刘怀玉. 吴承恩诗文集笺校 ［M］. 上海：上海古籍出版社，1991.

41. 刘旭. 中国古代火炮史 ［M］. 上海：上海人民出版社，1992.

42. 罗光. 利玛窦传 ［M］. 台北：学生书局，1983.

43. 罗一星. 明清佛山经济发展与社会变迁 ［M］. 广州：广东人民出版社，1994.

44. 钱海岳. 南明史 ［M］. 北京：中华书局，2006.

45. 全汉昇. 中国经济史论丛 ［G］. 香港：香港中文大学新亚书院，1972.

46. 束世澄. 中英外交史 ［M］. 上海：商务印务馆，1932.

47. 苏兴. 吴承恩年谱 ［M］. 北京：人民文学出版社，1980.

48. 谭志强. 澳门主权问题始末 ［M］. 台北：永业出版公司，1994.

49. 汤开建. 澳门开埠初期史 ［M］. 北京：中华书局，1999.

50. 汤开建. 委黎多〈报效始末疏〉笺正 ［M］. 广州：广东人民出版社，2004.

51. 唐思. 澳门风物志 ［M］. 澳门：澳门基金会，1994.

52. 天津古籍出版社编写组. 陈捷先教授、冯尔康教授古稀纪念论文集：明清人口婚姻家族史论 ［G］. 天津：天津古籍出版社，2002.

53. 万明. 中葡早期关系史 ［M］. 北京：社会科学文献出版社，2001.

54. 汪宗衍. 明末中英虎门事件题稿考证 ［M］. 香港：于今

书屋，1968.

55. 王冠倬. 中国古船图谱 [M]. 北京：生活·读书·新知三联书店，2000.

56. 王慎之，王子今辑. 清代海外竹枝词 [G]. 北京：北京大学出版社，1994.

57. 王戎笙主编. 清代全史 [M]. 沈阳：辽宁人民出版社，1995.

58. 王文达. 澳门掌故 [M]. 澳门：澳门教育出版社，1999.

59. 王兆春. 中国火器史 [M]. 北京：军事科学出版社，1991.

60. 吴志良. 生存之道——论澳门政治制度与政治发展 [M]. 澳门：澳门成人教育会，1998.

61. 香港中文大学历史系. 明末清初华南地区历史人物功业研讨会论文集 [G]. 香港：香港中文大学，1993.

62. 香港中文大学历史系编. 史薮（第2卷）[G]. 香港：香港中文大学历史系，1996.

63. 萧若瑟. 天主教传行中国考 [M]. 上海：上海书店出版社，1989.

64. 谢彬. 中国丧地史 [M]. 北京：中华书局，1925.

65. 薛凤旋编著. 澳门五百年：一个特殊中国城市的兴起与发展 [M]. 香港：生活·读书·新知三联书店，2012.

66. 元邦建，袁桂秀. 澳门史略 [M]. 香港：中流出版社，1990.

67. 张礼千. 马六甲史 [M]. 上海：商务印书馆，1940.

68. 张维华. 明史欧洲四国传注释 [M]. 上海：上海古籍出版社，1982.

69. 张维华. 晚学斋论文集 [M]. 济南：齐鲁出版

社，1986.

70. 张伟主编. 浙江海洋文化与经济 [M]. 北京：海洋出版社，2007～2008.

71. 张星烺. 中西交通史料汇编 [G]. 北京：中华书局，1980.

72. 张增信. 明季东南中国的海上活动 [M]. 台北：中国学术著作奖助委员会，1988.

73. 中山市小榄镇志编写组编. 小榄镇初志 [M]. 1962.

74. 中外关系史学会，复旦大学历史系编. 中外关系史译丛 [G]. 上海：上海译文出版社，1985～1991.

75. 周景濂. 中葡外交史 [M]. 上海：商务印书馆，1936.

76. 周育德. 汤显祖论稿 [M]. 北京：文化艺术出版社，1991.

77. 朱炳旭. 明海州史小录 [M]. 乌鲁木齐：新疆青少年出版社，2003.

78. 朱杰勤. 中外关系史论文集 [G]. 郑州：河南人民出版社，1984.

79. 珠海文史研究所学会主编. 罗香林教授纪念论文集 [G]. 台北：新文丰出版社，1992.

（三）外文档案、原著及译著

1. A. M. Martins do Vale, Os Portugueses em Macau (1750—1800), Instituto Português do Oriente, 1997.

2. Antonio Bocarro, Decada 13 da Historia da India, Lisboa：Typ. da Academia Real das Sciencias, 1876.

3. Antonio de Gouvea, Cartas Anuas da China, Lisboa：Instituto Portugues do Oriente, 1998.

4. Antonio Fransisco Cardim, Relation de ce que s'est Passe depuis quelques annees, iusques a I'an 1644 au Iapon, a la Co-

chinchine, au Malabar, en I' isle de Ceilan, Paris: M. et I. Henault, 1646.

5. Armando Cortesáo, A · Suma Oriental de Tome Pires e O Livro de Francisco Rodrigues, Coimbra: Univeersidade de Coimbra, 1978.

6. Arthur William Hummel, Astronomy and Geography in the Seventeenth Century. Annual Reports of the Librarian of Congress [Division of Orientalia], 1938.

7. Austin Coates, Prelude to Hong Kong, London: Routledge & K. Paul, 1966.

8. Austiu Coates, A Macao Narrative, HK; Singapore: Heinemann, 1978.

9. Benjamin Videira Pieres, S. J. , A Vida Maritima de Macau no Século XVIII, Macau : Instituto Cultural de Macau, 1993.

10. C. R. Boxer, Dares – e – Tomares nas Relacoes Luso – Chinesas dueante os Seculos XVIIe XVIII atraves de Macau, Macau: Imprensa National, 1981.

11. C. R. Boxer, Obra Completa de Charles Ralph Boxer; Vol. I: Estudos para a Historia de Macau, Lisboa: Fundacao Oriente, 1991.

12. C. R. Boxer, Portuguese Society in the Tropics, University of Wesconsin Press, 1965.

13. C. R. Boxer, The Christian Century in Japan, 1549 – 1650, Berkeley: University of California Press, 1951

14. C. R. Boxer ed. and trans. , Seventeenth Century Macau in Contemporary Documents and Illustrations, Hongkong: Heinemann, 1984.

15. C. R. Boxer, Fidalgos in the Far East, 1550 – 1770: Fact and Fancy in the History of Macau, The Hague, Martinus

Nijhof, 1948.

16. Comissao National para as Comemoracoes dos Descobrimentos Portugueses, Documentos Remetidos da India ou Livros da Moncoes (1625 – 1627), Vol. 1, 2000.

17. Diogo do Couto, Decada Quinta da Asia, Livro iii , Lisboa : Crasbeeck, 1612.

18. Domingos Mauricio Gomes dos Santos, Primeira Universidade Ocidental do Extremo – Oriente, Fundacao Macau, 1994.

19. Fernando António Baptista Pereira, Macau, as ruinas de S. Paolo: um monumento para o futuro, Instituto Cultural de Macau, 1994.

20. Francois de Rougemont, Relacam do estado politico e spiritual do Imperio da China, pellos annos de 1659 ate o de 1666, escrit a em Latim pello P. Francisco Rogemont Traduzida Por hum Religioso da mesma Companhia de Jesus

21. Frederick Charles Danvers, The Portuguese in India: Being a History of Rising and Decline of Their Eastern Empire, London: W. H. Allen&co. , limited, 1894.

22. Instituto Português do Oriente, Namban – – Memórias de Portugal no Japão, Macau, 2005.

23. J. M. Braga, A Voz do Passado: Redescoberta de A Colecção de Varios Factos Acontecidos Nesta Mui Nobre Cidade de Macao, Instituto Cultural de Macau, 1987.

24. J. M. Braga, Hong Kong and Macao: A Record of Good Fellowship , HK: Graphic Press, 1960.

25. J. M. Braga, The Western Pioneers and Their Discovery of Macau, Macau: Imprensa National, 1949.

26. Jan Huygen Linschoten, Arie Pos e Rui Manuel Loureiro,

Itinerário, viagem ou navegação para as índias Orientais ou portugue-sas, Lisboa: Comissão National para asComemoraações dos Descobri-mentos Portugueses, 1997.

27. Jesuitas na Aisa, in Ajuda Library, Lisboa.

28. Jordão de Freitas, Macau: Materiais para a sua História no Século XVI, Instituto Cultural de Macau, 1988.

29. Jorge Forjaz, Familias Macaenses, Macau: Fundacao Orien-te, 1996.

30. Jorge Noronha Silveira, Subsidios para do direito Constitu-cioral de Macau (1820 – 1974), Macau: Instituto Portugues do Orien-te, 1991.

31. Juan Gil, "Chinos en Espana en el siglo XVI", Stvdia (ed.) Maria Emilia Madeira dos Santos Lisboa: MCES; IICT; CEH-CA, 2001 – 2002, Nr. 58/59.

32. Leal Senado da Cãmara Municipal de Macau, Cadastro da Vi-as Publicas e Outros Lugares da Cidade de Macau, Macau, 1957.

33. Liam Mathew Brockey, Journey to the East: the Jesuit Mis-sion to China, 1579 – 1724, London: the Belknap Press of Havard Press, 2007.

34. Manuel Teixeira, Macau e a Sua Diocese, Vol. 3, Macau: Tipografia Soi Sang, 1956.

35. Manuel Teixeira, Macau e a Sua Diocese, Vol. 9, Macau: Tipografia Soi Sang, 1972.

36. Manuel Teixeira, Macau no Séc. XVII, Macau: Direccao dos Servicos de Educacao e Cultura, 1982.

37. Manuel Teixeira, Macau no Séc. XVIII, Macau: Direccao dos Servicos de Educacao e Cultura, 1984.

38. Manuel Teixeira, Os Ouvidores em Macau, Macau: Impren-

sal National, 1976.

39. Manuel Teixeira, Leal Senado, Macau: Leal Senado, 1976.

40. Manuel Teixeira, O Comércio de Escravos em Macau, Macau : Imprensa National, 1976.

41. Manuel Teixeira, Toponímia de Macau, Macau : Impr. National, 1979.

42. Matias de Maya, Relacao da Conversao a nossa Sancta Fe da Rainha, Lisboa: Craesbeeckiana, 1650.

43. Michael Cooper, Rodrigue: O Interprete: Um Jesuita no Japão e na China do Seculo XVI, Lisboa : Quetzal, 2003.

44. Montalto de Jesus, Historic Macao: International Traits in China Old and New, Macao: Salesian Printing Press and Tipografia Mercantil, 1926.

45. P. L – Jos. – Marie Cros, Saint Francois de Xavier de la Compagnie de Jeesus; son pays, sa famille, sa vie. , vol. 1, Paris: Charles Douniol, 1903.

46. Peter M. Voelz, Slave and Soldier: The Military Impact of Blacks in the Colonial Americas, New York&London, 1993.

47. R. D. Cremer ed. , Macau: City of Commerce and Culture, Hongkong: UEA Press Ltd. , 1987.

48. Ronald Segal, Islam's Black Slaves the other diaspora, New York : Farrar, Straus and Giroux, 2001

49. Runoko Rashidi, ed,. African Presence in Early Asia , New Brunswick, N. J. : Transaction Publisher, 1995.

50. Sanjay Subrahmanyam, The Portuguese Empire in Asia, 1500 – 1700: A Political and Economic History, London and New York: Longman, 1993.

51. William Foster ed. , The Voyage of Nicolas Downton to the

East Indies, London: Hakluyt Society, 1939.

52. ［澳］杰弗里·C. 冈恩著，秦传安译. 澳门史：1577—1999［M］. 北京：中央编译出版社，2009.

53. ［波兰］爱德华·卡伊丹斯基著，张振辉译. 中国的使臣卜弥格［M］. 郑州：大象出版社，2001.

54. ［法］费赖之著，冯承钧译. 在华耶稣会士列传及书目［M］. 北京：中华书局，1995.

55. ［法］高龙鞶著，周士良译. 江南传教史（上编）［M］. 上海：天主教上海教区光启社，2008.

56. ［法］裴化行著，萧浚华译. 天主教十六世纪在华传教志［M］. 上海：商务印书馆，1936.

57. ［法］荣振华著，耿昇译. 在华耶稣会士列传及书目补编［M］. 北京：中华书局，1995.

58. ［法］沙不列著，冯承钧译. 卜弥格传［M］. 上海：商务印书馆，1941.

59. ［荷］包乐史著，庄国土，程绍刚译. 中荷交往史：1601－1989［M］. 荷兰：路口店出版社，1989.

60. ［美］格林堡著，康成译. 鸦片战争前中英通商史［M］. 北京：商务印书馆，1961.

61. ［美］马士著，区宗华译. 东印度公司对华贸易编年［M］. 中山大学出版社，1991.

62. ［美］马士著，张汇文，张志信，马伯煌，等译. 中华帝国对外关系史［M］. 北京：商务印书馆，1963.

63. ［美］夏伯嘉著，向红艳，李春园译. 利玛窦：紫禁城里的耶稣会士［M］. 上海：上海古籍出版社，2012.

64. ［摩洛哥］伊本·白图泰著，马金鹏译. 伊本?白图泰游记［M］. 银川：宁夏人民出版社，1985.

65. ［葡］奥利维拉著，杨立民，王燕平译. 葡中接触五百

年 [M]. 澳门：澳门东方基金会，1999.

66. [葡] 叶士朋著，周艳平，张永春译. 澳门法制史概论. 澳门：澳门基金会，1996.

67. [葡] 曾德昭著，何高济译. 大中国志 [M]. 上海：上海古籍出版社，1998.

68. [葡] 费尔南·门德斯·平托著，金国平译. 远游记 [M]. 葡萄牙大发现纪念澳门地区委员会、澳门基金会、澳门文化司署、东方葡萄牙学会，1999.

69. [葡] 里贝罗·罗德里格斯著，蔚玲译. 澳门的军事组织和军服四百年 [M]. 澳门：澳门文化司署，1999.

70. [葡] 罗理路著，陈用仪译. 澳门寻根 [M]. 澳门：海事博物馆，1997.

71. [葡] 潘日明著，苏勤译. 殊途同归：澳门的文化交融 [M]. 澳门：澳门文化司署，1992.

72. [葡] 施白蒂著，小雨译. 澳门编年史：16—18 世纪 [M]. 澳门：澳门基金会，1995.

73. [葡] 文德泉著，佚名译. 耶稣会士于澳门开教四百周年 [M]. 澳门：澳门主教公署，1964.

74. [葡] 徐萨斯著，黄鸿钊，李保平译. 历史上的澳门 [M]. 澳门：澳门基金会，2000.

75. [日] 村上直次郎（日译），郭辉（中译）. 巴达维亚城日记 [M]. 台北：台湾文献委员会，1970.

76. [日] 高瀬泓一郎. キリシタン時代の文化と諸相 [M]. 东京：八木书店，2001.

77. [日] 近藤守重. 近藤正斋全集 [M]. 东京：国书刊行会，明治三十八年（1905年）刊本.

78. [日] 林罗山. 林罗山文集 [M]. 京都：京都史迹会，1979.

79. ［日］木宫彦泰著，胡锡年译. 日中文化交流史［M］. 北京：商务印书馆，1980.

80. ［日］山田庆儿主编. 新发现中国科学史料の研究［M］. 京都：京都大学人文科学研究所，1985.

81. ［日］藤田丰八著，何建民译. 中国南海古代交通丛考［M］. 上海：商务印书馆，1936.

82. ［日］小叶田淳. 中世南島通交貿易史の研究［M］. 东京：刀江书院，1968.

83. ［日］早川纯三郎编. 通航一览［M］. 东京：东京国书刊行会，明治四十五年刊.

84. ［瑞典］龙思泰著，吴义雄，郭德水，沈正邦译. 早期澳门史［M］. 北京：东方出版社，1997.

85. ［西］帕莱福著，何高济译. 鞑靼征服中国史［M］. 北京：中华书局，2008.

86. ［意］利玛窦，［法］金尼阁著，何高济，王遵仲，李申译. 利玛窦中国札记［M］. 北京：中华书局，1983.

87. ［意］利玛窦著，罗渔译. 利玛窦书信集［M］. 台北：光启出版社，1986.

88. ［印度］桑贾伊·苏拉马尼亚姆著，何吉贤译. 葡萄牙帝国在亚洲1500—1700：政治和经济史［M］. 澳门：纪念葡萄牙发现事业澳门地区委员会，1997.

89. ［印度］恩·客·辛哈，阿·克·班纳吉著，张若达，冯金辛译. 印度通史［M］. 北京：商务印书馆，1964.

90. ［英］博克塞著，何高济译. 16世纪中国南部行纪［M］. 北京：中华书局，1990.

91. ［英］甘为霖英译，李雄辉汉译. 荷据下的福尔摩沙［M］. 台北：前卫出版社，2003.

92. ［英］赫德逊著，王遵仲，李申，张毅译. 欧洲与中国

[M]. 北京：中华书局，1995.

93．[英] 斯当东著，叶笃义译. 英使谒见乾隆纪实 [M].
香港：生活·读书·新知三联书店，1994.

94．程绍刚译注. 荷兰人在福尔摩沙 [M]. 台北：联经出版
社，2000.

95．金国平编译. 西方澳门史料选萃（15—16 世纪）[G].
广州：广东人民出版社，2005.

96．张天泽著，姚楠，钱江译. 中葡早期通商史 [M]. 香
港：中华书局，1988.

图书在版编目(CIP)数据

明代澳门史论稿:全 2 卷/汤开建著. -- 哈尔滨:
黑龙江教育出版社,2012.11
ISBN 978 - 7 - 5316 - 6610 - 3

Ⅰ.①明…　Ⅱ.①汤…　Ⅲ.①澳门—地方史—明代
Ⅳ.①K296.59

中国版本图书馆 CIP 数据核字(2012)第 261770 号

明代澳门史论稿

Mingdai Aomenshi Lungao

汤开建　著

选题策划	丁一平　华　汉
特约编审	吕观仁
责任编辑	华　汉　杨云鹏
封面设计	sddoffice.com
版式设计	王　绘　周　磊
责任校对	张　影
出版发行	黑龙江教育出版社
	(哈尔滨市南岗区花园街 158 号)
印　　刷	山东临沂新华印刷物流集团有限公司
开　　本	640 毫米×960 毫米　1/16
印　　张	50.5
字　　数	710 千
版　　次	2012 年 12 月第 1 版
印　　次	2012 年 12 月第 1 次印刷

书　　号　ISBN 978 - 7 - 5316 - 6610 - 3　　定　价　98.00 元(上、下卷)

黑龙江教育出版社网址:www.hljep.com.cn
如需订购图书,请与我社发行中心联系。联系电话:0451 - 82529593　82534665
如有印装质量问题,影响阅读,请与我社联系调换。联系电话:0451 - 82529347
如发现盗版图书,请向我社举报。举报电话:0451 - 82560814